LE NORD-EST
DE
LA FRANCE

TABLEAU DES MONNAIES.

Valeurs approximatives, au pair, en or et en argent.

France, Belgique, Italie, Suisse, Grèce		Allemagne		Autriche		Amérique		Angleterre			Russie		Hollande	
Francs	Centimes	Marks	Pfennigs	Couronnes	Hellers	Dollars	Cents	L. St.	Shillings	Pence	Roubles	Kopecks	Florins	Cents
—	5 (1 sou)	—	4	—	6	—	1	—	—	1/2	—	1 1/4	—	2.4
—	25 (5 -)	—	20	—	24	—	5	—	—	2 1/2	—	6 1/4	—	12.9
—	50 (10 -)	—	40	—	47	—	10	—	—	4 3/4	—	12 1/2	—	23.8
—	75 (15 -)	—	60	—	71	—	15	—	—	7 1/4	—	18 3/4	—	36.7
1	— (20 -)	—	80	—	95	—	20	—	—	9 3/4	—	25	—	47.6
1	25	1	—	1	19	—	25	—	1	—	—	31 1/4	—	60.5
2	—	1	60	1	90	—	40	—	1	7	—	50	—	95.2
2	50	2	—	2	37	—	50	—	2	—	—	62 1/2	1	19
3	—	2	40	2	85	—	60	—	2	4 3/4	—	75	1	43
4	—	3	20	3	80	—	80	—	3	2 1/2	1	—	1	90
5	—	4	—	4	75	1	—	—	4	—	1	25	2	38
6	—	4	80	5	70	1	20	—	4	9 3/4	1	50	2	85
7	—	5	60	6	65	1	40	—	5	7 1/4	1	75	3	33
8	—	6	40	7	60	1	60	—	6	4 3/4	2	—	3	80
9	—	7	20	8	55	1	80	—	7	2 1/2	2	25	4	28
10	—	8	—	9	50	2	—	—	8	—	2	50	4	76
11	—	8	80	10	45	2	20	—	8	9 3/4	2	75	5	23
12	—	9	60	11	40	2	40	—	9	7 1/4	3	—	5	70
13	—	10	40	12	35	2	60	—	10	4 3/4	3	25	6	18
14	—	11	20	13	30	2	80	—	11	2 1/2	3	50	6	66
15	—	12	—	14	25	3	—	—	12	—	3	75	7	12
16	—	12	80	15	20	3	20	—	12	9 3/4	4	—	7	60
17	—	13	60	16	15	3	40	—	13	7 1/4	4	25	8	10
18	—	14	40	17	10	3	60	—	14	4 3/4	4	50	8	57
19	—	15	20	18	05	3	80	—	15	2 1/2	4	75	9	04
20	—	16	—	19	—	4	—	—	16	—	5	—	9	52
25	—	20	—	23	75	5	—	1	—	—	6	25	11	90
100	—	80	—	95	—	20	—	4	—	—	25	—	47	60

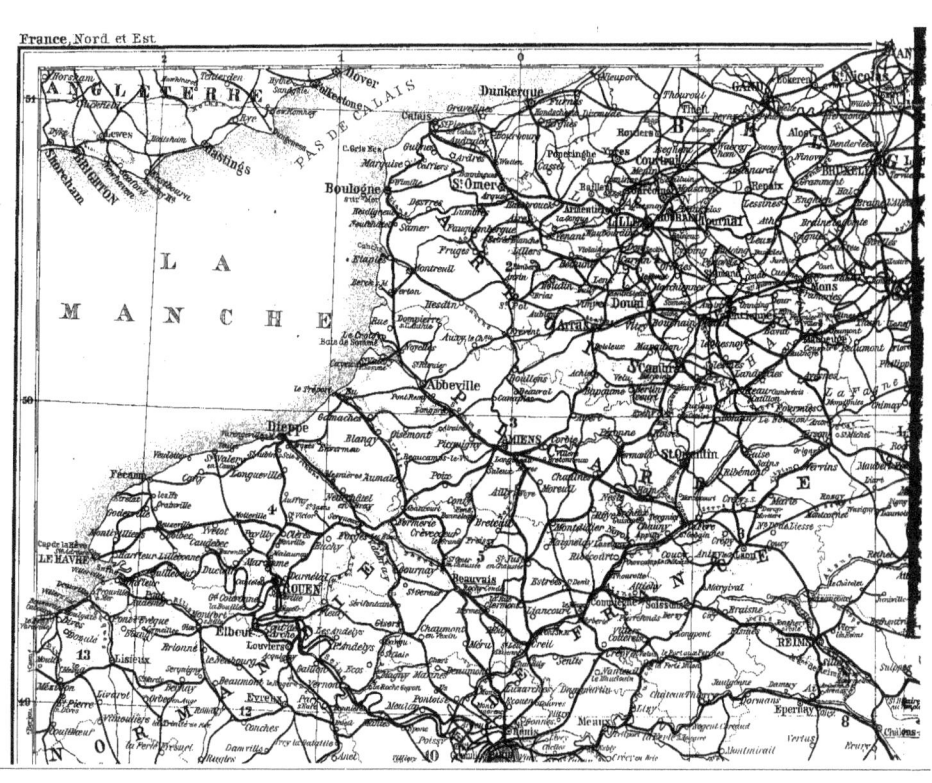

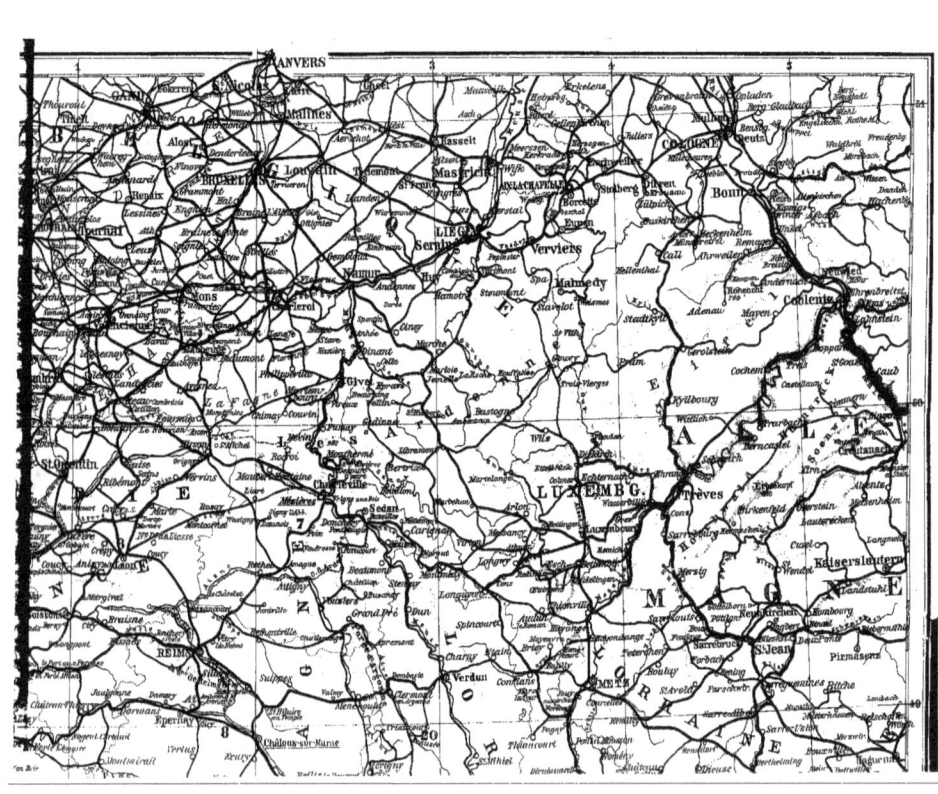

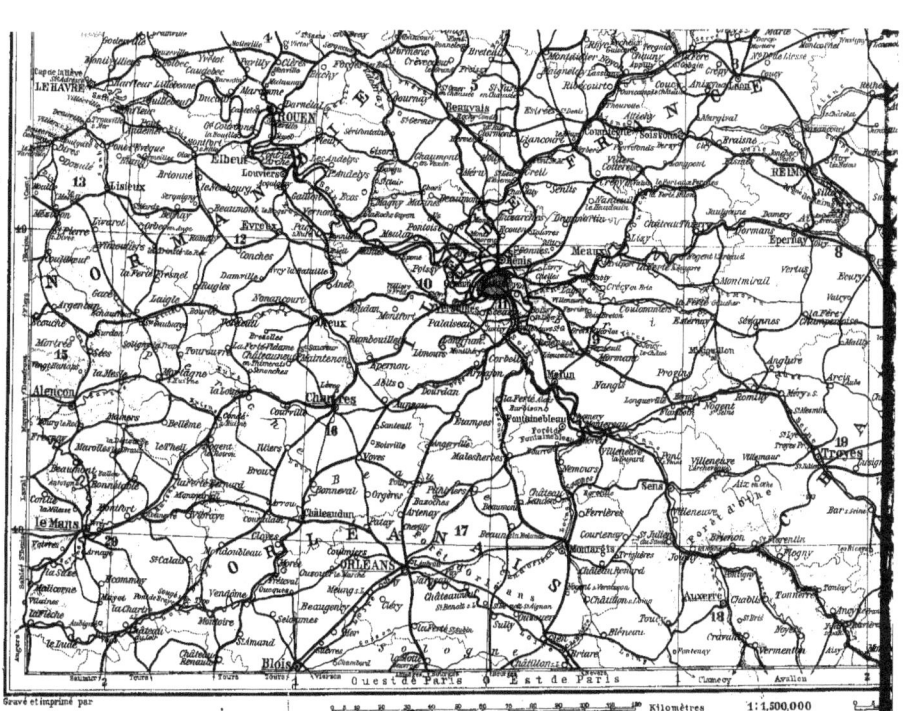

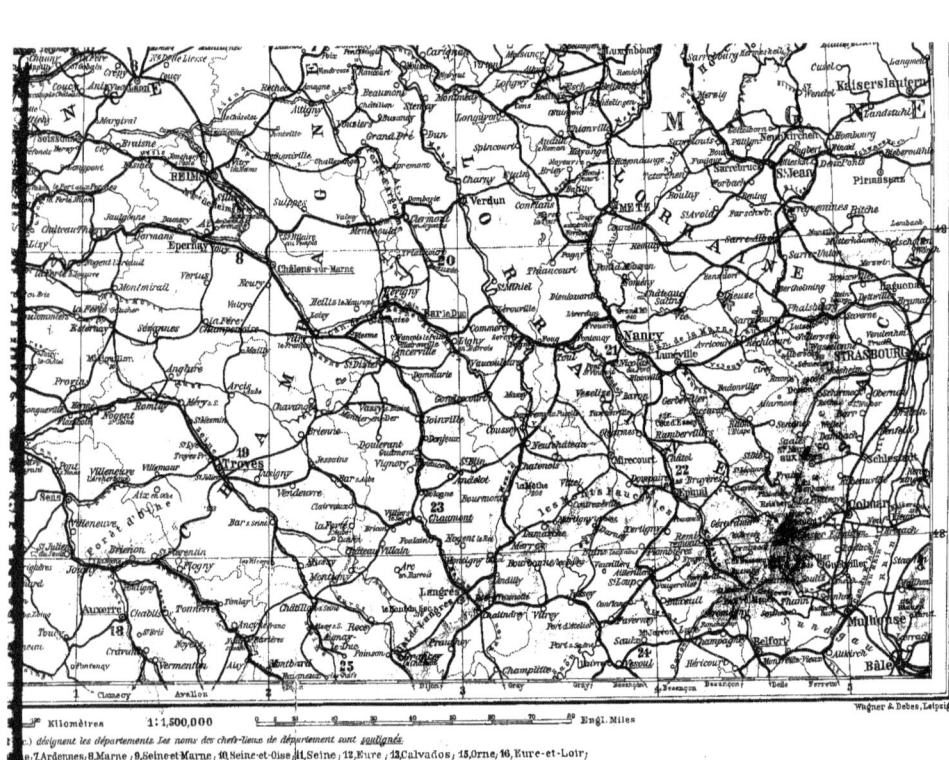

LE NORD-EST

DE

LA FRANCE

DE PARIS AUX ARDENNES, AUX VOSGES ET AU RHONE

MANUEL DU VOYAGEUR

PAR

K. BÆDEKER

AVEC 12 CARTES ET 21 PLANS DE VILLES

SEPTIÈME ÉDITION

REVUE ET MISE À JOUR

LEIPZIG
KARL BÆDEKER
ÉDITEUR

PARIS
PAUL OLLENDORFF
50, CHAUSSÉE D'ANTIN

1903

Tous droits réservés.

*Qui songe à voyager,
Doit soucis oublier,
Dès l'aube se lever,
Ne pas trop se charger
D'un pas égal marcher
Et savoir écouter.*

PRÉFACE

Le *Nord-Est de la France* est un des cinq volumes de notre collection consacrés à la France: *Paris et ses environs*, le *Nord-Est*, le *Nord-Ouest*, le *Sud-Est*, et le *Sud-Ouest de la France*.

Il doit être, comme les autres de la collection, un guide pratique et sérieux, offrant aux voyageurs les renseignements nécessaires pour bien voir, sans perte de temps et sans trop de frais, les principales curiosités de la région. Il s'abstient par conséquent, aujourd'hui où l'on voyage rapidement et veut voir beaucoup de pays, de donner des détails inutiles au touriste, et il ne mentionne que les choses qui le méritent réellement, en indiquant le meilleur chemin pour les trouver et suivant l'ordre dans lequel elles se présentent.

S'il est loin d'avoir réussi comme il l'aurait voulu, c'est là du moins ce que l'auteur a tâché de faire. Mais il est maintenant bien difficile de faire un guide exact, car les changements se font avec une rapidité désespérante pour celui qui doit en tenir compte. Nous sommes donc doublement obligés de réclamer l'indulgence du public: pour l'imperfection de l'œuvre et pour ses inexactitudes forcées.

Les CARTES et les PLANS, qui font en partie le succès de nos guides, sont toujours l'objet d'une attention spéciale et soigneusement mis à jour. La présente édition a été enrichie des cartes des environs de Gérardmer et de Fontainebleau, ainsi que des plans de Belfort, de Sens, de Bourg, d'Auxerre et de Moulins.

Les HÔTELS, les RENSEIGNEMENTS PRATIQUES en général, sont aussi des choses dont nous nous occupons particulièrement, parce que les agréments d'un voyage en dépendent beaucoup. Il y a p. XXI-XXIII des observations relatives aux hôtels qu'il importe de ne pas oublier.

On sait que *nos recommandations ne s'achètent à aucun prix, pas même sous forme d'annonce;* il ne peut par conséquent y avoir de doute sur notre impartialité. En principe, *nous indiquons* d'une manière spéciale *les hôtels qui nous paraissent le mériter* et nous marquons d'un *astérisque* (*) ceux qui nous semblent particulièrement *recommandables*, mais il peut y en avoir d'autres. Nous ne prétendons pas, bien entendu, à l'infaillibilité, et les hôtels sont surtout sujets à varier souvent et rapidement. La manière dont on y est reçu et traité dépend du reste de circonstances qu'il est généralement impossible de prévoir. Les exigences varient aussi avec les voyageurs et par conséquent les jugements sur une même maison. Les dispositions personnelles du moment, les incidents du voyage, la saison, le temps y sont encore pour quelque chose. On doit donc toujours s'attendre en voyage à de l'imprévu et à quelques ennuis, et tâcher de ne pas perdre pour cela sa bonne humeur.

L'*introduction* de ce livre contient quantité de renseignements qu'on devra lire et ne pas oublier, pour s'éviter le plus possible de ces ennuis et des pertes d'argent.

Le texte du volume est divisé en *trois parties brochées séparément*, mais qui ne se vendent pas à part: I, Ile de France, Champagne et Ardennes; II, Lorraine et Vosges; III, Bourgogne, Franche-Comté et Nivernais. Pour en détacher une, casser le volume au commencement et à la fin de cette partie et couper la gaze sur laquelle sont cousues les feuilles. Il n'est pas non plus difficile, avec un peu de précaution, de décoller les cartes et les plans.

Enfin nous devons remercier les nombreux amis de nos guides, qui nous fournissent quantité de renseignements précieux. Bien que faisant nous-mêmes notre possible pour tenir nos manuels à jour, nous sommes toujours obligés de faire appel au concours bienveillant des voyageurs, en les priant de continuer à prendre note des erreurs et des omissions que l'expérience leur fera découvrir dans nos livres, et de les signaler à l'éditeur.

Karl Bædeker,
Leipzig.

TABLE MÉTHODIQUE

Introduction.

I.	Frais, saisons et plans de voyage. Bagage et costume Agences de voyages	XI
II.	Chemins de fer, voitures publiques et de louage, passeport, douane et octroi	XIV
III.	Vélocipédie	XIX
IV.	Hôtels, maisons meublées, restaurants et cafés . . .	XXI
V.	Monuments et musées	XXIV
VI.	Poste et télégraphe. Colis postaux	XXIV
VII.	Géographie politique et administrative	XXVII
VIII.	Géographie économique	XXXI
IX.	Cartes géographiques	XXXVII

Le Nord-Est de la France.

I. Ile de France, Champagne et Ardennes.

1. De Paris à Compiègne et à Pierrefonds	3
I. De Paris à Compiègne (St-Quentin, Namur, etc.) . .	3
II. De Compiègne à Pierrefonds (Villers-Cotterets) . . .	8
2. De Compiègne (Paris) à Chauny et à Coucy-le-Château .	11
I. De Compiègne à Chauny (St-Quentin, etc.)	11
II. De Chauny à Coucy-le-Château (Laon)	13
3. De Chauny (Paris) à St-Quentin et à Namur	15
I. De Chauny à St-Quentin	15
II. De St-Quentin à Namur	18
4. De Paris à Soissons et à Laon	22
I. De Paris à Soissons	22
II. De Soissons à Laon	28
5. De Paris à Reims	32
A. Par Meaux et la Ferté-Milon	32
B. Par Soissons	36
C. Par Meaux et Epernay	37
6. De Tergnier (Calais-Amiens) à Châlons-sur-Marne (Bâle), par Laon et Reims	41
7. De Valenciennes (Lille) à Laon, par Guise	43
8. Reims	44
9. De Reims (Paris) à Mézières-Charleville	52
10. De Laon (Paris) à Hirson et à Namur	55
11. De Laon à Mézières-Charleville	57
A. Par Hirson	57
B. Par Liart	57
12. De Valenciennes (Calais-Lille) à Mézières-Charleville, par Aulnoye et Hirson (Londres-Nancy-Strasbourg) . .	58

13. De Mézières-Charleville à Givet et à Namur. Vallée de la
    Meuse. Grottes de Rochefort et de Han 60
14. De Mézières-Charleville à Sedan. 65
15. De Paris à Châlons-sur-Marne (Nancy). 69
16. De Châlons-sur-Marne à Bar-le-Duc (Paris-Nancy). . . 73
17. De Châlons-sur-Marne et de Reims à Verdun (Paris-Metz) 78
    I. De Châlons-sur-Marne à Verdun 78
    II. De Reims à Verdun 80
18. De Paris à Vitry-le-François (Bar-le-Duc), par Coulommiers 82
19. De Châlons-sur-Marne à Troyes et à Sens 84
20. De Paris à Longueville (Troyes) et à Provins 85
    A. Par la ligne directe 85
    B. Par Vincennes et Brie-Comte-Robert 86
21. De Paris à Troyes (Belfort) 89
22. Troyes 90
23. De Troyes à Chaumont et à Langres (Paris-Belfort) . . 96
24. De Troyes à Toul (Nancy) par Brienne, Montier-en-Der et
    Pagny-sur-Meuse 101
25. De Troyes (Paris) à Dijon 103

II. Lorraine et Vosges.

26. De Bar-le-Duc (Paris) à Nancy 107
27. De Toul (Paris-Châlons) à Metz 110
28. De Verdun (Paris-Châlons ou Reims) à Metz 112
29. De Mézières-Charleville à Nancy 113
    A. Par Sedan, Longuyon, Conflans-Jarny et Pagny-sur-Moselle 113
    B. Par Sedan, Verdun et Lérouville 115
30. De Mézières-Charleville à Metz 116
31. De Mézières-Charleville (Paris-Reims) à Luxembourg. . 119
32. Nancy 120
33. De Châlons-sur-Marne (Paris) à Epinal (Vosges) . . . 130
    A. Par Blesme, Bologne, Neufchâteau et Mirecourt. . . 130
    B. Par Bar-le-Duc, Neufchâteau et Mirecourt 132
    C. Par Pagny-sur-Meuse, Neufchâteau et Mirecourt. . . 133
    D. Par Toul et Mirecourt 135
    E. Par Nancy et Blainville-la-Grande 135
34. De Nancy à Dijon 136
    A. Par Toul, Neufchâteau et Chalindrey 136
    B. Par Mirecourt et Chalindrey (Vittel, Contrex., Martigny-les-B.) 136
    C. Par Epinal, Vesoul et Gray 137
35. De Nancy (Paris) à Strasbourg 139
36. De Lunéville à St-Dié et à Epinal 145
37. De Troyes (Paris) à Epinal (Vosges) 148
    A. Par Chaumont, Neufchâteau et Mirecourt 148
    B. Par Jussey et Darnieulles 149
38. Excursions de St-Dié dans les Vosges 153
    I. A Strasbourg, par Saales 153
    II. A Schlestadt, par Ste-Marie-aux-Mines 154
    III. A Colmar, par Fraize, le col du Bonhomme et la Poutroye 155

39. Excursions d'Epinal dans les Vosges 157
    I. A la Schlucht (Munster) par Gérardmer 157
    II. A Colmar par la Schlucht et Munster 164
    III. A Mulhouse par Bussang et Wesserling 165
    IV. A Mulhouse par Cornimont, la Bresse ou Ventron et Wesserling 168
    V. A Belfort par le ballon d'Alsace 170
40. D'Epinal à Belfort en chemin de fer 172
41. De Langres à Belfort 173
42. Bains des Vosges 177
    I. De Châlons-s.-M.(Paris) à Vittel, Contrexéville et Martigny-les-Bains, par Mirecourt 177
    II. De Nancy à Vittel, Contrexéville et Martigny-les-Bains 178
    III. D'Epinal à Vittel, Contrexéville et Martigny-les-Bains . 178
    IV. De Langres (Paris) à Martigny-les-Bains, Contrexéville et Vittel, par Andilly 178
    V. De Langres (Paris) à Bourbonne-les-Bains 180
    VI. De Langres à Bains-les-Bains, Luxeuil et Plombières . 181
    VII. D'Epinal à Bains-les-Bains, Plombières et Luxeuil . 184
    VIII. D'Epinal à Bussang 184
43. De Belfort à Strasbourg 185
44. De Belfort (Paris) à Bâle 187
    A. Par Mulhouse 187
    B. Par Delle 187

III. Bourgogne, Franche-Comté et Nivernais.

45. De Paris à Montereau et à Dijon (Lyon) 191
    I. De Paris à Montereau par Fontainebleau 191
    II. De Paris à Montereau par Corbeil 200
    III. De Montereau à Sens et à Dijon 202
46. Dijon 211
47. De Paris à Besançon 223
    A. Par Dijon et Dôle 223
    B. Par Troyes, Is-sur-Tille et Gray 227
    C. Par Troyes, Chalindrey et Gray 228
    D. Par Troyes et Vesoul 228
48. De Belfort (Strasbourg) à Besançon (Dijon. Lyon) . . 228
49. Besançon 231
50. De Besançon à Neuchâtel (Pontarlier) 238
51. De Dijon (Paris) à Neuchâtel et à Lausanne 241
    I. De Dijon à Pontarlier. Salins 241
    II. De Pontarlier à Neuchâtel 244
    III. De Pontarlier à Lausanne 245
52. De Dijon (Paris) à Lyon 246
53. De Besançon (Belfort) à Lyon par Bourg et Ambérieu ou la Dombes 256
    A. Par Bourg et Ambérieu 256
    B. Par Bourg et la Dombes 260
54. Excursions dans le Jura 261
    I. D'Andelot (Dôle, Besançon) à Genève par le Jura . 262
        A. Par St-Laurent, Morez et la Faucille 262
        B. Par St-Laurent, Morez et Nyon 265
    II. D'Andelot (Dôle, Besançon) à St-Claude et à la Cluse (Nantua, Bourg), par St-Laurent 265

TABLE MÉTHODIQUE.

    III. De Pontarlier à St-Claude 268
        A. Par Mouthe et St-Laurent 268
        B. Par le lac de Joux, les Rousses et Morez 268
    IV. De Lons-le-Saunier à Morez (Genève) 270
        A. Par Champagnole 270
        B. Par Clairvaux et St-Laurent 271
    V. De Lons-le-Saunier à St-Claude, par Clairvaux et Moirans 271
55. De Mâcon (Paris) à Genève 273
    A. Par Bourg, Ambérieu et Culoz 273
    B. Par Bourg et Nantua 276
56. De Paris à Nevers (Lyon) par Montargis 278
    I. De Paris à Montargis par Fontainebleau et Moret . . 278
    II. De Paris à Montargis par Corbeil 280
    III. De Montargis à Nevers 288
57. De Paris à Nevers par Orléans et Bourges 290
    I. De Paris à Orléans 290
    II. D'Orléans à Bourges 298
    III. De Bourges à Nevers 304
58. Le Morvan. Auxerre, Autun, etc. 304
    I. De Laroche (Sens) à Auxerre (Autun) et à Nevers . . 305
    II. D'Auxerre à Autun, par Avallon 308
    III. D'Avallon (Auxerre) à Dijon, par Semur 312
    IV. De Clamecy (Auxerre) à Paray-le-Monial (Moulins) . . 314
59. De Dijon à Nevers 315
    A. Par Chagny, Montchanin et le Creusot 315
    B. Par Chagny et Autun 318
60. De Moulins à Mâcon 324
61. De Nevers (Paris) à Lyon, par Roanne et Tarare . . . 328
62. De Lyon à Genève 337
    Table alphabétique 342

Cartes et Plans.

Cartes.

1. *Nord et Est de la France* avant le titre.
2. *Banlieue de Paris* 8
3. *Forêt de Compiègne* 7
4. *Vallée de la Meuse* 61
5. *Vosges centrales* ou *moyennes* . 153
6. — *méridionales* ou *Hautes V.* 157
7. *Environs de Gérardmer* . . . 159
8. — *de Fontainebleau* . . 193
9. *Jura français*, partie nord . 261
10. — partie sud . . 271
11. *Est et Centre de la France* après la table alphabétique.
12. *Carte générale de la France* à la fin du volume.

Plans.

(Orientés au nord, à moins d'indication contraire.)

1. *Autun* 319
2. *Auxerre* 305
3. *Bar-le-Duc* 75
4. *Belfort* 175
5. *Besançon* 231
6. *Bourg* 273
7. *Bourges* 299
8. *Châlons-sur-Marne* 69
9. *Dijon* 211
10. *Epinal* 151
11. *Fontainebleau* 193
12. *Laon* 29
13. *Moulins* 329
14. *Nancy* 121
15. *Nevers* 287
16. *Orléans* 293
17. *Paris* 1
18. *Reims* 45
19. *Sens* 208
20. *St-Quentin* 15
21. *Troyes* 91

INTRODUCTION.

I. Frais, saisons et plans de voyage. Bagage et costume.
Agences de voyages.

Frais. — En général, on peut se tirer d'affaire avec 15 à 20 fr. par jour, y compris le chemin de fer, si l'on ne voyage pas très vite. On aura même assez de 12 à 15 fr. si l'on s'arrête assez longtemps en route et si l'on se contente d'hôtels de second ordre. Généralement, les frais sont plus considérables quand on voyage avec des dames, parce qu'on ne peut plus aller dans de petits hôtels et qu'il faut prendre des voitures. Il sera toutefois bon d'emporter, outre son budget largement calculé, quelques centaines de francs de plus, pour les imprévus et les achats qu'on pourrait faire en route.

Nota. — Il importe d'avoir toujours de la *petite monnaie*, les gens à pourboire n'ayant jamais de quoi rendre.

Saisons. — La partie de la France dont traite ce volume peut se visiter en tout temps, mais moins en hiver que dans les autres saisons. Dans les Vosges et le Jura, les excursions ne sont guère possibles ou du moins agréables qu'en été.

Plans de voyage. — On ne doit jamais se mettre en voyage, même pour son agrément, sans s'être tracé un plan, un itinéraire détaillé, non seulement afin de ménager son temps et sa bourse, mais pour bien voir tout ce qui mérite d'être vu, pour passer son temps le plus agréablement possible et s'éviter divers ennuis, comme de séjourner dans des endroits qui n'offrent ni intérêt ni ressource, de manquer une correspondance, etc.

Il y a dans toute la France plus de curiosités qu'on ne croit ordinairement, et les personnes qui voyagent en vrais touristes, c'est-à-dire en profitant de leur passage pour voir ce qu'il y a d'intéressant dans un pays, se convaincront facilement qu'il n'est pas toujours nécessaire d'aller loin pour trouver ce que l'on cherche. La partie de la France qui nous occupe est sans doute moins riche en beautés naturelles que celles qui comprennent les Alpes et les Pyrénées, mais elle l'est encore pour le moins autant que les pays voisins, si l'on excepte les bords du Rhin. Elle est par contre très riche en monuments. Le nord est le pays de l'art gothique, et il y a quantité d'églises gothiques très remarquables à visiter dans le nord-est, surtout à *Châlons-sur-Marne*, *Reims*, *Laon*, *Soissons*, *Troyes*, *Toul*, *Sens*, *Auxerre*, *Dijon*, *Brou* (Bourg), *Nevers*, *Bourges*, *Orléans*. Le château de *Pierrefonds* est un monument célèbre et les ruines de celui de *Coucy* sont des plus intéressantes. Plusieurs villes ont des musées d'une grande valeur; celui de *Dijon* serait digne d'une capitale; *Reims*, *Nancy*, *Troyes*, *Epinal*, *Besançon*, *Autun*, *Sens* sont encore plus ou moins bien partagés sous ce rapport. *Nancy* mérite aussi d'être visité à cause de son cachet particulier, comme ancienne capitale de la Lorraine ; *Laon* et *Langres*, pour l'originalité de leur site ; d'autres, aux frontières, au point de vue historique. Puis il y a les *Vosges* et le *Jura*, pour les amateurs d'excursions dans les montagnes, des *villes d'eaux* célèbres comme *Gérardmer* et *Plombières*, des bassins miniers comme celui du *Creusot*, et quantité de centres industriels très importants.

ITINÉRAIRE. Il est naturellement impossible de fixer un intinéraire qui puisse satisfaire aux convenances personnelles de chacun. Celui qui suit est donc uniquement destiné à permettre aux touristes de combiner plus aisément le leur. Il indique d'une façon générale la direction à suivre pour visiter le plus rapidement et le plus complètement le nord-est de la France.

En dehors des points d'embranchements, dont le nom est écrit en lettres italiques, toutes les villes mentionnées ci-dessous offrent plus ou moins d'intérêt aux touristes ; on a marqué d'un astérisque celles où il est nécessaire de s'arrêter pour emporter une connaissance suffisante du pays. On a indiqué entre parenthèses les excursions qui se rattachent aux villes données, c'est-à-dire qui y ont leur point de départ et y ramènent.

CHAMPAGNE, ARDENNES ET VOSGES (de 20 à 30 jours). Paris, Meaux, la Ferté-Milon, Villers-Cotterets, *Soissons, Compiègne (*Pierrefonds), Noyon, *St-Quentin, *Tergnier*, la Fère, *Laon (*Coucy-le-Château), *Hirson*, Mézières (*vallée de la Meuse, Givet, Sedan), *Reims, Epernay, *Châlons-s.-Marne, Bar-le-Duc, *Lérouville*, St-Mihiel, Verdun, *Lérouville*, *Toul, *Nancy, Lunéville, *St-Dié, *Laveline*, *Gérardmer (*Longemer, *la Schlucht, *le Hohneck), Remiremont (Cornimont, *Bussang, *Ballon d'Alsace), *Epinal, *Aillevillers* (*Plombières, *Val d'Ajol), Luxeuil, Lure, *Belfort, Lure, Vesoul, *Vitrey*, Bourbonne-les-Bains, *Vitrey*, *Langres, Chaumont, *Troyes, *Longueville*, *Provins, *Longueville*, Paris.

BOURGOGNE ET FRANCHE-COMTÉ (de 20 à 30 jours). Paris, Melun, *Fontainebleau, *Sens, Joigny, *Auxerre, Avallon (*Vézelay), Semur, *les Laumes*, *Dijon (*Beaune), Auxonne, *Dôle, *Besançon, *l'Hôpital-du-Gros-Bois* (Lods), *la Chaux-de-Fonds*, *Neuchâtel, Pontarlier, *Mouthe, *Morez, *Champagnole, *Andelot*, *Mouchard* (*Salins), Poligny, Lons-le-Saunier, *St-Claude, *la Faucille, Gex, *Bellegarde*, *Bourg, Mâcon, Tournus, *Chalon-sur-Saône, *Chagny*, *Autun, *Etang*, le Creusot, *St-Gengoux*, Cluny, Paray-le-Monial, *Moulins, *Nevers, *Saincaize*, *Bourges, Cosne, Gien, St-Benoît-sur-Loire, *Orléans, Montargis, Paris.

Ces itinéraires peuvent aisément se raccorder les uns aux autres.

Bagage. — Le bagage est l'ennemi du voyageur, surtout du touriste. Non seulement un excédent augmente vite, dans un long voyage, les frais de transport, mais le bagage cause toujours de l'embarras et entrave partout la liberté. L'idéal est de pouvoir sortir immédiatement d'une gare les mains libres, sans avoir rien à attendre, rien à réclamer, rien à chercher, tout entier au plaisir de se dégourdir les membres et de jouir aussitôt des curiosités pour lesquelles on est venu. Et l'agrément n'est pas moindre au retour, quand on peut partir à sa guise et terminer sa promenade à la gare, sans repasser par l'hôtel, pour prendre l'omnibus, qui peut-être est déjà parti ou ne va pas au train (v. p. XXII).

Si l'on ne peut se passer de bagage, il importe du moins d'en prendre aussi peu que possible. Un touriste, qui voyage pour son agrément et a moins besoin d'une toilette élégante et variée que d'une bourse bien garnie, peut se contenter, même pour un long voyage, d'une valise et d'un sac. La valise est pour la réserve et le sac pour les besoins du jour, les articles de toilette et autres menus objets. La valise même doit pouvoir se porter à la main. On la met aux bagages, et on la laisse en gare le plus souvent possible. Le sac, que l'on garde avec soi, est de son côté mis à la consigne toutes les fois qu'on peut s'en passer, par ex. aux endroits où l'on s'arrête entre deux trains.

Les dames qui voyagent en touristes, c'est-à-dire plus pour voir que pour être vues, peuvent aussi réduire leur bagage dans les mêmes proportions.

Costume. — Un pardessus et un costume de rechange sont souvent plus que suffisants, comme vêtements, avec ceux qu'on porte, même pour un long voyage. C'est surtout de linge qu'on a le plus besoin; mais il est facile d'en faire blanchir durant son séjour dans une ville et encore plus simple de le remplacer, au moins en partie, par de la flanelle de couleur. Rien de plus pratique et de plus agréable qu'une chemise de flanelle. On est maintenant habitué, dans les centres d'excursions, à la voir portée par les touristes, et elle peut se dissimuler avec un col blanc, un plastron et un gilet montant. Il faut toujours donner la préférence aux vêtements de drap. La toile n'est point pratique et peut occasionner des refroidissements. Si l'on transpire, ôter durant la marche, si cela est possible, un vêtement qu'on remettra en arrivant. Les chaussettes de laine douce sont préférables, surtout pour les excursions à pied. La chaussure mérite une attention particulière. Il faut qu'elle soit forte, large et déjà faite au pied, et il importe d'en avoir une paire de rechange. Les pieds s'endurcissent quand on les frotte avec du suif. Quand on a des ampoules, on les perce en y passant un fil de soie, qu'on y laisse. La coiffure doit être légère et souple; un feutre mou, de couleur foncée, est très pratique; durant les chaleurs, un chapeau de toile blanche est fort recommandable. Un en-tout-cas de coton léger ou un parapluie de soie, avec une poignée commode, est enfin nécessaire aussi bien par le grand soleil qu'en temps variable.

Agences de voyages. — Pour les personnes qui aiment mieux voyager avec d'autres et d'après un itinéraire tout tracé que se guider seules à leur gré, il y a des agences de voyages, qui organisent des excursions à forfait, c'est-à-dire pour des prix déterminés, comprenant les frais de transport, d'hôtels, de guides, etc. Elles annoncent leurs voyages par des prospectus détaillés, et renseignent aussi par correspondance. Ces agences délivrent des coupons d'hôtels, des billets de chemins de fer, etc. Elles ont, en France, leur siège à Paris et quelques succursales en province. La plus ancienne à Paris est l'*agence Cook*, place de l'Opéra, 1, plutôt une agence anglaise, organisant d'ordinaire de longs voyages. Il en est de même de l'*agence Gaze*, rue Scribe, 3. Agences françaises: *Voyages Économiques*, rue du Faubourg-Montmartre, 17, et rue Auber, 10; *Lubin*, boul. Haussmann, 36; *Duchemin*, rue de Grammont, 20; *Voyages Pratiques*, rue de Rome, 9; *Desroches*, Faub.-Montmartre, 21; *Voyages Modernes*, rue de l'Echelle, 1.

II. Chemins de fer, voitures publiques et de louage, passeport, douane et octroi.

Chemins de fer. — Le touriste qui visite les principales curiosités de la France n'y voyage plus guère qu'en chemin de fer. Six grandes compagnies, l'Etat et quelques petites compagnies se partagent le réseau. La région de la France qui nous occupe dans ce volume est desservie, en tout ou en partie, par les compagnies du *Nord*, de l'*Est*, de *Paris-Lyon-Méditerranée* et d'*Orléans*.

L'organisation des chemins de fer est à peu près la même partout. On notera que les trains vont toujours *à gauche*, que par conséquent on monte et on descend à g. et que lorsqu'une gare a un côté du départ et un côté de l'arrivée, le premier est à g. pour celui qui part, comme le second pour celui qui arrive.

Les *prix des places* sont calculés, sur les réseaux des grandes compagnies, à raison de 11 c. 20 par kil. pour la 1re classe (Etat, 10 c. 192), 7 c. 56 pour la 2e et 4 c. 928 pour la 3e cl., avec un minimum de 65 (Etat, 60), 45 et 30 c., pour 6 kil., ou seulement 35, 25 et 15 c., pour 3 kil., sur le réseau du Nord. Les prix diffèrent un peu sur les lignes des petites compagnies, qui toutefois sont peu nombreuses. Il y a un impôt de 10 c. sur les billets au-dessus de 10 fr.; il est compté dans les prix perçus pour ces billets et dans ceux que nous donnons, mais non dans les tableaux de l'Indicateur des chemins de fer (p. xv).

La *distance kilométrique*, d'après laquelle sont établis les prix, est souvent plus ou moins majorée, quand le point de départ n'est pas tête de ligne ou quand il doit y avoir changement de ligne, les fractions de kilom. étant comptées pour des kilomètres. D'autres fois cependant il y a des détours qui n'entrent pas en compte, le tarif étant établi d'après la ligne la plus directe, ou bien il y a des concurrences qui forcent à des réductions, etc. Il reste donc plus ou moins d'imprévu, pour le public, dans les prix des chemins de fer, et nos indications peuvent, pour cette raison, n'être pas toujours absolument exactes.

Les trains *rapides* et les *express* n'ont pas de tarifs plus élevés que les trains omnibus, mais les premiers n'ont d'ordinaire qu'une classe et les seconds n'en ont assez souvent que deux. De plus ces trains ne prennent pas toujours les voyageurs qui n'ont qu'un petit parcours à effectuer. Les compartiments de 1re cl. sont confortables, ceux de 3e cl. généralement médiocres. Il y a 8 places dans les premiers et 10 dans les autres. Le matériel a été toutefois notablement amélioré depuis quelque temps. Le Nord, l'Est et le Paris-Lyon ont dans certains trains des voitures à couloir de 1ʳᵉ, 2ᵉ cl. (et même 3ᵉ cl. sur le P.-L.-M.) avec water-closet et lavabo. Pour les *wagons-lits* et les *wagons-restaurants*, v. ci-dessous. L'hiver, les trois classes sont chauffées. Il y a des compartiments pour les *dames* et d'autres pour les *fumeurs*. On ne peut fumer ailleurs que si les autres voyageurs y consentent. — Si l'on n'aime pas à être en nombreuse compagnie, fermer la portière et s'y montrer, car la plupart des voyageurs cherchent des compartiments libres et les retardataires se précipitent dans ceux qu'ils trouvent ouverts.

Pour les *bagages*, on a droit par toute la France au transport gratuit de 30 kilogr., mais on paie 10 c. pour l'enregistrement. Les excédents se paient 10 c. pour 1 à 5 kilogr. jusqu'à 170 kilom. exclusivement, pour 5 à 10 kilogr. jusqu'à 85 kilom., pour 10 à 20 kilogr. jusqu'à 43 kilom., pour 20 à 30 kilogr. jusqu'à 29 kilom. et pour 30 à 40 kilogr. jusqu'à 14 kilom.; puis 5 c. par 20, 10, 5, 4, 3 et 2 kilom., selon l'excédent, comme ci-dessus. A partir de 40 kilogr., 4 c. 15 par 10 kilogr. et par kilom., avec minimum de 6 kilomètres. — Aucune franchise sur les lignes de l'Etat belge, d'Alsace-Lorraine et de Suisse. — *Chiens* : 30 c. par tête jusqu'à 20 kilom. exclusivement, puis 5 c. par 3 kilom., et 10 c. d'«enregistrement».

La *vitesse* des trains est de 60 à 75 et même 80 kil. à l'heure pour les rapides, 40 à 50 pour les directs et 35 à 45 pour les trains mixtes.

Il n'y a de *buffets* qu'aux stations principales, et l'on n'a pas toujours le temps de s'y restaurer ou de s'y rafraîchir tranquillement. Pour cette raison et parce qu'ils sont souvent chers et médiocres, on fera bien de se munir de provisions pour ne pas être obligé d'y prendre ses principaux repas. En tout cas, il est bon de s'assurer, avant un long trajet, si le train s'arrêtera suffisamment pour permettre de déjeuner ou de dîner en route. Les buffets ont des tarifs affichés dans leurs salles, et ils servent des repas à plusieurs prix, de 1 fr. 50 (boisson insuffisante) à 4 fr., ce qu'il est bon de noter, si l'on ne peut ou ne veut pas prendre part à la table d'hôte. Certains buffets tiennent prêts, pour le passage des trains, des paniers contenant un repas complet froid, à prix fixe (3 fr., 3 fr. 50 et 4 fr.). Les employés du chemin de fer reprennent les paniers vides à n'importe quelle gare.

Il y a des *wagons-lits* sur presque toutes les grandes lignes. La Comp. Internat. des Wagons-Lits a une agence à Paris, place de l'Opéra, 3. Cette compagnie a aussi des *wagons-restaur.* sur les lignes de Paris à Maubeuge (Bruxelles), à Nancy, à Reims et Mézières-Charleville, à Dijon, à Nevers, à Orléans : déj., 3 fr. 50 et 4 fr.; dîn., 4, 5 et 6 fr., selon la ligne et vin non compris. 1/2 bouteille de vin ordinaire, 1 fr.; bouteille, 1 fr. 50 et 2 fr.

Oreillers et *couvertures* à louer, dans les grandes gares, 1 fr.

On trouvera à peu près tous les renseignements dont on aura besoin dans l'*Indicateur des chemins de fer*, qui paraît tous les samedis et se vend partout 85 c. Il est assez encombrant, mais meilleur et relativement moins cher que les *Livrets Chaix*, 5 livrets spéciaux qui ne paraissent que tous les mois et se vendent séparément 50 c. On détachera de l'Indicateur les feuilles dont on aura besoin, et on laissera le reste dans sa valise ou sa malle. On devra toujours le consulter d'avance relativement à la durée du trajet et à la coïncidence des trains, qui varient assez souvent. Les numéros placés sur les cartes renvoyant à la page à consulter permettent de trouver immédiatement l'horaire de chaque ligne dans l'Indicateur.

Toutes les gares sont à l'*heure* de Paris, qui est l'heure légale pour toute la France, mais les horloges intérieures retardent de 5 min. pour la commodité du service. A la frontière belge, l'heure légale est en *avance* de 9 min. et l'heure intérieure de 4 min. sur l'heure dite de l'Europe occidentale ou heure anglaise (Greenwich), adoptée par la Belgique, et aux frontières d'Alsace et de Suisse les mêmes heures ont 50 et 55 min. de *retard* sur l'heure de ces pays, dite de l'Europe centrale.

Il y a dans la plupart des gares un bureau de *consigne*, où les voyageurs peuvent déposer leurs bagages. Ils reçoivent un bulletin spécial et paient 5 c. par jour pour chaque colis, sans toutefois que la somme due puisse être inférieure à 10 c. Là où il n'y a pas de consigne, les employés gardent les effets moyennant un pourboire. On peut aussi les laisser en gare à l'arrivée; dans ce cas, on conserve le bulletin qu'on a reçu au départ.

Des *billets d'aller et retour* se délivrent maintenant partout, avec une réduction de 20, 25 % ou davantage. La validité de ces billets varie selon les compagnies: Nord, 1, 2 et 3 jours, jusqu'à 100, 200 et au delà de 200 kilom.; Est, 2, 3, 4 et 5 jours, jusqu'à 200, 300, 400 et au delà de 400 kilom.; Paris-Lyon-Méditerranée, 2 et 3 jours, jusqu'à 250 et au delà de 250 kilom., etc. Les coupons de retour des billets délivrés le samedi et la veille d'une fête légale, ou ces jours-là, sont valables au moins jusqu'au lundi ou jusqu'au lendemain de la fête et jusqu'au mardi si le lundi est un jour de fête. Il y a d'ordinaire, aux grandes fêtes, des billets d'aller et retour dont la validité est plus considérable.

Les *fêtes légales* sont: le 1er janvier, le lundi de Pâques, l'Ascension, le lundi de la Pentecôte, le 14 juillet (fête nationale), l'Assomption (15 août), la Toussaint (1er nov.) et Noël.

Il sera néanmoins toujours bon de *se renseigner*. Les tarifs des billets d'aller et retour ne se trouvent pas dans l'Indicateur des chemins de fer, mais ils sont dans les Livrets Chaix.

On ne saurait recommander les *trains de plaisir*, parce qu'il y a toujours de l'encombrement, que la société qui en profite est en général fort turbulente et que surtout le trajet se fait de nuit, tant à l'aller qu'au retour. En outre, il n'est pas rare d'avoir de la peine à se loger en arrivant et de payer pour cela des prix exorbitants, qui absorbent plus ou moins les économies du trajet.

Les *voyages circulaires* sont au contraire jusqu'à un certain point recommandables, au moins les *voyages circulaires à itinéraires fixes*, à cause de la réduction de prix et de l'avantage de pouvoir s'arrêter où il plaît, de n'avoir pas toujours à se présenter aux guichets et de pouvoir expédier ses bagages en avant; mais il n'y a d'ordinaire pour ces voyages que des billets de 1re et de 2e classe.

Les *voyages circulaires à itinéraires facultatifs* pour les 3 classes sont surtout avantageux, depuis la dernière réglementation (1896), pour les longs parcours. On devra d'abord bien lire les détails à ce sujet dans l'Indicateur ou sur le formulaire que délivrent les compagnies. L'avantage dans les prix est en principe de 23 fr., 11 fr. 60 et 9 fr. 30 pour 1000 kil., 78, 48 et 26.50 pour 2000, 143, 91 et 53 pour 3000, mais il faut payer 1 fr. pour la confection du carnet, il y a des majorations dans les kilométrages par sections, on est souvent obligé de faire entrer dans un tracé des parcours qu'on ne désire pas effectuer et on ne peut y comprendre les lignes des compagnies secondaires, quelquefois importantes pour le voyageur. En outre il y a la question du *minimum,* qui oblige à tracer un grand circuit, si l'on ne veut perdre plus ou moins la réduction promise. Il est dit, en effet, que le prix ne peut être inférieur au double du prix d'un billet ordinaire entre la gare de départ et la gare la plus éloignée dans l'itinéraire. On n'a même pas alors la réduction accordée à un aller et retour. On ne peut, par ex., faire un voyage circulaire avantageux avec Paris et Gérardmer comme gares extrêmes que si l'on a un circuit mesurant plus de 900 kil., le double des 450 qu'il y a de Paris à Gérardmer, attendu qu'il faut payer au moins pour 900 kil., soit: 100 fr. 80, 68 fr. 05 et 44 fr. 35; mais on a droit pour ce prix, ou plus exactement pour 104 fr. (avec 1 fr. pour la confection du carnet), 70 et 48 fr., au tarif réduit, à un parcours de 1201 à 1300 kil. en 1re et 1101 à 1200 en 2e et 3e classe, c.-à-d. qu'on peut au moins, par ex., aller par Nancy et St-Dié et revenir par Belfort et Troyes. Il y a enfin comme dernier désavantage l'obligation de prendre, avec son carnet, un billet ordinaire au départ et après chaque arrêt! Il n'est donc pas inutile de bien se renseigner d'avance. On fera bien aussi de voir si le billet est conforme au tracé donné et de vérifier le compte.

Solutions de continuité autorisées pour les billets circulaires ci-dessus, sur le réseau de l'Est, entre deux quelconques des gares suivantes: Audun-le-Roman, Batilly, Pagny-sur-Moselle, Moncel, Igney-Avricourt, Badonviller, Fraize, Gérardmer, Cornimont, Bussang, Plombières-les-Bains, le Val-d'Ajol, Giromagny et Petit-Croix.

Voitures publiques. — Les touristes n'ont plus guère de longs parcours à faire en voiture publique que dans certaines parties des Vosges et du Jura, où les services sont assez bien organisés. L'impériale ou le siège est préférable, quand il fait beau, pour ceux qui veulent jouir de la vue. Il est bon de retenir sa place d'avance; dans tous les cas, ceux qui se sont fait inscrire passent avant les autres, et les places sont données d'après l'ordre d'inscription. Les prix sont fixés par un tarif.

Il importe toujours de *se renseigner d'avance* sur les services des voitures publiques, dont les heures varient souvent et qui même peuvent être supprimées d'un jour à l'autre. L'*Indicateur*, qui est surtout fait dans les bureaux des comp. de chemins de fer, ne mentionne malheureusement que les correspondances reconnues par elles, mais il existe bien d'autres voitures publiques utiles aux touristes. On trouve quelquefois des détails à ce sujet dans les livrets locaux.

Il est bon aussi de s'assurer des prix. Quand ces voitures sont des correspondances de chemin de fer, on en trouve les tarifs à peu près exacts à l'Indicateur, mais là où elles ne dépendent pas du chemin de fer, on est exposé à l'arbitraire et on peut être plus ou moins rançonné, si l'on ne prend ses précautions.

Pour les omnibus des hôtels et des chemins de fer, v. p. XXII.

Voitures de louage. — On trouve à peu près dans tous les endroits fréquentés comme séjours ou comme centres d'excursions des voitures et des montures à louer. Une voiture coûte d'ordinaire, à 1 chev., 12 à 20 fr.; à 2 chev., 25 à 30 fr. par jour, plus 1 ou 2 fr. de pourboire. Il est nécessaire de débattre les prix et de bien s'entendre d'avance. Les voitures de louage font d'habitude env. 50 kil. par jour, en s'arrêtant 2 ou 3 h. vers midi.

Passeport. — On n'en demande plus aujourd'hui en France, même aux frontières, et il est également supprimé pour entrer en Alsace-Lorraine, sauf pour les militaires français en activité de service et pour les hommes âgés de moins de 45 ans qui ont quitté la nationalité allemande avant l'accomplissement du service militaire. Le visa est obligatoire, mais se fait gratuitement. Toutefois, tout étranger qui séjourne plus de 24 heures en Alsace-Lorraine doit faire une déclaration au commissariat de police; cette formalité est d'ailleurs accomplie par le maître d'hôtel. D'une façon générale, comme il est toujours utile d'avoir une pièce de légitimation, on fera bien de se procurer un passeport et de le porter toujours sur soi, surtout dans les excursions aux frontières. Le visa dans ce cas n'est pas nécessaire. — Les amateurs de photographie éviteront d'en faire aux environs des places fortes, les artistes d'y peindre ou d'y dessiner et les touristes d'y prendre des notes.

Douane et octroi. — La *visite douanière* des bagages a lieu en principe aux frontières, et l'on doit y assister. Ceux qui sont enregistrés pour Paris n'y sont toutefois soumis qu'à l'arrivée dans cette ville. Aux trains de luxe, elle a lieu en cours de route, à Paris ou à d'autres endroits mentionnés dans l'Indicateur. Cette visite est assez rigoureuse, mais les employés sont polis. Leur attention porte particulièrement sur le tabac. Les droits sont de 36 fr. par kilogr. sur les cigares et les cigarettes, 25 fr. sur les tabacs du Levant et 15 fr. sur les autres. En général, n'emporter que le nécessaire en vêtements et en linge.

La *visite de l'octroi*, à l'entrée d'une ville, a surtout pour but de faire payer les taxes sur les denrées alimentaires, mais les employés ont le droit de s'informer si un objet imposable en douane a acquitté les droits.

Il est bon de déclarer d'avance tous les objets passibles de droits, la visite est alors rapidement terminée.

III. Vélocipédie.

La bicyclette est le sport favori des mois de vacances. On l'emploie aujourd'hui de plus en plus non seulement pour de courtes excursions aux environs de sa résidence, mais encore pour des voyages d'assez longue durée.

Au point de vue de l'hygiène, c'est un exercice excellent quand on le pratique avec modération; et les médecins les moins prévenus en sa faveur se sont mis d'accord en général pour lui reconnaître une influence bienfaisante sur la santé. Les personnes neurasthéniques, fatiguées par un travail intellectuel et sédentaire, les anémiques, celles qui sont menacées d'obésité ne peuvent que se trouver bien de l'usage de la bicyclette. En revanche, ce sport doit être interdit aux personnes délicates de poitrine, atteintes d'affections cardiaques ou d'embarras gastriques. Dans tous les cas, l'*abus* de la bicyclette ne peut être que nuisible à la santé; une vitesse de 12 à 15 kilomètres à l'heure est un maximum, surtout si l'on a une longue étape à parcourir. Le cycliste doit être prudent dans les endroits qu'il ne connaît pas, ralentir aux tournants et aux descentes, éviter de gravir trop vite les pentes ou de lutter longtemps contre le vent, ne pas s'exposer à la grande chaleur. Si l'on doit fournir une course assez longue, il est bon de s'entraîner progressivement quelques jours à l'avance tant par des exercices réguliers que par une hygiène spéciale; les excitants de toute sorte devront être soigneusement évités. L'usage de l'alcool est particulièrement funeste au cycliste, même pendant la marche; car il a été reconnu que l'excitation factice qu'il procure entraîne rapidement une diminution sensible de force musculaire. Après une longue course, les bains, les douches, les frictions sont un moyen excellent de dissiper la fatigue et de rendre aux membres toute leur souplesse et leur fraîcheur.

Il est indispensable, surtout dans les excursions un peu longues, de se prémunir contre les accidents qui peuvent survenir à la machine en cours de route; on emportera donc, outre la pompe à main, de première nécessité, une clef anglaise pour régler à l'occasion le guidon ou la selle et resserrer les écrous, une burette à huile et un nécessaire de réparation pour pneumatique. Le plus fréquent des accidents est en effet la crevaison; dès qu'il se produit, il faut en rechercher la place exacte sur l'enveloppe, puis enlever celle-ci et dégager avec précaution la chambre à air; on nettoiera ensuite le pourtour du trou avec du papier de verre et on l'enduira de la dissolution, dont on étendra aussi une couche légère sur une rondelle de gutta-percha destinée à boucher l'orifice; quand les deux surfaces seront sèches, on les appliquera avec soin l'une sur l'autre, puis après quelques moments on remontera le pneumatique et l'on regonflera lentement. L'opération ne demande jamais plus de 10 minutes.

En cas d'accident plus grave, on devra gagner un village voisin, où l'on trouvera le plus souvent un mécanicien ou un serrurier capable de réparer la machine. D'ailleurs un cycliste prudent, ayant vérifié sa machine avant le départ, aura rarement à craindre d'accidents; les routes de France ont la réputation, généralement justifiée, d'être les meilleures de l'Europe; et tous les endroits périlleux sont signalés par des plaques indicatrices.

Quand on a l'intention de voyager longtemps et fréquemment, il est fort avantageux de s'affilier à une société, telle que l'*Union Vélocipédique de France* et surtout le *Touring-Club de France* (siège social, 10, place de la Bourse, Paris). Pour une cotisation annuelle de 5 fr., ce dernier procure plusieurs avantages, qui en font récupérer bien des fois la valeur. Outre des *réductions de prix dans les hôtels*, on obtiendra la faculté de recourir dans chaque ville aux délégués institués à cet effet. Le Touring-Club publie un bulletin mensuel, rempli d'indications plus ou moins utiles et chaque année un annuaire général (1 fr.) contenant pour chaque localité le nom des hôtels qui ont un traité avec le Club et l'adresse des mécaniciens recommandés. Cartes cyclistes, v. p. xxxviii.

Depuis le 1er janvier 1899, quiconque possède un vélocipède doit en faire la déclaration à la mairie de sa résidence et se faire inscrire sur les rôles pour acquitter l'impôt annuel fixé à six francs pour les machines à 1 place, douze francs pour les machines à deux places, et six francs pour chaque place en plus. Ces taxes sont doublées à l'égard des vélocipèdes munis de machines motrices. En acquittant la taxe, on reçoit une plaque de contrôle délivrée gratuitement et valable pour l'année courante.

Les vélocipèdes possédés par des personnes domiciliées à l'étranger et entrant en France, sont admis à circuler sans plaque de contrôle quand leur séjour sur le territoire français ne dépasse pas trois mois consécutifs. Ces personnes doivent à cet effet demander aux agents du service des douanes, à leur entrée en France, des permis de circulation qui leur sont délivrés à leurs frais, sur papier timbré à 60 c. et dont elles doivent être porteurs pour pouvoir les exhiber à toute réquisition.

Dans les rues, comme sur les routes, les vélocipédistes doivent toujours prendre leur droite.

La circulation des vélocipèdes sur la voie publique est en outre soumise aux deux règles suivantes:

1° Tout vélocipède doit être muni d'un appareil sonore avertisseur dont le son puisse être entendu à 50 mètres, qui sera actionné aussi souvent qu'il sera besoin; dès la chute du jour il doit être pourvu à l'avant d'une lanterne allumée.

2° Tout vélocipède doit porter outre la plaque de contrôle une plaque indiquant le nom et le domicile du propriétaire.

IV. Hôtels, maisons meublées, restaurants et cafés.

Hôtels. — Les premiers hôtels des grandes villes de France sont naturellement bien organisés, mais il n'en est pas toujours ainsi des autres. Leurs lits sont sans doute encore généralement bons et propres, et leur table d'hôte est au moins passable; mais ils laissent bien à désirer pour le reste. Même dans beaucoup de prétendus « grands hôtels », certains locaux sont d'une malpropreté repoussante. La faute n'en est d'ailleurs pas uniquement aux hôteliers ni à leur personnel, mais malheureusement aussi à bien des voyageurs.

Le mieux est donc, en province, de choisir les premiers hôtels; mais il ne faut pas toujours s'en rapporter au nom, car c'est souvent une manie d'appeler même une simple auberge du nom de « grand hôtel ». Nous avons tâché de classer ces maisons d'après leur importance, en marquant les plus recommandables d'un astérisque (*); mais on se rappellera ce qui est dit à ce sujet dans la préface. Une des causes principales de changement, c'est le personnel, qui se renouvelle souvent.

On vous offre rarement du premier coup la meilleure chambre ou la moins chère, et il est bon de faire son choix. Dans les grands hôtels, il n'est pas rare que les gens d'apparence modeste soient logés dans les combles et mal servis, sans que leur note en soit plus modérée. Le voyageur de passage fait toujours bien, surtout là où il y a foule, de demander à voir d'avance la chambre qu'on lui destine.

Quant aux *prix*, il ne faut pas s'étonner qu'ils soient relativement élevés dans les maisons de *1er ordre*, mais il y a bien des hôtels qui ne sont de 1er ordre que sous ce rapport. Les prix ordinaires des chambres varient habituellement entre 1 fr. 50 et 3 fr., tout compris. Il n'y a guère d'exceptions à faire que pour les *grandes villes*, les *villes d'eaux* et les *bains*, dans la saison. Là, il est très prudent de s'informer d'avance. Le petit déjeuner, de café au lait, avec pain et beurre, coûte d'habitude 1 fr.-1 fr. 25; le 2e déjeuner, vers 11 h., 2 à 3 fr.; le dîner, vers 6 h., 2 fr. 50 à 4 fr., vin généralement compris. La bière ne se sert que dans les hôtels de second ordre de quelques villes de l'est (en Lorraine). La table d'hôte n'est généralement pas obligatoire, mais on ne saurait guère, en province, être mieux servi ailleurs, et il vaut mieux y prendre ses repas. Quelquefois, du reste, le prix de la chambre est plus élevé si l'on ne prend ses repas à l'hôtel. Aussi est-ce assez l'usage de compter à la journée (pension), de 7 à 10 fr., pour la chambre, le second déjeuner (pas le 1ᵉʳ) et le dîner, ce qui accorde l'avantage d'une petite réduction.

Nota. — Les *prix indiqués* dans le corps de ce livre sont en général ceux que nous ont donnés les hôteliers eux-mêmes, en réponse à une circulaire que nous leur avons envoyée, ou ceux de notes communiquées par des voyageurs, mais nous ne pouvons les garantir. Il est toujours bon de se renseigner, surtout dans les maisons qui n'indiquent pas leurs prix. Nous avons dû les donner, vu leur nombre, avec des abréviations exceptionnelles, dont on trouvera l'explication page XXXVIII. Par «repas», nous entendons le petit déjeuner, le second déjeuner et le dîner, selon l'usage français. Le premier est souvent plus cher servi dans la chambre et les autres en dehors de la table d'hôte, sans être pour cela meilleurs. La «bougie» est un de faux frais qui peuvent renchérir notablement le prix d'une chambre, car on compte pour cela jusqu'à 1 fr. dans les grands hôtels et même davantage quand on en allume plus d'une.

Si l'on reste quelque temps dans un hôtel et qu'on n'y prenne point tous ses repas ou qu'on y fasse des dépenses exceptionnelles, il est bon, pour éviter les «erreurs», de demander sa note tous les 3 ou 4 jours; il est plus facile alors d'obtenir des rectifications. Quand on doit partir de bon matin, se faire donner cette note la veille, sauf à ne la régler qu'au départ, quand on n'a pas besoin de changer un billet: c'est quelquefois à dessein qu'on vous fait attendre. Demander toujours une note détaillée et se défier des additions sommaires et de vive voix.

On gardera dans sa malle son *argent* et ses *valeurs*, car les meubles des hôtels n'offrent pas assez de sûreté. Si l'on a de grosses sommes, il est bon de les confier, contre reçu, au maître de la maison, à un banquier ou à un ami. En arrivant le soir, demander par précaution où sont les *cabinets* et se faire donner des *allumettes*, car il y en a rarement dans les chambres. On n'y trouve pas non plus de tire-bottes.

Les hôtels de province ont généralement des *omnibus* aux gares, ou, s'ils n'en ont pas, le service est fait par un omnibus du chemin de fer. Mais il y a longtemps que les hôteliers n'envoient plus leurs voitures gratis, pour attirer chez eux les voyageurs. Ils font payer d'ordinaire 30, 50, parfois 75 c. par personne, et l'hôtel est souvent si près de la gare, qu'une voiture est inutile. Quelquefois l'omnibus n'appartient pas à l'hôtel dont il porte le nom, mais à un entrepreneur, qui se fait payer en arrivant, et autant pour un colis à la main qu'on lui confie que si l'on faisait personnellement usage de sa voiture. En outre ces omnibus, qui sont prêts à vous transporter à l'arrivée, ne le sont pas toujours au départ, quand le train ne doit pas leur amener de voyageur et que vous êtes seul. A noter encore qu'ils partent pour être à la gare à l'arrivée, même quand un train doit poser longtemps, et par conséquent bien avant l'heure où l'on aurait besoin de partir. Il est donc bon de se renseigner d'avance à ce sujet.

Le mieux serait de pouvoir se passer de voiture, en ne s'embarrassant pas de bagages ou se logeant, s'il est possible, dans un hôtel voisin de la gare, mais il n'y en a pas toujours de convenable, ou ceux qui s'y trouvent sont loin des curiosités et n'ont pas de table d'hôte. Un homme seul, de passage, peut toutefois ordinairement y loger dans les grandes villes. Il est possible, quand on ne fait que passer, d'éviter les ennuis du bagage en ne prenant avec soi, dans un sac à la main ou une petite valise, que les menus objets indispensables. On laisse alors le reste à la gare afin d'être libre pour le retour. Dans tous les cas, si l'on a des bagages à faire transporter, veiller bien à ce qu'ils soient réellement chargés sur la voiture et ne pas s'en remettre uniquement de ce soin aux domestiques.

A ceux à qui la société ne déplaît pas et qui ne sont pas trop exigents, on peut recommander les hôtels fréquentés par les *voyageurs de commerce*. On les reconnaît à l'arrivée aux omnibus chargés de caisses d'échantillons, noires, avec garnitures de cuivre. Ces maisons sont passables, sans être trop chères, et elles ont d'habitude une bonne table, à un prix modéré. Mais il faut ajouter que les meilleures chambres y sont pour les clients habituels. Les voyageurs de commerce y paient d'ordinaire 7 fr. 50 par jour pour la chambre, le second déjeuner et le dîner à table d'hôte.

Maisons meublées. — On trouve beaucoup de logements meublés dans les villes d'eaux et de bains, à louer en totalité ou en parties, depuis la villa la plus luxueuse jusqu'à la plus modeste chambre garnie. Pour en avoir à sa convenance et à meilleur compte, le mieux est de s'en occuper soi-même, car les annonces sont généralement peu exactes, et les agences sont toujours des intermédiaires coûteux, la remise que leur font les propriétaires devant se retrouver dans le prix de location. Si l'on se contente de peu, il n'est pas impossible de trouver en arrivant un logement garni, mais il vaut encore mieux descendre d'abord dans un hôtel où il n'est pas rare que le propriétaire fasse des concessions acceptables.

On fera bien de ne pas s'installer dans une maison ou un appartement avant d'avoir fixé les conventions par écrit, sur papier timbré, et d'y avoir inséré un état des lieux détaillé, dans lequel on n'oubliera pas les défectuosités des meubles, de la vaisselle, du linge, des tapis, des papiers peints, etc. On conviendra aussi d'avance des indemnités qu'on pourrait avoir à payer. Plus on mettra de soin à faire un tel écrit, moins on courra le risque d'avoir des difficultés en quittant la maison.

Restaurants. — Il n'y a guère en province, si ce n'est dans les grandes villes, de restaurants qu'on puisse recommander aux étrangers. Les hôtels en tiennent lieu, car on peut toujours, sans y loger, s'y présenter aux heures des repas pour demander à déjeuner ou à dîner à la table d'hôte, et l'on peut même s'y faire servir à d'autres moments. On a toujours avantage à manger à la table d'hôte, car les repas à la carte ne valent pas les autres et coûtent plus cher. Dans tous les cas, s'informer des prix, s'ils ne sont pas marqués sur la carte, ou dire à quel prix on veut être servi. Eviter les buffets des gares, comme nous l'avons dit p. xv; il y a souvent à côté un hôtel ou un petit restaurant aussi bon et moins cher.

Cafés. — Les cafés sont nombreux en province, comme à Paris, et dans le même genre. Les consommations y sont d'ordinaire plus ou moins médiocres, particulièrement dans les cafés-chantants. La bière est toutefois bonne à peu près partout dans les villes du nord. Le café et la brasserie sont, dans la soirée, le rendez-vous des gens oisifs, qui y viennent lire les journaux et faire leur partie. Il n'y a souvent aucune autre distraction. On y trouve ce qu'il faut pour faire sa correspondance.

V. Monuments et musées.

Monuments. — Les églises sont en principe ouvertes toute la journée, mais quelquefois cependant fermées de midi à 2 h. On peut les visiter à loisir en dehors des offices, en examiner librement les œuvres d'art, sans avoir à demander d'autorisation ni chercher de sacristain. Ces édifices sont au nombre des principales curiosités de la France, et beaucoup ont été classés parmi les monuments historiques, dépendant du ministère de l'Instruction publique et des Beaux-Arts, qui les a fait restaurer presque partout de nos jours avec goût et magnificence. Les autres monuments, tels que palais, châteaux, hôtels, etc., appartenant à l'Etat ou aux municipalités, sont généralement publics, ou bien il est aisé d'obtenir l'autorisation de les visiter. Les particuliers même accueillent d'habitude les étrangers avec bienveillance, quand ils demandent à visiter leurs châteaux, leurs collections ou leurs parcs.

Musées. — Les musées de province sont d'ordinaire publics le dimanche et souvent aussi le jeudi, de 10 h. ou de midi à 4 h., et les étrangers peuvent presque partout obtenir de les visiter les autres jours, moyennant un pourboire.

La méthode pratique pour les faire visiter sans perte de temps consisterait à suivre l'ordre des salles et à mentionner les objets au fur et à mesure qu'ils se présentent. Mais l'auteur ne peut naturellement tout revoir en même temps, et il lui arrive aussi de trouver des musées fermés, ce qui fait qu'il a préféré ou dû quelquefois suivre l'ordre des catalogues. Il se produit d'ailleurs, là comme partout, de fréquents changements, plus ou moins nécessaires. Une œuvre d'art qui porte un nom de maître bien connu et que nous ne mentionnons pas est ordinairement omise parce que c'est une copie. Il y en a parfois que nous citons moins à cause de leur valeur que du sujet représenté, qui peut intriguer. L'usage de mettre des étiquettes explicatives commence du reste à se généraliser.

VI. Poste et télégraphe. Colis postaux.

Les services de la poste et du télégraphe sont partout, autant que possible, réunis dans un même local. Les *débits de tabac* vendent des timbres-poste. Outre les *boîtes aux lettres* locales, placées le plus souvent près des bureaux de tabac, il y en a aux gares, dont la levée se fait un peu avant le départ des courriers; non seulement il y a des trains-poste au moins tous les soirs, mais il se trouve dans beaucoup d'autres trains un employé des postes recevant et expédiant les lettres.

Poste. — Le service de la poste comprend en France les lettres ordinaires et chargées, les cartes-lettres, les cartes postales simples et avec réponse payée, les imprimés, les papiers d'affaires, les échantillons, les objets recommandés, les objets précieux, des mandats ordinaires, des mandats-cartes, des bons de poste, une caisse d'épargne, les envois contre recouvrement, le recouvrement des effets de commerce, même avec protêt, l'abonnement aux journaux, etc. Nous ne donnerons ici que les renseignements essentiels, avec les taxes pour la France et pour l'étranger. Quant au reste, s'adresser dans un bureau de poste ou consulter les notices qui y sont affichées. — Une *adresse de lettre* doit comprendre, avec celui de la localité, le nom du département où elle se trouve et même celui du bureau de poste qui la dessert, si la localité n'en a pas un. Pour les objets de correspondance à destination de Paris, l'administration recommande de mettre le numéro de l'arrondissement.

Les lettres adressées *poste restante* sous un nom ne sont délivrées qu'après justification de l'identité; celles qui ne portent que des initiales ou des numéros peuvent être retirées sans pièce justificative.

Tarifs de la poste. Timbres, etc.

I. FRANCE, ALGÉRIE ET TUNISIE (bureaux français). *Lettres ordinaires:* 15 c.; non affranchies, 30 c., par 15 gr. ou fraction de 15 gr., le poids de 15 c. ou de 3 fr. — *Cartes-lettres*, 15 c. — *Cartes postales:* ordinaires, 10 c.; avec réponse payée, 20 c. — *Journaux:* 2 c. par exemplaire jusqu'à 25 gr. et 1 c. par excédant de 25 gr., moitié prix pour les journaux expédiés dans le départ. où ils sont publiés et poids double pour ce prix, sauf dans les départ. de la Seine et de Seine-et-Oise. — *Autres imprimés sous bandes:* 1 c. par 5 gr. jusqu'à 20 gr.; 5 c. de 20 gr. jusqu'à 50 gr., puis 5 c. par 50 gr. Les bandes ne doivent pas couvrir plus du tiers de la surface des paquets, sinon la taxe est la suivante. — *Papiers d'affaires et échantillons:* 5 c. par 50 gr. ou fraction de 50 gr. Les imprimés et papiers d'affaires peuvent peser jusqu'à 3 kilogr., les échantillons 350 gr. Les dimensions ne peuvent excéder 45 centim. pour les imprimés, les papiers d'affaires et les échantillons d'étoffes sur carte, et 30 centim. pour les autres échantillons. — *Lettres recommandées* et recommandation en général, 10 c. en sus. — *La garantie* de la poste pour les envois recommandés n'excède pas 25 fr. — *Lettres chargées* ou contenant des valeurs déclarées (maximum de 10000 fr.), le montant devant être inscrit en toutes lettres sur l'enveloppe et celle-ci fermée avec cinq cachets à la cire, outre le port ordinaire: 25 c. de droit fixe et 10 c. par 500 fr. ou fraction de 500 fr. déclarés. — *Mandats de poste:* 5 c. par 5 fr. jusqu'à 20 fr., 25 c. de 20 à 50 fr.; 50 c. de 50 à 100 fr., 75 c. de 100 à 300 fr., 1 fr. de 300 à 500 fr., puis 25 c. par 500 fr. — *Bons de poste* de 1 à 10 fr., 5 c. en sus de la somme; de 10 à 20 fr., 10 c. — *Envois contre remboursement*, jusqu'à une valeur de 2000 fr., sans excéder 500 gr. ni 30 centim.: 25 c. de fixe, 5 c. par 50 gr. et 10 c. par 500 fr., plus une taxe pour le renvoi de l'argent, 1% jusqu'à 50 fr., puis $1/2\%$ par 50 fr., ou 10 c. en cas de non encaissement. — *Boîtes chargées*, jusqu'à 10000 fr., les dimensions n'excédant pas 30 et 10 centim., même tarif. — *Avis de réception*, sur demande, 10 c.

II. ETRANGER, pays de l'Union postale universelle. *Lettres ordinaires:* affranchies, 25 c.; non affranchies, 50 c. — *Lettres recommandées*, 25 c. en sus; *cartes postales*, 10 et 20 c., comme ci-dessus. — *Cartes-lettres*, 25 c. — *Lettres chargées:* 10 c. par 300 fr. ou fraction de 300 fr. déclarés pour les pays limitrophes et 20, 25 ou 35 c. pour les autres. Voir ci-dessus. Les timbres apposés sur les lettres chargées pour l'étranger doivent y être espacés les uns des autres. — *Imprimés* en général, 5 c. par 50 gr. — *Papiers d'affaires:* 25 c. jusqu'à 250 gr., puis 5 c. par 50 gr., jusqu'à 2 kilos. — *Mandats de poste:* 25 c. par 25 fr., pour la plupart des pays de l'Union, avec maximum de valeur de 500 fr.; 20 c. par 10 fr. pour la Grande-Bretagne, avec maximum de 252 fr.

Timbres-poste: 1, 2, 3, 4, 5, 10, 15, 20, 25, 30, 40 et 50 c., 1 fr. et 5 fr. — *Enveloppes timbrées:* pour lettres ordinaires, 16 c.; pour cartes de visite, 5 c. 1/2. *Bandes timbrées:* 1 c. 1/3, 2 c. 1/3, 3 c. 1/3.

Télégraphe. — Les dépêches télégraphiques doivent être écrites lisiblement, sans abréviations ni altérations et en caractères usités en France. Le tarif s'applique par mot, avec un minimum de 10 mots dans la correspondance intérieure et de 5 mots ou sans minimum dans la correspondance internationale. Dans la première, toutes les expressions françaises ne sont comptées que pour un seul mot lorsqu'elles figurent au Dictionnaire de l'Académie. Il en est de même pour les noms composés de départements, villes, communes, boulevards et rues, et pour les numéros des maisons. Cela ne s'applique pas au service international, mais on y peut écrire certains noms composés en un seul mot, par ex. *Aixlachapelle* pour «Aix-la-Chapelle» et *rue Delapaix* pour «rue de la Paix». Toutefois la longueur maximum du mot est fixée à 15 caractères pour le langage clair, 10 pour le langage convenu et 5 par groupe de chiffres. Les signes de ponctuation ne comptent que dans les nombres.

Tarifs des dépêches, etc.

I. FRANCE. *Dépêche* entre deux bureaux quelconques de la France, de la Corse, de la princ. de Monaco, de l'Algérie et de la Tunisie, par mot, avec un minimum de 10 mots, 5 c. *Télégramme avec priorité* pour les trois dernières destinations ci-dessus, le double de la taxe ordinaire. — *Récépissé*, sur demande, 10 c. — *Accusé de réception*, aussi sur demande, comme une dépêche de 10 mots. — *Exprès*, 50 c. pour le 1er kil. et 30 c. pour chacun des suivants.

Des *mandats télégraphiques* peuvent être expédiés à l'intérieur de la France jusqu'à 5000 fr., aux conditions des mandats de poste, plus le prix du télégramme et 50 c. pour avis au destinataire.

II. ETRANGER: par mot, avec minimum de 5 mots, Belgique, Luxembourg et Suisse, 12 c. 1/2; Allemagne, 15 c.; Hollande, 16 c.; Angleterre, Autriche-Hongrie, Italie, Espagne, Portugal, 20 c.; — sans minimum, Danemark, 24 c. 1/2; Suède, 28 c.; Roumanie, Serbie, 28 c. 1/2; Norvège, 36 c.; Russie d'Europe et R. du Caucase, 40 c.; R. d'Asie, 1 fr. 90 et 8 fr. 25; Turquie d'Europe, T. d'Asie et îles turques, 53 c.; Grèce, 53 c. 1/2 et 57 (îles). — *Télégramme urgent*, le triple de la taxe ordinaire. — *Mandats télégraphiques* entre la France et certains pays tels que l'Allemagne, l'Autriche-Hongrie, la Belgique, la Hollande, l'Italie, la Suisse, etc., jusqu'à 500 fr., aux mêmes conditions que ci-dessus.

Le *téléphone* existe maintenant en quantité d'endroits et entre beaucoup de villes: se renseigner au télégraphe.

Colis postaux. — Les petits colis de 3 à 10 kilos, dits *colis postaux*, comme dans d'autres pays, bien que le service ne dépende pas de la poste, sont transportés à prix réduits et uniformes. Ils doivent être remis aux gares ou aux bureaux des compagnies et non à la poste. La poste s'en charge cependant là où il n'y a pas de ch. de fer, moyennant une taxe supplémentaire de 25 c. Il y en a trois catégories: de 3 kilos et au-dessous, de 3 à 5 et de 5 à 10, les dimensions ne dépassant pas 1 m. 50. Le tarif est, selon la catégorie, de 60 c., 80 c. et 1 fr. 25 pour un colis livrable en gare ou à certains bureaux de poste et 25 c. de plus s'il est livrable à domicile. Ces colis peuvent être envoyés contre remboursement, jusqu'à 500 fr., moyennant 60 c. de supplément en gare et 85 c. à domicile. On peut aussi les recommander, pour 10 c., jusqu'à une valeur de 500 fr. Ce service est étendu, par l'intermédiaire des comp. maritimes subventionnées, à la Corse, à l'Algérie, à la Tunisie et aux colonies françaises.

Il existe également un service de colis postaux entre la France et la plupart des pays de l'Europe, mais sans distinction entre 3 et 5 kilos. Ils doivent être cachetés à la cire. Les tarifs varient selon les pays : Allemagne, Belgique et Suisse, 1 fr. 10 ; Espagne, Italie, 1 fr. 35 ; Angleterre, Autriche-Hongrie, Hollande, 1 fr. 60, etc.

VII. Géographie politique et administrative.

ADMINISTRATION CIVILE. — La France est actuellement divisée en 86 *départements*, comprenant 362 *arrondissements*, 2899 *cantons* et 36192 *communes*. Le gouvernement est représenté dans chaque département par un *préfet*, dans chaque arrondissement par un *sous-préfet*, assistés du conseil de préfecture. L'administration dans chaque commune appartient au conseil municipal, élu par le suffrage universel ; le conseil municipal élit *maire* un de ses membres. Dans chaque arrondissement il y a un conseil d'arrondissement et dans chaque département un conseil général, nommés pour six ans par le suffrage universel et renouvelables par moitié.

Les départements du N.-E. de la France sont avec leurs préfectures, en suivant l'ordre des numéros inscrits sur la carte en tête du volume:

1, Nord (Lille) ; *5, Oise* (Beauvais) ; *6, Aisne* (Laon) ; *7, Ardennes* (Mézières) ; *8, Marne* (Châlons-sur-Marne) ; *9, Seine-et-Marne* (Melun) ; *10, Seine-et-Oise* (Versailles) ; *11, Seine* (Paris) ; *17, Loiret* (Orléans) ; *18, Yonne* (Auxerre) ; *19, Aube* (Troyes) ; *20, Meuse* (Bar-le-Duc) ; *21, Meurthe-et-Moselle* (Nancy) ; *22, Vosges* (Epinal) ; *23, Haute-Marne* (Chaumont) ; *24, Haute-Saône* (Vesoul) ; *25, Côte-d'Or* (Dijon) ; *26, Nièvre* (Nevers) ; *27, Cher* (Bourges) ; *28, Loir-et-Cher* (Blois) ; *39, Allier* (Moulins) ; *40, Saône-et-Loire* (Mâcon) ; *41, Jura* (Lons-le-Saunier) ; *42, Doubs* (Besançon) ; *45, Ain* (Bourg) ; *46, Rhône* (Lyon) ; *47, Loire* (St-Etienne).

Chaque département envoie à la *chambre* plusieurs députés, élus au scrutin d'arrondissement, en nombre proportionnel à la population. La chambre des députés exerce le pouvoir législatif de concert avec le *sénat*, élu par départements au suffrage restreint et renouvelé par tiers tous les 3 ans. Le *conseil d'Etat*, recruté par voie de concours, donne son avis sur les projets de loi émanés des ministres ou sur ceux que les chambres lui soumettent. Le pouvoir exécutif est exercé par le président de la république et par le conseil des ministres. Les ministres, présidés par l'un d'entre eux, qui porte le nom de président du conseil, administrent les affaires publiques conformément aux décisions de la chambre, devant laquelle ils sont responsables. Il y a onze ministères:

1° Affaires étrangères; 2° Guerre; 3° Marine; 4° Intérieur et Cultes; 5° Colonies; 6° Finances; 7° Justice; 8° Instruction publique et beaux-arts; 9° Commerce, Industrie, Postes et Télégraphes; 10° Travaux publics; 11° Agriculture.

ARMÉE. — Au point de vue militaire, la France est divisée en 20 régions formant 20 corps d'armée, parmi lesquels le N.-E. comprend, en tout ou en partie, ceux d'Amiens (2e), Châlons-sur-Marne (6e), Nancy (20e), Orléans (5e), Bourges (8e), Besançon (7e), Clermont-Ferrand (13e).

Le service militaire est obligatoire pour tous les Français valides de 20 à 45 ans. Chaque citoyen reste 3 ans dans l'armée active, 10 ans dans la réserve de l'armée active, 6 ans dans l'armée territoriale, 6 ans dans la réserve de l'armée territoriale.

L'armée active comprend 604 bataillons d'infanterie, 85 régiments de cavalerie, 615 batteries d'artillerie (réparties en 40 régiments et 22 bataillons de forteresse), 7 régiments de génie, 20 escadrons du train des équipages et 20 sections d'administration.

La réserve de l'armée active comprend 465 bataillons d'infanterie, 40 régiments de cavalerie et 216 batteries d'artillerie montées.

L'armée territoriale comprend, outre 145 régiments territoriaux d'infanterie, divers corps auxiliaires, tels que douaniers, forestiers, puis 121 escadrons de cavalerie, 18 régiments d'artillerie, 18 bataillons de génie et 18 escadrons du train.

Sur le pied de paix, l'armée active avec sa réserve compte 572 000 hommes et l'armée territoriale 800 000; sur le pied de guerre, les deux armées réunies peuvent compter 4 000 000 d'hommes.

Le budget de la guerre atteint chaque année le chiffre moyen de 645 millions (693 en 1901).

MARINE. — Les côtes de France sont divisées en cinq arrondissements, correspondant aux cinq ports militaires: Cherbourg, Brest, Lorient, Rochefort, Toulon.

La flotte se compose d'environ 500 navires, jaugeant environ 710 000 tonneaux, parmi lesquels 48 cuirassés, 66 croiseurs, 236 torpilleurs et 20 transports. L'effectif de l'armée navale est d'environ 43 000 hommes et 2000 officiers.

Le budget de la marine s'est élevé en 1901 à 328 millions.

INSTRUCTION PUBLIQUE. — La France est divisée en 17 *académies* régionales, administrées chacune par un *recteur*; il y a dans chaque académie un *conseil académique* et dans chaque département un *inspecteur d'académie*. Le N.-E. comprend les académies de Nancy, Dijon, Besançon, une grande partie de celle de Paris, un coin de celles de Lille, de Clermont-Ferrand et de Lyon.

L'*enseignement supérieur* est donné dans seize universités, réorganisées récemment, parmi lesquelles quatre dans le N.-E.: Nancy (droit, médecine, pharmacie, sciences et lettres), fréquentée en 1902 par 1105 étudiants; Dijon (id.), par 688; Besançon (méd., pharm., sciences et lettres), par 285; Lyon (droit, méd., pharm., sciences et lettres), par 2602. Il y a pour la médecine et la pharmacie une école préparatoire à Reims. Il y a en outre un laboratoire de biologie végétale à Fontainebleau; un observatoire météorologique et astronomique à Besançon; des conservatoires de musique à Dijon et à Nancy; une école de musique à Moulins, une école nationale des beaux-arts à Dijon, une école des arts appliqués à l'industrie à Bourges, une école nationale professionnelle à Vierzon, des écoles d'arts et métiers à Châlons-sur-Marne et à Cluny, une école forestière à Nancy.

L'*enseignement secondaire* est donné dans 110 lycées (dont 12 à Paris) et dans 229 collèges, sans compter les établissements d'enseignement congréganistes, qui font à l'Etat une forte concurrence. Il y a en outre 38 lycées et 23 collèges pour les jeunes filles. Les principaux lycées du N.-E. sont ceux de St-Quentin, Laon, Reims, Charleville, Nancy, Troyes, Belfort, Sens, Dijon, Besançon, Bourg, Mâcon, Lyon, Moulins, Nevers, Bourges, Orléans. Il y a des lycées de jeunes filles à St-Quentin, Reims, Charleville, Nancy, Dijon, Besançon, Lons-le-Saunier, Bourg, Lyon, Roanne, Mâcon, Moulins, Auxerre.

L'*enseignement primaire*, gratuit, obligatoire et laïque, a été définitivement organisé tel qu'il fonctionne aujourd'hui par J. Ferry en 1881 et 1882 et par R. Goblet en 1886. Il est donné par des instituteurs communaux, formés dans les écoles normales (1 par département), sous la surveillance des inspecteurs primaires (1 par arrondissement). Il y a en France 70 288 écoles primaires.

En 1900, les lycées comptaient 51 997 élèves, les collèges 32 569 et les écoles primaires 4 617 190.

Le nombre des illettrés était en 1898 de 4,7% pour les hommes et 7,2% pour les femmes.

Le budget de l'instruction publique atteignait en 1901 222 millions de francs.

CULTES. — La liberté des cultes a été proclamée en France en 1789. Toutefois l'Etat en reconnaît officiellement trois, les *cultes catholique, protestant* et *israélite*, dont il salarie les ministres. La grande majorité de la population appartient, au moins nominalement, à la religion catholique; il n'y a pas plus de 600 000 protestants (luthériens ou calvinistes) et de 77 000 juifs.

Le pays est divisé en 84 diocèses catholiques, formant 17 archevêchés et 67 évêchés suffragants: il y a des archevêchés à *Reims* (suffragants: *Amiens, Châlons-sur-Marne, Soissons*), *Besançon* (suffragants: *Nancy, St-Dié, Verdun, Belley*), *Lyon* (suffragants: *Dijon, Langres, Autun, St-Claude*), *Sens* (suffragants: *Troyes, Nevers, Moulins*), *Bourges*; de l'archevêché de *Paris* dépendent les évêchés de *Meaux* et d'*Orléans*. — Le clergé catholique français compte plus de 55 000 membres.

Il y a deux cultes protestants reconnus, le culte luthérien ou de la confession d'Augsbourg et le culte réformé ou calviniste. Tous deux sont divisés en paroisses administrées par un conseil presbytéral composé de pasteurs et de membres laïques élus par le suffrage paroissial. La réunion de plusieurs consistoires forme un synode particulier. Il y a en outre dans la confession d'Augsbourg un synode général.

Au point de vue israélite, la France est divisée en douze consistoires (dont trois pour l'Algérie), au-dessus desquels se trouve un consistoire central, siégeant à Paris. Le culte est exercé par des *rabbins* dans des *synagogues*. Les consistoires de Lille (3000 âmes), Nancy (4500 âmes), Epinal (3900 âmes) et Lyon (2600 âmes) se partagent les divers départements du N.-E.

JUSTICE. — Il y a une *justice de paix* dans chaque canton, un *tribunal de première instance* dans chaque arrondissement, une *cour d'assises* ou tribunal criminel dans chaque département, une *cour d'appel* dans 26 villes principales, parmi lesquelles, dans le N.-E., *Nancy, Dijon, Besançon, Lyon, Bourges* et *Orléans*. La *cour de cassation*, unique en France, siège à Paris. Il existe en outre des *tribunaux de commerce* dans les villes importantes, et des tribunaux spéciaux pour l'armée, au siège de chaque corps d'armée.

FINANCES. — Le budget annuel de l'Etat atteint environ 3 milliards $^1/_2$, pour les recettes comme pour les dépenses. Les principaux éléments de revenus sont: les contributions indirectes (près de 2 milliards), l'enregistrement et le timbre (725 millions de fr.), les contributions directes (450 millions).

Les contributions directes sont levées dans chaque département par un *directeur*, qui a sous ses ordres des inspecteurs et des contrôleurs. Il y a de même dans chaque département un trésorier-payeur général, un directeur des contributions indirectes et un directeur de l'enregistrement, des domaines et du timbre, sous les ordres desquels se trouvent des inspecteurs, sous-inspecteurs, receveurs et contrôleurs.

La dette publique, qui s'est beaucoup accrue depuis 1870, dépasse 35 milliards, dont la moitié pour la partie flottante.

TRAVAUX PUBLICS. — L'administration des ponts et chaussées comprend en France (Algérie comprise) seize inspections générales. Des inspecteurs dépendent les ingénieurs en chef (1 par département), qui ont eux-mêmes sous leurs ordres les ingénieurs ordinaires (généralement 1 par arrondissement). Un agent-voyer en chef dirige dans chaque département le service des chemins vicinaux, ayant sous ses ordres des agents-voyers d'arrondissement et de canton. Les ingénieurs des ponts et chaussées sont chargés d'entretenir les routes, de diriger la construction des ponts ; quelques-uns ont la mission spéciale d'administrer les cours d'eau navigables, les canaux, les ports, de surveiller l'exploitation des chemins de fer, etc.

L'administration des mines comprend 17 arrondissements dirigés chacun par un ingénieur en chef, assisté d'ingénieurs ordinaires et de garde-mines ; les arrondissements sont groupés en cinq divisions, administrées chacune par un inspecteur général.

VIII. Géographie économique.

POPULATION. — La France comptait au recensement de mars 1901, sans les colonies, 38 961 945 hab., parmi lesquels 1 037 778 étrangers, surtout des Belges, des Italiens, des Espagnols et des Allemands. L'augmentation sur le recensement de 1896 était seulement de 444 613 habitants.

La France n'avait en 1715 qu'env. 18 millions d'habitants, et en 1789 qu'env. 26 millions. Mais depuis le commencement du xixe siècle, la natalité a beaucoup diminué dans presque tous les départements ; le rapport du nombre des naissances à celui des mariages de l'année est régulièrement en baisse, ainsi que l'excédent moyen annuel des naissances sur les décès. Cela se produit surtout dans une partie du N.-E. ; les départements de la Marne, de l'Aube, de la Côte-d'Or, de la Haute-Saône, de l'Yonne, de la Nièvre ont subi des diminutions respectives de 6695, 5272, 6542, 6286, 11 594, 10 116 hab. de 1896 à 1901. La dépopulation résulte en grande partie de l'émigration des populations rurales dans les grandes villes, où les conditions matérielles sont moins favorables à l'existence. En revanche, la population des villes qui ont aujourd'hui plus de 40 000 hab. a augmenté d'une façon étonnante depuis le commencement du siècle : de 1801 à 1901, Reims a passé de 20 295 hab. à 108 385, Nancy de 29 740 à 102 559, St-Quentin de 10 458 à 50 278, Troyes de 23 880 à 53 146, Dijon de 21 000 à 71 326, Besançon de 30 000 à 55 362, Bourges de 15 340 à 46 551, etc. Mais cet accroissement est dû autant à l'immigration des campagnards qu'à l'excédent des naissances.

La densité moyenne de la France est de 73 hab. par kil. carré ; mais la population est répartie assez inégalement sur le sol. Elle est particulièrement dense autour des grandes villes manufacturières et industrielles qui forment autant de centres de condensation. Aussi les départements du N.-E. où la population est le plus dense sont-ils ceux de l'Aisne, de Meurthe-et-Moselle, des Vosges et de Saône-et-Loire, où se trouvent à la fois une agriculture très productive et une industrie très active. Au contraire, la Champagne (Aube, Marne), le plateau de Langres (Haute-Marne), l'Argonne (Meuse), pays pauvres et boisés, la Basse-Bourgogne (Yonne, Côte-d'Or) ont une population très clairsemée.

AGRICULTURE. — Le sol de la France est très fertile et la végétation y est très variée. 94.65 % (soit près des 19/20) du sol sont productifs; la valeur vénale des terrains est estimée à 91 584.000 000 de fr. et leur revenu net à 2 645 000 000, soit 1880 fr. 40 en capital et 52 fr. 85 en revenu net par hectare. Ce revenu, qui paraît énorme, représente toutefois moins de 65 fr. par habitant; mais à la valeur de la terre s'ajoutent les propriétés bâties et à bâtir, d'environ 43 milliards, et les richesses mobilières qui s'élèvent à 220 milliards, ce qui porte la fortune de la France à 322 milliards environ, soit une moyenne de moins de 8400 fr. par habitant.

La France se divise par rapport aux productions du sol, en cinq *zones*, caractérisées par les cultures de l'oranger, de l'olivier, du maïs, de la vigne et du pommier. Ces zones sont délimitées par quatre lignes obliques allant: la 1re, des bouches du Rhône au cours du Var; la 2e, de l'Ariège à l'Isère; la 3e, de l'embouchure de la Charente à la frontière du Luxembourg; la 4e, du golfe du Morbihan aux Ardennes.

La région du N. E. de la France est surtout une région de plateaux et de hautes terres. Sauf dans les vallées, le sol y est généralement peu riche, et les rigueurs du climat, dues à l'altitude et à l'éloignement de la mer, y interdisent certaines plantations. Les *céréales* n'y sont guère représentées que par l'avoine et l'orge, dont la culture se contente d'un sol médiocre et résiste aux rudes températures. Toutefois, il faut mettre à part la région de l'Ile-de-France, surtout les plaines de la Brie (dép. de Seine-et-Marne), dont le sol éminemment fertile produit en abondance un blé excellent. Le dép. de l'Aisne est le second de France pour la culture de la betterave. La Franche-Comté, la Bourgogne et une partie de la Lorraine produisent du maïs; la Bresse cultive le blé noir. La pomme de terre prospère sur le plateau lorrain, où l'on rencontre aussi quelques plantations de chanvre et de houblon.

Au point de vue *viticole*, la France est sans doute le premier pays du monde. Son vignoble occupe une superficie de 1 million 600 000 hectares. La production moyenne annuelle de vin pour les années 1891-1901 a été de 42 740 538 hectolitres; en 1901, la production s'est élevée à 57 963 514 hectol., mais elle est retombée en 1902 à 39 943 191 hectol. Les départements qui produisent de beaucoup le plus de vin sont ceux du midi, pour lesquels ont été atteints les chiffres moyens suivants: Hérault, 9 millions d'hectolitres de vin sur une superficie de 177 628 hectares; Aude, 5 millions d'hectol. sur 132 940 hect.; Gironde, 2 millions 500 000 hectol. sur 132 105 hect.; etc. Le N.-E. de la France est fort loin d'atteindre ces chiffres, mais il possède cependant des vignobles fort importants, et surtout produisant des vins fins de premier choix. On peut répartir ces derniers en trois groupes principaux: 1° *Champagne*

INTRODUCTION. XXXIII

(vins blancs). Le vignoble de Champagne pour les vins fins se réduit à peu près aux arrondissements de Reims et d'Epernay, où se trouvent, sur les coteaux de la vallée de la Marne et sur les pentes de la montagne de Reims, les crus de Sillery, Verzy, Ambonnay, Ay, Cumières, Avize, Vertus, etc. — 2° *Bourgogne*. Ce vignoble comprend les départements de l'Yonne et de la Côte-d'Or. Dans le premier (38 000 hectares), il faut signaler les crus des environs d'Avallon et de Tonnerre (blanc et rouge), et surtout celui de Chablis (blanc). Dans le second, tous les crus de marque sont échelonnés sur les pentes inférieures d'une chaîne de coteaux, la « côte d'or », longue de 60 kil. et comprise entre Dijon et Santenay. Ce sont surtout ceux de: Fixin (rouge), Gevrey-Chambertin (r.), Vougeot (r.), Nuits-St-Georges (r.), Premeaux (r.), la Doix-Serrigny (r. et bl.), Aloxe-Corton (r. et bl.), Beaune (r.), Pommard (r.), Volnay (r.), Monthelie (r.), Meursault (r. et bl.), Puligny (r. et bl.). Le vignoble de la Côte-d'Or ne compte guère plus de 22 000 hectares. — 3° *Chalonnais, Maconnais* et *Beaujolais*. Les vins du Chalonnais, récoltés sur les monts du Charolais, qui sont comme un prolongement de la Côte-d'Or, ont pour crus principaux ceux de Givry (r.), Bourgneuf (r.), Mercurey (r.) et Rully (r. et bl.). Les principaux crus du Maconnais, situés dans la vallée de la Saône et de la Grosne, sont ceux de Chardonnay (r.), Sancé (r. et bl.), Bussières (r.), Solutré (bl.), Romanèche-Thorins (r.). Enfin, le Beaujolais, plus au sud dans le département du Rhône, a comme centres principaux Belleville, Beaujeu et Villefranche (vins rouges). — En dehors de ces vignobles de première qualité, le N.-E. de la France possède de très nombreux vignobles de qualité inférieure ou moyenne, notamment dans les départements de Meurthe-et-Moselle, Haute-Marne, Aube, Nièvre, Allier, Cher, Ain, Jura. Il convient seulement de signaler quelques crus isolés: dans l'Aube, les Riceys (r.); dans la Haute-Marne, Poissons, Vaux-St-Urbain (r.); dans la Nièvre, Pouilly (bl.); dans le Cher, Sancerre, Biré, Savigny (r.), Chavignol, Crézancy (bl.); dans l'Ain, Chétuan, Cerdon, Jujurieux, Belmont (r.), Virieu (r. et bl.), Gravelle, Seyssel (bl.); dans le Jura, Pupillin, Château-Chalon (bl.), Arbois, Salins (bl. et r.); dans le Doubs, Miserey (r. et bl.), etc.

Les *arbres fruitiers* qui sont cultivés à peu près dans toutes les parties de la France, sont relativement assez rares dans le N.-E., si l'on met à part les plaines de l'Ile-de-France et la vallée de la basse Saône (abricots). On récolte en Lorraine des cerises et des prunes, surtout des mirabelles. Enfin, il faut mentionner le chasselas de Fontainebleau et des environs (Thomery).

Les *forêts* ont été réduites en France, depuis la Révolution, de 12 000 000 d'hectares à 8 400 000; mais l'Etat fait maintenant beaucoup pour le reboisement des parties du sol défrichées à tort. Le N.-E. est la région de France qui possède le plus de forêts. Les principales sont celles: des Ardennes, de l'Argonne, de Der (Hte-Marne), de Haye (Meurthe-et-Moselle), de Dabo (Vosges), de Chaux (Jura), d'Othe (Yonne), du Morvan (Nièvre), d'Orléans (la plus grande de France, 39 000 hect.), et plus près de Paris, celles de Chantilly, de Villers-Cotterets (12 000 hect.), de Compiègne (14 000 hect.), de Fontainebleau (17 000 hect.).

ANIMAUX. — La France occupe un rang important en Europe pour l'élève du bétail, et cela grâce à l'excellence de son sol qui fournit aux animaux domestiques la plus abondante et la meilleure des nourritures. Le N.-E. élève de nombreux *chevaux* (Ardennes, Lorraine, Franche-Comté), des *bœufs* (Lorraine, Franche-Comté, surtout Morvan, Bourbonnais, Charolais), des *moutons* (Ile-de-France, Berry), des *porcs* (Bourbonnais, Hte-Bourgogne). La *volaille* de la Bresse et des Dombes est célèbre à juste titre. Les *abeilles* se rencontrent dans quelques parties de l'Ile-de-France (Gâtinais). La *pêche* fluviale est de moins en moins fructueuse par suite de l'emploi réitéré de procédés trop rapides et d'engins trop perfectionnés qui dépeuplent les rivières; les principaux *poissons* sont les carpes, tanches, perches, brochets, anguilles, saumons, truites, goujons, etc. Les étangs des Dombes, de la Bresse, de la Sologne sont particulièrement poissonneux.

MINÉRAUX. — Les ressources minérales de la France ne sont pas très considérables, et en particulier la production de la houille (32 millions de tonnes en 1901) ne suffit pas aux besoins de la consommation (près de 50 millions de tonnes). Ce sont les bassins du Nord et du Pas-de-Calais qui fournissent à peu près les deux tiers de la production totale (env. 21 millions de tonnes). Le N.-E. comprend deux groupes de gisements : celui de l'Est, réduit depuis la guerre de 1870 au petit bassin de Ronchamps (Hte-Saône); celui du Centre, beaucoup plus considérable, qui s'étend entre le Morvan, le massif central et la vallée de la Saône; les mines principales sont celles d'Epinac, Aubigny-la-Ronce, le Creusot, Blanzy, Montchanin, Montceau-les-Mines, Decize.

C'est dans l'Est de la France que les *mines de fer* sont le plus considérables et le mieux exploitées; avant 1870, le département de la Moselle était le premier de France pour la production du fer, et malgré la perte des mines de Moyeuvre, Ottange et Hayange, le département de Meurthe-et-Moselle, avec les mines de Champigneulles, Ludres, Marbache, Frouard, Pompey, Pont-à-Mousson, Longwy, etc. fournit encore les deux tiers de la production nationale. Dans la Hte-Marne, on exploite aussi d'importants gisements à St-Dizier, Vassy, Sommevoire. Enfin, il faut signaler quelques mines de fer dans les Ardennes, la Hte-Saône et la Saône-et-Loire (Change). Ce dernier département a aussi des mines de *manganèse* (Romanèche, Grand-Filon).

Il y a des mines de *sel gemme* assez importantes dans la Meurthe-et-Moselle (Varangéville, St-Nicolas, Rosières).

Les carrières de *pierres* sont généralement abondantes en France et fort variées: les granits des Vosges, les pierres de taille du bassin de Paris, de Creil, de Tonnerre et Grimault en Bourgogne, du Jura, les ardoises des Ardennes (Fumay), les marbres de Maubeuge, de Givet, des Vosges et du Jura, les pierres meulières de la Ferté-sous-Jouarre, les grès de Fontainebleau, les plâtres du bassin de Paris, les ciments de Vassy et St-Dizier, les bitumes de Seyssel (Ain) et d'Autun, etc. sont plus ou moins renommés.

En fait de *sources minérales*, il faut signaler dans le N.-E. : Provins (Seine-et-Marne), Pierrefonds (Oise), Sermaize (Marne), Bourbonne-les-Bains (Hte-Marne), Martigny, Vittel, Contrexéville, Bains-les-Bains, Plombières, Bussang (Vosges), Luxeuil (Hte-Saône), Besançon (Doubs), Salins, Lons-le-Saunier (Jura), Bourbon-Lancy (Saône-et-Loire), Alise-Ste-Reine, Santenay (Côte-d'Or), Pougues, St-Honoré-les-Bains (Nièvre), Bourbon-l'Archambault (Allier), Sail-les-Bains, St-Alban (Loire).

INDUSTRIE. — L'industrie française embrasse tous les genres et occupe env. $1/3$ de la population. Longtemps en grande partie sans rivale, elle a perdu de son importance, parce que la main-d'œuvre est maintenant plus chère en France que dans les pays voisins, que les tarifs douaniers lui sont en partie défavorables et que les moyens de transport sont relativement trop coûteux. Toutefois depuis quelques années l'industrie française tend à se relever notablement, et certaines statistiques sont des plus satisfaisantes comme indice de la prospérité nationale; en 24 ans (de 1876 à 1899) la consommation de la houille a passé de 24 500 000 tonnes à 40 149 000; dans le même laps de temps la force utile des appareils à vapeur a presque décuplé (8 078 200 chevaux-vapeur en 1899); enfin la force hydraulique qui était en 1892 de 54 000 chevaux est estimée en 1900 à 100 000 chevaux.

L'industrie française est toujours sans rivale pour tout ce qui demande de l'art et du goût plutôt que du métier; l'industrie de luxe *(articles de Paris)* reste florissante et a classé la France très haut dans le grand concours international de la dernière exposition universelle (1900).

Le N.-E. comprend plusieurs centres industriels assez importants. Pour la *laine*, le Cateau, St-Quentin, Reims, Sedan, Nancy, Epinal; le département de la Marne est le deuxième de France pour l'industrie lainière; pour le *coton*, St-Quentin (percales et guipures), St-Dié, Senones, Epinal, Val-d'Ajol, Belfort, Troyes (finettes); pour la *toile* quelques localités des Vosges et St-Quentin; pour les *dentelles* et *broderies*, Nancy.

Il y a des *forges* importantes dans les Ardennes (Charleville, Mohon, Fumay); dans la Haute-Marne (Val-d'Osne, St-Dizier, Joinville, Sommevoire); dans la Côte-d'Or (Châtillon, Cussey); dans la *Meurthe-et-Moselle (Briey, Longwy, Frouard, Pont-à-Mousson, Nancy); dans le Jura (Champagnole) et dans le Doubs (Audincourt); dans la *Saône-et-Loire *(le Creusot)*; dans la Nièvre (Decize,

imphy, Guérigny, Fourchambault); dans le Cher (Bourges, Vierzon).
— On fabrique des machines agricoles à Bourges et à Meaux.

Creil est un centre pour la *faïence* et la *porcelaine*; Baccarat pour la *cristallerie*; Chauny et Varangéville pour les *produits chimiques*; St-Gobain et Chauny (Aisne) pour les *glaces*; Besançon pour l'*horlogerie*; les vallées du Jura, autour de St-Claude, pour la *tabletterie* et les objets en écaille; la vallée du Morin pour la *papeterie*.

Parmi les *industries* alimentaires, il faut signaler les *minoteries* de Corbeil et de Gray, la *charcuterie* de Troyes, la *confiserie* de Lorraine (Nancy, Bar-le-Duc, Verdun), les *vins de Champagne*, les *brasseries* de Lorraine (Tantonville, Maxéville), les *fromages* de la Brie (Melun, Coulommiers, Meaux), des Vosges et du Jura.

COMMERCE. — Le commerce de la France, à la suite de crises répétées qui en ont ralenti l'activité, reste aujourd'hui plutôt stationnaire. Le *commerce intérieur* échappe à peu près à tout contrôle et ne peut être évalué d'une manière précise: on a calculé qu'il était au moins décuple du commerce extérieur. Le *commerce extérieur* qui sert à compléter les approvisionnements et à écouler le superflu de la production, comprend surtout, comme *importation,* les matières premières nécessaires à l'industrie, la houille, le fer, les matières textiles. L'*exportation* ne comprend guère que des produits fabriqués; elle est toujours inférieure à l'importation. Le commerce extérieur s'est chiffré en 1902 par 4416 millions de francs pour l'importation et 4237 millions pour l'exportation.

Plus des $^2/_3$ du commerce extérieur ont lieu par mer, mais les transports se font plus par la marine étrangère que par la marine française. Marseille et Nantes sont les seuls ports où la marine française ait un trafic supérieur; au Havre, elle n'a pas la moitié. Toutefois, depuis 1880, la marine marchande française semble vouloir se relever; en 20 ans, son tonnage a passé de 19 000 000 à 35 692 000 tonnes.

Il y a à l'intérieur de la France un réseau de *voies navigables* de plus de 13 500 kil., qui doit être prochainement étendu et amélioré; c'est dans le nord et l'est de la France qu'il y a le plus de canaux; il faut mentionner ceux de l'Ourcq (108 kil.), qui aboutit à Paris; de l'Aisne à la Marne (58 kil.); de l'Oise à l'Aisne (48 kil.); de la Haute-Seine (44 kil.); latéral à la Marne et de la Haute-Marne (140 kil.); latéral à l'Aisne (51 kil.); de St-Quentin (96 kil.), qui finit à Cambrai; de la Sambre à l'Oise (72 kil.); des Ardennes (188 kil.), qui va de l'Aisne à la Meuse; de la Marne au Rhin (320 kil., dont 210 en France); de Bourgogne (242 kil.), qui part de Laroche et finit à St-Jean-de-Losne; du Nivernais (174 kil.), qui part d'Auxerre et finit à Decize; du Loing (50 kil.), qui se bifurque à Montargis pour former les canaux de Briare (59 kil.) et d'Orléans (74 kil.); de l'Est (479 kil.); du Rhône au Rhin (363 kil., dont 190 en France); du

Centre (116 kil.), de Chalon-sur-Saône à Digoin; de Roanne à Digoin (56 kil.); latéral à la Loire (206 kil.), qui aboutit à Digoin.

La France est couverte d'un réseau d'excellentes *routes* (environ 38 000 kil.) et de bons *chemins vicinaux*, qui forment une longueur de 650 à 700 000 kil. Les *chemins de fer* français atteignent en 1903 une étendue de 44 504 kil.

Le développement des *postes* et *télégraphes* s'accroît chaque jour; le nombre des bureaux de poste était en 1899 de 9830, et les objets transportés atteignaient le chiffre de 1908 millions en 1897; le nombre des bureaux télégraphiques était de 12 786 et le chiffre des télégrammes de 48 millions en 1899.

IX. Cartes géographiques.

Les meilleures cartes de France sont celles du Service Géographique de l'Armée, dit auparavant Dépôt général de la Guerre, et qu'on appelle *cartes de l'État-Major*. Il y en a une à l'échelle de 1/80 000, en 273 feuilles, mesurant 80 centim. sur 50, sans les marges, et une à l'échelle de 1/320 000, la réduction de la précédente, en 33 feuilles (1 pour 16 de l'autre) ou seulement 27 pour la France proprement dite. Elles ont été d'abord gravées, mais il en existe des reports, auparavant sur pierre et maintenant sur zinc. Les feuilles gravées sont naturellement les meilleures. Les reports manquent de clarté dans les parties montagneuses, mais ils sont plus souvent mis à jour. Les feuilles du 80 000e n'étant pas commodes, à cause de leurs dimensions, on les a refaites en quarts de feuille, qui se vendent séparément.

Ces cartes étant néanmoins déjà vieilles et tout en noir, le Service Géographique de l'Armée en a entrepris d'autres en 5 couleurs, au 50 000e et au 200 000e, dont les feuilles ont 64 centim. sur 40 et correspondent à 4 de celles du 80 000e.

Le ministère de l'Intérieur a publié de son côté, de 1881 à 1894, une *carte de France au 100 000e*, et il y a une *carte de France du ministère des Travaux Publics* au 200 000e, plus une *du Dépôt des fortifications* au 500 000e, toutes également en plusieurs couleurs.

Les feuilles gravées des cartes au 80 000e et au 320 000e se vendent 2 fr. et les feuilles en report 50 c., quand elles existent encore, et les $1/4$ de feuille sont à 1 fr. et 30 c. Le 100 000e est à 85 c., le 200 000e du Service Géographique à 1 fr. 50, celui des Travaux Publics à 40 c. et le 500 000e à 1 fr. 50.

Toutes ces cartes peuvent se trouver dans les endroits fréquentés par les touristes, mais ceux qui en auront besoin pour des excursions feront bien de se les procurer d'avance. Elles se vendent à Paris chez Baudoin, rue et passage Dauphine, 30; chez Barrère, rue du Bac, 4, etc.

Le catalogue du Service Géographique de l'Armée, qui se vend 1 fr., contient des *tableaux d'assemblage* de ses cartes, vendus 10 c. au détail.

Le catalogue Barrère (gratuit) en contient du 80000ᵉ, du 200000ᵉ et du 320000ᵉ. Tableau du 100000ᵉ, à la librairie Hachette, boul. St-Germain, 79; du 200000ᵉ des Travaux Publics, à la librairie Delagrave, rue Soufflot, 15, à Paris.

Il y a de bonnes cartes vélo-kilométriques au 250 000ᵉ en trois couleurs chez Plon & Nourrit, 10, rue Garancière, Paris. La librairie A. Taride, 18 et 20, boul. St-Denis, Paris, publie depuis quelques années des cartes cyclistes, très pratiques et pas chères, à échelles variables, portant l'indication des routes pavées et macadamisées, des trottoirs cyclables, des montées et descentes, des passages dangereux, etc. Enfin le Touring-Club de France (p. xx) vend à ses membres des cartes spéciales.

Abréviations.

Les abréviations employées dans ce livre sont faciles à comprendre. Voici celles qui se rencontrent le plus fréquemment :

H., *hôt.*, hôtel.
Gr.-H., Grand-Hôtel.
Pens., *P.*, pension.
Aub., auberge.
ch., chambre.
t. c., tout compris.
dep., depuis.
boug., *b.*, bougie.
serv., *s.*, service.
déj., *dé.*, déjeuner.
din., *dt.*, dîner.
rep., repas (v. p. xxii).
fr., franc.
c., centime.
anc., ancien, ancienne.

env., environ.
E., est.
N., nord.
O., ouest.
S., sud.
dr., droit, droite.
g., gauche.
h., heure.
hab., habitants.
kil., kilomètre.
m., mètre, mort en..
min., minute.
omn., *om.*, omnibus.
p., page ou (prix) pension.

pers., personne.
pl., plan.
R., route.
s., avec chiffres romains, siècle.
s. nº, sans numéro.
St, saint.
st., *stat.*, station.
v., voir.
v. c., vin compris, au 2ᵉ déjeuner et au dîner.
v.n.c., vin non compris.
av. bi., avec de la bière.
voit., voiture.
chev., cheval.

L'astérisque (*) a pour but de désigner les choses particulièrement dignes d'attention et les hôtels, etc., relativement recommandables.

Un nombre entre parenthèse à la suite d'un nom de lieu ou de montagne, par ex.: Ballon d'Alsace (1245 m.), en indique l'altitude ou la hauteur au-dessus du niveau de la mer.

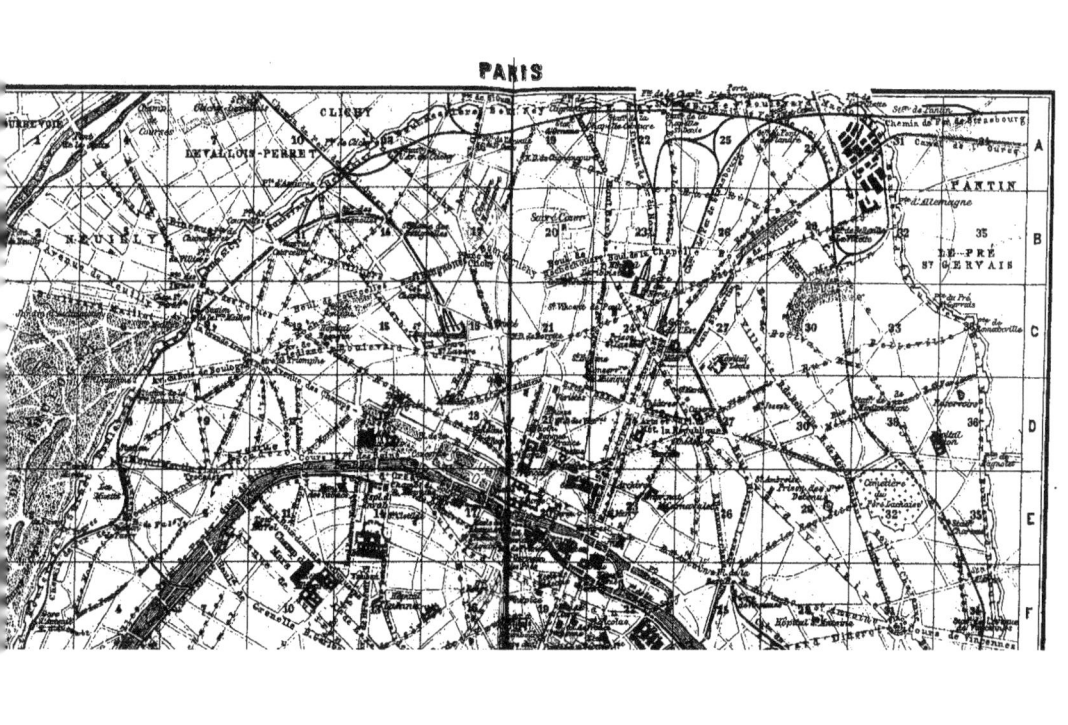

LE NORD-EST DE LA FRANCE

I. ILE DE FRANCE, CHAMPAGNE ET ARDENNES

1. De Paris à Compiègne et à Pierrefonds 3
   I. De Paris à Compiègne (St-Quentin, Namur, etc.) 3
      De Chantilly à Crépy-en-Valois. 3. — De Compiègne à Soissons. 8.
   II. De Compiègne à Pierrefonds (Villers-Cotterets) . 8
2. De Compiègne (Paris) à Chauny et à Coucy-le-Château 11
   I. De Compiègne à Chauny (St-Quentin, etc.) . . 11
   II. De Chauny à Coucy-le-Château (Laon) 13
      St-Gobain. 13.
3. De Chauny (Paris) à St-Quentin et à Namur . . . 15
   I. De Chauny à St-Quentin 15
      De St-Quentin à Guise. 18.
   II. De St-Quentin à Namur 18
      De Busigny à Hirson. 19. — De Maubeuge à Hirson. 20.
4. De Paris à Soissons et à Laon 22
   I. De Paris à Soissons 22
      Ermenonville. 23. — De Crépy-en-Val. à Compiègne. 24.
   II. De Soissons à Laon 28
      Prémontré. 28.
5. De Paris à Reims 32
   A. Par Meaux et la Ferté-Milon 32
      De Bondy à Livry et à Aulnay-lès-Bondy. Du Rainey à Montfermeil. 32. — De Lagny à Mortcerf. D'Esbly à Crécy-en-Brie. 33. 34.
   B. Par Soissons 36
   C. Par Meaux et Epernay 37
      Jouarre. De la Ferté-sous-Jouarre à Montmirail. 37. — De Château-Thierry à Romilly. 38. — D'Epernay à Fère-Champenoise (Romilly). 40.
6. De Tergnier (Calais-Amiens) à Châlons-sur-Marne (Bâle), par Laon et Reims 41
7. De Valenciennes (Lille) à Laon, par Guise. (Paris. Reims) 43
8. Reims 44
   De Reims à Ambonnay; à Cormicy; à Fismes. 51.

9. De Reims (Paris) à Mézières-Charleville 52
  De Bazancourt à Apremont. 52. — D'Amagne-Lucquy à Revigny. 53.
10. De Laon (Paris) à Hirson et à Namur 55
  D'Hirson à Amagne-Lucquy. 56.
11. De Laon à Mézières-Charleville 57
  A. Par Hirson 57
    Du Tremblois à Rocroi. 57.
  B. Par Liart 57
12. De Valenciennes (Calais-Lille) à Mézières-Charleville, par Aulnoye et Hirson (Londres-Nancy-Strasbourg). 58
13. De Mézières-Charleville à Givet et à Namur. Vallée de la Meuse. Grottes de Rochefort et de Han . . 60
  De Nouzon à Gespunsart. Monthermé et ses environs; vallée de la Semoy. 60. 61. — Fromelennes. 62. — De Dinant aux grottes de Rochefort et de Han. 64.
14. De Mézières-Charleville à Sedan 65
  De Sedan à Bouillon. 68.
15. De Paris à Châlons-sur-Marne (Nancy) 69
  L'Epine. 73.
16. De Châlons-sur-Marne à Bar-le-Duc (Paris-Nancy-Strasbourg) 73
  De Vitry-le-François à Jessains. 74. — De Revigny à St-Dizier; à Haironville; à Triaucourt, etc. 75. — De Bar-le-Duc à Clermont-en-Argonne et à Verdun. 78.
17. De Châlons-s.-M. et de Reims à Verdun (Paris-Metz) 78
  I. De Châlons-sur-Marne à Verdun 78
  II. De Reims à Verdun 80
18. De Paris à Vitry-le-François (Bar-le-Duc), par Coulommiers 82
19. De Châlons-sur-Marne à Troyes et à Sens . . . 84
20. De Paris à Longueville (Troyes) et à Provins . . 85
  A. Par la ligne directe 85
    Ferrières-en-Brie. De Verneuil-l'Etang à Marles. 85.
  B. Par Vincennes et Brie-Comte-Robert 86
    De Longueville à Provins. 87.
21. De Paris à Troyes (Belfort) 89
  De Romilly à Sézanne. 90.
22. Troyes 90
  De Troyes à St-Florentin. 95.
23. De Troyes à Chaumont et à Langres (Paris-Belfort). 96
  De Chaumont à Châtillon-sur-Seine. 98. — Environs de Langres et ligne de Poinson-Beneuvre. 101.
24. De Troyes à Toul (Nancy) par Brienne, Montier-en-Der et Pagny-sur-Meuse 101
25. De Troyes (Paris) à Dijon 103
  De Châtillon-sur-Seine à Aignay-le-Duc; à Baigneux-les-Juifs. 104.

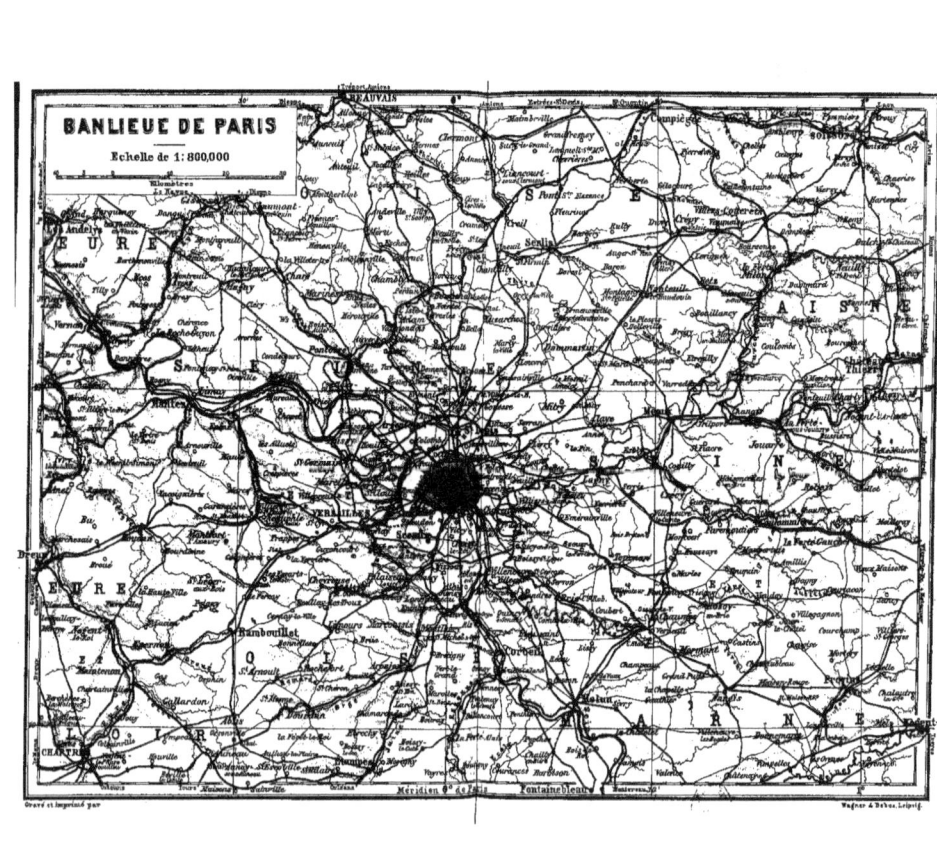

1. De Paris à Compiègne et à Pierrefonds.

I. De Paris à Compiègne (St-Quentin, Namur, etc.).

84 kil. Trajet en 1 h. 5 à 3 h. Prix: 9 fr. 40, 6 fr. 85, 4 fr. 15. — Billets d'excursion les dim. et fêtes, en été, pour Compiègne et *Pierrefonds*, aller et retour, avec faculté de passer par Villers-Cotterets (p. 24): 9 fr. 50, 6 fr. 40, 4 fr. 20. — Billets du même genre pour Chantilly, les jours d'ouverture gratuite du musée (v. ci-dessous): 6 fr. 15, 4 fr. 80, 2 fr. 80.

Les trains directs ne s'arrêtent pas aux stations de banlieue jusqu'à Chantilly et même au delà, deux rapides allant sans arrêt jusqu'à St-Quentin (154 kil., en 2 h. 4 et 2 h. 12). Détails sur la banlieue, v. *Paris et ses environs*, par Bædeker. Un peu au delà des fortifications, à dr., la ligne de Soissons, Laon, etc. (v. R. 4).

7 kil. *St-Denis*. On aperçoit à dr. la tour de son église moderne et plus loin la principale tour de sa basilique. On laisse ensuite à g. les lignes d'Amiens et du Tréport par Beauvais (v. le *Nord Ouest de la France*). — 11 kil. *Pierrefitte-Stains*. A dr., le fort de Garches. — 15 kil. *Villiers-le-Bel-Gonesse*. — 20 kil. *Goussainville*. — 24 kil. *Louvres*. — 30 kil. *Survilliers*. Correspond. (1 fr.) pour *Mortefontaine* (7 kil.), où il y a un beau château et surtout un superbe parc, au duc de Gramont (s'adresser au gardien). Puis la forêt de Coye. — 36 kil. *Orry-Coye*. Plus loin, un viaduc de 39 m. de hauteur. A dr., dans le bas, sur le bord d'un étang, une petite construction goth. moderne dite le château de la Reine-Blanche. Ensuite, la *forêt de Chantilly*.

41 kil. **Chantilly** (hôt.: *du Grand-Condé*, *d'Angleterre*, etc.), ville de 4791 hab., où ont lieu des *courses* célèbres sur une pelouse près de la gare. Vers l'extrémité, à g., les *écuries* monumentales des Condés (xviiie s.), dont Chantilly était la résidence, et plus loin leur *château* et le *parc*. Le *château, magnifique édifice en partie moderne, dans le style de la Renaissance, légué par son dernier propriétaire, le duc d'Aumale (1822-1897), avec ses riches *collections, à l'Institut de France, est ouvert aux visiteurs, du 16 avr. au 15 oct., les dim. et jeudi de 1 h. à 5 h., excepté les jours de courses. Pour les détails, v. *Paris et ses environs*.

De Chantilly a Crépy-en-Valois: 36 kil.; 1 h.; 4 fr., 2 fr. 70, 1 fr. 80. — Cet embranch. se détache à dr. de la grande ligne au delà du viaduc mentionné ci-dessous. — 13 kil. (5e st.) *Senlis* (*hôt. du Grand-Cerf*), la «civitas Sylvanectensium» des Romains, ville de 7115 hab. et chef-lieu d'arr. de l'Oise, sur la *Nonette*. L'anc. *cathédrale goth., des xiie-xvie s., a un portail à bas-reliefs et à statues, deux tours carrées, dont l'une est surmontée d'une magnifique flèche (78 m. de haut.), etc. Près de là sont des restes de l'*enceinte gallo-romaine* et d'un *château* du moyen âge. A voir encore, les anc. églises *St-Pierre* (xvie s.) et *St-Frambourg* (xiie s.) et l'anc. abbatiale de *St-Vincent* (xiie s.). — 36 kil. (13e st.) *Crépy-en-Valois* (p. 29).

En quittant Chantilly, on traverse la vallée de la *Nonette* sur un *viaduc* de 444 m. de long et 22 m. de haut. Belle vue. A g., un beau château moderne des Rothschild. Puis une tranchée, dans les carrières de St-Maximin, qui fournissent depuis le moyen âge une excellente pierre à bâtir. On franchit l'*Oise*. A dr., encore un beau château neuf, aussi à un Rothschild. A g., la belle église de St-Leu-

1*

d'Esserent, la ligne de Paris par Pontoise et Beaumont, les forges et le bourg de *Montataire* (6752 hab.), dominés par une belle église des XIIe et XIIIe s. et un château du XVe s.

51 kil. **Creil** (*buffet;* hôt.: *du Chemin-de-Fer*, *du Commerce*, rue de la Gare), ville bien située, mais peu intéressante, de 9125 hab., sur l'Oise, et l'une des stations les plus importantes du chemin de fer du Nord. Près de la gare, de grands ateliers de construction. Sur une place dans une île, à dr. au delà du pont tubulaire par lequel on traverse la rivière, les ruines de *St-Évremont*, petite église canoniale du style de transition du XIIe s., et quelques restes d'un château royal. Plus loin, à g. de la grand'rue, l'*église*, des XIIe-XVe s.

Lignes de *Beauvais* et d'*Amiens*, etc., v. le *Nord-Ouest de la France*.

On laisse à g. la ligne d'Amiens et remonte la rive dr. de l'Oise. — 53 kil. *Villers-St-Paul*. — 56 kil. *Rieux-Angicourt;* à 2 kil., *Angicourt*, où il y a un sanatorium pour les phtisiques (216 lits).

62 kil. *Pont-Ste-Maxence* (hôt. du Chemin-de-Fer), ville de 2615 hab., sur la rive g., près de la *forêt d'Hallate*. Elle a un beau pont de 1774-1785, dû à l'architecte Perronet, et une église remarquable des styles goth. et de la Renaissance.

A $^1/_4$ d'h. au S.-E., les restes très importants de l'*abbaye de Moncel*, en partie du XIVe s., qu'on peut obtenir de visiter. — La *forêt d'Hallate*, de 4000 hect. de superficie, est traversée par une route qui mène à Senlis (12 kil.; p. 8) en passant à *Fleurines* (6 kil.). Terrain accidenté. Belle vue du *mont Pagnotte* (220 m.), à g., à env. 3 kil. de Pont.

70 kil. *Chevrières*. — 72 kil. *Longueil-Ste-Marie*, aussi sur la ligne de Verberie (6 kil.; p. 24) à Estrées-St-Denis (v. le *Nord-Ouest*). — 75 kil. *Le Meux*, où aboutit une ligne de Crépy-en-Valois (p. 23). — 79 kil. *Jaux*. On aperçoit de loin, à dr., Compiègne, la tour de son église St-Jacques et son hôtel de ville.

84 kil. **Compiègne.** — Hôtels: *de la Cloche*, à dr. de l'hôtel de ville, bon (50 ch. dep. 4 fr., rep. 1.25, 3 ou 4, 3.50 ou 5, v. c., p. 10 à 15, om. 50 c. à 1 fr.); *de France*, à g. de l'hôtel de ville, bon (ch. 2 fr. 50, b. et s. 50 c., dé. 3, dî. 3.50, v. c., p. 8.50, om. 50 c.); *de la Corne-de-Cerf*, rue de ce nom, à dr. en arrivant à l'hôtel de ville (bonne table; dé. 2 fr. 50, dî. 3); *de Flandre*, près de la gare, à côté du pont; *de la Gare*, rue d'Amiens, avec café (7 fr. 50 par jour; bonne table; dé. 2 fr. 50, dî. 3).

Cafés: *de la Cloche*, place de l'Hôtel-de-Ville; plusieurs près de la gare, au commencement de la grand'rue. — Bon *buffet* à la gare.

Voitures de place: pour 1 ou 2 pers., course, 75 c.; heure, 1 fr. 50; 3 pers., 1.10 et 2; 4 pers., 1.50 et 2.50; pour Pierrefonds (4 pers.) ou pour Champlieu, 12 à 20 fr., en faisant prix.

Poste et télégraphe, rue Napoléon, 5, près de l'hôtel de ville.

Église Anglicane (*St-André*), avenue Thiers, 8.

Compiègne (Compendium en lat.) est une ville de 16503 hab., sur l'Oise, et un chef-lieu d'arr. du dép. de ce nom. Elle a été le séjour favori des souverains de France, et il s'y rattache de nombreux souvenirs historiques. Elle est surtout connue comme le lieu où Jeanne d'Arc fut faite prisonnière par les Bourguignons, en 1430.

La rue à dr. au sortir de la gare traverse l'Oise et conduit à l'*hôtel de ville*, du commencement du XVIe s., dont la belle façade, décorée de statues, est surmontée d'un beffroi de 47 m. de hauteur, avec une horloge à jaquemart. La statue équestre en haut relief qui est au milieu représente Louis XII; elle est moderne, comme les autres, dans des niches. A dr. de l'hôtel, une porte de la Renaissance, de l'ancien arsenal. — Sur la place, une *statue de Jeanne d'Arc*, bronze par Et. Leroux (1880).

L'hôtel de ville renferme un *musée* intéressant, formé par l'architecte Vivenel et légué à la ville en 1843. Il est public les dim. et jeudi de 2 h. à 5 h. et visible les autres jours (pourb.). L'entrée est à dr. au fond de la cour. Catal., 60 c. Conservateur, M. Blu.

Dans une petite pièce du bas, des *sculptures*, principalement un retable en pierre, de la Renaissance. On monte de là au 1er étage, et l'on tourne à g., dans un petit vestibule où sont quelques moulages. Ensuite une longue salle renfermant surtout des *tableaux*: 91, *Papety*, Un rêve de bonheur; 62, *de Curzon*, Ruines du temple de Jupiter; 28, *Ph. de Champaigne* (?), portr. de Descartes (?); 92, *Papety*, portr. de Vivenel; 68, *Flandrin*, Dans les bois; 25, *Solimena*, portr. d'homme; 75, *Hillemacher*, Joyeuse société; 17, *A. Carrache*, St François de Paule; 45, *J. Raoux*, (1677-1784), Concert de famille; 54, *L. Boulanger*, Mort de Bailly, anc. président de la Constituante et maire de Paris, guillotiné en 1798. Vitrines: *vases* (au milieu), petites *antiquités*, même égyptiennes, et petite collection géologique. Une statuette, 515, *Corinna*, copie de l'époque romaine du chef-d'œuvre de Silanion. — Salle suivante: petits *tableaux*, dont quelques bonnes toiles anciennes: 19, *D. Seghers*, la Vierge et l'Enfant Jésus; 8, *le Pérugin* (?), Vierge; *sculptures*, en particulier une statue de Job par *Klagmann*; des *antiquités* et une petite collection d'oiseaux.

De l'autre côté de l'escalier, où l'on remarque encore une porte de sacristie du xve s., toute découpée à jour, et quelques tableaux, dont une Kermesse, de *Rombouts* (n° 21), d'abord une pièce où l'on a reconstitué le beau *cabinet de travail de Vivenel*, en chêne sculpté. — Ensuite une galerie qui renferme de beaux *meubles* en chêne sculpté et des *objets d'art* de toute sorte, surtout, à l'entrée, une table attribuée à *Jean Goujon*; à dr., un lit à baldaquin; à g., des bahuts, des dressoirs, des crédences, avec des grès, des faïences, des émaux et des verres. Il y a aussi une belle cheminée de la Renaissance, des armes, des dessins. A dr. à l'extrémité, une Passion, retable en albâtre du xive s. Au-dessus, 4 petits tableaux attr. à *Wohlgemuth*, des scènes de la vie de J.-C.

Les salles des mariages et du conseil de l'hôtel de ville renferment aussi quelques tableaux et deux tapisseries anciennes. — Enfin il y a à l'hôtel de ville une bibliothèque de 12000 volumes.

Un peu plus loin que l'hôtel de ville est l'*église St-Jacques*, du style ogival primitif, mais très défigurée au xve s. Elle a sur la façade, du xve s., une belle tour avec un dôme de la Renaissance, haute de 39 m. A l'intérieur, on remarque le revêtement du chœur, en marbre de couleur, de 1765, puis les boiseries, bien qu'aussi d'un autre style que l'église.

Le PALAIS ou *château* de Compiègne, son édifice le plus considérable, mais non le plus beau, est situé un peu plus loin derrière St-Jacques. Il a été construit sous Louis XV, par *Gabriel*. L'empereur Nicolas II et l'impératrice de Russie y ont séjourné en sept. 1901. La façade du côté de la ville est précédée d'une double colonnade, formant une galerie de 43 m. de long et rappelant en grand celle du Palais-Royal de Paris. Pour l'autre façade, v. p. 7.

Ce palais est public tous les jours, de 10 h. à 5 h. en été et de 11 h. à 4 h. en hiver (oct.-mars). Les pièces principales contiennent une sorte de musée, particulièrement des tableaux appartenant à la collection du Louvre. On ne visite librement que le rez-de-chaussée et, au 1er étage, la salle des Gardes et la salle des Huissiers ; pour le reste, il faut être accompagné d'un gardien (pourb.).

Au REZ-DE-CHAUSSÉE (vestiaire), le *vestibule* renferme des sculptures et quelques tableaux. Au bas de l'escalier et du côté dr.: sculptures, Mich. de l'Hôpital, par *Gois*, et d'Aguesseau, par *Berruer*; Diogène, par *Le Père*; Femme et serpent, par *Clésinger*; Vénus aux cheveux d'or, par *Arnaud*; *Une heure de la nuit, par *Pollet*; quelques tableaux, entre autres, 522, *Coypel*, Joas interrogé par Athalie. De l'autre côté de l'escalier: sculptures, la Belle Tarentaise, par *Schœnewerk*, St Sébastien, par *Gautherin*; tableaux: *le Parmesan* (?), Vierge; *Romanelli*, Moïse sauvé des eaux; 142, *Hue*, Paysage avec ruines.

Dans l'escalier d'honneur: un sarcophage antique, en marbre blanc; des tableaux, un Hercule au repos, de l'*école de Ribera*; le Mystère de la Passion, de *Tinti*; un paysage de *Turpin de Crissé*, une marine de *Gudin*; deux torchères modernes en bronze par *Dubois* et *Falguière*.

PREMIER ÉTAGE. — *Salle des Gardes*, dont on remarquera la décoration originale (pilastres et consoles): panoplies.

Salle de g., par rapport à l'entrée, dite salle des Huissiers: copies de peintures d'*Oudry* et de *Desportes*. Une galerie en retour d'équerre du côté de la cour, toute garnie de gravures, conduit à une petite salle où sont des tapisseries reproduisant des scènes de chasse.

De l'autre côté de la salle des Gardes, une petite salle décorée de belles tapisseries des Gobelins d'après les Chambres de Raphaël. On voit, à côté d'une tribune, la modeste chapelle du palais; elle renferme de petits tableaux de maîtres italiens, dont on ne peut approcher. — Ensuite un vestibule, où sont deux tableaux en grisaille; à g., la Revue nocturne, par *Dietz*, d'après l'ode de Zedlitz; à dr., la Revue des ombres, par *N. Giraud*, d'après Raffet. — A dr., la galerie des Fêtes, dont il sera question ci-dessous. — Dans les salles en face, 9 scènes de la vie de don Quichotte, par *Natoire*, des modèles de tapisseries, et 5 vases de Sèvres. — Les petites salles donnant de ce côté sur la cour d'honneur n'ont rien de bien intéressant: aquarelles de Viollet-le-Duc (salles des Tuileries), etc.; tapisseries dont les sujets sont tirés de la vie d'Esther, etc.

Galerie des Fêtes. Cette vaste salle est assez richement décorée, dans le style du premier empire. Les peintures de la voûte sont de *Girodet*. A l'entrée, une statue de Lætitia, mère de Napoléon Ier, et à l'extrémité celle de Napoléon lui-même, toutes deux par *Canova*. Au mur en face des fenêtres, des tableaux: 119, *J. Vernet*, le Matin sur terre; au-dessous, 174, *école de Rubens*, le Retour de Diane; 153, attr. à *Manfredi*, Judith; 155, *Romanelli*, Moïse défendant les filles de Jéthro; 151, *Lucatelli*, paysage; 178, *Rubens*, Tête d'enfant; 68, 69, *Lancret*, Bergère endormie, Berger et bergère; 142, *Ann. Carrache*, portr. d'homme; 148, *L. Giordano*, Présentation de J.-C. au temple; 172, *Rembrandt*, le Christ à Emmaüs (peint vers 1660); 55, *Gros*, portr. équestre du général Bonaparte; 181, 180, *école flamande*, Embarquement d'Énée après la prise de Troie, Mariage de la Vierge; 109, *Steuben*, Mercure endormant Argus; 159, *Trevisani*, Vierge; 160, *Alex. Véronèse* (Turchi), Mariage mystique de Ste Catherine; 161, *école milanaise*, Vierge; 162, *école génoise*, portr. d'homme; 166, *Franck le J.*, Allégorie à la Fortune; 118, *J. Vernet*, le Coup de vent.

Les 3 salles suiv. contiennent aussi des tableaux. Dans la 1re (salon des Stucs): Combat de cerfs et Mort du cerf, par *Martinus*; le Matin et le Soir à la mer, par *J. Vernet*. Au milieu, un jeu d'échecs de Napoléon Ier. Dans la 2e et la 8e salle, 81 scènes de la vie de don Quichotte, par *Ch. Coypel* ou d'après lui (modèles de tapisseries), et d'autres tableaux; dans la 8e: 104, *J.-N. Robert-Fleury*, Scène de la St-Barthélemy; 59, *Hubert Robert*, paysage; 1, *Achard*, id.; 115, *J. Vernet*, le Midi; 185, *Loutherbourg*, Choc de cavalerie; 60, *Jollivet*, Lara (Byron); 45, *Daurats*, le Couvent de Ste-Catherine au mont Sinaï.

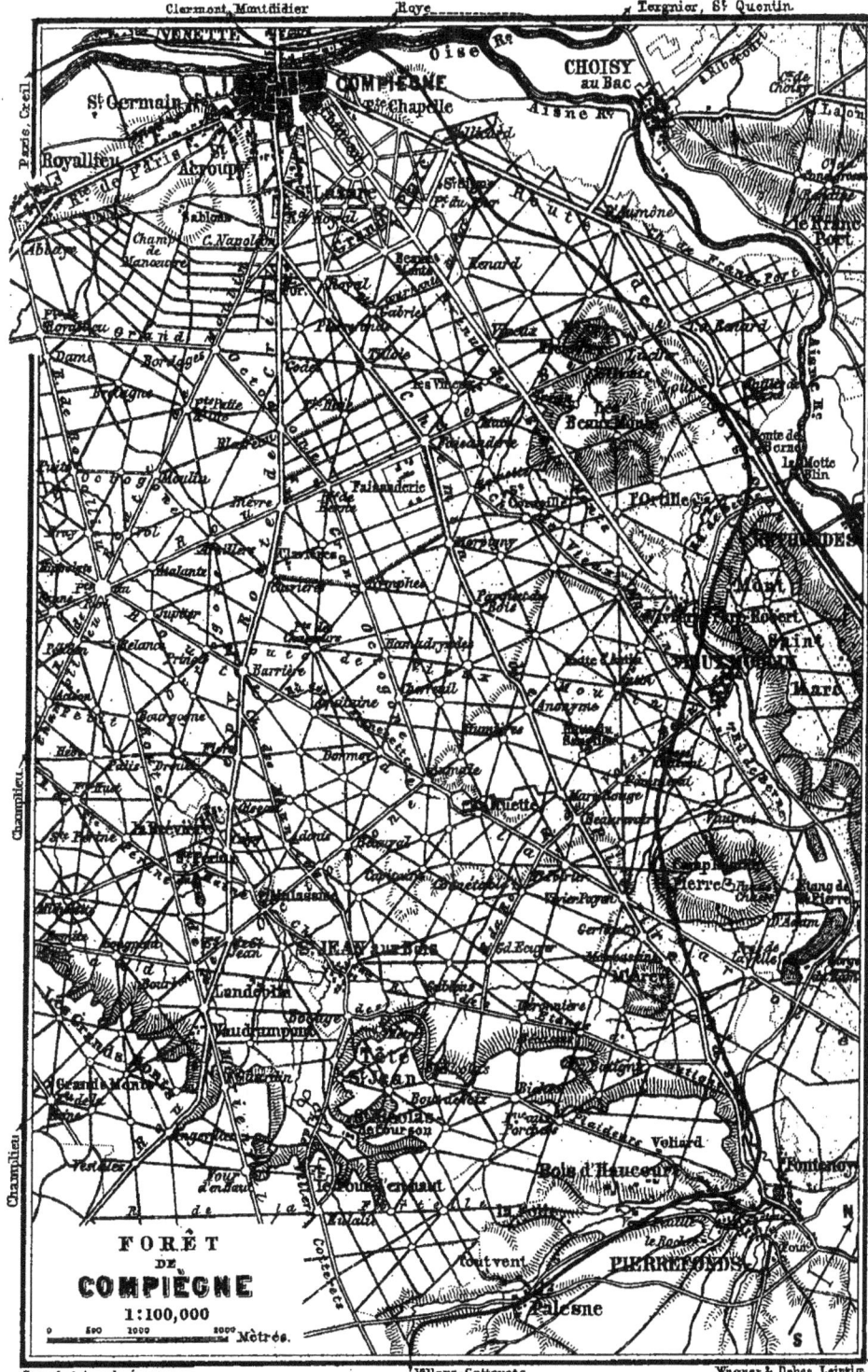

Grands appartements, du côté du parc, en commençant par le fond, à la suite des salles précédentes. — Salon des Fleurs, ainsi nommé d'après ses panneaux, par *Dubois*; magnifique meuble en palissandre; beau vase de la manufacture de Berlin (1901). — Salon de repos, plafond de *Girodet*, le Départ d'un guerrier, le Combat, la Victoire et le Retour. — Boudoir: vase de Sèvres, sur un support en marbre noir orné de camées. — Chambre à coucher des Impératrices: plafond par *Girodet*, l'Aurore; panneaux par le même, les Saisons. — Salon de musique: ameublement Louis XVI; gobelins; au-dessus des portes, grisailles par *Sauvage*. — Bibliothèque: plafond par *Girodet*, Minerve, Apollon et Mercure. — Chambre à coucher de l'Empereur: plafond par le même, la Guerre, la Justice, la Force et l'Eloquence. — Salle du conseil: meubles dans le style Louis XV; table en mosaïque de Florence; tapisseries des Gobelins, le Printemps, l'Eté et l'Automne; vue du parc et de la forêt. — Salon de famille: meubles de Beauvais; deux beaux candélabres en bronze doré, table en mosaïque de Louis XIV. — Salon des Aides-de-camp: ameublement du même genre; vases de Sèvres. — Petite salle à manger: deux Faunes en noyer servant de candélabres, d'un seul morceau; grisailles de *Sauvage*. — Salon d'attente, les Noces d'Angélique et de Médor, par *Coypel*. — Salon des Souverains étrangers, avec deux tapisseries des Gobelins; la Toilette de Vénus, et Vénus désarmée par l'Amour. — Ensuite, deux salons de Marie-Antoinette, avec tapisseries de Beauvais et des Gobelins, et vases de Sèvres. — Enfin chambre à coucher de Marie-Antoinette, avec un vase de Sèvres sur pivot, où est représenté le mariage du doge de Venise avec l'Adriatique.

Le *parc, pris sur la forêt (p. 8), est aussi ouvert au public. On y va, au sortir du palais, en prenant à g. jusqu'à la grille d'entrée. La façade du palais de ce côté, longue de 193 m., est précédée d'une terrasse d'où l'on jouit d'une belle vue, grâce à une avenue de plus de 6 kil. de long dans le parc et la forêt, vers les Beaux-Monts (p. 8). Il y a des statues originales et des copies d'après l'antique, en marbre et en bronze. Le *berceau en fer*, construit sous Napoléon Ier pour l'impératrice Marie-Louise, afin de lui rappeler sa treille de Schœnbrunn, n'existe plus qu'en partie: il avait 1400 m. de long et il aboutissait à la forêt. La *terrasse du Palais* se prolonge, sur un reste des anciens remparts, jusque près de l'Oise, par où l'on peut redescendre, et elle passe près du palais sur l'anc. *porte Chapelle*, construite en 1552 par Phil. Delorme. Il y a encore des restes des fortifications de l'autre côté de l'entrée de la forêt.

Dans la partie O. de la ville, au delà de St-Jacques, en revenant du palais, se trouvent quelques *vieilles maisons*, surtout au coin de la rue des Lombards et de la rue Napoléon (où est la poste), et à côté sur la place du Change (maison qu'habita Jeanne d'Arc). Plus loin s'élève l'*église St-Antoine*, des XIIe et XVIe s., dont le grand portail, assez dégradé, est du style flamboyant. Elle a trois verrières de la Renaissance (à l'abside) et des vitraux modernes. Dans le collatéral de g., monument érigé en 1875 au cardinal d'Ailly (m. 1425).

La rue St-Antoine, à dr. en sortant, mène à une place d'où l'on redescend à g. vers l'Oise, par la rue Jeanne-d'Arc. Dans le bas, à g., se trouve un reste de la *tour de Jeanne-d'Arc*, où fut enfermée la Pucelle. Elle est enclavée dans une propriété particulière (n° 6), où il faut s'adresser pour la voir; mais elle est peu curieuse et l'on pourra s'en faire une idée du quai un peu plus loin à g.

Une petite rue neuve, sur l'emplacement d'un anc. prieuré, plus tard l'hôpital, mène de la rue Jeanne-d'Arc dans une rue parallèle où est la *chapelle St-Nicolas*, qu'on a conservée de cet établissement et qui a de belles boiseries des XVIIe-XVIIIe s., des tableaux anciens remarquables et une belle Vierge du XIVe s. La rue St-Nicolas descend également vers le quai, près du pont.

La FORÊT DE COMPIÈGNE a 14509 hectares de superficie et plus de 94 kil. de tour. Elle est sillonnée par 354 routes et il y a partout des poteaux indicateurs. Des marques rouges y donnent la direction de la ville. On peut y faire bien des excursions intéressantes, en particulier jusqu'à *Pierrefonds*, à l'extrémité S.-E. (14 kil.; v. ci-dessous), et jusqu'à *Champlieu*, à l'extrémité S. (13 kil.; antiquités, v. p. 24): voit., v. p. 4; chemin de fer, p. 24. Un des plus beaux sites est celui du *mont St-Marc*, à l'E., non loin de la station de Vieux-Moulin.(v. ci-dessous). Plus près, les *Beaux-Monts* (139 m.), but de promenade recommandé, à $^3/_4$ d'h. de la ville, dans l'axe de la grande avenue du parc du palais de Compiègne (p. 7), et plus près encore, au N. de l'avenue, le *mont du Tremble*, à proximité de la station de Rethondes (v. ci-dessous).

Suite de la ligne de *St-Quentin-Maubeuge*, etc., v. R. 2 et 3.

Lignes de *Clermont* et *Beauvais*, d'*Amiens* par *Montdidier* et de *Roye* (Péronne), v. le *Nord-Ouest de la France*, par Bædeker. — Ligne de *Crépy-en-Valois*, v. p. 24.

De Compiègne à Soissons: 40 kil.; 1 h. 10; 4 fr. 50, 3 fr., 1 fr. 95. Jusqu'à *Rethondes* (7 kil.), v. ci-dessous. On y laisse à dr. la ligne de Pierrefonds et se rapproche à g. de l'*Aisne*, dont on va remonter la jolie vallée. De l'autre côté, la *forêt de Laigue* (3885 hect.), qui offre de belles promenades. — 9 kil. *Pont-de-Rethondes*, arrêt plus rapproché de la localité, qui est sur la rive dr. — 12 kil. *Trosly-Breuil*, à dr. à la lisière de la forêt de Compiègne. — 14 kil. *Lamotte-Breuil*. À g., une grande fabrique de produits chimiques (1897). À dr., *Couloisy*, avec une église romane intéressante, et plus loin, sur la hauteur, *Croutoy* et son château. — 17 kil. *Attichy*, à 1 kil., sur la rive dr. de l'Aisne. — 19 kil. *Jaulzy*. Curieuse carrière de pierre dans les collines de dr. — 23 kil. *Vic-sur-Aisne*, à 1 kil. à g. — 5 arrêts et stations. — 37 kil. *St-Christophe*, faub. de Soissons, dont on aperçoit à g. la cathédrale et l'église St-Jean-des-Vignes. On contourne la ville et rejoint à dr. la ligne de Paris. — 40 kil. *Soissons* (p. 25).

II. De Compiègne à Pierrefonds (Villers-Cotterets).

17 kil.; 25 à 35 min.; 1 fr. 90, 1 fr. 80, 85 c. — Billets de *Paris*, v. p. 3. — De Compiègne à *Villers-Cotterets*: 37 kil.; 1 h.; 4 fr. 15, 2 fr. 80, 1 fr. 80.

Cette ligne franchit l'Oise en amont de la ville et traverse la forêt au N. et à l'E. À dr., le *mont du Tremble* et les *Beaux-Monts*, des buts de promenade de Compiègne (v. ci-dessus). — 7 kil. *Rethondes*. À g., la ligne de Soissons; puis le *mont St-Marc* (131 m.), qui offre les plus beaux points de vue de la forêt: on y monte de la station suivante. — 11 kil. *Vieux-Moulin* (hôtels-rest.), village dans un beau site et rendez-vous de peintres.

À env. 2 kil. à l'O. se trouvent les ruines peu considérables de *St-Corneille*, un anc. prieuré du XIIe s. — On va de Vieux-Moulin en 1 h. $^1/_2$

à Pierrefonds par la forêt, en prenant le premier chemin qui traverse la voie au delà de la station, puis celui qui la longe à g. (v. la carte). Ce chemin rejoint la route de Compiègne non loin de *St-Pierre-en-Chastre*, hameau à 4 kil. de Pierrefonds, où se voient des ruines d'une église du XIV⁰ s. Les Romains y ont eu un camp, de là son surnom de «en Chastre» (in Castra). De l'autre côté, à l'E., sont les *étangs de St-Pierre*, dans un joli site, avec un ancien rendez-vous de chasse.

Le ch. de fer passe plus loin, à g., près de St-Pierre-en-Chastre (v. ci-dessus), puis traverse le chemin de Compiègne et une profonde tranchée, à l'extrémité d'une colline. A g., en arrivant, le château de Pierrefonds, le lac et, au delà, l'établissement de bains.

Le *chemin direct de Compiègne à Pierrefonds* (14 kil.) est peu intéressant. Il prend à g. à l'extrémité de la grand'rue et traverse la forêt à peu près en ligne droite. Il passe à env. 1200 m. de St-Corneille (p. 8), au coude qu'il fait près de la faisanderie, à moins de 2 kil. de la ville. Mais il est aisé de faire une belle excursion en allant de Compiègne à Pierrefonds à travers la forêt soit au N. (18 kil.) par les *Beaux-Monts*, le *Vivier Frère-Robert*, *Vieux-Moulin* (v.!p. 8) et les étangs de *St-Pierre*, soit au S. (16 kil.), par *la Brevière*, l'étang de *Ste-Périne*, *St-Jean-aux-Bois* et le chemin des *Plaideurs*. Le village de St-Jean-aux-Bois (aub.) eut jadis un prieuré, dont il reste l'église, du style de transition, et un cloître roman.

Pierrefonds. — HÔTELS: *des Bains*, à l'établissement (40 ch., rep. 1 fr. 25, 3.50 et 4.50, pens. dep. 12, om. 50 c.); *des Etrangers*, en face du château, près de la gare et du lac (dé. 3 fr., dî. 3.50); *des Ruines*, rue Carnot, près du château (40 ch. à 3 fr., rep. 75 c., 3 et 3.50, pens. 9); *de l'Enfer*, rue Viollet-le-Duc (dé. 2 fr. 50, dî. 2.75, pens. 6). — *Café-rest. du Lac*, en face du lac (dé. 2 fr. 50, dî. 3). — ÉTABLISSEMENT DE BAINS : bain sulfureux complet, 2 fr. 15; douche, 3 fr. 35, 50 c. de moins sans le linge; douche ascendante, 85 c.; séance de respiration, 1 fr. 60; douche pharyngienne, 1 fr. 10; buvette, 10 c. le verre, 5 fr. pour un mois, 3 fr. pour 15 jours, etc.

Pierrefonds est un bourg pittoresque de 1729 hab., dans un site charmant, au bord d'un petit lac, et célèbre par son magnifique *château*. Il possède de plus deux sources d'*eaux minérales*, l'une sulfurée-calcique froide, dans le genre de celle d'Enghien, et l'autre ferrugineuse.

Le **CHATEAU, sur une éminence escarpée à l'O., au-dessus du bourg, est un édifice imposant, avec ses huit tours rondes à mâchicoulis, de 35 m. de haut et dont les murs ont jusqu'à 5 et 6 m. d'épaisseur. Il a été bâti à partir de 1390, par Louis Ier d'Orléans, le frère ambitieux et fastueux du roi Charles VI et l'aïeul de Louis XII et de François Ier. C'était un des plus forts et des plus remarquables de cette époque, un modèle de forteresse de la fin du régime féodal, dont l'artillerie devait seule avoir raison. Il fut assiégé quatre fois par les troupes royales et démantelé en 1617. Vendu sous la Révolution, il a été acheté pour l'Etat par Napoléon Ier et parfaitement restauré par *Viollet-le-Duc* à partir de 1858, mais ses boulevards et ses ouvrages extérieurs n'ont pas été tous rétablis. Il est visible tous les jours, de 10 h. à 5 h. en été et de midi à 4 h. en hiver. L'entrée est au S. On monte pour y arriver la rue Carnot, à g. de l'hôtel de ville, près des bains. Si l'on est pressé, monter ensuite à dr. jusqu'à la 2e porte. Par la première, où est l'écriteau, on voit mieux l'extérieur du château, mais on fait un assez long détour. Il y a deux ponts fixes et un pont-levis à traverser, à g. des deux plus grosses tours, que précèdent une petite esplanade, dite «les grandes lices», et le châtelet.

En arrivant dans la cour (gardien à g.), où l'on peut se promener librement, on a à dr. le *donjon*, la partie principale et la demeure du châtelain, pourvu de ses propres défenses et qui pouvait s'isoler du reste. Il comprend à l'extérieur les deux tours principales, flanquées de leurs *guettes*, d'où l'on surveillait toute la contrée, et à l'intérieur une tour carrée qui en protège l'entrée. Le rez-de-chaussée du long bâtiment de g., qu'on fait visiter en dernier lieu, était la *salle des Gardes*; on n'y entrait que par la porte à côté du corps de garde, où demeure le gardien, et il était isolé des défenses, où les hommes d'armes, des mercenaires convoqués accidentellement, ne pouvaient aller que sous la conduite de leurs chefs. Ils en occupaient encore le sous-sol, qui forme deux étages ayant vue du côté du bourg. Au-dessus du rez-de-chaussée est la *grand' salle*, où le châtelain rendait la justice, donnait des fêtes, tenait des assemblées et réunissait au besoin les capitaines de la garnison. Elle communique pour cette raison avec le donjon par des galeries aboutissant à chaque extrémité et avec les défenses par des escaliers dans les tours voisines. On remarquera les sculptures de la galerie extérieure de la salle des Gardes.

Devant le perron du bâtiment du fond, où logeaient les officiers, se voit la *statue équestre de Louis d'Orléans*, bronze moderne par Frémiet. Le perron lui-même est décoré d'une façon originale de quatre animaux chimériques. A dr. est l'entrée de la *chapelle*, du style gothique. Elle a un beau portail surmonté d'une rose, et est couronnée par un St Michel en cuivre repoussé. L'intérieur, qui du reste est vide, est en partie dans une tour, et il y a au-dessus de l'emplacement de l'autel une tribune sur une voûte très élevée, où des hommes d'armes se tenaient pour faire le guet, tout en assistant aux offices. Sur les côtés de la nef sont d'autres tribunes, celle du châtelain la 1re à dr. en venant du donjon. Enfin entre la chapelle et le donjon se trouve une *petite cour*, sans autre communication avec tout le château que par une poterne que fermait une herse, et avec le dehors que par une poterne à 10 m. du pied de la muraille, par où l'on hissait les provisions. On remarquera que les courtines ont deux *chemins de ronde*, le premier à mâchicoulis, créneaux et meurtrières, le second, au-dessus, seulement à créneaux et meurtrières. Les tours ont deux étages du même genre, plus un parapet crénelé autour des combles.

Le gardien conduit d'abord les visiteurs dans le *donjon*, qui est décoré de peintures à fresque dans le style de l'époque, et où l'on remarquera en particulier des cheminées monumentales et de belles boiseries. Au 1er étage, un corps de garde, une salle de réception, le cabinet et la chambre du seigneur. On a rétabli dans cette dernière la ruelle du lit, où des gardes se tenaient la nuit. Au 2e étage, où l'on arrive en passant au-dessus de l'entrée du château par la *courtine* (belle vue), la salle des chevaliers de la Table ronde, qui a une belle voûte. — Les personnes qui le désirent montent de là au sommet de la guette ou tourelle voisine de l'entrée du château. L'escalier est assez incommode, surtout pour redescendre, et il y a 190 marches. Au-dessus de la salle précédente était l'arsenal (70 marches). Vue très étendue du sommet, mais un peu uniforme.

Ensuite on visite la *grand' salle* ou *salle des Preuses*, au-dessus de celle des Gardes. Elle a 52 m. de long sur 9 m. 50 de large. Il y a à l'entrée des statues de Charlemagne, Roland, Turpin, Guillaume d'Orange et Olivier de Clisson. Au-dessus du vestibule, une tribune destinée aux musiciens. Au fond, l'estrade du seigneur, devant une double cheminée décorée des statues des 9 «preuses» des romans du moyen âge : Sémiramis, Délfemme, Lampédo, Hippolyte, Déiphile, Thamyris, Tanqua, Ménélippe et Penthésilée. Arrivé à l'extrémité de cette salle, on descend par un escalier double (2 escaliers superposés) à la *salle des Gardes*, qui contient des débris du château avant la restauration.

L'*établissement de bains*, qui est peu considérable, est au bord du lac du côté du château. Il a un beau petit parc ouvert au public. A l'entrée est l'hôtel des Bains, avec un restaurant et un petit casino. Plus loin, les bains et les sources, à l'extrémité du lac.

L'*église*, à côté du parc, est un édifice peu remarquable, à deux nefs, des XIe et XIVe-XVIe s., mais avec une belle tour achevée en 1552. Il y a dans la propriété voisine des restes d'un prieuré.

La *forêt de Compiègne* est naturellement la principale promenade des environs de Pierrefonds; v. p. 8 et la carte. Après *St-Pierre-en-Chastre* (p. 9), on y pourra encore visiter *St-Jean-aux-Bois* à env. 6 kil. à l'O. (v. p. 9). — *Champlieu*, v. p. 24.

SUITE DE LA LIGNE DE VILLERS-COTTERETS. — Au delà de Pierrefonds, le chemin de fer longe quelque temps la forêt à l'E. — 20 kil. *Palesne* (arrêt). Viaduc, haut remblai et tranchée; la voie monte pour atteindre une plaine. — 23 kil. *Morienval*. Le village de ce nom, à 3 kil. à dr. ou au S.-O., a une *église* remarquable, surtout par ses trois tours romanes, à la façade et au transept. *Champlieu* (p. 24) est 8 kil. plus loin, à l'O. — Ensuite alternativement la plaine et des bois qui se rattachent à la forêt de Villers-Cotterets. Belles vues à dr. Arrêt de *Bonneuil*. — 29 kil. *Emeville*. A 3 kil. au S.-O., *Vez*, qui a un curieux château fort des XIIIe et XIVe s., qu'on peut visiter. — 33 kil. *Haramont*. — 35 kil. *Villers-Cotterets*, halte au N. de la ville. On rejoint à g. la ligne de Soissons. — 37 kil. *Villers-Cotterets* (p. 24).

2. De Compiègne (Paris) à Chauny et à Coucy-le-Château.

I. De Compiègne à Chauny (St-Quentin, etc.).

40 kil. Trajet en 88 min. à 1 h. 15. Prix: 4 fr. 50, 3 fr., 1 fr. 95. — Billets d'excursion en été, les dim. et fêtes, de Paris pour *Coucy-le-Château*, aller et retour, avec faculté de passer par Anizy-Pinon (Soissons): 11 fr. 80, 7 fr. 50, 4 fr. 90.

Compiègne, v. p. 4. — On laisse à dr. la ligne de Pierrefonds et à g. celle de Roye. A dr. encore le confluent de l'Oise et de l'Aisne. — 88 kil. (de Paris). *Choisy-au-Bac*, à env. $1/4$ d'h. à dr., sur la rive g. de l'Aisne. — 90 kil. *Longueil-Annel*. En deçà de l'Oise coule son canal latéral. — 92 kil. *Thourotte*. — 97 kil. *Ribécourt*.

Correspond. pour *Tracy-le-Mont* (7 kil.), par *Tracy-le-Val* (5 kil.), qui a une église remarquable, en partie romane (xiie s.), surtout sa tour, et un château. *Tracy-le-Mont* est un bourg industriel de 1924 hab., avec des fabriques de brosses.

On voit ensuite de loin à g., sur une hauteur derrière Ourscamp, la tour goth. du château moderne de Chiry. — 101 kil. *Ourscamp* (1955 hab.), à 2 kil., jadis célèbre par une abbaye de l'ordre de Cîteaux, dont les restes sont occupés par une importante manufacture de filés et de tissus de coton. Il y a aussi un château moderne. — 105 kil. *Pont-l'Evêque.*

108 kil. **Noyon** (*hôt. du Nord,* près de la cathédrale), ville de 7443 hab., le «Noviodunum Veromanduorum» des Romains, qui eut pour évêques St Médard et St Eloi et où, selon l'inscription de la fontaine de la place de l'Hôtel-de-Ville, Chilpéric II fut inhumé en 721, Charlemagne sacré en 768 et Hugues Capet élu roi en 987. Noyon est la patrie de Calvin (1509-1564).

De la gare, on traverse une promenade où se voit, à g., la *statue de Jacques Sarrazin* (1592-1660), peintre et sculpteur originaire de Noyon, bronze par Molknecht (1851). La rue St-Eloi, qui part de là, traverse la partie principale de la ville; à l'extrémité de cette rue, la rue du Nord mène à dr. à l'anc. cathédrale, la rue des Mûriers, à g., à l'hôtel de ville.

L'anc. CATHÉDRALE de Noyon est un des plus beaux monuments de l'époque de transition, de la seconde moitié du xiie s. Elle n'a rien de grandiose, mais elle présente un ensemble très harmonieux. Le plein cintre et l'ogive y sont réunis à dessein, car celle-ci y apparaît dans certaines parties surmontée d'arcades romanes. On y arrive du côté de l'*abside,* qui est entourée de petites chapelles semi-circulaires, rappelant, comme les extrémités du transept, la cathédrale de Tournai, dont l'évêché dépendit de celui de Noyon jusqu'en 1135. — A g. se trouve la *Ste-Chapelle* d'un ancien évêché, du style goth. primitif; elle ne sert plus au culte. De l'autre côté, l'anc. *bibliothèque des chanoines,* jolie construction en bois des xve-xvie s. — On peut entrer dans l'église par une porte au transept, entre le chœur et la Ste-Chapelle, mais il vaut mieux, en passant sous une arcade, faire le tour par l'autre côté, le seul à peu près dégagé, qui a des créneaux et une belle frise de feuillages. — La *façade* présente deux tours inachevées, hautes de 62 m.; un porche du xive s. et trois portails malheureusement très mutilés.

La *nef*, qui commence par une espèce de transept, a de larges piliers, flanqués de colonnes engagées, alternant avec des colonnes rondes. Au-dessus des collatéraux règnent des tribunes, aux belles arcades en ogive, et plus haut un triforium à arcades en plein cintre. Le transept n'a qu'un triforium et deux rangs de fenêtres géminées, les premières goth. et précédées d'une galerie et les autres romanes. Les chap. de la nef ont été ajoutées aux xive-xvie s. Les trois premières du côté droit sont très richement décorées de sculptures (pendentifs) et ont de belles boiseries. Une porte, au bas du collatéral de gauche, donne entrée dans une belle galerie de *cloître* du xiiie s., à g. de laquelle se trouve une *salle* à deux nefs, transformée en chapelle. Maître-autel du xviiie s.

Les bâtiments au S. de l'église sont des restes de l'*évêché*, dont dépendait la Ste-Chapelle déjà mentionnée. On y voit encore, dans la première rue à g., une façade du style goth. flamboyant.

L'*hôtel de ville*, sur une place, au bout de la rue des Merciers, est une construction assez remarquable, mais dégradée, des styles goth. et de la Renaissance (1485-1523). Devant se trouve la *fontaine* mentionnée p. 12, érigée en 1492 et restaurée en 1770.

Noyon a encore de *vieilles maisons* intéressantes, en bois, particulièrement aux alentours de la place du Marché, au S. de la cathédrale (par ex. le n° 3 de la rue de l'Arc).

114 kil. *Babœuf*. — 116 kil. *Appilly*. A dr., le canal latéral à l'Oise. — 117 kil. *Marest-Quierzy*. — 120 kil. *Abbécourt*.

124 kil. **Chauny** (*hôt. du Pot-d'Etain*, rue du Pont-Royal, bon), ville industrielle de 10547 hab., avec port sur l'Oise et le canal. Elle est renommée pour ses blanchisseries de toile et il y a, près de la gare, une succursale de la manufacture de St-Gobain (v. ci-dessous), où se polissent et s'argentent les glaces. C'est une ville en grande partie moderne, avec un assez beau quartier en face de la gare, mais qui offre peu de curiosités. L'avenue Gambetta y passe, à dr., à l'*hospice Ste-Eugénie* et aboutit à une petite place non loin de celle où est, à g., l'*hôtel de ville*, une assez belle construction moderne. La ville est traversée de là, à g., par la rue du Pont-Royal et la rue de la Chaussée, entre lesquelles il y a une grande place avec une halle. L'*église*, plus loin à dr., est de la Renaissance.

Il y a depuis 1890 un *canal de l'Oise à l'Aisne*, de 48 kil. de long, qui commence à 3 kil. au S.-O. de Chauny et qui aboutit au canal latéral de l'Aisne à *Bourg-Comin*, 12 kil. au N. de Fismes (p. 36), après être passé à *Braye-en-Laonnois*, 3 kil. en deçà, dans un tunnel de 2365 m. Ce canal, qui traverse encore l'Oise et l'Aisne sur des ponts, évite le détour par Compiègne et abrège de 58 kil. les relations entre le N. et l'E. de la France.

Suite de la grande ligne, v. p. 15. — *St-Gobain*, v. ci-dessous.

II. De Chauny à Coucy-le-Château (Laon).

13 kil. Trajet en 30 min. Prix: 1 fr. 45, 1 fr., 60 c. — Billets d'excursion de Paris, v. p. 11. — De Coucy à *Laon*, 30 kil.; 45 min.; 3 fr. 35, 2 fr. 25, 1 fr. 50.

Cette ligne se détache à dr. de celle de St-Quentin et traverse le canal et l'Oise, près de la succursale de St-Gobain. — 4 kil. *Sinceny* (1979 hab.), avec une vieille fabrique de faïence. — 7 kil. *Rond-d'Orléans*.

EMBRANCH. de 8 kil. sur **St-Gobain** (*hôt. du Point-du-Jour*), bourg de 2317 hab., célèbre par sa manufacture de glaces, fondée en 1693 et la plus importante de l'Europe. Il occupe un joli site, dans une contrée accidentée et boisée. Jolie vue de la hauteur où passe la route de la Fère. On peut visiter la MANUFACTURE DE GLACES, où se fait seulement le *coulage*, le polissage et l'argenture ayant lieu à la succursale de Chauny (v. ci-dessus). Les matières employées sont du sable blanc, du sulfate de soude, du charbon en poudre, du carbonate de chaux et de l'acide arsénieux. Ces substances, mises au four dans des creusets pendant une journée, donnent une pâte que l'on coule sur une table en fonte saupoudrée de sable et qu'on aplanit avec un rouleau. La plaque de verre ainsi obtenue est mise dans un autre four, où elle se recuit et se refroidit lentement durant 8 jours. Ensuite on l'équarrit et on la transporte à Chauny pour les autres opérations. Le *polissage* comprend d'abord un doucissage, avec des lames de fonte, du sable et de l'eau; un savonnage, par le frottement de deux glaces l'une contre l'autre, avec interposition d'émeri, et le polissage proprement dit, avec des disques garnis de feutre et de colcotar (peroxyde de fer). L'*argenture*, qui a remplacé l'étamage, à cause des émanations malsaines de l'amalgame d'étain, se fait à l'aide d'une solution argentifère spéciale, et on n'emploie que 5 à 6 gr. ou pour 50 à 75 c. d'argent par mètre carré. Cette couverte est enfin fixée par un vernis et une couche de peinture au minium ou de cuivre galvanique. Après n'avoir fait au début que des glaces d'env. 1 m. 65 sur 1 m. 10, on en fait aujourd'hui de plus de 8 m. sur 4, et le prix de revient est descendu de 185 à 80 fr. le m. carré. St-Gobain fait aussi des verres coulés en général et des pièces de phares et d'optique. La manufacture a encore des succursales à Cirey (p. 142), à Montluçon, dans l'Allier, à Wadhof et à Stolberg en Allemagne. La production annuelle de glaces dans les divers établissements s'élève à 800 000 m. carrés.

Ensuite vient la *forêt de St-Gobain*. — 9 kil. *Folembray*, stat. près de la grande verrerie de ce nom (à dr.), fondée en 1705. Le village est plus loin (v. ci-dessous). — Tunnel. — 11 kil. *Le Parc*. — 12 kil. *Folembray* (halte). — 13 kil. *Verneuil-sous-Coucy*. Le château de Coucy se voit d'abord de loin à dr., puis à gauche.

14 kil. **Coucy-le-Château** (*H. des Ruines, H. de la Pomme-d'Or*, tous deux bons, entre la place du Marché et la porte de Laon; omn., 50 c.), bourg célèbre par son château en ruine, à env. $^1/_4$ d'h. au N.-E. de la station et que dessert encore plus loin une halte où il est préférable de descendre quand on vient de l'autre direction (mais il n'y a pas d'omnibus). Il est bâti sur un plateau qui se termine par un escarpement, où se dressent les ruines.

Le **château* de Coucy est un ancien château fort bâti au XIIIe s., modifié intérieurement au XVe s. et finalement démantelé par Mazarin en 1652; c'est un des monuments les plus remarquables de la féodalité, dont les fiers seigneurs, les Enguerrand, eurent pour devise: «Roi ne suys, ne prince, ne duc, ne comte aussy; je suys le sire de Coucy». Tout y est colossal et fait croire à une habitation de géants. Il y a des murs de 7 m. d'épaisseur. L'aménagement de ce château, tel qu'on peut le reconstituer d'après la disposition des ruines, est une merveille de combinaison pratique. Au milieu se dresse la tour ronde du *donjon*, qui a 64 m. de haut et 31 m. de diamètre (soit 100 m. de circonférence). «Ce donjon, dit Viollet-le-Duc, est la plus belle construction militaire du moyen âge qui existe en Europe. Auprès de ce géant, les plus grosses tours connues ne sont que des fuseaux.» En deçà se voient, de la vallée, quatre tours également rondes, hautes de 33 m., aux angles d'une vaste enceinte qui forme un trapèze irrégulier et se continue même autour de la bourgade. L'ensemble est des plus imposants, les tours et l'enceinte étant à peu près entières à l'extérieur. A l'intérieur, les diverses parties sont malheureusement dans un état de ruine assez avancé. L'entrée est du côté opposé au chemin venant de la station; on y parvient

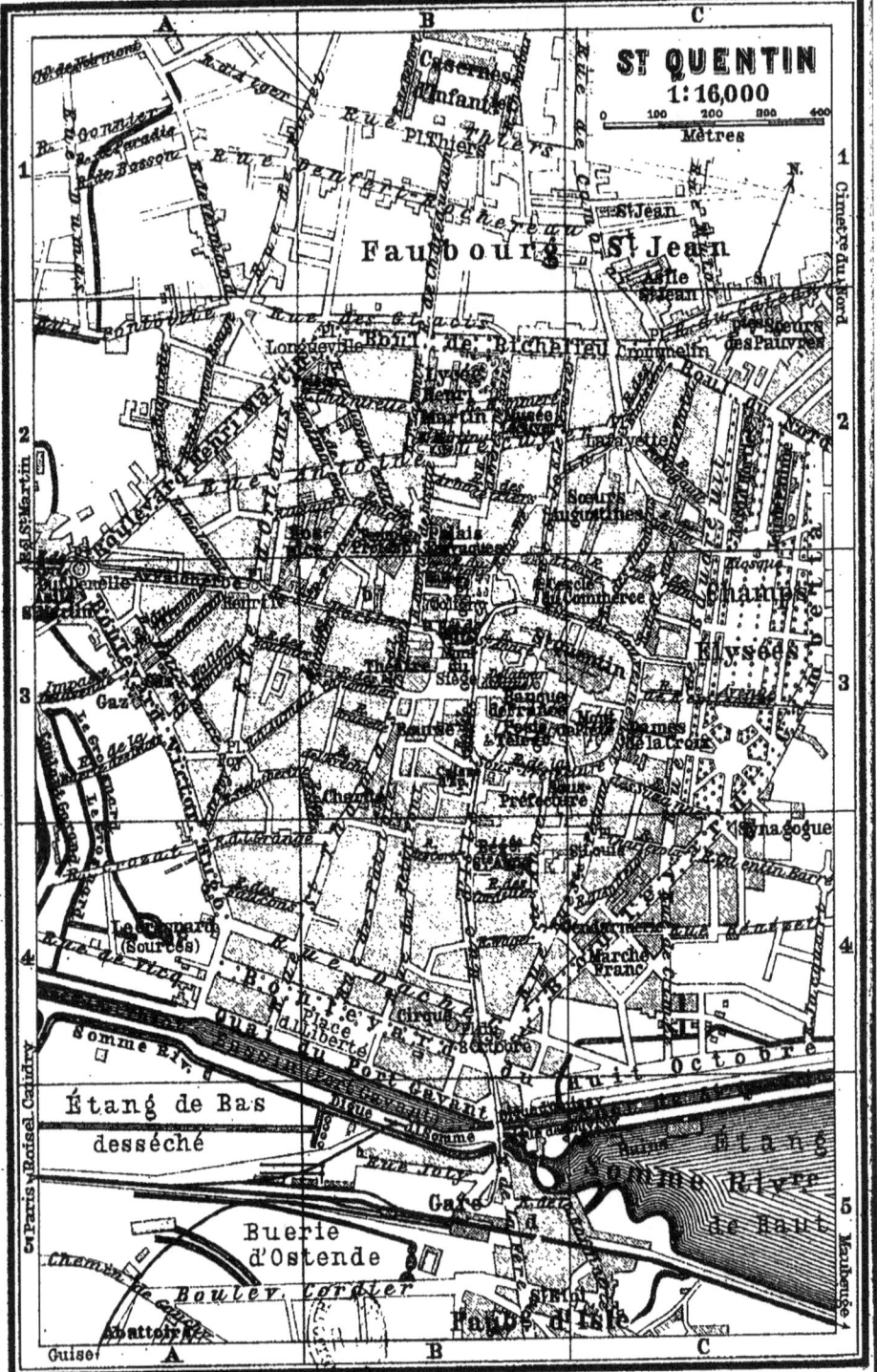

en tournant à dr. à la porte de la ville et prenant ensuite à g. de l'hôtel de ville, puis encore une fois à g. Le gardien, sans lequel on ne peut pénétrer dans l'enceinte (pourb.), donne les explications nécessaires et vend la *notice* complète de Viollet-le-Duc (2 fr.). On montera au donjon pour jouir de la vue qui s'étend jusqu'à plus de 150 kil., en particulier jusqu'à Laon, Noyon et Compiègne.

Au retour, on traversera à g. la place triangulaire de l'Hôtel-de-Ville, puis la place du Marché, pour voir la *porte de Laon*, partie la plus remarquable de l'enceinte du bourg, dont on peut faire le tour à l'extérieur. Il y a encore d'autres portes, notamment la *porte de Soissons*, par où l'on passe en descendant vers la halte.

Prémontré (p. 28) n'est qu'à 8 kil. au N.-E. de Coucy-le-Château.

Après la *halte de Coucy-le-Château*, déjà mentionnée, viennent encore l'arrêt de *Jumencourt*, la stat. de *Landricourt* et l'arrêt de *Vauxaillon*, et l'on rejoint, à (26 kil.) *Anizy-Pinon*, la ligne de Paris-Soissons à Laon (p. 28).

3. De Chauny (Paris) à St-Quentin et à Namur.

I. De Chauny à St-Quentin.

30 kil. Trajet en 31 min. à 1 h. 21. Prix : 3 fr. 35, 2 fr. 30, 1 fr. 50. — *De Paris*: 154 kil., 1 h. 39 à 4 h. 50; 17 fr. 35, 11 fr. 75, 7 fr. 60.

Chauny, v. p. 13. — 127 kil. (de Paris). *Viry-Noureuil*. On aperçoit à g. avant Tergnier les immenses serres de *Quessy* (2 kil. de la stat.), des «forceries» produisant des primeurs de toute sorte. A dr., une autre ligne menant à Laon.

131 kil. **Tergnier** *(buffet; hôt. du Chemin-de-Fer*, modeste), stat. à laquelle des ateliers du chemin de fer et des entrepôts donnent une certaine importance. 4084 hab.

Ligne d'*Amiens* à *Laon* et à *Reims*, v. R. 6 et le *Nord-Ouest de la France*, par Baedeker.

La ligne principale quitte les bords de l'Oise et longe quelque temps, à dr., le *canal Crozat*, qui joint l'Oise à la Somme. — 136 kil. *Mennessis*, également sur la ligne d'Amiens, qu'on laisse à g. On traverse le canal. — 141 kil. *Montescourt*. — 146 kil. *Essigny-le-Grand*. — A St-Quentin, à g., l'embranch. de Roisel. Vue du même côté sur la ville. — 154 kil. *St-Quentin* (buffet-hôtel).

St-Quentin. — HÔTELS : *du Cygne* (pl. a, B 3), rue St-Martin, 4, à g. de l'hôtel de ville (48 ch. de 2 fr. 50 à 6, rep. 1, 3 et 3.50, v. c., om. 1); *de France & d'Angleterre* (pl. b, B 3), rue St-Martin, 28; *du Commerce* (pl. c, B 2), rue du Palais-de-Justice, 27 (ch. et s. 3 fr., dî. 3.50); *de la Gare* (pl. d, B 5), à dr. à la sortie. — CAFÉS : *Grand-Café*, *C. de Paris*, place de l'Hôtel-de-Ville.

VOITURES DE PLACE (demander le tarif): course de jour, de 6 h. à 11 h., 2 pers., 80 c.; 3 p., 1 fr. 20; 4 p., 1.60; heure, 1.50, 2 et 2.50; course de nuit, 2 p., 1.50; 3 et 4 p., 2; heure, 2.50 et 3.

POSTE ET TÉLÉGRAPHE (pl. B 3), rue Delatour.

Tramways électriques, 3 lignes, partant toutes de la *gare* et se bifurquant à l'hôtel de ville : 1, à *Rocourt*; 2, à la *place de Mulhouse*; 3, à la *rue du Cateau*. Prix, 10 et 15 c. jusqu'à l'hôtel de ville, 20 et 30 c. au delà.

St-Quentin est une ville de 50278 hab. et un chef-lieu d'arr. de l'Aisne, sur une colline de la rive dr. de la *Somme* et à la jonction du canal de St-Quentin et du canal Crozat. C'est une ville très industrielle, qui a surtout d'importantes manufactures de tissus de coton (mousseline) et de laine et plus de 20 ateliers de broderie.

St-Quentin est d'origine antique; c'est l'«Augusta Veromanduorum» des Romains, qui prit le nom du saint qui l'évangélisa (v. p. 17) et devint la capitale du comté de Vermandois. Deux batailles perdues par des armées françaises sont les principaux événements de son histoire. Les Espagnols l'assiégeaient en 1557, lorsque l'armée envoyée à son secours par Henri II y fut battue par celle de Philippe II, qui fit ensuite bâtir, en souvenir de sa victoire, l'église, le couvent et le palais de l'Escurial. La ville fut alors prise après un siège de 17 jours, mais sa résistance permit à l'armée française de se reconstituer et sauva le reste du pays de l'invasion. La seconde bataille est celle du 19 janv. 1871, où l'armée du Nord, commandée par le général Faidherbe, fut défaite par le général de Gœben.

La *gare* (pl. B 5) est dans le faub. d'Isle, près de la Somme et du canal de St-Quentin, qu'on traverse pour monter dans la ville, en laissant à dr. un étang formé par la rivière. Plus loin est la *place du 8 Octobre* (pl. B 4), ainsi nommée en mémoire de la résistance victorieuse des habitants à une première attaque des Allemands, le 8 oct. 1870. Elle est décorée d'un beau *monument de la Défense de 1870*, bronze par L.-E. Barrias.

De là on monte par la rue d'Isle et la rue de la Sellerie, un peu à g., à la *place de l'Hôtel-de-Ville*, située au centre.

L'*hôtel de ville (pl. B 3), au N., est un monument très remarquable des XIVe-XVe s., dont la façade se compose d'une galerie à sept arcades en ogive, de neuf belles fenêtres flamboyantes, flanquées de niches à dais pyramidaux, auj. privées de leurs statues; d'une élégante balustrade et de trois pignons à rosaces. Il y a au centre un campanile, élevé au XVIIIe s. mais restauré au XIXe, renfermant un carillon. On remarque surtout à l'intérieur la salle du Conseil, avec sa double voûte en bois et sa cheminée monumentale, des styles goth. et de la Renaissance.

Sur la place, le *monument du Siège de 1557*, composé d'un fort crénelé que couronnent des statues de St Quentin et de la France et qu'entourent les défenseurs de la ville, sous les ordres de Gasp. de Coligny, ces sculptures par Corn. Theunissen (1896).

La *tour* qu'on aperçoit près de la place au S., en face de l'hôtel de ville, est celle de l'anc. église St-Jacques, du XVIIe s., qui sert maintenant de *Bourse* et donne à l'autre bout sur la rue de la Sellerie.

L'*église St-Quentin (pl. B C 3), non loin de l'hôtel de ville, à l'E., par la rue St-André, est une anc. collégiale fort curieuse, mais malheureusement engagée dans des maisons. Elle est du style goth., des XIIe-XVe s., en forme de croix archiépiscopale ou à deux transepts, le second vers le milieu du chœur. La nef a 113 m. de long et 40 m. de haut sous voûte; les collatéraux se prolongent jusqu'à l'abside. Le grand portail, dans la tour de la façade, est une des parties les plus anciennes. Il est simple et de plus maintenant privé de ses statues.

La grande nef, le principal transept et le chœur ont de magnifiques fenêtres et un joli triforium. Des chapelles y ont été ajoutées au xive et au xve s. et la plupart sont, comme le chœur, décorées de peintures polychromes. Il y a aussi de beaux et riches autels modernes. En face des fonts, à dr., un arbre de Jessé en pierre, du xve s., et dans la 1re chapelle un petit retable du xvie s. Dans la 2e, une fresque restaurée du xve s. La 3e, restaurée en 1875, a une sorte de niche fort riche, à baldaquin, qui a pu renfermer un tombeau. La 1re et la 4e chap. à g. ont des statuettes des xvie et xve s. On remarque particulièrement la *clôture du chœur, avec ses bas-reliefs, qui ont été refaits au xixe s., dans le style du xive s. Ils représentent l'histoire de St Quentin, l'apôtre du pays, fils d'un sénateur romain, né vers 284, et de ses compagnons Victoric et Gentien. Leurs tombeaux, dans une crypte carolingienne sous le chœur, sont le but d'un pèlerinage encore très fréquenté le 31 octobre. Du côté dr., un tombeau du xive s. Les cinq grandes chapelles de l'abside ont à l'entrée trois arcades soutenues par deux légères colonnettes. Derrière le maître-autel, un grand édicule moderne destiné aux reliques. De l'autre côté de la clôture, un tombeau de prêtre également moderne. Il y a de ce côté des vitraux anciens.

Sur la petite place voisine, la *statue de Quentin Delatour*, le célèbre pastelliste, de St-Quentin (1704-1788; v. ci-dessous), bronze par Lenglet. Les Champs-Elysées (p. 18) sont à peu de distance de ce côté.

Revenu à l'hôtel de ville, on continue dans la même direction jusqu'à la première rue transversale à dr. Là s'élève le *palais Fervaques* (pl. B 2), ainsi nommé d'un ancien couvent dont il occupe l'emplacement. Construit sur les plans de Malgras, et non encore terminé, il se compose d'un vaste corps de bâtiment en façade sur la rue du Palais-de-Justice, flanqué de deux ailes en saillie. L'étage supérieur, qui écrase un peu la galerie du 1er étage, a de hautes fenêtres séparées par des colonnes doriques accouplées et deux pignons à rosaces décorés de sculptures. Le palais Fervaques doit contenir le palais de justice, la bibliothèque, une salle des fêtes, un musée et les bureaux municipaux.

A l'extrémité de la rue est le *lycée* (pl. B 2), bel édifice moderne précédé de la *statue de Henri Martin*, l'historien (1810-1883), originaire de St-Quentin, bronze par M. de Vasselot.

Dans la partie de dr. de la rue qui passe sur le devant, la rue Ant.-Lécuyer, au n° 22, est le **musée Lécuyer** (pl. B 2), dans un joli hôtel moderne donné à la ville. Il comprend surtout la *collection Lesérurier*, une riche collection d'objets d'art, et les *pastels de Delatour* (p. 18). Il est public les dim. et jeudi, de 2 h. à 5 h. en été et de 1 à 4 en hiver, et visible les autres jours. Conservateur, M. Eck.

REZ-DE-CHAUSSÉE. — VESTIBULE : sculptures, surtout des plâtres, bustes et statues : *Lenglet*, Fileuse (marbre); *Hiolin*, le Lieur de blé; *Printemps*, Adraste mourant sur le tombeau de son ami Atys; *L. Moreau*, le Défi. — Ire SALLE, à dr.: petits *bronzes* modernes, ivoires, *curiosités* diverses, gravures, quelques tableaux. — IIe SALLE: *miniatures*, surtout dans la vitrine du milieu, collection fort remarquable, en partie avec des étiquettes; médaillons en verre coulé, bijoux, médailles; *porcelaines* du Japon, verres anciens et encore des peintures. — IIIe SALLE (salon): *ivoires*, en partie anciens, notamment de grandes pièces au milieu, un vidrecome allemand et 2 autres vases; puis une statuette de la reine Blanche, un moulin hollandais; encore quantité de *miniatures*, 2 appliques Louis XIV, au mur à l'entrée; statuettes en bronze, collection de décorations, tableaux. — IVe SALLE: suite des *ivoires* et des *bronzes*, les ivoires de chaque côté de la cheminée d'une très grande finesse (collier, 2 olifants, râpes à tabac); glace de Venise, entre deux fenêtres; gravures.

Ier ÉTAGE. — ESCALIER: tapisserie du xve s.; tableau de *Carraud*, Prise d'habit de Mlle de Lavallière. — Ire SALLE, en face, *antiquités* trouvées dans la région; médailles, verres, vases en terre; aussi des *verres des premiers temps chrétiens, en particulier des urnes du ive s.; dans le fond à g. (coin), une coupe en verre gravé et (au-dessus à dr.) un lécyte en verre blanc. — IIe-IVe SALLES, **pastels de Delatour* (catal., 50 c.), au nombre de 87, des portraits. Il y a aussi quelques tableaux d'autres artistes dans la dernière salle: de *P. Parrocel*, 2 chasses (sanguine); *Chardin*, Singe peignant; *Teniers* (3); *Vanloo* (1); *Molenaer* (2); *Callot*, un Mendiant, et un portr. de Maurice de Saxe attribué à *Delatour*.

St-Quentin a une grande et belle promenade, avec kiosque pour la musique, les *Champs-Elysées* (pl. C 3), à l'E. des vieux quartiers, où l'on peut aller du musée Lécuyer en continuant par la rue de ce nom et la suivante et de l'hôtel de ville en passant du côté de l'église (p. 16). Il y a dans le haut de cette promenade un *jardin d'horticulture*. Le boul. Gambetta, dans le bas, ramène à la place du 8 Octobre (p. 16).

Ligne de St-Quentin à *Roisel* et à *Caudry* par *le Catelet*, v. le *Nord-Ouest de la France*, par Bædeker.

DE ST-QUENTIN A GUISE: 40 kil.; ligne d'intérêt local; 1 h. 10; 4 fr. 10, 3 fr. 10, 2 fr. 25. Départ de la gare du Nord. — 11 kil. (3e st.) *Mézières-sur-Oise*, où l'on arrive dans la vallée de l'*Oise*. Embranch. de 8 kil. sur *Vendeuil*, localité industrielle (broderies). La ligne de Guise traverse la rivière, ainsi que son canal latéral, pour en remonter au N. la vallée industrielle. — 17 kil. (5e st.) *Ribemont* (*hôt. de l'Etoile*), ville jadis fortifiée, sur le versant de la rive g., et qui eut fort à souffrir des guerres dans la région entre les Français, les Flamands, les Impériaux et les Espagnols. C'est auj. une ville industrielle de 2769 hab., ayant une filature et un tissage de laine, une sucrerie, une fabrique de pompes, etc. Ribemont est la patrie de Condorcet (1743-1794). Embranch. de 17 kil. sur *la Ferté-Chevresis* (p. 44). — 28 kil. (7e st.) *Origny-Ste-Benoîte*, petite ville où fut martyrisée Ste Benoîte (859) et qui eut deux abbayes. — 37 kil. (14e st.) *Lesquielles*, où l'on rejoint la ligne de Valenciennes à Laon. — 40 kil. *Guise* (p. 43).

II. De St-Quentin à Namur.

153 kil. Trajet en 2 h. 28 à 6 h. 49. Prix: 16 fr. 15, 11 fr. 50, 7 fr. 50.

159 kil. (de Paris). *Morcourt*. — 163 kil. *Essigny-le-Petit*. — 167 kil. *Croix-Fonsommes*. — 171 kil. *Fresnoy-le-Grand*, bourg industriel de 3690 hab. (tissages), à 2 kil. de sa station.

175 kil. **Bohain** (*hôt. du Nord*), ville ancienne de 6839 hab., qui fut assiégée et prise nombre de fois, depuis le moyen âge jusqu'à 1814 et 1815. *Mairie* du style de la Renaissance. Grande fabrication de tissus dits «articles de Lyon». — Chem. de fer d'intérêt local de Bohain à Guise (20 kil.; v. p. 44) et de Bohain au *Catelet* (20 kil.; v. le *Nord-Ouest de la France*).

181 kil. Busigny (*buffet-hôtel; hôt. du Nord*, à dr. près de la gare). 2753 hab.

Lignes de *Cambrai* et de *Valenciennes*, v. le *Nord-Ouest de la France*, par Bædeker. Ligne de *Laon* par Guise, R. 7.

De Busigny à Hirson: 56 kil.; 1 h. 30; 6 fr. 25, 4 fr. 25, 2 fr. 75. Cette ligne dessert plusieurs localités industrielles, qui ont des filatures et des tissages de laine, des fabriques de sabots, etc. — 14 kil. (4e st.) *Wassigny*. Ligne de Valenciennes à Laon par Guise, v. p. 48. — 19 kil. *Étreux*, sur le canal de la Sambre à l'Oise. — 28 kil. (7e st.) *Le Nouvion-en-Thiérache* (hôt. Mony), localité industrielle de 3189 hab., où il y a un château qui a appartenu au duc d'Aumale. — 34 kil. *Buironfosse*. 1994 hab. — 40 kil. *La Capelle*. 2261 hab. — 56 kil. (13e st.) *Hirson* (p. 56).

Passé Busigny, on laisse à g. la ligne de Cambrai. — 185 kil. *Honnechy*. Puis un viaduc de 26 m. de haut, sur la vallée de la *Selle*.

190 kil. Le Cateau (*hôt. du Mouton-Blanc*, place Thiers, bon), anc. *Cateau-Cambrésis*, ville industrielle de 10594 hab., sur la Selle, à 20 min. à dr. au sortir de la gare ou à g. de la voie. Environ 3000 ouvriers y sont employés au travail de la laine (mérinos, filatures), et l'on y fabrique aussi des carreaux céramiques. Elle est redevable de son nom à un ancien château des évêques de Cambrai et connue par la paix de 1559, entre la France, l'Angleterre et l'Espagne. La rue principale aboutit dans le bas de la place Thiers, voisine de la Grande-Place, où se voient l'*hôtel de ville*, de la Renaissance, avec un beffroi (carillon), et la *statue du maréchal Mortier* (1768-1835), originaire du Cateau, bronze par Bra. Près de là est l'*église*, édifice assez remarquable des XVIe-XVIIe s.

Ligne d'intérêt local du Cateau à *Catillon* (10 kil.; 1580 hab.).

Lignes de *Cambrai* par *Caudry* et de *Valenciennes*, v. le *Nord-Ouest de la France*, par Bædeker. Ligne de *Laon* par Guise, R. 7.

197 kil. *Ors*. On arrive dans la vallée de la *Sambre*.

202 kil. Landrecies (*hôt. de l'Europe* ou *Méresse*, rue du Cerf, à g. de l'hôtel de ville), à dr. de la voie, ville de 3866 hab. et place forte déclassée, sur la Sambre canalisée qui la divise en deux parties. Sur la place de l'Hôtel-de-Ville, au delà de la Sambre, la *statue de Dupleix*, gouverneur des Indes françaises de 1730 à 1750, bronze par L. Fagel (1888). L'*église*, près de là, renferme le tombeau du maréchal Clarke, duc de Feltre (1765-1818).

Ensuite un pays couvert de pâturages et de bois. On passe à l'extrémité S.-E. de la *forêt de Mormal* (9163 hect.). — 208 kil. *Hachette*, stat. desservant le bourg de *Maroilles* (2151 hab.). — 213 kil. *Sassegnies*. Puis on traverse la Sambre et passe sous la ligne de Valenciennes. A dr., celle d'Anor-Hirson. A g., un haut fourneau et *Berlaimont*, bourg industriel de 2651 hab., sur la ligne de Valenciennes, près duquel est *Aulnoye*.

216 kil. Aulnoye (*buffet-hôtel*), gare à 2 kil. du village (1586 hab.).

Ligne de *Valenciennes*, v. le *Nord-Ouest de la France*, par Bædeker. — Ligne d'*Hirson* et *Mézières-Charleville*, v. R. 12.

La ligne principale suit toujours la vallée de la Sambre, qu'elle traverse encore plusieurs fois. — 219 kil. *Bachant*. — 222 kil. *St-Remi-Mal-Bâti*.

224 kil. Hautmont (*hôt. du Commerce*), à dr., localité industrielle de 12858 hab., qui a des hauts fourneaux et des laminoirs très importants. — 226 kil. *Grattières*. — 227 kil. *Sous-le-Bois*. A g., la ligne de Mons. — 228 kil. *Louvroil* (4774 hab.). Etablissements métallurgiques et fabrique de carreaux céramiques.

229 kil. Maubeuge (*buffet-hôtel; H. du Grand-Cerf*, place Jean-Mabuse; *H. du Nord*, rue de la Mairie), vieille ville prospère de 20826 hab. et place forte de 1re cl., sur la Sambre, longtemps la capitale du Hainaut et à la France depuis la paix de Nimègue (1678). Elle a été assiégée inutilement en 1793 (bataille de Wattignies) et en 1814, mais elle a dû capituler en 1815. C'est la patrie du peintre Jean Mabuse (Maubeuge) ou J. Gossaert (1470-1532). Maubeuge n'est pas seulement une ville militaire, dont de nouveaux forts font un camp retranché, elle a encore, dans sa banlieue, des établissements métallurgiques importants: hauts fourneaux, fabriques de fers à cheval, de machines-outils, d'articles de quincaillerie, mais elle est peu intéressante pour le touriste.

On arrive directement de la gare au centre, la place d'Armes, par la rue de France et la place Jean-Mabuse.

La principale curiosité de la ville est le *monument de Wattignies*, inauguré en 1893 sur la place d'Armes, au centenaire de la victoire remportée près du village de ce nom (12 kil. au S.), qui délivra Maubeuge investie par le prince de Cobourg et «libéra la France». Dans le bas sont représentés les héros du jour, qui se félicitent, Carnot, Jourdan et Duquesnoy; au sommet, un soldat criant victoire et derrière le petit tambour Sthrau, qui alla battre la charge jusque dans les rangs des Autrichiens. Ces sculptures sont par Léon Fagel, qui a aussi fait le *buste du président Carnot*, au square Sadi-Carnot.

L'*église* a 17 grands tableaux, qui sont des copies de maîtres, et possède un très beau reliquaire du xve s., fait pour contenir le voile de Ste Aldegonde, religieuse qui vécut au viie s., et une chasuble du xiie ou du xiiie s., faite d'une étoffe orientale encore plus ancienne.

L'*hôtel de ville* renferme un petit *musée* intéressant au point de vue de l'histoire locale ancienne et qui comprend quelques bons tableaux, ainsi qu'un groupe sculpté par Gust. Doré, la Gloire.

De Maubeuge à Mons (Bruxelles), à *Valenciennes* et à *Villers-Sire-Nicole*, v. le *Nord-Ouest de la France*, par Bædeker.

De Maubeuge à Hirson (*Cousolre*): 54 kil.; 1 h. 30; 6 fr. 05, 4 fr. 10, 2 fr. 65. — 6 kil. (3e st.) *Ferrière-la-Grande* (3992 hab.). Embranch. de 11 kil. sur *Cousolre*, bourg de 3293 hab., qui a des marbreries importantes et qui est entouré de bois et d'étangs. — 17 kil. (7e st.) *Sars-Poteries* (2589 hab.), d'où un embranch. de 15 kil. dessert Avesnes (p. 58). Verreries-gobeleteries importantes. — 21 kil. (9e st.) *Solre-le-Château*, bourg industriel dont le château n'existe plus. Eglise du xve s., avec une tour à flèche originale et de beaux vitraux du xvie s. Mairie et maisons aussi du xvie s. — 28 kil. *Liessies*, qui eut une abbaye, remplacée par un château, mais dont il reste la belle église du xvie s. Puis la *forêt de Trélon*, de 3000 hect., qui a des sites rappelant les environs de Spa. — 35 kil. *Trélon*, ville industrielle de 8856 hab., avec un château moderne, à la famille de Mérode. — 41 kil. *Fourmies* (p. 59). — 48 kil. *Anor* (p. 56). — 54 kil. *Hirson* (p. 56).

233 kil. *Les Bons-Pères.* — 235 kil. *Recquignies.* Verrerie à glaces. — 237 kil. *Rocq.* — *Marpent.*

238 kil. *Jeumont* (buffet), dernière stat. française. 4523 hab. Douane en venant de Belgique, pour les bagages non enregistrés à destination de Paris. Manufacture de glaces et de verre strié.

240 kil. **Erquelines** (ou *Erquelinnes; buffet-hôtel*, rep. 3 fr. et 3.50, v. c.), première stat. belge. Douane, sauf pour les colis enregistrés qui ne font que traverser la Belgique. Heure en retard de 4 min. sur celle des ch. de fer français.

La voie continue de courir dans la vallée sinueuse de la Sambre.

255 kil. (6ᵉ st. belge) *Thuin*, petite ville bien située, à dr., sur une hauteur. — Encore 5 stat. peu importantes.

270 kil. **Charleroi** (*buffet; hôt. Beukelers*), ville très industrielle (fers) et place forte d'env. 23 000 hab., fondée en 1666 par Charles II d'Espagne. Peu de curiosités pour le touriste. *Musée archéologique*, boulev. de l'Ouest. *Eglise St-Antoine*, dans la ville basse.

Puis 6 autres stat., toujours dans la vallée de la Sambre.

285 kil. *Tamines*, d'où il y a divers embranch., en particulier sur Dinant (47 kil.; p. 63). Enfin 6 stat. et

307 kil. **Namur.** — HÔTELS: *H. d'Harscamp*, Marché-aux-Arbres, 4 (ch. dep. 3 fr., s. 75 c., rep. 1.50, 8 et 4.50, v. n. c.); *H. St-Aubin*, place St-Aubin; *H. de Flandre, de la Couronne, de Hollande, du Nord*, tous près de la gare, avec cafés-rest. (ch. dep. 2 fr.). — *Café Rubens*, sur la Grande-Place. — Bon *buffet* à la gare.

VOITURES: course, dans l'enceinte de la ville, à 1 chev., 1 fr.; à 2 chev., 1.50; hors de l'enceinte, 50 c. de plus; heure, 2 et 3 fr.; ¼ d'h. suiv., 50 c.; 50 c. de plus ou le double la nuit.

POSTE ET TÉLÉGRAPHE, bureau principal, à la gare.

Namur (83 m.), chef-lieu de la province du même nom, est une ville de 32 000 hab., dans un site très pittoresque, au confluent de la *Sambre* et de la *Meuse*. Sa situation en a toujours fait un point stratégique important et elle a été assiégée par Louis XIV en 1692, par Guillaume III d'Orange en 1695, puis encore par les Français en 1746, 1792 et 1794. Namur est maintenant défendu par neuf forts détachés.

A la gare, le *square Léopold*, et sur une petite place voisine, une *statue de Léopold Iᵉʳ*, par Geefs (1869). De l'autre côté de la gare, le *boulevard Léopold*, à l'extrémité O. duquel s'élève un *monument d'Omalius d'Halloy*, le géologue (m. 1875). Au delà, le joli *parc Marie-Louise*, d'où l'on voit la citadelle et le faubourg de *Salzinnes*.

La CATHÉDRALE (*St-Aubin*), de 1751-1767, sur les plans de *Pizzoni*, est une belle église à dôme, du style classique.

A l'intérieur, des statues de St Pierre, de St Paul et des Pères de l'Eglise. Dans le bras g. du transept, le monument de l'évêque Pisani (m. 1826), par *Parmentier*. Derrière l'autel, un petit monument renfermant le cœur de *don Juan d'Autriche*, le vainqueur de Lépante, mort près de Namur en 1578. Chaire en bois, sculptée par *Geerts* (1848). Riche trésor, comprenant en particulier une couronne en or avec des pierreries, des XIIe-XIIIe s.; des croix en or et en argent et une statuette en argent de St Blaise, de la fin du XIVe s.

L'*église St-Loup*, dans la rue du Collège, a été construite de 1621 à 1645, dans le style baroque. Elle a 12 colonnes doriques en marbre. Des plaques en marbre noir revêtent les murs du chœur, et la voûte en berceau est couverte de sculptures.

La rue de l'Ange débouche sur la Grande-Place, où se trouvent le *Casino* et l'*hôtel de ville*, qui contient quelques tableaux modernes. Au N., le *beffroi*, commencé en 1388 et transformé au XVIe s. Du même côté, rue Emile-Cuvelier, le *couvent des Sœurs de Notre-Dame*, qui possède un riche trésor, qu'on peut visiter. — A l'E. de la Grande-Place, l'*hospice d'Harscamp* et l'*église Notre-Dame*, qui renferme les tombeaux de Guillaume Ier et Guillaume II, comtes de Namur (m. 1391 et 1418). Dans le jardin de l'hospice, la statue de la fondatrice.

A l'extrémité de la rue du Pont, qui part de la Grande-Place, se trouve l'*Ancienne Boucherie*, qui renferme le **musée archéologique*, collection d'antiquités locales de toute sorte, surtout romaines et franques, et d'objets du moyen âge. Il est ouvert le dim. de 11 h. à 1 h. et visible les autres jours moyennant 1 fr. pour 1 à 3 personnes. Gardien, rue des Bouchers, 1.

La CITADELLE, sur la hauteur, dans l'angle formé par le confluent de la Sambre et de la Meuse, est maintenant déclassée. Elle a été cédée à la ville en 1891 et l'on y a créé, sur le plateau, un PARC de 65 hect., qui forme une promenade d'où l'on a une très belle vue. On y monte du pont de la Sambre, et il y a un funiculaire partant du parc de la *Plante*, un peu plus en amont au bord de la Meuse. Au point culminant (215 m.), un *Grand-Hôtel* et un établissement hydrothérapique. Voir la carte p. 61.

Ligne de *Dinant* et *Givet*, v. R. 13. — *Bateau à vapeur*, en été, 1 fois par jour, pour 1 fr. 80 et 1 fr. 10. Trajet intéressant d'env. 3 h. 1/2. On passe 6 écluses, avec 10 min. d'arrêt à chacune d'elles.

4. De Paris à Soissons et à Laon.

I. De Paris à Soissons.

105 kil. Chemin de fer du Nord (gare, pl. de Paris, p. 1, C24). Trajet en 1 h. 20 à 2 h. 46. Prix: 11 fr. 85, 7 fr. 95, 5 fr. 15. De là à *Laon*, v. p. 28. — *De Paris à Laon par Tergnier*: 160 kil.; 2 h. 56 à 6 h. 46, pour 18 fr., 12 fr. 10, 7 fr. 85; v. p. 3 à 8, 11 à 13 et 15.

Nota. Pour plus de détails sur la banlieue, v. *Paris et ses environs*, par Bædeker. Il y a, jusqu'à Dammartin, des haltes et des arrêts qui ne sont pas desservis à chaque train et qui ne sont pas mentionnés ici.

On traverse le quartier de la Chapelle et sort de Paris du côté de St-Ouen. — 4 kil. *La Plaine-St-Denis*, stat. où l'on quitte la grande ligne du Nord, avant St-Denis, et tourne à dr. — 7 kil. *Aubervilliers-la-Courneuve*. — 10 kil. *Le Bourget-Drancy*. Le

Bourget, à g., est connu par les combats acharnés des 28-30 oct. et 24 déc. 1870, qui se terminèrent à l'avantage des Allemands. Il y a un monument érigé aux soldats français sur la place de la Mairie et une chapelle funéraire à l'autre extrémité du village. — On croise ici la ligne de Grande-Ceinture.

15 kil. *Aulnay-lès-Bondy* ou *Aulnay-sous-Bois*. Ligne de Bondy, v. p. 32. A dr., la forêt de Bondy. On longe ensuite quelque temps, à dr., le *canal de l'Ourcq*, canal de petite navigation et d'irrigation de Paris, sans écluse, de sa prise d'eau dans l'Ourcq (p. 35) jusqu'au bassin de la Villette, à Paris (86 kil. 1/2), et qui se prolonge de là vers la Seine par le canal St-Martin et le canal St-Denis. — 18 kil. *Sevran-Livry*. Livry, à 2 kil. au S.-E., est aussi desservi par un embranch. de la ligne d'Aulnay-lès-Bondy mentionnée ci-dessus. — 23 kil. *Villeparisis*. — 27 kil. *Mitry-Claye*.

35 kil. *Dammartin*, petite ville de 1614 hab., à 3 kil. au N.-O., sur une hauteur.

A env. 2 kil. au S., le *collège de Juilly*, fondé au XVIIe s. par les Oratoriens et dirigé maintenant par des prêtres libres. Il a eu pour élèves quantité d'hommes célèbres. — 1 kil. 1/2 plus loin, *Nantouillet*, où il y a un *château* en ruine du cardinal Duprat, chancelier de France, du commenc. du XVIe s. On en remarque surtout l'entrée et la chapelle, au-dessus d'un perron goth. du côté du jardin.

43 kil. *Le Plessis-Belleville*.

CORRESPONDANCE (1 fr.) pour **Ermenonville** (*hôt. de la Croix-d'Or*), village à 5 kil. au N.-O., près de la forêt du même nom. Il est connu comme le lieu où mourut *J.-J. Rousseau*, en 1778, chez le marquis de Girardin, qui lui avait offert l'hospitalité. Le *château*, au prince de Radziwill, est à l'extrémité E. du village. Il n'a rien de curieux à l'extérieur, mais il est fort riche à l'intérieur et on peut le visiter en l'absence du propriétaire. Le *parc* qui en dépend est divisé en deux par le chemin qui fait suite à la rue du village. C'était un des plus beaux du XVIIIe s., et il est encore curieux à visiter. La partie la plus importante est le Grand-Parc, à g. du chemin ou en face du château. Là se trouve, dans un lac, l'île des Peupliers, avec le tombeau vide de Jean-Jacques, les restes du philosophe ayant été transférés au Panthéon de Paris en 1794. Le Grand-Parc touche à la forêt. — Le chemin qui passe devant le château mène au N.-O. à Senlis (13 kil.; p. 8). — Ermenonville n'est qu'à 10 kil. de Mortefontaine (p. 8).

49 kil. *Nanteuil-le-Haudoin*. — 56 kil. *Ormoy-Villers*.

EMBRANCH. de 22 kil. d'Ormoy à *Mareuil-sur-Ourcq*, où l'on rejoint la ligne de Paris-Meaux à la Ferté-Milon et Reims (p. 85).

61 kil. **Crépy-en-Valois** (*hôt. des Trois-Pigeons*, modeste), à g., ville agréable de 5213 hab. et anc. capitale d'un pays qui fut l'apanage d'une branche cadette de la famille royale de France.

De la gare, on passe bientôt par une des anc. *portes* de la ville, qui sont du XVIIIe s. et peu remarquables, et l'on continue par la rue de Paris jusqu'à la petite place du Paon (hôtel), où l'on remarque une *vieille maison* gothique. La rue Nationale, en face, est la principale de la ville.

En descendant à g. de la même place (porte), on a une vue d'ensemble des restes de l'anc. *château*, des XIe-XIIIe s., qui occupent une colline assez escarpée de ce côté, mais qui sont par eux-mêmes peu remarquables. — En prenant de l'autre côté de la place du Paon, ou à dr. en arrivant, la rue St-Lazare (porte), puis à g. la rue de l'Hospice, on arrive aux belles ruines de *St-Thomas*, anc. collégiale construite à partir de 1180 et consacrée à St Thomas Becket. Il en reste surtout la façade, du XIIIe s., la tour à g. encore entière, avec sa flèche en pierre du XVe s. — La rue St-Thomas, en face, aboutit à la rue J.-J. Rousseau, qui ramène à g. (poste) à la rue Nationale. En traversant celle-ci, on est dans la rue Jeanne-d'Arc, qui aboutit à la place de la Hante, où il y a, à g., une belle *porte* de maison de 1537. La rue plus loin à g. se termine en impasse au pied du *château*. A dr., on va dans un vallon au pied de la colline du château. De cette même rue se détache, à dr. près de la place, la rue du Lion, qui mène vers *St-Denis*, l'église paroissiale, des styles roman et goth., avec un beau clocher moderne. On ne peut voir qu'une partie de l'extérieur, du cimetière voisin. A l'intérieur, on remarque surtout le chœur, du XVe s., à trois nefs de même hauteur; des boiseries anciennes, en particulier la chaire; une grille et des vitraux modernes. — La rue St-Denis, qui ramène de là vers le centre de la ville, a quelques *maisons* assez curieuses.

Embranchement de *Chantilly*, v. p. 8.

De Crépy-en-Valois à Compiègne: 35 kil.; 1 h.; 3 fr. 90, 2 fr. 65, 1 fr. 70. — 11 kil. (8e st.) *Orrouy*, village à 1/2 h. au N.-E. ou à dr., avec une église des XIIIe et XVIe s., qui a de très beaux vitraux. Env. 1/2 h. plus loin est le hameau de *Champlieu*, qui a une église en ruine du XIIe s. et au N.-E. duquel on a découvert en 1860, à la lisière de la forêt de Compiègne, des *ruines romaines* considérables, dont le gardien demeure à Orrouy, mais se trouve habituellement sur les lieux dans la journée, surtout l'après-midi. Ces ruines, d'une cité gallo-romaine qui fut peut-être *Ratomagus*, sont celles d'un *temple*, d'un *théâtre* et de *bains*, dont l'hypocauste est particulièrement bien conservé. — On pourra s'en retourner par *Béthisy-St-Martin* (arrêt), qui n'est qu'à env. 4 kil. de Champlieu. Compiègne est à 13 kil. par la forêt (route de Champlieu; v. la carte p. 7). — 19 kil. (7e st.) *Verberie*, petite ville où résidèrent plusieurs rois mérovingiens et carolingiens des VIIIe-IXe s., mais qui n'a rien conservé de cette époque. Ligne de 17 kil. sur Longueil (p. 4) et Estrées-St-Denis (Boves-Amiens). — 26 kil. (9e st.) *Le Meux*. Ligne de Paris à *Compiègne*, v. p. 4.

En repartant de Crépy, on voit à g. le clocher de St-Thomas. — 69 kil. *Vaumoise*. — 73 kil. *Boursonne-Coyolles*. On traverse la *forêt de Villers-Cotterets*; puis on a une belle vue à g. Du même côté, à la gare de Villers-Cotterets, la statue d'Alex. Dumas.

78 kil. **Villers-Cotterets** (*hôt. du Dauphin* ou *Jeansens*, rue de Largny, près du marché; df. 3 fr. 50), à g., ville de 4981 hab., qui fut souvent la résidence des rois de la maison de Valois.

On prend à dr. au sortir de la gare et l'on a bientôt devant soi la *statue d'Alex. Dumas père* (1802-1870), le romancier, originaire de cette ville, bronze par A. Carrier-Belleuse (1884). En suivant la longue rue qui commence à cet endroit et tournant ensuite à dr. on arrive en 1/4 d'h. env. à la place du Marché et quelques pas plus loin à l'église et au château. — L'*église* est un édifice peu remarquable, qui a des boiseries et une chaire assez curieuses et un bel autel moderne. — Le *château*, transformé en «maison de retraite du départ. de la Seine», a été reconstruit plusieurs fois et n'a plus guère d'ancien et de remarquable que le bâtiment au fond de la première cour, ses deux escaliers, ornés de sculptures, et surtout l'anc. chapelle (dortoir), qui ont été construits sous François Ier, à partir de 1532. On peut obtenir de les visiter. En passant à dr. ou à g. de l'édifice, on arrive à une promenade et une pelouse à l'entrée de la *forêt de Villers-Cotterets*, qui a 12500 hect. de superficie et qui entoure la ville de tous les côtés, sauf à l'O., dans la direction de Largny. Elle est sillonnée de nombreux chemins qui permettent d'y faire d'agréables promenades, par ex., au N.-E., vers Longpont (v. ci-dessous).

Ligne de *Compiègne* par *Pierrefonds*, v. p. 8-11. — Embranch. de 14 kil. sur *la Ferté-Milon* (p. 35), par la forêt de Villers-Cotterets.

Plus loin encore la forêt. — 90 kil. *Longpont* (hôtels), petit village à 10 min. à g., où il y a des restes d'une *abbaye* cistercienne du XIIe s. Les parties principales, du XIIIe et du XVIIe s., sont transformées en *église* et en *château*, et ce dernier renferme des collections qu'on peut obtenir de visiter. On en remarque encore une anc. *porte fortifiée*, du XVIIIe s.

94 kil. *Vierzy*. Puis un tunnel de 1400 m. — 100 kil. *Berzy*. Ensuite, à g., la ligne de Compiègne à Soissons.

105 kil. **Soissons.** — HÔTELS: *du Lion-Rouge*, rue St-Martin, 57 (ch. 3 à 6 fr., rep. 1.25 à 1.50, 8 et 8.50, om, 50 c. av. bag.); *de la Croix-d'Or*, rue St-Christophe, au delà de la cathédrale; *du Soleil-d'Or*, à l'entrée de la ville. — *Café du Commerce*, rue de la Buerie, près de la cathédrale. — *Buffet* avec chambres à la gare; dé. 2 fr. 25 et 3, df. 2.25, 8 et 3.50, repas à 1.50. — POSTE ET TÉLÉGRAPHE, rue St-Martin, 42. — VOITURES DE PLACE: course en ville, 1 ou 2 pers., 75 c.; 3 p., 1 fr. 10; 4 p., 1.50; hors de l'octroi et à l'heure, 1.50, 2 et 2.50.

Soissons, anc. place forte dont les ouvrages sont rasés, est maintenant une ville paisible de 13240 hab., siège d'un évêché et chef-lieu d'arr. de l'Aisne, sur la rive g. de l'*Aisne*, à env. 1 kil. à g. du chemin de fer. Elle est le centre d'un grand commerce de blé pour Paris. Ses haricots sont renommés.

Déjà puissante du temps de César, comme capitale des *Suessions*, cette ville fut illustrée par la victoire de Clovis sur le gouverneur romain Syagrius, en 486. Elle devint en 511 la capitale du royaume de *Neustrie* ou de Soissons et fut par conséquent le berceau de la monarchie franque. Childéric III, le dernier des Mérovingiens, y fut déposé en 752 et Pépin le Bref proclamé son successeur. Les Carolingiens y furent à leur tour supplantés par les Capétiens à la suite de la défaite de Charles III, le Simple, en 923, et de la prise de Soissons en 948, par Hugues le Grand, duc de l'Ile de France et père de Hugues Capet, qui devint roi en 987. Il n'y eut plus dès lors qu'un comté de Soissons, dont une partie passa à la couronne au XVIe s. et le reste à une branche cadette de la maison de Bourbon. La ville eut encore de nombreux sièges à soutenir, surtout au XVe s. Ce fut une barrière insuffisante pour empêcher les alliés de traverser l'Aisne en 1814 et en 1815, et les Allemands s'en emparèrent de nouveau après trois jours d'un terrible bombardement en 1870.

Dans le faubourg où est la gare, à dr., *Ste-Eugénie*, une église moderne à dôme. L'avenue qui part de la gare conduit à la place de la République (à g., un beau jardin d'horticulture, visible seulement sur demande), où s'élève le *monument* érigé en 1901 aux instituteurs Debordeaux et Poulette et aux autres citoyens fusillés par les Allemands à la suite du siège de 1870; ce monument est dû au sculpteur *Hiolin* et à l'architecte *Guilbert*. Là commence la rue St-Martin, qui se prolonge sous les noms de rues du Commerce et de la Congrégation vers l'hôtel de ville (p. 27).

La rue Thiers, à g. de la place de la République, puis la rue Carnot amènent par un détour au *portail St-Jean-des-Vignes, qui a déjà attiré de loin l'attention, et forme la partie principale des ruines d'une abbaye fort puissante au moyen âge, où Thomas Becket vécut neuf ans. C'est une magnifique façade dans le style du XIIIe s., flanquée de deux belles tours des XVe et XVIe s., mesurant, avec leurs flèches, 70 et 75 m. de hauteur. Les ruines sont dans un enclos occupé par la manutention militaire, mais on peut les visiter en le demandant. Il y a encore quelques restes de cloîtres et une salle qui fut le réfectoire; on peut faire l'ascension des tours (50 c.).

La rue St-Jean-des-Vignes, puis à g. la rue de Panleu, qui borde le *Grand-Séminaire*, conduisent à la *CATHÉDRALE, *Notre-Dame*, belle église gothique des XIIe et XIIIe s., avec quelques parties romanes. Sa façade, flanquée d'une tour de 66 m. de haut, est assez simple; on y remarque surtout la rose, la galerie qui la surmonte et les riches sculptures de la tour.

L'INTÉRIEUR, restauré, présente d'abord une *nef de toute beauté, avec triforium et doubles fenêtres surmontées chacune d'une rosace. A l'entrée, deux belles statues tombales d'abbesses, du XVIIe s. Dans la 1re chap. de dr., un beau vitrail moderne par Didron. Du côté gauche, une double chapelle goth. ajoutée plus tard à l'église. Le *transept*, aussi à trois nefs, formerait à lui seul une charmante église, dont le chœur serait au croisillon S. ou de dr., la partie la plus ancienne (XIIe s.), moins élevée et qui se termine en hémicycle, avec pourtour, tribunes, triforium et chapelle à deux étages à l'E. Le croisillon N. formerait alors la nef, avec son mur droit à l'extrémité, percé d'une belle rose, au-dessus de deux rangs de jolies fenêtres à vitraux modernes. Il n'y a pas de porte dans ce mur, qui touchait à des bâtiments, mais il y en a une belle sur le côté, à l'E. Dans le même croisillon, un bel autel moderne et une Adoration des bergers attribuée à Rubens. Le chœur, terminé en 1212, a encore au chevet de beaux vitraux de l'époque. Le *pourtour du chœur* présente du côté g. une curieuse armoire en bois à médaillons et un beau tombeau d'évêque en marbre, par Foyatier (1852); puis trois petites chapelles absidales avec des vitraux du XIIIe s. et une porte de sacristie du style de la Renaissance. A mentionner encore un fragment de tapisserie du XVe s., dans le bas-coté g., et deux statues tombales d'abbesses, à dr. et à g. de l'entrée. La sacristie renferme un assez riche trésor, qu'on peut visiter (pourb.). On peut aussi faire l'ascension de la tour.

A dr. au delà de l'église, une *maison* de la Renaissance, rue de la Buerie, 10. A la suite de cette rue prend celle des Cordeliers, qui se prolonge vers la Grande-Place. Entre les deux, la principale artère transversale de la ville : à g., rue St-Christophe; à dr., rue du Collège. Dans cette dernière, à g., la belle *porte du collège*, qui date du XIVe s.

La Grande-Place, où est le théâtre, a une jolie *fontaine*, avec une Ondine en bronze et quatre Génies, par Blanchard. Les rues au fond de cette place mènent vers St-Léger et l'hôtel de ville.

L'anc. *abbaye St-Léger*, transformée en petit séminaire, a une église en partie du xiiie s., avec une façade du xviie s. Il y a deux cryptes, des ixe-xe s., et des restes de cloître des xiiie et xive s. Il faut s'adresser au concierge, même pour visiter l'église.

L'*hôtel de ville*, en même temps la sous-préfecture, sur une place déserte vers l'extrémité N.-E. de la ville, en deçà de St-Léger, est un édifice du xviiie s. sans importance, mais qui contient le musée et la bibliothèque de la ville. Il y a dans la cour une statue de l'avocat Paillet (1795-1855), en bronze, par Duret.

Musée. — Le musée, au 1er étage, est public les dim. et fêtes du 1er mai au 1er nov., de 1 h. à 4 h., et visible tous les jours en le demandant. Il y a un catalogue des peintures (1894), 50 c. Conservateur, M. Em. Collet. — Au pied de l'escalier et dans l'escalier même, des sculptures anciennes: tympan du portail de l'église de Braisne (p. 87), statue tombale, bas-reliefs, antiquités gallo-romaines et un bas-relief moderne par *H. Gros*, les Druidesses. — Ire SALLE: gravures, portraits, vues, médailles et sceaux. — IIe SALLE: antiquités diverses de l'âge de pierre, de l'époque gauloise et gallo-romaine (surtout le n° 1230, plateau en argent ciselé), et des temps modernes. — IIIe SALLE: riche collection de poteries; bas-relief d'un tombeau gallo-romain; vitrines contenant des objets religieux du moyen âge, et une collection numismatique. — IVe SALLE: collection de faïences; buste du jurisconsulte Louis d'Héricourt (1687-1752), par *Hiolin*. — Ve SALLE, tableaux: 23, *Palmegiani*(?), St-Benoît en prière; 54, *Marchal*, Assomption; 56, *Drolling*, Mathieu Molé aux barricades; 181, *van Gorp*, portr. de femme; 24, *le Guerchin*, St François en extase; 109, *Lavoine* (de Soissons, 1808-1861), Homère chantant l'Iliade; 75, *Ph. Chéry* (1759-1838), David apaisant Saül; 63, *Jollivet*, Mort de Philippe II; médailles, comme dans les 3 salles suivantes. — VIe SALLE: 228, *E. Giraud*, Danse dans une posada; 92, *Rémond*, Carloman blessé à mort; 77, *Saint-Evre*, Job et ses amis; 228, *Schutzenberger*, Liseuse à la fenêtre; 18, *inc.*, portr. de l'acteur Lekain. — VIIe SALLE: 71, *C. Paris*, les trois Parques du village; 153, *Hoyer*, vue de Pinon (v. p. 28); 154, *Félix Lucas*, Délaissée. — VIIIe SALLE: 78, *Allegrain*, Vénus et Adonis; portraits; 84, *Etex*, Ste Geneviève; 195, *Yon*, Bords de la Meuse; 178, *Vallin*, Vénus et l'Amour; 107, *Philastre fils*, Meurtre de Galswinthe. — IXe SALLE, consacrée à la Révolution: portraits, gravures, objets divers. — Xe SALLE: gravures et objets divers. — XIe et XIIe SALLES: moulages divers, notamment du tombeau de l'évêque St Drausin (viie s.), dont l'original est au Louvre. — XIIIe SALLE (galerie): conchyliologie, minéralogie et ornithologie; une Danseuse, statuette par *Pradier*.

Prendre à g. en sortant de l'hôtel de ville la rue de la Congrégation, à laquelle fait suite la rue du Commerce.

Par la rue Montrevers, à g. de cette dernière, on arrive à l'Aisne, sur la rive dr. de laquelle se trouve le faub. de *St-Vaast*, qui a une église romane moderne construite par Bœswillwald. Plus loin dans la même direction est le hameau de *St-Médard*, jadis célèbre par son abbaye, dont l'histoire est même mêlée à celle des rois de la première et de la seconde race, qui eut jusqu'à 7 églises et qui vit venir en 1580 jusqu'à 300 000 pèlerins. Sa ruine date des guerres de religion (1568), et il en reste peu de chose. L'emplacement est occupé par un institut de sourds-muets.

A l'extrémité de la rue du Commerce, à g., l'anc. *abbaye Notre-Dame*, transformée en caserne. Sur une place en deçà, les restes de l'*église St-Pierre*, du style roman du xiie s., auj. un gymnase.

La rue St-Martin (p. 26) ramène de là à la place de la République.

Ligne de *Compiègne*, v. p. 8; ligne de *Reims*, etc., p. 36.

II. De Soissons à Laon.

85 kil. Trajet en 88 min. à 1 h. 11. Prix: 8 fr. 95, 2 fr. 65, 1 fr. 75.

La ligne de Laon laisse à dr. celle de Reims et traverse l'*Aisne*. Beau coup d'œil à g. sur Soissons. — 109 kil. (de Paris) *Crouy*, 1385 hab. Puis l'arrêt de *Braye*. La voie monte et le pays est plus accidenté. A g., des villages sur des hauteurs. — 115 kil. *Margival*. — *Neuville-Laffaux*. Puis un tunnel de 640 m. — 119 kil. *Vauxaillon*. Belle vue à g. — 123 kil. *Anizy-Pinon*, deux localités: *Anizy* (1106 hab.), patrie du sculpteur Carrier-Belleuse (1824-1887), situé à g.; *Pinon*, qui a un beau château du XVIIIe s., à 2 kil. à dr., dans la vallée marécageuse de la *Lette*.

Ligne de *Chauny*, v. p. 15. — Correspond. pour *Prémontré* (8 kil.), jadis célèbre par son *abbaye*, maison-mère de l'ordre de ce nom, fondé en 1120 par St Norbert. Les bâtiments qui subsistent encore sont du XVIIIe s. et transformés en asile d'aliénés. — St-Gobain (p. 13) est 7 kil. plus loin.

Ensuite on traverse la Lette et un canal de desséchement. Encore des collines et des bois. — 130 kil. *Chailvet-Urcel*. Urcel, à $^1/_2$ h. au S., a une église fort curieuse des XIe-XIIIe s. — 135 kil. *Clacy-Mons*. On aperçoit déjà à dr. la ville de Laon. — *La Neuville-sous-Laon*. On rejoint à g. la ligne de Tergnier.

140 kil. *Laon* (buffet-hôtel).

Laon.

La GARE est dans le bas de la ville, à env. $^1/_4$ d'h. du centre, par une montée fort raide, mais elle est reliée à la ville par un chemin de fer électrique (v. le plan) en partie à crémaillère (montée en 7 min. pour 40 c. et 25 c.; descente en 4 min. pour 25 c. et 15 c.). — *Omnibus*, 50 c. — *Voiture partic.*: de la gare, 1 fr.; course sur le plateau, 75 c.; heure, 1 fr. 50, 2 si l'on sort de l'octroi, le double après 11 h. du soir. — HÔTELS: *de la Hure* (pl. a, C1), rue du Bourg, de 1er ordre (ch. 4 fr., s. et b. 50 c., 1er déj. 1.50, dî. 4); *de l'Ecu-de-France* (pl. b, C1), *de la Bannière* (pl. c, C1), rue David, un peu en deçà à la montée (8 fr. par j.); *H. du Nord* (pl. d, D1), en face de la gare (7 fr. 50 par jour). — CAFÉS: *de la Comédie*, place de l'Hôtel-de-Ville; à la gare; etc. — POSTE ET TÉLÉGRAPHE, rue Châtelaine (pl. D2), 45-47. — *Crédit Lyonnais*, rue St-Jean, 42.

Laon est une ville de 15434 hab., le chef-lieu du départ. de l'Aisne et une place forte, qui commande la «trouée de l'Oise». Elle est curieusement bâtie, au milieu d'une vaste plaine, sur une colline isolée (181 m.), très allongée de l'E. à l'O., et qui projette au S. une sorte de promontoire, séparé du reste de la ville par la dépression dite *Cuve de St-Vincent* (p. 31).

C'est le *Lugudunum Remorum* antique, devenu ensuite *Laudunum*, d'où *Loün* au XIIe s. et auj. Laon. On a voulu y voir l'antique *Bibrax Remorum*, situé en réalité à *Vieux-Laon*, à 20 kil. à l'O. Ce fut la résidence de Brunehaut et des derniers rois carolingiens. Plus tard, son histoire est celle de l'institution de sa commune et de la lutte séculaire entre ses bourgeois et ses évêques. Elle fut occupée par les Anglais de 1410 jusqu'après le sacre de Charles VII (1429). Elle souffrit beaucoup des guerres de religion et Henri IV s'en empara en 1594. Napoléon Ier y éprouva en 1814 un échec qui le rejeta sur Soissons; en 1815, elle résista quinze jours aux coalisés. Hors d'état de se défendre, Laon capitula en 1870, mais un garde du génie fit sauter la poudrière lorsque les Allemands entrèrent dans la citadelle, ce qui fit 308 victimes, dont 229 parmi les Français, et de grands dégâts. Laon a vu naître les frères *Lenain*, peintres

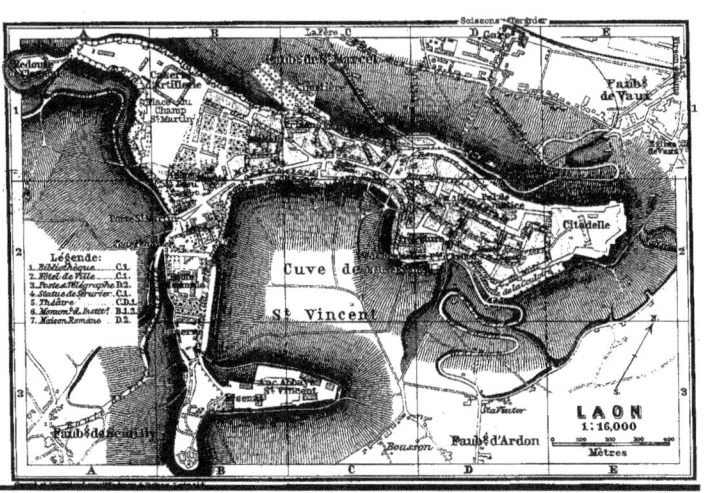

du XVIIe s., le maréchal *Sérurier* (1742-1819) et l'astronome *Méchain* (1744-1805).

La *colline de Laon* est particulièrement intéressante pour le géologue. Elle repose sur la craie blanche et elle est constituée par les terrains tertiaires inférieurs. La première couche est formée d'argile sableuse bleuâtre, dite argile de Vaux, dans laquelle il y a beaucoup de coquilles fossiles, des dents de squale, des ossements de tortues et du lignite terreux. Au-dessus est du sable jaunâtre et le plateau se compose de calcaire grossier. Ce calcaire a été exploité pour la construction et les carrières transformées en caves, qui ont jusqu'à trois étages et descendent jusqu'à 15 m. au-dessous du sol. Il y a de ces caves sous le palais de justice et les bâtiments voisins.

De la *gare* (pl. D 1), qui est au N., les voitures prennent, au bout de l'avenue qui y fait face, une route en lacets à g.; les piétons montent directement par un escalier de 263 degrés, entrecoupés de plans inclinés. L'entrée de la ville est à dr. dans le haut; il faut env. $^1/_4$ d'h. pour y arriver. On atteint un peu plus loin à g. la rue du Bourg, près de la place de l'Hôtel-de-Ville (à g.).

En face, dans cette rue, est la *bibliothèque communale*, qui est ouverte tous les jours, excepté les dim. et fêtes et du 1er au 15 sept., d'ordinaire de 1 à 4 ou 5 h. Elle possède env. 40 000 vol. et 700 man., dont un évangéliaire du IXe s. provenant de Notre-Dame (v. ci-dessous); plus une belle *mosaïque romaine* du IIe s., représentant Orphée et les animaux, trouvée à Blanzy (Aisne).

La place de l'Hôtel-de-Ville (pl. C1) est décorée d'une *statue du maréchal Sérurier* (v. ci-dessus), bronze par Doublemard.

La rue Châtelaine, qui fait suite à la rue du Bourg, conduit de là à

**Notre-Dame (pl. D 2) dite encore la *cathédrale*, bien que l'évêché de Laon ait été supprimé. C'est une des églises les plus remarquables du nord de la France et un monument très curieux, surtout des XIIe et XIIIe-XIVe s. On travaille encore à sa restauration commencée par Em. Bœswillwald (m. 1896). Elle existait déjà au commencement du XIIe s., et a encore des parties romanes ou de transition, mais elle fut incendiée en 1112, dans les luttes qui signalèrent l'établissement de la commune. Sa longueur est de 121 m. hors d'œuvre, sa largeur de 30 m. 66 à la nef et de 53 m. 33 au transept et la hauteur de ses voûtes de 24 m. La *façade* est un chef-d'œuvre du style goth. le plus pur. Elle a trois portails très profonds, dont les sculptures ont été refaites de nos jours; au-dessus, une rose et deux fenêtres aussi richement décorées, puis une galerie et deux tours, d'une grande hardiesse et d'une légèreté merveilleuse, que surmontaient jadis des flèches et qui ont encore 56 m. de haut. Ces tours, carrées à la base et octogones dans le haut, ont aux angles des tourelles à deux étages avec des statues colossales de bœufs au second, placées là, dit-on, en mémoire des animaux qui ont monté sur la colline les matériaux de l'édifice. Il y a de plus dans une des tourelles de chaque tour un escalier d'une légèreté étonnante. Il existe encore une tour du même genre, mais de 60 m. 50 de haut, à chaque portail du transept, où il devait d'abord y en avoir deux; enfin, sur la croisée s'élève une lanterne carrée, qui atteint 48 m. 50 et qui était jadis terminée par une flèche. Le chevet est carré, le chœur ayant été prolongé au XIIIe s. pour l'agrandir.

L'intérieur n'est pas moins original que l'extérieur. Il est à trois nefs, même au transept, avec des colonnes cylindriques ayant toutes des chapiteaux différemment sculptés, d'où partent des colonnettes annelées qui s'élancent jusqu'à la voûte. Au-dessus des collatéraux règnent de hautes tribunes surmontées d'un triforium, et il y en a aussi un à la lanterne de la croisée. Sur les côtés, des chapelles ajoutées aux XIIIe et XIVe s. entre les contreforts de l'édifice primitif, ont de jolies clôtures en pierre des XVIe-XVIIe s., qui s'élèvent jusqu'à la hauteur des anc. fenêtres. A l'E. de chaque croisillon du transept est une chapelle à deux étages, le second correspondant aux tribunes. Le chœur se termine par un mur droit percé de trois fenêtres et d'une rose. Les portails O. et N. ont aussi des roses, mais il n'y en a pas au S. Les fenêtres du chœur et les roses ont conservé de beaux vitraux. On remarque encore la chaire, en bois, de 1681, provenant d'une anc. chartreuse, près de Vervins, et la grille du chœur, du XVIIIe s., d'une anc. abbaye, près de Soissons. — Le *trésor*, peu intéressant, possède une Ste-Face (peinture), dans un reliquaire moderne, et 8 tapisseries anciennes, dont 6 du XVIIe s., de Bruxelles.

A g. du chœur est le *palais de justice* (pl. D2), l'anc. évêché, du XIIIe s., avec un reste de cloître ogival et une chapelle souterraine. — La ruelle Fourier, la 1re à dr. de la rue du Cloître, au delà de Notre-Dame, a encore une vieille *maison romane* (pl. 7; D2).

La ruelle des Templiers, la 2e à dr., conduit à la rue Ste-Geneviève, faisant suite à la rue des Cordeliers, qui part de la place de l'Hôtel-de-Ville et aboutissant à la *citadelle* (pl. E2), où il n'y a rien à voir pour le touriste.

Le **musée** se trouve en face de la ruelle, dans un petit *jardin* (pl. D2), où l'on a isolé une anc. et curieuse *chapelle des templiers*, du style roman du XIIe s., à coupole goth. et à porche surmonté d'une tribune. Dans un parterre, une Diane en bronze par Falguière.

Le MUSÉE même occupe sur le côté un bâtiment ordinaire, une anc. école. Il est public les dim. et jeudi de 1 h. à 6 h. en été (mai-sept.), 4 h. en hiver, et visible les autres jours. Il n'y a pas de catalogue, mais des étiquettes.

REZ-DE-CHAUSSÉE, sculpture et archéologie, antiquités et curiosités diverses; objets gallo-romains très curieux. A dr. et g., des bustes modernes, pour la plupart en plâtre, aussi quelques bustes et une statuette antiques. Au milieu, des statues: 838, *Steller*, Après la chasse; 829, *Oudiné*, Mort de Psyché; 810, *F. Charpentier*, la Chanson. Dans une vitrine, des curiosités, en particulier un médaillon en ivoire. 322, *Frison*, Dalila; 307, *Damé*, Céphale et Procris. Au fond, des faïences. En face des fenêtres, de petites antiquités, une poutre d'église avec des sculptures, (389) la statue tombale, en marbre, de Gabrielle d'Estrées (m. 1599), maîtresse de Henri IV; 2 bas-reliefs et une petite Vierge par *Carrier-Belleuse* (305), une statuette d'Hector avec Astyanax par *Doublemard* (312), une Vestale par *Carrier-Belleuse* (303), l'Automne par *Ignel* (825). — A dr., en bas, la petite *collection Thibesart*: coquillages.

Ier ÉTAGE, musée de peinture. — Ire SALLE: 50, *Fritel*, Pro Patria; 21, *Lagarde*, Jeanne d'Arc; 14, *Rosalba*, pastel; 25, *Q. Delatour*, portr. du président Hénault (pastel); dessins et estampes; vitrine avec des curiosités, particulièrement des miniatures. — IIe SALLE: 42, *Gendron*, Lucrèce; 39, *Berthélemy* (de Laon), Siège de Calais; 26, *A. Leleux*, le Tabellion; 18, *Dantan*, Mort de Timophane; 27, *Pille*, Stratégistes; 17, *Corot*, paysage; 15, *E. Lévy*, les Enfants à la vasque; 9, *Lavieille*, Forêt de Fontainebleau. — IIIe SALLE: 43, *Lenain* (de Laon), la Fenaison; 41, *Patel*, Ruines; 37,

38, *Panini*, Ruines; 40, *Boucher*, Le petit pont de bois; 35, *Nattier* (?), Diane; 84, *Lenain*, portr. d'homme; 32, *Teniers*, Tireurs à l'arc; 50, *van Schendel*, Après le marché; 28, *Jeaurat*, Arrivée des nourrices; 29, *Solimène*, Adam et Eve épiés par Satan; 26, *Greuze* (?), tête de jeune fille; — 25, *Coypel*, le Vœu de Jephté; 23, *Giotto* (?), Mort de St François d'Assise; 5, *Is. van Ostade* (?), l'Odorat; 21, *Heemskerk*, le Trictrac; 19, *Franck* (?), Adoration des mages; 17, *Lancret*, Intérieur de ferme; 15, 12, *Lenain*, le Repas de famille, la Fiancée normande; 14, *le Pérugin* (?), Pietà, dans un beau paysage, reproduction avec variantes; 13, *Manfredi*, les Joueurs; 10, *le Bourguignon*, Choc de cavalerie; 18, 11, *Desportes*, natures mortes; 24, *J. Fictoor*, portr. d'homme; 55, *Huysmans*, paysage; 58, *Jordaens*, Silène; 56, *J. Vernet*, marine; 4, *C. Quillet*, Tentation de St Antoine.

Des PROMENADES où il y a encore des restes des anc. remparts, contournent en partie le plateau de la ville. Une des ruelles à dr. ou à g. du musée conduit aux *promenades de la Couloire et des Chenizelles* (pl. CD 2), d'où l'on a une *vue surprenante de l'autre côté de la colline de Laon. Elle affecte ici la forme d'un V, et ses flancs escarpés enceignent le vallon en partie boisé, couvert de jardins et de vignes, appelé la *Cuve de St-Vincent* (pl. BC2). On y voit encore une vieille porte goth., la *porte d'Ardon* (pl. D 2), du XIIIe s. Plus loin à l'O., la *préfecture* (pl. CD 2), l'anc. abbaye St-Jean, où aboutit une rue venant de la place de l'Hôtel-de-Ville. Près de cette place, à g., encore la *porte des Chenizelles* (pl. C 2), aussi du XIIIe s., restaurée en 1895. Il y a du reste çà et là dans la ville d'autres *vieilles constructions* intéressantes, en particulier dans la rue Sérurier (pl. CD 1-2), qui part de la place de l'Hôtel-de-Ville, près du théâtre, notamment les n°s 7, 33, 53.

L'église St-Martin (pl. B 1-2), à l'autre extrémité de la ville, où l'on arrive de la place en suivant tout droit les rues St-Jean et St-Martin, ou de la seconde porte par le boulevard, est un bel édifice du style de transition. Elle dépendait d'une abbaye de prémontrés, transformée maintenant en Hôtel-Dieu. Elle a près du transept deux tours élevées seulement au XIIIe s. La façade, à trois portails, est décorée d'une grande fenêtre. Le pignon, qui se termine par une ligne horizontale, est flanqué de deux tourelles.

A l'intérieur, qui est remarquable par ses dimensions, à dr. de la porte, un tombeau en marbre noir avec statue couchée, donné à tort pour celui d'un sire de Coucy, et à g. un autre tombeau, en marbre blanc, dont la belle statue représente Jeanne de Flandre, veuve d'un sire de Coucy, morte abbesse en 1335. A divers piliers, d'autres petits monuments. Une chap. à dr. de la nef, avec clôture en pierre de la Renaissance, renferme un Ecce Homo du XVIe s. Belle chaire moderne et belles boiseries anciennes dans le chœur et le sanctuaire. Contre le chœur, à dr., un petit groupe du XVe s.

Derrière l'église, l'*Hôtel-Dieu*, avec une petite tourelle à g. de l'entrée, et en face, le *lycée* (pl. B 2), de construction récente. Un peu plus loin, à dr., l'anc. *porte St-Martin*, en ruine, et à g., une tour penchée, dans les remparts. Près de là s'élève le *monument des instituteurs* (pl. 6, B 1-2), élevé en 1899 à la mémoire des instituteurs Debordeaux, Poulette et Leroy, fusillés par les Allemands en 1870 (v. aussi p. 26); c'est une œuvre du sculpteur Carlus et de l'architecte Duret. — A l'extrémité S. des hauteurs qui forment la «cuve», l'anc. *abbaye St-Vincent* (pl. B C 3), occupée auj. par le génie.

Du *rempart Saint-Just* (pl. ABC 1 et AB 1-2), sur le versant O. de la colline, on a également un panorama merveilleux. .

Ligne de *Tergnier (Calais-Amiens)* à *Reims* et *Châlons-s.-M.*, R. 6; ligne de *Valenciennes* par Guise, R. 7.

5. De Paris à Reims.
A. Par Meaux et la Ferté-Milon.

156 kil. Chemin de fer de l'Est (gare, plan de Paris, p. 1, C 24). Trajet en 2 h. à 5 h. Prix: 17 fr. 55, 11 fr. 90, 7 fr. 70. — Voir aussi la carte p. 3.

On passe sous plusieurs rues, croise le chemin de fer de ceinture et le canal de St-Denis, passe à dr. aux abattoirs de la Villette et traverse les fortifications. — 6 kil. *Pantin*, à dr., avec sa belle mairie moderne, style Renaissance. 29716 hab. Puis le *canal de l'Ourcq* (p. 23). A dr., les hauteurs fortifiées de Romainville, de Noisy et de Rosny. A g., la ligne de Grande-Ceinture. — 9 kil. *Noisy-le-Sec.* Vaste gare de croisement. A dr., la ligne de Troyes-Belfort (R. 19). — 11 kil. *Bondy.*

DE BONDY A LIVRY ET A AULNAY-LÈS-BONDY: 7 et 8 kil., petite ligne de banlieue qui se bifurque sur l'une et l'autre localité à la stat. de *Gargan* (4 kil.). Il y a en outre quantité de haltes et d'arrêts. On longe d'abord la grande ligne, puis on tourne au N., en deçà du Rainey (v. ci-dessous). — 3 kil. *Raincy-Pavillons*, à env. 700 m. du rond-point de la Mairie, dans le haut du Rainey (v. ci-dessous). — 4 kil. *Gargan*, où passe encore un chemin de fer desservant des carrières de pierre à plâtre. — L'*embranch. de Livry* laisse à dr., à env. 500 m., avant l'arrêt de *la Barrière* (1 kil.) l'*abbaye de Livry*, qui a été fondée en 1186, détruite à la Révolution et reconstruite de nos jours. Mme de Sévigné y séjourna au XVIIe s. Elle est maintenant occupée par des Pères de l'Assomption, qui en permettent la visite. Non loin de là est Clichy-sous-Bois (v. ci-dessous). — *Livry* même est un village qui offre peu d'intérêt. On y voit une statue de l'amiral Jacob, défenseur de Rochefort en 1815, par Alb. Lefeuvre. Stat. de *Sevran-Livry* (2 kil.), v. p. 23. — L'*embranch. d'Aulnay* traverse la *forêt de Bondy*, jadis fameuse comme repaire de bandits et maintenant par son *dépotoir* de Paris, à l'O., près du canal de l'Ourcq. Il y a une stat. de *l'Abbaye* (1 kil.), mais à 2 kil. au N.-O. de l'abbaye de Livry, maintenant mieux desservie de la Barrière (v. ci-dessus). On traverse au delà le *canal de l'Ourcq* (p. 23) et l'on rejoint la ligne de Soissons à *Aulnay-lès-Bondy* (p. 23).

13 kil. **Le Raincy-***Villemomble* (*café-rest. de la gare*; dé. ou dî. 2 fr. 50), deux localités. *Le Raincy*, à g., est une ville moderne de 7129 hab., créée dans le parc de l'ancien château de ce nom, qui appartenait à la famille d'Orléans et fut saccagé en 1848.

DU RAINCY A MONTFERMEIL: 4 kil., tramw. électr. partant de la gare, trajet en 1/2 h., pour 45 et 35 c. On monte d'abord dans le Rainey jusqu'au *rond-point de la Mairie* (1 kil.), non loin de la halte de Rainey-Pavillons (v. ci-dessus); puis on tourne à dr. Il y a encore un arrêt vers l'extrémité du Raincy à la *porte de Montfermeil* (20 et 15 c. de la gare), où l'on descendra si l'on veut seulement faire une promenade dans les bois vers *Clichy-sous-Bois*, village à peu près sans intérêt, à env. 1500 m. au N., au delà du vallon où se trouve, à dr. de la route, la chapelle insignifiante de *Notre-*

Dame-des-Anges (pèlerinage) et d'où l'on aperçoit à g. l'*abbaye de Livry* (p. 32). — *Montfermeil* n'a guère de curieux que son anc. château, à dr. à l'entrée. La propriété est maintenant morcelée. On va aussi de là par les bois à Clichy, 2 kil. au N.-O.

Derrière Villemomble, à dr., est le *plateau d'Avron* (115 m.), qui joua un certain rôle en 1870, durant le siège de Paris: les Français l'occupèrent pour favoriser leur sortie du côté de Champigny, le 30 nov.; mais ils durent l'abandonner les 28 et 29 décembre. On y monte en 10 min. de Villemomble. Ce plateau a env. 2 kil. de long sur un de large. La vue y est belle surtout au S. et à l'E., du côté de la Marne. Il y a à l'E. une petite localité dite *la Pelouse* et un réservoir d'eau de la Marne. Plus bas au S. est *Neuilly-Plaisance*; à l'O., *Rosny-sous-Bois* et sa station (env. 1/4 d'h.; p. 85).

15 kil. *Gagny*. 4057 hab. — 19 kil. *Chelles-Gournay*. *Chelles* (3952 hab.), à g., où il y eut sous les Mérovingiens une villa royale et où Frédégonde fit assassiner, en 584, Chilpéric Ier, fut célèbre aussi par son abbaye de bénédictines, fondée par Ste Clotilde et détruite depuis 1790. Il y a derrière un fort. — 23 kil. *Vaires-Torcy*. *Torcy* est à env. 2 kil. 1/2 au S., au delà de la Marne, et à env. 1 kil. à l'O. de là se trouve *Noisiel*, avec la grande fabrique de chocolat Menier. Plus loin, on longe la *Marne* à droite.

28 kil. **Lagny** (*hôt. du Pont-de-Fer*, au bord de la Marne), ville commerçante de 5442 hab., sur la *Marne*. D'origine très ancienne, le *Latiniacum* des Romains, elle eut une fameuse abbaye fondée au viie s. par le moine irlandais St Fursy (m. à Péronne en 650). Ensuite place forte, elle fut brûlée par les Anglais en 1358, saccagée par Jacques de Lorges en 1544 et prise par Henri IV sur le duc de Parme en 1591. Son *église St-Pierre*, où l'on arrive directement après avoir traversé la rivière, mérite une visite, bien que de peu d'apparence à l'extérieur. C'est un édifice du xiiie s., dans le style goth. primitif, à cinq nefs, formant en réalité le chœur d'une vaste église abbatiale qui n'a pas été continuée. Sur une place en deçà se voit une vieille *fontaine* assez curieuse de la même époque et près de là quelques restes de l'abbaye de St-Fursy.

CORRESPOND. à Lagny pour *Ferrières-en-Brie* (10 kil.; 75 c.; p. 85).

DE LAGNY A MORTCERF: 19 kil., petite ligne d'intérêt local, destinée en principe au transport des produits des carrières de la région. Elle a sa propre gare à l'E., sur la rive g., à env. 1/4 d'h. de l'autre (corresp.), par la 2e rue à g. après le pont. — 12 kil. (5e stat.) *Villeneuve-le-Comte*, bourgade peu considérable, avec une église du xiiie s. Ensuite, la ligne traverse la forêt de Crécy, et se raccorde à *Mortcerf* (19 kil.; 7e stat.) avec l'embranch. de Gretz à Vitry-le-François (p. 82).

Ensuite un pont sur la Marne et un petit tunnel. La rivière fait à g. un circuit de 17 kil., que la navigation évite par le *canal de Chalifert*, qui passe aussi dans un tunnel, à dr.

37 kil. *Esbly*, village à dr., sur le *Grand-Morin*. La place de la Mairie y est décorée d'un buste du commandant *Berthaut* (1845-1892), mort au Tonkin, dont il a fait une carte estimée, ce buste par Emm. Fontaine.

D'ESBLY A CRÉCY-EN-BRIE, embranch. de 10 kil. (21 min.; 1 fr. 10, 75 et 50 c.) par la vallée intéressante et pittoresque du *Grand-Morin*, dont les crues rapides et considérables produisent assez souvent des inondations aux environs de Paris. Stat. intermédiaires: *Montry*, *Couilly* et *Villiers-*

sur-Morin (hôt.-rest. Million), ce dernier village particulièrement un rendez-vous de peintres. — **Crécy-en-Brie** *(hôt. de l'Ours)* est une toute petite ville paisible et pittoresque, qui a conservé des restes de fortifications du moyen âge, surtout trois tours, dont une exhaussée et transformée en beffroi, à l'hôtel de ville. — 1 kil. plus loin, à l'E., est la *Chapelle-sur-Crécy*, qui a une église remarquable du XIIIᵉ s., avec un beau clocher et une abside originale, de forme ronde et à trois étages de fenêtres, dont celles du milieu sont carrées. L'intérieur est maintenant trop bas, parce qu'on en a relevé le pavé de 3 m. pour éviter les infiltrations d'un ruisseau voisin.

Notre ligne retraverse ensuite la Marne et longe la rivière et les canaux de l'Ourcq et de Chalifert.

45 kil. Meaux *(buffet; hôt. des Trois-Rois*, rue St-Remy, près de la cathédrale; *hôt. de la Sirène*, rue St-Nicolas, au delà de la cathédrale; *poste et télégr.*, place St-Etienne, 26), à dr., ville de 13 690 hab., chef-lieu d'arr. de Seine-et-Marne et siège d'un évêché fondé en 375, sur la Marne, faisant surtout un grand commerce de grains et de fromages de Brie.

Ancienne *Iatinum*, capitale des *Meldi* «les élégants» à l'époque gallo-romaine et de la Brie au moyen âge, elle fut brûlée par les Normands en 865, prise par les Anglais en 1422 et reprise par Richemont en 1439. Ce fut un des foyers de la Réforme en France.

On entre dans la ville en traversant la belle *place Lafayette* (au milieu, kiosque pour la musique), à laquelle se rattachent, à g., de beaux boulevards. A dr., s'étend un petit jardin public, puis une belle promenade, au bord de la Marne. Plus loin, sur une place, l'*hôtel de ville*, grande construction neuve du style classique, à laquelle attient la *caisse d'épargne*. Au 1ᵉʳ étage de l'hôtel de ville se trouve une bibliothèque de 18 000 vol. et un petit musée fondé en 1899, visible seulement le dimanche de 2 h. à 5 h. La rue Martimprey, à g., conduit de là à la cathédrale, en passant devant la *sous-préfecture*.

St-Etienne, la cathédrale de Meaux, est une belle église goth. des XIIᵉ-XVIᵉ s. Sa façade, fort remarquable, mais très dégradée, est malheureusement gâtée par la toiture en ardoise de la tour du S., restée inachevée. Celle du N., sans flèche, a 76 m. de hauteur (vue très étendue).

L'intérieur, dont le chœur a été récemment restauré, est beaucoup plus beau que l'extérieur. Le transept offre une grande richesse d'ornementation. La nef, dernière partie édifiée, appartient à la plus belle période de l'art gothique. A remarquer: dans le sanctuaire, près du trône de l'évêque, la pierre tombale de *Bossuet*, le célèbre orateur, qui fut évêque de Meaux de 1681 à 1704; on lui a érigé en 1822 une statue par Ruxtiel, à dr. de la nef. Au bas côté g., une jolie porte du XVᵉ s. et le monument de Philippe de Castille (m. 1627), avec statue à genoux. Buffet d'orgue de 1827.

La cathédrale de Meaux possédait 9 *copies des cartons de Raphaël*, qui ont été transportées aux Gobelins en 1898.

A g. de la façade de la cathédrale est le *palais épiscopal*, reconstruit au XVIIᵉ s., avec un jardin dessiné par Le Nôtre, et à g. du chevet, la *maîtrise*, du XIIIᵉ s.

La rue Bossuet, à dr. de la cathédrale, conduit au boulev. Jean-Rose, élevé sur l'emplacement des anc. fortifications, dont on voit encore quelques restes; à dr., on se dirigerait du côté du collège; à g., le boul. Jean-Rose aboutit à la *place Henri IV*, où s'élève la *statue du général Raoult* (1810-1870), qui fut blessé mortellement à Frœschwiller, cette statue par Aubé. Au delà de la place s'étend le faubourg St-Nicolas, avec une vieille église de ce nom et plus loin, à dr., le temple protestant. — Le boulev. Raoult, un de ceux qui contournent la vieille ville, descend de la place Henri IV vers la Marne, dans le lit de laquelle il y a encore des *moulins* assez curieux

En repartant, on passe, à dr., assez près de la cathédrale. On traverse encore deux fois le canal de l'Ourcq et une fois la Marne.

51 kil. *Trilport*, où la ligne de Reims par la Ferté-Milon s'embranche à g. de celle de Châlons (R. 15). — 57 kil. *Isles-Armentières*. On franchit une dernière fois la Marne pour remonter la *vallée de l'Ourcq*, qui est très accidentée et en partie marécageuse, avec des prairies et des bois. — 60 kil. *Lizy-sur-Ourcq*. 1839 hab. On traverse encore l'Ourcq et son canal. — 69 kil. *Crouy-sur-Ourcq*, où l'on voit à dr., à la station, les restes d'un *château* du XIVe s., transformés en ferme, surtout un donjon carré. Enfin un dernier pont sur le canal, qui commence à la station suivante. — 74 kil. *Mareuil-sur-Ourcq*. Ligne d'Ormoy, v. p. 23. Ensuite un petit tunnel.

80 kil. **La Ferté-Milon** (*hôt. du Sauvage*, à la Chaussée), à dr., ville de 1669 hab., sur l'Ourcq, connue comme patrie du poète Racine (1639-1699) et qui a un château en ruine. Elle est précédée d'un assez long faubourg, la *Chaussée*, dont l'*église St-Nicolas*, près du chemin de fer, des styles goth. et de la Renaissance, a de magnifiques vitraux, 8 grandes verrières du XVIe s.; une belle peinture sur bois de l'école française, au banc d'œuvre, et dans le chœur, un lutrin en fer, avec deux anciens bâtons de chantres.

La ville même est au delà d'un pont sur l'Ourcq, d'où l'on voit déjà les ruines. Là se trouve, à g., contre une mairie vulgaire, la *statue de Racine*, marbre à l'antique par David d'Angers. On tournera à dr. dans la grand' rue et on ira monter, assez loin à g., par la rue des Ruines, pour voir de face les *ruines du château*, qui de fait se composent presque uniquement d'une façade et de quelques restes d'enceinte fortifiée. Il y a quatre grosses tours, une carrée (donjon), dominant la ville, et trois rondes, dont deux flanquant l'anc. entrée, qui est surmontée d'un grand bas-relief mutilé. A dr. de cette façade est une porte de l'enceinte, par où l'on passe pour voir l'autre côté. Ce château est de fondation très ancienne, mais les parties qui subsistent datent de la reconstruction opérée à la fin du XIVe s. par Louis Ier d'Orléans, le même qui bâtit le château de Pierrefonds (p. 9). Les pierres d'attente montrent qu'elle a dû se borner à cette partie; le reste aura été détruit quand Henri IV fit démanteler la place, en 1594, mais il y a encore des sous-sols.

Un peu plus loin, à g., est l'*église Notre-Dame*, des xiie et xvie s. (Renaiss.), qui a une assez belle tour et surtout trois beaux vitraux du xvie s. Quand le portail n'est pas ouvert, on y entre par une petite porte et un escalier dans le bas à côté du chœur. — En continuant de descendre, on se retrouve dans la grand' rue.

De la Ferté-Milon à *Villers-Cotterets*, v. p. 25; à *Château-Thierry*, p. 37. Cette dernière ligne est la même que celle de Reims jusqu'à Oulchy-Breny, mais avec des arrêts que n'a pas l'autre.

On continue de remonter la vallée de l'Ourcq, qui va tourner à l'E. A g., la ligne de Villers-Cotterets et un raccordement. — 92 kil. *Neuilly-St-Front*. 1484 hab.

99 kil. *Oulchy-Breny*, deux localités, *Oulchy-le-Château*, à 2 kil. $^1/_2$ au N. La ligne de Château-Thierry (p. 38) s'embranche plus loin à dr. Petit château du même côté. Haut remblai et viaduc. A dr. avant sa petite forêt, Fère-en-Tardenois.

110 kil. **Fère-en-Tardenois** (hôt. du Pot-d'Etain), ville de 2508 hab., avec des filatures de laine. Son *église*, dont on a déjà pu remarquer de la voie la tour du xve s., possède des œuvres d'art intéressantes, sculptures et peintures. Son *château*, maintenant en ruine, est à 3 kil. au N., par la route de Braisne, sur une hauteur, où on l'aperçoit de loin à dr. Il est propriété particulière, mais la visite en est permise. C'est un château fort du xiiie s., modifié au xvie s. par le connétable Anne de Montmorency, qui fit en particulier construire, par son architecte J. Bullant, le beau *pont en pierre*, de 61 m. de long, à la place de l'anc. pont-levis, sur une tranchée de 20 m. de profondeur, isolant le château du reste de la colline. On remarquera outre l'entrée de ce pont, celle du château même et ses huit tours en ruine.

On quitte après Fère la vallée de l'Ourcq par une longue et profonde tranchée. — 116 kil. *Loupeigne*, dans un joli site. — 122 kil. *Mont-Notre-Dame*, dont l'église est un reste d'une belle collégiale des xiie et xiiie s. Il y a aussi un château du xviiie s. On traverse plus loin la Vesle et on rejoint à g. la ligne de Soissons. — 125 kil. *Bazoches*. A g., les restes d'un *château* des xiie et xiiie s.

130 kil. **Fismes** (hôt.-café de la Gare), à dr., sur la Vesle, ville de 3355 hab., le «Fines Suessionum» des Romains. Elle a conservé en partie ses remparts. On y fabrique une liqueur, dite *vin de Fismes*, qui sert à colorer les vins de Champagne. — 136 kil. *Breuil-Romain*. — 140 kil. *Jonchery-sur-Vesle*. — 148 kil. *Muizon*. Puis la halte de *St-Brice-Courcelles* et, à dr., la ligne d'Epernay.

156 kil. **Reims** (bon buffet). Description, v. p. 44.

B. Par Soissons.

160 kil. Chemin de fer du Nord (gare, plan de Paris, p. 1, B C 23-24). Trajet en 2 h. 25 à 4 h. 50. Prix comme par l'autre ligne. — Voir aussi la carte, p. 3.

Jusqu'à *Soissons* (105 kil.), v. p. 22-25. On laisse ensuite à g. la ligne de Laon et remonte la vallée de l'Aisne. — 111 kil. *Vénizel*. —

116 kil. *Ciry-Sermoise*. Puis on gagne la vallée de la *Vesle*, affluent de l'Aisne, qu'on remonte jusqu'à Reims.

122 kil. *Braisne*, bourg de 1540 hab. à 1 kil. au N.-O., avec des sources minérales et une sucrerie. Les rois Mérovingiens y avaient une résidence. Elle possède une *église, St-Yved, du style goth. primitif (XIIe s.), anc. abbatiale dans le genre des églises Notre-Dame de Laon et de Trèves, qui n'est malheureusement plus entière, son portail (tympan, v. p. 27) et une partie de la nef ayant été détruits.

129 kil. *Bazoches*, où l'on rejoint la ligne précédente (p. 36), à 31 kil. de *Reims* (p. 44).

C. Par Meaux et Epernay.

172 kil. Chemin de fer de l'Est comme à la première de ces lignes. Trajet en 8 h. 15 à 4 h. 40. Prix comme aux autres lignes. Carte, p. 8.

Jusqu'à *Trilport* (51 kil.), v. p. 32-35. Ensuite un tunnel de 672 m. — 58 kil. *Changis*.

66 kil. **La Ferté-sous-Jouarre** (*hôt. de l'Epee*), anc. *Condé* (= confluent), ville de 4822 hab., dans un joli site, sur la Marne, à son confluent avec le *Petit-Morin*, et renommée pour ses pierres meulières et ses meules. *Hôtel de ville* moderne, style Renaissance, avec peintures par Gervex et M. Bourgeois. La Ferté-s.-J. est la patrie d'Ant. de Bourbon (1518-1562), père de Henri IV.

Voit. publ. pour **Jouarre** *(hôtels)*, à 3 kil. au S., bourg antique (gaul. *Divodurus* «forteresse divine», d'où *Jodrus*), célèbre au moyen âge par son abbaye, fondée au commencement du VIIe s. par St Adon et Ste Bathilde (m. 680), et remplacée ensuite par un couvent de bénédictines dont il reste une tour du XIIIe s. L'*église* est du XVe s. Derrière se trouve la *crypte* de l'église primitive, qui a des colonnes mérovingiennes en marbre et renferme des sarcophages de diverses époques.

De la Ferté-sous-Jouarre a Montmirail: 45 kil., chemin de fer d'intérêt local, en partie par la vallée intéressante du *Petit-Morin*. — 10 kil. (5e st.) *St-Cyr-s.-Morin*. 1294 hab. — *Montmirail*, v. p. 38.

La vallée de la Marne est riche et bien cultivée, les collines sont boisées ou couvertes de vignes. Deux ponts, un tunnel de 945 m. et un autre pont. On longe ensuite souvent la rive g. — 74 kil. *Nanteuil-Saacy*. — 84 kil. *Nogent-l'Artaud*, et encore un tunnel. — 89 kil. *Chézy-s.-Marne*. A g., la ligne de Château-Thierry à la Ferté-Milon (p. 38).

95 kil. **Château-Thierry** (*buffet-hôtel*; *H. de l'Eléphant*, à g. au delà du pont de la Marne; *H. d'Angleterre*, en deçà), jolie ville de 7083 hab. et chef-lieu d'arr. de l'Aisne, à env. 1 kil., sur la rive dr. de la Marne. Un combat acharné s'y livra en 1814.

On prend en face l'avenue de la gare, puis tourne à g. par l'avenue de la République et ensuite à dr. pour franchir deux ponts (le second, sur la Marne, de 1768).

A l'entrée de la ville, à dr., la *statue de La Fontaine* (1621-1695), le fabuliste, originaire de Château-Thierry, œuvre médiocre de Laitié. Plus loin, la *tour du beffroi*, du XVIe s., et la place de l'Hôtel-de-Ville, où s'élèvent l'*hôtel de ville*, jolie construction neuve, et le *théâtre*;

à g. de l'hôtel de ville on monte, par un escalier de 102 marches, aux ruines du *château*, dont l'entrée est du côté dr. Ce château passe pour avoir été bâti par Charles Martel pour le roi Thierry IV, en 720. Herbert II, comte de Vermandois, y enferma Charles le Simple en 927. Souvent assiégé et pris, en particulier par les Anglais en 1421, Charles-Quint en 1544 et le duc de Mayenne en 1591, il est auj. à peu près complètement détruit, excepté son enceinte, et le plateau qu'il occupait a été transformé en promenade.

En sortant par une petite porte dans une tour de l'enceinte à l'opposé de l'entrée, on redescend du côté du collège. La *maison de La Fontaine*, où il naquit en 1621, est la maison voisine (au n° 12 de la rue qui porte son nom), avec une grille. Elle renferme la bibliothèque et un petit musée. La chambre où est né le fabuliste a conservé ses boiseries et sa cheminée. C'est dans l'ancien salon qu'est le musée, qui comprend surtout beaucoup de portraits du fabuliste. Le cabinet de travail a été en grande partie détruit pour l'alignement de la rue.

Plus bas est la Grande-Rue, avec (à dr.) l'*église*, du xve s., mais peu intéressante. Puis on se retrouve au bord de la Marne devant le *palais de justice*. C'est là que siège le *président Magnaud*, dont les arrêts équitables sont universellement connus. — Château-Thierry fabrique des instruments de précision et de musique à vent.

EMBRANCH. de 46 kil. de Château-Thierry à *la Ferté-Milon* (p. 35), par *Essommes* (2 kil.), qui a une église curieuse du xiiie s., *Château-Thierry-les-Chesneaux* (5 kil.), *Coincy* (20 kil., 5e st.), dont l'église a de belles sculptures du xvie s., et *Oulchy-Breny* (28 kil.), où l'on rejoint la ligne de Paris à Reims (p. 36).

De Château-Thierry à Romilly: 88 kil.; 2 h. 30 à 3 h.; 9 fr. 85, 6 fr. 65, 4 fr. 35. Cette ligne se détache de celle de Châlons seulement à la stat. suiv., *Mézy* (9 kil.). Ensuite elle remonte quelque temps les vallées du *Surmelin*. — 11 kil. *Crézancy*, où il y a une école pratique d'agriculture. — 17 kil. (4e st.) *Condé-en-Brie*. Ensuite la vallée de la *Dhuis*, une des rivières qui alimentent Paris, par un aqueduc de 131 kil. de long. — 24 kil. (6e st.) *Pargny-la-Dhuis*, d'où part cet aqueduc. — 35 kil. (9e st.) **Montmirail** (*hôt. du Vert-Galant*), ville de 2318 hab., sur une colline dominant la jolie vallée du *Petit-Morin*. Patrie du *cardinal de Retz* (1614-1679). Elle est connue par une victoire de Napoléon Ier sur les alliés le 11 févr. 1814, que rappelle une colonne à peu de distance à l'O. On en remarque surtout le *château*, au S.-O., reconstruit avec magnificence par Louvois (xviie s.) et qui a un vaste parc. Ligne de la Ferté-sous-Jouarre (p. 87). Sur la route de Châlons, à l'E., se trouvent *Vauchamp* (6 kil.), où Blücher fut battu le 14 févr. 1814, *Fromentières* (13 kil.), dont l'église possède un beau retable de la Renaissance, et *Champaubert* (18 kil.), connu aussi par une victoire de Napoléon sur les alliés, le 10 févr. 1814. — 55 kil. (14e st.) *Esternay*, sur la ligne de Paris à Vitry par Coulommiers (p. 82). — 72 kil. (18e st.) *Villenauxe*, vieux bourg de 2289 hab. — 82 kil. (21e st.) *Lurey-Conflans*. On traverse ensuite la *Seine* et rejoint la ligne de Paris à Troyes. — *Romilly*, v. p. 90.

Ensuite les vignobles de la Champagne. — 104 kil. *Mézy*, où s'embranche la ligne de Montmirail-Romilly (v. ci-dessus).

107 kil. *Varennes-Jaulgonne*. Beaucoup de cerisiers. — 117 kil. *Dormans*, ville de 2153 hab., où Henri de Guise, le Balafré, vainquit les Allemands alliés aux huguenots, en 1575, mais reçut la blessure

qui lui valut son surnom. — Un peu avant Port-à-Binson, à dr., *Troissy*, qui a une belle église du XVIe s. A g., l'anc. prieuré de *Binson* et le plateau de *Châtillon-sur-Marne*, où l'on a érigé en 1887 une statue colossale du pape Urbain II (1042-1099), né aux environs, par L. Roubaud. — 126 kil. *Port-à-Binson*. Avant la stat. suivante, à dr., le *château de Boursault*, moderne, du style de la Renaissance, à la duchesse d'Uzès. — 135 kil. *Damery-Boursault*.

142 kil. **Epernay**. — HÔTELS: *de l'Europe*, rue Porte-Lucas, près de la place du Marché; *de Paris*, place Auban-Moët, en deçà, du côté de la gare (7 fr. 50 par j.); *H.-rest. de la Gare*, place Thiers. — CAFÉS: *de Paris*, rue Porte-Lucas; *Sparnacien*, etc., place Thiers. — Bon *buffet* à la gare.

Epernay («Sparnacum») est une ville de 20 478 hab. et un chef-lieu d'arr. de la Marne, dans un joli site, sur la rive g. de la Marne, dont elle est séparée par le chemin de fer. C'est le centre du commerce de vin de Champagne. On estime à 5 millions le nombre de bouteilles de vin qui y sont entreposées annuellement, dont 800 000 provenant de sa côte, et il y aurait là un mouvement d'affaires de 17 millions 1/2 de francs.

L'avenue en face de la gare mène à la place Thiers (square), à g. de laquelle est le nouveau *théâtre*, inauguré en 1902, œuvre de l'architecte Loison; derrière, à dr., la nouvelle *église Notre-Dame* est en construction, dans le style ogival. Il faut prendre à cet endroit la rue du Collège pour aller à la *place Auban-Moët* (hôtels) et de là au centre de la ville. En continuant au contraire tout droit de la place Thiers par la rue Gambetta, on arrive à la *place de la République*, située entre la vieille ville, à dr., et le quartier neuf surnommé *faubourg de la Folie*, à cause de ses maisons luxueuses de négociants en vins. On en remarque particulièrement plusieurs dans le style de la Renaissance, de chaque côté de la rue du Commerce, qui le traverse: le n° 2, dans le bas; le 13, plus haut à g., dit le *château Perrier*, et le 20, à dr. Les caves à champagne, qu'on peut obtenir de visiter, sont à la fois curieuses par leurs dimensions, leur aménagement pour les nombreuses et délicates opérations qui doivent s'y faire et la quantité de bouteilles de vin qui s'y trouvent empilées. Les galeries des caves Mercier forment, dit-on, une longueur de plus de 15 kil.

Le *champagne*, dont on fait remonter l'invention au commencement du XVIIIe s., mousse parce qu'il contient, sous une pression de 4 à 5 atmosphères, de l'acide carbonique à l'état dissous, produit par la fermentation. Les meilleurs vins mousseux se fabriquent avec des moûts provenant d'un mélange en proportions variables de raisins rouges (Pinot rouge) et de raisins blancs. Les vins dits «de cuvée» proviennent des moûts des premières serres, c'est à dire de ceux qui s'écoulent les premiers du pressoir. Après «débombage», on additionne ces moûts de sucre pour en augmenter le degré alcoolique et on les laisse fermenter dans des barriques. Au bout de deux à trois mois, généralement à la fin de décembre, on procède à un premier soutirage qui sépare les grosses lies; puis, dans le cellier des assemblages, on pratique le «coupage»; on remonte en alcool, s'il y a lieu; enfin, après «tamisage», on colle le vin. Au printemps a lieu le «tirage», après une nouvelle addition de sucre; on met alors le vin en bouteilles. Les bouteilles d'un verre épais et d'un poids de 8 à 900 grammes, sont après «bouchage», «agrafage», «entreillage» descendues dans des caves à température constante (8 à 10 degrés) et laissées sur pointe. Le «dégorgeage» sépare ensuite les dépôts accumulés dans le col de chaque bouteille; on remplit le vide qui en résulte par une «sauce» dosée rigoureusement, faite avec du vin vieux, du sucre et du cognac. Pour obtenir que le sucre de la liqueur s'harmonise avec le bouquet du vin, on laisse encore les bouteilles au repos pendant quelques semaines au moins. Le champagne peut être ensuite livré au commerce.

A la suite de la place de la République (p. 39) se trouve le *Jard*, promenade décorée de deux fontaines, de statues et d'un kiosque pour la musique et au delà, le *palais de justice*, édifice moderne assez remarquable.

La rue de Châlons, à g. de la place de la République et à l'opposé de la rue du Commerce; puis la rue Notre-Dame, à g., mènent à la place de l'Hôtel-de-Ville, où l'on voit la vieille *église Notre-Dame*, rebâtie au XIXe s., dans le style classique, mais qui a conservé, au bras g. du transept, un joli portail de la Renaissance, assez dégradé. Elle n'a d'autre intérêt à l'intérieur que ses vitraux (du XVIe s.), dont le plus célèbre, à dr., près du chœur, représente Noé foulant le raisin et, au-dessous, Noé en état d'ivresse.

La rue en face du portail latéral aboutit à la place Auban-Moët (p. 39). La rue St-Thibault, de l'autre côté de la place de l'Hôtel-de-Ville, conduit vers un faub. où l'on voit de loin la belle *église St-Pierre-et-St-Paul*, du style byzantin, achevée en 1897.

La rue des Archers, à g., à l'extrémité de la rue St-Thibault, ramène au Jard, près du palais de justice (v. ci-dessus).

D'Epernay à *Châlons-sur-Marne*, *Nancy*, etc., v. R. 15, 16 et 26.

D'Epernay a Fère-Champenoise (Romilly): 41 kil.; 1 h. 15; 4 fr. 60, 3 fr. 10, 2 fr. 05. On continue de suivre la ligne de Strasbourg jusqu'à *Oiry-Mareuil* (7 kil.), puis on prend à dr., à travers une contrée uniforme. — 14 kil. **Avize**, petite ville de 2677 hab., dont le vin mousseux est renommé. — 23 kil. (4e st.) **Vertus**, ville ancienne de 3116 hab., qui fut chef-lieu de comté. Elle a aussi des vignobles importants. — 31 kil. *Oolligny*, dont l'église a un très beau retable du XVe s. — 41 kil. (7e st.) *Fère-Champenoise*, 2211 hab., sur la ligne de Paris à Vitry-le-François (p. 83) d'où se détache, 10 kil. plus loin à l'O., à Sézanne, un embranch. sur Romilly (p. 90).

L'embranch. de Reims longe à dr. le riche faub. de la Folie, quitte la ligne de Châlons-Nancy et tourne à g. — Halte de l'*Ile-Belon*. On traverse la Marne.

145 kil. **Ay** (ou *Aï; hôt. des Voyageurs*), à g., ville de 7052 hab., dont les environs produisent un excellent vin mousseux.

Puis on croise le canal latéral. — 149 kil. *Avenay*. Pays montueux et boisé, la *montagne de Reims*, composée des dernières hauteurs à l'E. du côté des plaines de la Champagne. — 157 kil. *Germaine*. Puis un tunnel de 3250 m., dans le *Mont-Joli* (274 m.), point culminant de la montagne de Reims, et sous les étangs de la forêt de Rilly. — 161 kil. *Rilly-la-Montagne*, qui produit aussi de bons vins. Sablières importantes pour la verrerie. Ensuite, à dr., Reims et une hauteur fortifiée. On traverse à la fin la Vesle et le canal de l'Aisne à la Marne. A g., les lignes réunies de la Ferté-Milon et de Soissons. — 172 kil. *Reims* (bon buffet; p. 44).

6. De Tergnier (Calais-Amiens) à Châlons-s.-M. (Bâle),
par Laon et Reims.

138 kil. Trajet en 2 h. 41 à 6 h. 12. Prix: 15 fr. 85, 10 fr. 55, 6 fr. 75. Première partie de cette grande ligne transversale de Calais (Londres) à Bâle (Suisse), v. le *Nord-Ouest de la France*, par Bædeker; suite, v. les renvois p. 43. — *De Tergnier à Laon:* 29 kil.; 29 à 47 min.; 3 fr. 25, 2 fr. 20, 1 fr. 40. — *De Laon à Reims:* 52 kil.; 45 min. à 1 h. 50; 5 fr. 80, 3 fr. 95, 2 fr. 55. — Wagons-lits, v. l'Indicateur, aux renseignements généraux, après la carte du réseau du Nord.

Tergnier, v. p. 15. Cette ligne prend la direction de l'E. et traverse les *canaux de Crozat* et de l'*Oise* et la rivière elle-même.

249 kil. **La Fère** (*hôt. de l'Europe*, rue de la République, 49), ville de 4982 hab. et petite place forte, sur l'Oise, qui fut prise par les Allemands en 1870. Elle a une école d'artillerie, fondée en 1719.

Après un petit jardin public, on entre en ville par la *porte Notre-Dame*, à double arcade, qui ouvre sur la rue de la République. Sur l'esplanade, où l'on arrive en tournant à dr. au bout de cette rue, se voient de belles casernes (XVIIIe s.) et la *justice de paix*, qui contient la *bibliothèque* et le *musée*.

Le MUSÉE *d'Aboville* comprend une galerie de peinture léguée à la ville par la comtesse d'Héricourt (1798-1875), petite-fille du comte d'Aboville. Il est public le dim. de 2 h. à 4 h. et visible les autres jours. En l'absence de la concierge, s'adresser dans la cour à la police. Catalogue, de 1887, 1 fr. Conservateur, M. Moisson.

Il y a 5 salles, au 2e étage, renfermant plus de 500 tableaux anciens, la plupart assez petits, de valeur secondaire, et bon nombre en assez mauvais état, en partie parce qu'ils ont été atteints par le bombardement du 25 nov. 1870. — SALLE A: de dr. à g., 294, *van Kessel*, paysage; 43, *S. Rosa*, Délivrance d'Andromède; 33, *Panini*, Ruines; 2, *le Guerchin*, Un berger; 18, *P. Véronèse*, Une martyre; 332, *J. Ruisdael*, paysage; 335, *S. Ruisdael*, les Patineurs; 36, *J. Romain*, Triomphe de Neptune; 3, *le Guerchin*, Enlèvement de Chloris; 285, *Hobbema*, paysage; 366, *A. Willaerts*, le Flûteur; 298, *Keerinckx*, Intérieur de forêt; 373, *T. Wyck*, la Rencontre; 289, *Hondekoeter*, Oiseaux et singes; 278, *Golizius*, Adam et Eve (sur bois); 238, *Berchem*, paysage; 195, *Snyders*, nature morte; 194, *van Schuppen*, portr. de famille; 286, *Hobbema*, paysage; — 265, *van Deelen*, Intérieur d'église; 339, *S. Ruisdael*, paysage; 353, *A. van Boom*, id.; 160, 158, *Huysmans*, id.; 281, *Backhuysen*, marine; 213, *Fr. Floris*, Hommage à Vénus et à Cupidon; 118, *van Artois*, paysage; 361, *Weenix*, le Repas à la ferme; 264, *van Deelen*, Intérieur de Palais; 277, *van Goyen*, paysage; 345, *van Steenwyck*, Intérieur d'église; 279, *Hackert*, paysage; 22, *le Guaspre*, paysage; 240, *van Bergen*, id.; — 159, *Huysmans*, paysage; 28, *Lippi*, Ste Famille (bois cintré); 278, *R. Griffier*, paysage; 126, *Brébar*, Cabaret flamand (1782); 330, *J. Ruisdael*, paysage; 170, *Michau*, id.; 127, *Brébar*, Musiciens ambulants; 374, *Wynants*, paysage; 147, *G. van Eyck*, marine; 402, *J. Callot*, portr. du duc d'Albe (?); 337, *S. Ruisdael*, paysage; 307, *Mommers*, id.; 181, 182, *P. Brueghel*, paysages (sur cuiv.); 249, *van Brekelenkamp*, l'Ecole de village; 255, *M. Carré*, Marche d'animaux; 143, *F. du Châtel*, Intérieur de corps de garde; 371, *Wouverman*, Arrivée à l'hôtellerie; 123, *Bout et Boudewyns*, paysage; 318, *van Oosterwyk*, Fleurs, insectes et reptiles; 346, *Palamède Stevens*, Combat de cavalerie; 119, *van Bloemen*, la Cantine; 214 (en haut), *Fr. Floris*, les Vierges sages et les vierges folles; 144, *G. de Crayer*, la Rencontre; 141, *P. Bril*, paysage; — 325, *Rombouts*, Entrée de forêt; 309, *Moucheron*, paysage; 14, *J. Campi*, la Cène (1565); 241, *van Bergen*, paysage; 506, 508, 509, *inc.*, triptyques (sur bois); 191, *Rysbrack*, paysage;

168, *Huysmans*, paysage; 45, *S. Rosa*, id. — SALLE B : 120, *J. F. van Bloemen*, le Coup de vent; 421, *Jeaurat*, le Repas champêtre; 97, *Keert*, paysage; 813, *van der Neer*, id.; 181, *Ommegank*, id.; — 355, *Verschuring*, Attaque de voleurs; 897, *Bruandet*, paysage; 475, *Vien*, St Jérôme; — 400, *van der Burch* (1761-1808), paysage; 395, *Fr. Boucher*, les Bulles de savon; 442, *Mellier*, Adoration des bergers (1758); 4, *Battoni*, St François d'Assise; 418, *Hue*, paysage; 290, *G. de Honthorst*, le Sommeil de l'enfant Jésus; 477, *Ant. Watteau*, portr. de M. de la Roque; 425, *Lacroix*, marine (1761); 486, *Lenain*, Marché aux volailles; 88, *Ribera*, Moine en extase; 451, *Patel*, paysage; 447, *Oudry*, nature morte; 423, *Jouvenet*, la Cène; — 296, *Klomp*, Repos d'animaux; 28, *le Guaspre*, paysage. — SALLE C : 82, *P. Mola*, Ste Famille; 188, *G. van Roeme*, Attaque de brigands; 208, *A. van Utrecht*, la Marchande de légumes; 872, *P. Wouverman*, le Repos de la chasse; 252, *van der Cabel*, paysage; 211, *Vinckeboons*, id.; — 140, *P. Bril*, l'Ermitage; 870, *Ph. Wouverman*, le Renseignement; 50, *éc. ital.*, Adoration des mages (sur bois); 253, *Mich. Carré* (1666-1728), paysage; 178, *Fr. Millet*, l'Offrande à Diane; — 457, *H. Robert*, la Grotte du Pausilippe; 812, *van der Neer*, Clair de lune; 287, *Hobbema*, paysage; 852, *van de Velde*, Animaux au repos; 412, *Cl. Gelée*, Vue des bords du Tibre; 317, *Is. van Ostade*, la Halle; 478, *Ant. Watteau*, Retour de campagne; 99, *J. H. Roos* (1631-1685), paysage; 407, *Drouais*, Soldat romain blessé; — 295, *Klomp*, Repos d'animaux; 298, *Bamboche*, le Roi de la fève; 155, *Gillemans*, Vertumne et Pomone; 193, *M. Schoevardts*, paysage; 844, *van Steenwyck le V.*, Délivrance de St Pierre (sur bois); 185, *Ambr. Brueghel*, fruits; 216, *G. Zeghers*, Repos de la Ste Famille. — SALLE D : 210, *J. Vinck* (1544-1608), paysage; 137, *P. Bril*, la Multiplication des pains; 286, *Berchem*, paysage; — 246, 244, *A. et J. Both*, id.; 289, *van Bergen*, id.; 368, *E. de Witt*, Intérieur d'église; 864, *Visscher*, la Faiseuse de koucks; 314, *Netscher*, Scène d'intérieur; 854, *Verkolie*, id.; *476, *Ant. Watteau*, le Duo; 212, *M. de Vos*, Pan et Syrinx; 386, *S. Ruisdael*, paysage (1664); 17, *A. Carrache*, la Charité; 245, *A. et J. Both*, paysage; 288, *Hobbema*, id.; — 60, 61, *éc. ital.*, l'Annonciation, la Nativité (sur bois); 250, *Brekelenkamp*, Intérieur hollandais; 404, *N. Coypel*, Scène mythologique; 272, *Goltzius*, triptyque (sur bois); — 242, *G. Berkheyden*, une Ville de Hollande; 367, *M. Withoos*, nature morte; 186, *Breydel*, paysage; 115, *van Balen*, l'Enfant prodigue; 434, *Mme Vigée-Lebrun*, portr. de Mme Adélaïde (1791); 328, *J. Ruisdael*, paysage; 315, *Ommegank*, id.; 365, *van der Werff*, Scène d'intérieur; 201, *D. Teniers*, id.; 351, *G. Terburg*, id.; 134, *Brueghel de Velours*, le Passage du gué; 444, *G. Michel*, paysage; 823, *van Ravestein*, portr. de femme; 841, *van Schoorl*, la Madeleine (sur bois); 6, *Bellini*, Mariage mystique de Ste Catherine; 21, *Dossi*, Adoration des mages; — 199, *Stuerbout le V.* (1391-1475), la Flagellation (sur bois); 103, *Wohlgemuth*, Descente de croix; 80, *Moralès*, Ecce homo; 41, *Parmigiano le J.*, Mariage mystique de Ste Catherine; 87, *Raibolini*, Ste Famille; 85, *Penni*, la Charité. — SALLE E : 283, *van Heemskerk*, la Lecture; 300, *Lucas de Leyde*, le Christ crucifié. — Antiquités diverses.

Au delà de la rue par laquelle on est venu à l'esplanade, se trouve l'*église St-Montain*, du xve s., à cinq nefs, qui renferme en haut du bas côté dr. le petit monument de Marie de Luxembourg (m. 1546).

254 kil. **Versigny**. Embranch. de 22 kil. sur *Dercy-Mortiers* (p. 55), par la vallée de la Serre et Pouilly-sur-Serre (p. 44). — *Fourdrain*. — 261 kil. *Crépy-Couvron*. — *Besny*. Laon se montre de loin à dr. Du même côté, la ligne de Soissons.

271 kil. **Laon** (*buffet-hôtel*; p. 28). Ensuite on laisse à g. les lignes d'Hirson et de Mézières-Charleville. — 283 kil. *Coucy-les-Eppes*. — 290 kil. *St-Erme*. — 296 kil. *Amifontaine*. — 302 kil. *Guignicourt* (Aisne). On traverse l'*Aisne*, son canal latéral et la

Suippe. — 312 kil. *Loivre.* Puis, à dr., le canal de l'Aisne à la Marne. — 315 kil. *Courcy-Brimont.*

323 kil. **Reims** (p. 44). Les trains de la correspondance directe pour la Suisse n'entrent pas en gare de Reims; on y change de voiture pour cette ville à une halte spéciale, dite de *Bétheny.*

Suite du trajet, de Reims à *St-Hilaire-au-Temple* (40 kil.) et de là à **Châlons-sur-Marne** (17 kil.), v. p. 80 et 78. — De Châlons à *Chaumont, Langres* et *Belfort,* v. p. 73, 130-132, 97-101 et R. 41; à *Nancy,* R. 16 et 26.

7. De Valenciennes (Lille) à Laon, par Guise.
(Paris. Reims.)

128 kil. Trajet en 3 h. 31 à 5 h. 46. Prix: envir. 14 fr. 85, 9 fr. 70, 6 fr. 85. Cette ligne établit une autre correspondance entre le réseau du Nord du côté de *Lille,* et celui de l'Est, vers *Reims,* et il y a par là un service d'express, avec 2 cl., entre *Valenciennes* et *Paris.*

Pour *Valenciennes* et les détails sur la première partie de la route, par *Solesmes* (26 kil.), v. le *Nord-Ouest de la France,* par Bædeker.

38 kil. **Le Cateau** (p. 19). L'express va d'ici directement, par *St-Souplet* (4 kil.), à *Wassigny* (11 kil.), sur la ligne de Busigny à Hirson, tandis que les trains omnibus y vont par *Busigny* (10 kil.; v. p. 19) et cette ligne (p. 19). On l'y laisse ensuite à g. et tourne au S., par la *forêt d'Andigny.* — 65 kil. *Mennevret.* — 67 kil. *Petit-Verly.* — 70 kil. *Tupigny.* On traverse le *canal de la Sambre à l'Oise.* — 73 kil. *Grand-Verly-Vadencourt.* — 75 kil. *Lesquielles,* où l'on traverse l'*Oise* et rejoint la ligne de St-Quentin.

78 kil. **Guise** *(buffet-hôtel; hôt. de la Couronne),* ville industrielle de 7310 hab., que domine un anc. *château,* en partie du xvie s., occupé auj. par une petite garnison d'infanterie. Ce château a joué un rôle important dans l'histoire de la région, car il a été assiégé une douzaine de fois, du commencement du xive s. au milieu du xviie, et il n'a été pris que trois fois, dont une par les Espagnols, qui l'assiégèrent cinq fois.

Guise est connue par son *familistère,* grand établissement industriel doublé d'un phalanstère, rue de Cambrai, non loin de la gare. Il a été fondé vers 1850 par *J.-B.* Godin (m. 1888), d'après le système de Fourier (1772-1837). Env. 1200 personnes y sont logées dans une maison commune, où tous les logements donnent sur des cours vitrées. Des écoles, des asiles, des lavoirs, des bains, des boulangeries, des boucheries, des épiceries coopératives, une bibliothèque, un cercle, un théâtre, etc., complètent cet établissement modèle. L'usine, qui a une succursale à Laeken-lès-Bruxelles, fabrique surtout des appareils de chauffage en fonte, et le fondateur, après avoir associé ses ouvriers aux bénéfices de sa fabrication, la leur a cédée. On lui a érigé, devant le familistère, une statue par Tony Noël. — Guise est la patrie de *Camille Desmoulins* (1762-1794), le conventionnel, qui a aussi une statue, sur la place d'Armes, en bronze, par Doublemard. — L'*église*, du XVIe s., a comme curiosités un retable représentant le martyre de St Quentin et des boiseries du XVIIIe s.

Lignes de *St-Quentin* et de *Bohain*, v. p. 18. Autre ligne en construction sur Hirson (p. 56).

80 kil. *Faubourg de Guise.* — 83 kil. *Flavigny-le-Grand*, où on quitte la vallée de l'Oise, pour tourner de nouveau au S. — 87 kil. *Puisieux.* — 90 kil. *Sains-Richaumont*, bourg industriel de 1901 hab., avec des filatures et un tissage de laine. — 94 kil. *La Hérie-la-Viéville.* On descend ensuite le vallon du Péron. — 96 kil. *Faucouzy-Monceau.* — 99 kil. *Monceau.* — 103 kil. *Chevresis-Monceau.* — 105 kil. *La Ferté-Chevresis*, où aboutit une ligne venant de *Ribemont* (p. 18). — 109 kil. *Mesbrecourt*, où on traverse la *Serre*, affluent de l'Oise. — 113 kil. *Pouilly-sur-Serre*, où l'on croise la ligne de Versigny (la Fère) à Dercy-Mortiers (p. 42). — 117 kil. *Chéry-lès-Pouilly.* — 122 kil. *Aulnois-sous-Laon*, qui a des ruines d'un château du XIIIe s. Au loin, Laon, sur sa hauteur.

128 kil. *Laon* (p. 28). — Suite du trajet vers *Reims*, v. p. 42-43.

8. Reims.

Arrivée. Lignes de *Paris*, v. R. 5; de *Tergnier-Laon*, R. 6; de *Mézières-Charleville*, R. 9; de *Sedan-Luxembourg*, R. 9, 28 et 30; de *Verdun*, R. 16.

Hôtels: **Gr.-H. du Lion-d'Or* (pl. b, C4), en face de la cathédrale, confortable, chauffage central (60 ch. dep. 5 fr. 50 t. c., 1er dé. 1.50, 2e dé. à la carte, df. 5, p. dep. 12, om. 75 c.); **Grand-Hôtel* (pl. a, C4), près de la cathédrale (64 ch. de 3 à 6 fr., rep. 1.50, 3.50 et 4, om. 50 c. à 1 fr.); *H. du Commerce* (pl. d, C3-4), à g. de la cathédrale, bon (30 ch. à 3 fr., rep. 1, 3 et 3.50, om. 50 c.); *du Nord* (pl. f, B3), place Drouet-d'Erlon, 75, bon (60 ch. dep. 3 fr., 1er dé. 1, dé. ou df. 3, p. 10 à 12, om. 1 fr.); *H. de l'Europe*, rue Buirette, 29 (pl. e, B 3-4), voyag. de comm. (60 ch. à 2 fr., 1er dé. 1, dé. ou df. 2 fr. 50, p. 6.50, om. 50 c.); *Berger*, place Drouet-d'Erlon, 81, près de la gare (ch. dep. 2 fr., dé. 2.50, df. 2.75); *H. de Champagne*, boul. de la République, 43, le plus rapproché, à dr. avant la place Drouet-d'Erlon. — *Pension de famille*, maison Jehanne-d'Arc, rue de Talleyrand, 49 (8 fr. par jour).

Cafés: *de la Douane*, place Royale; *de la Banque*, place de l'Hôtel-de-Ville; *du Palais*, rue de Vesle, en face du théâtre, avec restaur.; *Courtois*, rue de Talleyrand, 24, beau local; — *café-concert du Casino*, rue de l'Etape, 20. — *Brasserie de Strasbourg*, même rue, 18 (dé. 2 fr. 50). — RESTAURANTS: *Restaurant-hôtel de la Place-Royale*, rue du Cloître, 9, derrière la cathédrale; *Taverne Flamande*, rue de l'Etape, 37 (dé. 2 fr. 25, df. 2.50). — Bon *buffet* à la gare.

Voitures de place: course, de 6 h. du m. en été ou 7 h. en hiver à 10 h. du soir, à 2 places, 1 fr.; à 3 ou 4 pl., 1.25; à 2 chev. et 4 pl., 1.40; la nuit, 1.40, 1.75 et 1.90; — heure, de jour, 2.25, 2.50 et 3 fr.; de nuit, 3 et 3.25. Chaque colis, 20 c.

Tramways électriques (v. le plan): 1, du *faubourg de Paris* (pl. A5) au *faubourg Cérès* (cimetière de l'Est, v. pl. E2), guidon blanc; 2, du *faubourg de Laon* (pl. AB 1-2) au pont *Huon* (pl. E 7), guidon rouge; 3, de la *gare* (pl. B 3) à *Fléchambault* (pl. C 6), par les rues Chanzy et Gambetta, guidon jaune; 4, du *faubourg de Clairmarais* (pl. A 2-3) à la *rue de Cernay* (pl. E 3), par la gare et la rue Cérès, guidon blanc-rouge; 5, des *casernes de Neufchâtel* (v. pl.

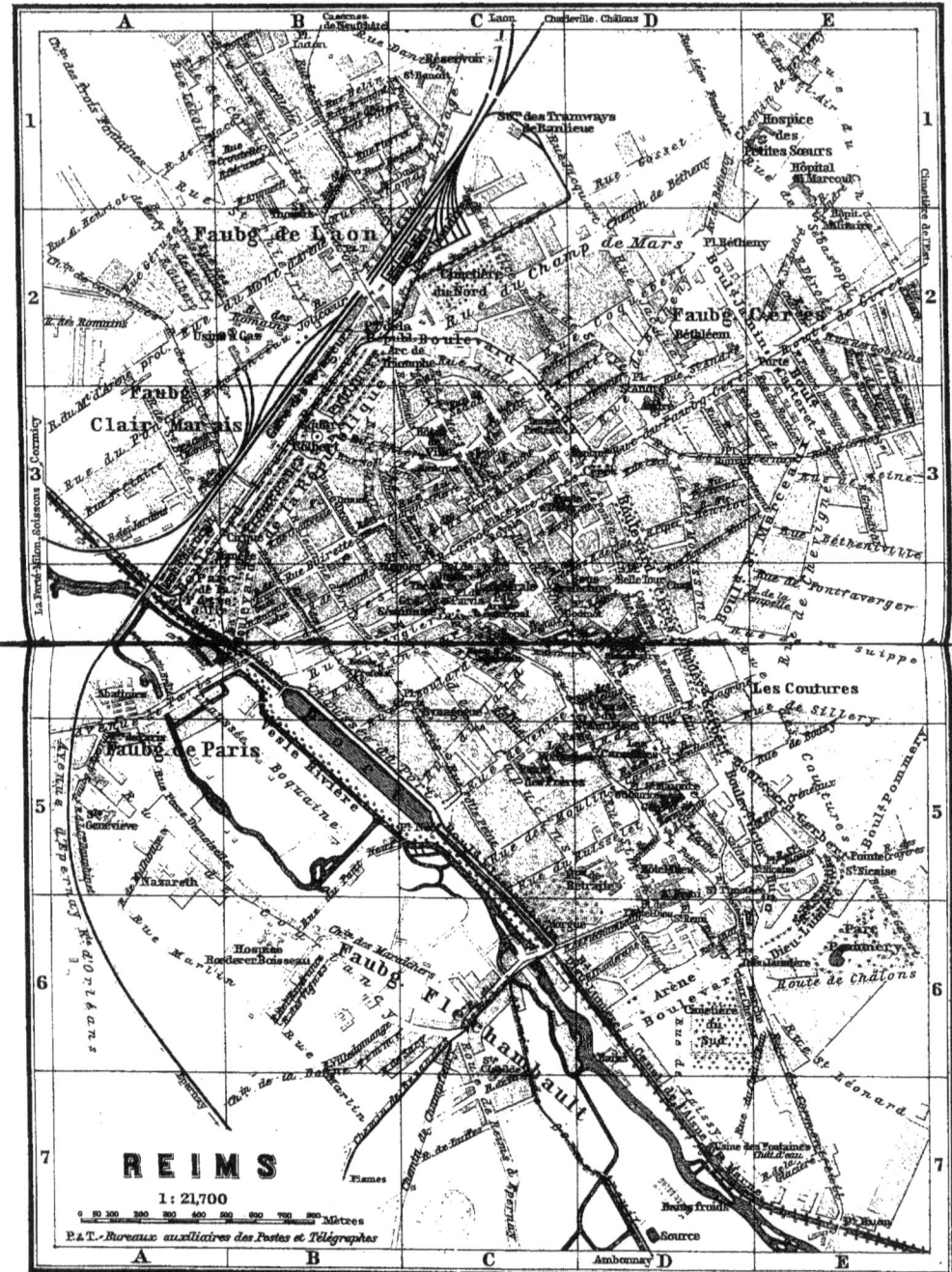

B1) au *pont Neuf* (pl. C5), par la gare, le cirque et la rue Chabaud, guidon bleu et blanc. — Prix, 10 c. partout avec correspondance gratuite en 2ᵉ cl., 15 c. en 1ʳᵉ. Arrêts aux poteaux peints en blanc.

Poste et télégraphe (pl. C3), rue Cérès, 30. Bureaux auxiliaires («P. & T.» sur le pl.): rue Gambetta, 64 (pl. D5), avenue de Laon, 10 (pl. B2), et rue de Vesle, 151 (pl. B4).

BAINS: *B. de Santé*, *B. Neptune*, place Drouet-d'Erlon, 52 et 59.

LIBRAIRIES: *Matot-Braine*, rue du Cadran-St-Pierre, 6; *Michaud*, même rue, 19. — PHOTOGRAPHIES: *Trompette*, en face de la cathédrale.

BANQUES: *B. de France* (pl. C3), place de l'Hôtel-de-Ville, 1; *Crédit Lyonnais*, rue Carnot, 25; *Comptoir d'escompte*, rue Carnot, 14.

Temple protestant (pl. C3), boulevard Lundy, 10; service à 10 h.

PRINCIPALES CURIOSITÉS: la *cathédrale* (p. 46), *St-Remi* (p. 50) et l'*hôtel de ville*, avec son *musée de peinture* (p. 48 et 49).

Reims, chef-lieu d'arr. de la Marne, est une belle ville de 108 385 hab., située sur la rive dr. de la *Vesle*, dans une plaine entourée de collines couvertes de vignes. Elle est très industrielle, se livrant à la préparation des vins de Champagne et possédant de grandes manufactures de tissus de laine, surtout de flanelles et de mérinos. Elle possède un archevêché, une école pratique du commerce et de l'industrie, une école régionale des arts industriels et une école de médecine.

Antique *Durocortorum*, capitale des *Remi* «les chefs», ce fut une des villes les plus florissantes de la Gaule sous la domination romaine. L'évangile y fut prêché au milieu du IVᵉ s. et le consul *Jovin* (v. p. 51) fut un des premiers à se convertir à la foi nouvelle. Après avoir beaucoup souffert des Vandales et des Huns, Reims devint un centre religieux très important; Clovis y fut baptisé en 496 par St Remi; le pape Étienne IV vint y couronner Louis le Débonnaire en 816; des conciles s'y tinrent en 1049, 1119, 1131 et 1148. Depuis le commencement de la dynastie capétienne, tous les souverains furent couronnés à Reims, sauf Hugues Capet, couronné à Noyon (p. 12), Henri IV, à Chartres, Napoléon Iᵉʳ à Paris, et Louis XVIII, Louis-Philippe et Napoléon III, qui ne l'ont pas été du tout. Le sacre le plus fameux est celui de Charles VII, qui eut lieu grâce à l'énergie de Jeanne d'Arc, le 17 juillet 1429.

En face de la gare, dans un square, la *statue de Colbert* (pl. B3), ministre de Louis XIV (1619-1683), en bronze, par Guillaume. Colbert naquit à Reims dans la maison qui est aujourd'hui le n° 13 de la rue Cérès. La rue Thiers, à g., mène à l'hôtel de ville (p. 48). Prendre à dr. par une longue place en partie bordée d'arcades, où s'élève la *statue du maréchal Drouet-d'Erlon* (1765-1834; pl. B3), aussi de Reims, statue colossale en bronze par L. Rochet.

Plus loin à g. est l'*église St-Jacques* (pl. B C4), des XIIIᵉ, XVIᵉ et XVIIIᵉ s. Elle n'est pas dégagée et elle est de peu d'apparence à l'extérieur, où l'on remarque seulement la tour du transept, mais l'intérieur mérite une visite. Il y a à l'entrée du chœur un crucifix de la fin de la Renaissance, par *Pierre Jacques*, de Reims; dans le bras dr. du transept, un grand tableau attribué au Guide, la Trinité; sur les côtés du maître-autel, deux tables-crédences du temps de Louis XVI et aux fenêtres des vitraux modernes.

Tourner ensuite à g. dans la rue de Vesle, une des principales de la ville, où sont le *théâtre* et le *palais de justice* et dans la direction de laquelle on voit la statue de Louis XV (p. 48). La rue à dr., entre les deux bâtiments, mène au parvis de la cathédrale.

— Devant cet édifice, qui l'écrase de sa masse imposante, s'élève depuis 1896 une petite *statue équestre de Jeanne d'Arc*, en bronze, par P. Dubois.

La ***cathédrale ou *Notre-Dame* de Reims (pl. C 4), son principal édifice, est un des ouvrages les plus nobles et les plus riches de la première période de l'architecture goth., la troisième bâtie à cet endroit. Elle a été fondée en 1212 et achevée au XIV° s. Sa superbe *façade* a trois beaux portails rentrants, ornés d'environ 530 statues, plus ou moins mutilées ou endommagées par le temps.

Chose assez rare, les tympans des portails ont des fenêtres ornées de vitraux, mais les côtés et les voussures ainsi que les frontons sont très richement décorés de sculptures. Principales sculptures du portail du milieu: des deux côtés et au fronton, scènes de la vie de la Vierge; dans la voussure, les Anges, les Ancêtres de la Vierge, les Martyrs, les Confesseurs et les Vierges; aux chambranles, les Mois et les Saisons, etc. — Portail de g.: des deux côtés, les Saints fondateurs de l'église de Reims, les Anges gardiens, les Sciences, les Arts; au linteau, la Conversion de St Paul; au fronton, dans la voussure et dans l'arcade voisine, des scènes de la Passion de J.-C. et l'Invention de la Ste-Croix. — Portail de dr.: sur les côtés, les Patriarches, les Apôtres, des Anges, les Vices, les Vertus; au linteau, l'Histoire de St Paul; au fronton, dans la voussure et dans l'arcade voisine, la Fin du monde, d'après l'Apocalypse.

La grande *rose, entre les tours, a plus de 12 m. de diamètre. Elle est encadrée par une arcade en ogive et flanquée de deux grandes fenêtres géminées; à la base des tours, des clochetons avec niches où sont représentés: à g., J.-C. bénissant et St Jean; à dr., la Vierge et St Pierre; puis, au même étage, les autres apôtres, David, Saül, l'Histoire de David et de Salomon, David et Goliath. Au-dessus, sur toute la largeur de la façade, une série de niches avec 42 statues colossales représentant le baptême de Clovis, au milieu, et des rois de France, sur les côtés. Les deux magnifiques *tours de cette façade, d'une légèreté incroyable, percées de grandes fenêtres et flanquées de tourelles aériennes, ont 81 m. 50 de hauteur. Leurs flèches ont été détruites en 1481 par un incendie, qui en a également consumé cinq au transept. Il en reste encore une de 18 m. de haut sur le chevet, avec huit statues colossales. La tour S. est en restauration.

Le *portail latéral du Nord* est aussi fort remarquable. Il est décoré de statues d'évêques de Reims, de Clovis, etc.; de scènes de la vie de St Remi, dans la voussure, et de statues de papes, de patriarches, de docteurs et d'évêques, aux cordons de la voussure. Il y a sur le côté une seconde porte bouchée, dont on admire le tympan, représentant le Jugement dernier, et surtout le Christ bénissant ou Beau-Dieu, chef-d'œuvre de l'époque ogivale primitive. — Le bras S. du transept est masqué par l'archevêché, et il n'y a pas de portail.

— On remarquera encore les statues des niches couronnant les contreforts et la belle galerie à jour à la naissance du toit. La décoration de la cathédrale comprend, dit-on, 2500 statues.

L'INTÉRIEUR, en forme de croix nefs, à 138 m. 70 de long, 30 m. 10 de large et 38 m. de haut. Le transept, qui n'a que 49 m. 50 de long, a aussi trois nefs. Il est plus rapproché du chevet que dans la plupart des autres églises du moyen âge, ce qui fait qu'on a agrandi le chœur aux dépens de la croisée et même de la grande nef (2 travées). Pour le reste, l'intérieur est plus simple que l'extérieur, excepté les *bordures des portes*, qui sont décorées de 122 magnifiques statues dans des niches. Celles de la grande porte représentent le martyre de St Nicaise, 1er archevêque de Reims, décapité par les Vandales en 407. La plupart des fenêtres ont de beaux *vitraux* du XIIIe s. — Il faut mentionner ensuite une très riche collection de tapisseries et divers tableaux, dans la nef et dans le transept. *Tapisseries*, qui ne sont pas toutes exposées: 14 dites de Lenoncourt, d'après le donateur (1530), et représentant les événements principaux de la vie de la Vierge; 2 dites du «fort roi Clovis», données en 1578, mais plus anciennes; 15 dites de Pepersack (seulement 2 exposées), du XVIIe s., et moins remarquables, et 2 gobelins du XIXe s. d'après Raphaël, St Paul à Lystre et à l'Aréopage, dans les bras du transept. — *Tableaux*: dans le bras dr. du transept, la Nativité de J.-C., par *le Tintoret*; l'entrée du cardinal Langénieux à Jérusalem le 15 mai 1893, par *James Tissot*; Ste Anne instruisant la Vierge, par *Hélart*; J.-C. apparaissant à la Madeleine, par *le Titien*; St Paul dans le désert, par *Destouches*; Jésus bénissant les enfants, par un inconnu; la Manne au désert, par *Poussin*; dans la chap. voisine, où il y a aussi un retable du XVIe s., par *P. Jacques* (p. 45) et un Christ du XVe s., la Conversion de St Paul, par *Hélart*; — dans le bras g., la Délivrance de St Pierre, par *Hélart*, le Pape Nicolas V visitant le corps de St François d'Assise, par le même, d'après *Lahire*, et le Baptême de Clovis, par *Ab. de Pujol*; un Lavement de pieds, par *Bertin*; les Disciples d'Emmaüs, par *Bonnette*, de Reims; le Baptême de J.-C., par *Hélart*; un grand Lavement de pieds, par *Jér. Muttano*; Jésus et la Samaritaine, par *O. Venius*, et un Christ par *Germain*, de Reims. — L'*horloge* à figures mobiles, à côté de ces derniers tableaux, est du XVIe s.

Le *trésor* se visite avec une carte qu'il faut prendre à la «sacristie des chaises», dans le bras g. du transept (50 c.), les jours ordin. de 9 h. à midi et de 2 à 5, les dim. et fêtes de 1 h. 1/2 à 2 h. 1/2. Il renferme de précieux ouvrages d'orfèvrerie, entre autres des reliquaires, un calice et des ostensoirs des XIIe-XIVe s., le reliquaire de la Ste-Ampoule (v. ci-dessous), fait pour le sacre de Charles X et qui contient un fragment de ce vase, détruit à la Révolution; d'autres vases, des croix, des ivoires, un «vaisseau de Ste Ursule» du XVe s. et des ornements ayant servi aux sacres de divers rois, etc.

C'est dans cette cathédrale que les archevêques de Reims, en leur qualité de métropolitains du royaume, couronnaient les rois de France (v. p. 45). On choisit probablement Reims pour la solennité parce qu'elle possédait la Ste-Ampoule, qu'un ange était censé avoir apportée du ciel au baptême de Clovis par St Remi en 496.

On peut monter sur la cathédrale et aux *tours*, avec une carte qui se délivre aussi, moyennant 1 fr., à la sacristie des chaises.

Le **palais archiépiscopal** (pl. C 4), situé à dr. de la cathédrale, date des XVe-XVIIe s. On y peut visiter, en s'adressant au concierge, l'appartement qui était occupé par les rois à leur sacre. Il n'y a guère de curieux que la grande salle où se donnait le festin royal et la chapelle. — La *grande salle*, où l'on monte par un perron au fond de la cour, est de la fin du XVe s., avec voûte goth. en bois, cheminée du même style et portraits modernes de 14 rois sacrés à Reims. — La *chapelle* est du XIIIe s., à deux étages. On remarque dans le vestibule quatre belles tapisseries du XVIe s. A l'autel, le modèle du monument d'Urbain II mentionné p. 39.

Derrière le palais archiépiscopal, par la rue de l'Université, en passant devant la *sous-préfecture*, on va à la *place Godinot* (pl. D 4), décorée d'une fontaine élevée en 1843 à la mémoire du chanoine de ce nom (1661-1749).

Une petite rue à g. du chevet de la cathédrale conduit à la *place Royale* (pl. C 3), d'une architecture uniforme, d'après Soufflot. Elle est décorée d'une *statue de Louis XV,* «le meilleur des rois», en bronze, refaite en 1818 par Cartellier, l'original, par Pigalle, ayant été détruit à la Révolution. Les statues placées au pied, la Douceur du gouvernement et la Félicité des peuples, sont encore de Pigalle.

La grande rue Royale, au N., mène à la *place des Marchés* (pl. C 3), où était le forum de l'antiquité et où l'on remarque, n° 9, la *maison Callou* (Roy), à g., avec façade en bois du xve s. Dans une petite rue à dr. de cette place, la rue de Tambour, n°s 18 et 20, la *maison des Musiciens,* de la fin du xiiie s., la plus curieuse des vieilles maisons de Reims, à cinq niches décorées de figures de musiciens assis. A citer aussi, au n° 1 de la rue du Marc, qui est parallèle à la précédente, au coin de la rue Pluche, la *maison Couvert-Belleau,* de la Renaissance, dont les façades intérieures ont grand style. Jolis médaillons et bas-reliefs. Beaux plafonds à poutres sculptées et cheminée Louis XII à l'intérieur. L'*hôtel de Nicolas Le Vergeur,* dans la même rue, du xvie s., a une cour charmante. A noter encore l'*hôtel de La Salle,* rue de l'Arbalète, 6, de 1545 et l'*hôtel Féret de Montlaurent,* rue du Barbâtre, 13 (1540-1647; pl. D 4).

L'**hôtel de ville** (pl. C 3), où conduit plus loin la rue Colbert, est un bel édifice du style de la Renaissance, commencé sous Louis XIII, en 1622, mais achevé seulement au xixe s. Il forme un grand carré de bâtiment, la partie antérieure surmontée d'un haut campanile à fronton, décoré d'une statue équestre en haut relief de Louis XIII. Il renferme les musées et la bibliothèque de la ville.

Musées. — Ils sont publics les dim. et jeudi de 1 h. à 4 h. et visibles les autres jours, excepté le lundi, de 10 h. à midi et de 1 h. à 4 h. Il y a deux entrées, à dr. et à g. au fond de la cour (pas de vestiaire), la seconde pour les musées rétrospectif et archéologique (p. 49), l'autre pour les musées et collections qui suivent:

Musée de peinture, au 1er étage du côté dr., en face de l'escalier. Ce musée doit être rebâti place du Boulingrin. Il y a des étiquettes et un catalogue de 1881 (1 fr. 50), tout à fait insuffisant; un nouveau est en préparation. Conservateur, M. Jadart. — En haut de l'escalier, on trouve d'abord le *musée Rémois,* contenant, dans une galerie et trois petites salles, des portraits de Rémois célèbres, quelques toiles d'artistes du pays et un grand plan en relief de la ville et des environs. — Ire salle ou galerie: tableaux modernes, la plupart petits et de valeur secondaire; dans le bas, des paysages et des vues par *Diaz, Daubigny, Corot* (13), *van Marcke, Ziem, Th. Rousseau, Girardet, Fromentin* (Chasse au faucon), *Dupré, Courbet, Français, Th. Frère, Bertin, Chintreuil, Watelin;* ensuite de petits tableaux de genre et dans le haut de plus grandes toiles. Au fond, un retable en pierre du xvie s. Du côté des fenêtres, un Baptême de Clovis par *Alaux* et Colbert recommandé à Louis XIV par Mazarin, de *Schnetz.* — IIe salle, divisée en trois travées et remarquable par ses plafonds: de dr. à g., *N. Coypel,* portr. de femme; *Santerre,* une jeune fille; *Henner,* tête de femme; *Jamin,* un Rapt; *Moreau de Tours,* les Fascinés de la Charité (hôpital de Paris); *Ribot,* les Titres de famille; *Feyen-Perrin,* Femmes de pêcheurs; *E. Bordes,* Frédégonde et l'évêque Prétextat; — *Rigo,* Baptême de Clovis; — plus loin, *L. David,* Mort de Marat; *Gonzales Coques* (plutôt une copie d'apr. A. van Dyck), Buveur de bière; *L.-L. Périn,* portraits; *Brenet,* Métellus sauvé par son fils; *Chardin* (?), Vieille femme; *Herman Hals* (fils de Fr. Hals), Homme souriant; *L.-M. Vanloo,* portr. d'une duchesse d'Orléans; *Lagrenée,* le Serment d'Agamemnon; *Brenet,* Combat sur le cadavre de Patrocle; *van Tilborgh,* un Fumeur; —

J. de Mabuse, Ecce homo; *van der Werff*, Samson et Dalila; *Le Ducq*, Homme au chien; d'apr. *Teniers le J.*, Fête de village; *Zorg*, Marchande de moules; *P. Wouwerman*, Halte de cavaliers; *le Caravage*, Adoration des bergers; — *L. de Boulogne*, Prométhée dans l'Olympe; *Nanteuil*, portrait (pastel); *van der My*, Le petit rieur; *Jouvenet*, la Présentation; *Poussin*, les Aveugles de Jéricho; *Spayemant*, Vue d'Albano; *F. Elle*, portr. de Henri II de Lorraine; *Porbus le J.* (?), portr. du connétable de Lesdiguières; *Cranach le V.* et *le J.*, *Holbein* et *Amberger*, 15 portraits en crayon; *A. van Ostade*, Intérieur de cabaret; *P. Brueghel le V.*, paysage; *Brueghel de Velours*, id.; *N. Dubois* (?), Louis XIV à 37 ans; *Le Fèvre*, portr. de Mansart; *Vien*, un Anachorète; *Mignard*, portraits de C.-M. Letellier et de Louvois; *Q. de la Tour* (?), portraits d'une fille du régent et de l'abbé de la Barben (pastels); *P. van Mol*, Descente de croix; *H. Rigaud*, portr. de Louis XV (1722); *P. de Champaigne* (?), portr. du cardinal Barberin, archev. de Reims; *Hackert*, paysage. — Au milieu, un grand tableau à volets de l'*école de Reims* du xve s., peint sur les deux faces, la Vie et la Passion de J.-C. En outre quelques sculptures, dont un Bacchant antique en marbre; un bronze de *Moreau-Vauthier*, l'Amour; la Vigne, par *Saint-Marceaux*, de Reims; un vase de Sèvres et une vitrine de miniatures et d'émaux. — IIIe SALLE: d'apr. *Matsys*, St Jérôme; *van Balen*, l'Annonciation; *Franck*, Adoration des rois; *école franç. des XVIe-XVIIe s.*, triptyque; *Allori*, le Jugement dernier; *école de Ferrare du* xve s., St Jacques et St Pétrone; — *G. de Honthorst*, Jésus devant Pilate; *école franç. du* xve s., la Création d'Eve; *Zucchero*, Adoration des bergers; *Franck*, Christ sur marbre. — IVe SALLE: *Bin*, Hercule tuant l'Hydre de Lerne; *F. Reynaud*, Fête à Naples; *Brouillet*, l'Exorcisme; *Schenck*, Au bord de la mer (moutons); *G. Doré*, l'Aube, souvenir des Alpes; *Brascassat*, paysage; *Smith-Hald*, Nuit d'été en Norvège; *Auguin*, paysage; *H. Lévy*, Jésus dans le tombeau; *Huet*, le Val d'Enfer; *W. de Gegerfelt*, l'Hiver en Hollande; *Ch. Landelle*, Juive de Tanger. En outre un grand christ en bronze par *Injalbert*.

COLLECTIONS CÉRAMIQUES, MUSÉE JAPONAIS, TOILES PEINTES, ETC. — Au pied de l'escalier du 2e étage, qui est à l'entrée du musée de peinture, une vitrine avec une partie de la *collection céramique Gerbault* et de petits modèles relatifs à la fabrication du *vin de champagne* (v. p. 39 et 51). — Dans la salle voisine, la belle collection de *faïences Pommery* et une mosaïque gallo-romaine trouvée en 1892. — Dans l'escalier, le commencement de la célèbre collection des *toiles peintes* de l'Hôtel-Dieu, du xve s., faites surtout pour servir de décors dans des représentations de «mystères». Il y en a 24 et les sujets, qu'expliquent des inscriptions, sont des scènes de la Bible et des saints. Les autres sont dans les salles suivantes. — 1re salle, à g.: *musée japonais* ou collection Gérard, qui comprend des pièces très remarquables de la céramique du Japon, puis des bronzes, des laques, des instruments et des armes. — 2e salle: suite de la *collection Gerbault* et des *toiles peintes*; devanture d'une maison maori; *collection Masson*, des statuettes-caricatures rémoises. — 3e salle: 14 *toiles peintes* et une grande *mosaïque* gallo-romaine trouvée à Reims en 1860, qui mesure 11 m. sur 8 et qui représente les jeux de l'amphithéâtre. — Une troisième mosaïque gallo-romaine, trouvée en 1890 dans la rue Nicolas-Perseval et représentant un combat de gladiateurs, se trouve placée dans la salle des mariages de l'hôtel de ville.

MUSÉES RÉTROSPECTIF ET ARCHÉOLOGIQUE. — Ces musées ont leur entrée spéciale, au rez-de-chaussée, à l'opposé de celle des précédents ou à g. au fond de la cour. — Le *musée rétrospectif* occupe une grande salle du 1er étage du côté de la place, près de la bibliothèque. C'est une collection intéressante d'objets d'art de toute sorte et de curiosités, depuis l'antiquité jusqu'aux temps modernes. — Le *musée archéologique Habert*, au 2e étage, est une collection très bien classée de petites antiquités préhistoriques et gallo-romaines et d'autres petits objets anciens, même de faïences régionales. On y remarque surtout un *fragment d'un pied de candélabre de St-Remi*, travail rhénan du xiie s., rappelant le célèbre candélabre de la cathédrale de Milan.

La *bibliothèque*, au 1er étage, sur la façade, compte env. 80 000 vol. et 1500 manuscrits. Elle est ouverte tous les jours, sauf le lundi et durant les vacances, de 10 h. à 4 h. dans la semaine et de midi à 4 h. le dimanche. Principaux manuscrits: le célèbre *évangéliaire slave*, dit *texte du sacre;* des évangéliaires de l'époque carolingienne; un Euripide du XIIIe s.

M. *Léon Morel*, rue de Sedan, 3 (pl. C3), possède une importante collection d'antiquités romaines, gallo-romaines et mérovingiennes.

La rue Henri-IV, à dr. derrière l'hôtel de ville, mène ensuite au monument le plus important de l'époque romaine à Reims, la **porte de Mars** (pl. BC 2, «Arc de Triomphe»), située à l'extrémité E. de la promenade du côté de la gare. C'est un arc de triomphe à trois baies, celle du milieu plus élevée que les deux autres; l'étage supérieur manque. On en fait remonter la construction au IVe s. de notre ère. Les restes de ses huit colonnes corinthiennes du côté opposé à la ville sont très beaux. On remarque ensuite, à dr., l'encadrement d'une niche vide à fronton, des bas-reliefs représentant des nymphes; au-dessus, deux génies; un médaillon avec une tête en haut relief, deux caducées et deux autres génies. — Sur la *place de la République*, à l'extrémité des promenades, s'élève une belle fontaine, œuvre de Bartholdi.

Le faubourg de Laon, au delà du boulevard, a une église moderne dans le style du XIVe s., *St-Thomas* (pl. B 1-2), qui renferme le tombeau du cardinal Gousset, archevêque de Reims (m. 1866), avec sa statue, par Bonnassieux.

Reims possède encore un monument très remarquable, St-Remi, à plus de 2 kil. au S. de la porte de Mars, par les rues qui traversent la ville à peu près en ligne dr. (tramway, v. le plan).

*__St-Remi__ (pl. D 5-6) est une anc. église abbatiale, la plus vieille de Reims. Sa fondation remonte à l'an 852, mais elle a été en partie reconstruite au XIe s. et fut consacrée en 1049 par le pape Léon IX (v. p. 142); le portail méridional du transept est même de la fin du XVe s. La façade est du style gothique du XIIe s., sauf ses deux tours, qui sont romanes. La nef est également romane, sauf les deux travées de l'O., mais le chœur est goth. et la cinquième travée de la partie S. du transept, fort dégradée, du style flamboyant. Il est probable que la nef était d'abord couverte d'un plafond. Vues d'en bas les voûtes gothiques semblent avoir été ajoutées après coup.

*L'INTÉRIEUR présente un ensemble plein de majesté. Il y a des galeries au-dessus des collatéraux, celle de g. renfermant des *tapisseries* du XVIe s., données par Rob. de Lenoncourt, comme à la cathédrale. Les fenêtres du chœur ont encore de magnifiques *vitraux* des XIe-XIIIe s. Le chœur s'avance dans la nef comme celui de la cathédrale. Il est en partie entouré d'une belle clôture en marbre du temps de Louis XIII. Les 5 chap. de l'abside sont précédées chacune de deux colonnes comme à Notre-Dame de Châlons (p. 71). Derrière le maître-autel est le *tombeau de St Remi*, du style de la Renaissance, par les frères Jacques, mais refait pour la quatrième fois en 1847, par Wendling, sculpteur qui a beaucoup produit à Reims. C'est un monument à grand effet, mais de peu de valeur artistique; il comprend une sorte de temple en marbre de plusieurs couleurs, de 5 m. de long sur 2 m. 50 de large. Au chevet se voit le saint baptisant Clovis et tout autour sont des statues en marbre blanc, de grandeur naturelle, représentant les 12 pairs de France, les évêques de Reims, Laon, Langres, Beauvais, Châlons et Noyon, les ducs de Bourgogne, de

Normandie et d'Aquitaine, et les comtes de Flandre, de Champagne et de Toulouse. A l'intérieur, une châsse refaite depuis peu, en bronze doré, dans la forme de l'anc. tombeau. — Dans le bras S. du transept, un St-Sépulcre de 1531 et 8 hauts reliefs peints, de 1610, les Baptêmes de J.-C., de Constantin et de Clovis. — Il y a aussi des tapisseries à la sacristie, que le sacristain (rue St-Remi, 6) fait voir. Au trésor, une crosse émaillée du XIIIe s., 80 émaux de Limoges, dont 27 par Laudin (1663), etc.

L'*Hôtel-Dieu*, à côté de l'église, est l'anc. abbaye de St-Remi. Il y a un beau cloître, en partie du style roman dans l'aile droite duquel se trouve un *musée lapidaire* fort intéressant. On y admire des sculptures antiques, du moyen âge et de la Renaissance, surtout une meule romaine, deux cheminées des xve et xvie s., une belle Sainte-Face, du xve s., mais par-dessus tout le *cénotaphe du consul Jovin (p. 45), fait d'un seul bloc de marbre blanc, long de 2 m. 78, large de 1 m. 50, et décoré d'un beau bas-relief représentant une chasse au lion.

L'*église St-Maurice* (pl. D 5), près de l'Hôtel-Dieu, en grande partie reconstruite depuis 1867 dans le style de la Renaissance, mérite aussi une visite. La chapelle de la Vierge, à dr. du chœur, est du style goth. du xvie s. A l'entrée se voient deux beaux groupes à la mémoire de Nic. Rolland, fondateur de la congrégation de l'Enfant-Jésus et de l'abbé de La Salle, fondateur de l'institut des frères des Écoles chrétiennes, nés à Reims en 1642 et 1651. L'*Hôpital Général*, attenant à l'église St-Maurice, a une belle salle de lecture (bibliothèque) du xviie s.

On peut visiter à Reims quelques *caves à champagne* (v. p. 39), que les aimables propriétaires se font un plaisir de montrer aux étrangers. Les plus importantes sont celles de G. Goulet, au S. de la ville, au delà du square St-Nicaise, installées dans d'anciennes carrières; de Rœderer, route de Châlons (pl. E 6); de Clicquot-Werlé, rue du Marc et rue du Temple (pl. C 3); de J. Mumm, rue de Mars, 6-8, à dr. de l'hôtel de ville; de Couvert-Belleau, rue du Marc, 1 (pl. C 3, p. 48); de Mme Pommery, rue Vauthier-le-Noir, 7, près du lycée (pl. C 4).

De Reims a Ambonnay: 37 kil., ch. de fer de banlieue, partant de la stat. des tramways (pl. CD 1) et passant à la grande gare, puis le long du canal et au S.-E. dans la vallée de la Vesle, où les Rémois vont en promenade et en villégiature. Stat.: *Cormontreuil*, (10 kil.) *Taissy*, *Puisieulx*, (18 kil.) *Ludes-le-Coquet*, au commenc. des vignobles de la «montagne de Reims» (p. 40), que la voie longe et contourne au N., puis à l'E., et à 8 kil. de Rilly (p. 40); *Mailly* et *Verzenay*, qui ont aussi des vignes et des cendrières ou carrières de terre sulfureuse, employée pour activer la végétation. *Verzy* (25 kil.; hôt. Dupuis) est un bourg de 1549 hab., également important par son vignoble et dans un beau site, sur les flancs de la «montagne». Encore trois stations et (37 kil.) *Ambonnay* (1086 hab.).

De Reims a Cormicy: 22 kil., suite de la ligne précédente au N.-O., à l'E des collines de la rive dr. de la Vesle. Il y a encore de ce côté de la vigne. Stat.: *St-Brice-Courcelles*, aussi sur les lignes de Paris et de Soissons (p. 36); *les Marais*, (11 kil.) *Merfy-St-Thierry*, (18 kil.) *Pouillon*, *Villers-Franqueux*, *Hermonville*, qui a une curieuse église des xiie-xiiie s., et *Cauroy*. Enfin (22 kil.) *Cormicy* (hôt. de la Croix-Blanche), bourg de 1207 hab., bien situé, à proximité de promenades dans des sapinières.

De Reims a Fismes, 43 kil., ch. de fer de banl., partant également de la stat. ci-dessus et décrivant un vaste demi-cercle à travers les plaines de la Champagne; 14 stat. sans intérêt pour le touriste et (43 kil.) *Fismes* (p. 36).

De Reims à *Paris*, v. R. 5; à *Laon* et à *Châlons*, p. 43-42, 80 et 78; à *Soissons*, p. 37-36; à *Mézières-Charleville*, R. 9; à *Verdun*, p. 80.

4*

9. De Reims (Paris) à Mézières-Charleville.

88 kil., trajet en 1 h. 24 à 2 h. 51. Prix: 9 fr. 90, 6 fr. 65, 4 fr. 30. — *De Paris à Mézières-Charleville:* 244, 248 ou 260 kil., selon qu'on va à Reims par la Ferté-Milon, par Soissons ou par Epernay; 4 h. 6 (par la Ferté-Milon) à 7 h. 28; 27 fr. 45, 18 fr. 55, 12 fr. 10.

Reims, v. p. 44. On laisse à g. la ligne de Laon, à dr. celle de Verdun-Metz, et on traverse les plaines monotones de la Haute-Champagne. — 8 kil. (de Reims). *Witry-lès-Reims.* — 11 kil. *Lavannes-Caurel.* — 17 kil. *Bazancourt.*

De Bazancourt a Apremont: 78 kil.; 2 h. 32 à 8 h. 30; 8 fr. 75, 5 fr. 90, 3 fr. 85. La ligne suit d'abord la vallée industrielle de la Suippe, qui a surtout des filatures et des tissages de laine. Stat. principales: (14 kil.) *Pontfaverger*, (17 kil.) *Béthenivile*, (28 kil.) *St-Souplet*, (35 kil.) *Somme-Py*, puis un tunnel et le pays devient plus accidenté; (58 kil.) *Challerange* (p. 53). Ensuite, la belle *vallée de l'Aire.* — 68 kil. *Grandpré* (H. de la Croix-d'Or), qui a donné son nom à un «défilé» de l'Argonne, où passe la voie. — 78 kil. *Apremont*, village qui a des forges considérables. 7 kil. au S.-O. se trouve la petite ville de *Varennes-en-Argonne*, connue par l'arrestation de Louis XVI dans sa fuite, en 1791, et 11 kil. plus loin, *Clermont-en-Argonne* (p. 79).

28 kil. *Le Châtelet*, d'où part une ligne d'intérêt local desservant *Juniville* (9 kil.), bourg de 1105 hab. avec des filatures. — 30 kil. *Tagnon.* On passe par un tunnel de 750 m. dans le bassin de l'Aisne, contrée un peu plus accidentée que les plaines de la Champagne.

39 kil. **Rethel** (hôt.: *de France*, en face du tribunal; *de l'Europe, du Commerce*, place de Ville), ville industrielle de 6434 hab. et chef-lieu d'arr. des Ardennes, en partie sur une colline, à dr. de l'*Aisne* et du *canal des Ardennes* ou de l'Aisne à la Meuse (105 kil.), qu'on traverse en arrivant et sur lequel il y a un port.

L'avenue Thiers, en face de la gare, mène tout droit dans le centre, en passant à dr. devant le *tribunal*, une construction moderne. Plus loin, la place de Ville, avec l'*hôtel de ville* et l'anc. *Hôtel-Dieu*, de la fin du xviie s., transformé en école. Dans la rue suivante, à dr., une vieille *maison* en bois; puis à g., la *sous-préfecture*. L'*église St-Nicolas*, dans la Grande-Rue, qui monte de là à dr., se compose de deux églises de dimensions et de styles différents, accolées dans le sens de la longueur, la partie la plus ancienne, du xiiie s., ayant appartenu à un prieuré. Elle a à dr. un clocher massif du xviie s. et à côté un riche portail du style flamboyant (fort dégradé). On remarque à l'intérieur les autels, des vitraux et la chaire, qui sont modernes; un St-Sépulcre, dans une crypte derrière l'autel de la 1re nef de dr.; une belle pierre tombale debout, au fond de la 4e nef; un bénitier supporté par des dauphins.

La rue Dubois-Crancé, à dr. de l'église, mène à dr. à une place où se trouve une vieille *halle* en bois du xviie s., d'où l'on redescend à g., par la rue Neuve, à la place de Ville. — La partie industrielle de Rethel (tissus de laine) est de l'autre côté, sur l'Aisne et le canal.

A 4 kil. au N., le petit village de *Sorbon*, patrie de *Robert de Sorbon* (1201-1274), fondateur de la Sorbonne de Paris (1253), qui a un petit monument dans l'église. — A 4 kil. à l'O., *Barby*, qui a vu naître *Jean Gerson* (1363-1429), auteur présumé de l'imitation de Jésus-Christ, auquel on a élevé un buste dans l'église.

Ligne d'intérêt local en projet de Rethel à *Asfeld* (24 kil.).

48 kil. **Amagne-Lucquy** (buffet-hôtel). Grande sucrerie à la gare. Ligne d'Hirson, v. p. 56.

D'Amagne-Lucquy à Revigny (*Bar-le-Duc*): 109 kil., en 3 h. 25 à 5 h.; 12 fr. 30, 8 fr. 25, 5 fr. 35. — 10 kil. (3e st.) **Attigny** (*buvette;* hôt.: *de la Gare, du Cheval-Blanc*), bourg de 1728 hab., jadis assez célèbre, sur l'*Aisne* et le *canal des Ardennes*. Les rois de la première et de la seconde race y eurent un vaste et magnifique palais, construit en 647. Witikind y fut baptisé en 786, Louis le Débonnaire y fit pénitence publique en 822, et il s'y tint des assemblées de la nation et des conciles. Il reste maintenant peu de chose de ce palais, le *Dôme*, une sorte de porche où est l'hôtel de ville. On remarque aussi l'*église*, du XIIIe s. Ligne en projet d'Attigny à *Baalons*. — Le chemin de fer remonte ensuite la vallée de l'Aisne. — 27 kil. (7e st.) **Vouziers** (*hôt. du Lion-d'Or*), ville de 3548 hab. et chef-lieu d'arr. des Ardennes, dans un beau site, sur la rive g. de l'Aisne, avec une église remarquable des XVe et XVIe s., surtout le portail. Sur la rive dr., l'extrémité du plateau forestier de l'*Argonne*, avec le «défilé» de la Croix-aux-Bois, connu par la campagne de 1792. Vouziers a vu naître le philosophe *H. Taine* (1828-1893), à qui on y doit élever un monument. — 41 kil. (11e st.) *Challerange*, où l'on croise la ligne de Bazancourt à Apremont, v. p. 52. — 60 kil. (15e st.) *Vienne-la-Ville*, l'Axuenna de l'Itinéraire d'Antonin, sur la route de Reims à Metz par Verdun. — 64 kil. *Laneuville-au-Pont*, bourg avec un pèlerinage, une chapelle moderne dans un joli site, sur un coteau à 1/4 d'h. à dr. de la voie. Le bourg même, à g., a une église remarquable des XIVe-XVIe s. — 71 kil. *Ste-Menehould-Guise*, halte au N.-O. de la ville.

73 kil. **Ste-Menehould** (p. 79). On laisse à g. la ligne de Verdun et remonte encore quelque temps la vallée de l'Aisne, puis celle de l'Ante, son affluent, dans des bois et des prairies. — 82 kil. *Villers-Daucourt;* à 7 kil. à l'E., *Passavant* (811 hab.), où l'on a élevé un monument commémoratif du sanglant combat de 1870. On traverse enfin l'*Ornain* pour rejoindre la ligne de Nancy. — 109 kil. *Revigny* (p. 75).

56 kil. *Saulces-Monclin*. Maintenant commencent les forêts et les montagnes des *Ardennes*, et le pays devient plus pittoresque. — 64 kil. *Launois*. On descend le vallon de la *Vence*, qu'on traversera plusieurs fois. — 72 kil. *Poix-Terron*. Chem. de fer à voie étroite en projet de Poix à *Vendresse* (14 kil. S.-E.; p. 113). — 76 kil. *Guignicourt-sur-Vence*. — 79 kil. *Boulzicourt*, bourgade industrielle. — 83 kil. *Lafrancheville*. Plus loin, à dr., la grande *poudrerie de St-Ponce*. Puis, à dr., la ligne de Sedan-Thionville, où l'on revient après avoir été jusqu'à Mézières-Charleville.

86 kil. *Mohon*, village industriel de 5098 hab., où il y a des ateliers du chemin de fer, des forges, des clouteries, des scieries, etc. On traverse la *Meuse*, un petit tunnel et un second pont sur la Meuse, qui fait à g. un circuit de 10 kil., et encore un long viaduc sur des bas-fonds. A g., Mézières, du côté de son anc. citadelle, en deçà de laquelle il y a un canal qui coupe pour la navigation la boucle du fleuve. A g. également la ligne de Valenciennes-Hirson.

88 kil. *Mézières-Charleville* (buffet-hôtel).

Mézières-Charleville.

Arrivée. La *gare* est commune aux deux villes, mais elle est située à *Charleville* (à dr. à la sortie); *Mézières* est à env. 1/4 d'h. à g.

Charleville. — Hôtels: *H. du Lion-d'Argent*, rue Thiers, 20, à l'extrémité de l'avenue de la Gare; *Grand-Hôtel*, rue St-Mathieu; *H. du Commerce*, rue de l'Eglise, l'un et l'autre près de la place Ducale; *H. de l'Europe*, place de Nevers; *H. du Nord*, à dr. en face de la gare, bon (ch. 2 fr., dé. ou df. 2.50; journée, 6.50). — *Poste & télégr.*, place des Capucins.

Une ligne de *tramways électriques* traverse Charleville et Mézières.

Charleville, qui compte 18772 hab., est pour ainsi dire la partie industrielle et commerçante de Mézières, qui reste à peu près une petite ville morte, dans les limites restreintes de sa presqu'île. Elle a été fondée en 1606 par Charles de Gonzague, duc de Nevers et de Mantoue, gouverneur de la Champagne. Charleville a pour spécialités la ferronnerie, la fonte moulée et la serrurerie.

Il y a un quartier moderne en face de la gare, entre l'avenue de Charleville, à dr., et l'avenue de Mézières, à g., et que traverse de l'autre côté le cours d'Orléans, qui relie les deux villes. On arrive de l'extrémité de l'avenue de Charleville, à dr., dans la partie ancienne, dont les rues se coupent à angle droit et qui a pour centre la *place Ducale*, place à arcades dans le genre de celle des Vosges à Paris. On y a érigé, en 1899, une statue en bronze de *Charles de Gonzague* (v. ci-dessus), par A. Colle. — A g., l'*hôtel de ville*, qui est moderne, et plus loin la place de Nevers. A l'extrémité de la rue du Moulin, qui fait suite, de l'autre côté de la place Ducale, à la rue par laquelle on y est arrivé, se voit un vieux *moulin* abandonné, au bord de la Meuse. La rue des Petits-Bois, à l'opposé de l'hôtel de ville, passe à g. près de l'*église*, grand et bel édifice moderne de style roman, à trois nefs, avec transept terminé par des chapelles et triforium à la nef majeure. Un peu au delà, au bord de la Meuse, la place du Sépulcre, avec des constructions du xviie s., occupées par la bibliothèque et l'*école normale*. Plus en amont, le *lycée*.

La Meuse forme de ce côté une presqu'île où se trouve le *Mont-Olympe* (208 m.), colline jadis fortifiée et maintenant propriété particulière.

Du côté de Mézières, à l'extrémité du cours d'Orléans, le *monument des Ardennais*, un groupe de soldats mourants, par A. Croisy, érigé en mémoire des victimes de la guerre de 1870-71.

Mézières (*hôt. du Palais-Royal*, rue des Pêcheurs, à g. de la grand'rue; 7 fr. 50 par j.) est une ville de 7884 hab., le chef-lieu du départ. des *Ardennes* et une anc. place forte, la partie principale dans la presqu'île de la Meuse qu'on traverse en arrivant du S. en chemin de fer et qu'on a à dr. en venant par la ligne d'Hirson.

Mézières est célèbre par deux sièges: celui que Bayard soutint victorieusement en 1521, pendant 28 jours, avec 2000 hommes contre 35000 Impériaux, et un autre de 42 jours en 1815, contre 20000 Allemands, suivi d'une capitulation honorable, après la pacification générale. La place fut encore investie trois fois en 1870 et bombardée du 30 déc. au 2 janv. 1871, où elle dut capituler.

En venant de Charleville, on traverse à niveau la ligne d'Hirson, puis on passe par un long pont sur des bas-fonds que la Meuse inonde quelquefois, et l'on entre dans le *faubourg d'Arches* (lat. «Arcæ»), précédé d'une belle partie neuve, qui en a remplacé les anc. fortifications. Ensuite on traverse la Meuse elle-même, et l'on a à dr. le quartier également en partie transformé que domine l'église, à g. celui de la citadelle. Continuer tout droit jusqu'à la grand'rue, qui va de l'un à l'autre. En face, la petite *tour de l'Horloge.* Sur la place d'Armes, devant l'anc. *citadelle*, qui sert de caserne, se trouvent des constructions peu remarquables du xviiie s.: la *préfecture* (à g.), l'*hôtel de ville* et l'*hôtel du commandant*, ainsi qu'un réservoir (pyramide).

L'église paroissiale, dont on aperçoit de loin la tour à flèche de la Renaissance, est une belle église goth. des xve-xvie s., restaurée depuis le dernier siège. On en remarque surtout le portail latéral du S., d'une grande richesse d'ornementation. C'est dans cette église que fut célébré, en 1570, le mariage du roi Charles IX avec Elisabeth d'Autriche.

De l'autre côté de la presqu'île dont le centre de la ville occupe la partie la plus étroite, se trouve l'important *faubourg de Pierre*, qui n'a rien de curieux.

En prenant à la place de l'église du côté de Charleville, on arrive dans une autre partie de la ville nouvellement transformée, où il y a un jardin public avec une *statue de Bayard* (1475-1524), défenseur de la ville contre les Impériaux en 1521 (v. p. 54), bronze par Croisy (1893). Le jardin particulier qui est à côté, sur un ancien bastion, est celui du «mess des officiers».

Ligne de *Givet-Namur* et *vallée de la Meuse*, v. R. 13; lignes de *Valenciennes (Calais-Lille)* par *Aulnoye* et *Hirson*, R. 12; de *Nancy*, R. 29; de *Metz*, R. 30; de *Luxembourg*, R. 31.

10. De Laon (Paris) à Hirson et à Namur.

A *Hirson*: 57 kil.; 56 min. à 1 h. 42; 6 fr. 85, 4 fr. 80, 2 fr. 80. — A *Namur*: 175 kil.; 5 h. 5 à 7 h. 20; 17 fr. 50, 11 fr. 85, 7 fr. 85. — *De Paris à Namur par Laon et Hirson*: 313 kil.; 7 h. 5, 11 h. 40 et 12 h. 30; env. 33 fr. 30, 22 fr. 45, 14 fr. 25. Par St-Quentin, v. R. 1, 2 et 3.

Laon, v. p. 28. On suit d'abord la ligne de Reims, puis on la laisse à dr. — 8 kil. *Barenton-Bugny.* — 11 kil. *Verneuil-sur-Serre.* — 14 kil. *Barenton-Cohartille.*

15 kil. *Dercy-Mortiers.* Embranch. de la Fère (p. 42). On remonte la vallée de la Serre. — 17 kil. *Toulis-Froidmont.* — 20 kil. *Voyenne.* — 25 kil. *Marle.* 2513 hab. Ensuite quelque temps la vallée du Vilpion. — Arrêt de *Lugny.* — 32 kil. *St-Gobert-Rougeries.*

39 kil. **Vervins** (*hôt. du Lion-d'Or*), ville de 3298 hab. et chef-lieu d'arr. de l'Aisne, avec des restes de fortifications. Elle est connue par le traité de 1598, entre Henri IV et Philippe II d'Espagne. L'église renferme un tableau de Jouvenet, Jésus chez Simon le Pharisien (1699). Fabriques de vannerie et de bonneterie. — 47 kil. *La Bouteille.*

52 kil. *Origny-en-Thiérache*. 2516 hab. La *Thiérache* était un pays ainsi nommé parce qu'il fit partie du domaine de Thierry, roi de Bourgogne de 596 à 613 : il eut pour capitale Guise (p. 43). — Ensuite un viaduc de 19 m. de haut sur la vallée du Thon. — 54 kil. *Buire.* A Hirson, à g. et à dr., les lignes de Busigny et d'Amagne-Lucquy.

57 kil. **Hirson** (*buffet-hôtel; hôt. de la Poste*, place d'Armes, bon, ch. 2 fr., dé. ou dî. 3), à g., ville industrielle de 7461 hab., sur l'Oise, connue pour sa vannerie. On va de la gare au centre de la ville, la place d'Armes, près de laquelle est l'église St-Michel, en prenant d'abord en face, puis à dr. Il y a un fort sur la hauteur à g. en descendant.

D'Hirson à *Busigny*, v. p. 19 ; à *Mézières-Charleville*, p. 57 ; à *Aulnoye* et *Valenciennes*, p. 58. — Ligne en construction sur Guise (p. 43).

D'Hirson à Amagne-Lucquy : 62 kil. ; 1 h. 30 à 1 h. 40 ; 6 fr. 95, 4 fr. 70, 3 fr. 05. — 14 kil. (2ᵉ st.) *Aubenton* (hôt. du Lion-d'Or), bourg manufacturier (filature de laine) de 1328 hab., près du confluent de l'Aube et du Thon. — 20 kil. *Rumigny*, village avec un château du xvɪᵉ s. — 27 kil. *Liart*, où aboutit provisoirement la ligne de Laon à Mézières (p. 58). — 45 kil. (7ᵉ st.) *Wasigny*, d'où une ligne à voie étroite dessert *Signy-l'Abbaye* (12 kil. ; 2883 hab.). — 52 kil. *Novion-Porcien*. — 62 kil. (10ᵉ st.) *Amagne-Lucquy* (p. 58).

En continuant d'Hirson sur Namur, on laisse à dr. la ligne de Mézières-Charleville et suit celle d'Aulnoye jusqu'à la station suivante. On traverse l'*Oise*, qui a sa source en Belgique, à 4 kil. de la frontière, et la *forêt d'Hirson*.

65 kil. **Anor** (hôt. : *de la Cloche-d'Or, de la Gare*), bourg industriel de 4610 hab., dans un fond à dr. au delà de la station et au bord d'un étang formé par la rivière du même nom.

D'Anor à *Aulnoye* et *Valenciennes*, v. p. 59-58.

Anor est station frontière (douane en venant de Belgique) ; on y laisse à g. la ligne d'Aulnoye et tourne à l'E. — 70 kil. *Momignies*, 1ʳᵉ stat. belge. Douane. Heure en retard de 4 min. sur celle des ch. de fer français.

84 kil. (5ᵉ st. belge) **Chimay** (*hôt. de l' Univers*, etc.), ville d'env. 3000 hab. Château du prince de ce nom, qu'on ne peut visiter. *Statue de Froissard*, le chroniqueur, mort à Chimay en 1410. — 102 kil. (9ᵉ st.) *Mariembourg*. Ligne de Charleroi (48 kil. ; p. 21), à Vireux (17 kil.), stat. de la ligne de Charleville à Givet (p. 61). — 115 kil. (13ᵉ st.) *Romerée*. Ligne de Châtelineau-Morialmé. — 121 kil. *Doische*. Embranch. de 6 kil. sur *Givet* (p. 62). — 125 kil. *Agimont-Village*, que dessert aussi la ligne de Givet à Namur. On rejoint cette ligne dans la vallée de la *Meuse*, qu'on longe à dr. — 133 kil. *Hastière*. De là à *Namur* (42 kil.), v. p. 62 et ss.

11. De Laon à Mézières-Charleville.

A. Par Hirson.

118 kil. Trajet en 5 h. 2 à 6 h. 42. Prix: 12 fr. 60, 8 fr. 55, 5 fr. 55.

Laon, v. p. 28. De là à *Hirson* (57 kil.), p. 55. On passe là du réseau du Nord sur celui de l'Est et tourne à l'E. Pays toujours accidenté; mines de fer, carrières d'ardoises et usines. — 60 kil. *St-Michel-Sougland*, à g. *St-Michel*, bourg de 5003 hab., a eu une riche abbaye, dont il reste l'église, des XIIe et XVIe s., et des bâtiments du XVIIIe s. — 67 kil. *Any*. — 74 kil. *Signy-le-Petit*. 1983 hab.

81 kil. *Auvillers*, d'où la ligne est double jusqu'à Tournes (v. ci-dessous), l'embranch. de g. desservant *Blombay-Etalle* et *Laval-Morency*. — 85 kil. *Maubert-Fontaine*. On traverse des bois. — 91 kil. *Le Tremblois*.

Du Tremblois à Rocroi: 12 kil., ch. de fer à voie étroite, par *Bourg-Fidèle* et *Ste-Philomène*. — *Rocroi* (*hôt. du Commerce*), ville déchue de 2176 hab., chef-lieu d'arr. des Ardennes et place forte de 3e cl., près de la frontière belge, sur un plateau élevé de 398 m., est connue par la brillante victoire de Condé sur les Espagnols en 1643. Le même la reprit en 1658 pour les Espagnols, qui la cédèrent définitivement à la France au traité des Pyrénées (1659). Voit. publ. pour *Revin* (p. 61).

94 kil. *Rimogne*, à g., où sont les ardoisières les plus importantes du Nord de la France. Ensuite vue à dr. — 101 kil. *Lonny-Renwez*.

104 kil. *Tournes*, où aboutira la ligne de Laon par Liart (v. ci-dessous). — 108 kil. *Belval-Sury*. — On longe plus loin à dr. la Meuse et l'on passe entre Mézières, à dr., et Charleville, à g.

131 kil. *Mézières-Charleville* (p. 54).

B. Par Liart.

Env. 80 kil., ligne directe inachevée, ouverte jusqu'à *Liart* (60 kil.), d'où il reste un tronçon d'env. 22 kil. à construire, pour rejoindre, à *Tournes*, la ligne d'Hirson à Mézières.

Cette ligne s'embranche à g. de celle de Reims. A dr., la grosse tour de l'église du faub. de Vaux. Contrée à peu près uniforme et généralement dénuée d'intérêt. — 5 kil. *Athies-sous-Laon*. — 9 kil. *Samoussy*, où l'on est déjà dans la forêt de ce nom. — 12 kil. *Gizy*.

13 kil. **Liesse** (hôt.: *des Trois-Rois*, *du Cheval-Blanc*, etc.), bourg de 1325 hab., célèbre par son pèlerinage, qui remonte au XIIe s. Il doit son origine à une Vierge miraculeuse qui servit, dit-on, à trois chevaliers du pays, prisonniers durant les croisades, à convertir la fille d'un sultan. Des rois de France vinrent à ce pèlerinage, en particulier Louis XIII et Anne d'Autriche, pour obtenir un fils, qui fut Louis XIV. Le bourg est à 800 m. à dr. de la voie, après la station. A l'entrée, à g., au fond d'une sorte de place réservée aux réunions des pèlerins, se trouvent une chapelle et une fontaine qui n'ont rien de curieux. — L'*église de Notre-Dame-de-Liesse*, plus loin par la grand'rue, est des XIVe et XVe s. L'extérieur, qui manque

d'élévation, est peu remarquable. L'intérieur est au moins intéressant par sa décoration, qui est toutefois surchargée et en partie dans un autre style. Il y a surtout, à l'entrée du chœur, qu'il masque, un riche *jubé* de la Renaissance, en pierre, avec colonnes et revêtement en marbre noir, etc., dans le haut duquel sont des statues modernes de la Vierge, des trois chevaliers et de la fille du sultan. Ce jubé est aussi à voir de l'autre côté. C'est au maître-autel qu'est la Vierge miraculeuse, une petite Vierge noire, cachée sous des ornements. Cet autel, fort riche, est entouré d'ex-voto. On remarquera aussi les boiseries, du xviiie s. Dans la nef et au transept, de beaux autels modernes et des vitraux aussi modernes, rappelant en partie l'histoire du pèlerinage. — A mentionner encore l'*hôtel de ville*, qui est moderne, sur la place près de l'église.

18 kil. *Chivres*. — 23 kil. *Bucy-lès-Pierrepont*. — 26 kil. *Clermont-les-Fermes*. — 33 kil. *Chaourse*. — 34 kil. *Montcornet*, bourg de 1550 hab. avec les ruines d'un château du moyen âge et de fortifications du xvie s. — 38 kil. *Magny*. — 40 kil. *Chéry-lès-Rozoy*. — 43 kil. *Rozoy-sur-Serre*. — 46 kil. *Rouvroy-sur-Serre*. — 48 kil. *Resigny*. — 54 kil. *Le Frety*. — 57 kil. *La Férée*.

60 kil. *Liart*, provisoirement la dernière station, sur la ligne d'Hirson à Amagne-Lucquy (p. 56). — *Tournes*, à env. 22 kil., et de là à *Mézières-Charleville*, v. p. 57.

12. De Valenciennes (Calais-Lille) à Mézières-Charleville, par Aulnoye et Hirson.

(Londres-Nancy-Strasbourg.)

129 kil. Trajet en 3 h. à 6 h. 24. Prix: 14 fr. 40, 9 fr. 75, 6 fr. 85. — A *Nancy*: 827 kil.; train direct en 8 h. 11; 36 fr. 65, 24 fr. 80 et 16 fr. 20. — De *Londres à Nancy* par cette voie, 19 h. 30; 96 fr. 30, 69 fr. 05, droits de port compris. Billets valables pendant 10 jours.

Nota. Il y a deux autres lignes *de Valenciennes à Hirson*, par *le Cateau* et par *Maubeuge* (p. 20); mais elles allongent le trajet de 12 et 16 kil., 28 même s'il faut aller du Cateau à Wassigny (p. 19) par Busigny. Il faudrait de 5 à 7 h. pour aller par ces lignes de Valenciennes à Mézières-Charleville.

Valenciennes et détails jusqu'à Aulnoye, v. le *Nord-Ouest de la France*, par Bædeker. Principale station intermédiaire (19 kil.), *le Quesnoy*, ville de 3880 hab. et place forte, à peu près dénuée d'intérêt pour le touriste. Plus loin, la *forêt de Mormal*.

34 kil. **Aulnoye** (p. 19), stat. de la ligne de Paris à Namur, avant laquelle on traverse la *Sambre*. On retourne de là en arrière et l'on prend à g. pour continuer vers l'E., par un pays accidenté, où il y a des pâturages et des bois. — 35 kil. *Leval*. — 37 kil. *Monceau-St-Waast*. — 39 kil. *Dompierre*. — 42 kil. *St-Hilaire*.

44 kil. **Avesnes** (hôt.: *du Nord*, rue Victor-Hugo; *Cholet*, avec café, à la gare; *poste et tél.*, rue des Postes), à dr., assez belle ville

de 6217 hab. et chef-lieu d'arr. du Nord, sur l'*Helpe*. Ce fut une place forte assez importante, plusieurs fois détruite dans les guerres des xve et xvie s., mais qui ne put résister aux alliés en 1815 et dont les ouvrages sont démolis.

On tourne à g. au sortir de la gare et bientôt à dr. dans une rue qui traverse la rivière, puis encore à dr., d'où l'on monte à g. dans la Grande-Rue et la rue Victor-Hugo. Dans le haut est la place d'Armes, qui se termine à l'*église St-Nicolas*, principal édifice d'Avesnes, des xiiie et xvie s. Elle n'a de curieux à l'extérieur que sa grosse tour carrée, de 60 m. de haut, qui renferme un beau carillon. A l'intérieur, on remarque le buffet d'orgue, en marbre de couleurs, les peintures du chœur et le maître-autel, qui sont modernes, et un polyptyque du xve s., fort dégradé, dans la 1re chapelle de dr. — Près de l'église, à dr. en sortant, se trouvent le *palais de justice* et la *fondation Villien*, deux édifices modernes. Le second renferme un petit musée, composé surtout d'antiquités. On peut redescendre de là vers la gare. — Beaucoup de filatures de laine aux environs, surtout à *Avesnelles*, l'arrêt suivant. — Embranch. de Sars-Poteries (Maubeuge), v. p. 20.

51 kil. *Sains-du-Nord*, à g. 3224 hab. — 54 kil. *Le Pont-de-Sains*. — 58 kil. *Féron-Glageon*. A Fourmies, un haut viaduc.

60 kil. **Fourmies** (hôt.: *de la Providence*, rue des Garniaux, près de l'église; *des Messageries*, Grande-Rue; *Grand-Hôtel*, à dr. près de la gare), ville très industrielle de 14083 hab., qui a des filatures et des peignages de laine considérables. Elle a plutôt l'aspect d'un bourg que d'une ville. La partie principale, à dr. en venant d'Avesnes, se compose surtout de plusieurs longues rues qui se suivent, rue Thiers (en face), rue St-Louis et Grande-Rue, que dessert un tramw. à vap. allant jusqu'à *Vignehies*, localité manufacturière (filatures, tissages) à 4 kil. à l'O. L'*église* de Fourmies, à l'extrémité de la Grande-Rue, est un édifice moderne assez curieux, qui a de beaux autels, des boiseries et des peintures remarquables.

Ligne de *Maubeuge* (Valenciennes), v. p. 21-20.

65 kil. **Anor** (p. 56), qu'on voit à g. en arrivant. On y laisse aussi à g. la ligne de Chimay-Namur (p. 56).

Notre ligne traverse ensuite la *forêt d'Hirson* et l'*Oise*, qui a sa source en Belgique, à 4 kil. de la frontière.

73 kil. **Hirson** (p. 56). Puis on retourne un peu en arrière et l'on prend à l'E. pour continuer vers *Mézières-Charleville* (56 kil.). Détails, v. p. 57 et 54. De là vers *Longuyon* (86 kil.) et *Nancy* (112 kil.), v. R. 29A.

13. De Mézières-Charleville à Givet et à Namur.

Vallée de la Meuse. Grottes de Rochefort et de Han.

64 kil. jusqu'à *Givet* (ligne de l'Est), trajet en 1 h. 40 à 2 h. 30, pour 7 fr. 15, 4 fr. 85 et 3 fr. 20. 50 kil. de Givet à *Namur* (ligne du Nord-Belge), en 1 h. 35 à 1 h. 50, pour 4 fr. 85, 3 fr. 25 et 1 fr. 95. — Billets d'aller et retour en été jusqu'à Givet, à 6, 4 et 3 fr. (mêmes prix de Sedan), valables du samedi à midi au lundi à midi (départs) ou de la veille au lendemain d'un jour de fête, avec la faculté de descendre à une station quelconque sur le trajet et de reprendre le chemin de fer à une autre station.

La *vallée de la Meuse, que descend cette ligne, a au delà de Charleville un aspect tout différent de la partie en amont. Le fleuve y suit un cours des plus capricieux, et elle présente des endroits magnifiques. C'est l'extrémité O. des *Ardennes*, plateau jadis fameux par ses forêts, auj. bien moins étendues, et qui présente de ce côté des hauteurs atteignant jusqu'au delà de 450 m. d'altit. ou env. 250 m. au-dessus de la Meuse. Le terrain est de formation schisteuse, et sur les deux rives se dressent des escarpements boisés de plusieurs centaines de mètres, entre lesquels le fleuve coule dans un sombre défilé, parfois si resserré qu'il n'y a pas même de place pour un chemin au bord de l'eau. Le trajet en chemin de fer y est déjà très intéressant, en particulier à cause des nombreux méandres de la Meuse, qui ménagent des coups d'œil surprenants, mais le train vous emporte souvent trop vite et les principaux tunnels sont aux plus beaux endroits. Certaines parties méritent du reste d'être parcourues à pied, surtout entre Monthermé et Fumay et aux environs de Dinant. La vallée est de plus animée par un grand nombre d'établissements industriels, particulièrement des ateliers de ferronnerie et de clouterie, des forges, des fonderies, et il y a d'importantes ardoisières. La vue est généralement du côté du fleuve et par conséquent tantôt à dr. et tantôt à g. de la voie: v. la carte ci-jointe.

Mézières-Charleville, v. p. 54. La voie passe sur la rive dr. et coupe la presqu'île du Mont-Olympe (p. 54), pour suivre la même rive jusque près de Monthermé. — 7 kil. *Nouzon*, à dr., localité de 7795 hab., dans un site pittoresque, un des endroits les plus importants de la vallée pour l'industrie métallurgique.

De Nouzon a Gespunsart: 8 kil., ligne d'intérêt local, par la vallée de la Goutelle. *Neufmanil* (5 kil.; 1535 hab.), principale stat. intermédiaire, et *Gespunsart* (1884 hab.) sont deux localités importantes, travaillant surtout le fer.

11 kil. *Joigny-sur-Meuse*, à g., à un détour du fleuve, qui en fait un autre immédiatement après.

16 kil. *Braux-Levrezy*. La stat. est à *Levrezy*; *Braux* est en deçà sur l'autre rive. Ici commence une des plus belles parties de la vallée. Tunnel de 518 m. dans le promontoire des *rochers des Quatre-Fils-Aymon*, ainsi nommé de guerriers légendaires du moyen âge, qui passent pour s'être illustrés dans les Ardennes et n'avoir eu qu'un seul cheval, nommé «Bayard», qu'ils montaient ensemble.

17 kil. *Monthermé-Château-Regnault-Bogny*, stat. près des villages industriels de *Château-Regnault* (rive dr.) et de *Bogny* (rive g.). — Hôt. des Quatre-Fils-Aymon, près de la gare, bon et pas cher.

Monthermé (*hôt. de la Paix*, au pont) est à env. 3 kil. au N., mais il y a un tramway conduisant près de là, à *Lavaldieu* (2 kil.; 20 c.). C'est un bourg industriel comme les précédents et qui de plus exploite 8 ardoisières. Sa population est de 4272 hab. Il occupe un site original, à l'extrémité

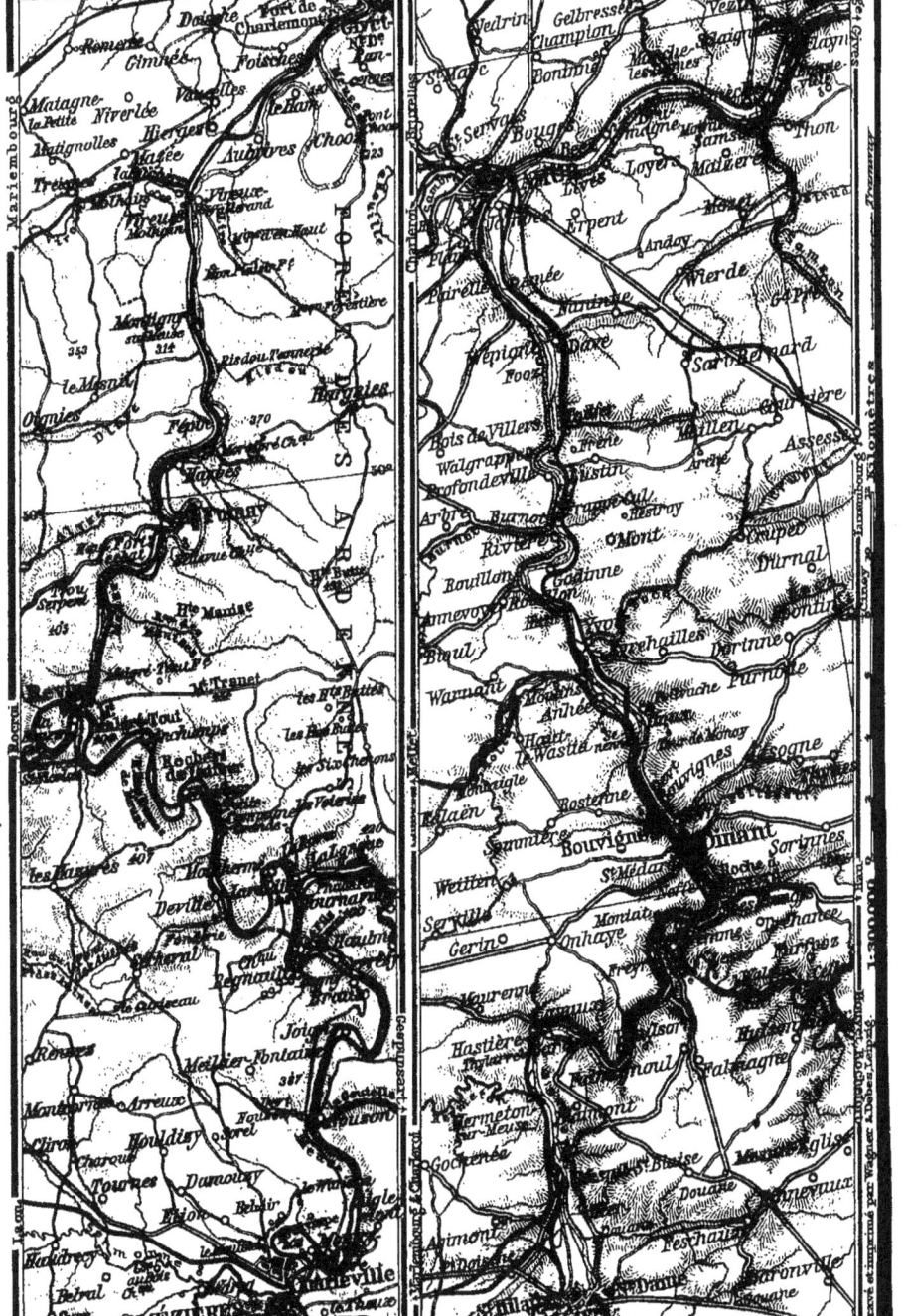

d'une boucle formée par la Meuse et non loin de son confluent avec la Semoy (v. ci-dessous), en deçà à l'arrivée. *Lavaldieu*, à g., est de fait une dépendance de Monthermé, la partie industrielle, sur la rive dr., où il y a surtout d'importantes fonderies de fer. Il faut traverser cette partie pour arriver à l'autre, par un pont suspendu. Lavaldieu avait une abbaye, dont la petite église, à dr. non loin de la gare, a été reconstruite au XVIIe s. On en remarque les stalles et les lambris à cariatides.

Les hauteurs de la presqu'île voisine de Monthermé offrent de belles vues. On peut aller par là, au S.-O., à la stat. de *Deville* (5 kil.; v. ci-dessous). Un chemin encore plus recommandable conduit au N.-O. à *Laifour* (6 kil.; v. ci-dessous). La vallée est intéressante pour les piétons jusqu'au delà de Revin, 10 kil. plus loin. On suit la Meuse et passe d'abord, après Laifour, en vue des *Dames de Meuse* (v. ci-dessous). A 5 kil., *Anchamps*; 5 kil. au delà, *Revin* (v. ci-dessous).

La **vallée de la Semoy**, dont le cours est encore plus sinueux que celui de la Meuse, présente de jolies parties, même jusqu'à Bouillon, mais surtout dans le bas. Il y a un ch. de fer à voie étroite dans la partie française, par *Lavaldieu*, *Thilay* (1640 hab.; 8 kil.) et *les Hautes-Rivières* (1946 hab.; 13 kil.; hôt.: du Grand-St-Hubert, Robinet). — *Bohan* (aub.), à 7 kil. de là et 8 h. de Lavaldieu par les raccourcis, est le premier village belge. Env. 5 kil. ½ plus loin, *Vresse* (hôt. Grandjean), et à 5 kil. de là *Alle*, lieu de villégiature charmant, avec deux hôtels (Hoffmann, du Commerce). Il y a encore env. 13 kil. de là à Bouillon, par *Poupehan* (5 kil.; hôt.) et *Corbion* (2 kil.). — *Bouillon*, v. p. 68.

Immédiatement après la stat. de Monthermé, un pont sur la Meuse et un tunnel de 800 m., dans la presqu'île de Monthermé, et l'on se retrouve sur la rive g. — 21 kil. *Deville*, village de 1394 hab., qui a aussi d'importantes ardoisières. La vallée est toujours magnifique. A dr., les *rochers de Laifour* (402 m.). — 25 kil. *Laifour*. Un pont et un tunnel de 495 m. A g., les *rochers des Dames de Meuse*. Autre pont. Tunnel de 390 m.

33 kil. **Revin** (hôt.: *Latour*, *de la Gare*, tous deux à la station), à g., ville industrielle de 5038 hab., occupant, avec le faubourg où est la gare, deux presqu'îles dans un site magnifique. La rue en face de la station mène à un pont suspendu, d'où l'on monte à dr. à la ville, qui a une rue principale dans la direction de la presqu'île et une autre qui la traverse et redescend vers un second pont suspendu. Celle-ci passe à dr. à l'hôtel de ville et à g. près de l'*église*, qui est assez riche à l'intérieur. — A l'E. ou à dr. de la voie, le *mont Malgré-Tout* (400 m.), qui offre une très belle vue.

Correspond. à Revin pour *Rocroi*, 18 kil. à l'O. (1 fr. 50; p. 57).

La voie franchit de nouveau la Meuse et passe à travers l'isthme de Revin, qui a 5 kil. de circuit et que coupe aussi, pour la navigation, un canal souterrain d'env. 550 m. Plus loin, encore un pont.

40 kil. **Fumay** (hôt. *de la Gare*), ville assez malpropre de 5668 hab., à env. ¼ d'h. à dr. (omn., 25 c.), dans une presqu'île de forme ovale. Elle a des usines métallurgiques et surtout d'importantes ardoisières, les plus considérables de la vallée. Belle *église* goth. à trois nefs, bâtie de 1872 à 1876. Derrière, à dr., une promenade qui a de beaux arbres.

Après la stat., un tunnel de 558 m., au delà duquel on se retrouve au bord du fleuve, près de Fumay, qui est à dr. — 44 kil. *Haybes*, qui a aussi des ardoisières. 1422 hab. — 53 kil. *Vireux*-

Molhain (2099 hab.), où aboutit la ligne de Charleroi par Mariembourg (p. 56). On aperçoit plus loin à g., non loin de la stat. suiv., les ruines pittoresques du *château des Hierges*. — 57 kil. *Aubrives*. Le fleuve forme encore une immense boucle coupée par le chemin de fer et un canal de navigation, en partie souterrain. Carrières de pierre bleue. — Enfin un tunnel de 310 m., sous la citadelle de Charlemont, et

64 kil. **Givet**. — Hôtels : **Gr.-H. d'Angleterre*, place Méhul, près de la gare (25 ch. dep. 8 fr., 1er dé. 1.25, 2e dé. ou df. 3.50, v. c.); *H. du Mont-d'Or*, rue Thiers, 14, bon (80 ch. de 2 à 4 fr., rep. 1 et 3.50, v. c., om. 50 c.). — *Buffet* à la gare. — *Poste et télégr.*, près du pont, rue d'Estrées. — *Voiture* pour Beauraing, v. ci-dessous.

Givet est une ville de 6947 hab., à dr., sur les deux rives de la Meuse, et une place forte dont l'enceinte continue a été démolie en 1892, mais qui a conservé sa citadelle de *Charlemont*, située à l'O. ou en deçà de la voie, sur un rocher de 215 m. d'alt., et ainsi nommée parce qu'elle fut fondée par Charles-Quint (vue, v. ci-dessous). Givet appartient à la France depuis la fin du xviie s. Il y a des tanneries renommées.

Cette ville est surtout curieuse pour le touriste par son site pittoresque, vue du pont qui la sépare de *Givet-Notre-Dame*, son faubourg de la rive droite. Sur une place à dr. dans le nouveau quartier près de la gare, se voit une *statue de Méhul*, l'illustre musicien, originaire de Givet (1763-1817); elle est en bronze, par Croisy (1892). Dans la ville même, l'*église St-Hilaire*, construite par Vauban et où l'on remarque surtout des boiseries.

On va de la rue principale, la rue Thiers, au pont de la Meuse par la rue d'Estrées, au coin de l'hôtel du Mont-d'Or. Sur la rive dr., l'*église Notre-Dame*, avec une haute flèche. Sur une hauteur de la même rive, le *Mont-d'Or*, jadis fortifié et où il reste surtout une tour. Sur le quai de la rive g., une autre tour.

On a une assez belle vue du haut de la citadelle, où l'on monte de la ville par un mauvais chemin au S.-E., du côté de la Meuse, ou de la gare par une route de voitures au N., après avoir traversé le chemin de fer.

Fromelennes (1285 hab.), à 4 kil. à l'E. de Givet, par un chemin qui s'embranche à dr. de la route partant de Givet-Notre-Dame, a une grotte très remarquable, le *trou de Nichet*, aménagée pour la visite depuis 1895 (entrée, 2 fr.).

De Givet à *Beauraing* (10 kil.), voit. publ. 2 fois par jour (1 fr.). Beauraing est aussi une station de ch. de fer, v. p. 84. On peut aller par là visiter les *grottes de Rochefort* et de *Han-sur-Lesse* (p. 64-65).

Givet est la dernière stat. française. Le chemin de fer continue de suivre la vallée. A g., l'embranch. de Doische (p. 56).

68 kil. *Heer-Agimont*. Douane belge. Heure en retard de 4 min. sur celle des chemins de fer français. Agimont, qui a un château en ruine, est à 3 kil. à l'O. et mieux desservi par la ligne d'Anor à Hastière (p. 56) qu'on rejoint plus loin à g. — 72 kil. *Hastière* (hôt.: d'Hastière, de Bellevue, etc.), lieu de villégiature dans un

beau site. Le chemin de fer tourne avec le fleuve. — 77 kil. *Waulsort-Village*, point d'arrêt. — 78 kil. *Waulsort* (hôt. : de la Meuse, Martinot), très fréquenté comme séjour. Il y a un grand château du XVIIe s., avec de beaux jardins. La Meuse est de nouveau bordée de hauts rochers pittoresques. A g., le *château de Freyr*, aussi du XVIIe s. et qui a de jolis jardins. A dr., le pont de la ligne de la Lesse et l'embouchure de la *Lesse* (v. p. 64). Sur l'autre rive, *Anseremme* (p. 64) et la curieuse *roche à Bayard*, ainsi nommée du cheval des quatre fils Aymon (v. p. 60).

87 kil. **Dinant.** — HÔTELS (repas v. n. c.): *H. des Postes*, près de la gare (100 ch. dep. 3 fr., rep. 1.25, 3.50 et 2.50); *H. de la Tête-d'Or*, sur la Grande-Place (90 ch. de 2 à 4 fr., s. 75 c., rep. 1, 2.50 et 3); *H. Kursaal*, au bord de la Meuse, rive dr. (ch. t. c. 4 fr. à 5.50, rep. 1.25, 2.50 et 3.50); *H. des Familles*, au pont, rive dr. (28 ch. dep. 3 fr., rep. 1, 2.50 et 2); *H. des Ardennes*, rue Léopold (52 ch. de 2 fr. à 2.50, rep. 1, 2 et 2.50), etc.

BATEAUX A VAPEUR: pour *Namur*, trajet intéressant (1 fr. 70 et 1 fr.; v. p. 22); pour *Hastière* (v. ci-dessous), t. les j. en juillet et en août. *Bains froids* sur la rive droite.

Dinant (94 m.) est une ville belge de 7400 hab. et une anc. place forte, sur la rive dr. de la Meuse, dans un site pittoresque, au pied d'un rocher aride que couronne son anc. citadelle. Les habitants expièrent terriblement en 1466 l'audace qu'ils avaient eue de prendre parti pour la France contre le duc de Bourgogne. La ville, qui comptait alors, dit-on, 30 000 hab., fut assiégée et prise par Philippe le Bon et son fils, Charles le Téméraire, et 800 (?) citoyens précipités dans le fleuve. Dinant fut de nouveau prise et pillée en 1554 par les Français, qui s'en emparèrent encore en 1675.

La gare est sur la rive g., au faub. *St-Médard*, qui est relié à la ville par un pont en fer, d'où l'on a une belle vue.

L'*église Notre-Dame*, sur la Grande-Place, près du pont, est un bel édifice gothique de la seconde moitié du XIIIe s., avec des réminiscences du style de transition; elle est nouvellement restaurée. On en remarque les portails. Clocher original d'env. 68 m. d'élévation, qui atteint presque la hauteur de l'anc. citadelle. Le vieil *hôtel de ville*, au bord de la Meuse, à dr. en arrivant, possède quelques tableaux de *Wiertz* (1806-1865), de Dinant.

Un escalier de 408 marches, derrière l'église, conduit à l'anc. *citadelle*, dont les ouvrages sont propriété particulière depuis 1879. Entrée, 75 c. La vue y est restreinte, mais pittoresque. — Vues plus belles des jardins du *Casino*, rue Grande, 27, en aval, où les étrangers sont admis, et du *jardin de Montfat*, rue En-Rhée (75 c.). Ce jardin a une *grotte* à légende, d'où l'on monte dans le haut par un étroit escalier. — Le *palais de justice*, dans le voisinage, date de 1879.

On descend derrière la citadelle dans le *fonds de Leffe*, gorge rocheuse où il y a de nombreux moulins et qui doit son nom à *Leffe*, faubourg N. de Dinant. — Promenade à la Roche à Bayard (v. ci-dessus), 1 kil. en amont. De Dinant aux *grottes de Rochefort* et de *Han*, v. p. 84.

Après Dinant, à g., l'ancienne petite ville de *Bouvignes* (arrêt; hôtel), jadis sa rivale, avec les ruines du *château de Crèvecœur*.

Puis l'arrêt de *Houx* et, à dr., les ruines de *Poilvache* (entrée, 50 c.), près desquelles on retraverse la Meuse. — 94 kil. *Yvoir* (hôt. des Touristes, etc.). A 5 kil. au S.-O. sont les ruines du **château de Montaigle*, les plus imposantes de la Belgique. — Ensuite, sur la rive g., la *roche aux Chauwes* (corneilles). — 98 kil. *Godinne*. — 101 kil. *Lustin*. Tunnel et halte de *Tailfer*. — 107 kil. *Dave*, avec un château. — 112 kil. *Jambes*. A g., l'anc. citadelle de Namur; à dr., la ligne de Luxembourg; un dernier pont sur la Meuse, qui tourne à l'E.; à dr. encore la ligne de Liège. — 114 kil. *Namur* (p. 21).

De Dinant aux grottes de Rochefort et de Han.

29 kil. de ch. de fer jusqu'à *Eprave*, d'où l'on peut aller directement à la grotte de Han (4 kil.); 33 jusqu'à *Rochefort*, où l'on visite celle de ce nom et d'où il y a un omn. pour celle de Han (6 kil.; 2 fr. all. et ret.).

La ligne s'embranche à g. du côté de Givet et traverse la *Meuse*. — 3 kil. *Anseremme* (hôt.: Beau-Séjour, des Etrangers), dans un joli site et dominé par des rochers escarpés, à l'embouchure de la *Lesse*, dont la voie va remonter la belle vallée rocheuse, où elle a quantité de ponts et de tunnels. A g., sur la rive dr., le *château de Lesse*, qui est moderne. Ensuite, sur un rocher à pic, le *château de Walzin*, très pittoresque, du XIII° s., l'anc. manoir de la famille de la Marck. Sur un autre rocher, la tour de *Cavrenne*. — 10 kil. *Gendron*. — 14 kil. *Ardenne*, stat. pour l'**hôt. Château-Royal d'Ardenne* (240 m.), situé sur un mamelon au confluent de la Lesse et de l'*Yvoigne*. C'est un anc. rendez-vous de chasse de Léopold Ier, avec un grand parc. — 16 kil. *Houyet* (H. de la Lesse), où s'embranche une ligne menant à *Bertrix* (58 kil.), par *Beauraing* (p. 62) et *Paliseul* (p. 69). Le château de Beauraing a été détruit par le feu en 1889. — 18 kil. *Havenne*. — 20 kil. *Wanlin*. — 22 kil. *Vignée*. Dans le voisinage, sur un rocher à pic, le château royal de *Ciergnon*. — 25 kil. *Villers-sur-Lesse*.

29 kil. **Eprave** (*H. Malarm, H. Marneffe*; guide, s'informer dans un hôtel), au confluent de la Lesse et de la *Lomme*, d'où l'on peut aller aux grottes de Han-sur-Lesse (p. 65).

A voir, à l'E. d'Eprave, le **Trou du Rond-Tienne*, où le bras de la Lomme qui disparaît dans les grottes de Rochefort (v. ci-dessous) reparaît en bouillonnant.

33 kil. **Rochefort** (hôt.: **Biron, de l'Etoile*, dans le même genre, ch. t. c. 2 fr., dî. 2.50, v. n. c.; *Rogister*), ville de 2900 hab., anc. capitale du comté des Ardennes, sur une hauteur au bord de la Lomme et dominée par les ruines d'un château (50 c.; vue). Elle a une *église* neuve romane, sur les plans de Cluysenaar. Belle vue de la *chapelle de Lorette*. En face, le *château de Beauregard*, qui est moderne.

La **grotte de Rochefort* est une des plus belles parmi les grandes grottes qui existent aux environs, dans la roche calcaire. Il faut 1 h. 1/4 à 2 h. pour la parcourir rapidement (entrée, 5 fr.; réductions aux sociétés). Ses parties principales sont: la *salle des Merveilles*, la *salle du Sabbat*, qui a, dit-on, plus de 90 m. de haut et qu'on éclaire avec des ballons lumineux; le *Val d'Enfer* et les *Arcades*.

Han-sur-Lesse (*H. des Voyageurs*, 50 ch. à 2 fr., rep. 75 c. et 2 fr. 50; *H. de Bellevue & de la Grotte*, 25 ch. à 1 fr. 50, rep. 60 c., 2.50 et 1.75, v. n. c.), à 4 kil. d'Eprave et 6 de Rochefort, est au N. d'une chaîne de collines crevassées, où la *Lesse* s'est frayé un passage dans la

*grotte de Han ou *trou de Han*, qui a son entrée à $^1/_2$ h. du village, au S. des collines. Les cartes d'entrée se délivrent à l'hôt. de Bellevue, où sont aussi les guides, les frères Lanoy.

On paie 5 fr. par personne, mais 7 fr. si l'on est seul; suppléments facultatifs: éclairage électrique (seulement de Pâques au 1er nov.), 2 fr.; visite du gouffre de Belvaux, 50 c.; coup de canon à la sortie, 50 c. On donne de plus un pourboire au guide. Durée de la visite, qui a lieu huit fois par jour en été, 2 à 4 h.

La grotte a env. 1500 m. de long en ligne droite. Elle se compose d'une série de salles des dimensions les plus variées. Suivant les fantastiques conformations des stalactites qu'elles présentent, ces salles ont reçu des noms particuliers, depuis celui de *galerie de la Grenouille* jusqu'à ceux de *Boudoir de Proserpine* et *Trône de Pluton*. La plus grandiose est la *salle du Dôme, qui a 154 m. de long, env. 140 m. de large et 56 m. de haut; ensuite viennent les *Mystérieuses*, quatre salles où sont les plus belles stalactites.

A env. 10 min. de l'entrée se trouve l'endroit où la rivière se précipite en mugissant dans le gouffre, et qu'on appelle la *perte de la Lesse* ou *gouffre de Belvaux* (visite, v. ci-dessus).

Le *chemin de fer* se prolonge de Rochefort sur *Jemelle* (4 kil.), stat. de la ligne de *Namur* à *Luxembourg*, à 57 kil. de la première ville (p. 21) et 106 de la seconde (p. 120).

14. De Mézières-Charleville à Sedan.
(*Nancy. Metz. Luxembourg.*)

20 kil. Trajet en 22 à 37 min. Prix: 2 fr. 25, 1 fr. 50, 90 c.

Mézières-Charleville, v. p. 54. On suit la ligne de Reims jusque passé la stat. de *Mohon* (2 kil.; p. 53), puis on prend à g. par la vallée de la *Meuse*. — 5 kil. *Lumes*, où on la traverse. — 10 kil. *Nouvion-sur-Meuse*.

13 kil. *Vrigne-Meuse*. Tramw. pour *Vrigne-aux-Bois* (3075 hab.; 5 kil.), localité importante par ses fabriques de quincaillerie et ferronnerie.

16 kil. *Donchery* (1915 hab.). C'est ici que l'aile g. des armées allemandes franchit la Meuse, dans la bataille de Sedan, pour couper la retraite à l'armée française du côté de Mézières. La voie traverse le fleuve. Immédiatement à dr., le *château de Bellevue*, où Napoléon III se constitua prisonnier et où fut signée la capitulation de Sedan, le 2 sept. 1870. La Meuse forme ici à g. la *presqu'île d'Iges*, où l'armée française fut retenue trois jours prisonnière après la capitulation. En face, à dr., les hauteurs de *Frénois*, où était le quartier de l'état-major allemand durant la bataille. C'est donc de ce côté et plus loin à l'E. que prirent position les armées allemandes, tandis que

Bædeker. N.-E. de la France. 7e édit. 5

les Français occupaient en face les premières hauteurs autour de Sedan : à la fin de la bataille, ces hauteurs avaient été contournées par les vainqueurs, maîtres de celles qui les dominent au N.

20 kil. Sedan. — HÔTELS: *H. de l'Europe*, rue Gambetta, 27, bon, (85 ch., rep. 1 fr. et 1.25, 3 et 3.50, p. dep. 9.50, om. 80 c.); *H. de la Croix-d'Or*, place Turenne (40 ch. dep. 2 fr. 50, rep. 1 et 1.25, 3 et 3.50); *H. du Lion-d'Or*, place d'Alsace-Lorraine. — *Buffet* à la gare.

POSTE ET TÉLÉGRAPHE, place Verte, derrière la fondation Crussy (v. ci-dessous).

VOITURES DE PLACE: dans la ville, à 1 chev., course, 2 pers., 80 c. le jour et 1 fr. le soir (de 10 h. à min.); 3 ou 4 pers., 1 fr. et 1.25; à 2 chev. et 4 places, 1.25 et 1.50; heure, 1.80 et 2, 2 et 2.25, 2.25 et 2.50; hors de l'octroi, course, 50 c., 75 c. et 1 fr. par kil.; heure 2 et 2.50, 2.25 et 2.50, 2.75 et 3. Chaque colis, 20 c.

TRAMWAYS ÉLECTRIQUES (10 et 20 c.): de la *gare* à la *place Turenne*; puis de là à *Bazeilles* (p. 67; 1/4 d'h.), au *Fond de Givonne* (p. 68), à *Gaulier* (au N.-O.; prolongement sur *Floing* projeté), et à *Torcy* (p. 67).

Sedan est une ville de 19349 hab., un chef-lieu d'arr. des Ardennes et une anc. place forte, sur la *Meuse*, fameuse par la bataille et la capitulation des 1er et 2 sept. 1870 (v. p. 67). Son origine n'est pas très ancienne; elle appartint assez longtemps aux ducs de Bouillon (p. 68), et l'un d'eux ayant voulu se rendre indépendant, Henri IV l'assiégea et la prit au bout de trois jours, en 1591. C'est une ville assez bien bâtie et prospère, grâce à son industrie, la fabrication de draps fins très célèbres; mais elle offre peu de curiosités aux étrangers. Ses fortifications sont aujourd'hui en partie démolies et remplacées, sur les bords de la Meuse, par des quartiers neufs qui ont de très belles maisons, et la gare a été rebâtie plus au S.-E.

L'avenue Philippoteaux, qui part de la gare, à dr., traverse le fleuve et un des quartiers neufs et mène en 1/4 d'h. à la *place d'Alsace-Lorraine*, à l'extrémité S. de la ville. Là se trouve le *monument des combattants morts en 1870*, un soldat blessé mortellement, que couronne la gloire; au pied, une statue de la France et deux bas-reliefs représentant la défense du pont de Bazeilles et la charge de cavalerie de la division Margueritte, œuvre de Croisy. — Autour de la même place, des constructions neuves: en face, le *collège*; à g., la *fondation Crussy*, qui comprend un asile et un petit musée, et en deçà un *temple protestant*.

Le musée n'est ouvert que le 1er et le 3e dim. du mois, de 1 h. à 4 h., mais on peut toujours le voir en s'adressant au pavillon de gauche.

DANS L'ENTRÉE se voient les *sculptures*, surtout des plâtres, les modèles des statues de Chanzy et de Méhul par *Croisy*, du monument de Garibaldi à Nice par *Deloye*, la Revanche de Galatée, par le même; Rêverie, par *Asbach*, et des débris de sculptures romaines.

DANS L'ESCALIER, un grand tableau de *J. Blanc*, la Prise d'Athènes.

Ier ÉTAGE. — 1re SALLE, *peintures:* à g., *F. Philippoteaux* (de Sedan), Prise de la Grande-Redoute (Moskova, 1812); Robert II de la Marck rapportant ses deux fils morts de la bataille de Novare (1513); de l'autre côté, *Philippoteaux*, Rentrée triomphale de la milice sedanaise après la bataille de Bouzy (1585); quelques beaux portraits. — SALLE DE DR., par rapport à l'entrée, *curiosités diverses:* manuscrits, éditions sedanaises du XVIIe s., armes antiques et autres, autographes et encore des peintures: *Ed. d'Olémar*, Chez le rétameur; *E. Damas*, la Veille du marché; portr.

du cardinal Gousset, archevêque de Reims; paysage (bords de la Meuse); médailles, verres et vases gallo-romains; faïences, sceaux. — SALLE DE G. ou de l'autre côté: gravures, plans et cartes, manuscrits.

La place Crussy, qui longe le collège, où l'on remarque, au-dessus d'une porte, un bas-relief représentant Turenne endormi sur un affût de canon, relie la place d'Alsace-Lorraine à la vieille ville. A g. à l'extrémité est la rue Gambetta, la grand'rue, qui mène à la place Turenne (v. ci-dessous); à dr., la place d'Armes, avec l'*église paroissiale*, qui n'a rien de curieux. La 1re rue à g. dans le fond de cette place, puis la 1re à dr. conduisent vers le *donjon* et l'anc. *château*, du xve s., qui sont peu remarquables. Les fortifications de Sedan ne sont encore qu'en partie démolies de ce côté, où le terrain se relève rapidement. Il y a derrière, dans le haut, des boulevards d'où l'on a une assez belle vue. On en redescend à la place Turenne en prenant à g. en deçà de l'hôpital militaire.

La place Turenne est décorée d'une *statue de Turenne,* en bronze, par Gois, érigée en 1823. Le célèbre maréchal, né à Sedan en 1611 (m. 1675), était fils de Henri de la Tour-d'Auvergne, vicomte de Turenne et duc de Bouillon, qui fut mêlé à tous les complots de la cour contre Richelieu et dut céder sa principauté de Sedan à Louis XIII, pour avoir la vie sauve. Sur la même place se trouvent l'*hôtel de ville,* le *palais de justice* et le *théâtre.*

La Meuse, faisant un grand circuit à l'E., vient passer près de cette place. En la traversant, on se trouve encore dans un beau quartier neuf, puis dans une prairie que traverse le *viaduc de Torcy.* Plus loin, au delà d'un canal de navigation, est le *faubourg de Torcy,* avec une *église* et un *couvent* modernes du style gothique. La rue Wadelincourt, qui passe devant l'église, ramène à la gare.

BAZEILLES, village à 4 kil. ¹/₂ au S.-E. de Sedan (tramway, v. p. 66; voit. partic., 2 fr. 50 et 3 fr.; stat., p. 113), est surtout l'endroit que visitent les personnes s'intéressant aux événements de 1870-71. La route commence au S. de la place Nassau, qui forme l'extrémité de l'avenue Philippoteaux et où se trouve un collège de filles.

C'est en effet de ce côté et plus particulièrement aux alentours de Bazeilles que fut le centre de la bataille de Sedan, le 1er sept. 1870. L'armée de Mac-Mahon, partie du camp de Châlons (p. 80) pour se porter au secours de celle de Bazaine à Metz, par Montmédy (p. 113), avait été rejetée sur Sedan par les armées du prince royal de Prusse et du prince de Saxe, cette dernière déjà victorieuse le 30 août au combat de Beaumont (p. 115). Le passage de la Meuse s'était effectué à l'E. du côté de Bazeilles et à l'O. à Donchery (p. 65), et les Français occupaient surtout les hauteurs de la rive dr. de la Givonne, petit affluent de la Meuse qui passe derrière Bazeilles, soit les hauteurs de *la Moncelle, Daigny* et *Givonne* (p. 68), leurs lignes se prolongeant à l'O., par *Illy* et *Floing,* jusque vers la presqu'île d'Iges (p. 65). Bazeilles et la Moncelle furent d'abord les points les plus disputés, depuis 4 h. ¹/₂ du matin jusqu'après 10 h.; ce furent ensuite Daigny et Givonne et finalement Illy, où les armées allemandes opérèrent leur jonction vers 2 h. du soir. Alors se terminait en faveur des Allemands une des plus importantes batailles des temps modernes. Des considérations politiques avaient dicté les ordres qui forçaient Mac-Mahon à se porter vers le nord, les chefs allemands avaient eu l'habileté de l'acculer dans le fond de Sedan, deux changements de commandement (Ducrot, de Wimpffen), à la suite d'une blessure dont le maréchal fut atteint dans la matinée, avaient amené de nouvelles complications et la bravoure d'une armée de 140000 hommes, reconstituée à la hâte, fut impuissante contre deux armées déjà victorieuses, comptant ensemble 240000 hommes. Lorsque la position d'Illy fut perdue, ce fut dans l'armée française une déroute complète; elle se porta dans le plus grand désordre vers Sedan, et une batterie allemande bombardant alors la ville des hauteurs de Frénois (p. 65), il n'y eut plus pour les vaincus qu'à périr inutilement ou se rendre. Napoléon III, qui se trouvait à Sedan, sans y avoir de commandement, se constitua prisonnier, et la capitulation livra en outre aux vainqueurs 83000 hommes, dont 1 maréchal, 39 généraux, 230 officiers d'état-major et 3000 autres officiers, avec 10000 chevaux, 4000 canons, 70 mitrailleuses et un matériel énorme. Les Allemands eurent 9000 hommes hors de combat et les Français 17000.

A l'entrée de Bazeilles, à g. de la route, se trouve un estaminet ayant pour enseigne: *A la Dernière Cartouche*. C'est la dernière position défendue dans le village par l'infanterie de marine, sous le commandement de Martin des Paillères, contre les Bavarois de Von der Tann. C'est aussi la seule maison qui échappa à la destruction et à l'incendie allumé par représailles, nombre d'habitants ayant pris part à la bataille. On y a organisé un petit *musée* (pourb.), composé de toute sorte de menus objets recueillis sur le champ de bataille. Plusieurs pièces ont été conservées à peu près dans l'état où elles se trouvèrent après la bataille, notamment une chambre du premier étage, dans laquelle A. de Neuville a placé la scène du tableau dont l'estaminet a pris le titre pour enseigne.

Le chemin à dr. de la route conduit dans le village, en passant près du cimetière, dont on a déjà aperçu de loin l'*ossuaire*, avec sa petite pyramide. Pour le visiter, s'adresser au premier estaminet, dont le propriétaire est le fossoyeur (pourb.). Cet ossuaire, devant lequel a été rapporté un petit monument érigé à 500 Bavarois, se compose de deux rangées de caveaux, sur le sol desquels sont les ossements de 2035 Français et Allemands exhumés du champ de bataille. L'autre grand monument du cimetière n'a aucun rapport avec les événements de 1870. — Un *monument* en forme de pyramide tronquée a été érigé dans le village aux soldats français et aux habitants tués dans l'action. — On pourra reprendre le chemin de fer à la *station* de Bazeilles, plus bas, près de la Meuse (p. 113).

DE SEDAN A BOUILLON: 19 kil., voit. publ. 3 fois par jour (2 fr.). La route commence à la place Nassau (p. 67), à g. du collège de filles, et monte d'abord à l'E. par le *Fond de Givonne*, en traversant une partie du champ de bataille de 1870. — 5 kil. *Givonne*, sur le ruisseau de ce nom, alors le centre des positions françaises. — 8 kil. *La Chapelle*, où est la douane française. Ensuite la *forêt des Ardennes*. Il y a d'ici une traverse plus courte de 8 kil. — 13 kil. Frontière belge. — 19 kil. Bouillon (hôt.: *de la Poste*, bon; *des Ardennes*), ville d'env. 2600 hab., anc. capitale d'un duché indépendant, à la France de 1795 à 1815, puis réunie au Luxembourg et depuis 1839 à la Belgique. Elle occupe un beau site, dans une presqu'île de la *Semoy*, affluent de la Meuse. La principale curiosité de Bouillon est son *château*, situé sur un rocher isolé. On peut le visiter. — Il faudrait une journée pour descendre à pied la vallée jusqu'à Mon-

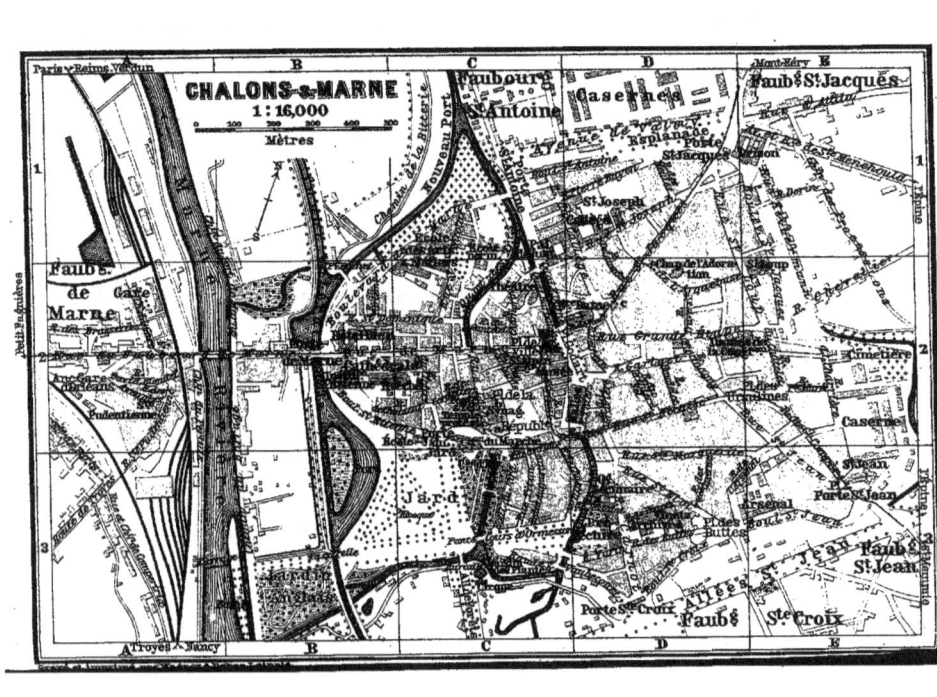

thermé (48 kil.). Il y a de cette localité une route qui permet d'en visiter facilement la partie la plus importante (v. p. 60-61). — Bouillon est relié à *Paliseul* (p. 64) par une ligne vicinale de 16 kil. (trajet en 3/4 d'h., pour 1 fr. 15 et 80 c.).

De Sedan à *Nancy* et à *Verdun*, v. R. 29; à *Metz*, R. 30; à *Luxembourg*, R. 31.

15. De Paris à Châlons-sur-Marne (Nancy).
(Paris-Strasbourg.)

173 kil. Chemin de fer de l'Est. Gare, voir le plan p. 1 (C 24). Trajet en 2 h. 9 à 5 h. 7. Prix : 19 fr. 50, 13 fr. 20, 8 fr. 65.

De Paris à Nancy : 353 kil.; 5 h. 12 à 9 h. 35; 39 fr. 65, 26.80, 17.50. — *De Paris à Strasbourg :* 503 kil., chemin de fer d'Alsace-Lorraine à partir d'Avricourt (p. 142), trajet d'env. 8 à 13 h., en décomptant la différence d'heure à la frontière (55 min. d'avance). Prix : 56 fr. 80, 38 fr. 70, 24 fr. 85. Billets mixtes, c.-à-d. 1re cl. jusqu'à la frontière et 2e cl. de là jusqu'à destination, 53 fr. 70. Les secondes allemandes sont à peu près comme les premières françaises.

Nota. Le train le plus rapide est l'*express d'Orient*, le soir, composé d'un nombre restreint de wagons-lits et de wagons-restaurants avec salons. Il prend des voyageurs pour toutes les stations où il s'arrête, mais seulement autant qu'il y a de la place. Les prix sont ceux des express ordinaires augmentés de 5 fr. 35 jusqu'à Châlons-sur-Marne, 11 fr. jusqu'à Nancy, 12 fr. 80 jusqu'à Avricourt et 15 fr. 10 jusqu'à Strasbourg. Dîner, 6 fr., vin non compris. — Wagons de luxe à d'autres trains, y compris des wagons à couloir avec water-closet et lavabo, v. l'Indicateur, aux renseignements généraux, après la carte du réseau de l'Est, et le tableau de la ligne de Nancy et Strasbourg.

Jusqu'à *Epernay* (142 kil.), v. p. 32-35 et 37-39. A dr., les riches maisons mentionnées p. 39. — 148 kil. *Oiry-Mareuil*, où s'embranche la ligne de Fère-Champenoise (p. 40). — 155 kil. *Athis*. — 159 kil. *Jalons-les-Vignes*, à dr. Beau clocher roman en bâtière.

A env. 5 kil. au S., à *Champigneul*, le *château d'Ecury*, près d'un marais où se trouve une *héronnière* qui date de la plus haute antiquité, réunion de 172 nids de 2 à 3 m. de circonférence, sur 52 arbres, où des centaines de hérons viennent nicher de février au commencement d'août.

163 kil. *Matougues*. A Châlons, à g., les lignes de Reims et de Verdun réunies. — 173 kil. *Châlons-sur-Marne* (buffet).

Châlons-sur-Marne.

HÔTELS : *de la Haute-Mère-Dieu* (pl. a, C 2), place de la République, 26 ; *du Renard* (pl. b, C 2), même place, 24 (50 ch. dep. 2 fr. 50, 1er dé. 1, dé. ou dî. 3, om. 50 c.); — *de la Cloche-d'Or* (pl. c, D 2), rue St-Jacques, 2, près de Notre-Dame ; *du Lion-d'Or* (pl. d, C 2), rue du Cloître (6 fr. 50 par jour) ; *du Chemin-de-Fer* (Oudot), près de la gare.

CAFÉS : place de la République, surtout le *café de la Bourse* et le *café Belle-Vue* ; *café des Oiseaux*, rue de l'Hôtel-de-Ville et quai Barbat, en face de Notre-Dame. — *Rest. Albert*, rue de Marne, 85, près de la cathédrale (dé. dep. 1 fr. 50, dî. 2).

VOITURES DE PLACE : course, de 6 h. ou 7 h. du mat. à 10 h. ou 8 h. du soir, 1 fr.; de 10 h. ou 8 h. du soir à min., 1.25; la nuit, 2; heure, 2, 2.50 et 3. Pour l'*Epine*, 6 fr. aller et retour, avec 1 h. d'arrêt.

TRAMWAYS ÉLECTRIQUES : 1, de la *gare* (pl. A 2) au *faub. St-Jean* (pl. E 3); 2, de *Petit-Fagnières* (v. pl. A 2) au *faub. St-Jacques* (pl. D 1); tarif unique, 10 c.

Poste & télégraphe (pl. C2), rue Lochet, 8 (v. p. 72).
Bains: quai des Arts, au coin de la rue de Marne.
Temple protestant (pl. C2), rue Lochet. — *Synagogue*, même rue.

Châlons-sur-Marne est une ville de 26737 hab., le chef-lieu du départ. de la *Marne* et du command. du VIe corps d'armée, avec un évêché et une école des arts et métiers. Elle était déjà importante au IIIe s. comme capitale des *Catuvellauni* ou *Catalauni* «vaillants dans le combat», et c'est dans le voisinage qu'eut lieu, en 451, la célèbre bataille, où les Huns d'Attila furent défaits par les Romains et leurs alliés, les Francs et les Visigoths (v. p. 78). Châlons fait un grand commerce de vins de Champagne.

De la *gare* (pl. A 2), on prend à g. et on tourne bientôt encore à g., pour traverser le chemin de fer, puis la Marne, qui coule dans un lit artificiel creusé en 1776, et plus loin le canal latéral, à l'entrée de la ville proprement dite. La rue de Marne conduit de là directement à l'hôtel de ville.

La *cathédrale, St-Etienne* (pl. B C 2), à dr., au commencement de cette rue, est un bel édifice maintenant restauré et dégagé. Elle est du style goth. du XIIIe s., sauf le grand portail, du style classique, ajouté en 1628. A chacun des bras du transept est accolée une tour carrée, sans flèche. Le portail N., des XIIIe-XIVe s., est fort mutilé; au-dessus règne une galerie surmontée d'une belle rose. Le portail S. date de 1840. L'intérieur forme un beau vaisseau à grandes fenêtres, garnies de beaux vitraux en partie anciens, des XIIIe-XVIe s., et à triforium remarquable. A mentionner aussi le maître-autel, à baldaquin, avec 6 colonnes de marbre; des pierres tombales des XIIIe-XVe s., surtout deux aux piliers à dr. et à g. du chœur; deux tableaux par Wilbault (XVIIIe s.), l'Annonciation et la Visitation, au bras dr. du transept, et un bas-relief attribué à Ligier Richier (v. p. 77 et 116), à l'entrée de la première chapelle à g. du pourtour. Le chœur s'avance dans la nef comme à Reims.

Le bâtiment neuf en face de l'église est l'*institution St-Etienne*, un collège ecclésiastique. Dans le square, une reproduction du *Gloria Victis* de Mercié. A g. de la rue, l'*Hôtel-Dieu* (pl. B 2), dont la fondation remonte au XVIe s.

La rue de Marne laisse à dr. au delà de la cathédrale la rue Lochet, qui mène au Jard (p. 72). A peu de distance du côté g., dans un anc. séminaire, en grande partie incendié en 1895, se trouve l'*école des Arts et Métiers* (pl. C 1-2), une des cinq de France (Châlons, Angers, Aix, Cluny et Lille) qui forment des ingénieurs et des contremaîtres. — Plus loin à dr. de la rue de Marne, la rue des Lombards, qui aboutit à la place de la République (p. 72).

L'*hôtel de ville* (pl. C 2) est un édifice du XVIIIe s., dont les grandes lignes et le dôme produisent assez bon effet au bout de la rue de Marne.

Sur le devant, un *monument de Carnot,* buste en marbre avec groupe en bronze, la France, la Champagne, etc., par Dagonet, et un bas-relief représentant la revue de Vitry en 1891.

Dans le bâtiment à dr. se trouvent la bibliothèque et le musée. La *bibliothèque*, à dr. à l'entrée, compte env. 70 000 volumes. Elle est ouverte tous les jours de midi à 5 h., excepté le mercredi. — Conservateur-bibliothécaire, M. Mallet.

Musée. — Entre la bibliothèque et les salles du musée est une petite cour où l'on a reconstruit un portail d'église du xviie s. et placé une belle collection de divinités hindoues. Les salles sont ouvertes au public le dim. et le jeudi de midi à 5 h. en été et 4 h. en hiver (oct.-avril) et visibles les autres jours; on entre par la droite. Il n'y a pas de catalogue.

Rez-de-chaussée. — Sculptures: moulages d'après l'antique et quelques œuvres modernes, surtout le Sommeil de l'enfant Jésus, par *Gardet*, une reproduction en bronze de la Jeanne d'Arc de *Chapu*, de Jeunes baigneuses par *Escoula*, un Cupidon par *Marqueste*, une Bacchante par *Frison*, plâtre, les Acrobates, par *Trouillot*, terre cuite, et un Faune dansant par *Blanchard*, bronze.

Ier étage. — Galerie de droite, histoire naturelle, surtout une très riche collection d'oiseaux. — Salles de gauche, collections diverses. Ire salle de ce côté: reproductions, en bois sculpté, des monuments les plus curieux de France, depuis l'époque celtique jusqu'à nos jours, par le *Dr Mohen*; la Charité, bronze d'après *P. Dubois*. — IIe salle. 1re travée, collection Picot, riche collection de meubles anciens, tableaux, sculptures, émaux, tapisserie des Gobelins. A citer spécialement parmi les tableaux, de dr. à g., une Adoration des mages de *Franck*, une Diane de Poitiers couronnée par l'Amour, du *Primatice*; — les Sapeurs de la garde, par *Regamey*; la Circoncision, par *P. Neeffs*, volet de triptyque, à la porte. — 2e travée: tableaux peu importants, dont un portrait de *Largilière*, par lui-même, et des Fruits sur un banc, par *Desportes*; curiosités diverses. — 3e travée: *Nozal*, Matinée d'automne; *Zuber*, Bain des nymphes; *Navlet*, le Forum romain; *F. Barrias*, Triomphe de Vénus; *G. Callot*, Enfance d'Orphée; *Marchal*, Alsace; *Brueghel*, paysage flamand; — *Monchablon*, Jeanne d'Arc; — *Barrias*, C. Desmoulins au Palais-Royal; *Chardin*, Intérieur de cuisine; *Benner*, Une rue à Capri; *Lix*, le Trombone, scène alsacienne; *Tabar*, Josué arrêtant le soleil; *Daubigny*, la Cascade de St-Cloud; *Desgoffes*, Mercure endormant Argus pour délivrer Io; *Bertin*, Philémon et Baucis. — IIIe salle, à côté de la 2e travée: suite des curiosités et encore quelques tableaux, surtout une Foire flamande par *Brueghel le V.*, un St Christophe (fresque) par *Giotto* et une copie du Guide par *C. Vanloo*, l'Enlèvement de Déjanire.

A g. du passage en face de l'entrée se trouvent deux petites salles qu'on doit agrandir, contenant des curiosités diverses, une sépulture gauloise du iiie s. av. J.-C. (squelette de femme avec sa parure et d'autres objets), ainsi qu'une partie de la collection d'histoire naturelle.

Le passage où est l'entrée du musée aboutit près de Notre-Dame.

Notre-Dame (pl. C D 2), à quelques pas à g. derrière l'hôtel de ville, est le monument le plus remarquable de Châlons. C'est une anc. collégiale des xiie-xive s., avec des parties romanes, mais surtout du style gothique. Elle a 4 tours, deux à la façade, avec flèches modernes assez disgracieuses et les deux autres, sans flèches, à l'E. du transept. Elle a une très belle nef, dont on remarque les tribunes latérales, surmontées encore d'un triforium, et de magnifiques vitraux du xvie s., surtout les deux premiers à g. Les trois chap. de l'abside sont précédées chacune de deux colonnes supportant la retombée des voûtes, comme à St-Remi de Reims. On voit aussi à Notre-Dame de belles pierres tombales comme à la cathédrale. Beau buffet d'orgue moderne.

Près de l'hôtel de ville, à g. de la place en y revenant, se trouve **St-Alpin** (pl. C2), église romane et goth., des XIIe-XIIIe et XVe-XVIe s., sans transept, riche en tableaux anciens de peintres français provinciaux. Elle a aussi de très beaux vitraux du XVIe s.

Parmi les tableaux, il faut surtout mentionner, dans la 3e chap. de dr., un Christ au roseau portant la date de 1551; dans la 4e, les Pèlerins d'Emmaüs, d'après de Champaigne; dans la 5e, Jésus portant sa croix, attribué au Pérugin. Plus loin à g., au 1er pilier du chœur, un bel Ecce Homo sur fond d'or. A g. au commencement du pourtour du chœur, un Ensevelissement du Christ d'un primitif Flamand. Dans le collatéral de g., en continuant le tour: Jésus arrêté au jardin des Oliviers, par un inconnu; la Flagellation, du même genre, datée de 1688; un Crucifiment, un St Benoît et un Portement de croix, ce dernier d'après de Champaigne.

La *place de la République* (pl. C2), un peu au delà de St-Alpin, est le centre de Châlons. En tournant à dr. à l'autre extrémité, on est au **Jard** (pl. BC3), promenade que précède de ce côté le *château du Marché*, joli petit édifice des XVIIe-XVIIIe s., en partie reconstruit au XIXe s. et qui sert de caisse d'épargne. Là aboutit la grande *rue Lochet* (poste, temple, jolie synagogue), établie au-dessus d'un canal qui passe sous le «château» et se retrouve dans la promenade. La promenade s'étend à dr. jusqu'au canal latéral, et il y a encore un *jardin anglais* (pl. B3) entre ce canal et la Marne. Il se donne des concerts militaires au Jard les dim. et jeudi après midi et quelquefois aussi le soir.

Du côté g., le *cours d'Ormesson* (pl. C3), avec un *laboratoire agricole* et un *jardin des plantes*. A l'extrémité de ce cours, la *préfecture* (pl. D3), anc. hôtel de l'intendance de Champagne, du XVIIIe s., qui a sa façade de l'autre côté, sur la rue Carnot. En face, les *Archives Départementales*, construction moderne précédée d'un *buste du vicomte de Jessaint*, préfet de la Marne de 1800 à 1838. A dr. de la préfecture, le *grand séminaire*, qui a un petit musée géologique et archéologique.

La *porte Ste-Croix* (pl. D3), à l'extrémité de la rue, est un arc de triomphe de 20 m. de haut, érigé en 1770, pour le passage de Marie-Antoinette à son arrivée en France, et resté inachevé.

La rue Carnot ramène dans l'intérieur de la ville, soit que l'on continue tout droit dans la direction de Notre-Dame (p. 71), soit qu'on tourne à g. après le grand séminaire pour revenir à la place de la République.

A env. 700 m. de la porte Ste-Croix, par les allées St-Jean, à l'extrémité S.-E. de la ville, se trouve **St-Jean** (pl. E3), église à trois nefs et double transept, des styles roman et goth., des XIe-XVe s. On y remarque, à dr. de l'entrée, un bon tableau ancien, le Couronnement de la Vierge; à g. de la nef majeure, un St Sébastien attribué à Phil. de Champaigne. — Près de cette église, une grande *caserne de cavalerie*. — On peut revenir dans la ville par la rue Haute-St-Jean et une des rues latérales de gauche. En continuant au contraire tout droit, on va vers St-Loup. — Du côté opposé, dans le faubourg au delà de la porte St-Jean, l'*église St-Memmie* (v. pl. E3), bel édifice moderne et pèlerinage célèbre, avec le tombeau de St Memmie, apôtre du pays, et le petit séminaire.

St-Loup (pl. E2), où l'on va de Notre-Dame en prenant au delà la rue St-Jacques, puis la rue de l'Arquebuse, la seconde à dr., est une belle église des xive-xve s., bien restaurée, avec une tour neuve sur la façade, mais non dégagée. Elle a de grandes fenêtres à vitraux modernes. Elle possède aussi des tableaux anciens, surtout, dans la 2e chap. de dr., un petit triptyque, l'Adoration des mages, d'un Flamand du commencement du xvie s. (on peut l'ouvrir). A l'extrémité du bas côté de dr., un St Christophe sculpté du xve s. Du côté g., une réduction de l'Adoration des bergers par Rubens et une Ste Cécile par Seghers.

La rue St-Loup et la rue St-Jacques aboutissent au N. de la ville au faub. St-Jacques, près de vastes *casernes d'infanterie* et *d'artillerie*. Plus loin, un *asile d'aliénés* et deux autres asiles hospitaliers. Dans la même direction, le *Mont-Héry*, une promenade pittoresque.

A 8 kil. à l'E. de Châlons sur la route de Ste-Menehould (voit., v. p. 69), qui commence à la porte St-Jacques, se trouve l'**Epine** (aub.; faire prix), village qui a une magnifique *église Notre-Dame*, construite de 1420 à 1529, pour y placer une statue miraculeuse de la Vierge trouvée par des bergers dans un buisson, et qui est devenue un pèlerinage célèbre. Elle a été en grande partie restaurée de nos jours. La façade a deux tours, dont les belles flèches en pierre sont d'inégale hauteur. Le portail est très riche, mais privé d'une partie de ses statues. On remarque en outre à l'extérieur de curieuses gargouilles et une belle balustrade qui fait dans le haut le tour de l'édifice. L'intérieur est à trois nefs, avec transept et triforium. A l'entrée du chœur est un joli jubé en pierre, sous lequel se trouve, dans une sorte de châsse goth. moderne, en cuivre doré, et sur une jolie colonnette de marbre, la statue miraculeuse, remise à neuf. Dans le bras g. du transept, un orgue du xvie s. et un puits. Le chœur a une belle clôture en pierre goth. et de la Renaissance, à laquelle est adossée, du côté g., un édicule goth. en pierre, dit le Trésor, avec statue de Notre-Dame-de-Bon-Secours. Enfin il y a encore dans une chapelle à dr. derrière le chœur un St-Sépulcre en pierre.

Dans le faubourg de Châlons où est la gare et où l'on aperçoit surtout son dôme, l'anc. *propriété Jacquesson*, transformée en distillerie, malterie et brasserie; il y a 11 kil. de *caves* creusées dans la craie, qu'on peut visiter.

De Châlons-sur-Marne à *Reims*, v. p. 78 et 80; à *Nancy*, R. 16 et 26; à *Troyes*, R. 19; à *Verdun* et *Metz*, R. 17 et 28. — Ligne à voie étroite en projet de Châlons-s.-M. à *Ambonnay* (Reims; v. p. 51).

16. De Châlons-sur-Marne à Bar-le-Duc.
(Paris-Nancy-Strasbourg.)

81 kil. Trajet en 1 h. à 2 h. 11. Prix: 9 fr. 05, 6 fr. 10, 3 fr. 95.

Châlons-sur-Marne, v. p. 69. La voie longe des coteaux crayeux, à dr. de la Marne, dans l'immense plaine de la *Champagne pouilleuse* (p. 84). — 2 kil. *Coolus*, où s'embranche la ligne de Troyes (p. 84). — 10 kil. *Mairy-St-Germain*. A dr., le château de Mairy, du xviie s. — 15 kil. *Vitry-la-Ville*, qui a un château du xviiie s., visible à dr. après la station. — 26 kil. *Loisy*. Belle église goth. du xiiie s., à g. On traverse la Marne à Vitry.

32 kil. **Vitry-le-François** (hôt.: *des Voyageurs*, rue de Vaux, 34, bon, 24 ch. à 2 fr., rep. 75 c., 2.50 et 3, om. 50 c.; *de la Cloche*, rue de Frignicourt, 44; *de la Gare*, à g., ville de 8561 hab., chef-

lieu d'arr. de la Marne et anc. place forte, sur la rive dr. de la Marne, en amont et en aval de plusieurs de ses affluents et à la jonction du canal latéral, du canal de la Marne au Rhin (v. ci-dessous) et du canal de la Haute-Marne (p. 101). Elle a été fondée en 1545 par François Ier, sur un plan régulier, pour remplacer Vitry-en-Perthois ou Vitry-le-Brûlé, à 4 kil. au N.-E., détruit l'année précédente par Charles-Quint.

L'avenue Carnot, créée depuis 1895 sur l'emplacement des anc. fortifications, mène de la gare à un petit jardin public où s'élève le *monument de la Revue de Vitry*, en 1891, une pyramide avec un médaillon du président Carnot, un bas-relief et un soldat en sentinelle, par Dagonet. Derrière est l'*hôtel de ville*, anc. couvent du XVIIe s., qui renferme un petit *musée*, comprenant des collections d'histoire naturelle et d'antiquités, ainsi que la collection de tableaux (en partie dans les salles), d'objets d'art et de curiosités orientales de feu le vice-amiral Page. La rue Dominé-de-Verzet, en face, aboutit à la *place d'Armes*, décorée d'une fontaine, centre de la ville, où convergent trois autres rues principales, formant avec elle la croix : la rue du Pont, son prolongement; la rue de Frignicourt, à g., et la rue de Vaux, à dr.

L'*église Notre-Dame*, à g. sur la place et qu'on aperçoit déjà de la gare, est un vaste et bel édifice du XVIIe s., précédé d'un grand portail dont les colonnes présentent les ordres dorique et corinthien superposés; l'abside n'a été terminée qu'en 1897. On remarque à l'intérieur, qui est très élevé, une frise sculptée à la base de la voûte, des monuments de la fin du XVIIe s., dans la 3e chap. de dr. et aux piliers du transept, une pierre tombale de 1590 dans le bras dr. du transept, enfin deux jolies portes modernes dans le déambulatoire. — Une petite place à dr. de l'église est décorée d'une *statue de P.-P. Royer-Collard*, philosophe et homme politique originaire des environs (1763-1845), bronze par Marochetti (1846).

La rue du Pont, qui passe à dr. près d'une vieille halle en bois, se termine à une porte monumentale de l'anc. enceinte, au bord de la Marne.

De la place Royer-Collard partent la rue Ste-Croix, qui ramène au jardin de l'hôtel de ville et la rue de la Petite-Sainte, aboutissant à un grand boulevard d'où l'on gagne aisément la gare en prenant à g., puis à dr.

De Vitry-le-François à *Paris* par *Coulommiers*, R. 18.

De Vitry-le-François à *Jessains* (*Troyes; Chaumont*); 58 kil.; 1 h. 30 à 1 h. 40; 5 fr. 90, 4 fr., 2 fr. 60. Cette ligne suit un instant celle de Châlons, puis celle de Coulommiers, après avoir traversé la Marne, et ensuite elle prend vers le S. — 34 kil. (7e st.) *Valentigny*. Ligne de Montier-en-Der, etc. (p. 102). — 40 kil. **Brienne-le-Château** (p. 101). — La ligne de Jessains remonte ensuite la vallée de l'Aube. — 46 kil. (10e st.) *Dienville*. On traverse l'*Aube* et rejoint la ligne de Troyes à Chaumont. — 54 kil. (12e st.) *Jessains* (p. 98).

Le chemin de fer traverse la Marne pour la dernière fois après Vitry, puis le *canal de la Haute-Marne* (p. 101) et une partie de la

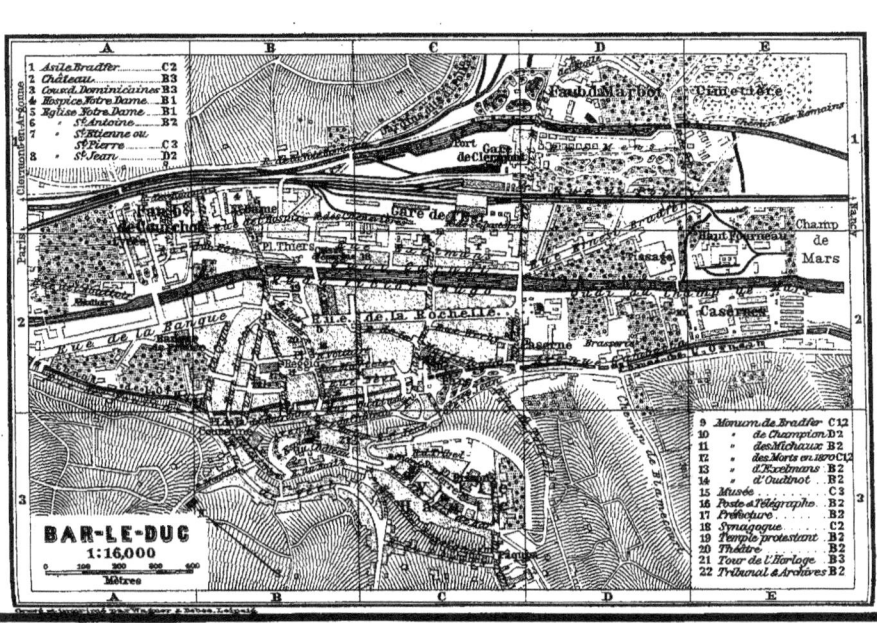

Basse-Champagne qui est un anc. lac. Plus loin, il suit et côtoie le *canal de la Marne au Rhin*, qui commence à Vitry et débouche dans l'Ill près de Strasbourg (315 kil.). Ce canal a 180 écluses, 5 souterrains, mesurant ensemble plus de 9 kil. de longueur, quantité de ponts-aqueducs et de tranchées. — La contrée est ensuite monotone, au moins jusqu'à ce qu'on atteigne la vallée de l'Ornain, hors de la Champagne et à l'entrée en Lorraine, après Pargny (v. ci-dessous).

45 kil. **Blesme**-*Haussignémont* (petit buffet). Ligne de Chaumont et Epinal, v. R. 33 A. On passe sous cette ligne. — 53 kil. *Pargny*.

58 kil. **Sermaize** (hôt.: *de la Cloche*, dans la ville; *de la Source*, à l'établissement), à dr., petite ville industrielle de 2553 hab., sur la *Saulx*, et qui a un *établissement d'eaux minérales*, à env. 20 min. à l'E. Ces eaux, dites de la source des Sarrazins, froides (11°), sulfatées-magnésiques et ferrugineuses, s'emploient en boisson (abonn., 15 fr.), bains et douches (1 à 2 fr.). L'établissement, dans un vallon relié à la ville par une route ombragée, a un casino et un parc.

La voie traverse ensuite la Saulx, ainsi que le canal de la Marne au Rhin et l'*Ornain*. On passe à Revigny sous la ligne de St-Dizier et on rejoint à g. celle de Ste-Menehould.

66 kil. **Revigny**-*sur-l'Ornain*, à g., petite ville de 1744 hab. qui fait le commerce des phosphates et engrais et fabrique des ressorts d'horlogerie. Bel hôtel de ville moderne, avec parc. Château.

Ligne d'*Amagne-Lucquy* par *Ste-Menehould*, v. p. 58. — EMBRANCH. de 28 kil. sur *St-Dizier* (p. 180). — LIGNES D'INTÉRÊT LOCAL desservant des bourgades industrieuses: au S.-E., dans la vallée de la Saulx, jusqu'à *Haironville* (27 kil.); au N.-E. jusqu'à *Triaucourt* (35 kil.), avec embranch. de 4 kil., à *Lisle-en-Barrois* (26 kil.), sur *Rembercourt-aux-Pots* (p. 78).

72 kil. *Mussey*. — 77 kil. *Fains*. On retraverse le canal et l'Ornain. — 81 kil. (254 de Paris) *Bar-le-Duc*, à dr. (buffet).

Bar-le-Duc. — HÔTELS: *de Metz & du Commerce* (pl. b, B 2), rue de la Rochelle, n° 17; *de la Gare* (pl. a, C 2), avec café, en face de la gare. — CAFÉS: *des Oiseaux*, au théâtre (p. 76); *Lambert*, à l'hôtel de Metz; *de la Rochelle*, au coin des rues de la Gare et de la Rochelle; *de la Gare*.

VOITURES DE PLACE: course, 1 fr. dans la ville basse, 1.50 pour la ville haute; heure, 2 fr. pour 2 pers. et 50 c. par pers. en sus.

POSTE ET TÉLÉGRAPHE (pl. 16, B 2), rue Voltaire, près de la place Reggio.

BANQUES: *Crédit Lyonnais*, rue de la Rochelle, 34; *Banque de France* (pl. A 2), rue de la Banque.

Bains, rue Jean-Errard, 5, près la place Reggio.

Temple protestant (pl. 19, B 2), rue du Gué. — *Synagogue* (pl. 18, C 2), quai Carnot.

Bar-le-Duc est une ville pittoresque de 17 693 hab., l'anc. capitale du duché de Bar et le chef-lieu du départ. de la *Meuse*, sur l'Ornain et les hauteurs de sa rive g. Elle est la patrie du duc François de Guise (1519-1563) et des maréchaux Oudinot (1767-

1847) et Exelmans (1775-1852). C'est une ville industrielle, qui a des filatures et des tissages de coton, des fabriques de bonneterie, des teintureries et des tanneries, des brasseries, des hauts fourneaux, etc. Elle fait aussi des confitures célèbres et de bon vin gris.

On distingue dans Bar-le-Duc la *ville basse* (186 m.) ou partie moderne, la plus importante et la plus animée, où se trouve la gare, et la *ville haute* (225 m.) ou vieille ville, la plus curieuse.

Devant la gare, s'élève depuis 1900 un *monument des enfants de la Meuse* morts en 1870-1871 (pl. 12, C 1-2). Il se compose d'une pyramide surmontée d'un coq et d'une couronne; devant, une femme embrasse un soldat mort.

La rue de la Gare, en face de la sortie, traverse l'Ornain et aboutit à la rue de la Rochelle, la principale de la ville basse. A l'extrémité de g. est St-Jean (p. 78) par où l'on reviendra. Suivre à dr. la rue de la Rochelle jusqu'à la rue des Minimes, qui aboutit au pont de la Liberté, que l'on traversera. Au delà du pont s'étend la place Thiers, sur laquelle s'élève la *statue d'Exelmans* (pl. 13, B 2), bronze par Roussel (1898). Par le fond de la place, on gagne l'*église Notre-Dame* (pl. B 1), du xve s., qui touche à un hospice et a en face une tour moins ancienne avec un bas-relief, l'Assomption.

La partie la plus remarquable à l'intérieur est le chœur, du style ogival, précédé d'un transept de même style. Il n'y a pas de pourtour, mais de doubles arcades collatérales avec des chapelles. L'église renferme plusieurs tableaux, un bas-relief du xvie s. à dr. de l'autel du collatéral dr. et des vitraux modernes dans les deux collatéraux.

La rue Bar-la-Ville amène au pont Notre-Dame sur lequel il y a une petite chapelle. Plus loin, on prendra la rue Entre-deux-Ponts, qui commence à un carrefour où l'on a érigé en 1894 le *monument des Michaux* (pl. 11, B 2), carrossiers qui ont les premiers adapté la pédale au vélocipède. Il occupe, contre des maisons, l'emplacement d'une anc. fontaine, et le sujet principal est un génie avec une bicyclette, en bronze, par Houssin.

Dans la rue Entre-deux-Ponts à dr. est le *théâtre* (pl. 20, B 2), qui a une riche façade de la Renaissance et où se trouve, sur le derrière, le *café des Oiseaux*. Ce café est une des curiosités de la ville; il a une jolie salle entourée de vitrines qui en font un musée d'histoire naturelle, surtout riche en oiseaux.

Quelques pas plus loin, à dr., la *place Reggio* (pl. B 2), décorée de la *statue d'Oudinot*, duc de Reggio, bronze par J. Debay. Au fond se trouvent la *préfecture* (pl. 17) et le *palais de justice* (pl. 22) et derrière passe la rue du Bourg, qui a du côté g. plusieurs *vieilles maisons* assez curieuses, les n°s 47, 49 et 51.

La rue Rousseau, à la suite, aboutit au delà de la place Reggio à un bras canalisé de l'Ornain. L'*église St-Antoine* (pl. 6, B 2), du xive s., à g., est construite en partie sur ce cours d'eau.

La ville haute est dominée par une *tour* peu curieuse, avec une horloge. On arrive directement de St-Antoine dans le haut en prenant à g. au pont, par les rues de l'Horloge, de l'Armurier et Chavée.

Cette dernière aboutit à la place de la Halle, où se voient de *vieilles maisons*, notamment le n° 3, qui contient un petit *musée industriel, commercial et géographique* (entrée par derrière).

L'**église St-Etienne** ou *St-Pierre* (pl. 7, C 3), au fond de la place de ce nom qui a aussi quelques maisons curieuses, est le principal édifice de Bar-le-Duc. C'est une anc. collégiale, du XIVe s., sauf le portail, flanqué d'une tour, qui est des styles goth. et de la Renaissance. Quand le portail est fermé, on entre par le côté droit.

On remarque à l'intérieur la 1re chap. de dr., avec sa clôture en pierre, ses trois enfeus et ses sculptures, un Christ en croix et les larrons aux piliers en face de la chaire, une vieille peinture murale du côté g. et surtout, dans le bras dr. du transept, une *statue fort curieuse par *Ligier Richier*, sculpteur lorrain de St-Mihiel (p. 116), qui étudia sous Michel-Ange. Cette statue, qui provient du tombeau de René de Châlons, prince d'Orange, tué en 1544 au siège de St-Dizier, représente debout un mort dont le corps est à moitié décomposé. Elle est en pierre de St-Mihiel, passée par l'artiste dans un bain de cire et d'huile pour lui donner la dureté et le poli du marbre.

La plus belle maison de la place, n° 21, du commencement de la Renaissance, renferme un petit *musée*, public le dim. de 1 h. à 4 h. et visible les autres jours. Il occupe 4 salles, renfermant une collection d'histoire naturelle, des peintures et des sculptures. Il n'y a pas de catalogue. Conservateur, M. Jacob.

Rez-de-chaussée. Au bout du couloir, dans une petite salle à dr., une collection céramique et des meubles, dont un buffet de la Renaissance. On descend de là dans la galerie de sculpture qui contient en deux salles des moulages divers, des reproductions de l'antique, deux beaux retables du XIVe s., plusieurs ouvrages de la Renaissance, en particulier un beau bas-relief (Jupiter et Léda), des statuettes de l'école des Richier, des bas-reliefs et inscriptions funéraires, une belle cheminée.

Ier **étage,** 4 salles, dont celle de dr. consacrée à l'archéologie égyptienne, gallo-romaine, franque. Grande salle, de dr. à g., surtout : 7, *Billotte*, Jeanne d'Arc écoutant ses voix ; 41, *Cicéri*, les Bords du Loing ; s. n°, *A. Morot*, Médée ; 72, *Brongniart*, le Chemin d'Argenteuil ; s. n°, *Mélingue*, les Enrôlements volontaires en 1792. — Salle à la suite, 38, *Watteau* (?), paysage ; s. n°, *L. Loir*, Avant l'embarquement ; des portraits, en particulier d'Hubert Robert, par *Robinot* (82), d'Elisabeth-Charlotte d'Orléans, par *Mignard* (?; 8), de Claude de Lorraine, par *Clouet* (?; 6), de Piron, par *Largillière* (?; 74) ; puis 60, *H. Robert*, Ruines des thermes de Nîmes ; *I. Lacroix*, le Bois de Meudon ; 4, *Lucatelli*, Coucher de soleil. Au milieu, maquette du monument d'Antoine de Lorraine (p. 127), par *Viard* (1850) ; Bara, marbre par *Gaudran* ; buste d'Etienne, par *Villain*. — Salle du fond, des portraits, surtout de généraux, des armures.

Dans la cour, on voit des débris de sculptures du moyen âge et de la Renaissance, quelques monuments de l'époque gallo-romaine, le tout trouvé dans la région.

La rue des Ducs-de-Bar, près de là, la principale de la ville haute, a encore de *vieilles maisons* intéressantes, particulièrement le n° 41. A l'extrémité supérieure est *le Pâquis*, promenade qui a de très beaux tilleuls, le plus gros de 6 m. de circonférence. L'avenue du Château, à l'autre extrémité, passe près du *château* (pl. 2, B 3), détruit au XVIIe s., mais dont il reste une porte goth. et des bâtiments du XVIe s. Il y a à côté une *esplanade* d'où l'on a une belle vue. L'avenue qui contourne le plateau se continue dans le bas par la rue Lapique, où est l'*hôtel de ville* (pl. C 2), ancien hôtel particulier d'Oudinot, dont dépend un beau *jardin public*, traversé par le canal de l'Ornain. On se retrouve au bout de la rue Lapique à la rue de la Rochelle, en face de celle de la Gare.

L'église St-Jean (pl. 8, D 2), non loin de là à dr., est un bel édifice de style romano-byzantin, commencé en 1882 par l'architecte Birglin, mais dont il n'existe encore que le chœur et le transept. Le chœur, dont l'autel est à baldaquin, se trouve au-dessus d'une belle crypte avec pilier central. Le vaisseau est très élevé pour une église romane, et l'uniformité des lignes y est rompue vers le haut par des arcades médianes entre les piliers, celles du chœur étant surmontées d'arcades plus petites, qui forment une sorte de triforium. Il n'y a pas de portails latéraux ni de pourtour, mais il y a sur les côtés des chapelles qui correspondront aux collatéraux à construire.

Pour retourner de cette église à la gare, on traversera l'Ornain sur le pont voisin et l'on prendra la deuxième rue à g., qui longe le chemin de fer et passe devant l'*asile Bradfer* (pl. 1, C 2), fondé par le maître de forges de ce nom. Il est précédé d'un jardin dans lequel se voient, entre autres sculptures, la statue du fondateur, par Croisy.

DE BAR-LE-DUC A CLERMONT-EN-ARGONNE ET A VERDUN: 52 et 68 kil., pour 4 fr. 85, 8 fr. 20 et 5 fr. 95, 8 fr. 80; ch. de fer d'intérêt local, avec gare spéciale rue de St-Mihiel, derrière la grande gare. Il n'y a d'abord qu'une seule ligne, par *Rembercourt-aux-Pots* (20 kil.; belle église du xve s.), où aboutit un embranch. de Lisle-en-Barrois (p. 75), jusqu'à *Beauzée* (30 kil.), où l'on rejoint la vallée de l'*Aire*; de là un embranch. descend cette vallée jusqu'à *Clermont-en-Argonne* (22 kil.; p. 79), tandis qu'un autre se dirige par le plateau, à l'E., puis au N., sur *Verdun* (88 kil.; p. 80).

17. De Châlons-sur-Marne et de Reims à Verdun.

(*Paris-Metz.*)

I. De Châlons-sur-Marne à Verdun.

107 kil. Trajet en 2 h. 26 à 2 h. 50. Prix: 12 fr. 10, 8 fr. 10, 5 fr. 25. — *De Paris à Metz par Châlons et Verdun:* 348 kil.; 8 h. 20 à 12 h.; 38 fr. 95, 26 fr. 30, 17 fr. 20.

Châlons, v. p. 69. On retourne dans la direction de Paris l'espace d'env. 1 kil., et l'on prend à dr., où l'on traverse la Marne et le canal. — Plaines monotones et pauvres de la Haute-Champagne ou *Champagne pouilleuse* (p. 84). — 11 kil. *La Veuve.*

17 kil. *St-Hilaire-au-Temple*, où aboutit la ligne de Reims (p. 80). — On traverse ensuite la Vesle. — 23 kil. *Cuperly*, près du camp de Châlons (p. 80), situé à g. ou au N.

À *la Cheppe*, 4 kil. à l'E., se trouve un retranchement circulaire de 25 hect. de superficie dit le *camp d'Attila*, de fait un anc. camp romain ou un anc. oppidum gaulois. C'est donc dans les environs qu'étaient les *champs catalauniques* où eut lieu la fameuse bataille de Châlons, dans laquelle Attila fut vaincu par Aétius, en 451.

33 kil. *Suippes*. 2751 hab. La voie tourne à l'E. — 43 kil. *Somme-Tourbe*, à la source («somme») de la Tourbe. — 47 kil. *Somme-*

Bionne. 3 kil. plus loin, on aperçoit à dr. de la voie, sur la hauteur en face de Valmy, la statue de Kellermann (v. ci-dessous).

52 kil. **Valmy** (petit *hôtel* près de l'église), stat. pour le village de ce nom, qui est à 1 kil. en deçà. Ce village est connu par la *victoire* décisive remportée le 20 sept. 1792 par l'armée française de Dumouriez et Kellermann sur l'armée allemande coalisée, qui avait envahi la France sous les ordres du duc de Brunswick.

Cette armée, qui avait pénétré en France à l'instigation des émigrés, après la chute de la royauté (10 août 1792), avait déjà réussi à forcer les passages de l'Argonne, et elle entrait ici en Champagne, où il semblait que rien ne dût plus l'arrêter sur la route de Paris, quand les troupes de Kellerman et de Dumouriez, arrivant du S. et du N., l'attaquèrent de flanc et par derrière, et lui infligèrent une défaite qui l'obligea à battre en retraite. La *canonnade de Valmy* fut en elle-même une petite bataille, mais les conséquences en furent considérables: «De ce lieu et de ce jour, dit Gœthe, dans la relation qu'il a faite de la campagne, date une nouvelle époque dans l'histoire du monde». — Le centre des positions françaises fut sur une hauteur au-dessus d'un petit bois au S. du village, dont elle est maintenant séparée par le chemin de fer. On y avait déjà érigé en 1821 un petit *monument*, une pyramide renfermant le cœur de Kellermann, duc de Valmy (1747-1820); on y a ajouté en 1892 une *statue de Kellermann*, en bronze, par Barrau, mais rien qui rappelle Dumouriez, parce qu'il trahit plus tard la France en passant à l'ennemi. Pour aller jusque là de la station, d'où on aperçoit la statue, on a plus court de prendre à g. le long de la voie que d'aller tourner par le village qui n'a rien de bien curieux.

Le pays change ensuite d'aspect et devient plus fertile; on descend dans la vallée de l'*Aisne*. A dr. à Ste-Menehould, une ligne de raccordement; à g., celle de Vouziers (p. 53).

62 kil. **Ste-Menehould** (hôt.: *de Metz, St-Nicolas*, rue Chanzy, 33 et 38), à g., ville de 4990 hab. et chef-lieu d'arr. de la Marne, sur l'Aisne, renommée pour sa charcuterie. Elle occupe en partie une colline (172 m.) où étaient le château et la vieille ville, dont il reste quelques pans de mur sans importance et l'*église*, des XIIIe et XIVe s. On va de la gare dans la ville basse à g., par l'avenue Victor-Hugo, à dr. de laquelle est la gendarmerie (n° 8), l'anc. poste où Louis XVI fut reconnu dans sa fuite en 1791. Plus loin, sur une place, l'*hôtel de ville*, qui date de 1730. Puis vient, à g., la rue Chanzy, la principale de la ville, qui traverse toute la partie basse, jusqu'à une autre place au bord de l'Aisne. De l'autre côté se voit la station de Ste-Menehould-Guise (p. 53). Dans une rue parallèle, un peu en deçà de la place, est une belle *église* neuve du style de la Renaissance, inachevée. — On peut monter au «Château» de l'extrémité de la rue Chanzy, par la rue de la Côte.

Ligne d'*Hirson-Amagne* à *Revigny-Bar-le-Duc*, v. p. 53.

La contrée est ensuite boisée et pittoresque. On traverse la forêt de l'*Argonne*, bien connue par la campagne de 1792. Tunnel de 785 m. — 70 kil. *Les Islettes* (1488 hab.), dans un site très pittoresque, et qui donne son nom à un «défilé» de l'Argonne.

75 kil. **Clermont-en-Argonne** (hôt. de la Pomme-d'Or), petite ville de 1145 hab., à dr., contre une hauteur qui est la principale

de l'Argonne (308 m.). Eglise des XVe et XVIe s. Chapelle sur la hauteur, d'où l'on a une belle vue. Extraction considérable de phosphate de chaux.

Ligne de *Bar-le-Duc*, v. p. 78; *Varennes* et *Apremont*, p. 52.

Puis on traverse l'*Aire*, affluent de l'Aisne. — 81 kil. *Aubreville*. — 89 kil. *Dombasle-en-Argonne*. — 101 kil. *Baleicourt*.

107 kil. *Verdun* (v. ci-dessous).

II. De Reims à Verdun.

130 kil. Trajet en 3 h. 6 à 8 h. 31. Prix: 14 fr. 70, 9 fr. 80, 6 fr. 85.

Reims, v. p. 44. La ligne de Verdun suit de là un instant celles de Laon et de Mézières-Charleville, puis tourne à dr. et fait un grand circuit autour de la ville, pour regagner la vallée de la Vesle, qu'elle remonte jusqu'à St-Hilaire. Elle traverse les plaines monotones de la Haute-Champagne. — 14 kil. *Sillery*, renommé pour son vin. A dr., un château moderne. — 17 kil. *Prunay*. — 21 kil. *Wez-Thuisy*. — 25 kil. *Sept-Saulx*.

30 kil. *Mourmelon* (6991 hab.), stat. à g. de laquelle s'étend le vaste *camp de Châlons* (12000 hect.), créé par Napoléon III en 1857 et très important avant 1870, mais qui ne sert plus maintenant que temporairement, pour des exercices. — 36 kil. *Bouy*.

40 kil. *St-Hilaire-au-Temple*, où l'on rejoint la ligne précédente. Suite du trajet jusqu'à *Verdun*, v. p. 78.

Verdun. — HÔTELS: *des Trois-Maures*, rue de l'Hôtel-de-Ville, 7 (30 ch., rep. 1, 2.50 et 3, p. 9.50, om. 50 c.); *du Coq-Hardi, du Petit-St-Martin*, rue du St-Esprit, 3 et 2; *de la Cloche-d'Or*, place St-Paul. — CAFÉS: place Ste-Croix, rue de l'Hôtel-de-Ville et rue St-Paul. — *Buffet* à la gare. — TRAMWAY-OMNIBUS: de la gare à la place St-Victor par les rues Mazel, de l'Hôtel-de-Ville et St-Sauveur, 20 c. — VOITURES DE PLACE: course, 1 ou 2 pers., 60 c.; 3 pers., 1 fr. 20; 4 pers., 1.60; heure, 1.50, 2 et 2.50; prix doubles après minuit. — POSTE ET TÉLÉGRAPHE, rue St-Paul, 5. — BAINS: à la *Samaritaine*, quai de la République. — *Temple*, rue de la Rivière.

Verdun est une ville très ancienne, de 21 360 hab., un chef-lieu d'arr. de la Meuse et une place forte de 1re cl., dans un vallon au bord de la *Meuse*, qui s'y divise en plusieurs bras, et entourée de hauteurs maintenant fortifiées. La partie haute avec ses rues étroites et tortueuses est particulièrement pittoresque.

C'est le *Verodunum* des Romains. Verdun a donné son nom au traité de 843, par lequel l'empire de Charlemagne fut partagé entre ses trois petits-fils, Lothaire, Louis le Germanique et Charles le Chauve. Ce fut ensuite un des trois évêchés (Metz, Toul et Verdun) dont il fut souvent question au commencement des temps modernes et auxquels l'Autriche renonça en faveur de la France au traité de Westphalie, en 1648: ils avaient été conquis dès 1552 par Henri II. Bombardée par les coalisés en 1792, la ville se rendit au bout de quelques heures. Les habitants firent alors si bon accueil aux vainqueurs que des jeunes filles leur offrirent des dragées (spécialité de Verdun), dont les autorités révolutionnaires les punirent, après la victoire de Valmy (p. 79); en envoyant trois des principales à l'échafaud. *Beaurepaire*, commandant de la place, s'était tué auparavant plutôt que de la rendre. En 1870, la résistance fut héroïque, malgré plusieurs bombardements, et la place ne capitula qu'avec les honneurs de la guerre.

Laissant à g. la gare de la Compagnie Meusienne (ligne de Bar-le-Duc, v. p. 78), l'avenue de la Gare conduit directement en ville par la porte St-Paul; au delà se trouve la rue St-Paul avec la poste à dr. et à g. le collège, grande construction neuve.

La *porte Chaussée*, où conduit la rue de ce nom, la première à g., a deux tours crénelées, en partie du xve s., et sert aujourd'hui de prison militaire. Il y a au delà un pont sur la Meuse.

La rue Mazel, à la suite de la rue St-Paul, mène au grand pont, sur le bras principal de la rivière. De l'autre côté est la place Ste-Croix, décorée depuis 1855 d'une *statue du général Chevert* (1695-1769), né à Verdun et qui s'illustra par la prise et la défense de Prague (1741-1742), bronze par Lemaire.

Sur le quai de la Comédie, à dr. en deçà du pont, le *théâtre*, belle construction neuve (1893) due à l'architecte Chenevier, en perspective sur la promenade de la Digue (v. ci-dessous).

La rive g. de la Meuse, bordée de vieilles maisons, offre en aval du pont un coup d'œil très pittoresque.

L'*hôtel de ville*, à g. de la rue de ce nom, au delà de la statue de Chevert, est un assez bel édifice du xviie s., restauré depuis peu à la suite d'un incendie (1894). On remarque dans la cour 4 canons donnés par l'Etat à la ville, en mémoire de sa valeureuse défense en 1870. Il y avait jadis un petit musée dans l'aile détruite par l'incendie signalé ci-dessus; on doit le rétablir dans un nouveau bâtiment. Les collections qu'il renfermait (antiquités diverses, objets d'art, médailles, etc.) ont été dispersées et ne sont pas visibles pour le moment.

A dr. au delà de l'hôtel de ville, une rue qui porte son nom mène à la belle *promenade de la Digue*, au bord de la Meuse.

En suivant la rue au delà du pont et en prenant à dr. la rue de la Rivière, on arrive au canal des Augustins, au delà duquel se trouve la *bibliothèque publique*, ouverte les jeudi et dim. de 2 h. à 4 h., excepté aux fêtes légales et durant les vacances universitaires.

Elle compte 35000 vol. et possède de précieux manuscrits. Manuscrits: chroniques et vies des évêques de Verdun des xe et xiie s., évangiles avec miniatures carolingiennes, Alcuin du xie s., cartulaire de la cathédrale du xiiie s., missel du xiiie s., pontifical de 1514, missel avec de grandes miniatures du xvie s., etc. — Incunables: bréviaire goth. sur vélin, Venise, 1486; chronique de Nuremberg, 1493; autre missel goth. sur vélin, de 1509, etc.

En continuant tout droit, on passe à dr. devant les halles et on arrive par des degrés à la place de la Cathédrale.

La *cathédrale*, qu'on a déjà aperçue, au sommet de la ville haute, est une église des xie et xiie s., mais considérablement modifiée au xive et au xviie s. Elle est à 3 nefs, avec transept, 2 tours latérales carrées et une abside sans pourtour.

C'est surtout l'intérieur qui a été modifié. Les nefs sont maintenant séparées par des arcades en plein cintre. Le bas de la nef se termine par un transept et une courte abside, occupée par l'orgue, sous lequel se

Bædeker. N.-E. de la France. 7e édit.   6

trouve une belle chapelle. Il y a des chapelles latérales, dont la 1re de dr., ornée de peintures murales, a des vitraux modernes par Didron et une belle grille en fer. Le maître-autel est surmonté d'un grand baldaquin doré à colonnes torses en marbre. Dans le bras dr. du transept, un haut relief mutilé de 1555, Notre-Dame de Verdun, et une belle Vierge en marbre.

Les bâtiments attenant à la cathédrale sont l'*évêché* et le *grand séminaire*. Il y a plus loin une grande place, la *promenade de la Roche*, qui sert de champ d'exercices, d'où l'on domine les prairies de la vallée de la Meuse à l'O. — Au delà de cette promenade, la *citadelle*, où n'entre pas le public.

On revient à la gare en prenant à dr. de la place de la Cathédrale la rue de la Belle-Vierge, puis au delà de la place d'Armes, la rue St-Pierre, à dr., qui ramène à la rue Mazel.

Ligne d'intérêt local en projet de Verdun à *Montmédy* (p. 113). Ligne de *Sedan* à *Lérouville* (Nancy), v. R. 29 B; de *Bar-le-Duc*, p. 78.

18. De Paris à Vitry-le-François (Bar-le-Duc), par Coulommiers.

Départ par la gare de l'Est (pl. p. 1, C 24). — 208 kil. (205 par Châlons). Trajet en 7 h. 5 à 7 h. 15. Prix : 22 fr. 85, 15 fr. 45, 10 fr.

Jusqu'à *Gretz-Armainvilliers* (39 kil.), v. p. 32 et 85. — 41 kil. *Tournan*, bourg à dr., dans un joli site. — 50 kil. *Marles*, où aboutit un embranch. venant de Verneuil-l'Etang (p. 85) et d'où part une ligne à voie étroite desservant *Jouy-le-Châtel* (24 kil. ; 1373 hab.) par *Fontenay-Trésigny* (p. 85) et *Rozoy-en-Brie* (10 kil.; 1354 hab.). De Jouy-le-Ch. à Nangis, v. p. 86. — 52 kil. *La Houssaye-Crèvecœur*. La Houssaye, à g. de la voie, a un château du XVIe s., avec un beau parc. — 56 kil. *Mortcerf*, où aboutit la ligne de Lagny (p. 33). On arrive ensuite dans la vallée du *Grand-Morin* (p. 33), qu'on va remonter jusque près de Sézanne (p. 83). Vue à gauche. — 62 kil. *Guérard*, village qui a un beau château, à 1/4 d'h. à g. La voie passe du même côté près de *la Celle*, où sont les ruines d'une abbaye. — 65 kil. *Faremoutiers-Pommeuse*. — 69 kil. *Mouroux*. 1616 hab.

72 kil. **Coulommiers** (*hôt. de l'Ours*, dans la grand'rue), à g., vieille ville de 6505 hab., et chef-lieu d'arr. de Seine-et-Marne, sur le Grand-Morin. Fromages renommés. — La grand'rue mène vers l'*église St-Denis*, qui est du XIIIe s., avec portail du XVIe s. Elle est décorée de peintures murales polychromes et a de beaux vitraux du XVIe s. Sur une place à dr., devant le palais de justice, la *statue de Beaurepaire*, le commandant de Verdun en 1792 (p. 80), bronze par Max. Bourgeois (1884). Là aussi la maison où naquit le peintre Jean de Boullongne, dit le Valentin (1591-1634). On aperçoit plus bas dans un enclos de maigres restes de l'ancien château et une anc. église qui sert de magasin. En deçà, une promenade au bord du

Morin. — La rue Beaurepaire, à g. de l'église St-Denis, mène à la place du Marché, à g. de laquelle est le cours Victor-Hugo, où subsistent quelques restes de fortifications. En dehors de la ville de ce côté, des hauteurs d'où l'on a une belle vue et où se trouvent une anc. commanderie de l'Hôpital (à g.) et un château.

Le chemin de fer continue de remonter la vallée, où il y a d'importantes papeteries. — *Buisson-de-Chailly.* — 79 kil. *Chailly-Boissy.* — *Chauffry.* — 83 kil. *St-Siméon*, d'où une ligne en construction doit desservir *Rebais* (6 kil.; 1277 hab.). — *St-Remy.* — 89 kil. *Jouy-sur-Morin-le-Marais* (1626 hab.), centre des papeteries dites du Marais.

92 kil. *La Ferté-Gaucher* (hôt. du Sauvage, au centre), à g., jolie petite ville de 2244 hab. — 94 kil. *St-Martin-des-Champs.* — 95 kil. *Lescherolles.* — *La Chapelle-Véronge.* — 102 kil. *Meilleray.* — *Villeneuve-la-Lionne.* — 107 kil. *Joiselle.* — *Neuvy.* Ensuite, à g., la ligne mentionnée ci-dessous.

116 kil. *Esternay* (hôt. des Voyageurs), bourg de 1580 hab. sur le Grand-Morin.

Ligne de *Mézy* (Château-Thierry) à *Romilly*, v. p. 88. Ligne de *Longueville* (Troyes) par *Provins*, v. p. 87.

Puis *Châtillon-sur-Morin.* — *Bricot-la-Ville.* — 124 kil. *Le Meix-St-Epoing.* On sort de la vallée du Morin par un tunnel de 540 m. de long, et l'on a ensuite une vue très étendue à droite. — *Le Plessis-Vindé.*

132 kil. **Sézanne** (hôt. de France, dans la grand'rue, après l'église), ville de 4575 hab., dans un joli site. Une longue rue, à dr. en venant de la gare, conduit à l'*église St-Denis*, du xvie s., dont on remarque surtout la tour. A l'intérieur, de belles voûtes, des restes de vitraux et un maître-autel à bas-reliefs dorés. Belles promenades autour de la vieille ville, surtout au delà de l'église, où il y a des restes de fortifications, et en deçà, les «mails» et le Champ-Benoît.

Ligne de *Romilly*, v. p. 90.

Ensuite viennent les plaines monotones et peu fertiles de la *Champagne pouilleuse* (v. p. 84). — 142 kil. *Linthes-Pleures.* — 147 kil. *Connantre.*

153 kil. *Fère-Champenoise*, à dr., bourg de 2211 hab., où l'aile gauche de l'armée française fut défaite par les forces supérieures des coalisés, le 25 mars 1814.

Ligne d'*Épernay*, v. p. 40.

162 kil. *Lenharrée*. Plus loin, à g., la ligne de Châlons. — 170 kil. *Sommesous.*

Ligne de *Châlons-sur-Marne* à *Troyes*, v. R. 19.

177 kil. *Poivre.* — 186 kil. *Sompuis.* — 199 kil. *Huiron.* Puis à dr. la ligne de Jessains (p. 96) et à g. celle de Paris par Châlons (R. 16). — 203 kil. *Vitry-le-François* (p. 79).

19. De Châlons-sur-Marne à Troyes et à Sens.

A Troyes: 94 kil.; 2 h. 25 à 2 h. 40; 10 fr. 65, 7 fr. 10, 4 fr. 65. *A Sens:* 165 kil.; 4 h. 40 à 6 h. 35; 18 fr. 15, 12 fr. 25, 7 fr. 95.

Châlons-sur-Marne, v. p. 69. On suit d'abord la ligne de Nancy jusqu'à *Coolus* (2 kil.), où l'on prend au S. par la vallée de la Coole. — 8 kil. *Ecury.* — 10 kil. *Nuisement.* Ensuite les plaines de la *Champagne pouilleuse,* vaste contrée au sol crayeux, autrefois stérile, mais auj. en culture et en partie couverte de bois d'essences résineuses, pin sylvestre et pin noir d'Autriche. — 20 kil. *Bussy-Lettrée-Vatry.* Plus loin à dr., la ligne de Coulommiers. — 29 kil. *Sommesous.*

Ligne de *Paris-Coulommiers* à *Vitry-le-François,* v. R. 18.

37 kil. *Mailly.* — 46 kil. *Herbisse.* — 50 kil. *Allibaudière.* On traverse ensuite l'*Aube.*

57 kil. **Arcis-sur-Aube** (hôt.: *du Mulet, de la Poste*), à g., ville très ancienne et industrielle (bonneterie) de 2774 hab., sur l'*Aube,* qui y devient navigable, et chef-lieu d'arr. du départ. de ce nom. C'est la patrie de Danton (1759-1794), un des chefs de la Terreur et organisateur de la défense nationale en 1792. Napoléon Ier y repoussa les Alliés en 1814, dans un combat sanglant, et la ville fut alors en partie détruite par un incendie. Il y a un *château* du xviiie s., bien situé, dont la façade est encore criblée des empreintes des projectiles de la bataille de 1814. L'*église,* du xve s., a un joli portail. Devant, une *statue de Danton,* bronze par Longepied (1888). Arcis est le centre de la Champagne pouilleuse (v. ci-dessus).

62 kil. *St-Etienne-Nozay.* — 67 kil. *Voué.* — 68 kil. *Montsuzain.* — 74 kil. *Charmont.* — 79 kil. *Luyères-Assencières.* — 86 kil. *Creney,* qui a une belle église du xvie s. On arrive ensuite dans la vallée de la Seine. — 89 kil. *Pont-Ste-Marie-Lavau.* Pont-Ste-Marie, à g., a aussi une belle église du xvie s. On traverse la *Seine,* divisée en plusieurs bras, et son canal latéral. — 92 kil. *Troyes-Preize,* où l'on rejoint à dr. la ligne de Paris et où l'on revient de Troyes pour continuer sur Sens. A g., la ville.

94 kil. **Troyes** (p. 90). — 96 kil. *Troyes-Preize* (v. ci-dessus). On passe au-dessus de la ligne de Paris et monte au S. de la vallée de la Seine. — 103 kil. *Torvilliers-Montgueux.* — 110 kil. *Messon.* — 112 kil. *Fontvannes,* d'où l'on redescend dans la vallée de la *Vanne,* dont 13 sources alimentent le principal aqueduc de Paris. — 118 kil. *Estissac.* 1969 hab.

125 kil. **Aix-en-Othe**-*Villemaur,* deux localités. *Aix-en-Othe* (2646 hab.; hôt.: du Commerce, de la Paix), 3 kil. au S. (omn.), a des restes de bains gallo-romains (Aix, «Aquæ») et des ruines d'un château du xve s. On y a élevé en 1902 un monument aux soldats morts pour la patrie. *Villemaur,* à peu de distance, sur la Vanne, a dans son église un beau jubé en bois du xvie s.

129 kil. *St-Benoît-sur-Vanne,* qui a un château du xvie s. — 132 kil. *Vulaines-Rigny-le-Ferron.* — 135 kil. *Bagneaux.* —

138 kil. *Villeneuve-l'Archevêque* (1572 hab.), dont l'église a un beau portail du XIIIe s. — 143 kil. *Foissy.* — 146 kil. *Chigy-Sièges.* — 149 kil. *Pont-sur-Vanne.* — 151 kil. *Theil-Cerisiers*, stat. à 7 kil. au N.-O. du bourg de Cerisiers. — 155 kil. *Malay-le-Roi.* — 158 kil. *Malay-le-Grand.* — 160 kil. *St-Savinien*, stat. à l'E. de Sens, dans le faub. de ce nom. On contourne la ville, qu'on voit à g. — 162 kil. *Sens-Est* ou *Sens-Ville*, gare de l'Est située au N. de la ville. Puis on traverse l'*Yonne* et rejoint la ligne de Paris à Lyon.

165 kil. *Sens-Lyon*, gare à côté de celle de la ligne précédente. On tourne à g. à la sortie et passe au delà sous les voies pour aller en ville (v. p. 202).

20. De Paris à Longueville (Troyes) et à Provins.
A. Par la ligne directe.

89 kil. jusqu'à *Longueville*, et 6 kil. de là à *Provins*, par un embranchement qui se prolonge jusqu'à Esternay (p. 83 et 89). Trajet de 1 h. 47 à 3 h. 27 jusqu'à Provins. Prix: 10 fr. 40, 8 fr. 95, 4 fr. 55.

Jusqu'à *Noisy-le-Sec* (9 kil.), v. p. 32. — 13 kil. *Rosny-sous-Bois*. A dr., le fort de ce nom; à g., le plateau d'Avron (p. 33), au pied duquel est *Neuilly-Plaisance*, une localité toute moderne.

17 kil. *Nogent-sur-Marne*, localité de 10586 hab., s'étendant à dr. jusqu'au bois de Vincennes, où elle est aussi desservie par le chemin de fer de ce nom (v. p. 86). Beaucoup de maisons de campagne.

On traverse ici la Marne sur un viaduc courbe à 34 arches, de 827 m. de long et 28 m. de haut, d'où l'on a une jolie vue, et on laisse à dr. le chemin de fer de Grande-Ceinture de Paris, qui passe à Champigny (p. 86). — 21 kil. *Villiers-sur-Marne*, village que les Allemands occupaient pendant les batailles de Champigny. Puis un bois et le plateau de la *Brie*. A g., le fort de Villiers-sur-Marne. — 28 kil. *Emérainville-Pontault*. — 33 kil. *Ozouer-la-Ferrière*.

CORRESPONDANCE pour **Ferrières-en-Brie**, à 5 kil. 1/2 au N., où se trouvent une belle *église* du XIIIe s. et le magnifique *château* moderne de ce nom, dans le style de la Renaissance italienne, au baron Alph. de Rothschild. C'est là qu'eurent lieu, les 19 et 20 sept. 1870, entre M. de Bismarck et Jules Favre, des pourparlers en vue d'un armistice, qui demeurèrent sans résultat. Il faut une permission pour visiter le château.

On traverse une forêt. A dr. à la sortie, le magnifique *château Pereire*, également moderne, dans le style du XVIIe s.

39 kil. *Gretz-Armainvilliers* (buffet), stat. à dr. de laquelle est le *château d'Armainvilliers*, également magnifique, avec un grand étang.

Ligne de *Coulommiers*, *Sézanne* et *Vitry-le-François*, v. R. 18.

44 kil. *Villepatour.* — 49 kil. *Ozouer-le-Voulgis.* Joli vallon boisé de l'*Yères.* — 53 kil. *Verneuil-l'Etang*, où aboutit la ligne de Paris par Vincennes (p. 86).

EMBRANCH. de 14 kil. sur *Marles* (p. 82), par *Chaumes* (7 kil.; 1992 hab.) et *Fontenay-Trésigny* (11 kil.; 1630 hab.), à l'E., sur l'Yères (v. aussi p. 82). — TRAMWAY de *Melun*, v. p. 198.

59 kil. *Mormant*, où les Autrichiens furent battus en 1814. —

65 kil. *Grand-Puits.* — 70 kil. *Nangis*, à dr., ville de 3179 hab., avec une église remarquable du xive s. et les ruines d'un château. Embranch. de 17 kil., par une ligne à voie étroite, sur *Jouy-le-Châtel* (p. 82). — 80 kil. *Maison-Rouge*. Un petit tunnel de 105 m., avant lequel on voit à g. la belle *église de St-Loup-de-Naud*, des styles roman et goth., avec un riche portail, bien conservé. Puis un viaduc courbe de 486 m. de long et 20 m. de haut, sur la *Voulzie*.

89 kil. **Longueville** *(buffet)*, dernière stat. des trains de la banlieue de Paris et la première où s'arrêtent les rapides. Suite de la ligne de Troyes, v. p. 89. Embranch. de *Provins-Esternay*, p. 87.

B. Par Vincennes et Brie-Comte-Robert.

Chemin de fer de l'Est, gare de Vincennes (pl., p. 1, F 25). Pas de trains directs, mais plusieurs en correspondance au raccordement, à *Verneuil-l'Etang*. Trajet de 2 h. 55 et 3 h. 25 jusqu'à Provins. Prix : jusqu'à Verneuil (54 kil.), 4 fr. 10 et 2 fr. 65 (pas de 3e; 5 fr. 95, 4 fr. et 2 fr. 60 par l'autre ligne); de là à Provins (42 kil.), 4 fr. 85, 2 fr. 95 et 1 fr. 95.

Détails sur *Vincennes*, son bois et les localités voisines, v. *Paris et ses environs*, par Bædeker. Premières stat., où n'arrêtent pas tous les trains : *Paris-Reuilly, Bel-Air* (ligne de ceinture), *St-Mandé.*

6 kil. **Vincennes**, ville de 31 405 hab., bien connue par son *château* historique et son *bois*, une des principales promenades de Paris, que la voie contourne ensuite quelque temps à dr. — 8 kil. *Fontenay-sous-Bois*. 9320 hab. — 9 kil. *Nogent-sur-Marne* (v. p. 85). Belle vue à g. sur la vallée de la Marne. — 11 kil. *Joinville-le-Pont*. 6016 hab. — 13 kil. *St-Maur-Créteil*, stat. desservant St-Maur-des-Fossés (23 035 hab.) et Créteil (4923 hab.). — 14 kil. *Parc-de-St-Maur*. — 16 kil. *Champigny*, village connu par les batailles des 30 nov. et 2 déc. 1870, à g., au delà de la Marne. Ligne de Grande-Ceinture raccordant la nôtre avec la précédente. — 17 kil. *La Varenne-Chennevières*. On traverse la Marne. — 20 kil. *Sucy-Bonneuil*, où s'embranche un tronçon de la Grande-Ceinture. — 22 kil. *Boissy-St-Léger*. La voie fait une courbe pour gagner un petit plateau. — 24 kil. *Limeil*. Bois de la Grange. — 28 kil. *Villecresne*. — 31 kil. *Mandres*. — 33 kil. *Santeny-Servon*.

36 kil. **Brie-Comte-Robert** (*hôt. de la Grâce-de-Dieu*, rue de Paris), petite ville de 2718 hab., fort ancienne, mais déchue. La rue de la Gare, puis la rue de Paris à g. et la rue Gambetta à dr. conduisent à la place du Marché, d'où l'on monte à g. à l'*église*, bel édifice des xiiie-xvie s., avec de jolis ornements fort dégradés. L'intérieur mérite aussi d'être vu. Dans la rue des Halles, qui aboutit à celle de l'église, se trouve une curieuse *façade* goth. du xiiie s., d'un ancien hôpital. Plus loin, quelques restes d'un château du xiie s.

41 kil. *Grisy-Suisnes*. — 44 kil. *Coubert-Soignolles*. On traverse ensuite l'*Yères*. — 51 kil. *Yèbles-Guignes*.

54 kil. *Verneuil-l'Etang*, où l'on rejoint la ligne précédente, 36 kil. en deçà de *Longueville* (v. ci-dessus).

L'EMBRANCHEMENT DE LONGUEVILLE A PROVINS remonte la vallée de la *Voulzie.* Belle vue à g., à l'arrivée, sur la ville, avec son donjon et l'église St-Quiriace.

6 kil. **Provins.** — HÔTELS: *H. de la Boule-d'Or,* rue de la Cordonnerie, 22; *H. de la Fontaine,* rue Victor-Arnoul, 10. — *Café de la Comédie,* rue Hugues-le-Grand, 5. — *Poste et tél.,* place du Val, devant l'hôtel de ville. — *Société Générale,* place St-Ayoul, 21.

Provins (93 m.) est une vieille ville fort curieuse de 8794 hab. et un chef-lieu d'arr. de Seine-et-Marne, sur la Voulzie et en partie sur une colline escarpée.

Cette ville fut très importante au moyen âge, où elle a compté, dit-on, plus de 80000 hab., parmi lesquels 60000 ouvriers. Elle appartenait alors aux comtes de Champagne, et elle ne fut définitivement réunie au domaine royal qu'en 1485. Sa décadence était déjà alors à peu près consommée, surtout par suite des guerres avec les Anglais; elle le fut définitivement dans les guerres de religion, quand Henri IV dut l'assiéger pour la soumettre, en 1589.

De la gare, située dans la ville basse, la partie moins ancienne, on prend à dr. pour franchir un canal de décharge et suivre la rue des Bordes, au bout de laquelle on tourne à g. par les rues Victor-Arnoul et des Faisceaux qui conduisent directement à *St-Ayoul.* C'est une église goth. avec des parties romanes, des XIIe-XVIe s., dont le transept, le chœur et l'abside sont convertis en greniers à fourrage. Le portail présente de belles statues du XIIe s., malheureusement mutilées. On remarque à l'intérieur de belles sculptures sur bois par Blasset (1612-1663, enterré dans l'église en haut à g.), notamment au maître-autel un grand et beau contre-retable, avec un tableau de Stella, Jésus parmi les docteurs, et dans la chap. de la Vierge. A voir aussi, dans celle des fonts, à g. de l'entrée, deux statues de Ste Cécile, du XVIe s. — A dr. de St-Ayoul est la *gendarmerie,* un anc. couvent de bénédictins, et à g. de la place la belle *tour de Notre-Dame-du-Val,* de 1544, qui dépendait d'une autre église, démolie en 1793.

En retraversant la place St-Ayoul et suivant tout droit la rue de la Cordonnerie, on arrive à la place du Val, où se trouvent *l'hôtel de ville* et la *poste;* à g. de la place, la rue Victor-Garnier conduit au *palais de justice* en passant devant le *théâtre* et la *caisse d'épargne.* Devant l'hôtel de ville commence la rue du Val, à dr. de laquelle s'ouvre la rue des Oignons, qui conduit à *Ste-Croix,* église des XIIIe, XVe et XVIe s., qui a des œuvres d'art intéressantes: vitraux du XVIe s. (grisailles), fonts à hauts reliefs mutilés de la même époque, curieux bénitier à la porte S.; St Bruno, tableau attribué à Lesueur, à dr. On remarquera que le sol de l'église a été considérablement exhaussé pour éviter les infiltrations de l'eau. La nef du côté N. et le portail correspondant, à g. du portail principal, sont un joli ouvrage du XVIe s. — En prenant la rue Toussaint-Rose, un peu au delà de la façade à dr., on irait à la villa Garnier (p. 89); il vaut mieux descendre la rue Ste-Croix pour revenir à la rue du Val.

La rue St-Thibaut, à la suite de la rue du Val, mène à la ville haute. Dans le bas, à g., l'*Hôtel-Dieu,* qui a des parties du XIIIe s. On pourra voir, en prenant, à g. avant cet édifice, les rues Christophe-Opoix, puis des Capucins, une maison du XIIIe s., l'*hôtel de Vauluisant.* La rue à g. au delà de l'Hôtel-Dieu monte à St-Quiriace, en longeant d'anciens remparts et en passant devant le *collège,* qui a remplacé le palais des comtes de Champagne et de Brie, dont il subsiste encore des restes, du XIIe s.

St-Quiriace attire de loin l'attention, à cause de sa situation et par le dôme moderne qui le défigure. C'est un très curieux édifice remontant à 1160, qui occupait jadis toute l'esplanade plantée d'arbres et a été fortement diminué, si bien que la nef est à peu près de la même longueur que le chœur.

La partie la plus intéressante à l'intérieur est le chœur, surmonté d'une belle galerie, du style de transition. On remarquera aux voûtes de l'église la disposition des arcs d'ogive, dont il est fait une véritable profusion. — On peut visiter le dôme et la galerie en s'adressant à la Grosse Tour (v. ci-dessous).

La *GROSSE TOUR ou *tour César,* un peu plus loin que l'église et qui lui sert de clocher, est, avec les remparts (v. ci-dessous), une des principales curiosités de Provins (gardien dans l'enceinte). C'est un ancien donjon du XIIe s., auquel les Anglais ont ajouté en 1432 l'enceinte circulaire où il se trouve. La base est carrée, avec des tourelles rondes aux angles, et la partie supérieure octogone. Le couronnement et la toiture ne datent que du XVIIe s. Il y a encore à l'intérieur deux salles voûtées, celle du haut avec plusieurs cellules, qui ont renfermé des prisonniers (écriteaux). Il y avait auparavant quatre étages. On a une belle vue du chemin de ronde qui fait le tour de l'octogone.

Au pied du donjon, en descendant le long du rempart, se voient encore la *tour du Luxembourg,* la *maison du bourreau,* puis plus haut, *le Pinacle,* ancienne habitation des comtes de Champagne.

Plus loin, la *place du Châtel,* où l'on remarque une vieille *croix* et un vieux *puits* et à l'entrée de laquelle se trouve un vestige de l'*église St-Thibault,* du XIIe s. Au bout de la place, la rue de Jouy conduit à la porte de ce nom (v. ci-dessous). A g. de cette rue, à quelques pas de la place, la rue St-Jean, avec une anc. *grange des Dîmes,* du XIIIe s., qu'on peut visiter, en s'adressant en face (beaux chapiteaux). Elle contient un petit musée lapidaire et a un sous-sol en communication avec de vastes souterrains.

En continuant de suivre la rue St-Jean, on arrive à la *porte St-Jean,* à moitié en ruine, et aux *REMPARTS, dans leur partie la mieux conservée. Ce sont encore les remparts du moyen âge, avec tours rondes et carrées et précédés d'un fossé. En les longeant à g. en dehors, on voit la *tour aux Pourceaux.* En les longeant à dr. par un joli chemin ombragé, on arrive à la *tour aux Engins,* au delà de laquelle ils tournent à angle droit vers la *brèche aux Anglais,* faite en 1432, et la *porte de Jouy.* On descendra plus loin par un sentier dans le fossé pour passer devant la *porte Faneron* et gagner le *Trou au Chat*, une poterne dans une tour, par laquelle on rentrera à l'intérieur des murs. Il y a là deux murs d'enceinte, l'un fermant la ville haute, l'autre descendant jusqu'au *Durteint*, affluent de la Voulzie, à env. 200 m. de là.

La ville basse avait des remparts moins considérables, en partie détruits. Ils étaient bordés d'un fossé plein d'eau encore existant, que longe une belle promenade de 1 kil., les *remparts d'Aligre*. Sur un coteau à g., l'*hôpital général*, qui a remplacé un couvent du XIIIe s. (cloître).

Plus loin, du même côté, au bord de la promenade, un joli petit *établissement hydrominéral*, aux eaux ferrugineuses acidules froides, peu minéralisées et malheureusement fort pauvres en acide carbonique. Il est ouvert du 14 mars au 1er nov., de 6 h. à 11 h. 1/2 et de 1 h. à 7 h. On y traite particulièrement la chlorose et l'anémie : boisson, 25 c. par litre ou par jour ; bain, 1 fr.

La *villa Garnier*, léguée à la ville par un habitant, avec son charmant *jardin*, est en face, de l'autre côté de la promenade, non loin de Ste-Croix (p. 87). La villa contient un petit *musée*, public les jeudi et dim. de midi à 4 h., surtout des antiquités et des curiosités locales, dons de l'égyptologue Lelorgne de Savigny, de l'académicien Lebrun et de l'historien Bourquelot. A signaler le portrait de Grasset de St-Sauveur, par A. de Pujol, une Femme au perroquet, par Miéris et un intérieur hollandais, attribué à van Ostade. Là aussi est la *bibliothèque* de la ville, riche de 32 000 vol. et ouverte les dim., mardi, jeudi et vendr. aux mêmes heures. Dans le jardin, un *monument* aux victimes de la guerre de 1870-71, avec un beau groupe en bronze par Longepied (1887). En sortant du côté de la ville, par la rue de la Bibliothèque (à g., la *sous-préfecture*), on retourne dans la rue du Val ; de la place du Val, on prendra les rues de la Friperie et Hugues-le-Grand qui ramènent à la rue Victor-Arnoul, d'où l'on regagnera la gare.

La ligne continue de Provins jusqu'à *Esternay* (33 kil., p. 83), par (16 kil.) *Villiers-St-Georges* (1081 hab.), qui a un château du XVe s.

21. De Paris à Troyes (Belfort).

167 kil. Chemin de fer de l'Est (pl., p. 1, C 24). Trajet en 2 h. 9 à 5 h. 16. Prix : 18 fr. 80, 12 fr. 75, 8 fr. 25. Trains avec wagons-lits, wagons-restaur. et wagons à couloir (water-closet), v. l'Indicateur, aux renseignements généraux, après la carte du réseau de l'E., et au tableau de la ligne de Troyes et Belfort. — Voir aussi la carte p. 8.

Jusqu'à *Longueville* (89 kil.), v. p. 85-86. On traverse ensuite de jolis vallons boisés. — 93 kil. *Chalmaison*. La voie redescend dans la vallée de la Seine. — 96 kil. *Flamboin-Gouaix* (buffet).

EMBRANCH. de 30 kil. sur *Montereau* (v. p. 201).

100 kil. *Hermé*. — 105 kil. *Melz*. A dr., la Seine et Nogent.

111 kil. **Nogent-sur-Seine** *(hôt. du Cygne-de-la-Croix)*, ville de 3818 hab. et chef-lieu d'arr. de l'Aube, sur la rive dr. du fleuve, qu'y traverse un beau *pont*, décoré d'un groupe en bronze par A. Boucher, la Piété filiale. L'*église St-Laurent*, où l'on va de là par la première rue à dr., est des xve et xvie s., avec une tour élégante, dont le couronnement figure un gril. A l'intérieur, on remarque le buffet d'orgue, du xvie s., et plusieurs tableaux. Nogent a vu naître en 1829 le sculpteur P. Dubois. — C'est à 6 kil. au S.-E. de Nogent que se trouvait l'abbaye du *Paraclet*, fondée en 1123 par le célèbre Abélard, qui y fut inhumé avec Héloïse; il n'en reste plus que le caveau vide, dans une ferme.

On traverse ensuite la Seine et on en remonte la vallée jusqu'au delà de Troyes. — 117 kil. *Marnay-sur-Seine*. — 119 kil. *Pont-sur-Seine*, village où se trouve, à dr. avant la station, le château moderne de M. J. Casimir-Périer, entouré d'un très beau parc, de 1800 hectares. Il y a dans le voisinage de Pont-sur-Seine une grotte à stalactites de 2 kil. de long. — 122 kil. *Crancey*.

129 kil. **Romilly**-*sur-Seine* (buffet-hôtel; *hôt. du Cygne-de-la-Croix*), ville industrielle de 9001 hab., qui a surtout d'importantes fabriques de bonneterie. Ateliers de la comp. des ch. de fer de l'Est.

Ligne de *Château-Thierry-Mézy*, par Esternay, v. p. 88.

EMBRANCH. de 30 kil. sur *Sézanne* (Epernay), par *Anglure* (11 kil.), sur l'Aube: v. p. 83.

133 kil. *Maizières-la-Grande-Paroisse*. — 139 kil. *Châtres*. — 141 kil. *Mesgrigny-Méry*. — 144 kil. *Vallant-St-Georges*. — 147 kil. *St-Mesmin*. — 152 kil. *Savières*. — 155 kil. *Payns*. — 158 kil. *St-Lyé*. — 161 kil. *Barberey*. — A dr. et à g., les lignes de Sens et de Châlons (R. 19). — 167 kil. *Troyes* (bon buffet).

22. Troyes.

Hôtels: *des Courriers* (pl. a, B 2), rue de l'Hôtel-de-Ville, 58, bon (80 8h. de 2 fr. 50 à 5, rep. 1.50, 3 et 3.50, p. 8.50, om. 50 c.); *du Mulet* (pl. æ, A 3), place de la Bonneterie; *du Commerce* (pl. b, B 3), rue Notre-Dame, 35 (50 ch. dep. 2 fr. 50, rep. 1, 3 et 3.50); *H. St-Laurent* (pl. c, C 3), rue Notre-Dame, recommandé; *H. de France*, rue Thiers, 2.

Cafés: *de Paris*, *du Nord*, place de la Bonneterie; *de la Ville*, en face de l'hôtel de ville; *de la Paix*, rue Notre-Dame, 72; *du Point-Central*, rue de la République, en face du marché St-Remi. — Bon *buffet* à la gare.

Voitures de place: course, à 2 pl., 1 fr. 50; à 4 pl., 2; heure, 2 et 2.50.

Tramways électriques: 3 lignes ayant un bureau central commun place de l'Hôtel-de-Ville (pl. B 2): 1, du *Pont Hubert* (pl. E 2) à *Ste-Savine* (pl. A 2); 2, du *faubourg Croncels* (pl. B 4) au *faubourg de Preize* (pl. C 1); 3, de l'*hôtel de ville* (pl. B 2) au *cimetière*, par la rue de Paris (pl. A 1).

Poste et télégraphe (pl. 7, B 2), rue Charbonnet, 1, et rue Kléber (pl. 7, D 2).

Troyes est une ville très ancienne de 53146 hab., jadis capitale de la *Champagne*, auj. chef-lieu du départ. de l'*Aube* et siège d'un évêché, sur la *Seine*, qui s'y divise en plusieurs bras, dont l'un est canalisé. C'est une des villes les plus curieuses de l'est de la France, par ses monuments et par l'aspect original que lui donnent

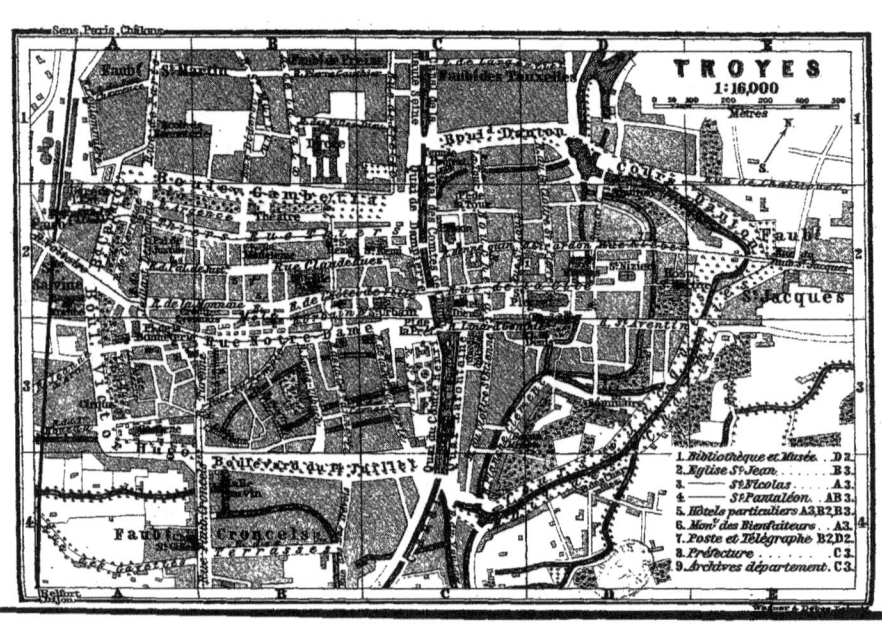

ses vieilles rues étroites et tortueuses, aux maisons de bois. Troyes a pour spécialité la bonneterie, pour laquelle elle a une école spéciale depuis 1890 (pl. A 1), et sa charcuterie est renommée.

Cette ville était la capitale des *Tricasses* à l'arrivée des Romains, qui la nommèrent *Augustobona*, puis *Trecæ*. St Loup, un de ses premiers évêques, détourna d'elle Attila au ve s.; le pape Jean VIII vint y couronner Louis II le Bègue en 877; mais elle fut saccagée par les Normands en 890 et 905. Elle eut plus tard des comtes, dont le plus connu est Thibaut IV, le Chansonnier (1201-1253). Puis elle fut réunie à la couronne par alliance; mais elle tomba au pouvoir des Bourguignons et des Anglais durant la démence de Charles VI, et c'est alors que fut signé, à Troyes même, en 1420, le honteux traité qui reconnaissait Henri V d'Angleterre régent de France et déclarait bâtard le dauphin, plus tard Charles VII. Le protestantisme y eut vite de nombreux partisans et la révocation de l'édit de Nantes fit beaucoup de tort à son industrie. Placée au milieu des opérations stratégiques en 1814, Troyes eut fort à souffrir de la guerre. Elle est la patrie du trouvère Chrestien, du pape Urbain IV, de P. Pithou et J. Passerat, auteurs de la Satyre Ménippée, des peintres Nic. et Pierre Mignard, des sculpteurs Girardon et Simart (v. aussi p. 94, et ci-dessous).

Le **monument des Enfants de l'Aube** (pl. A 2) attire d'abord l'attention quand on vient de la gare. Il est situé sur les boulevards qui entourent une partie de la vieille ville et se compose d'un groupe en marbre en mémoire des victimes de la guerre de 1870-71, «Vaincre ou mourir», par *A. Boucher*, de Bouy-s.-Orvin près Nogent-s.-Seine, sur un piédestal de 7 m. 50 de hauteur, en forme de tour, avec hauts reliefs en bronze par *D. Briden*, de Troyes.

En tournant à dr. sur le boulevard, on rencontre à quelque distance, à g., **St-Nicolas** (pl. 3, A 3), église goth. qui date seulement du xvie s., avec porche du xviie s.

L'intérieur présente d'abord, comme curiosité, une belle chap. au-dessus du porche de la façade, dite *chapelle du Calvaire*, avec des peintures murales par Nic. Cordouanier et un Ecce Homo par Gentil, deux artistes de Troyes du xvie s. A g. de la nef est un St-Sépulcre fermé, surmonté d'un Christ du xvie s. Devant ce St-Sépulcre, sous le porche, une belle sculpture de la Renaissance, l'Adoration des bergers, et, comme pendant, de l'autre côté, une Présentation au temple. Les bas côtés ont des vitraux remarquables du xvie s. Quelques vieilles peintures, en particulier une sur bois, à g. du chœur.

Derrière cette église se trouvent la halle et la *place de la Bonneterie*, où s'élève (pl. 6, A 3) le *monument* érigé par la ville de Troyes à ses bienfaiteurs, œuvre du sculpteur D. Briden (1900). Il se compose d'un haut socle, sur lequel une Renommée tenant une couronne déploie ses ailes; au pied, un jeune homme portant des branches de chêne. — Plus loin commence la rue Notre-Dame, qui est la principale de la ville.

St-Pantaléon (pl. 4, A B 3), à quelques pas à dr., est aussi une église goth. des xvie-xviie s., avec façade dans le style du xviiie s.

A dr. de la nef, un grand *calvaire* fort curieux par Gentil, avec scènes accessoires, même deux personnages à un balcon, et où l'on remarque surtout le groupe des Stes Femmes. Dans la chap. voisine, St Crépin et St Crépinien, groupe intéressant du même artiste. Les fenêtres du bas côté dr. sont garnies de belles grisailles du xvie s. Les piliers de la nef ont chacun deux statues superposées, abritées de dais, qu'on attribue à Gentil et à son associé Dom. Rinucci ou le Florentin. La voûte, en bois, avec un beau pendentif dans le chœur, a 22 m. 70 de hauteur. Dans les arcades sont placés 8 grands tableaux, 6 de Carré, élève de Lebrun, représentant la vie de St Pantaléon, et 2 d'Herluison, représentant la Nativité et le Christ au tombeau.

En face de cette église se trouve l'*hôtel de Vauluisant* (pl. 5, A 3), édifice de 1564 maintenant assez dégradé, où est installé le cercle du commerce. Il a une belle cheminée de l'époque. — Il y a encore non loin d'ici une maison remarquable du xvie s., l'*hôtel de Chapelaines*, rue Turenne, 55, et une autre de la même époque, l'*hôtel de Mauroy*, au n° 7 de la rue de la Trinité, la première au delà de la rue Turenne (pl. 5, B 3).

Revenu à la rue Notre-Dame, on la suivra jusqu'à la 6e rue à g., où il faut tourner pour visiter **St-Jean** (pl. 2, B 3), église des xive et xvie s., englobée dans des maisons et de peu d'apparence à l'extérieur, sauf sur la rue de l'Hôtel-de-Ville, mais qui possède aussi des œuvres d'art remarquables.

Le chœur est légèrement incliné à g. Une partie des fenêtres des bas côtés ont de riches vitraux du xvie s. Au maître-autel, dans un grand contre-retable de Girardon, du style corinthien, deux tableaux de P. Mignard, le Baptême de J.-C. et le Père Eternel, masqués par des rideaux: s'adresser au sacristain, dont la sonnette est à dr. à l'entrée du chœur. Dans la chapelle derrière le chœur, un retable avec des hauts reliefs et des bas-reliefs magnifiques en marbre, par Jacques Juliot (? 1580) et complétés par Girardon; ils représentent des scènes de la Passion (moulages au musée; p. 94). Dans une chap. à dr. du chœur, la Visitation, groupe du xvie s. Dans une autre du côté g., près de la sacristie, à l'autel, une Mise au tombeau du xvie s.

A peu de distance à g. au delà de St-Jean, au n° 26 de la rue Champeaux, se trouve l'*hôtel des Ursins*, de 1526 (pl. 5, B 2). Plus loin, à dr., on arrive à l'*hôtel de ville* (pl. B 2), construction peu remarquable et en mauvais état, de 1624-1670. Il y a dans la façade une niche qui contenait primitivement une statue de Louis XIV et où se voit aujourd'hui une statue de femme, une Liberté datant de 1793 et dont la Restauration a voulu faire une Minerve. La grande salle du premier étage renferme une des œuvres principales de Girardon, un médaillon en marbre représentant Louis XIV.

*****St-Urbain** (pl. C 2), où conduit un peu plus loin, à l'E., la rue de l'Hôtel-de-Ville, est le monument le plus remarquable de Troyes pour la pureté du style. C'est une petite église du xiiie s., aujourd'hui en restauration, un chef-d'œuvre de l'architecture ogivale, dans le genre de la Ste-Chapelle de Paris. Elle a été fondée en 1263 par le pape Urbain IV, né à Troyes et fils d'un cordonnier; mais elle est restée inachevée, la nef n'ayant que trois travées. Il y a de jolis portails latéraux précédés de porches. La nef a 26 m. de hauteur sous voûte. Les fenêtres sont admirables de légèreté et en partie précédées d'arcades à colonnettes très fines. Elles ont des vitraux des xiiie et xive s. Belle Vierge dans la chap. à dr. du chœur. Fonts du xve s.

Plus loin à dr., sur une grande place, la *préfecture*, un anc. couvent du xviiie s. A côté, le *canal de la Haute-Seine*, que l'on traverse pour visiter la *cité*. Au delà du pont, à dr., l'*Hôtel-Dieu* (pl. C 2), aussi du XVIIIe s., avec une belle grille de l'époque.

La *cathédrale, *St-Pierre* (pl. D 2), à dr. de la même rue, est un monument imposant et fort remarquable, malgré le manque d'unité dans le style, sa construction ayant duré du commencement du XIIIe s. jusqu'au XVIe s. Elle a été souvent restaurée et complètement de nos jours. La partie la plus ancienne et la plus belle est le chœur, construit de 1208 à 1324, puis le transept, de 1314 à 1400; la plus récente est le grand portail, dû à *Martin Chambiges* (XVIe s.), qui travailla aussi à Sens (p. 203) et à Beauvais. Ce portail offre toute la richesse de décoration caractéristique de l'art voisin de la Renaissance, avec une rose magnifique. Il est flanqué de deux tours, dont celle du N. a été seule achevée, dans le style du XVIIe s.: elle a 74 m. de haut; on y monte par un escalier en spirale (belle vue du sommet). Il y avait autrefois sur la croisée une flèche qui atteignait 60 m.

L'intérieur de l'église, à 5 nefs jusqu'au transept, se distingue par ses belles proportions: la longueur totale est de 117 m., la largeur de 51 m. au transept, et la hauteur de 88 m. On remarque surtout les superbes *vitraux du chœur, du XIIIe s., et le riche triforium de la nef, surmonté de verrières du XVe s. La rose du croisillon N. est de la même époque, celle du crois. S. date seulement de 1844. Dans la 1re chap. à dr. de la nef se trouve un groupe polychrome du XVIe s., le Baptême de St Augustin par St Ambroise, attr. à Gentil; dans celle de la Vierge, une Vierge avec l'enfant Jésus, de Simart; dans la 4e chap. du bas côté g. se voit le célèbre vitrail du Pressoir, par Linard Gonthier, de Troyes.

Le *trésor* de la cathédrale, à dr. du chœur, possède beaucoup d'émaux anciens, dont la châsse de St Loup, du XVIe s., par Léon Limousin. Il y a aussi un coffret byzantin en ivoire du Xe s., des manuscrits des XIe et XIIe s., de l'orfèvrerie des XIIe (châsse des SS. Bernard et Malachie), XIIIe et XVIIIe s.

En continuant de suivre la rue de la Cité, on arrive bientôt à *St-Nizier* (pl. D 2), église goth. de 1535-1573, qui a un portail latéral de la Renaissance, au N., et surtout des vitraux du XVIe s., malheureusement détériorés par un attentat anarchiste en août 1901.

Le **musée-bibliothèque** (pl. 1, D 2), presque au coin de la rue de ce nom et de la place où est la cathédrale, est l'anc. abbaye de St-Loup, mais modifiée et avec de nouvelles salles construites depuis peu. On y entre par la rue St-Loup.

Le MUSÉE est public les dim. et jours de fête, de 1 h. à 5 h. en été et de midi à 4 h. en hiver, et visible aussi les autres jours. Il comprend surtout des collections de sculpture, de peinture, d'archéologie et d'histoire naturelle. — Conserv. pour la peinture, M. H. Pron.

Rez-de-chaussée. — La *collection archéologique* (catal. d'archéologie monumentale, 1897, 75 c.; catal. spécial des carrelages et mosaïques, 2 fr. 50) est répartie dans la cour, sous la galerie en face de l'entrée, le long du bâtiment principal et en partie dans les salles de ce bâtiment. Elle comprend des monuments mégalithiques, des antiquités mérovingiennes, des monuments du moyen âge et de la Renaissance. Il y a dans la galerie de curieux morceaux de sculpture. Dans les salles, une grande piscine gallo-romaine en mosaïque et une belle cheminée du XVIe s. — La *collection d'histoire naturelle* occupe là trois salles. Elle est importante pour l'ornithologie et l'entomologie.

C'est à g. de la cour que se trouvent l'entrée de la salle des sculptures et l'escalier de la galerie de peinture.

SCULPTURES. — La collection est surtout intéressante parce qu'elle comprend de nombreux modèles ou moulages et quelques originaux d'artistes du pays: *Simart* (1806-1857; 91 num.), *Girardon* (1628-1715), *Paul Dubois*(v. p. 90), *Valtat* (1838-1871), *Janson* (1823-1881), *Alfred Boucher*, etc. — Ire SALLE. 1re travée: en face, 13, *Beylard*, Méléagre, bronze; 247, *Hiolle*, Evé, marbre; à dr. à la porte, 71, *Ramus*, David combattant Goliath; 87, *Simart*, Mort de Caton. — 2e travée, à g.: 85, 100, 92, 150, 166, *Simart*, Coronis mourante, Oreste réfugié à l'autel de Minerve, Joueur de disque, Minerve, l'Art demandant ses inspirations à la Poésie; 172, *Valtat*, Création d'Eve. Tout autour de cette travée et de celle de g., les bas-reliefs de *Simart* pour le tombeau de Napoléon Ier aux Invalides, etc. — 3e travée, à dr. par rapport à l'entrée: s. n°, *Laoust*, Danton; 258, *Suchetet*, Byblis changée en source; 248, *Janson*, Salomé; s. n°, *Briden*, A la Patrie; *Soyer*, En vedette, Poursuite; 173, *Valtat*, Faune et dryade; 75, *Rochet*, Napoléon Ier à Brienne; 59, *Janson*, Diogène. — 4e travée: 46, 47, 45, *Girardon*, Marie-Thérèse d'Autriche et Louis XIV; bustes de l'école française; marbres de l'école troyenne du XVIe s.; moulages.

IIe SALLE. 1re travée: 175, *Vassé*, buste de Girardon; 76, *Romagnesi*, buste de l'érudit P.-J. Grosley; 174, *Vassé*, buste de Mignard; 225, *Boucher*, les Coureurs; à dr., du même, Laënnec découvrant l'auscultation, A la terre, la Piété filiale. — 2e travée: 84, 242 243, 86, *P. Dubois*, Chanteur florentin du XVe s., statue équestre du connétable Anne de Montmorency, St Jean, Narcisse au bain; 43, *Franceschi*, la Religion. — 3e travée: 83, *Dubois*, monument de Lamoricière à Nantes; bustes divers.

Ier étage. — PEINTURES. — Ire SALLE, tableaux anciens: à dr., 318, *Jules Romain*, Vierge; *inconnus*, la Cène, avec vieux cadre orné de peintures; Adoration des mages; 154, *R. Tassel* (de Langres, 1580-1660), l'arbre de Jessé; — 216, *inconnu*, Assomption de la Vierge; 172, *Vasari*, la Cène; 42, *Cima da Conegliano*, la Vierge et l'Enfant, adoré par St Jean-Baptiste et St Dominique; — 68, *Greuze*, portr. d'enfant; 140, *Hubert Robert*, Ruines d'un pont romain; 24, *Boullongne le J.* (Bon B.), le Jugement de Salomon; 75, *Hudson*, portr. de femme; 20, *Fr. Boucher*, les Génies des Beaux-Arts; 179, 180, *Watteau*, l'Enchanteur, l'Aventurière; ensuite 15 tableaux de *Natoire* (108-122), des sujets mythologiques ou allégoriques et des scènes de la vie de Clovis; 183, *Tiepolo*, St Thomas d'Aquin; 269, école holl., paysage et animaux; — 38, *de Champaigne*, portr. d'un official et grand-chantre de Notre-Dame de Paris; — 158, *Tassel*, le Juste d'Horace; s. n°^{s}, beaux portr. de femmes, par un inconnu et par *P. Mignard*; 73, *Hesse*, portr. du sculpteur Girardon; 103, *P. Mignard*, la Marquise de Montespan; 59, *van Dyck*, portr. de Fr. Snyders; 39, *de Champaigne*, Louis XIII recevant Henri II de Longueville chevalier du St-Esprit; 47, *Daverdoingt*, portr. de P. Mignard; 89, *L. Lenain*, portr. d'homme; 162, *Teniers le V.* (?), Paysans; et encore plusieurs portraits remarquables.

Au milieu, entre des vitrines, des bronzes (catal., 7 fr.), dont un *Apollon antique*, découvert en Champagne en 1813. — Vitrines derrière cette statue: *émaux; bijoux*, présumés ceux de Théodoric Ier, roi des Visigoths, tué à Châlons en 451, également trouvés en Champagne (Pouan), en 1842; objets divers, antiquités, broderies, tissus. Il y a des étiquettes. — Vitrines devant l'Apollon: ouvrages en métal; autres émaux, triptyques byzantins, croix byzantines et goth.; faïences, sceaux (catal., 75 c.), médailles, monnaies gauloises (catal., 1 fr.), céramique.

IIe SALLE, salle J. Audiffred: à dr., 107, *Monginot*, la Dîme; 81, *Laugée*, Eust. Lesueur chez les chartreux; 15, *Biennoury*, le Mauvais riche; 40, *Chintreuil*, Après l'orage; 142, *Ronot*, les Aumônes de Ste Elisabeth de Hongrie; — 148, *Schitz*, le Jubé de la Madeleine (v. p. 95); 101, *Merson*, Martyre de St Edmond, apôtre de la Grande-Bretagne; vitrine avec de petits bronzes antiques; 149, *Schitz*, Vallée de Grésivaudan (Isère); — 16, 17, *Biennoury*, Apelles peignant le jugement de Midas, Esope et son maître Xanthus; 150, *Sebron*, Ruines de Baalbec; 49, *P. Delaroche*, Joas trouvé par Josabeth; — s. n°, *Beaucé*, Napoléon Ier au pont d'Arcis-sur-Aube; s. n°, *Gleyre*, portr. de femme. — Dans des vitrines, armes, émaux, bijoux antiques; sur un chevalet, *Yan Dargent*, paysage breton.

A dr. de la cour, dans une aile neuve, se trouvent le *musée des arts décoratifs*, fondé en 1894 par M. Piat, et la *bibliothèque*. Le *musée*, ouvert comme l'autre, comprend des meubles, pendules, vases, glaces, objets divers, et de belles tapisseries anciennes. La *bibliothèque* est ouverte dans la semaine de 10 h. à 3 h., excepté le mercr., les jours de fête et le temps de vacances, du 20 août au 1er oct.; le dim. de 1 h. à 5 h. en été et de midi à 4 h. en hiver. Elle compte plus de 110000 vol. et plus de 2700 manuscrits, et elle possède des vitraux remarquables de Linard Gonthier, représentant des épisodes de la vie de Henri IV.

On regagne le centre de la ville par la rue Hennequin, à g., au delà du musée, et on retraverse le canal.

St-Remi (pl. C 2), près de là à dr., et dont la haute flèche se voit de loin, est une église des xive-xvie s. On y remarque surtout un Christ en bronze par Girardon, au maître-autel; des peintures sur bois très curieuses du xvie s., dans les deux bras du transept et dans une chapelle à côté du bras gauche; de beaux vitraux modernes, par Larcher, et des tableaux, dont une Madeleine de l'école italienne, au bas de l'église, à dr.

La Madeleine (pl. B 2), plus loin dans la même direction, mérite aussi une visite. C'est une église du style de transition du xiie s., agrandie au xvie s. Ce qu'elle a de plus curieux est un **jubé* magnifique de 1508-1517, dû à Jean Gualdo. Il a 6 m. 45 de haut et est comme suspendu entre deux piliers; les ornements en sont d'une richesse et d'une délicatesse extraordinaires. Cette église a aussi, surtout au chevet, de beaux vitraux du xvie s., l'un d'eux, dans la chapelle du fond, représentant la création du monde d'une façon très naïve. On remarquera encore de nombreuses pierres tombales et quelques tableaux, notamment de Jean Nicot (de Troyes), relatifs à la vie de la Madeleine.

A dr. du grand portail de cette église se voit une porte du xvie s., reste d'un cloître qui en dépendait. Près de là au S., au coin des rues du Palais-de-Justice et des Quinze-Vingts, l'*hôtel de Marisy*, de 1531, avec une jolie tourelle et de curieuses grilles à deux fenêtres (pl. 5, B 2). — A peu de distance au N. est le *boulevard Gambetta* (pl. A-C 2), le plus beau de la ville, avec le *théâtre*, le *lycée* et un *cirque*. Il aboutit à l'O. près de la gare.

De Troyes à *Paris*, v. R. 21 et 20; à *Châlons-sur-Marne* et à *Sens*, R. 19; à *Chaumont*, *Langres* et *Belfort*, R. 28 et 41; à *Epinal*, R. 37; à *Dijon*, R. 25.

De Troyes a St-Florentin: 56 kil., par une contrée peu intéressante. — 13 kil. (8e st.) *Bouilly*, dont l'église a un beau retable de la Renaissance. Ensuite à dr. la grande *forêt d'Othe*. — 32 kil. (7e st.) *Auxon*, bourg sur l'emplacement d'une ville romaine, peut-être Blenum. — 37 kil. *Ervy*, vieux bourg de 1400 hab. — 47 kil. (10e st.) *Neuvy-Sautour*, bourg sur une colline, avec une belle église de la Renaissance. — 52 kil. *St-Florentin*, stat. desservant la ville (à dr.). — 56 kil. *St-Florentin-Vergigny*, sur la ligne de Dijon (p. 207).

23. De Troyes à Chaumont et à Langres.
(Paris-Belfort.)

95 kil. jusqu'à *Chaumont*, en 1 h. 20 à 2 h. 35, pour 10 fr. 75, 7 fr. 15 et 4 fr. 65. — 130 kil. jusqu'à la gare de *Langres-Marne*, d'où il y a un ch. de fer à crémaillère pour monter à la ville (v. p. 99); trajet de 2 h. à 4 h. 40, pour 14 fr. 65, 9 fr. 80 et 6 fr. 35.

Troyes, v. p. 90. On laisse à g. la ligne de Brienne et Pagny-sur-Meuse (R. 24), traverse la Seine pour la dernière fois et en quitte la vallée. — 8 kil. *Rouilly-St-Loup.* — 15 kil. *Lusigny.* — 22 kil. *Montiéramey*, où il y a des restes d'une abbaye de bénédictins et dont l'église a des vitraux du XVIe s. — 193 kil. *La Villeneuve-au-Chêne*. Puis un long viaduc sur la Barse.

32 kil. *Vendeuvre* (hôt. André), à dr., bourg de 2068 hab., qui a un château des XIIe, XVIe et XVIIe s. et une église de la Renaissance, avec un beau portail et des œuvres d'art remarquables.

43 kil. *Jessains*, où l'on arrive dans la vallée de l'*Aube*. Belle vue de la gare. — Ligne de Vitry et Brienne, v. p. 74.

La voie remonte maintenant la vallée de l'Aube, qui présente un aspect assez pittoresque, et traverse plusieurs fois la rivière. — 49 kil. *Arsonval-Jaucourt*.

54 kil. **Bar-sur-Aube** (hôt.: *du Commerce*, rue Nationale, 38; *St-André, St-Nicolas*), à dr., ville de 4587 hab., d'origine antique, et chef-lieu d'arr. de l'Aube. Elle occupe un joli site et est dominée sur la rive g. par des collines plantées de vignes et de bois. Combat acharné en 1814 entre les troupes de Mortier et de Schwarzenberg. — La rue à dr., un peu au delà de la gare, passe à g., après un boulevard, à l'extrémité de la rue Nationale, qui traverse toute la vieille ville, en longeant la place de l'Hôtel-de-Ville et laissant près de là à g. St-Pierre et à dr. St-Maclou. — *St-Pierre* est une curieuse église des XIIe et XIIIe s., avec galeries en bois du XVIe s., sur le devant et à dr. de la nef. On en remarque les deux porches; à l'intérieur, un buffet d'orgue ancien et un autel moderne dans le croisillon de gauche. — *St-Maclou*, des XIIe, XIVe et XVIIIe s., est moins curieux. Un peu au delà, au bord de l'Aube, une charmante *promenade*, sous un berceau de tilleuls. Près de là en aval, un *pont* avec une petite chapelle commémorative du XVe s. Plus loin encore, une promenade fraîche au bord de la rivière. — Belle vue de la colline de la rive g., où il y a une chapelle (299 m.) dédiée à Ste Germaine, originaire de cette ville.

62 kil. *Bayel*. La vallée est de plus en plus belle.

67 kil. *Clairvaux* (hôt. St-Bernard). Le village, où St Bernard fonda en 1115 la célèbre abbaye de ce nom, est à 2 kil. à dr. dans

la vallée. Le monastère, reconstruit au XVIIIe s. et qui n'offre plus guère d'intérêt, est transformé en maison centrale de détention.

On quitte ensuite la vallée de l'Aube. — 73 kil. *Maranville.* — 83 kil. *Bricon*, où s'embranche la ligne de Châtillon-sur-Seine et Nuits-sous-Ravières (v. p. 98). — 90 kil. *Villiers-le-Sec*. Plus loin à g., les lignes de Blesme et Neufchâteau (R. 33 A), et ensuite le grand *viaduc de Chaumont, sur la vallée de la *Suize*. Il a 654 m. de long, 2 et 3 étages d'arcades, avec galeries sous la voie ferrée, et jusqu'à 53 m. de hauteur. Belle vue à g. sur la ville.

95 kil. **Chaumont.** — Hôtels: *Gr.-H. de France*, derrière l'hôtel de ville; *H. de l'Ecu et du Commerce*, place de l'Hôtel-de-Ville; *H. du Centre*, 6 fr. 50 par jour; *H. de la Gare.* — Bon *buffet* à la gare. — *Poste et tél.*, rue de Bruxereuilles, entre la place de l'Hôtel-de-Ville et le lycée. — *Banque de France*, place Philippe-Lebon.

Chaumont est une ville de 14 622 hab., anc. chef-lieu du Bassigny et auj. chef-lieu du départ. de la *Haute-Marne*, sur une hauteur aride («Calvus mons»), entre la Suize et la Marne. Les souverains alliés y conclurent en 1814 un traité d'union pour réduire la France à ses limites de 1789. — Chaumont est un centre important pour la ganterie.

Devant la gare, sur la place Philippe-Lebon, s'élève le *monument aux enfants de la Haute-Marne* morts pour la patrie, dû au sculpteur Tony Noël et à l'architecte A. Dupuy (1898). Au fond de la place, dans un petit square, se voit la *statue de Philippe Lebon* (1767-1804), inventeur méconnu de l'éclairage au gaz, natif du département, bronze par Péchiné (1887). Les deux rues à dr. de la place mènent vers l'hôtel de ville. Prendre la seconde, qui longe d'abord la place (vue à g.), et tourner dans la première à gauche.

L'*église St-Jean*, un peu plus loin, date des XIIIe, XVe et XVIe s. Elle a un magnifique portail latéral au S., avec une double porte du style goth. fleuri. Le portail principal, du XIIIe s., est d'un style simple et sévère, avec deux tours surmontées de flèches.

Les parties les plus curieuses à l'intérieur sont le transept et le chœur, du XVIe s., qui ont de magnifiques triforium à arcades trilobées et à réseaux flamboyants. Celui du transept a des corniches d'une grande richesse, faisant le tour des piliers sur des balcons en encorbellement et aboutissant à g. à une tourelle d'escalier, le tout également très riche et très varié d'ornementation. Belle voûte à pendentifs au transept; belles grilles en fer au chœur. Dans le bras du transept, un St Alexis attribué à A. del Sarto, une Hérodiade avec la tête de St Jean-Baptiste de l'école flamande, et une peinture murale de 1549. Chaire et banc d'œuvre par Bouchardon, le père du sculpteur, qui était de Chaumont. La chap. de la Vierge a des peintures murales du XVe s. et un retable doré en bois, aussi par Bouchardon le père. Dans la chap. à g. de la précédente, un arbre de Jessé sculpté dans le mur. Une chap. fermée, à g. de la nef, renferme un St-Sépulcre remarquable, de 1460.

La rue du Palais, un peu en deçà de l'église, à dr. en sortant, aboutit au *palais de justice*, sur l'escarpement au-dessus de la vallée de la Suize, à l'endroit où était le château des comtes de Champagne à Chaumont, dont il reste surtout le *donjon*, dit la *tour Haute-*

feuille, grosse tour carrée du XIe s., auparavant plus haute (pour faire l'ascension, s'adresser au concierge du palais).

La rue St-Jean, de l'autre côté de l'église, à dr., aboutit près de l'*hôtel de ville*, un assez bel édifice moderne.

Dans la rue de Bruxereuilles, la principale de Chaumont, qui fait face à l'hôtel de ville, à g., l'*hôtel des postes*, inauguré en 1900, et à dr., le *lycée*, grande construction qui a remplacé un collège des jésuites, dont il reste la chapelle, richement décorée, où se voit aussi un retable doré, en pierre, par Bouchardon le père. Contre la partie de dr., une fontaine avec un buste d'Edme Bouchardon (1698-1762). — Plus loin, à g., n° 99, la *bibliothèque*, ouverte les lundi et jeudi de 1 h. à 3 h., et le *musée*, public les dim., mardi et jeudi de 1 h. à 4 h., mais visible les autres jours, et qui contient des tableaux et des objets divers.

Plus loin la *préfecture*, assez belle construction moderne en briques et pierre. Puis la promenade du *Boulingrin*, avec une jolie fontaine d'après E. Bouchardon. Concert militaire les dim. et jeudi.

Promenade intéressante au *viaduc* (p. 97), par l'avenue de ce nom, à dr. de celle de la Gare en revenant de la ville, et belle vue de la galerie du premier étage.

Ligne de *Blesme* (Calais-Amiens-Laon-Reims-Châlons), v. R. 88 A.

EMBRANCH. de 56 kil., par *Châteauvillain* (1257 hab.), sur *Châtillon-sur-Seine* (p. 103), se reliant à cette ville avec ceux de Troyes-Bar-sur-Seine et Nuits-sous-Ravières. Il se détache de la ligne de Paris à *Bricon* (12 kil.; p. 97).

On remonte ensuite la vallée de la *Marne*, qui coule à g., ainsi que le *canal de la Haute-Marne* (p. 101). — 103 kil. *Luzy*. — 107 kil. *Foulain*. Puis 2 tunnels, entre lesquels on traverse le canal et la rivière. — 114 kil. *Vesaignes*. — 120 kil. *Rolampont*. — 125 kil. *Humes*. Langres se voit de loin à dr.

130 kil. *Langres-Marne* (buffet), stat. reliée à la ville (à 1500 m. au S.) par un *chemin de fer à crémaillère* (v. ci-dessous).

Il y a une seconde stat., *Langres-Ville*, sur l'embranch. de Poinson-Beneuvre (p. 101), au S., du côté de la porte des Moulins (p. 101), à env. 15 min. de la première, mais desservie par très peu de trains.

Le *chemin de fer à crémaillère* monte directement à la ville, où il aboutit non loin de la cathédrale. Il a 1480 m. de long et il s'élève de 133 m., avec des rampes atteignant 17 cm. — 11 min. à la montée, 9 à la descente. Prix : montée, 60 et 35 c.; descente, 35 et 20 c. Aller et retour avec réduction. — A g. à la montée se voit le réservoir de la Liez (p. 101).

Langres. — HÔTELS : *de l'Europe*, rue Diderot, 23 (44 ch. dep. 2 fr. 50, t. c., 1er dé. 75 c., dé. ou dî. 3 fr., p. 8.50, om. 50 c.); *de la Poste*, place Ziegler; *du Faisan*, rue Diderot, 72. — CAFÉS : *du Balcon*, *de Foy*, place Diderot; *du Commerce*, rue Diderot, près l'église St-Martin. — *Poste et télégraphe*, place Henriot, à dr. de la cathédrale.

Langres, ville de 9921 hab., place forte de 1re cl., chef-lieu d'arr. de la Haute-Marne et siège d'un évêché, est située sur un plateau formant promontoire au N., à 473 m. d'altitude. Coutellerie renommée. Appelée jadis *Andematunnum* et capitale des *Lingones*, elle fut soumise par les Romains après la défaite du fameux chef Sabinus (71 ap. J.-C.). Ravagée plusieurs fois par les barbares, elle ne se releva que lentement et ne joua plus qu'un rôle secondaire dans l'histoire du pays. Elle fut occupée par les Autrichiens en 1814 et en 1815, mais elle ne l'a pas été par les Allemands en 1870-71. — Langres a vu naître le philosophe Diderot (1713-1784).

De la stat. principale, une route contourne le promontoire à l'O. Il s'en détache à g. un chemin plus court, menant dans la direction de la cathédrale, et le chemin de fer à crémaillère monte encore plus à g. La petite chap. sur un mamelon à dr., avec une Vierge, a été érigée par les habitants en reconnaissance de ce que la ville fut épargnée par la dernière guerre. Le grand bâtiment avec un dôme, dans la ville, est l'*hôpital de la Charité*, fondé en 1640. Il y a au dôme un observatoire météorologique.

La rue de la Crémaillère, en face du débarcadère du chemin de fer à crémaillère, et la seconde rue à g. au premier carrefour mènent à la cathédrale.

La *CATHÉDRALE, *St-Mammès*, est un très bel édifice du style de transition (XIIe s.), où le plein cintre et l'ogive sont heureusement combinés; mais le portail, avec ses deux tours, a été reconstruit au XVIIIe s. dans le style gréco-romain. Elle avait d'abord 4 tours, qui ont été détruites en 1562, dans un incendie causé par la foudre.

L'intérieur est fort imposant avec les lourds piliers de la nef et les puissantes arêtes de la voûte, haute de 23 m. On remarquera les colonnes monolithes du chœur, avec leurs beaux chapiteaux, et les chapiteaux des piliers. Au maître-autel, une reproduction du crucifix de l'église St-Martin (v. p. 100). Dans le bras dr. du transept, un calvaire avec des statues remarquables, en marbre; une Vierge immaculée par J. Lescornel, de Langres (1843), une vieille tapisserie, le Martyre de St Mammès, et de belles boiseries du XVIIIe s. Dans le pourtour du chœur du même côté, à dr., une porte romane richement décorée, surmontée d'un buste du cardinal de la Luzerne (1738-1821). C'est l'entrée de la *salle du chapitre*, qui a un beau reste de cloître du XIIIe s. et qui renferme divers tableaux et des reliquaires. Plus loin dans le pourtour, de petits monuments avec bas-reliefs, restes de l'ancien jubé (sur l'un d'eux, buste en marbre de l'abbé P.-L. Parisis). Dans la chap. absidale, bel autel en bronze doré et statue de Notre-Dame de la Blanche (XIVe s.). Dans le bras g. du transept, le beau monument de Mgr Guerrin (1793-1877), avec statue par Bonnassieux; de belles boiseries du XVIIIe s. et une tapisserie du XVIe s., la vie de St Mammès. Au bas côté g., près de la chap. des fonts, quatre bas-reliefs de la Renaissance. — A remarquer encore, au commencement du bas côté g., une chapelle de la Renaissance, avec une belle voûte à caissons.

En prenant à dr., de l'autre côté de la place devant la cathédrale, la rue St-Didier, on arrive au MUSÉE, établi dans l'anc. église St-Didier. Il est public en été (1er mai-1er sept.) les dim. de 2 h. à 4 h., et visible tous les jours. Catalogue de 1886, 1 fr. Conservateur, M. Royer.

Le rez-de-chaussée est consacré à la sculpture; il renferme, dans le vestibule et surtout dans l'abside de l'anc. église, autour du tombeau de St Didier, évêque de Langres au IIIe s., quantité de monuments gallo-romains: statues, bas-reliefs, autels, monuments funéraires et inscriptions, fragments de mosaïque, trouvés dans la ville et aux environs, ainsi que des sculptures du moyen âge et de la Renaissance. — Au 1er étage se voient une galerie d'histoire naturelle, intéressante par les spécimens de la faune de la moyenne et de la basse Egypte, donnés par M. Perron, longtemps directeur de l'école de médecine au Caire; une petite collection ethnographique, surtout une tête momifiée de bœuf Apis.

Dans l'ESCALIER, quelques tableaux: 122, *R. Tassel* (1588-1666, de Langres), Ste Famille; 128, *J. Tassel*, St Michel; s. n°, *Schalken*, les Buveurs. — Au 2ᵉ étage, 1ʳᵉ SALLE: de dr. à g.: 145, *Vien*, Apothéose de Winckelmann; 155, *Ziegler* (de Langres), Daniel dans la fosse aux lions; 99, *Prud'hon*, le Zéphyr, pastel; 68ᵇⁱˢ, *Lebrun*, la Chute des mauvais anges; 118, *Seghers*, la Charité romaine; s. n°, *Maignan*, les Voix du tocsin; 152, *Ziegler*, la Vierge de Bourgogne; 26, *Fr. Flore*, Adoration des mages; 131, *Teniers le J.*, le Renîment de St Pierre; — 105ᵇⁱˢ, *J. Ranc* (1674-1735), portr. de femme; 149, *Ziegler*, l'Immaculée Conception; 170, *éc. fr. du xvıᵉ s.*, St Mammès; — (plus loin) 107ᵇⁱˢ, *Rougeron*, Rixe dans une posada; 78, *Luminais*, Pillards gaulois; 39, *Cl. Gillot* (1673-1732, de Langres), une Scène de tréteaux; 96, *Poelemburg*, Enlèvement d'Europe; 44, *le Guerchin*, St Sébastien; — 8, *J. Courtois*, dit *le Bourguignon*, bataille; 123, *R. Tassel*, son portrait; 12, *A. Carrache*, tête de jeune fille. En outre des sculptures, des plâtres, des dessins, quelques petites antiquités, des spécimens de coutellerie langroise. — 2ᵉ SALLE: à dr., 85, *L. Olivié*, Vieille Bretonne au marché; 81, *Monnoyer*, fleurs; 78, *Mantegna*, le Christ sortant du tombeau (sur bois); 130ᵇⁱˢ, *Teniers*, Scène de foire; — 121, *P. Tassel*, la Cène (s. cuiv.); 154, *Ziegler*, la Rosée; 80, *Monnoyer*, fleurs; 84, 85, *Galli Bibiena*, architectures; 105, *N. Quentin* (xvıɪᵉ s.), Adoration des bergers, provenant de la cathédrale; 141, *Vanloo*, portr. de Diderot; 146, *Watelet*, paysage de Savoie; 127, *J. Tassel*, Moïse frappant le rocher; — 171, *inconnu*, portr. de J. Racine; 72, *Luminais*, les Pêcheurs de homards en Bretagne; 16, *Corot*, Jésus au jardin des oliviers; 139, *Valenciennes*, paysage; 147, *Ziegler*, Giotto dans l'atelier de Cimabué; 67, *Largillière*, portr. de dame; 27, *S. Franck*, David portant la tête de Goliath; — 124, *J. Tassel*, Mort de St Joseph. Ensuite encore quelques sculptures, des antiquités, même égyptiennes, de petits objets d'art, 10 médaillons d'empereurs romains (émaux de Limoges), des ivoires, surtout, au milieu, un groupe du xvᵉ s., l'Annonciation; un canon en bronze du xvıɪᵉ s., des vases de Sèvres. — 3ᵉ SALLE: tableaux moins importants et quelques sculptures.

En continuant tout droit au delà du musée, on passe devant une belle *maison de la Renaissance*, au n° 10 de la rue St-Didier, et à g. à l'extrémité de la rue Cardinal-Morlot, où il y en a une autre, au n° 15. Ensuite on arrive aux remparts, d'où l'on a une belle vue et d'où l'on gagne, en tournant à dr., le sommet de la *porte gallo-romaine*. Cette porte, maintenant bouchée, se compose de deux arcades et présente surtout, comme ornements, 5 pilastres corinthiens (pour la voir complètement, descendre au pied du rempart).

On suivra le rempart jusqu'à la *porte du Marché*, par laquelle on arrivera à la *place de l'Hôtel-de-Ville*. La rue Vernelle ramène de là à la place de la Cathédrale qu'on traversera pour prendre à dr. la rue de Nevers, qui forme le commencement de l'artère principale de la ville. Près de là, sur la place qui porte son nom, s'élève la *statue de Diderot*, bronze par Bartholdi (1884). La rue Diderot, qui fait suite à la rue de Nevers, passe, à g., devant le *collège*, construction monumentale due aux jésuites (1746).

Plus loin à dr. se voit *St-Martin*, église basse à 5 nefs, des xıɪɪᵉ, xvıᵉ et xvıɪɪᵉ s., dominée par un haut clocher.

L'intérieur est bien restauré depuis peu. On visite St-Martin surtout à cause de son beau *crucifix* en bois, attribué à Gentil (xvıᵉ s.), élève du Primatice. Il est derrière le maître-autel et on le voit surtout bien du fond du premier bas côté dr. Belle voûte à pendentif. Au commencement de la nef, le modèle du monument de Mgr Morlot (de Langres), archevêque de Paris, et une statue de St Louis de Gonzague, œuvres de Lescornel.

La rue Diderot conduit enfin à la belle *porte des Moulins*, construite en 1647 par Camus, à l'extrémité de la ville, et à la *promenade de Blanche-Fontaine*, qui a de magnifiques arbres. La *citadelle* se trouve au delà, à gauche.

La *Marne* a sa source de ce côté, à 6 kil. de Langres, et il y a depuis peu un canal latéral, dit *canal de la Haute-Marne*, qui en descend la vallée dans la direction de Vitry-le-François (p. 78), où il se raccorde avec celui de la Marne au Rhin. Ce canal est relié à la Saône par un de ses sous-affluents, qu'il rejoint à l'aide du *tunnel de Balesmes*, de 4820 m. de long. En aval, il est alimenté par le *réservoir de la Liez* ou *de Lecey*, dont la vaste nappe s'aperçoit de la hauteur de Langres, à dr. du côté de la crémaillère. Ce réservoir, formé par une digue de 492 m. de long, 16 m. 50 de haut, 61 m. d'épaisseur à la base et 5 m. 50 au sommet, a 278 hect. de superficie et peut contenir plus de 16 millions de mètres cubes d'eau. Il est déjà très poissonneux et particulièrement peuplé de «corégones», espèce de salmonidés voisine de celles de la féra et du lavaret. — De l'autre côté de Langres, à 6-7 kil., dans le vallon de la Mouche, se trouve encore le *réservoir de la Mouche*, de plus de 97 hect. de superficie et env. 8 650 000 m. cubes, avec une digue de 410 m. de long et 23 m. de haut, à laquelle est accolé un pont pittoresque.

De Langres à *Chaumont, Troyes* et *Paris*, v. p. 98-96 et R. 21 et 20; à *Belfort*, R. 41; à *Martigny, Contrexéville* et *Vittel*, p. 178; à *Bourbonne-les-Bains*, p. 180; à *Bains-les-Bains, Luxeuil* et *Plombières*, p. 181.

EMBRANCH. de 47 kil. sur *Poinson-Beneuvre* (p. 104), contournant la ville à l'O. et la desservant comme il est dit p. 98.

24. De Troyes à Toul (Nancy) par Brienne, Montier-en-Der et Pagny-sur-Meuse.

185 kil. Trajet en 7 h. 10 à 8 h. 25. Prix: 20 fr. 85, 14 fr. 05, 9 fr. 05. A *Brienne*: 42 kil.; 1 h.; 4 fr. 70, 3 fr. 20, 2 fr. 05. — *De Troyes à Nancy*: 218 kil.; 7 h. 50 à 9 h. 15; 24 fr. 55, 16 fr. 55, 10 fr. 80.

Troyes, v. p. 90. Cette ligne se détache à g. de celle de Belfort et traverse la *Seine*, puis la *Barse*. — 11 kil. *Thennelières*. On passe sur la lisière orientale de la *Champagne pouilleuse* (v. p. 84). — 23 kil. *Rouilly-Géraudot*. — 26 kil. *Piney*, bourgade après laquelle on arrive dans le bassin de l'*Aube*, dont on traverse d'abord un affluent, l'*Auzon*. — 31 kil. *Brévonnes*, à 3 kil. du hameau de *Villehardouin*, patrie du chroniqueur de ce nom. — 36 kil. *Mathaux*. On traverse l'*Aube* elle-même. Plus loin, à g., le château de Brienne.

42 kil. **Brienne-le-Château** (hôt.: *de la Croix-Blanche*, dans la ville; *Hayard*, à la gare), petite ville de 1753 hab., qui eut avant 1790 une école militaire illustrée par Napoléon Ier, son élève de 1779 à 1784. Combat sanglant entre l'empereur et Blucher, en 1814. Brienne a donné son nom à une famille célèbre à plusieurs titres, dont l'un des membres, Jean, fut roi de Jérusalem en 1209 et empereur de Constantinople de 1231 à 1237. La rue par laquelle on arrive de la gare en ville et où l'on a en face le château, croise la Grande-Rue, où se trouve, à g., l'*église*, qui est du xvie s. En face, l'*hôtel de ville*, précédé d'une *statue de Bonaparte* à l'âge de 16 ans, bronze par Rochet (1859). Il reste peu de chose de l'école

militaire, qui était plus loin à dr. Le *château,* qui domine la ville, est une grande construction du xviii⁰ s. On peut le visiter et son parc est ouvert au public. Il appartient au prince de Bauffremont-Courtenay. Les appartements contiennent beaucoup d'œuvres d'art, surtout des portraits, et un riche mobilier. Belle vue de la hauteur.

Ligne de *Vitry-le-François* à *Jessains,* v. p. 74.

49 kil. *Valentigny,* où s'embranche le tronçon de Vitry-le-François. — 57 kil. *Longeville-sur-Aine.*

65 kil. **Montier-en-Der** ou *Montiérender* (*hôt. des Voyageurs*), bourg de 1597 hab., qui a une anc. *église abbatiale,* avec une nef romane du x⁰ s. et un chœur goth. du xiii⁰ s. A côté, un petit dépôt d'étalons.

Embranch. de *St-Dizier,* v. p. 180.

Ensuite la *forêt du Der.* — 74 kil. *Voillecomte-les-Babottes.*

80 kil. **Wassy** ou *Vassy* (*hôt. du Commerce*), ville industrielle (fer) de 3668 hab. et chef-lieu d'arr. de la Haute-Marne, sur la *Blaise* et un canal. Elle est connue par le massacre de protestants qui fut le signal des guerres de religion en France (1562). Il eut lieu à la suite d'une querelle entre les gens du duc François de Guise et des protestants réunis pour le prêche, dans une grange non loin de l'église. En quittant la gare, on traverse le canal et la rivière, puis on tourne à g. dans la principale rue transversale, où se voit la vieille *tour de l'Horloge,* reste d'une anc. porte, et l'on prend à dr. pour arriver au centre. Là est l'*église,* des xi⁰-xvi⁰ s., avec une belle tour romane et un beau portail gothique. Sur la même place, l'*hôtel de ville,* et en face la rue du Temple, où était la grange historique, maintenant reconstruite (inscription).

Ligne de *St-Dizier* à *Doulevant,* v. p. 181.

Ensuite *Vallerest.* — 90 kil. *Sommancourt-Maizières.* On descend vers la vallée de la Marne. — 97 kil. *Chatonrupt.* Viaduc. A g., la ligne de Blesme.

103 kil. **Joinville** (p. 131).

Ligne de *Blesme-St-Dizier* à *Bologne* et *Chaumont,* v. R. 88 A.

On traverse ensuite la *Marne.* — 111 kil. *Poissons,* bourgade industrielle, qui a une église goth. intéressante du xvi⁰ s. — 117 kil. *Thonnance-les-Moulins.* — 121 kil. *Soulaincourt.* — *Cirfontaine-en-Ornois.* — 131 kil. *Luméville-Chassey.* — On croise et rejoint la ligne de Bar-le-Duc. — 139 kil. *Gondrecourt* (hôt. Moriset). 1534 hab.

Ligne de *Bar-le-Duc* à *Neufchâteau,* etc., v. p. 132.

Puis on traverse l'*Ornain.* — *Rozières-en-Blois.* — 151 kil. *Mauvages.* A g., le *canal de la Marne au Rhin* (p. 75), qui vient de passer dans un tunnel de 4875 m. et que longe la voie ferrée. — 156 kil. *Sauvoy.* — 162 kil. *Void.* — 165 kil. *St-Martin-Sorcy.* On traverse le canal et la *Meuse.*

168 kil. *Sorcy,* où l'on rejoint la ligne de Paris à Nancy, 5 kil. en deçà de *Pagny-sur-Meuse,* qui n'est plus qu'à 12 kil. de *Toul* (p. 108) et 45 de Nancy (p. 120).

25. De Troyes (Paris) à Dijon.

168 kil. Trajet en 5 à 6 h. Prix: 18 fr. 95, 12 fr. 80, 8 fr. 30. — Ligne directe de Paris à Dijon, v. R. 45.

Troyes, v. p. 90. Cette ligne s'embranche à dr. de celle de Belfort après la 1re stat. (4 kil.), *St-Julien*, dont l'église possède un très beau triptyque du XVIe s., et elle suit longtemps encore la vallée de la Seine, qui est bordée de collines. — 9 kil. *Maisons-Blanches-Verrières*. — 11 kil. *St-Thibault*. — 14 kil. *Clérey*. — 18 kil. *St-Parres-lès-Vaudes*. Au loin, à dr., le château et l'église de *Rumilly-lès-Vaudes*, deux édifices remarquables du XVIe s. — 22 kil. *Fouchères-Vaux*, où l'on traverse la Seine. — 25 kil. *Courtenot-Lenclos*.

33 kil. **Bar-sur-Seine** (*hôt. de la Fontaine*, dans la Grande-Rue), ville de 3123 hab., jadis chef-lieu de comté et auj. chef-lieu d'arr. de l'Aube, adossée à une colline boisée où était le château de ses comtes. Fortifiée jusqu'en 1596, elle fut ravagée à plusieurs reprises, surtout par les Anglais en 1359 et par les Bourguignons en 1433.

A l'entrée est un double *pont* sur la Seine, qui offre de jolis coups d'œil. La rue Thiers, qui y fait suite, a une *maison* en bois du XVIe s., près de l'église. — L'*église St-Etienne*, à dr., est un monument curieux des XVIe-XVIIe s. On y remarque de très beaux vitraux de l'époque; à l'entrée latérale de dr., un vieux bénitier; dans chaque bras du transept, 4 hauts reliefs dont les sujets sont empruntés à l'histoire de St Etienne et à celle de la Vierge; jolies crédences, beaux bas-reliefs. — La rue Thiers longe la place de la République et aboutit à la Grande-Rue. L'*horloge* publique, près de là, est sur un reste des anciens murs. La *porte de Châtillon*, à l'extrémité S. de la Grande-Rue, est du XVIIIe s. et fort simple.

On traverse ensuite l'*Ource*, affluent de la Seine, puis le fleuve lui-même. — 38 kil. *Polisot*, d'où deux embranch. à voie étroite desservent, d'une part *les Riceys* (11 kil.; 2296 hab.), centre d'un vignoble assez important, de l'autre *Cunfin* (25 kil.). — 44 kil. *Gyé-sur-Seine*. Encore un pont. — 50 kil. *Plaines*. On franchit de nouveau la Seine. — 52 kil. *Mussy*, qui a une église curieuse des XIIIe et XVIe s. — 59 kil. *Pothières*, où sont les restes d'une abbaye de bénédictins fondée en 863 par Gérard de Roussillon. Enfin un dernier pont sur la Seine. — 65 kil. *Ste-Colombe* (1248 hab.), où aboutit l'embranch. de Nuits-sous-Ravières (p. 209).

67 kil. **Châtillon-sur-Seine** (*hôt. de la Poste*, place de l'Hôtel-de-Ville), ville commerçante (épicerie) de 4807 hab. et chef-lieu d'arr. de la Côte-d'Or, d'origine ancienne et importante au moyen âge. En 1814 y fut tenu un congrès dans lequel on prononça la déchéance de Napoléon Ier. Ricciotti Garibaldi y surprit les troupes allemandes en 1871.

La rue de la Gare conduit à un pont sur la Seine à côté d'un grand moulin, d'où l'on aperçoit un peu, dans un grand parc, l'anc. *château Marmont*, brûlé en 1871 et rebâti depuis. En continuant par la même rue, on passe entre une belle promenade (à dr.) et l'hôpital et on arrive à la *place Marmont*, ainsi nommée en l'honneur du maréchal de ce nom, duc de Raguse (1774-1852), qui était originaire de cette ville. Elle est décorée d'une fontaine monumentale. Un peu au delà, une autre belle promenade, de l'extrémité de laquelle on aperçoit les ruines de l'anc. château et St-Vorle (v. ci-dessous).

Ensuite vient l'*hôtel de ville*, reste d'un couvent de bénédictins. Suivre plus loin la rue des Ponts, qui conduit à *St-Nicolas*, église romane et goth. qui a deux verrières du xvie s.; puis à g. les rues de l'Isle et du Bourg, par lesquelles on arrive à *St-Vorle*, sur une hauteur à l'E. de la ville. C'était la chapelle de l'anc. château. Elle est du style roman et elle a un St-Sépulcre remarquable, en pierre, avec onze personnages de grandeur naturelle. L'anc. *château*, auquel la ville a dû son nom, est depuis longtemps en ruine; il ne reste plus que des parties peu considérables de son enceinte, et l'intérieur est transformé en cimetière. — La *maison d'arrêt*, dans le haut de la ville au delà de St-Nicolas (v. ci-dessus), est une construction assez curieuse de la Renaissance. Le congrès de Châtillon s'est tenu dans une maison de la rue voisine.

De Châtillon à *Chaumont*, v. p. 98; à *Nuits-sous-Ravières*, p. 209.

De Châtillon à *Aignay-le-Duc*: 35 kil., ligne à voie étroite remontant la vallée de la Seine et à la fin celle d'un petit affluent.

De Châtillon à *Baigneux-les-Juifs*: 43 kil., ligne également à voie étroite, suivant la ligne précédente jusqu'à (17 kil.) *Aisey-sur-Seine*.

Notre ligne quitte ensuite la vallée de la Seine pour gagner à l'E. celle de l'Ource, qui est moins intéressante. — 76 kil. *Prusly-Villotte*. — 80 kil. *Vanvey*. Aux pâturages succèdent des plaines. — 88 kil. *Leuglay-Voulaines*. — 94 kil. *Recey-sur-Ource*, localité principale de cette vallée. — 106 kil. *Villars-Santenoge*.

114 kil. *Poinson-Beneuvre*, où aboutit une ligne venant de Langres (p. 101), à 2 kil. et 2 kil. $^1/_2$ des deux localités. On sort ensuite du bassin de la Seine pour passer dans celui du Rhône, en gagnant la vallée de la Tille, par un pays montueux. — 123 kil. *Pavillon-lès-Grancey*, hameau à 4 kil. au S. de *Grancey-le-Château*, où il y a un beau château, en grande partie reconstruit au xviie s. — 129 kil. *Marey-sur-Tille*. — 134 kil. *Villey-Orecey*.

140 kil. **Is-sur-Tille** *(hôt. de la Cloche)*, bourg de 1719 hab., à une certaine distance à dr. de la voie, sur l'Ignon. Il possède des mines de fer et des carrières de pierre.

Ligne de *Nancy* par Neufchâteau, R. 34 A; de *Besançon* par Gray, R. 47 B.

On passe à Is-sur-Tille sur le réseau de Paris-Lyon-Méditerranée. — 145 kil. *Gemeaux*. — 154 kil. *St-Julien-Clénay*. — 159 kil. *Ruffey*.

162 kil. *Dijon-Porte-Neuve*, stat. à l'E. de Dijon, loin du centre de la ville (tramw.). On fait ensuite un circuit vers le S. en traversant le *Suzon* et longeant à dr. le parc de Dijon; on rejoint à g. la ligne de Dôle-Pontarlier, traverse 2 fois l'*Ouche*, longe à g. le *canal de Bourgogne*, qui relie la Seine au Rhône par la Saône (242 kil.), et rejoint encore la ligne de Lyon. Près de la gare principale, à dr., St-Bénigne. — 168 kil. *Dijon* (p. 211).

II. LORRAINE ET VOSGES

26. De Bar-le-Duc (Paris) à Nancy 107
    De Toul à Pont-St-Vincent. 109.
27. De Toul (Paris-Châlons) à Metz 110
    De Pompey à Nomény. 110. — Mousson. 111.
28. De Verdun (Paris-Châlons ou Reims) à Metz . . . 112
    De Conflans-Jarny à Briey; à Homécourt-Jœuf. 112.
29. De Mézières-Charleville à Nancy 113
    A. Par Sedan, Longuyon, Conflans-Jarny et Pagny-sur-Moselle 113
        De Raucourt à Buzancy-Bar. 113.
    B. Par Sedan, Verdun et Lérouville 115
30. De Mézières-Charleville à Metz 116
    Champs de bataille de Metz. De Metz à Strasbourg. 118.
31. De Mézières-Charleville (Paris-Reims) à Luxembourg 119
32. Nancy 120
    De Nancy à Château-Salins (Vic; Sarreguemines). 130.
33. De Châlons-sur-Marne (Paris) à Epinal (Vosges) . . 130
    A. Par Blesme, Bologne (Chaumont), Neufchâteau et Mirecourt 130
        De St-Dizier à Troyes; à Doulevant. D'Ancerville-Gué à Naix-Menaucourt. 131.
    B. Par Bar-le-Duc, Neufchâteau et Mirecourt . . . 132
    C. Par Pagny-sur-Meuse, Neufchâteau et Mirecourt 133
    D. Par Toul et Mirecourt 135
    E. Par Nancy et Blainville-la-Grande 135
        De Charmes à Rambervillers; à Bruyères. 135.
34. De Nancy à Dijon 136
    A. Par Toul, Neufchâteau et Chalindrey 136
    B. Par Mirecourt et Chalindrey (Vittel, Contrex., etc.) 136
    C. Par Epinal, Vesoul et Gray 137
        D'Aillevillers à Faymont. 138. — De Gray à Frétigney, par Bucey-lès-Gy (Marnay). 139.
35. De Nancy (Paris) à Strasbourg 139
    St-Nicolas-du-Port. 139. — De Mont-sur-Meurthe à Gerbéviller. 140. — D'Igney-Avricourt à Cirey. De Deutsch-Avricourt à Dieuze. De Lutzelbourg à Phalsbourg. 142. — Excursions de Saverne. De Saverne à Haguenau; à Schlestadt. Ste-Odile. 143.
36. De Lunéville à St-Dié et à Epinal 145
    De Baccarat à Badonviller. De Raon-l'Etape à Schirmeck (Donon). 145. — D'Etival à Senones (St-Blaise et Strasbourg). 146. — Montagne d'Ormont. Côte St-Martin. 147.
37. De Troyes (Paris) à Epinal (Vosges) 148
    A. Par Chaumont, Neufchâteau et Mirecourt . . . 148
    B. Par Jussey et Darnieulles 149
38. Excursions de St-Dié dans les Vosges 153
    I. A Strasbourg, par Saales 153
        Climont. 153. — D'Urmatt à Niederhaslach et dans la vallée du Nideck. Château de Guirbaden. 154.

Bædeker. N.-E. de la France. 7e édit.

    II. A Schlestadt, par Ste-Marie-aux-Mines 154
        De Ste-Marie-aux-Mines au Bonhomme ; au Brézouard.
        154. — Château de Hohkœnigsbourg. Kintzheim, etc. 155.
    III. A Colmar, par Fraize, le col du Bonhomme et la
        Poutroye 155
        De Plainfaing au Valtin et à la Schlucht. 155. — Du Bon-
        homme au lac Blanc. Brézouard. Orbey. 156.
39. Excursions d'Epinal dans les Vosges 157
    I. A la Schlucht (Munster), par Gérardmer . . . 157
        Vallée de Granges. 158. — Promenades et excursions de
        Gérardmer. De Gérardmer à la Bresse. 159-160. —
        Lacs de Longemer et de Retournemer. 160. — De la
        Schlucht au Hohneck ; au lac Blanc ; à la Bresse. 161-163.
    II. A Colmar par la Schlucht et Munster 164
        De Munster à Metzeral. Kahlenwasen. 164. — De Turck-
        heim aux Trois-Epis ; au château de Hohlandsbourg. 165.
    III. A Mulhouse par Bussang et Wesserling . . . 165
        Excursions de Remiremont. Colline des Charbonniers,
        lac de Perche, Gresson, etc. 166-167. — Excursions de
        Bussang. 167. — De Cernay à Sewen. 168.
    IV. A Mulhouse par Cornimont, la Bresse ou Ventron
        et Wesserling 168
        A. Par Cornimont, la Bresse et Wesserling 168
        B. Par Cornimont, Ventron et Wesserling 169
    V. A Belfort par le Ballon d'Alsace 170
        Ballon de Servance. 171.
40. D'Epinal à Belfort en chemin de fer 172
41. De Langres à Belfort 173
        De Luxeuil à Corravillers. 173. — De Lure à Mont-
        bozon. De Ronchamp à Plancher-les-Mines. 174-175.
42. Bains des Vosges 177
    I. De Châlons-s.-M. (Paris) à Vittel, Contrexéville et
        Martigny-les-Bains, par Mirecourt 177
    II. De Nancy à Vittel, Contrexéville et Martigny-l.-B. 178
    III. D'Epinal à Vittel, Contrexéville et Martigny-l.-B. 178
    IV. De Langres (Paris) à Martigny, Contrexéville et
        Vittel, par Andilly 178
        Excursions de Contrexéville. 179.
    V. De Langres (Paris) à Bourbonne-les-Bains . . . 180
    VI. De Langres à Bains-les-Bains, Luxeuil et Plom-
        bières 181
    VII. D'Epinal à Bains-les-Bains, Plombières et Luxeuil 184
    VIII. D'Epinal à Bussang 184
43. De Belfort à Strasbourg 185
        De Bollwiller à Guebwiller. Ballon de Guebwiller. 185.
44. De Belfort (Paris) à Bâle 187
    A. Par Mulhouse 187
    B. Par Delle 187

26. De Bar-le-Duc (Paris) à Nancy.

99 kil. Trajet en 1 h. 20 à 3 h. 30. Prix: 11 fr. 20, 7 fr. 50, 4 fr. 90. — A *Toul:* 68 kil.; 1 h. 5 à 2 h. 35; 7 fr. 40, 5 fr., 3 fr. 25.

PRINCIPAL POINT de cette route: *Toul* (p. 108).

Bar-le-Duc, v. p. 75. — 5 kil. *Longeville.* — 11 kil. *Nançois-Tronville.* Ligne de Neufchâteau-Epinal, v. R. 33 B. On laisse sur la dr. le canal de la Marne, qui fait plus loin un immense circuit et passe dans la vallée de la Meuse par un souterrain de 4 kil. de long, tandis que le chemin de fer tourne à g. — 22 kil. *Ernecourt-Loxeville.* Tranchées profondes (jusqu'à 22 m.), à travers les hauteurs qui séparent les bassins de la Seine et de la Meuse. — 35 kil. *Lérouville* (hôt. de la Gare), bourg de 2775 hab.

Ligne de *Sedan* par *St-Mihiel* (17 kil.) et *Verdun,* v. R. 29 B.

41 kil. Commercy (233 m.; hôt.: *de Paris,* en face de la gare, bon; *de la Cloche*), à dr., ville de 7724 hab., et chef-lieu d'arr. de la Meuse, sur un bras de la Meuse. Elle fut longtemps le chef-lieu d'une seigneurie, puis d'une principauté, et elle a appartenu au cardinal de Retz, puis aux derniers ducs de Lorraine, qui en firent une de leurs résidences. Charles-Quint la prit et l'incendia en 1544.

Commercy fabrique et exporte en grandes quantités des pâtisseries renommées dites *madeleines.* Il y en a aux passages des trains, sur les quais de la gare. Le prix de la boîte est de 1 fr. 20 à 2 fr.

On va de la gare dans le centre de la ville par la rue en face, puis par la première à g., la rue du Four, qui aboutit à la grand'-rue, dite rue Carnot, laquelle conduit à g. devant le *château.* C'est l'ancienne résidence des ducs de Lorraine, construction grandiose du XVIIe s., transformée en caserne de cavalerie. Voltaire y séjourna en 1747. Il est précédé d'une grande cour, séparée par une grille d'une place en hémicycle, à l'extrémité de la rue. Celle-ci se prolonge à l'opposé par une avenue vers la forêt de Commercy, à 7 kil.

Un passage voûté à dr. de la place, puis la rue de la Poterne conduisent à l'*hôtel de ville,* qui est lui-même précédé d'une place plantée d'arbres, avec une fontaine. A l'angle de la rue par laquelle on est venu s'élève une jolie *caisse d'épargne* moderne. A g. de l'hôtel de ville, les halles.

L'*église,* de l'autre côté de la place du château, où l'on parvient aussi par un passage voûté, est un édifice goth. modifié au XVIIe s. Belle chaire et maître-autel modernes. Dans le bras g. du transept, un grand retable moderne, le Baptême du Christ. — La rue de la Paroisse passe plus loin à une petite place où est la *statue de Dom Calmet* (1672-1757), savant historien et exégète, né aux environs, bronze par Ch. Pêtre (1863). On tourne au delà à g., pour retomber sur la rue du Four qui ramène à la gare à dr.

La voie ferrée longe ensuite, à dr., le château de Commercy et franchit deux bras de la *Meuse.* — 49 kil. *Sorcy,* où aboutit la ligne de Troyes par Montier-en-Der (p. 102). — On retrouve à dr. le canal de la Marne au Rhin. Tunnel de 570 m.

54 kil. Pagny-sur-Meuse (264 m.; *buffet-hôtel*). Ligne de Neufchâteau-Epinal, R. 33 C. On passe dans la vallée de la *Moselle* par un tunnel de 1120 m. et rejoint le canal de la Marne au Rhin. — **59 kil.** *Foug.* A g. à Toul, la célèbre *faïencerie de Bellevue*, qui date du XVIIIe s.

66 kil. Toul. — Hôtels: *de Metz*, rue Gambetta; *de la Cloche-d'Or*, rue de la République; *de la Gare.* — *Poste et télégraphe*, rue de Rigny, en face de l'hôtel de ville.

Toul (205 m.) est une ville de 12 287 hab., un chef-lieu d'arr. de Meurthe-et-Moselle et une place forte maintenant très importante, située entre le canal et la Moselle, à env. 10 min. de la gare.

C'est l'antique *Tullum*, capitale des *Leuci* «les brillants» à l'époque gauloise. Cette ville fut célèbre au moyen âge comme siège d'un évêché, fondé par le moine irlandais St Mansuy (m. vers 350), et à cause des guerres qu'elle eut à subir par suite de sa situation entre la France et la Lorraine. Le comté de Toul fut séparé de ce dernier pays en 984 et forma dès lors une souveraineté plus ou moins indépendante, jusqu'au jour où il fut réuni à la France en 1648, au traité de Westphalie, en même temps que les évêchés de Metz et de Verdun, déjà pris par Henri II en 1552. En 1870, Toul se défendit bravement et ne se rendit le 23 sept. qu'après 38 jours d'investissement et 12 jours de siège. La ville fut bombardée du mont St-Michel et de la côte Barine, au N. et au N.-O., qui sont maintenant fortifiés.

De la gare, une vaste construction neuve, on descend à dr. au canal, puis on tourne à g. pour entrer dans la ville par la porte de France. Il y a en deçà à g., square Victor-Hugo, un *monument commémoratif de 1870*. Au delà viennent la rue Thiers, puis la place Croix-en-Bourg, où se voit une jolie *fontaine* en marbre, du style de la Renaissance (1893-94), par E. Bauhain et L. Schnegg, et la rue Gambetta, qui débouche entre la rue de la République, à dr. (v. p. 109) et la rue Carnot, à gauche.

St-Gengoult, à peu de distance par cette dernière rue, est une belle église goth. des XIIIe et XVe s. L'intérieur, à large transept, sans triforium ni déambulatoire, se distingue par sa hauteur, et les grandes fenêtres du transept et du chœur ont de beaux vitraux du XIIIe s. Dans le bras g. du transept se voit un autel avec retable et personnages du XVIe s. La partie la plus remarquable est toutefois le *cloître, à g. de la nef. Il est du style flamboyant, du XVIe s., et chaque côté se compose de 6 doubles arcades à colonnettes très légères et séparées par des colonnettes torses.

Le cloître communique avec une petite place, par où l'on sortira pour aller à St-Etienne, en prenant à dr. la rue Lafayette, puis à g. la rue Michâtel (jolie maison au n° 12) et à dr. la rue Liouville.

*St-Etienne, l'anc. *cathédrale*, est un magnifique édifice, remarquable surtout par ses dimensions, par l'harmonie de ses proportions et encore plus par l'élégance de son portail, avec ses deux tours aériennes, de 75 m. de haut, terminées par des lanternes octogones. Le chœur et le transept sont du XIIIe s., la nef des XIVe et XVe s. et le portail du XVe s. A l'intérieur, long de 88 m. et haut de 36, on remarque: un beau buffet d'orgue, aux côtés duquel sont de jolies tribunes; les chapiteaux des piliers de la nef; dans la 1re chap. de dr., un beau retable du xve s. et deux reliquaires modernes; à g. en deçà du transept, la jolie chap. des Evêques, de la Renaissance, avec le «fauteuil de St Gérard», du xiiie s., et près de là une statue de Jeanne d'Arc, cuirassée et à genoux, d'après celle de Domremy (p. 134). Les deux bras du transept, sans triforium, mais avec une élégante galerie au-dessous des fenêtres, ont, ainsi que le chœur, de belles verrières. — Cette église a aussi, à dr. avant le transept, un *cloître très remarquable, des xiiie et xive s., encore plus grand et de style plus pur, sinon plus beau que celui de St-Gengoult. Il forme un rectangle de 70 m. de long sur 50 de large et il compte, sans la porte du préau, 22 travées à quatre baies, chacune avec un faisceau de quatre colonnettes et deux colonnettes isolées. — Dans ce cloître, du côté du transept, se trouve l'entrée d'une *chapelle*, qui renferme un beau retable en pierre, d'env. 12 m. de haut sur 6 de large, l'Adoration des bergers, par Ign. Robert, d'après un dessin du carme Elie de St-Joseph (xviie s.).

Près de St-Etienne est l'*hôtel de ville*, l'anc. évêché, grande et belle construction datant de 1740, renfermant la bibliothèque et un petit musée. Derrière, un jardin public, avec un *marbre* par Maindron, la France recueillie (1874).

La rue d'Inglemure, à l'opposé de l'hôtel de ville, puis la rue Corne-de-Cerf, à g., et la rue Béranger, à dr., conduisent de St-Etienne à la rue et à la *place de la République*, où se trouve un beau café. On regagne de là à dr. en arrivant la rue Gambetta. A g., on irait sortir de la ville du côté de la Moselle, qui a là un pont de 1770.

De Toul à *Mirecourt* et à *Epinal*, v. R. 33 D.

De Toul a Pont-St-Vincent: 24 kil., ligne qui remonte la vallée de la *Moselle*. 1re stat., (6 kil.) *Chaudeney-sur-Moselle*. Au delà de Chaudeney, près de la rive dr., se trouvent les *grottes de Ste-Reine*, grottes fort curieuses et en partie inexplorées, l'une d'elles, dite *trou des Celtes*, connue par les découvertes archéologiques qu'on y a faites. Il n'est pas prudent de s'aventurer seul dans ces grottes. Autres stat.: *Pierre-la-Treiche*, *Villey-le-Sec*, *Maron*, *Chaligny* et *Pont-St-Vincent* (p. 187).

Belle vue à dr., au départ de Toul, particulièrement sur la façade de St-Etienne. On croise plus loin le canal, puis la *Moselle*. — 75 kil. *Fontenoy-sur-Moselle*, entièrement brûlé par les Allemands en 1871; on y a inauguré en 1899 un monument commémoratif. — La vallée s'embellit; la rivière et le canal coulent à g. parallèlement à la voie. On traverse encore la Moselle.

84 kil. *Liverdun* (hôt. de la Gare, bon), bourgade de 1826 hab., à g., dans un beau site, avec des restes de fortifications et de château. C'est un rendez-vous d'artistes. Son église, du xiiie s., renferme des sculptures intéressantes. A visiter aussi, dans le haut, à la porte, la maison du Gouverneur, du xve s.

Le canal présente ici des ouvrages d'art fort curieux, surtout un tunnel de 500 m. sous Liverdun, à g., et un *pont-canal* sur la Moselle, à dr. au delà de la station, près du pont du chemin de fer sur le canal lui-même. Cette contrée est une des plus charmantes de tout le trajet. Avant Frouard, à g., la ligne de Metz, puis un pont sur le canal.

91 kil. **Frouard** (*buffet-hôtel*), village de 4099 hab., où s'embranche la ligne de Metz (R. 27). La ligne de Nancy quitte la vallée de la Moselle pour remonter celle de la Meurthe.

94 kil. *Champigneulles* (3378 hab.), qui a des forges et des fonderies. Ligne de Château-Salins, Vic, etc., v. p. 130. On aperçoit de loin, à g., la ville de Nancy. Du même côté, une ligne de ceinture pour les marchandises, passant à l'E. de la ville, entre le canal de la Marne au Rhin et la Meurthe.

99 kil. *Nancy* (buffet; p. 120).

27. De Toul (Paris-Châlons) à Metz.

74 kil. Trajet en 1 h. 42 à 3 h. 50. Prix: 8 fr. 40, 5 fr. 75, 3 fr. 55. — *De Paris à Metz par Frouard:* 392 kil.; 6 h. 19 à 12 h.; 44 fr. 10, 29 fr. 90, 19 fr. 80, plus cher que par Verdun (v. p. 112).

Toul et jusqu'à *Frouard* (25 kil.), v. p. 109-110. — On retourne de là env. 1 kil. dans la direction de Paris. — 27 kil. *Pompey* (3156 hab.), qui a des mines de fer et des usines considérables.

EMBRANCH. de 22 kil. sur *Nomeny*, petite ville de 1843 hab., d'origine ancienne, sur la Seille. Principale stat., *Custines* (2 kil.), jadis *Condé*, au confluent de la Moselle et de la Meurthe, avec deux châteaux en ruine.

Puis on tourne à dr. dans la belle vallée de la *Moselle*, qu'on traverse et suit dès lors à dr., à distance variable, jusque près de Metz. Il y a encore en deçà un canal latéral. — 31 kil. *Marbache.* — 34 kil. *Belleville.*

38 kil. *Dieulouard* (hôt. du Commerce), à g., bourg de 2245 hab., dominé par un coteau où sont les restes d'un vieux château du xie s., sous lequel sort une source abondante, le «Bouillant». Belle église du xve s., renfermant des boiseries remarquables. Dans le voisinage était la cité romaine de *Scarpone*, connue par une défaite des Allemands par Jovinus, en 366 et détruite par les Huns en 960. — On voit de loin, à dr., la hauteur de Mousson (p. 111).

45 kil. **Pont-à-Mousson** (hôt.: *de France*, place Duroc, bon; *de la Poste*, rue Victor-Hugo, près de la gare), jolie ville de 12 847 hab., sur la Moselle. Patrie du maréchal Duroc (1772-1813).

On prend à g. de la gare par la place Thiers, puis à dr. par la rue Victor-Hugo, pour arriver à la *place Duroc*. C'est une place triangulaire entourée de maisons à arcades, avec l'*hôtel de ville* et où l'on remarque surtout une belle *maison* de la Renaissance, décorée de sculptures, dite la «maison des Sept Péchés capitaux».

La rue St-Laurent, à g. en deçà de l'hôtel de ville, a aussi de vieilles *maisons* intéressantes, aux n°s 9 et 11, la première avec un curieux balcon dans la cour, où l'on peut entrer.

L'*église St-Laurent*, près de là, à dr. de la rue, est nouvellement restaurée. Elle est du style goth. de la dernière période, avec façade du xviie s. Elle présente à l'intérieur trois grandes et belles nefs à voûtes remarquables, avec de grandes fenêtres, garnies de beaux vitraux modernes par Hœner, de Nancy. Joli buffet d'orgue neuf. Dans la 2e chap. de g., un retable intéressant du xvie s., composé à l'intérieur de scènes de la Passion en bois sculpté et doré, et dont les volets ont sur les deux faces des scènes de l'histoire de J.-C. et de la Vierge.

La rue du Pont, à l'extrémité de la place Duroc, conduit à la vieille ville, par un pont du xvie s., sur la Moselle. Près de là, à g., l'*église St-Martin*, des xiiie-xve s., avec deux belles tours de 1460. Elle possède un beau St-Sépulcre, dans le bas côté dr.; un jubé du xve s., maintenant à la tribune de l'orgue, et un Baptême de la reine de Mysore par le peintre nancéen Claude Charles (m. 1747), dans la 1re chap. à g. du chœur. — Le *collège*, à g. de la rue, près de St-Martin, est l'anc. maison des jésuites, qui dirigèrent dans cette ville une université célèbre, fondée en 1572 et transférée en 1768 à Nancy. — Plus loin, l'*église Ste-Marie*, de 1705, avec une anc. abbaye de prémontrés transformée en petit séminaire. Elle est fermée. Le chœur, qui est flanqué de deux tours à lanternes, est remarquable à l'intérieur par la richesse de ses sculptures.

Mousson (308 m.), petit village sur la colline à l'E. de la ville, à env. 1/2 h. du pont, par la rue Gambetta et le chemin qui la prolonge à dr., offre peu d'intérêt: de maigres *ruines* de château fort, avec une *chapelle* souvent fermée, dont la tour est couronnée depuis 1895 par une statue de Jeanne d'Arc, œuvre de la duchesse d'Uzès. Vue étendue au N.

51 kil. *Vandières*. — 54 kil. **Pagny-sur-Moselle** (*buffet; hôt.-café de la Gare*), stat. frontière, avec la douane française. 1888 hab. On y a élevé un buste au *comte de Serre*, homme politique (1777-1824). Les coteaux de la rive g. produisent un bon vin. A 2 kil. à l'O.-S.-O., les ruines considérables du *château de Preny*, bâti par les ducs de Lorraine et démantelé au xviie s.

Ligne de *Longuyon* par Conflans-Jarny, v. R. 29 A.

59 kil. **Novéant** (*buffet*), village frontière, relié par un pont suspendu à *Corny*, où se trouvait le quartier général allemand pendant le blocus de Metz. Douane allemande. Heure en avance de 55 min. sur l'heure des chemins de fer français.

63 kil. *Ancy-sur-Moselle*. On laisse à dr. *Jouy-aux-Arches*, où se trouvent, ainsi qu'à Ars, les restes considérables d'un *aqueduc romain*, de plus de 1100 m. de long et 18 m. de haut, que Drusus fit construire pour approvisionner Metz. — 65 kil. *Ars-sur-Moselle*, à g., localité considérable, avec des forges. *Gravelotte* (p. 118; omnibus) se trouve à 7 kil. au N.-O., par le vallon de la Mance. On traverse ensuite la Moselle et son canal. A dr., le fort St-Privat (Prince-Aug.-de-Wurtemberg) et le château de Frescati. A g., les lignes de Verdun et de Thionville et le mont St-Quentin; à dr., les lignes de Sarrebruck et Strasbourg. — 74 kil. *Metz* (p. 117).

28. De Verdun (Paris-Châlons ou Reims) à Metz.

68 kil. Trajet en 2 h. 10 à 2 h. 35. Prix: 7 fr. 45, 5 fr., 3 fr. 80. — *De Paris à Metz par Châlons et Verdun*: 348 kil.; 8 h. 20 à 12 h.; 38 fr. 95, 26 fr. 30, 17 fr. 20.

Verdun, v. p. 80. La ligne de Metz traverse la Meuse et gravit sur l'autre rive les *côtes de Meuse*. Belle vue à dr. Ensuite un tunnel de 1190 m., par lequel on arrive sur le plateau de la *Woëvre* et passe dans le bassin de la Moselle. — 13 kil. *Eix-Abaucourt*.

22 kil. **Etain** (*hôt. de la Sirène*, rue du Pont, 8), à g., jolie ville de 2877 hab., sur l'Orne. Elle doit son nom à des étangs. Son *église* est un édifice remarquable des xiiie et xve s. et possède une Vierge de Pitié attribuée à Ligier Richier (p. 77 et 116). Ligne en projet d'Etain à *Baroncourt* (p. 114). — 29 kil. *Buzy*. — 35 kil. *Jeandelize*.

41 kil. **Conflans-Jarny** (*buffet*, *hôtel* en face), stat. à 1 kil. de Conflans, qui est à dr., près du «confluent» de l'Orne et de l'Yron, et 2 kil. de Jarny, situé aussi à droite.

Ligne de Longuyon à *Pagny-sur-Moselle*, v. R. 29 A. — La première stat. au S. (9 kil.) est *Mars-la-Tour* (p. 114).

EMBRANCH. de 18 kil. sur **Briey** (*hôt. de la Croix-Blanche*), ville industrielle de 2226 hab. et chef-lieu d'arr. de Meurthe-et-Moselle, sur une colline. Sur la place de l'Hôtel-de-Ville, la *statue du Dr Maillot* (1804-1894), qui vulgarisa l'emploi de la quinine et du bismuth contre les fièvres des pays chauds et la dysenterie.

EMBRANCH. de 12 kil. sur *Homécourt-Jœuf*, se détachant du précédent à *Valleroy* (7 kil.). — *Homécourt* et *Jœuf* sont deux bourgs, de 3145 et 5304 hab., le second avec une usine, à 2 kil. au N. Env. 1 kil. plus loin, de l'autre côté de la frontière, est un chemin de fer industriel qui part de Hagondange (p. 117) et dessert divers établissements, surtout les forges de *Moyeuvre* (10 kil.).

49 kil. *Batilly*, où est la douane française. On traverse ensuite le champ de bataille de Gravelotte (p. 118). Gravelotte est à env. 7 kil. au S. de la stat. suivante, tandis que St-Privat et Ste-Marie-aux-Chênes n'en sont qu'à 2 et 4 kil. au N. et au N.-O.

55 kil. *Amanvillers* (buffet). Douane allemande. Heure en avance de 55 min. sur l'heure des chemins de fer français et env. 1 h. d'arrêt. Changement de train. Voit. publ. pour *St-Privat* (3 kil.).

On descend ensuite par la belle vallée de Monvaux, où le train signale son approche à l'aide d'un énorme timbre. C'est en majeure partie sur les hauteurs à dr. qu'eut lieu la bataille de Gravelotte. A g., les forts de Plappeville et St-Quentin. — 61 kil. *Moulins-lès-Metz*. A g., la ligne de Thionville (p. 116). On traverse la *Moselle* et rejoint à dr. la ligne de Frouard (R. 26), puis celle de Sarrebruck et Strasbourg. — 68 kil. *Metz* (p. 117).

29. De Mézières-Charleville à Nancy.

A. Par Sedan, Longuyon, Conflans-Jarny et Pagny-sur-Moselle.

202 kil., partie de la ligne reliant directement Calais (Londres) à Nancy, Strasbourg, etc. (R. 12). Trajet, de Mézières-Charleville, en 3 h. 54 à 7 h. 10. Prix: 22 fr. 50, 15 fr. 20, 9 fr. 80.

Jusqu'à *Sedan* (21 kil.), v. p. 65. — Le chemin de fer longe encore ensuite quelque temps la Meuse. — 25 kil. *Pont-Maugis*, d'où se détachent la ligne de Verdun-Lérouville (R. 29 B) et un embranch. de 10 kil. sur *Raucourt* (bouclerles).

DE RAUCOURT À BUZANCY-BAR, 47 kil., ligne à voie étroite, en 3 h. envir., pour 4 fr. 85 et 3 fr. 65. — Stations: (15 kil.) *Vendresse*, village industriel, qu'un embranch. doit relier à *Poix* (p. 53); (28 kil.) *le Chesne* (1526 hab.), sur le canal des Ardennes et au S. de l'étang de Boiron, au centre d'un des principaux défilés des Ardennes; (36 kil.) *Châtillon*, d'où part un embranchem. de 13 kil. sur *Vouziers* (p. 53); (47 kil.) *Buzancy-Bar*. Buzancy a élevé une statue au général Chanzy, né aux environs, par Croisy (1884).

Puis la voie traverse la Meuse, pour remonter la vallée de la *Chiers*, rivière au cours très capricieux, qu'on traversera maintes fois. Prairies et pâturages. — 27 kil. *Bazeilles* (v. p. 67). — 31 kil. *Douzy*. 1297 hab. — 34 kil. *Pouru-Brévilly*. — 38 kil. *Sachy*.

43 kil. **Carignan** (hôt. de la Gare), à g., ville industrielle de 2164 hab., jadis fortifiée et qui doit son nom à Eugène-Maurice de Soissons, fils du prince de Carignan, pour lequel Louis XIV l'érigea en duché-pairie (1662): elle s'appelait auparavant Yvois, l'Ivosium des Romains.

EMBRANCH. de 7 kil. sur *Messempré*, qui a des usines métallurgiques.

45 kil. *Blagny*. — Arrêt de *Linay*. — 51 kil. *Margut*. Ensuite des collines. — Arrêt de *la Ferté-St-Walfroy*. — 58 kil. *Lamouilly*. — 64 kil. *Chauvency*. On aperçoit de loin, à dr., la citadelle de Montmédy. A l'arrivée, un tunnel de 817 m.

70 kil. **Montmédy** (199-429 m.; *H. de la Gare*; *H. de la Croix-d'Or*), ville de 2600 hab., chef-lieu d'arr. de la Meuse et place forte de 2ᵉ cl., dans un site pittoresque, sur la Chiers. Sa citadelle occupe une colline rocheuse et isolée à 230 m. au-dessus de la ville basse et à laquelle la place doit son nom, dérivé de «Mons Medius». Elle fut prise par Louis XIV aux Espagnols en 1657. Elle se défendit bravement en 1815, après Waterloo, et ne se rendit qu'avec les honneurs de la guerre. En 1870, les Allemands la bombardèrent d'abord vainement en sept., après Sedan; y revinrent en décembre et ne s'en rendirent maîtres qu'en la réduisant en ruines.

En tournant à dr. à la gare et plus loin à g. (à dr., à la ville haute) on passe à la *sous-préfecture* et on arrive à l'*hôtel de ville* et à l'*église* de la ville basse, qui n'ont rien de bien curieux.

On monte de là à Montmédy-Haut en $\frac{1}{4}$ d'h., en appuyant à dr. (côté g. plutôt pour la descente; v. ci-dessous). A dr. aboutit le chemin direct de la gare. On a de belles vues des deux côtés. La ville haute elle-même est peu intéressante. On ne regrettera pas toutefois d'y être monté, à cause de la vue des ouvrages, si l'on redescend par les escaliers et le sentier publics qui commencent sous une voûte entre la porte par laquelle on est entré et son corps de garde.

A 7 kil. au N. de Montmédy, *Avioth*, qui a une belle église goth. des XIIIe et XIVe s., but d'un pèlerinage et richement décorée.

Ligne en projet de Montmédy à *Verdun* (p. 80).

EMBRANCH. de 20 kil., par *Velosnes-Torgny* (v. ci-dessous), *Ecouviez* (7 kil.; frontière; douane) et *Lamorteau* (2 kil.; douane belge), sur la petite ville belge de *Virton*, qui communique elle-même, par différentes lignes, avec celles de Longwy à Arlon (p. 120), de Namur à Luxembourg par Arlon, etc.

77 kil. *Velosnes-Torgny* (v. ci-dessus), stat. près de la frontière, Torgny étant déjà en Belgique. Velosnes a un château en ruine et des souterrains inexplorés. — 82 kil. *Charency-Vezin*. Ensuite plusieurs ponts, deux tunnels et un viaduc à Longuyon.

91 kil. **Longuyon** (*buffet-hôtel; hôtel-café de Lorraine,* en face de la gare), à dr., ville industrielle de 3350 hab., dans un beau site, toute encaissée entre des collines boisées, au confluent de la Chiers et de la Crusne. Elle a un bel *hôtel de ville* moderne. L'*église*, peu curieuse, est au delà du viaduc, à l'extrémité de la jolie vallée de la Chiers. — Grande production de fonte.

De Longuyon à *Metz*, v. R. 30; à *Luxembourg*, R. 31.

On laisse ensuite à g. la ligne de Metz par Thionville et tourne au S.-E. D'abord un vallon boisé et des tranchées dans le roc, puis un plateau cultivé. — 97 kil. *Arrancy*. — 107 kil. *Spincourt*. — 114 kil. *Baroncourt*. Ligne en projet vers Etain (p. 112). — 120 kil. *Gondrecourt-Aix*. — 126 kil. *Fiquelmont*.

133 kil. **Conflans-Jarny** (p. 112). Ligne de Verdun à Metz (R. 28).

142 kil. **Mars-la-Tour** (*hôt. du Commerce),* village où eurent lieu, durant la bataille de Rezonville (v. p. 118), le 16 août 1870, des combats de cavalerie acharnés. On y a érigé, à dr. et tout près de la voie, un peu en deçà de la station, un *monument* aux soldats français tués dans la bataille. Il se compose surtout d'un groupe en bronze, par Bogino, représentant la France qui soutient un soldat mourant, dont deux enfants reçoivent les armes. Alentour sont des caveaux pour les ossements de 10000 morts. Le village est à peu de distance à g. de la voie, d'où l'on aperçoit la tour neuve de son église commémorative. A 5 kil. à l'E. est le petit village de *Bruville,* dont le plateau fut aussi témoin de combats acharnés et dont le cimetière renferme un autre monument commémoratif. — Bois et plaine.

148 kil. *Chambley*. Vallée bordée de collines boisées. — 157 kil. *Onville*, à g., dans un assez beau site.

EMBRANCH. de 11 kil. sur *Thiaucourt*, bourg de 1281 hab., au S.-O., dans le joli vallon du Rupt de Mad.

La ligne principale tourne ensuite à l'E. dans le même vallon du Rupt de Mad, affluent de la Moselle. — 162 kil. *Arnaville*.

165 kil. **Pagny-sur-Moselle** (p. 111), où l'on rejoint, à g., près de la frontière, la ligne de Metz à Frouard. — Suite du trajet jusqu'à *Frouard* (29 kil.), v. p. 111-110, et de là à *Nancy* (9 kil.), p. 110.

B. Par Sedan, Verdun et Lérouville.

227 kil. Trajet en 6 h. 50 et 7 h. 27. Prix: 25 fr. 50, 17 fr. 25, 11 fr. 20. — A *Verdun:* 118 kil.; 8 h. 15 à 8 h. 42; 12 fr. 65, 8 fr. 45, 5 fr. 45.

Jusqu'à *Pont-Maugis* (25 kil.), première stat. au delà de Sedan, v. p. 65-66 et 113. Notre ligne laisse à g. celle de Metz et continue de remonter la vallée de la *Meuse.* — 27 kil. *Remilly.* Embranch. sur Raucourt (p. 113). — 33 kil. *Autrecourt-Villers.*

36 kil. *Mouzon,* petite ville de 1594 hab., d'origine antique (Mosomagus «champ de la Meuse»), qui eut une certaine importance politique jusqu'au milieu du xviie s. Elle a une belle *église* des xiiie et xve s., reste d'une abbaye fondée au xe s.

46 kil. *Létanne-Beaumont,* stat. desservant la petite ville de *Beaumont,* à 2 kil. au S.-O., où le général de Failly, posté là en 1870 pour garder le passage de la Meuse et de l'Argonne, fut battu par le prince de Saxe, le 30 août.

50 kil. *Pouilly.* De chaque côté, des collines couvertes de bois et de vignes. — Arrêt d'*Inor.*

60 kil. *Stenay* (hôt. du Commerce), petite ville lorraine de 4189 hab. et anc. place forte du Pays Messin, à quelque distance à g., sur la rive dr. de la Meuse.

67 kil. *Saulmory-Montigny.* — Arrêt de *Sassey.* — 73 kil. *Dun-Doulcon,* où la vallée se rétrécit un peu. *Dun-sur-Meuse,* à g., est une anc. ville, en partie sur une hauteur de la rive dr. — 79 kil. *Brieulles,* à dr., où l'on remarque un anc. couvent. — 83 kil. *Vilosnes-Sivry-sur-Meuse.* — 90 kil. *Consenvoye.* — 95 kil. *Régneville.* — 100 kil. *Cumières.* — Arrêt de *Marre.* — 107 kil. *Charny.* A g., à Verdun, la ligne de Metz.

113 kil. **Verdun** (p. 80). On laisse ensuite à dr. la ligne de Châlons et Reims et contourne la ville à g.

121 kil. *Dugny.* — 126 kil. *Ancemont.* — 129 kil. *Les Monthairons.* — 132 kil. *Villers-Benoîte-Vaux.* — 134 kil. *Tilly.* — 138 kil. *Woimbey.* — 142 kil. *Bannoncourt.* — 145 kil. *Dompcevrin.*

151 kil. **St-Mihiel** (*hôt. du Cygne,* place des Halles), à g., ville de 9350 hab., sur la rive dr. de la Meuse, redevable de son nom à une abbaye de St-Michel, autour de laquelle elle s'est formée.

On tourne à dr. au sortir de la gare, puis à g., et on traverse la Meuse, pour gagner le centre de la ville, par la place des Halles. On voit déjà du pont les tours de St-Michel; de la place, on y va à dr. par la rue Notre-Dame, qui a, à g., une *maison* goth. du xve s.

L'*église St-Michel,* qui dépendait de l'abbaye (v. p. 116), est un bel édifice de la décadence goth., du xviie s., à trois nefs et transept, avec deux tours à la façade et deux sur les côtés du chœur. Elle présente un singulier mélange de formes goth. et classiques. On remarque à l'intérieur un très beau buffet d'orgue; à dr. de là, dans la chap. des fonts, un Enfant avec deux têtes de morts, haut relief au bas d'un cartouche attribué à Jean Richier; dans la chap. suiv., un Spasme de la Vierge, sculpté par *Ligier Richier* (p. 77); au transept, de beaux vitraux modernes; puis de fort beaux autels modernes avec retables en pierre, et de belles stalles dans le chœur.

L'*ancienne abbaye*, à dr. de l'église, maintenant le collège, la gendarmerie, la prison, le palais de justice, etc., est un vaste corps de bâtiment tout en pierre de taille, à peu près de la même époque que l'église. Elle est traversée par une rue et sa principale façade, simple, mais d'un bon effet, est de l'autre côté.

En continuant de là par la rue des Ingénieurs, on arrive, à dr., à l'*église St-Etienne*, qui est du style goth. flamboyant. Peu remarquable à l'extérieur, elle présente à l'intérieur trois grandes mais courtes nefs, avec de beaux vitraux modernes, et elle possède un *St-Sépulcre* qui est le chef-d'œuvre de *Ligier Richier*, à dr. derrière une belle grille en fer. Il y a encore d'autres sculptures remarquables, en particulier un bas-relief ancien dans la chapelle en deçà, un petit monument moderne à côté et des autels modernes.

Revenir ensuite sur ses pas et continuer tout droit par la place Ligier-Richier, puis à g. par la rue de la Vaux, où se trouvent l'*hôtel de ville* et de vieilles *maisons* fort curieuses, n°s 3 et 36; de là à dr. par la rue Haute, où il y en a encore une, au n° 30. Tournant enfin à g. et bientôt à dr., on se retrouve sur la place des Halles.

Le chemin de fer remonte encore plus loin la vallée de la Meuse. — 158 kil. *Les Kœurs*. — 162 kil. *Sampigny*. 1551 hab. Ensuite on rejoint, à dr., la ligne de Paris à Nancy.

168 kil. *Lérouville*. De là à *Nancy* (64 kil.), v. R. 26.

30. De Mézières-Charleville à Metz.

173 kil. Trajet en 4 h. 40 à 7 h. Prix: 18 fr. 95, 12 fr. 80 et 8 fr. 25.

Jusqu'à *Longuyon* (90 kil.), v. R. 29A. On y laisse à dr. et à g. les lignes de Nancy et de Luxembourg, puis on passe par un tunnel de 670 m. dans la vallée de la Crusne, qu'on remonte quelque temps, en traversant plusieurs fois la rivière. — 99 kil. *Pierrepont*, dans un beau site, à g., avec une manufacture de draps à dr. Puis un tunnel de 800 m. — 103 kil. *Mercy-le-Bas-Mainbottel*. Mercy, qui a un château en ruine, est à 2 kil. au S. Mainbottel, où est la station, a une papeterie. — 107 kil. *Joppécourt-Fillières*. On ressort de la vallée par un tunnel.

114 kil. *Audun-le-Roman*, stat. frontière. Douane française.

123 kil. *Fontoy*, en all. *Fentsch*. Douane allemande. Heure de l'Europe centrale, en avance de 55 min. sur l'heure des chemins de fer français. — Encore un tunnel, après lequel on descend dans la vallée de la Fentsch. — 130 kil. *Hayange* (Hayingen), gros village où sont des forges très importantes.

138 kil. **Thionville**, en all. *Diedenhofen* (hôt.: *Mehn, de la Poste*), ville d'env. 10000 hab. et place forte sur la *Moselle*, souvent assiégée et prise, particulièrement en 1643 par le prince de

Condé et en 1870 par les Allemands, le 24 nov., après deux jours de bombardement.

De Thionville à *Luxembourg* (82 kil.; p. 120), v. *Belgique et Hollande* ou les *Bords du Rhin*, par Bædeker; à *Trèves* (70 kil.), à *Sarrebruck* (80 kil.), *Sarreguemines*, etc., v. aussi les *Bords du Rhin* ou l'*Allemagne du Nord*.

La ligne de Metz remonte ensuite, au S., la vallée de la Moselle. — 143 kil. *Uckange* (Ueckingen). — 146 kil. *Richemont* (Reichersberg). — 148 kil. *Hagondange* (Hagendingen), centre des forges de la partie voisine de la vallée de l'Orne, que dessert une petite ligne industrielle (v. p. 112). — 153 kil. *Maizières*. — 164 kil. *Devant-les-Ponts*, stat. de Metz, près de la porte de France (v. p. 118). La voie contourne ensuite la ville à l'O. et traverse la Moselle. A dr., la ligne de Paris-Verdun, puis celles de Paris-Frouard et de Sarrebruck et Strasbourg. — 173 kil. (413 de Paris) *Metz*.

Metz. — Voir, pour les détails, les *Bords du Rhin*, par Bædeker.

HÔTELS: *Grand-Hôtel* (Europe), *Gr.-H. de Metz*, rue des Clercs, 4 et 3, de premier ordre; *d'Angleterre*, rue au Blé, près de la cathédrale; *de Paris*, près de la place de Chambre, etc.

CAFÉS sur l'Esplanade, dont un vers l'extrémité, à g. (vue).

VOITURES DE PLACE: course, à la gare, 1 pers., 1 ℳ; en ville, 60 pf.; pers. en sus, 20 pf.; 1/2 h., 1 ou 2 pers., 1 ℳ; pers. en sus, 20 pf., etc. — Il y a aussi des voitures à compteur («Taxameterwagen»).

TRAMWAY ÉLECTRIQUE (venant de Montigny) de la gare au faub. de la rive g. (Moulins; Devant-les-Ponts), par les rues Serpenoise et du Palais, en passant près de la cathédrale.

POSTE, à g. au coin des rues de l'Esplanade et de la Poste, en venant de la place Empereur-Guillaume.

Metz est une ville de 45 800 hab., dont la moitié d'immigrés allemands, et une place forte de premier ordre, sur la Moselle, qui y forme plusieurs bras et s'y grossit encore de la Seille. Elle était déjà importante sous les Romains; plus tard elle devint la capitale du royaume d'Austrasie, puis ville libre impériale, et elle fut annexée dès 1552 à la France, qui sut la défendre victorieusement l'année suivante contre Charles-Quint. La guerre de 1870 l'a fait tomber au pouvoir des Allemands, et elle est auj. la capitale de la Lorraine allemande. Les ouvrages de Metz ont encore été augmentés depuis 1870; les forts détachés lui forment une enceinte de 25 kil. de développement. Il y a 23 000 hommes de garnison.

De la gare, on arrive par l'avenue Serpenoise (Rœmer-Allee) à la *place Empereur-Guillaume* (anc. *place Royale*), derrière laquelle est la belle promenade de l'*Esplanade*. Au commencement, la *statue du maréchal Ney* (1769-1815), bronze par Pêtre (1855). A l'extrémité, une *statue équestre de l'empereur Guillaume Ier*, bronze par F. de Miller. On a de là une belle vue sur la vallée de la Moselle, que domine un peu à g. le mont St-Quentin.

La *cathédrale, *St-Etienne,* plus loin, au centre de la ville, est un magnifique monument du style goth. français des XIIIe-XVIe s. Elle est en restauration depuis 1875. L'intérieur surprend par son élévation et par les dimensions de ses fenêtres. On y remarque surtout les vitraux anciens du chœur et du transept. Chœur très court et exhaussé sur une crypte.

Nota. Défense expresse de circuler dans la cathédrale durant les offices, les dim. et fêtes de 8 h. à midi 1/2 et de 1 h. 1/2 à 5 h., en semaine de 9 h. à 10 h. 7 1/2 et de 2 à 3.

A côté est la place d'Armes, avec la *statue du maréchal Fabert* (1599-1662), de Metz, qui se distingua sous Louis XIV, œuvre moderne par Etex.

Le *musée*, à la Bibliothèque, dans la rue de ce nom, non loin de la place d'Armes, au N.-E., comprend des collections d'antiquités romaines, d'histoire naturelle et de peintures. — On arrive un peu plus loin à un bras de la Moselle, en amont de l'île où se trouvent l'anc. *préfecture*, le *théâtre*, etc. Près de l'autre rive, en aval, la porte Chambière, par où l'on va, en 1/4 d'h., au *cimetière* de ce nom, qui renferme un grand *monument* érigé aux soldats français morts ici en 1870. — L'autre côté du quartier de l'île Chambière est formé par le bras principal de la Moselle, au delà duquel se trouvent un premier fort et la stat. de Devant-les-Ponts (p. 117).

La rue Fournirue (Goldschmied-Strasse), qui part de la place d'Armes, descend de l'autre côté de la ville dans un vieux quartier où l'on tournera à g., puis à dr., pour traverser un bras de la Seille et voir les *tanneries* pittoresques de ses deux rives. De là on ira, par la rue de g., à la *porte des Allemands,* anc. porte de la ville, au bord de la Seille. C'est une construction remarquable de 1445-1448, restaurée en 1892.

Champs de bataille autour de Metz. — A l'O., sur la route de Verdun, sont les *champs de bataille des 16 et 18 août 1870* ou de **Rezonville** et de **Gravelotte.** La visite s'en fait, en 9 à 10 h., soit avec une voiture de Metz (petit tour, 12 à 16 ℳ; moyen, 20; grand, 24, et un pourb.), soit à pied, en profitant du chemin de fer jusqu'à *Ars* (p. 111) ou *Amanvillers* (p. 112) et de là des voitures publiques.

La bataille du 16 août eut lieu entre 138 000 Français, avec 476 bouches à feu, et 67 000 Allemands, avec 222 bouches à feu. Les pertes des Français ont été de 17 007 hommes, dont 879 officiers, et celles des Allemands de 15 790 hommes, dont 711 officiers. — Le chiffre des troupes engagées le 18 août fut de 180 000 hommes du côté des Français et 230 000 du côté des Allemands. Les pertes des premiers se sont élevées à 12 314 hommes, dont 609 officiers, et celles des seconds à 20 159 hommes, dont 899 officiers.

Les *champs de bataille du 14 août et des 31 août et 1er septembre 1870* sont à l'E. de Metz. La bataille du 14 août, dite de **Borny**, fut le premier échec de l'armée française sous Metz, le premier retard apporté à sa retraite sur Verdun, que les journées suivantes allaient rendre impossible. La bataille des 31 août et 1er sept. fut le premier et le plus énergique des essais faits par Bazaine pour rompre les lignes de l'armée allemande, qui le cernait depuis le 19 août. La lutte se concentra surtout autour de *Noisseville*, à 8 kil. à l'E., sur la route de Sarrelouis.

La capitulation de Metz, signée le 27 oct., livra aux Allemands, outre la place, 173 000 hommes (y compris 20 000 blessés et malades), dont 3 maréchaux, 50 généraux et 6000 officiers, avec 53 aigles, 66 mitrailleuses, 541 pièces de campagne et 800 pièces de rempart.

De Metz à Strasbourg. — A. *Par Sarrebourg:* 159 kil.; 2 h. 45 à 4 h. 45; 14 ℳ 60, 10 ℳ 30 et 7 ℳ 30 en express, 12 ℳ 80, 8 ℳ 50, 5 ℳ 50 en train omnibus. — 22 kil. (4e st.) *Remilly*, où s'embranche la ligne de Metz à Sarrebruck. — 68 kil. (10e st.) *Bénestroff* (Bensdorf), sur celle de Nancy à Sarreguemines (p. 180) et où aboutit un embranch. de Deutsch-Avricourt (p. 142). — 76 kil. (13ᵉ st.) *Berthelming*, où la ligne de Metz se raccorde avec celle de Sarrebruck à Strasbourg. — 88 kil. (15ᵉ st.) *Sarrebourg*, où l'on rejoint la ligne de Paris-Nancy à Strasbourg (p. 142).

B. *Par Frouard et Nancy:* 208 kil.; pas de trains directs; itinéraire, R. 27, 28 et 35. — *A Nancy:* 58 kil., env. 2 h., 5 ℳ 10, 3 ℳ 45 et 2 ℳ 20.

31. De Mézières-Charleville (Paris-Reims) à Luxembourg.

154 kil. Trajet en 8 h. à 7 h. Prix: 14 fr. 65, 9 fr. 90, 6 fr. 45. — *De Paris* à Luxembourg: 394 kil. (de fait 4 de plus pour le détour par Mézières-Charleville), ligne la plus courte, avec express direct, en 9 h. env.; 41 fr. 50, 28 fr. 15, 18 fr. 45.

Jusqu'à *Longuyon* (90 kil.), v. R. 29A. La ligne de Luxembourg laisse à dr. celle de Thionville-Metz et remonte la vallée supérieure de la Chiers, dans laquelle il y a d'abord deux petits tunnels. Jolie contrée; mines de fer et usines métallurgiques. — *Viviers-sur-Chiers.* — 95 kil. *Roche-sous-Montigny.* Ensuite, à dr., le château de Cons. — 99 kil. *Cons-la-Granville*, qui a un beau *château* de la Renaissance (1572), qu'on peut visiter. On s'y rend en passant sous la voie en deçà de la station. L'entrée est à dr. de l'église. La salle d'honneur a une très belle cheminée de l'époque et des fresques. Dans le cabinet de travail, des portraits d'anc. propriétaires du château, de la famille de Lambertye, et une Fuite en Egypte attr. à Rubens. Les autres pièces renferment aussi des tableaux, en particulier un beau triptyque. — 104 kil. *Réhon.* Puis à g. Longwy.

105 kil. **Longwy** (pron. «lon-oui»; *buffet-hôtel*; *H. de la Croix-d'Or & d'Europe*, à Longwy-Haut), ville de 9235 hab. et place forte de 2ᵉ cl., à la France depuis 1678. Elle se compose de deux parties bien distinctes, une ville basse et une ville haute, reliées par un service d'omnibus (40 c. pour la montée, 25 pour la descente).

Longwy-Bas, la partie industrielle, a d'importantes usines travaillant le fer des mines considérables de la vallée, et une faïencerie renommée. Les environs de Longwy produisent la plus grande partie de la fonte nécessaire à la France.

Longwy-Haut, la partie fortifiée, sur un escarpement de 120 m. de haut, dominant la Chiers, est à près de 2 kil. de la gare par la route (omn., v. ci-dessus), mais il y a des raccourcis pour les piétons, qui prennent la 2ᵉ rue à dr. de la route, puis un chemin à g. après l'église de Longwy-Bas. Il n'y a rien de bien curieux, mais l'ensemble présente de loin un joli coup d'œil et l'on y a une belle vue. — La place de Longwy a été prise par les Prussiens en 1792, avant Valmy, et en 1815, cette fois seulement après un bombardement de 8 jours. Après une vaillante résistance, elle dut capituler en 1870.

EMBRANCH. de 18 kil. sur *Villerupt-Micheville* (5449 hab.), desservant des hauts fourneaux.

108 kil. *Mont-St-Martin* (2956 hab.; hôtel en face de la gare),

à g., dernière stat. française (douane à Longwy), avec une belle église romane et des aciéries.

Embranch. de 21 kil., par la stat. frontière d'*Athus* (6 kil.), sur *Arlon*, ville d'env. 7200 hab. et stat. de la ligne de Namur à Luxembourg (v. *Belgique et Hollande*, par Bædeker).

On laisse ensuite à g. l'embranch. ci-dessus et la frontière et l'on pénètre directement dans le grand-duché de Luxembourg. — 114 kil. *Rodange*. Douane et buffet. Heure en avance de 55 min. sur celle des ch. de fer français. — 117 kil. *Pétange*. Embranch. sur Diekirch (57 kil.; villégiature) par Ettelbrück (53 kil.): v. *Belgique et Hollande*. Notre ligne tourne au S. — 121 kil. *Differdange*. — 126 kil. *Belvaux* ou *Belès*. — 132 kil. *Esch-sur-l'Alzette*, petite ville qui a des mines de fer. — 134 kil. *Schifflange*. — 137 kil. *Nœrtzange*.

142 kil. *Bettembourg*, où aboutit la ligne de Metz-Thionville (p. 117-116). Nous tournons au N. avec la vallée de l'Alzette. — 146 kil. *Berchem*. Plus loin enfin, à g., la ligne de Namur par Arlon.

154 kil. **Luxembourg** (283 m.; hôt.: *Brasseur, de Cologne, de l'Europe*, etc.), ville d'env. 25 000 hab., capitale du grand-duché de ce nom et anc. place forte, jusqu'en 1890 au roi des Pays-Bas et maintenant au grand-duc Adolphe de Nassau. Elle occupe un site des plus pittoresques, en partie sur un plateau rocheux et escarpé au-dessus de la *Pétrusse* et de l'*Alzette*, qui coulent dans des ravins de plus de 60 m. de profondeur. Un *viaduc*, sur la Pétrusse, relie la gare à la ville, qui offre en elle-même peu de curiosités. Un autre *viaduc*, encore plus grandiose, au N.-O. du premier, doit tre terminé en 1903. A l'*hôtel de ville*, à peu près au centre, où conduit un tramway qui passe à la gare (20 c.), un *musée de peinture* visible moyennant 1 fr. 25. Là aussi, place Guillaume, la *statue de Guillaume II des Pays-Bas* (m. 1849), par A. Mercié. L'*église Notre-Dame*, près de là, est des styles goth. et de la Renaissance. Un peu au N.-E. s'élève le *palais* du grand-duc, bâti en 1580. A g. ou à l'O., hors de la ville, un *parc s'étendant du vallon de la Pétrusse à celui de l'Alzette. La ville basse, de ce côté, est très industrielle. Elle est traversée par les lignes de Spa et Trèves, et il y a près de la gare un viaduc de 30 m. de haut. — Pour plus de détails et pour ces lignes et celle de Thionville (32 kil.; p. 116), etc., v. *Belgique et Hollande* et les *Bords du Rhin*, par Bædeker.

32. Nancy.

Arrivée. Lignes de *Paris-Châlons-Bar-le-Duc*, v. R. 15, 16 et 26; de *Strasbourg*, R. 35; de *Mézières-Charleville*, R. 29; de *Neufchâteau, Mirecourt, Épinal*, etc., R. 34; de *Metz*, p. 110 et 111. — Voitures de place, v. p. 121.

Hôtels: *Grand-Hôtel* (pl. d, C 3-4), place Stanislas, 2, nouveau propriétaire (80 ch. de 4 à 7 fr., 1er déj. 1.50, déj. 4, dî. 5); *H. de France* (pl. a, B 4), rue Gambetta, 39; *H. des Deux-Hémisphères* (pl. f, A 4), place Thiers, à la gare, nouveau et bien installé (meublé; ch. t. c. dep. 4 fr., 1er dé. 1); *H. de l'Europe* (pl. b, B C 4), rue des Carmes, 5 (ch. t. c. 2.50 à 5 fr., rep. 1.25, 3.50 et 4, p. 8.50, om. 60 c. à 1 fr.); *H. d'Angleterre* (pl. e, B 4), bon, rue

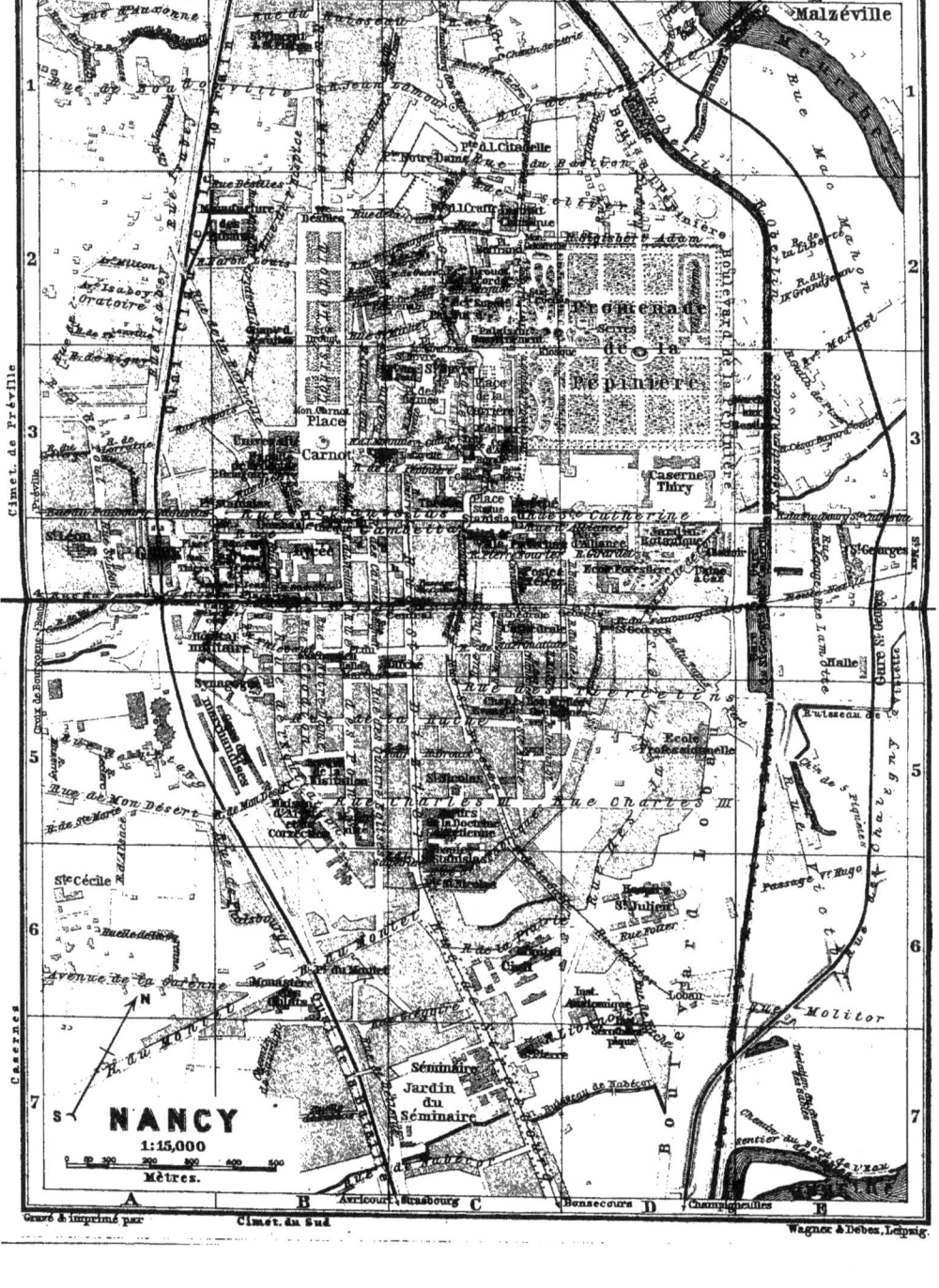

Stanislas, 61, et rue Mazagran, 1 (45 ch. dep. 3 fr., rep. 1.25, 3 et 3.50);
H. Américain (pl. c, B 4), place St-Jean, près de la gare (ch. 3 fr., dé. 8);
H. de Metz, rue du Faub.-Stanislas, 6, près de la gare (ch. t. c. 2 fr. 50,
dé. 8); *H. du Commerce* (pl. g, B 3-4), rue des Carmes, 4 (54 ch. à 3 fr.,
rep. 1, 3 et 3.50, om. 50 c.); *H. de Paris* (pl. h, C 4), rue St-Dizier, 10, au
coin de la rue Dom-Calmet.

Restaurants: *Stanislas*, place Stanislas, 9; au *Grand-Hôtel*, même place;
Petit-Vatel, rue des Dominicains, 33 (dé. 3 fr.); *Rocher-de-Cancale*, rue des
Carmes, 11; à l'hôt. *Américain* (v. ci-dessus), et aux brasseries ci-dessous.
— Bon *buffet* à la gare.

Cafés, les principaux sur la place Stanislas: *café de l'Opéra*, à l'entrée
de la promenade, au delà de la porte Royale; *café de la Comédie*, en deçà,
avec jardins; *café du Grand-Hôtel*; *café de l'hôtel du Commerce*; *café Continental* et *café des Deux-Hémisphères*, place Thiers.

Brasseries: *Grande Brasserie Lorraine*, rue St-Jean, 5, près de la rue
St-Dizier (restaur.; dé. 2 fr. 50, df. 3); *Br. Viennoise* (restaur.), rue des
Michottes, 6 (pl. B 3; dé. 2 fr. 50, df. 8); *Grande-Brasserie de l'Est*, à Maxéville, en été (tramw., v. ci-dessous).

Voitures de place: à 1 chev., simple, 1 fr. 25 la course et 2 fr. l'heure, le
jour; 1.75 et 2.50 la nuit (min.-6 h.); avec galerie pour les bagages, 1.50
et 2.25, 2 et 2.75; landau à 1 chev. et voit. à 2 chev., 1.75 et 2.50 le jour,
2.25 et 3 la nuit.

Tramways (v. le plan): 1, de *Préville*, à l'O. (v. pl. A 3), à *St-Max*,
au N.-E. (v. pl. E 4); 2, de *Maxéville*, au N. (v. pl. B 1), à *Bonsecours*,
au S. (v. pl. C D 7); 3, du *Bon-Coin*, au S.-O. (v. pl. A 4), à la *place Lobau*
(pl. D 6); 4, de la *rue St-Georges* (pl. C 4) à *Malzéville*, au N.-E. (v. pl. E 1).
Ces lignes sont en correspondance au *Point-Central* (pl. C 4). Prix: 10 et
15 c., selon le parcours effectué.

Poste et télégraphe (pl. C 4), rue de la Constitution, 9, et à la gare.

THÉATRES: *Th. Municipal* (pl. C 3), place Stanislas; *Eden-Théâtre* (pl. B 4),
place St-Jean. — *Fêtes, concerts et expositions* diverses à la *salle Poirel*
(pl. B 4), rue de ce nom, près de la gare.

BANQUE, rue Gambetta (pl. B 4).

TEMPLES PROTESTANTS: *temple St-Jean* (pl. B 4), place de ce nom (serv.
à 10 h.); *chapelle méthodiste*, rue Ste-Anne, 6 (10 h. $^{1}/_{2}$). — *Synagogue*
(pl. B 5), rue de l'Equitation.

BAINS: *bains du Casino*, passage de ce nom (pl. C 4), rue St-Dizier, 21,
et rue des Dominicains, 40; *bains Marceau* (Hammam Nancéen), passage
Marceau, rue du Faubourg-St-Jean, 57 et rue de la Commanderie, 56 (pl. A 4).

Société lorraine de photographie, rue Gilbert, 15, laboratoire gratuit pour
les membres de la société et ouvert moyennant 1 fr. aux étrangers. Divers
autres laboratoires dans la région.

PRINCIPALES CURIOSITÉS: *place Stanislas* (p. 122), *musée de peinture et de
sculpture* (p. 128), *cathédrale* (p. 125), *St-Epvre* (p. 127), *cours Léopold* (p. 128).

Nancy (213 m.) est une belle ville de 102 559 hab., l'anc. capitale
de la *Lorraine* et auj. le chef-lieu du départ. de *Meurthe-et-Moselle*
et du command. du xxe corps d'armée, sur la rive g. de la *Meurthe*.
Elle est le siège d'un évêché et d'une université très importante,
et elle a de plus une école supérieure de pharmacie, des Instituts
chimique, sérothérapique, électrotechnique et agricole, une station
météorologique et une école forestière, la seule en France. — Spécialités de Nancy, les broderies et les macarons. Tissages, filatures,
verreries et fabriques de chaussures.

Nancy n'est pas d'origine très ancienne, et la vieille ville y est à peu
près comprise entre la Pépinière et le cours Léopold, la porte de la Craffe
et la porte Royale (pl. B C 2-3). Ce fut dès le xiie s. la résidence ordinaire des ducs de Lorraine, dont le premier héréditaire fut Gérard (1048).
Un des principaux sièges qu'elle eut à subir fut celui de 1475, où elle

fut prise par Charles le Téméraire, mais en 1477 elle fut témoin de la dernière défaite et de la mort de ce prince. Alors commença pour Nancy une ère de prospérité qui eut des temps d'arrêt, mais d'où est sortie la belle ville d'aujourd'hui. Un des règnes le plus prospères fut celui de Charles III (1545-1608), un des plus funestes celui de Charles IV (1624-1675), qui se mêla des affaires de France avec les ennemis de Richelieu et de Mazarin. Nancy fut alors prise par Louis XIII, en 1633, et par Louis XIV, en 1670. François III, le dernier duc héréditaire, ayant épousé Marie-Thérèse d'Autriche, pour devenir plus tard empereur d'Allemagne (François Ier), le duché fut cédé par lui, en compensation de la Pologne, à Stanislas Leczinski, beau-père de Louis XV, et passa ensuite à la France. C'est à Léopold (1697-1729) et à Stanislas (1736-1766) que sont dus les principaux embellissements de Nancy. L'histoire de la ville ne présente plus ensuite de faits particuliers bien importants. A citer parmi les hommes célèbres qu'elle a vu naître et dont il sera reparlé plus loin: les graveurs Callot, Sylvestre et St-Urbain (p. 126), l'architecte Héré (p. 126), le serrurier Lamour (m. 1771), le général Drouot (p. 129), le peintre Isabey (1767-1855), le dessinateur Grandville (p. 127), le romancier Edm. de Goncourt (1822-1896).

Devant la gare, la *place Thiers* (pl. A 4), avec la *statue* en bronze de l'ancien président de la République, par E. Guilbert (1879). En prenant la rue dans le coin à g. et en tournant à dr., on passe par la **porte Stanislas**, une des sept portes en forme d'arc de triomphe que possède la ville. Plus loin à g., près de la rue, se trouvent la place Carnot et le cours Léopold (p. 128). A dr., sur une petite place devant le lycée, la *statue de Mathieu de Dombasle*, l'agronome (1777-1843; p. 135), bronze médiocre par David d'Angers (1850). A g. de cette place, l'anc. Université, auj. la *Bibliothèque*, et dans le fond de la place, le *Lycée*, en partie de construction récente.

La *bibliothèque* compte 108000 vol. et 1471 manuscrits. Elle est ouverte tous les jours, excepté les dim. et fêtes, de 9 h. du mat. à 10 h. du soir du 1er oct. au 1er août, et de 9 h. à midi du 1er août au 1er octobre. Principaux manuscrits: chronique latine de Richer, moine de Senones; grammaire de St Colomban, géographie de Ptolémée (1409-1427), Heures de Notre-Dame de Pitié, avec miniatures; livre de prière du xvie s., aussi avec miniatures, ouvrages manuscrits de Stanislas, mån. de l'abbé Grégoire. La bibliothèque possède en outre un magnifique camée représentant l'apothéose d'Adrien, un des plus grands qui existent, de l'anc. bras d'or qui renfermait la relique de St Nicolas à St-Nicolas-du-Port (p. 140), et un bon portrait de Stanislas par Girardet.

La rue Stanislas, qui descend jusqu'à la place du même nom, traverse ensuite la rue St-Dizier, la plus animée de la ville.

La *place Stanislas (pl. C 3-4), au centre de Nancy, créée de 1752 à 1757, en est la partie la plus brillante. Au milieu s'élève la *statue de Stanislas Leczinski*, en bronze, par Jacquot, de Nancy, érigée en 1831 par l'anc. duché de Lorraine, les départ. de la Meurthe, de la Meuse et des Vosges. Il y avait avant 1792 une statue de Louis XV. Tout autour, de belles constructions, par Héré, de Nancy; de jolies *grilles* en fer du xviiie s., par Lamour, aussi de Nancy, et deux fontaines monumentales, avec figures allégoriques en plomb par Guibal et Cyffié. Au S., l'*hôtel de ville;* au N., à une petite distance, la *porte Royale* (p. 126); à l'O., le *théâtre municipal* et à l'E. l'*évêché*.

L'**hôtel de ville** (pl. C4), du xviie s., est le plus remarquable de ces édifices. Il a un bel escalier avec rampe en fer par Lamour et un magnifique *salon*, avec des fresques par *Girardet*, de Lunéville (1709-1778), et des peintures modernes par des artistes de Nancy: plafond par *Morot*, la Danse; panneaux par *Friant*; médaillons par *Prouvé*, les Mois de l'année. Il renferme de plus le *musée de peinture et de sculpture* de la ville.

Le *musée, surtout au 1er étage, porte en face, est public les dim. et jeudi de 10 h. à 4 h. et visible les autres jours. Vestiaire obligatoire; 10 c. par objet déposé. Il y a un catalogue de 1897, 1 fr. Conservateur, M. J. Larcher.

Ier étage. — Peinture. — Ire salle : à dr., 127, *Vanni*, Vieillard tenant un globe terrestre; 50, *Duccio*, Vierge; 111, *Sassoferrato*, la Vierge au manteau; 129, d'apr. *P. Véronèse*, vieille copie des Noces de Cana, par *Claude Charles*, de Nancy; — 124, *Tobar*, Religieux en prière; 186, *éc. bolonaise*, l'Annonciation, provenant de la cathédrale; 80, *Ann. Carrache*, le Christ au tombeau; 47, *C. Dolci*, le Christ descendu de la croix; 90, *P. de Cortone*, la Sibylle de Cumes annonçant à Auguste la naissance de J.-C.; 88, *S. Contarini*, dit *le Pésarèse*, Ste Famille; 7, *le Baroche*, l'Annonciation; 183, *éc. vénitienne*, la Circoncision; *87, *le Pérugin (Vannucci)*, la Vierge, l'Enfant et St Jean, avec deux anges; — 69, *le Guide*, Cléopâtre; 288, *Koeberger*, Apprêts du martyre de St Sébastien; *273, *Rubens*, la Transfiguration, peinte en Italie sous l'influence du Caravage; 272, *Rottenhammer* (?), le Bon Samaritain; — 284, *van Hemessen*, les Vendeurs chassés du temple; 438, *Le Barbier l'Aîné*, Mort de Désilles (p. 128-129); 25, *Cardi (da Cigoli)*, l'Echelle de Jacob; *119, *le Tintoret*, le Christ au tombeau; 208, *de Crayer*, St Charles Borromée donnant la communion à des pestiférés; 98, *le Pordenone*, les Adieux de St Pierre et de St Paul; 268, *Porbus le J.*, l'Annonciation; — 2, *A. del Sarto*, Tobie et l'ange; 80, *Fieravius*, dit *le Maltais*, Armure et harnais; 108, *A. Sacchi*, Alexandre VII à la procession du «Corpus Domini»; 205, *J.-B. de Champaigne*, St Paul. — Au milieu, 619, *Chaligny*, statue équestre du duc Charles III, en bronze. Dans un angle, 568, un beau vase de Sèvres.

IIe salle, la 1re à g. par rapport à l'entrée (salle de dr., v. VIIe, p. 125). Collection Victor-Poirel. De dr. à g.: 19, *Suardi*, Ste Catherine; 132, *école de Verocchio*, Vierge; 58, *école du Ghirlandajo*, id.; 60, *Giordano* (?), Loth et ses filles; — 12, *le Bassan le V.*, Jésus chez Caïphe; 110, *Sassoferrato*, Vierge; 52, *Feti*, la Mélancolie, répétition de celle qui est au Louvre; 74, *Léon. de Vinci* (?), le Sauveur du monde; 24, *le Caravage*, le Christ descendu de la croix; 76, 77, *Lucatelli*, ruines, paysage; 1, *Alberti*, portr. d'homme; 36, *Cerquozzi*, Fruits; 51, *Feti*, Un archange; 10, *le Bassan*, le Déluge; 26, *Cardi (da Cigoli)*, le Christ au tombeau; 84, *Mola*, Fuite en Egypte; 150, *école italienne*, la Vestale Tucia, qui a puisé de l'eau dans un crible pour prouver son innocence; — 83, *Michel-Ange* (vieille copie), Enlèvement de Ganymède; 72, 73, *J. Lanfranc*, Têtes d'apôtres; 41, *Cignani*, la Vierge et l'Enfant; 270, *Roos*, dit *Rosa de Tivoli*, Troupeau et pâtre; 289, *P. van Laar*, dit *Bamboche*, les Musiciens ambulants; 418, *Jouvenet*, Résurrection de Lazare; 190, *Bakhuysen*, marine; 520, 521, *Jos. Vernet*, Monuments de Rome; — 29, *Cardi*(?), St François en prière; 62, *Guardi*, la Place St-Marc de Venise (incendie); 188, *école bolonaise*, Marchand de poissons; 38, *Cerquozzi*, Fruits; 105, *Ricci*, Didon sacrifiant aux manes de son époux; 40, *Cignani*, Moïse sauvé des eaux; 121, *le Tintoret*, Diane à la chasse; 11, *le Bassan*, Jésus chez les saintes femmes; 87, 89 (attrib.), *Cerquozzi*, Raisins, Joueurs de boules; *120, *le Tintoret*, Descente du St-Esprit; 362, *le Guaspre*, paysage avec figures; 109, *Sacchi*, la Ste Trinité; 59, *J. Ghisolfi* (?), St Jean dans le désert; s. n°, *le Pordenone*, portr. d'homme; 54, *Fr. Furini*, Proserpine surprise par Pluton; 61, *Granacci*, la Ste Trinité; — 20, *Suardi* (?), Ste Lucie.

IIIe salle, à côté de la précédente, celle où il y a un escalier descendant aux sculptures (p. 125): à dr., par rapport à la 1re salle, 195,

Breenbergh, paysage; 256, *A. van Ostade*, nature morte; 223, *Fr. Franck*, Repos de la Ste Famille; 214, *van Dyck*, Vierge avec l'Enfant, répétition de celle de Dresde; — 198, 199 (plus loin), *Breydel*, paysages; 289, *Teniers le J.*, la Diseuse de bonne aventure; 215, *van Dyck*, portr. du peintre A. van Opstal; 224, *Fr. Franck* et *J. de Momper*, le Christ dans le désert et servi par des anges; 262, *Porbus le V.*, portr. d'homme; 292, *van Thulden*, le Christ après la flagellation; 275, *Rubens*, Jonas jeté à la mer; 201, *P. Bril*, paysage; 248, *Lievens*, le Christ expirant sur la croix; 274, *Rubens*, Jésus marchant sur les eaux; 255, *G. van Os*, portr. d'homme; 222, *van Everdingen*, paysage; 248, *Matsys*, les Compteurs d'argent, reproduction, avec variantes, d'un tableau qui est au Louvre, à Valenciennes, à Nantes, à Dresde, à Madrid, à Londres; 192, *Brauwer*, le Buveur désappointé; 237, *Jordaens* (?), deux têtes de femme, études; 258, *J. Peeters*, marine; 244, *Jean Looten*, les Grands chênes; 194, *van Bredael*, Intérieur de ferme; 189, *van Asch*, le Moulin à vent; 281, *J. van Ruisdael*, les Deux chênes; *226, *van Goyen*, paysage; 290, *Teniers le J.*, Coin de village; 196, *Brueghel le J.*, Fête de village; 282, *J. van Ruisdael*, la Cabane; 200, *Bril*, Tour en ruine; 202, *F. Bol* (?), Cuisinière hollandaise (1688); 228, *van der Hagen*, Soleil couchant; 220, *Elzheimer*, le Bon Samaritain, variante de celui du Louvre; 230, *Heemskerk le V.*, les Crêpes; 261, *van Pool*, l'Hiver; — 209, *Dekker*, le Pont de pierre; 240, 241, *Lambrecht*, Marchands de légumes; 260, *C. Poelenburg*, le Bain de Diane; 293, *van Thulden*, Persée délivrant Andromède; 246, *N. Maas*, portr. d'homme; 187, *d'Arthois*, Foire champêtre; 229, *C. de Heem*, nature morte (1664); 221, *van Es*, nature morte; 264, *J. van Ravestein* (?), portr. de femme; 188, *d'Arthois*, l'Entrée du bois; 231, *Heemskerk le J.*, Marchande de crêpes; — 251, *J. de Momper*, la Caravane; 197, *Brueghel de Velours* (?), le Vallon vert; 253, *J. Muller*, la Ruine; 242, *Safileven*, les Gardeurs de pourceaux; 225, *François*, portr. de l'abbé Grégoire; 306, *école flam.*, Kermesse; 212, *Durer*, St Jérôme; 227, *Guerviller* (All.), le Calvaire; 288, 300, 287, *école allem.*, le Christ au tombeau, Ronde d'enfants, Décollation de St Jean-Baptiste; 302, *école flam.*, Déposition de la Croix; 298, *école allem.*, Enlèvement d'Hélène; 206, *Cranach le J.* (?), Naissance de la Vierge; 299, *école allem.*, St Jérôme au désert; 303, *école flam.*, Adoration des bergers; 128, *Velasquez*, portr. de Philippe IV; 102, *Ribera* (?), Sorcière; 71, *J. Labrador*, nature morte; s. n°, *Murillo*, Joueur de flûte; — 216, *van Dyck* (?), portr. du comte Jean de Nassau et de sa famille, réduction; 236, *K. du Jardin*, le Bocage, répétition ou copie.

IVe SALLE, à la suite, école française de la fin du XVIIIe s. et du commencement du XIXe : à g. et à dr., 458, 459, *Meunier*, Intérieurs de palais; 390-393, *J. Girardet*, la Dormeuse, le Lever, Nymphes endormies, Nymphes surprises; ensuite, de dr. à g., 410, *Eug. Isabey* (de Nancy), portr. de Napoléon Ier; 320, *Brascassat*, la Masure; *355, *Eug. Delacroix*, Mort de Charles le Téméraire à la bataille de Nancy (p. 180); 385, *Fr. Gérard*, portr. de femme; 403, *Gros*, portr. du maréchal Duroc; s. n°, *Monchablon*, Campagne romaine; — s. n°, *Français*, la Source; 467, *Monvoisin*, Gilbert, le poète, mourant à l'hôpital; 455, *de Meiximoron*, Coin de parc; 454, *Constance Mayer*, portr. de Mme Voïard, achevé par *Prud'hon*; — 311, *de Beaumont*, la Part du capitaine; 411, *Isabey le f.*, Vue de Dieppe; 499, *Rouillard*, portr. du maréchal Oudinot; *492, *Prud'hon*, tête de Christ, étude; 420, *Lafosse* (1636-1716), Assomption; 370, *Falconet*, tête de jeune fille; 327, 328, *Claudot*, paysages avec ruines; s. n°, *Petitjean*, le Soir à Verdun.

Ve SALLE, parallèle à la IVe, vieille école française: à dr. de la porte latérale, 462, *Mignard*, portr. de femme; 350, *Noël Coypel*, Ste Famille; 517, *C. Vanloo*, Ivresse de Silène; au-dessous, 428, *Largillière* (?), un petit portrait; 421, *Lafosse* (?), le Déluge; 382, *Galloche*, St Martin; — 414, *Jeaurat de Bertry*, nature morte; 444, *Lenain*, Scène d'intérieur; 463, *P. Mignard*, portr. de dame avec les attributs de Ste Catherine; 512, *Tocqué*, portr. d'homme; 368, 369, *Falconet*, portraits de l'auteur et de sa femme; 478, *Nattier*, la Menace badine; 321, *Bruandet*, paysage; 426, *Largillière*, portr. d'ecclésiastique; — 356, *Desportes*, Gibier et fruits; 440, *Lemoine*, la Continence de Scipion; 466, *Monnoyer*, Fleurs et nature morte; 529, *Vouet*, Vénus et des Amours jouant avec les armes d'Enée; 333, *Claude Lorrain* (?), paysage, entre deux Scènes galantes par *Octavien* (475, 476); 317, *Boucher*, l'Aurore et Céphale; 461, *P. Mignard*, Vierge; 427, *Largillière*, portr. d'homme; 528, *Vouet*, l'Amour qui se venge; au-dessous, 4 petits portraits attr. à *Clouet*; 513, *de Troy*, le Repos de Diane; 518, 519, *J.-B. Vanloo*, deux portr. de Louis XV; s. n°, *Lemoine*, Hercule délivrant Hésione; s. n°, *N.-P. Loir*, Triomphe de Flore; — 496, *Restout*, portr. de l'archit. Boffrand (?); 425, *Largillière*, portr. d'Elisabeth-Charlotte de Bavière, duchesse d'Orléans; 352, *Ch. Coypel*, Renaud et Armide; — 208, *P. de Champaigne*, Ecce homo; 488, *N. Poussin*, Entrée de Jésus à Jérusalem; 416, *J. Jouvenet*, son portrait; 312, *Belle*, portr. de femme; 204, *P. de Champaigne*, la Charité; s. n°, *L. de Lahire*, Bacchanale.

VIᵉ SALLE, à la suite: à dr., 378, *E. Friant* (de Nancy), Idylle; 460, *E.-F. Michel*, Nuit d'été; 514, *Ulmann*, le Remords; 470, *A. Morot* (de Nancy), Jésus en croix; 508, *Sellier* (de Nancy), la Madeleine; 450, *Marchal*, la Foire aux servantes à Bouxviller (Alsace); — 522, *H. Vernet*, portr. de Drouot; 493, *Rafaëlli*, portr. d'Edm. de Goncourt; s. n°, *Friant*, la Douleur; 379, *Friant*, le sculpteur Bussière; 507, 508, *Sellier*, la Tricheuse, Intérieur de cuisine; 510, *Stevens*, l'Attente; 505, *Sellier*, le Lévite d'Ephraïm; — 858, *Devilly*, Mort du sergent Blandan (Algérie, 1842); 359, *Diaz de la Peña*, la Clairière; *469, *Morot*, Episode de la bataille d'Eaux-Sextiennes (Aix en Provence, défaite des Ambrons par les Romains); 504, *Sellier*, Léandre mort; 322, *Feyen-Perrin*, la Barque de Caron; — 532, *Zuber*, Soir d'automne; 498, *Rigolot*, Après la moisson; 506, *Sellier*, Vitellius à Bédriac; 482, *Petitjean*, Rue de village lorrain; *376, *Français*, le Ravin du Puits-Noir; — 380, *Friant*, son portrait.

VIIᵉ SALLE, de l'autre côté de la Iʳᵉ: œuvres du célèbre dessinateur caricaturiste *Grandville* (p. 127), quelques autres dessins, des gravures et encore quelques tableaux.

Rez-de-chaussée. — SCULPTURE. — On y descend par le petit escalier dans la IIIᵉ salle des peintures. La 1ʳᵉ salle contient des plâtres d'après l'antique et quelques ouvrages modernes, divers bustes. — 2ᵉ salle: bustes d'illustrations lorraines, entre autres, dans le fond à dr., 628, 627, ceux de Boulay de la Meurthe et de l'abbé Grégoire, par *David d'Angers*; 632, *Desca*, «On veille», groupe en marbre; 622, *Clère*, Jongleur, bronze; 621, *Chartrousse*, «Væ victis»; 620, *Chambard*, Adam et Eve; *Ligier Richier* (xvıᵉ s.; p. 77), Ecce Homo (moulage).

La **cathédrale** (pl. C 4), à peu de distance derrière l'hôtel de ville, au delà de la préfecture, a été bâtie de 1703 à 1740 env., par *J.-H. Mansard*, aidé de *G. Boffrand*, sur le plan de St-André-du-Val, à Rome, moins le dôme au transept. La façade présente les ordres corinthien et composite superposés, et elle est flanquée de belles tours de 78 m. de haut, terminées en dômes, avec de hautes lanternes. Ces tours, trop écartées dans l'état actuel, ne l'auraient pas été avec un dôme central. Les statues, du xıxᵉ s., représentent St Mansuy, premier évêque de Toul (p. 108), et St Sigisbert, roi d'Austrasie. A l'intérieur, on remarque d'abord le grand orgue, construit en 1757; il compte 3810 tuyaux et 65 registres. Ensuite, aux chapelles, des grilles en fer par J. Lamour (les deux premières par son élève Fr. Jeanmaire). Dans la 3ᵉ chap. de g., un tableau par Jean de Wayembourg, la Vierge aux rosaires, avec le duc Charles III et sa famille. Au transept, une coupole peinte par Cl. Jacquart de Nancy, le Ciel ouvert. Dans le chœur, surtout une jolie statue de la Vierge, du xvıııᵉ s., d'après une statue italienne du xvıᵉ s. Les chap. du transept ont quatre statues des docteurs de l'Eglise par Flor. Drouin (xvıɪᵉ s.), provenant du tombeau du cardinal de Vaudémont à l'église des Cordeliers (p. 128). Celle de g. a aussi une Vierge du XVe s., modifiée plus tard.

Le *trésor* de la cathédrale est riche; on peut le visiter tous les jours en s'adressant à la sacristie. Il comprend surtout l'évangéliaire, les ornements, insignes et vases sacrés de St Gauzelin (m. 962), des IXe-Xe s.; des objets du IVe s. ayant appartenu à St Mansuy; un fragment de diptyque de la fin du VIIIe s., un coffret-reliquaire du XIIe s., d'autres reliquaires moins anciens, une croix émaillée du XIIIe s., une étole de St Charles Borromée.

La rue St-Georges, qui passe devant la cathédrale, aboutit près de là, à dr. en sortant, à la *porte St-Georges*, reste des anc. fortifications, de 1606. En prenant en deçà à g. la rue Bailly, on va à la *place d'Alliance*, que décore une *fontaine* érigée en mémoire de l'alliance conclue en 1756 entre Louis XV et l'impératrice Marie-Thérèse, avec figures allégoriques par Cyfflé. A côté, rue Girardet, 10, est l'*Ecole forestière* (pl. D 4). Elle a un important musée forestier. Dans la cour, un monument érigé aux élèves de l'école morts en 1870-71. La rue d'Alliance ramène à g. de la place à l'hôtel de ville.

Dans le voisinage de la place d'Alliance se trouve aussi le *jardin botanique* (pl. D 4), avec entrée par la rue Ste-Catherine. Ce jardin, ouvert toute la journée au public, renferme un monument (buste) érigé à l'explorateur *Jules Crevaux* (1847-1882).

La **porte Royale** (pl. C 3), au N. de la place Stanislas, est le plus beau des arcs de triomphe de Nancy. Elle a été construite en 1751 sous Stanislas, par Héré, en l'honneur de Louis XV, dont on y voit le médaillon. Elle est d'ordre corinthien, à trois baies, décorée de statues de Cérès, Minerve, Mars et Hercule, et de bas-reliefs représentant Apollon. — A g. est une *statue de Callot*, le graveur, de Nancy (1592-1635), bronze par Eug. Laurent (1877), avec les bustes de deux autres dessinateurs et graveurs, *Israël Sylvestre* (m. 1691) et *Ferd. de St-Urbain* (m. 1758). A dr., une *statue d'Héré*, l'architecte, de Nancy (1705-1763), bronze par Jacquot (1894).

Au delà de la porte s'étend la *place de la Carrière*, ainsi nommée parce qu'il s'y donnait jadis des tournois. Il y a au milieu une partie réservée servant de promenade, entourée d'un petit mur en pierre orné de groupes d'enfants et de vases.

A l'extrémité est le *palais du Gouvernement* (pl. C 2), anc. résidence des intendants de la province, puis la préfecture et aujourd'hui le siège du commandement du XXe corps d'armée. Il est relié aux maisons voisines par des constructions en hémicycles à colonnes doriques et arcades aveugles ornées de bustes, au-dessus desquelles se prolongent ses balustrades. Dans ces constructions sont percées des portes, celle de g. ouvrant sur la place St-Epvre (p. 127).

La **Pépinière** (pl. D 2-3), où l'on entre de la Carrière par la porte de dr. et qui a aussi une entrée sur la place Stanislas, à g. de la seconde fontaine, est une grande promenade plantée de beaux arbres. Il s'y donne des concerts les mardi, jeudi et dim., à 8 h. 1/2 du soir en été et 2 h. 1/2 en hiver, près de l'entrée du côté du palais. Dans un parterre voisin, une *statue de Claude Gellée*, dit le *Lor-*

rain (1600-1682), le célèbre paysagiste, bronze assez singulier par Rodin (1892), sur un piédestal en pierre non moins étrange. — Un peu plus loin, à la sortie du parc, le *monument de Grandville*, dessinateur et caricaturiste originaire de Nancy, de son vrai nom Gérard (1803-1847), buste, avec figure allégorique et bas-reliefs au piédestal, en bronze, par E. Bussière (1893). — Le parc renferme aussi quelques animaux, dans des enceintes grillagées.

*St-Epvre (pl. C 3), du côté opposé à la Pépinière, près de la place de la Carrière, est une très belle église du style goth. secondaire, construite de 1864 à 1871 par *M.-P. Morey* (m. 1886), sur l'emplacement d'une anc. église de 1440. Elle a une tour de 87 m. de haut sur la façade et une flèche de 20 m. sur la croisée. Sur le parvis, les emblèmes des quatre évangélistes, en bronze doré. — Ascension de la tour, 50 c. (s'adresser en sem. à la vitrine au bas de l'église à dr., le dim. à la sacristie). A l'intérieur, très richement décoré, on est d'abord frappé de la svelte élégance des piliers, d'où la voûte jaillit à 24 m. au-dessus du sol. Beau triforium. On remarque ensuite: le maître-autel, avec un grand retable polychrome, garni de statues; les peintures murales (inscriptions), par Art. Sublet. Dans le bras dr. du transept, le monument du fondateur de l'église, l'abbé Jos. Trouillet (1809-1887), par Bussière.

Devant l'église, une petite *statue équestre de René II*, duc de Lorraine (1473-1508), le vainqueur de Charles le Téméraire, bronze moderne par Mathias Schiff.

L'anc. **palais ducal** (pl. C 2) ou plutôt ce qu'il en reste depuis l'incendie survenu en 1871, se trouve dans la Grande-Rue, qui commence à la place St-Epvre, à g. du palais du Gouvernement. On y remarque surtout une belle porte, du commencement du xvie s., avec un magnifique fronton, entre deux fenêtres à balcons. Il y a au-dessus de la porte une niche garnie d'une statue équestre moderne d'*Antoine de Lorraine*, dit Antoine le Bon (m. 1544), par I. Viard (1850). Ce palais renferme le *musée lorrain, public le dim. de 1 h. à 4 h., en été (avril-oct.) aussi le jeudi, et visible les autres jours (sonner fort). Vestiaire obligatoire; 10 c. par objet déposé. — Catalogue de 1895, 2 fr. 50 (abrégé, 75 c.). Conservateur, M. Lucien Wiener.

Au REZ-DE-CHAUSSÉE se trouvent deux galeries et une salle contenant des antiquités, des sculptures et d'autres objets du moyen âge et de la Renaissance, les objets les plus remarquables à l'extrémité de la galerie intérieure, des bas-reliefs et des statuettes, et dans la salle: statues tombales, hauts reliefs. Dans la galerie extérieure, une collection de plaques de cheminées et des statues plus ou moins mutilées.

Au Ier ÉTAGE, où l'on monte par un bel escalier, dans une petite salle à dr., qui a une cheminée de la Renaissance, le lit d'Ant. de Lorraine et les *tapisseries dites de Charles le Téméraire, parce qu'elles ornaient sa tente à la bataille de Nancy (v. p. 130): elles sont du xve s., et l'une d'elles représente l'histoire d'Assuérus et d'Esther, l'autre les inconvénients de la bonne chère. — Galerie voisine, dite *galerie des Cerfs:* d'abord un grand tableau de *Feyen-Perrin*, le Corps de Charles le Téméraire trouvé après la bataille de Nancy (v. p. 130); au milieu, un beau poêle en faïence. A dr., des tableaux; à g., des biscuits (petits groupes) de la faïencerie de Bellevue (p. 108). — Faïences de Niderviller. — A g., une horloge astronomique; à dr., 579, *Callot*, Tentation de St Antoine (dessin à la gouache); puis, des planches gravées (cuivres) et des chartes. — Au milieu, reliures, manuscrits avec miniatures (Nancéide ou guerre de Charles le Téméraire), orfèvrerie d'église. A dr., armes et armures. — Au milieu, portraits en miniature, médailles. A dr., souvenirs de Napoléon Ier. — Au milieu, modèle de la statue de Grégoire à Lunéville (p. 141); trophée d'une fontaine de la place Stanislas. — A dr., modèle du monument de Callot. Au milieu, encore des médailles; «Pompe funèbre de Charles III de Lorraine» (1608), suite de magnifiques gravures formant une longueur de 20 m., dont la série commence à dr. du côté de la rue. — Au fond, une belle cheminée de la Renaissance, provenant de Joinville (Haute-Marne), et, devant, un buste en bronze de Henri Lepage (1814-1887), par E. Bussière. — Cabinet du fond: antiquités trouvées dans un cimetière mérovingien; médailles, jetons et poinçons, plans et vues de la ville, bannières et étendards.

L'église des Cordeliers (pl. C2), à la suite du palais ducal, dans la Grande-Rue, a été construite par René II en souvenir de sa victoire sur Charles le Téméraire (1477), et elle est restée la propriété des empereurs d'Autriche, descendants des ducs de Lorraine. Elle n'a de curieux que les monuments qu'elle renferme; sonner, pour la visiter, à g. du portail ou en face. Du côté g. sont ceux d'*Ant. de Vaudémont* (m. 1447) et de sa femme, *Marie d'Harcourt* (m. 1476); de *Philippe de Gueldres* (m. 1547), seconde femme de René II, avec une belle statue par Ligier Richier, représentant la défunte en costume de religieuse; de *Jacques Callot*, du duc *Charles V*, une statue, et du duc *Léopold Ier*. Les deux premiers monuments à dr. n'ont rien de remarquable. Le troisième est le mausolée fort curieux de *René II* (m. 1508). Le magnifique encadrement polychrome est ancien; les statues du duc et de la Vierge ont été refaites en 1825. Ensuite le monument du *cardinal de Vaudémont* (m. 1587), Charles de Lorraine, avec sa statue par Flor. Drouin, de Nancy, que complétaient les statues des docteurs de l'Eglise maintenant à la cathédrale. A g. du chœur se trouve la chapelle ducale, dite *chapelle Ronde*, du XVIIe s., renfermant sept sarcophages en marbre noir, érigés à la mémoire des ducs de Lorraine, et sous laquelle est un caveau contenant leurs dépouilles mortelles. Coupole remarquable par Sim. Drouin. A l'entrée de la chapelle Ronde, tombeau avec statue de Gérard d'Alsace (?), du XIe s.

La Grande-Rue, qui traverse la vieille ville, aboutit plus loin à la *porte de la Craffe* (pl. C2), anc. porte de la citadelle, de 1336, mais restaurée aux XVIe et XIXe s., avec deux tours rondes. Il y en a une seconde un peu plus loin, dite *porte de la Citadelle*, de la fin du XVIe s., avec des sculptures dégradées.

Le **cours Léopold** (pl. B 2-3), où l'on monte de la première porte par la rue de la Craffe, est une belle place de 461 m. de long et 121 m. de large. On remarque à l'extrémité N. la *porte Désilles*, d'ordre ionique du côté de la ville et dorique à l'extérieur, construite en 1785, en mémoire de la naissance du Dauphin, fils de Louis XVI, et de l'alliance de la France et l'Amérique. Son nom actuel lui a été donné en souvenir d'un officier qui y fut tué en 1790, victime de son devoir, par des soldats révoltés.

Au milieu du cours Léopold, la *statue du général Drouot*, une des illustrations de Nancy (1774-1847), bronze par David d'Angers.

Plus loin, la *place Carnot* (pl. BC 3), où s'élève le *monument Carnot*, pyramide avec le buste de l'anc. président de la République et des statues de la Force et la Paix, bronzes par Prouvé, de Nancy (1895). Au milieu de la place, une fontaine et à dr. les bâtiments modernes de l'*Université*, qui a 4 facultés: droit, médecine, sciences et lettres. La construction est due à Morey, architecte de St-Epvre. Il y a au 2ᵉ étage, à dr., un *musée d'histoire naturelle*, public en été (avr.-sept.), les dim. et jeudi de 1 h. à 4 h. — Derrière la faculté de médecine, dans la rue de Serre, se voit le monument du poète *Pierre Gringoire* (1470-1538), un buste par Bussière (1892), dans un massif de verdure.

A peu de distance, du côté opposé à l'Université, se trouve la petite *place Lafayette* (pl. C 3), que décore une *statue équestre de Jeanne d'Arc*, en bronze, par Frémiet (1890), variante de celle de Paris. — La rue à dr. en deçà ramène à la rue Stanislas.

La longue rue St-Dizier (pl. C 4-5; tramw.) traverse toute la moitié S.-E. de la ville, la plus peuplée. Elle laisse à dr., derrière les halles, l'*église St-Sébastien* (pl. B 4), dont la façade est couverte de bas-reliefs par Meny et qui en a aussi à la voûte qui précède le chœur. On remarque encore à l'intérieur les piliers, avec leurs chapiteaux, la jolie tribune de l'orgue, en pierre, et, à g., près du chœur, le monument de Girardet (1709-1778), peintre lorrain, avec statue et médaillon. — Derrière l'église, au n° 32 de la rue Notre-Dame, se trouve la maison qu'habita J. Lamour (p. 122) et dont il forgea lui-même les grilles et balustrades.

Plus loin à g. de la rue St-Dizier, rue Charles III, l'*église St-Nicolas* (pl. C 5), construite de 1875 à 1881, dans le style de la Renaissance, aussi sur les plans de Morey. La décoration en est inachevée, mais elle est belle à l'intérieur. On y remarque divers tableaux anciens d'artistes nancéens.

La rue St-Dizier se termine à la *porte St-Nicolas* (pl. C 6), qui est double. Elle est du xviiᵉ s., mais avec des modifications modernes et des additions récentes.

Ensuite vient la rue de Strasbourg, qui traverse le faub. St-Pierre. A g., l'*hôpital civil*. Plus loin à dr., le *séminaire*, maison des jésuites sous Stanislas, et en face l'*église St-Pierre* (pl. C 7), élégant édifice moderne, du style goth. du xivᵉ s., sur les plans de Vautrin (1885). Elle n'a qu'une tour (sans flèche); l'autre est restée inachevée. Derrière, les *instituts anatomique* et *sérothérapique*.

Plus loin enfin est l'*église de Bonsecours*, à env. 2 kil. de la rue Stanislas, petite église du xviiiᵉ s. richement décorée, fréquentée comme pèlerinage et qui renferme les *mausolées* remarquables du roi Stanislas de Pologne (m. 1766) et de la reine (m. 1747), par Vassé et Séb. Adam.

C'est dans le faubourg St-Jean, au S.-O. de la gare, que se trouve la modeste *croix de Bourgogne* (v. pl. A 4), à l'endroit où fut retrouvé, dans un marais, le corps de Charles le Téméraire, après la bataille de Nancy (1477). — Un peu plus au N., derrière la gare, la belle *église St-Léon* (pl. A 4), dédiée à St Léon IX, évêque de Toul et pape, né à Dabo, en Lorraine. C'est un édifice moderne (1860-1877) du style goth. des XIIIe-XIVe s., sur les plans de Vautrin.

Lignes partant de Nancy, v. p. 120. — A *Metz:* 58 kil.; 2 h.; 6 fr. 60, 4 fr. 55, 2 fr. 75. Itinéraire, v. p. 110 et 111.

De Nancy a Chateau-Salins (Vic; Sarreguemines): 89 kil.; 1 h. 30 à 1 h. 50; 4 fr. 30, 2 fr. 90, 1 fr. 95. On suit d'abord la ligne de Paris jusqu'à *Champigneulles* (5 kil.; p. 110), puis on tourne à dr. et on traverse la Meurthe. — 28 kil. (7e st.) *Moncel* (buffet), stat. frontière française. — 32 kil. *Chambrey*. Douane et heure allemande, en avance de 55 min. — 34 kil. *Burthécourt*, sur la Seille, d'où un embranch. de 4 kil. conduit à *Vic-sur-Seille*, petite ville avec les ruines remarquables d'un château fort et d'anc. salines. — 39 kil. *Château-Salins* (hôtel-café du Cygne), autre petite ville qui a aussi des salines abandonnées. — Le chemin de fer se prolonge sur *Sarreguemines* (v. les *Bords du Rhin*, par Bædeker).

33. De Châlons-sur-Marne (Paris) à Epinal (Vosges).
(De Paris à Epinal par Troyes, v. R. 37).

Nota. Les trains des embranchements ci-dessous sont en correspondance avec les mêmes trains de la grande ligne, celle de Nancy-Strasbourg, de sorte qu'on arrive en même temps d'un côté comme de l'autre.

A. Par Blesme, Bologne (Chaumont), Neufchâteau et Mirecourt.

277 kil. Trajet en 7 h. 5 à 9 h. 11. Prix: 31 fr. 15, 21 fr., 13 fr. 75. — *De Paris:* 450 kil.; 11 h. 45 à 13 h. 15; 50 fr. 55, 34 fr. 10, 22 fr. 30.

Châlons-sur-Marne, v. p. 69. De là à *Blesme* (45 kil.), p. 73-75. On passe ensuite au-dessus de la ligne de Nancy et tourne au S.-E. pour continuer de remonter la vallée de la Marne. — 56 kil. *St-Eulien.*

63 kil. **St-Dizier** *(buffet-hôtel; hôt. du Soleil-d'Or),* ville de 14601 hab., à dr., entre le canal de la Haute-Marne et la Marne, rive dr. Ce fut jadis une place forte, qui arrêta en 1544, pendant deux mois, avec 2000 hommes de garnison, l'armée de Charles-Quint, forte de 100,000 hommes. Maintenant c'est une ville industrielle, avec des usines métallurgiques fort importantes (forges et hauts fourneaux), et le centre du commerce des bois de la région, mais à peu près sans intérêt pour le touriste, une grande partie ayant été incendiée en 1775. Dans la rue de Bar-le-Duc, la principale, au delà du canal, un *collège ecclésiastique,* dans un ancien couvent. Plus loin, la place de l'Hôtel-de-Ville, d'où l'on va à g. à l'*église paroissiale,* qui a conservé une belle façade gothique.

Embranch. de *Revigny*, v. p. 75. — DE ST-DIZIER A TROYES: 94 kil.; 2 h. 30. à 2 h. 45; 10 fr. 65, 7 fr. 10, 4 fr. 65. On traverse le canal de la Marne et la rivière elle-même. Pays boisé. — 11 kil. (2ᵉ st.) *Eclaron*. Ligne de Doulevant, v. ci-dessous. — 29 kil. (5ᵉ st.) *Montier-en-Der* (p. 102), où l'on rejoint la ligne de Troyes à Pagny-sur-Meuse (R. 24).

DE ST-DIZIER A DOULEVANT: 38 kil.; 1 h. 25 à 2 h. 45; 4 fr. 25, 3 fr. 20, 2 fr. 35. Jusqu'à *Eclaron* (13 kil.), v. ci-dessus. On remonte ensuite au S. la vallée industrielle de la *Blaise*, où il y a des forges et des mines de fer. — 21 kil. (7ᵉ st.) *Wassy* (p. 102). — 38 kil. (15ᵉ st.) *Doulevant-le-Château* (hôt. du Lion-d'Or), village avec des forges. Le château est moderne. A 6 kil. en amont dans la vallée (omn., 50 c.), *Cirey*, avec un château des XVIIᵉ et XVIIIᵉ s., où séjourna Voltaire, auprès de Mme Duchâtelet.

La ligne principale longe ensuite le canal et la Marne, dont la vallée s'embellit et où il y a aussi des forges considérables.

68 kil. *Ancerville-Gué*. Ancerville (1888 hab.), à 2 kil. à g., possède un bel hôtel de ville et a dans son église de belles boiseries à bas-reliefs, provenant d'une anc. abbaye.

EMBRANCH. de 38 kil. sur *Naix-Menaucourt* (p. 182), desservant des localités qui ont des usines et des carrières de pierre: *Cousances-aux-Forges* (1780 hab.; 11 kil.), *Savonnières-en-Perthois* (18 kil.), *Dammarie-sur-Saulx* (27 kil.).

73 kil. *Eurville*, localité de 1789 hab., avec des usines. — 78 kil. *Bayard*. — 82 kil. *Chevillon* (1083 hab.), aussi avec des usines et des carrières de pierre. — 86 kil. *Curel*, à l'O. du *Val-d'Osne*, où sont les importantes fonderies artistiques de ce nom (1 h.). La voie traverse le canal et la rivière.

92 kil. **Joinville** (hôt. du Soleil-d'Or), à dr., ville de 3942 hab., avec des établissements métallurgiques, dans un site pittoresque sur un petit bras de la Marne et le versant de la colline où était le château des seigneurs de ce nom. Le plus célèbre fut Jean de Joinville, le chroniqueur (1224-1318), ami et conseiller de St Louis. La seigneurie fut érigée en principauté en faveur de François de Guise, en 1552, et c'est ici que fut signée, avec l'Espagne, en 1584, la ligue du Bien public.

L'avenue de la Gare passe à dr. près d'une jolie promenade, située au delà du bras de la Marne, et du *château du Grand-Jardin*, du XVIᵉ s., anc. maison de plaisance des Guise, dont on peut visiter au moins le beau parc. De là, on va à dr. à la rue du Grand-Pont, où est la *statue du sire de Joinville*, bronze par Lescornel (1861). Cette rue doit son nom à un pont sur le grand bras de la Marne, à l'extrémité de g., au delà du chemin de fer. L'*église*, des styles goth. et de la Renaissance, est à g. de l'extrémité opposée, par la rue de la Fontaine, puis, à dr., par celle du Petit-Marché. Dans le faubourg à g. au delà de cette église, par la rue Notre-Dame, est l'*hôpital Ste-Croix*, qui a encore un bâtiment remarquable du XVIᵉ s. et qui possède des objets intéressants, provenant en partie du temps de sa fondation et de l'ancien château. Près de là, le cimetière, avec la *chapelle Ste-Anne*, de 1502, où sont enterrés les sires de Joinville.

Ligne de *Troyes-Montier-en-Der* à *Pagny-sur-Meuse*, v. R. 24.

97 kil. *Fronville-St-Urbain*. — 101 kil. *Donjeux*. — On retraverse la Marne et le canal.

105 kil. *Gudmont.* Ligne de 21 kil., par la vallée du Rognon, sur *Rimaucourt* (p. 148), où elle rejoint celle de Neufchâteau.

Encore plusieurs ponts et un tunnel. — 108 kil. *Froncles.* — 113 kil. *Vignory*, village à env. 20 min. à dr. Il a une belle église romane du xe ou du xie s., restaurée, et un château fort en ruine. — 117 kil. *Vraincourt-Viéville.*

121 kil. *Bologne* (hôt. de la Gare), où l'on rejoint la ligne de Paris à Epinal par Troyes et Chaumont (p. 148). Il n'y a plus jusqu'à Chaumont (14 kil.; p. 97) que la stat. de *Jonchery* (9 kil.), après laquelle on rejoint la ligne de Paris et passe sur le grand *viaduc de Chaumont. Suite du trajet vers Epinal, v. p. 148.

B. Par Bar-le-Duc, Neufchâteau et Mirecourt.

289 kil. Trajet en 8 à 10 h. **Prix**: 26 fr. 55, 18 fr. 15, 11 fr. 85. — *De Paris*: 412 kil.; 12 à 14 h.; 46 fr. 05, 31 fr. 35, 20 fr. 40.

Châlons, v. p. 69. De là à *Bar-le-Duc* et *Nançois-Tronville* (92 kil.), seconde stat. au delà sur la ligne de Nancy, v. R. 16 et p. 107. — Notre ligne suit de là quelque temps au S.-E., avec le canal de la Marne au Rhin, la vallée de l'Ornain, qu'elle traverse plusieurs fois. — Arrêt de *Velaines.*

96 kil. **Ligny-en-Barrois** (hôt. du Cheval-Blanc), à g., ville industrieuse et commerçante de 5857 hab., qui a des fabriques de verres de lunettes et d'optique, de chaussons, de meubles, etc. Il y a des restes d'un château, surtout une tour, et un grand et beau parc.

102 kil. *Menaucourt.* A 2 kil. au S., *Naix-aux-Forges*, qui passe pour occuper l'emplacement du *Nasium* des Romains et où l'on a trouvé des ruines importantes. — Embranch. d'Ancerville-Gué (St-Dizier), v. p. 131.

108 kil. *Tréveray*, stat. qui a des établissements métallurgiques, comme plusieurs de celles qui suivent. — 109 kil. *La Neuville-St-Joire.* — 118 kil. *Demange-aux-Eaux*, où le canal quitte la vallée de l'Ornain pour gagner à l'E. celle de la Meuse, par un souterrain de près de 5 kil. — 121 kil. *Houdelaincourt.*

124 kil. *Abainville.* — 126 kil. *Gondrecourt* (p. 102).
Ligne de *Troyes-Montier-en-Der* à *Pagny-sur-Meuse*, v. p. 102.

135 kil. *Dainville.* — 139 kil. *Grand-Avranville. Grand* (aub. Prévôt), bourgade située 3 à 4 kil. au S.-O., occupe l'emplacement d'une cité romaine inconnue. On y a trouvé beaucoup d'antiquités, et il y a des restes considérables d'un grand amphithéâtre et d'une basilique. Ce qu'on y a trouvé de plus curieux est une mosaïque de 19 m. de long sur 14 de large, du siècle des Antonins (50 c. pour la voir).

150 kil. *Sionne-Midrevaux.* — 154 kil. *Frébécourt*, à dr., avec le *château de Bourlémont*, ancien château fort restauré, qui a de riches appartements et un grand parc.

On arrive ensuite dans la vallée de la Meuse. A dr., les lignes de Chaumont (p. 148) et de Chalindrey (p. 136).

160 kil. *Neufchâteau*. Pour cette ville et la suite jusqu'à *Epinal* (79 kil.), v. p. 148-149.

C. Par Pagny-sur-Meuse, Neufchâteau et Mirecourt.

261 kil. Trajet en 7 h. 25 à 9 h. 6. Prix: 29 fr. 80, 19 fr. 80, 13 fr. 05. — *De Paris:* 434 kil.; 10 h. 52 à 13 h. 40; 48 fr. 80, 33 fr., 21 fr. 60.

Châlons, v. p. 69. De là à *Pagny-sur-Meuse* (135 kil.), R. 16 et 26. Ensuite on tourne au S. et continue de remonter la vallée de la Meuse, d'aspect agréable, entre des collines en partie boisées. — 142 kil. *St-Germain*. On retraverse la Meuse.

149 kil. **Vaucouleurs** (*hôt. Jeanne-d'Arc*, à l'extrémité de la rue de ce nom, bon), à dr., ville de 3038 hab., celle où Jeanne d'Arc (v. ci-dessous) se présenta au sire de Baudricourt, pour lui demander d'être conduite à Charles VII. Patrie de Mme Dubarry, la trop fameuse maîtresse de Louis XV (1743-1793). Il y a non loin de la gare une belle *tour* (restaurée) de ses anc. fortifications. L'*église*, à dr. de la longue rue Jeanne-d'Arc, la principale, est du style classique et richement décorée à l'intérieur de peintures ornementales. Elle a aussi des boiseries remarquables. On monte à g. de là ou plus loin à dr. de l'hôtel de ville au *monument de Jeanne d'Arc*, en construction depuis des années, sur l'emplacement de l'anc. château, et encore peu avancé, une église goth. sur les plans d'Eude et Richardière, avec une tour au sommet de laquelle doit se dresser une statue équestre de Jeanne d'Arc. Il subsiste un petit reste du château, en partie goth., avec une crypte restaurée, dite «chapelle castrale». Près de là encore, des restes de fortifications. — A 1 kil. de Vaucouleurs, les fonderies de *Tusey*. — 154 kil. *Burey-en-Vaux*. — 157 kil. *Maxey-sur-Vaise*. — 161 kil. *Pagny-la-Blanche-Côte*. Tunnel. Pont sur la Meuse. — 164 kil. *Sauvigny*. On aperçoit ensuite à dr. la basilique du Bois-Chenu (p. 134).

170 kil. **Domremy**-*Maxey-sur-Meuse* (café-rest. Didier, vis-à-vis de la gare), stat. à l'O. de laquelle est le petit village de *Domremy-la-Pucelle*, patrie de Jeanne d'Arc, le deuxième à dr.

On va à Domremy (omnibus de la gare à la basilique, 1 fr.; 1 fr. 50 aller et retour) en 1/2 h. env., par un chemin qui traverse la rivière voisine dans Maxey, en deçà de la gare, et le village de *Greux* (hôt.-café Ferbus), ou bien, en 20 min., par un sentier direct, croisant la voie au delà de la gare et passant la même rivière, puis la Meuse, en face de l'église de Domremy.

Domremy même (*auberges*, d'ordinaire non approvisionnées) n'est guère à visiter que si l'on a du loisir, tout y étant plus que modeste, bien au-dessous de la réputation du lieu et de l'héroïne; mais la basilique du Bois-Chenu mérite une visite. La *maison de Jeanne d'Arc*, celle où elle naquit en 1411, aujourd'hui classée parmi les monuments historiques, est au delà de l'église (p. 134). On la visite sous la conduite du gardien (pourb.). Elle est précédée d'un jardin où l'on a érigé un *monument*, par Ant. Mercié, un groupe représentant Jeanne d'Arc quittant la maison paternelle, entraînée par le Génie de la Patrie. Au-dessus de la porte, qui est en ogive, se voient les armes royales de France et celles qui furent données à Jeanne d'Arc et à sa famille, ainsi qu'une inscription qui date de 1481 : «Vive labeur; vive le roy Loys!» Plus haut, une niche avec une statue de l'héroïne à genoux, reproduction de l'une de celles de l'intérieur, qui date, dit-on, du procès de réhabilitation, en 1456. L'intérieur a été modifié en vue d'y installer un musée. Dans la première pièce s'élève un modèle en bronze de la statue de la Pucelle, par la princesse Marie d'Orléans. Il y a en outre quelques statuettes, un buste et, au premier étage, des gravures, des tableaux et des livres se rapportant à Jeanne d'Arc. — L'*église* du village, souvent modifiée, est précédée d'une statue en bronze de la Pucelle, par E. Paul (1855).

Domremy n'est qu'à 10 kil. 1/2 de Neufchâteau, par la route qui y traverse la Meuse, et à 4 kil. de Coussey.

La basilique du Bois-Chenu, à l'endroit où Jeanne entendit d'abord ses voix, est à 20 min. du village, par le chemin au delà de la maison. Il y a, en deçà, un café et quelques maisons neuves. La basilique est une belle église d'un style roman modernisé, sur les plans de *Paul Sédille* (m. 1900), à côté d'une maison bâtie en même temps pour une communauté de prêtres et où l'on sonne pour visiter l'intérieur (offrande). L'église est en partie construite. Elle a sur la façade, dominant la vallée, un clocher dont la flèche est entourée de huit anges de 2 m. 40 de haut, en cuivre doré, supportant une couronne. Sous le porche à la base de ce clocher, un *monument de Jeanne d'Arc,* par Allar, groupe remarquable qui la représente entendant ses voix, avec St Michel, Ste Catherine et Ste Marguerite (1891). Il reste à construire le transept, avec un dôme surmonté d'un St Michel, et le chœur.

Il y a sous la nef une crypte dédiée à Notre-Dame des Armées et décorée de peintures murales par Monchablon, Prière pour les morts des Armées de terre et de mer. L'église même n'a encore, comme décoration, que des vitraux, des mosaïques et les peintures de la charpente et du toit, laissés apparents, mais il doit y avoir aux murs de grandes peintures par J.-P. Laurens, les 6 grandes étapes de la vie de Jeanne: Domremy, Chinon, Orléans, Patay, Reims et Rouen.

On a une assez belle vue devant l'église. A dr., le *château de Bourlémont* (p. 132). De l'autre côté de la vallée, le *mont Jouan*, où il y a eu, dit-on, un camp romain sous Julien l'Apostat. — Dans le bas à dr. est Coussey (v. ci-dessous), dont la station est de 1 kil. plus rapprochée que celle de Maxey, qui est à env. 4 kil.; mais il n'y a pas de chemin bien tracé; il faut descendre dans la prairie et y passer la Meuse sur un petit pont.

On voit ensuite à dr., sur la hauteur, outre la *basilique du Bois-Chenu* (v. ci-dessus), le *château de Bourlémont* (p. 132). — 175 kil. *Coussey* (hôt.-café de la Gare). Plus loin, à g., la ligne de Toul (p. 136).

182 kil. **Neufchâteau.** Pour cette ville et la suite jusqu'à *Epinal* (79 kil.), v. p. 148-149.

D. Par Toul et Mirecourt.

241 kil. Trajet en 7 h. 30 et 10 h. 30. Prix: 27 fr. 20, 18 fr. 30, 11 fr. 95. — *De Paris:* 414 kil., 10 h. 52 et 14 h. 10; 46 fr. 70, 31 fr. 50, 20 fr. 50.

Châlons, v. p. 69. De là à *Toul* (143 kil.), R. 16 et 26. On tourne ensuite au S. et passe d'abord entre les hauteurs que couronnent les forts détachés de cette place. — Arrêt de *Choloy*. — 153 kil. *Domgermain.* — 155 kil. *Charmes-la-Côte.* — 159 kil. *Blénod-lès-Toul*, bourg de 1046 hab., qui a une église goth. de 1512, avec le tombeau remarquable d'un évêque de Toul (xvie s.). — 161 kil. *Bulligny-Crézilles.* — 163 kil. *Bagneux-Allain.*

167 kil. *Barisey-la-Côte.* Ligne de Dijon par Neufchâteau, v. p. 136. — 171 kil. *Colombey-les-Belles.* Ensuite la *forêt de St-Amond* (705 hect.). — 176 kil. *Autreville-Harmonville.* — 182 kil. *Favières*, de l'autre côté de la forêt, où l'on descend dans le vallon d'un petit affluent de la Moselle. — 185 kil. *Battigny.* — 187 kil. *Vandeléville.* — 190 kil. *Fécocourt-Eulmont.* — 193 kil. *Pulney-Grimonviller.* — 196 kil. *Courcelles.* — 197 kil. *Fraisnes-Blémer.*

201 kil. *Frenelle-la-Grande,* où l'on rejoint la ligne de Nancy à Mirecourt (p. 137), sur laquelle il n'y a plus que la halte de *Poussay.*

208 kil. *Mirecourt.* Pour cette ville et la suite, jusqu'à *Epinal* (33 kil.), v. p. 149.

E. Par Nancy et Blainville-la-Grande.

254 kil. Trajet en 4 à 9 h. Prix: 28 fr. 50, 19 fr. 30, 12 fr. 50. — *De Paris:* 427 kil.; 6 h. 50 à 11 h. 45; 47 fr. 90, 32 fr. 40, 21 fr. 15.

Châlons, v. p. 69. De là à *Nancy* (180 kil.), R. 16 et 26; puis à *Blainville-la-Grande* (23 kil.), p. 139-140. On tourne de là au S. et traverse la Meurthe. — 211 kil. *Einvaux.* — 218 kil. *Bayon* (hôt. de Lorraine), ville de 1187 hab., à 1 kil. à dr. dans la vallée de la Moselle. Son église a un St-Sépulcre du xve s. Restes de fortifications.

A 2 kil. 1/2 au S.-O. de là, sur la route d'Epinal, *Roville*, village où naquit l'agronome Mathieu de Dombasle (1777-1843) et où il a un monument, un buste et un cultivateur avec une charrue, par Bussière (1895).

On remonte ensuite la vallée de la Moselle et traverse une forêt.

229 kil. **Charmes** *(hôt. de la Poste)*, ville de 3696 hab., à 1/4 d'h. à dr., sur la rive g. de la Moselle, qu'on y traverse sur un beau *pont* du xviiie s., de 420 m. de long. L'*église* est un édifice goth. remarquable, avec des chapelles du xvie s., de belles sculptures, en particulier un St-Sépulcre, et de vieux vitraux représentant les 3 Morts et les 3 Vifs, sujet emprunté aux danses macabres. Grande brasserie.

EMBRANCH. de 28 kil. sur *Rambervillers.* La seconde stat., *la Verrerie-de-Portieux* (8 kil.), doit son nom à une verrerie très importante. — **Rambervillers** *(hôt. de la Poste)* est une ville ancienne, industrielle et commerçante de 5675 hab., sur la Mortagne. *Eglise* du xve s. *Hôtel de ville* remarquable du xvie s. Sur la place qui le précède, une *statue de la Ville de Rambervillers*, par M. Roger, en mémoire de l'héroïque résistance des gardes nationaux aux Allemands, le 9 oct. 1870. — De Rambervillers à *Bruyères* (p. 157), tronçon de 22 kil. sur le prolongement de la ligne de Mont-sur-Meurthe à Gerbéviller (p. 140). — Voit. publ. pour *Baccarat* (15 kil.; 2 fr.; p. 145).

On traverse encore la Moselle après Charmes et laisse à g. l'embranch. de Rambervillers. — 234 kil. *Vincey.* — 239 kil. *Châtel-Nomexy.* — 243 kil. *Igney.* — 247 kil. *Thaon-les-Vosges.* 4923 hab. Grande blanchisserie-teinturerie. A dr., la ligne de Neufchâteau-Mirecourt (v. ci-dessous); à g., Epinal. — 254 kil. *Epinal* (p. 150).

34. De Nancy à Dijon.
A. Par Toul, Neufchâteau et Chalindrey.

223 kil. Trajet en 6 h. 5 et 9 h. 4. Prix: 25 fr. 10, 16 fr. 95, 11 fr. 10.

Nancy, v. p. 120. De là à *Toul* (34 kil.), p. 110-108; puis à *Barisey-la-Côte* (20 kil.), p. 135. On laisse ensuite à g. la ligne de Mirecourt et continue vers le S.-O. — 59 kil. *Punérot.* — 63 kil. *Ruppes.* — *Brancourt.* — 72 kil. *Soulosse.*

77 kil. **Neufchâteau** (p. 148). La ligne de Dijon remonte ensuite la vallée de la *Meuse*. Pays de pâturages, entre des collines boisées. — 85 kil. *Bazoilles-sur-Meuse.* La rivière se perd en été dans des fissures à env. 200 m. de ce village, pour ne reparaître qu'à env. 4 kil. de là, près de *Noncourt.* — 90 kil. *Harréville-les-Chanteurs.* — 94 kil. *Goncourt.* — 99 kil. *Bourmont.* — 102 kil. *Brainville.* — 104 kil. *Hacourt-Graffigny.* On s'éloigne ensuite pour quelque temps de la Meuse. — 106 kil. *Levécourt.* — 112 kil. *Breuvannes.*

117 kil. *Merrey*, où aboutit la ligne de Nancy par Mirecourt (v. ci-dessous). Puis on retourne dans la vallée de la Meuse, qu'on traverse pour remonter la rive g., par un pays de plaines. — 126 kil. *Meuse-Montigny-le-Roi.* — 129 kil. *Avrecourt.*

136 kil. *Andilly.* Embranch. de Langres (p. 178). — 142 kil. *Celsoy-Plesnoy.* — 144 kil. *Montlandon.* — 146 kil. *Chaudenay.* On passe de là dans un tunnel de 1080 m. et rejoint la ligne de Paris à Belfort, qu'on remonte jusqu'à la stat. suivante.

152 kil. *Chalindrey* (buffet-hôtel; p. 173). Puis on tourne au S.-O., en laissant à g. la ligne de Gray (p. 222), et gagne un plateau uniforme. — 159 kil. *Heuilley-Coton.* — 165 kil. *Villegusien*, sur la Vingeanne, affluent de la Saône. — 172 kil. *Prauthoy.* — 175 kil. *Vaux-sous-Aubigny* — 180 kil. *Occey.* — 187 kil. *Selongey*, bourg industriel de 1242 hab., à dr. — On traverse plus loin la *Tille*, autre affluent de la Saône. A dr., la ligne de Troyes par Châtillon.

195 kil. *Is-sur-Tille* (p. 104). Suite jusqu'à *Dijon*, v. p. 104.

B. Par Mirecourt et Chalindrey.
(Vittel, Contrexéville, Martigny-les-Bains.)

239 kil. Trajet en 8 h. 25 et 9 h. 38. Prix: 25 fr. 75, 17 fr. 85, 11 fr. 40.

Nancy, v. p. 120. On suit la ligne de Strasbourg jusqu'à la première stat. (3 kil.), *Jarville-la-Malgrange.* — 7 kil. *Houdemont.* — 10 kil. *Ludres.* A ½ h. à g., *Fléville*, qui a un très beau *château* du XVIe s., qu'on peut visiter. — 13 kil. *Messein.* — 15 kil.

Neuves-Maisons. On traverse la *Moselle* près de son confluent avec le Madon, dont on remonte quelque temps la vallée.

17 kil. *Pont-St-Vincent*, bourg au pied d'une hauteur fortifiée. Ligne de Toul, v. p. 109. — 19 kil. *Bainville-sur-Madon*. — 21 kil. *Xeuilley*. — 24 kil. *Pierreville*. — 26 kil. *Pulligny-Autrey*. On traverse le Brenon. — 28 kil. *Ceintrey*. — 31 kil. *Clérey-Omelmont*.

33 kil. *Tantonville*, à 20 min. au S.-E. Grande brasserie Tourtel.

A 3 kil. 1/2 à l'E., *Haroué*, qui a un grand *château* du XVIIIe s. On y a érigé en 1897 des monuments, deux bustes par Huel, au maréchal Fr. de Bassompierre (1579-1646), qui en était originaire, et au maréchal Ch.-J. de Beauvau (1720-1793), qui fut propriétaire du château.

36 kil. *Vézelise*, bourg intéressant de 1337 hab., à 2 kil. à l'O., sur le Brenon. — 39 kil. *Forcelles-St-Gorgon*. — 42 kil. *Praye-sur-Vaudémont*, dominé, à dr., par une colline où est *Sion* (495 m.), avec le pèlerinage de Notre-Dame de Sion. 4 kil. plus loin, *Vaudémont*, avec les ruines du château des comtes de ce nom. — 45 kil. *St-Firmin-Housseville*. — 46 kil. *Diarville*. — 51 kil. *Bouzainville-Boulaincourt*.

54 kil. *Frenelle-la-Grande*. Ligne de Toul à Mirecourt (p. 135). — 58 kil. *Poussay*, où l'on se retrouve dans la vallée sinueuse du Madon. A dr., la ligne de Neufchâteau.

60 kil. **Mirecourt** (p. 149). — Lignes de Neufchâteau (Bar-le-Duc, Chaumont), Toul, Epinal, etc., v. R. 33 et 37.

64 kil. *Hymont-Mattaincourt*, où s'embranche la ligne d'Epinal (v. p. 149). — 69 kil. *Bazoilles*. — Arrêt de *Rozerotte*. — 75 kil. *Remoncourt*. A dr., la colline de Montfort, avec les restes d'un château fort. Les hauteurs peu considérables à une certaine distance à g. sont les *monts Faucilles* (p. 150). — 79 kil. *Haréville*. A Vittel, à dr., l'établissement hydrominéral.

84 kil. **Vittel** (p. 179). — 89 kil. **Contrexéville** (p. 179). — 99 kil. **Martigny-les-Bains** (p. 178). — 105 kil. *Lamarche* (hôt. du Soleil-d'Or), à env. 3 kil. à g. (S.; omn.), anc. ville de 1481 hab. qui fut fortifiée et eut un château, sur la frontière de la Lorraine. C'est la patrie du maréchal Victor, duc de Bellune (1764-1841), à qui l'on a érigé un buste. — 110 kil. *Rozières-sur-Mouzon*. C'est dans la vallée du Mouzon, à env. 12 kil. en aval, que se trouve la hauteur où était bâtie la ville de *la Mothe* (507 m.), prise par les Français à Charles IV de Lorraine en 1634 et 1645 et complètement détruite la seconde fois. — 116 kil. *Damblain*. — *Colombey-lès-Choiseul*.

122 kil. *Merrey*, où l'on rejoint la ligne précédente (p. 136).

C. Par Epinal, Vesoul et Gray.

294 kil. Trajet en 10 h. 32 et 11 h. 31. Prix : 38 fr. 05, 22 fr. 35, 14 fr. 50. — A Epinal : 74 kil. ; 1 h. 13 à 2 h. 27 ; 8 fr. 30, 5 fr. 60, 3 fr. 65.

Jusqu'à *Epinal* (74 kil.), v. p. 135-136. On passe ensuite sur deux viaducs, laisse à g. la ligne des Vosges et quitte la vallée de la Moselle. Belle vue à g. — 85 kil. *Dounoux*. Plus loin, des tranchées dans le roc et un viaduc de 38 m. de haut, sur une belle vallée.

Puis belle vue à dr. — 93 kil. *Xertigny*. 3525 hab. — 97 kil. *La Chapelle-aux-Bois*.

104 kil. **Bains-les-Bains** (p. 184). — Le chemin de fer descend ensuite dans des bois et tourne à l'E. Puis vue étendue à droite.

118 kil. *Aillevillers* (buffet-hôtel; hôt. de la Gare ou Pierre). Lignes de Plombières et de Lure-Belfort, v. p. 181 et R. 40.

D'Aillevillers à Faymont: 20 kil.; 50 min. à 1 h. 20; 2 fr. 25, 1 fr. 50, 1 fr. — Cet embranch. se détache de la ligne principale à *Corbenay* (2 kil.) et remonte la jolie vallée arrosée par la Combeauté, dite *val d'Ajol*. — 9 kil. *Fougerolles* (2 hôtels), localité de 5895 hab. (1901 agglomérés), renommée pour son kirsch. — 13 kil. *Larrière*. — 16 kil. *Le Val-d'Ajol*, localité industrielle de 7446 hab. (1658 agglomérés), où aboutit une route de Plombières (p. 184). — 20 kil. *Faymont* (p. 184).

Notre ligne tourne au S.-O. dans la vallée de l'Augrogne. — 123 kil. *St-Loup*, ville industrielle de 3709 hab., au confluent de l'Augrogne et de la Sémouse. On traverse la Combeauté. — 131 kil. *Conflans-Varigney*, près du confluent de la Sémouse avec la Lanterne. On traverse cette rivière et on en suit quelque temps la vallée. — 139 kil. *Mersuay*. — 143 kil. *Faverney* (1488 hab.), où il y a un dépôt de remonte.

148 kil. *Port-d'Atelier* (p. 173), sur la ligne de Paris à Belfort (v. R. 41), qu'on suit au S.-E., par *Port-sur-Saône*, *Grattery* et (163 kil.) *Vaivre*, jusqu'à

167 kil. **Vesoul** (p. 174). — Ensuite on retourne en arrière jusqu'au delà de (171 kil.) *Vaivre*, et l'on prend de nouveau au S.-O. — 177 kil. *Mont-le-Vernois*. — 181 kil. *Raze*. — 185 kil. *Noidans-le-Ferroux*. — 194 kil. *Fresnes-St-Mamès*, sur la Romaine, affluent de la Saône, dont on atteint bientôt la vallée. A dr., sur une hauteur de l'autre rive, le *château de Ray*. — 198 kil. *Vellexon*, village industriel (usine, sucrerie) dans un site pittoresque. On arrive au bord de la *Saône*, qui a un cours très sinueux. — 203 kil. *Seveux*, autre village industriel travaillant le fer de mines des environs. On traverse la Saône. — 209 kil. *Autet*. — 214 kil. *Véreux*, à dr., avec un château du XVIIe s. — 217 kil. *Beaujeux-Prantigny*. Beaujeux, à g., a une église curieuse du XIIe s. — A dr., la ligne de Chalindrey (p. 228).

225 kil. **Gray** (*buffet*; hôt.: *de Paris*, Grande-Rue; *de la Ville-de-Lyon*, rue du Pont), ville de 6676 hab. et chef-lieu d'arr. de la Haute-Saône, bâtie en amphithéâtre, dans un beau site, sur la rive g. de la Saône, à env. $1/4$ d'h. de la gare (tramw.). C'est un centre de commerce important, et il y a un port dont le mouvement est relativement considérable.

La rive dr., où se trouve la gare, en aval de Gray, était reliée à la ville par un *pont suspendu*, aboutissant à la partie haute; il s'est rompu en 1897. Il y a en amont un beau *pont en pierre* à 14 arches, du XVIIIe s., à l'entrée de la ville basse, la partie principale.

L'*église paroissiale*, dans la ville haute, est du XVe s., sauf sa façade, avec porche, terminée de nos jours. Elle a une assez belle tour sur le transept.

L'hôtel de ville, où conduit une rue à dr. de là, est un curieux édifice de la seconde moitié du XVIe s., avec une galerie de 8 arcades cintrées à la façade et deux ordres de colonnes monolithes en granit rouge. Aux extrémités de la façade, des fontaines avec des statues du minéralogiste Romé de Lisle (1736-1790) et du peintre Devosge (1732-1811). L'hôtel de ville renferme un petit musée.

Il y a une *promenade* bien ombragée à l'extrémité de la ville haute, par la Grande-Rue.

Lignes de *Chalindrey*, d'*Is-sur-Tille* et de *Besançon*, v. R. 47 B et C.
Tramway de *Dôle*, par *Pesmes*, v. p. 228.

DE GRAY A FRÉTIGNEY, PAR BUCEY-LÈS-GY *(Marnay)*: 35 kil., ligne d'intérêt local, avec gare spéciale en amont de la ville, sur la rive g., mais reliée à l'autre par un tramway. Principale stat., *Gy* (21 kil.; hôt. du Chapeau-Rouge), petite ville industrielle et vinicole de 1641 hab., d'où se détache un embranch. de 18 kil. desservant *Marnay* (p. 227). — 24 kil. *Bucey-lès-Gy* (1066 hab.). Fabrique mécanique de chaises. — 35 kil. *Frétigney*.

La ligne d'Auxonne-Dijon continue de descendre la vallée de la Saône, en passant sur un viaduc et laissant à g. la ligne de Besançon. — 229 kil. *Mantoche*. Puis un petit tunnel et un pont sur la Vingeanne. — 235 kil. *Travaux*. — 241 kil. *Talmay*, qui a un beau château du XVIIIe s. — 246 kil. *Pontailler*, jadis une ville forte. — 251 kil. *La Marche* (Côte-d'Or). — 255 kil. *Villers-les-Pots*. On rejoint ensuite la ligne de Dijon à Dôle, qu'on suit jusqu'à Auxonne.

262 kil. *Auxonne* (p. 223). Enfin on retourne en arrière et l'on continue à l'O. (32 kil.) vers *Dijon* (p. 223).

35. De Nancy (Paris) à Strasbourg.

150 kil. Trajet en 3 à 6 h. Prix: express (v. p. 69), 17 fr. 25, 12 fr.; trains ordinaires, 16 fr. 35, 9 fr. 70, 6 fr. 85. Express d'Orient et wagons de luxe en général, v. aussi p. 69.

Nancy, v. p. 120. On remonte la vallée de la *Meurthe* jusqu'à Lunéville. A g., les églises St-Pierre et de Bonsecours, puis la ligne de ceinture de Nancy (marchandises); à dr., celle de Mirecourt. — 3 kil. *Jarville-la-Malgrange*, à dr. Ligne de Chalindrey-Dijon (p. 136). — 6 kil. *Laneuveville-devant-Nancy*. A env. 1/4 d'h., sur la rive dr. de la Meurthe, l'anc. *chartreuse de Bosserville*, qui date de 1666. — Puis un pont sur la Meurthe, que le *canal de la Marne au Rhin* (p. 75) traverse aussi à g. sur un pont-aqueduc. A dr., l'église de St-Nicolas-du-Port.

13 kil. *Varangéville-St-Nicolas*. — Varangéville, bourg de 2370 hab., à g., a une importante saline. Il est situé sur la rive dr. de la Meurthe, qui le sépare seulement de St-Nicolas. Son *église*, du XVe s., possède plusieurs œuvres d'art remarquables: une Vierge en bois du XVIe s., d'un calvaire, par Bagard; une Pietà en bois, du XVIe s., une Vierge byzantine en pierre du XIe s., un St-Sépulcre et des vitraux du XVIe s.

St-Nicolas-*du-Port* (*hôt. du Faisan* et *cafés* au port, en aval du pont), ville déchue de 5827 hab., sur la rive g. de la Meurthe, fut importante et prospère jusqu'en 1636, où elle fut saccagée par les Suédois. Elle a dû son nom à la possession d'une relique de St Nicolas de Myre (phalange de doigt) et son importance au pèlerinage qui s'ensuivit et qui a encore lieu, le lundi de la Pentecôte : il y a eu, dit-on, plus de 200 000 pèlerins au jubilé de 1500 et encore plus tard. Son *église*, où l'on arrive directement du pont, est un fort bel édifice, de 1495-1553 env., la façade flanquée de deux tours. Il y a au portail un St Nicolas attribué à Claude Richier.

L'intérieur, à trois nefs de même hauteur, est encore plus remarquable que l'extérieur. Deux magnifiques piliers à la croisée, celui de dr. tors, celui de g. à grandes cannelures (les autres ronds), et belles voûtes à réseaux. Restes de vitraux de l'époque. A dr. de la nef, la chapelle patronale (8e), avec fresques modernes par Ch. Paulus. Sous le chœur, une crypte sombre, avec un St-Sépulcre par Bachot (1520). A g. du chœur, une *chapelle basse (fermée, s'adresser au sacristain) qui renferme des fonts et un retable goth. en pierre, garnis de statues, du XVIe s., restaurés en 1880. — Le trésor de cette église était jadis excessivement riche ; on en a sauvé une partie et formé un *musée*, dans une petite pièce à dr. au delà de la chapelle patronale : entrée, 25 c. Vitrine en face : nouveau «bras d'or» (en vermeil), sur le modèle de l'ancien, avec la phalange de St Nicolas ; vaisseau en argent du XVIIe s., ouvrage flamand ; chaînes de Cunon de Réchicourt, délivré en 1240 par l'intervention de St Nicolas ; *vaisseau ou nautile dont la coquille est en nacre de perle et qui était auparavant orné de cabochons, du XVIe s., ex-voto du cardinal de Lorraine (p. 128) ; deux autres vaisseaux du XVIIe s. ; croix en argent du XVe s., avec pied du XVIIIe ; reliquaires, dont un goth., en argent, contenant de la manne de St Nicolas, substance miraculeuse qui découle des ossements du saint à Bari (Italie). Côté dr. : suite de l'orfèvrerie, buste en argent de St Nicolas, don de Louis XIV ; crucifix en ivoire donné par Voltaire à dom Calmet (p. 146). Côté g. : croix processionnelle moderne en argent, sur le modèle de celle de St-Jean-de-Latran, ornement donné par Marie Leczinska. Dans les coins, deux bâtons cantoraux en argent. Du côté de la porte, des curiosités et des antiquités. Sur les meubles des sculptures. Une autre partie du musée, du côté g. de l'église, est destinée aux archives.

15 kil. *Dombasle-sur-Meurthe*. 5542 hab. Salines, grande fabrique de soude et cités ouvrières. — 18 kil. *Rosières-aux-Salines*, localité de 2297 hab., à env. 1/4 d'h. à dr., sur la Meurthe.

23 kil. *Blainville-la-Grande* (buffet-hôtel), bourg de 1508 hab., à 1/4 d'h. à dr., sur la rive g. Il y a encore deux portes de 1625. Filature très importante. — Ligne d'Epinal (p. 135). — 28 kil. *Mont-sur-Meurthe*.

EMBRANCH. de 9 kil. au S. sur Gerbéviller (*hôt. de Lorraine*), ville industrielle de 1590 hab., dans la vallée de la Mortagne, par où il doit être prolongé sur Rambervillers (p. 135) ; de là à Bruyères (p. 157), v. p. 135. Il y a un beau *château*, entouré d'un joli parc.

On traverse encore deux fois la Meurthe. A dr. à l'horizon se montrent les *Vosges*.

33 kil. **Lunéville.** — HÔTELS : *des Vosges*, rue Carnot, 6 (ch. t. c. 2 fr. 50 à 8, dé. ou dî. 3, om. 50 c.) ; *du Faisan*, Grande-Rue, 4 ; *des Halles*, rue Banaudon, 86. — POSTE ET TÉL., rue d'Alsace, 14, la 1re à g. de la rue Carnot.

Lunéville est une ville de 23 269 hab. et un chef-lieu d'arr. de Meurthe-et-Moselle, près du confluent de la Meurthe et de la Vezouse. Elle fut de 1702 à 1737 la résidence des ducs de Lorraine, et, quoique déchue, elle a conservé un certain cachet de grandeur. C'est ici que naquit, en 1708, François III de Lorraine, fils du duc Léopold Ier, qui devint l'empereur François Ier, par son mariage avec l'archiduchesse Marie-Thérèse, et la souche de la famille régnante d'Autriche. C'est aussi à Lunéville que fut conclu, en 1801, entre la France et l'Autriche, le traité du même nom, qui donnait pour limites à la première le Rhin et les Alpes et à la seconde l'Adige.

La rue Carnot conduit de la gare à la vaste place Léopold, et la rue Banaudon, au fond à g., à la place Thiers, puis à la Grande-Rue. Sur la place Thiers, un *monument* érigé à la mémoire des habitants des arrondissements de Lunéville et de Sarrebourg morts dans la dernière guerre. Il se compose d'une pyramide de granit, de chaque côté de laquelle sont deux belles statues en marbre de femmes assises, dans l'attitude de la douleur, par Ch. Pètre. Derrière la place se trouvent l'*hôtel de ville*, où il y a une bibliothèque et un petit musée, et l'église St-Jacques.

L'ÉGLISE ST-JACQUES, la principale, est un bel édifice construit de 1730 à 1745 sur les plans de Boffrand, élève de J.-H. Mansart. Elle a un portail d'ordre ionique, avec une horloge supportée par le Temps, et deux riches tours à dômes, que couronnent des statues de St Michel et St Jean Népomucène.

A l'intérieur, décoré dans le goût du temps, on remarque d'abord la belle tribune des orgues, de grands autels dans les bras du transept et des boiseries autour du chœur. A signaler surtout plusieurs œuvres du peintre *Girardet* (1709-1778) de Lunéville, un Christ en croix en face de la chaire, trois fresques au fond du chœur et des deux collatéraux, St Joseph et l'enfant Jésus dans le bras g. du transept. Dans le bras dr., une Ste Famille de van Schuppen. A g. de l'entrée, une urne qui a contenu le cœur de Stanislas Leczinski, mort à Lunéville en 1766.

Le CHATEAU, où l'on va de St-Jacques par la place de l'Eglise, puis la rue du Château, est une vaste construction que Léopold Ier fit élever de 1703 à 1706, par Boffrand, et qui fut embellie par Stanislas. Bien que plusieurs fois endommagé par des incendies et transformé en caserne de cavalerie, avec habitation pour les généraux, il a conservé un aspect imposant. Dans la cour s'élève depuis 1893 la *statue équestre du général de Lasalle* (1775-1809), né à Metz, tué à Wagram; elle est en bronze, par Cordier.

On peut traverser le château pour voir de l'autre côté ses vastes et magnifiques *jardins*, dénommés «Bosquets», maintenant une promenade publique. On y a inauguré en 1902 un *monument du romancier Erckmann*, de Phalsbourg (1822-1899), une stèle surmontée d'un buste, contre laquelle se tient Suzel, l'héroïne de l'Ami Fritz, le tout œuvre du sculpteur Bussière. — Des portes à dr. ramènent dans l'intérieur de la ville.

De la place du Château, à l'extrémité de la Grande-Rue, on voit sur la place des Carmes, dans la partie N. de la ville, la *statue de l'abbé Grégoire*, le conventionnel (1750-1831), par Bailly (1884).

L'importante *faïencerie de Lunéville*, non loin de la gare, du côté de Nancy, ne se visite pas.

De Lunéville à *St-Dié* et à *Epinal* (les Vosges), v. R. 86.

On laisse ensuite à dr. la ligne de St-Dié. — 40 kil. *Marainviller*. — 49 kil. *Embermènil*.

57 kil. *Igney-Avricourt* (buffet; hôt. de la Gare), stat. française où a lieu, lorsqu'on vient d'Alsace, la visite des bagages non enregistrés pour Paris.

EMBRANCH. de 18 kil. sur Cirey, par *Blâmont* (9 kil.), à dr., ville de 1726 hab. au pied d'une hauteur escarpée et où l'on remarque les ruines de son château fort. — *Cirey* (*hôt. du Sauvage*), sur la Vezouse, est une ville de 2832 hab., importante par sa *manufacture de glaces*, qui dépend de celle de St-Gobain (p. 13). Château avec un beau parc. En dehors, sur la rive dr., des ruines d'une anc. abbaye. — 11 kil. de route de Cirey à *Badonviller* (p. 145), par *Petitmont* (8 kil.) et *Brémènil* (5 kil.).

59 kil. **Deutsch-Avricourt** (*buffet*), avec la douane allemande. Long arrêt. Heure de l'Europe centrale, en avance de 55 min. sur l'heure des chemins de fer français.

EMBRANCH. de 35 kil. sur *Bénestroff* (p. 118), par *Dieuze* (hôt. du Lion-d'Or), petite ville avec des salines importantes.

62 kil. *Réchicourt-le-Château* (all. Rixingen). Forêt de ce nom et grands étangs, surtout, au N., l'*étang de Gondrexange*, où passe le canal de la Marne au Rhin. — 71 kil. *Héming* (Hemingen).

79 kil. *Sarrebourg* (Saarburg), petite ville encore en partie murée, sur la *Sarre*, et point de jonction des lignes de Metz (p. 118) et de Sarreguemines.*

83 kil. *Réding* (Rieding). On atteint enfin la chaîne des *Vosges*, qu'on traverse dans le grand *tunnel d'Archwiller*, long de 2678 m. Le canal de la Marne au Rhin y passe également dans un tunnel, qui croise en dessus celui du chemin de fer.

89 kil. *Archwiller* (Arzweiler). On descend ensuite dans la jolie vallée de la *Zorn*, la plus belle partie de cette ligne.

95 kil. *Lutzelbourg* (hôt. de la Cigogne), village avec les ruines d'un château du moyen âge, sur un rocher que le chemin de fer traverse dans un petit tunnel.

TRAMWAY A VAPEUR pour *Phalsbourg* (2 hôtels), petite ville et anc. place forte à 6 kil. au N., en grande partie détruite dans le bombardement de 1870. Patrie du maréchal Lobau (1770-1838), qui y a une statue, et du littérateur Erckmann (v. p. 141).

CORRESPOND. à Lutzelbourg, par la vallée de la Zorn, pour **Dabo** ou *Dagsbourg* (13 kil.; hôt.: *Schlossberg-Hôtel, Bour, Reibel*), station d'été dans une région forestière, jadis le chef-lieu d'un comté. Sur la hauteur à l'E. (1/2 h.), où était le château, une tour-belvédère et une chapelle en l'honneur du pape St Léon IX (1049-1054), qui était de la famille des comtes de Dagsbourg.

Le trajet est encore très intéressant jusqu'à Saverne. Le chemin de fer passe par quatre tunnels dans l'étroite vallée de la Zorn, que suivent aussi le canal et une route.

105 kil. **Saverne** (186 m.), en all. *Zabern* (hôt.: *du Soleil, des Vosges, du Chemin-de-Fer*), ville de 8500 hab., dans un beau site, au sortir du défilé des Vosges. L'anc. *château* des évêques de Strasbourg, maintenant une caserne, à g. de la Grande-Rue, daté du XVIIIe s. Plus loin à g., l'*église paroissiale*, surtout aussi du XVe s., et à côté un petit *musée* d'antiquités.

---

* Pour plus de détails, v. les *Bords du Rhin*, par Bædeker.

Excursion particulièrement recommandée, au S.-O., en 55 min., au *château du *Haut-Barr* (458 m.; aub.), des xe, xie et xvie s., dont les ruines semblent ne faire qu'un tout avec les rochers bizarres qu'elles couronnent.

De Saverne a Haguenau, 42 kil. de ch. de fer, par les petites villes de *Neuwiller* (13 kil.; église remarquable) et *Bouxwiller* (Buchsweiler; 5 kil.).

De Saverne à Schlestadt *(Ste-Odile)*: 65 kil.; 2 h. 45; 5 ℳ. 30, 3 ℳ 50, 2 ℳ 30). — 8 kil. (2e st.) *Marmoutier* (Maursmünster; hôt. de la Couronne, etc.), qui a une belle église abbatiale romane. — 14 kil. *Romanswiller* (Romansweiler). — Correspond. pour *Wangenbourg* (11 kil.; hôt. Wangenbourg). On fait de là en 1 h. 1/2, au S.-O. (poteaux), l'ascension du *Schneeberg* (961 m.), qui offre une très belle vue. On en peut redescendre du côté d'Urmatt (3 h.; p. 154). — 18 kil. (5e st.) **Wasselonne** *(Wasselnheim*; hôt. de la Gare), petite ville manufacturière, sur la Mossig. — 28 kil. (10e st.) *Soultz-les-Bains* (Sulzbad).

32 kil. (12e st.) **Molsheim** (hôt. des Deux-Clefs), vieille petite ville de 3100 hab. Elle est aussi sur la ligne de Strasbourg à Saales (p. 154). — 36 kil. (14e st.) **Rosheim** (*hôt. de la Charrue*), petite ville à 2 kil. à dr., avec une église romane et des restes de fortifications du moyen âge.

[Un ch. de fer d'intérêt local va d'ici à *St-Nabor* (12 kil.), qui est le meilleur point de départ pour aller à Ste-Odile (v. ci-dessous). Principales stations intermédiaires: *Rosheim-Ville* (2 kil.; v. ci-dessus) et *Ottrott* (9 kil.) qui est dominé par les ruines de deux châteaux (40 min.), le *Lutzelbourg* et le *Rathsamhausen*.

De St-Nabor à Ste-Odile, il y a une route de voit. (env. 5 kil.) et un chemin de piétons (env. 5/4 d'h.), par la *fontaine Ste-Odile*. — *Ste-Odile (762 m.) est un couvent, avec un pèlerinage dont l'origine remonte au viie s., mais aussi très fréquenté par les touristes: on peut y loger et y prendre pension. Très belle vue derrière le couvent et du point culminant du plateau, le *Mennelstein* (817 m.), à 1/2 h. au S.-E.]

41 kil. (16e st.) **Obernai** *(Oberehnheim;* hôt.: *Vormwald, Wagner),* ville de 3900 hab.

48 kil. (19e st.) **Barr** (*hôt. de la Maison-Rouge*), ville de 5300 hab., à l'entrée de la vallée de la *Kirneck*. — Suite de la ligne de Schlestadt, v. ci-dessous.

[On peut aller de Barr à Ste-Odile (v. ci-dessus), en 2 h. 1/2, en prenant à dr. ou au N. de la station, par *Heiligenstein* (20 min.) et 10 min. plus loin à g., par *Truttenhausen* (1 kil. 4), puis par une forêt, en laissant à g. les ruines du *château de Landsberg*, à env. 1/2 h. de distance, et par la fontaine Ste-Odile (2 h. 1/4).

Excursion intéressante aussi de Barr à Hohwald, au S.-E. (14 kil.; omn., 1 ℳ 60), par la route qui passe à *Andlau* (4 kil. 1/2; hôt. du Bœuf), petite ville possédant une anc. église abbatiale romane du xiie s., et par la vallée de l'Andlau, en laissant à dr. les ruines des *châteaux d'Andlau* et de *Spesbourg*. — **Hohwald** (610 m.; hôt.: *Kuntz, Stauffer*) est très fréquenté dans la bonne saison. Beaucoup de promenades et d'excursions facilitées par des poteaux indicateurs: *Bellevue* (1 h.), *Neuntenstein* (1 h. 1/4); *Champ-du-Feu* (Hochfeld; 2 h.1/4; 1099 m.), etc.]

Ligne de Schlestadt (suite). — 50 kil. *Eichhofen*, à 3 kil. d'Andlau (v. ci-dessus). — 53 kil. *Epfig*. — 58 kil. *Dambach*, petite ville, avec des restes de fortifications. — 62 kil. *Scherwiller*. — 65 kil. *Schlestadt* (p. 138).

110 kil. *Steinbourg*, où s'embranche la ligne de Haguenau (v. ci-dessus). — 114 kil. *Dettwiller*. — 122 kil. *Hochfelden*. — 127 kil. *Mommenheim*. — La voie tourne pour prendre la direction du S.-S.-E. — 132 kil. *Brumath*. — 140 kil. *Vendenheim*.

150 kil. **Strasbourg**. — Hôtels: *National, Terminus, Pfeiffer,* à la gare; *de la Ville-de-Paris*, près de la place du Broglie; *de la Maison-Rouge*, place Kléber; *d'Angleterre*, quai de Paris; *de l'Europe*, rue de la Nuée-Bleue (Blauwolkengasse), près du Broglie; *de France*, place St-Pierre, près du Broglie. — Cafés, place du Broglie, etc. — Fiacres: 1 ou 2 pers., 75 pf.;

3 ou 4 pers., 90 pf., le soir, 1 ℳ. et 1 ℳ. 20; 1/2 h., 1 ℳ. 20 et 1.45; le soir, 1.60 et 1.90; la nuit (de min. à 6 h.), env. le double. Il y a aussi des voitures à compteur et des tramways électriques. Bagages, 20 pf.

Strasbourg, ville d'env. 150000 hab., sur l'*Ill* et à env. 3 kil. du Rhin, anc. ville libre de l'Empire germanique et française de 1681 à 1871, est auj. le chef-lieu de l'Alsace-Lorraine allemande, une place forte de premier ordre, considérablement agrandie, le siège d'un évêché et d'une université, etc. Pour les détails et le plan, v. les *Bords du Rhin* ou l'*Allemagne du Sud*, par Bædeker.

On arrive en 5 min., par la rue en face de la gare, au canal de l'Ill, qui, avec la rivière elle-même, entoure la vieille ville. La Grande-Rue (Lange Strasse), un peu à dr. au delà du canal, va aboutir à la place où est la *statue de Gutenberg*, par David d'Angers (1840). De là, nous allons à la cathédrale par une petite rue dans l'angle opposé à la précédente.

La *CATHÉDRALE (fermée de midi à 2 h.) présente encore les formes romanes dans ses parties les plus anciennes, surtout dans la crypte, le chœur et le transept. Le style ogival n'y règne complètement que dans la nef, qui est du XIIIe s., et dans la *façade, des XIVe et XVe s., une des plus brillantes productions de l'art goth., décorée d'innombrables sculptures. Le portail latéral du S. a aussi de magnifiques sculptures. — A l'intérieur, on remarque en particulier les *fonts*, de 1453, dans le bras N. du transept; la *chaire*, de 1485, et l'*horloge astronomique*, au S., par Schwilgué (1842), avec des figures de toute sorte, qui se mettent surtout en mouvement au coup de midi. — La *tour du N., sur la façade, avec sa fameuse flèche, s'élève à une hauteur de 142 m. (cath. de Cologne, 156). Entrée à côté du portail, à dr.: 15 pf. pour monter à la plate-forme, 40 jusqu'aux clochetons, et 2 ℳ. jusqu'à la couronne, qui n'est pas pour les personnes sujettes au vertige. Vue magnifique de la plate-forme sur la ville, les Vosges et la Forêt-Noire.

Les bâtiments au S. sont le *lycée* et le *château* ou anc. évêché, qu'on a transformé en *musée municipal*.

La rue des Serruriers (Schlosser-Gasse), de l'autre côté de la place Gutenberg, mène à *St-Thomas*, église goth. transformée en temple, qui renferme le *monument du maréchal de Saxe (m. 1750), par Pigalle. S'adresser au n° 5, sur la place: entrée, 40 pf., gratuite le mercr., de 10 h. à midi.

De la place Gutenberg part encore la rue des Grandes-Arcades (Gewerbslauben), qui la relie à la place où est la *statue du général Kléber* (1753-1800), par Grass.

Le *Broglie*, longue place près de là, à dr. en arrivant, où l'on va aussi de la cathédrale par la rue à g. du chœur, est une des plus animées de Strasbourg. Là se trouvent le *théâtre*, l'*hôtel de ville*, la *statue de Lezay-Marnésia*, ancien préfet (1810-1814), aussi par Grass, etc.

Dans le vaste quartier neuf au delà du théâtre et du canal de l'Ill., de grandes et belles constructions neuves, d'abord le *palais de l'Empereur*, puis, à dr. et à g. de la rue qui lui fait face, le *palais de la Délégation* et la *bibliothèque de l'université*, et à l'extrémité, sur la rive dr. de l'Ill, l'*Université*, ensemble de constructions neuves fort remarquables, du style de la Renaissance, etc.

De Strasbourg à *Metz*, v. p. 118; à *St-Dié*, par *Saales*, p. 154-153; à *Belfort* (Dijon, Lyon), R. 43.

36. De Lunéville à St-Dié et à Epinal.

51 kil. jusqu'à *St-Dié*, trajet en 1 h. 30, pour 6 fr. 40, 4 fr. 10 et 2 fr. 55. — 60 kil. de St-Dié à *Epinal*, trajet en 2 h. env., pour 6 fr. 70, 4 fr. 55 et 2 fr. 90. — *De Lunéville à Epinal par Blainville-la-Grande*: 61 kil.; 1 h. 1 à 2 h. 6; 6 fr. 85, 4 fr. 60, 2 fr. 95. Voir p. 140-139 et 136-135.

Lunéville, v. p. 140. A g., la grande ligne. Celle de St-Dié remonte la vallée de la Meurthe. — 11 kil. *St-Clément*, qui a une importante faïencerie, dite de Lunéville. — 16 kil. *Ménil-Flin*. — 19 kil. *Azerailles*.

25 kil. *Baccarat* (hôt. du Pont), ville de 7014 hab., à dr., avec une *cristallerie* célèbre, la plus considérable de France, fermée au public. Belle église moderne dans le style du XIIIe s.

EMBRANCH. de 14 kil. sur *Badonviller* (hôt. du Cheval-Blanc), ville industrielle de 1957 hab., dans un site pittoresque, au pied des Vosges. — Voit. publ. de Baccarat à *Rambervillers* (15 kil.: 2 fr.; p. 135). — Route de Cirey, v. p. 142.

A g., les *Vosges*. — 29 kil. *Bertrichamps*. Puis, à g., la *Meurthe*, qu'on va traverser plusieurs fois. — 32 kil. *Thiaville*.

34 kil. *Raon-l'Etape* (pron. «ra-on»; hôt. des Halles), jolie ville industrielle et commerçante de 4450 hab., dans un beau site, à la jonction («raon») des vallées de la Meurthe et de la Plaine ou de Celles. Grand commerce de planches.

De Raon-l'Etape à Schirmeck *(Donon)*: 37 kil., correspond. vers 7 h. du m. jusqu'à Raon-sur-Plaine (23 kil.; 2 h. 1/2; 2 fr. 25). Il est possible de faire l'excursion au Donon et de revenir le même jour, par la voiture (dép. à 3 h. 1/2), au chemin de fer, pour aller coucher à St-Dié. Tramw. à vap. en projet de *la Neuveville-lès-Raon* (2704 hab.), faub. de Raon-l'Etape sur la rive g. de la Meurthe, à Raon-sur-Plaine (v. ci-dessous). — La route remonte la rive g. de la *Plaine*, entre deux chaînes de collines aux versants boisés. — 10 kil. *Celles*. — 16 kil. *Allarmont*. — 19 kil. *Vexaincourt* (2 hôtels). A 1 h. 1/4 au S.-E., le beau *lac de la Maix*. — 21 kil. *Luvigny*. — 23 kil. Raon-sur-Plaine (431 m.; *hôt. du Cheval-Blanc*), village très rapproché de la frontière au N. et au S. et un peu moins à l'E., où la route la traverse à env. 4 kil. (douane). 500 m. plus loin est la *plate-forme du Donon* (787 m.), col au S. de la montagne de ce nom, dont l'ascension se fait de là en 3/4 d'h. A la plate-forme, l'hôt. Velléda (ch. 2 à 3 ℳ, dî. 2,50, v. n. c.).

Le Donon (1009 m.) est une des cimes principales de cette partie des Vosges, et son isolement lui donne un aspect imposant. Il offre un vaste panorama de la chaîne de montagnes, de la Lorraine et de l'Alsace, détaillé par un disque d'orientation au S.-O. et un autre au N.-E. Il y a de ce côté un second sommet dit le *Petit-Donon* (964 m.). On a trouvé ici des restes de constructions romaines, conservés en partie sur place, dans une sorte de petit temple moderne, en partie au musée d'Epinal (p. 151).

La route descend ensuite en lacets à *Grandfontaine* (4 kil.; 2 hôtels), où conduit aussi un chemin beaucoup plus court, à dr. en quittant la

Bædeker. N.-E. de la France. 7e édit. 10

plate-forme, et il y a de Grandfontaine un omnibus pour la stat. de *Schirmeck*, 4 kil. ½ plus loin (v. p. 153).

La vallée de la Meurthe est plus loin assez pittoresque. A g., l'embranch. de Senones. — 39 kil. *Etival-Clairefontaine.* Etival (2543 hab.) a une grande papeterie.

D'ETIVAL A SENONES (*St-Blaise* et *Strasbourg*) : 9 kil., ligne d'intérêt local, qui a sa gare en face de l'autre ; 20 à 30 min. ; 95, 70 et 55 c. — On remonte la vallée industrielle du Rabodeau, qui a des filatures et des tissages. Vue à g. — 6 kil. *Moyenmoûtier* (hôt. des Trois-Jumeaux), à g., localité industrielle de 4698 hab., où il y a eu une abbaye, fondée au VIIe s. par St Hydulphe et dont il reste l'église et quelques bâtiments, près de la station. L'église a une belle Cène par Dumont (fin du XVIIIe s.) et des stalles de la Renaissance. — 9 kil. **Senones** (*hôt. Barthélemy*), sur la rive dr., près du pont), ville riante et bien bâtie de 4151 hab., dans un joli site. Elle s'est aussi formée autour d'une abbaye de bénédictins, fondée à la même époque par St Gondebert, évêque de Sens, et dont les bâtiments, près de la gare, sont auj. occupés par une filature et un tissage. L'*église*, située au delà de ces bâtiments, est du style roman, mais il n'en reste plus que la nef et le transept avec sa tour, où est maintenant l'entrée. Dans la 1re chap. de g. (transept) se voit le beau monument de dom Calmet, abbé de Senones (1672-1757), avec une statue par Falguière (1878), des médaillons de deux autres moines et un petit monument de la famille de Salm-Salm, branche collatérale de la ligne aînée de la maison de Salm, dont Senones fut la résidence. Le *château* des princes (XVIIIe s.) est en grande partie détruit ; il en reste surtout l'*hôtel de ville* actuel, sur la place au delà de l'église en venant de l'anc. abbaye. Un passage voûté dans ce bâtiment mène à une autre place où il y a un *obélisque*, érigé au centenaire de la réunion de la principauté à la France (1793). — Senones est à 16 kil. de la stat. de *St-Blaise*, sur la ligne de Saales à Strasbourg (p. 153), où l'on va par une route qui remonte la vallée du Rabodeau jusqu'à *la Petite-Raon* (2 kil.), puis prend à dr. par *Belval* (4 kil. ½ ; aub.) et le *col du Hantz* (3 kil. ½ ; env. 625 m.), d'où l'on redescend par des forêts dans la vallée de la Bruche.

Puis on retraverse la Meurthe, pour en suivre la rive g. — 44 kil. *St-Michel-sur-Meurthe.* A 3 kil. à dr., *Nompatelize,* où eut lieu, le 6 oct. 1870, un combat important entre les Français et les Allemands. Près de St-Dié, à dr., la *côte St-Martin* (p. 147).

51 kil. **St-Dié.** — HÔTELS : *de la Poste*, rue Thiers, 32 ; *du Commerce*, place Jules-Ferry, 5 ; *Continental*, à la gare, pas cher. — POSTE ET TÉLÉGRAPHE, rue Stanislas, 16.

St-Dié (344 m.) est une ville de 21 481 hab., chef-lieu d'arr. des Vosges et siège d'un évêché, dans un beau site, sur la rive g. de la Meurthe, entourée de montagnes. Son nom dérive de celui de St Déodat ou Dieudonné, qui y fonda au VIe s. un monastère, plus tard une puissante collégiale. La partie O. de la ville a été reconstruite sur un plan régulier en 1757, après un grand incendie, par Stanislas Leczinski, alors duc de Lorraine. L'autre partie est mal percée et mal bâtie. St-Dié est une ville industrielle, qui a de nombreux tissages, des manufactures de bonneterie, et il s'y fait un grand commerce de bois.

On arrive de la gare dans le centre de la ville par les rues Gambetta et Thiers. Entre les deux et en deçà de la Meurthe, à g., l'église St-Martin, détruite par le feu en 1895 et qu'on reconstruit dans le style roman sur les plans de Heubès. Au delà du pont, à g., le quai du Parc, avec un beau jardin public. Plus loin, dans la rue Thiers, à g., l'*hôtel de ville*, construction à arcades. Il renferme, au 2ᵉ étage, l'importante *bibliothèque* de la ville et un petit *musée*, comprenant surtout des collections d'histoire naturelle et des antiquités, public le 2ᵉ dim. de chaque mois, de 2 h. à 4 h., mais visible les autres jours. — Là commence la rue Stanislas, principale artère du quartier neuf, où se voit, sur une place devant le palais de justice, un *obélisque* de granit rouge avec fontaine, élevé en 1827 en reconnaissance des services rendus par Stanislas à la ville. Plus loin, la *sous-préfecture* et le *collège*.

Sur la place au bout de la rue Thiers, le *monument de Jules Ferry* (1832-1893), l'ancien ministre, né au n° 60 de la rue Thiers: sa statue, une statue de la France, sous les traits de Mme Ferry, et un jeune Annamite embrassant un jeune Français, bronzes par Mercié (1895).

La *cathédrale*, un peu plus loin, avec l'évêché à dr. (xvıIᵉ s.), est un édifice en grès rouge de différentes époques, à façade dans le style classique, nef romane, transept et chœur gothiques. Beau buffet d'orgue. Au N. se trouve un très beau *cloître* goth. du xvᵉ s., où l'on entre par une porte derrière la chaire ou du dehors. On y remarque une chaire extérieure en pierre. Ce cloître relie la cathédrale à la *Petite-Eglise, Notre-Dame*, charmante construction romane, peut-être du ıxᵉ s., nouvellement restaurée. Elle a un bel autel du style byzantin. — En face de la cathédrale se voit l'anc. *maison des Chanoines*, de 1557, avec quatre têtes de sages de l'antiquité et des inscriptions.

En dehors de la ville, à env. ³/₄ d'h. à l'E. de la cathédrale, la *promenade du Gratin*, d'où l'on a une belle vue. On s'y rend par la rue St-Charles, à dr. de la cathédrale, en passant devant l'*hôpital* (devant, *fontaine de la Meurthe*), puis par la rue Thurin.

Du même côté, la *montagne d'Ormont*, dont le point culminant, le *Sapin-Sec* (890 m.), offre une très belle vue (table d'orientation). L'ascension s'en fait en 2 h. 50 par le versant S. (écriteaux), et l'on en revient en 1 h. 50 par la crête et l'extrémité O.

A l'O. de St-Dié, au delà du chemin de fer, la *côte St-Martin* (780 m.), qui se termine par des rochers ruiniformes. L'ascension s'en fait en ³/₄ d'h. env., par un chemin ombragé, et l'on y a une vue très étendue.

Excursions de St-Dié, v. R. 38.

Le chemin de fer suit encore au delà de St-Dié la vallée de la Meurthe, en longeant les hauteurs de la rive g. Jolie contrée. — 57 kil. *Saulcy*.

59 kil. *St-Léonard*. Embranch. de Fraize et de là en Alsace par le col du Bonhomme, v. p. 155.

La ligne principale tourne à l'O. après St-Léonard, en quittant la vallée de la Meurthe, et passe dans deux petits tunnels. Belle vue à dr. — 66 kil. *Corcieux-Vanémont*. — 68 kil. *La Houssière*. — 72 kil. *Biffontaine*. — 74 kil. *La Chapelle*.

77 kil. *Laveline* (buvette). Embranch. de Gérardmer, v. p. 157. — Suite de la ligne d'*Epinal*, p. 157.

37. De Troyes (Paris) à Epinal (Vosges).

A. Par Chaumont, Neufchâteau et Mirecourt.

287 kil. Trajet en 7 h. à 8 h. 45. Prix: 26 fr. 65, 17 fr. 95, 11 fr. 75. — *De Paris:* 404 kil.; 10 h. 84 à 13 h. 49; 45 fr. 85, 30 fr. 60, 20 fr.

Troyes, v. p. 90. De là à *Chaumont* (95 kil.), R. 23. On retourne dans la direction de Paris l'espace de 4 kil., en repassant sur le viaduc (p. 97), et on prend à dr. (N.). — 100 kil. *Jonchery*.

109 kil. *Bologne* (hôt. de la Gare), à dr., rive g. de la *Marne*. Ligne de Blesme, v. p. 132. On traverse plus loin la rivière pour en quitter la vallée. — 118 kil. *Chantraines*. On laisse à g. l'anc. abbaye de prémontrés de *Septfontaines* (xvie s.).

124 kil. *Andelot*, toute petite ville d'origine antique, connue par le traité de 587, entre Childebert II, roi d'Austrasie, et Gontran, roi de Bourgogne. Elle occupe un beau site, à dr., sur le *Rognon* et au pied du *Montéclair* (343 m.), qui fut fortifié sous les Romains.

La contrée s'embellit un peu. Collines boisées. — 127 kil. *Rimaucourt*, village industriel de 1116 hab., avec un château. Embranch. de Gudmont, v. p. 132. — 130 kil. *Manois*, qui a des forges. — 135 kil. *St-Blin* («Sanctus Benignus»). — 142 kil. *Prez-sous-Lafauche*. — 148 kil. *Liffol-le-Grand*, bourg industriel (quincaillerie) de 1896 hab. On est ensuite dans la vallée de la Meuse, et l'on rejoint à dr. la ligne de Merrey-Chalindrey (p. 136), à g. celle de Bar-le-Duc (p. 132).

158 kil. **Neufchâteau** (hôt.: *de l'Europe*, à la gare; *de la Providence*, près de là, rue de France; *de l'Agriculture*, avenue de la Gare), assez belle ville de 3963 hab., chef-lieu d'arr. des Vosges, en partie sur une hauteur, au confluent de la *Meuse* et du *Mouzon*.

La rue de France, la principale, où mène l'avenue de la Gare, aboutit à un pont sur un bras de la Meuse, en deçà duquel commence, à g., la rue St-Jean, qui monte dans la vieille ville. A dr. de cette rue est l'*église St-Christophe*, du style goth., avec des vitraux modernes, des boiseries anciennes et une chaire assez remarquables. Plus haut, à g. de la rue St-Jean, l'*hôtel de ville*, qui a une belle porte, et à dr. une maison intéressante. A l'extrémité, une place avec la *statue de Jeanne d'Arc*, bronze par Ch. Pêtre (1857) et aussi des maisons curieuses. Plus haut encore, dans la même direction, l'*église St-Nicolas*, des xie, xiiie, et xvie s., la principale de la ville, près de laquelle les ducs de Lorraine eurent un château. Elle a une belle nef, avec transept du côté du portail; une crypte sous le chœur, deux retables en pierre et des restes importants d'un St-Sépulcre. — On peut retourner à la gare de la place Jeanne-d'Arc, en descendant la rue Neuve et appuyant à la fin à gauche.

Excursion intéressante au *château de Bourlémont*, à env. 6 kil. à l'O. (p. 182 et 184).

Lignes de *Bar-le-Duc* et de *Pagny-sur-Meuse* (Domremy), v. R. 33 B et C. Ligne de *Nancy* à *Dijon*, R. 34 A.

La ligne de Mirecourt-Épinal contourne la ville à l'E. Belle vue à dr. sur la ville haute, avec l'église St-Nicolas. On traverse deux fois le Mouzon, qui est peu important. Beau pays; hauteurs en partie boisées; vignes et pâturages. — 166 kil. *Certilleux-Villars.* — 169 kil. *Landaville.* — 174 kil. *Aulnois-Bulgnéville.* Le bourg de Bulgnéville (p. 179) est à 8 kil. au S.-E. (correspond.) et seulement à 6 au N.-O. de Contrexéville (p. 179). Il a été question de construire un embranch. d'Aulnois à Vittel (p. 179), évitant le détour par Mirecourt, qui allonge de ce côté le trajet de plus de 40 kil. — 180 kil. *Châtenois.* — 187 kil. *Gironcourt-Houécourt.* — 193 kil. *Totainville-Dombasle.* — 197 kil. *Rouvres-Baudricourt.* Puis, à g., les lignes de Toul et de Nancy (p. 135 et 137).

204 kil. **Mirecourt** (hôt.: *de la Gare*, dé. 2 fr. 50; *des Halles*), ville bien bâtie de 4953 hab., chef-lieu d'arr. des Vosges, sur le Madon, fabriquant beaucoup de dentelles, de broderies et d'instruments de musique. A dr. de la place Thiers, où l'on arrive par l'avenue de la Gare, se trouvent des *halles* des xvie-xviie s. Près de là, l'*église,* du style goth. primitif, avec un clocher de transition. Plus loin, dans la même rue, l'*hôtel de ville*, qui a une porte de la Renaissance.

De Mirecourt à *Nancy*, v. p. 137-136; à *Vittel, Contrexéville, Martigny, Chalindrey, Langres*, etc., p. 136-137; à *Toul*, p. 135.

208 kil. *Hymont-Mattaincourt,* où s'embranche la ligne de Chalindrey (p. 137). *Mattaincourt* (2 hôtels), 1 kil. en deçà à g., a une belle église du style du xive s. (1853), but d'un pèlerinage, au tombeau de l'un des anciens curés du village, St Pierre Fourier (1565-1640), canonisé en 1897. Fête du 7 au 16 juillet. — 212 kil. *Racécourt.* — 217 kil. *Dompaire.* — 221 kil. *Hennecourt.*

229 kil. *Darnieulles,* où aboutit la ligne de Jussey (v. ci-dessous). La station est située dans la vallée de l'*Avière,* où il y avait, au hameau de *Bouzey,* 8 kil. au S., un *réservoir* dont l'eau a rompu sa digue en avril 1895, détruisant en grande partie plusieurs localités sur son passage, jusqu'à l'embouchure du ruisseau dans la Moselle, à 20 kil. au N., et faisant une centaine de victimes. Ce réservoir, construit seulement depuis 1879-1889, était formé par une digue transversale de 482 m. de long et plus de 15 m. de haut, sur près de 20 m. d'épaisseur à la base et 4 m. au sommet. Il avait près de 180 hect. de superficie et il pouvait contenir plus de 7 millions de mètres cubes d'eau, destinés à l'alimentation du *canal de l'Est,* qui relie la Moselle à la Saône (v. p. 166, le Thillot).

On traverse ensuite le canal et l'on rejoint à g. la ligne de Lunéville par St-Dié (R. 36). — 237 kil. *Épinal* (p. 150).

B. Par Jussey et Darnieulles.

259 kil. Trajet en 5 h. 56 à 9 h. 45. Prix: 29 fr. 10, 19 fr. 65, 12 fr. 85. — *De Paris:* 426 kil.; 9 h. 8 à 15 h.; 47 fr. 80, 32 fr. 30, 21 fr. 10.

Troyes, v. p. 90. De là à *Jussey* (180 kil.), R. 23 et 41. On laisse là à dr. la ligne de Belfort et remonte quelque temps à l'E. la vallée de la *Saône.* — 188 kil. *Aisey,* qui a un château en ruine. Puis on traverse la rivière. — 192 kil. *Richecourt-Ormoy.* — 194 kil. *Corre,* près du confluent de la Saône et du *Coney,* qui établit, avec le canal de l'Est (p. 149), la communication entre la première rivière et la Moselle. La Saône fait un circuit à l'O., mais on la retrouve plus loin. — 198 kil. *Demangevelle-Vauvillers.* — 204 kil. *Passavant.* 1380 hab. — 213 kil. *Monthureux-sur-Saône* (1364 hab.), dans une des presqu'îles formées par le cours sinueux de la rivière.

220 kil. *Darney* (hôt. de l'Eléphant), ville ancienne de 1416 hab., bien située, sur la Saône et dans un pays boisé. Elle a surtout pour industrie la fabrication des couverts en fer. La Saône a sa source à env. 2 h. à l'E.; on la traverse une dernière fois et l'on gagne au N., dans les petits *monts Faucilles,* le faîte du partage des eaux entre cette rivière et le Madon, affluent de la Moselle, et par conséquent entre la Méditerranée et la mer du Nord. — 224 kil. *Belrupt.* — 231 kil. *Lerrain.* — 236 kil. *Pierrefitte-Ville-sur-Illon.* — 241 kil. *Harol.* — 247 kil. *Girancourt.* — 249 kil. *Chaumousey.*

253 kil. *Darnieulles,* où l'on rejoint, à g., la ligne de Mirecourt (p. 149). — 259 kil. *Epinal.*

Epinal.

HÔTELS: *de la Poste* (pl. a, C 3), rue des Bons-Enfants, 40, recommandé (dî. 3 fr. 50, p. 8.50 à 12); *du Louvre* (pl. b, B 3), même rue, 2, un peu moins cher; *de Paris* (pl. c, C 3), plus loin, 24; *Grand-Hôtel* (pl. d, B 3), rue de la Faïencerie, 1, nouveau; *des Vosges,* à la gare (pl. e, B 3), bon (dé. 2 fr. 50).

CAFÉS: *Arnould* (Henry success.), au cercle du Commerce, rue du Boudiou (pl. 3, C 3); *Thomas,* quai des Bons-Enfants, 26; place des Vosges. — RESTAURANTS: *Restaurant Moderne,* rue d'Arches, 18 (pl. C 2), bon, dé. 2 fr. 50, dî. 3; et aux hôtels. — Bon *buffet* à la gare.

VOITURES DE PLACE: course, 1 fr. le jour, 2 la nuit; heure, 1.50 et 2.50; bagages, 25 c. par colis.

POSTE ET TÉLÉGRAPHE: rue de la Faïencerie (pl. B 3), à g., près du pont des Quatre-Nations; bureau auxiliaire, rue Thiers, 4.

BANQUES: *Crédit Lyonnais,* au coin de la rue du Pont; *Comptoir d'Escompte,* rue du Collège, 2, près la place des Vosges; *Banque de Mulhouse,* rue Sadi-Carnot, 7 bis.

Temple protestant (pl. D E 2), rue de la Préfecture. — *Synagogue* (pl. C 2), rue de l'Ancien-Hospice, près du musée.

Epinal (326 m.) est une ville commerçante et industrielle, de 28 080 hab., et le chef-lieu du départ. des *Vosges,* dans un joli site sur la Moselle, qui s'y divise en deux bras. On y distingue trois parties principales: le faub. d'Alsace du côté de la gare, la Petite-Ville et la Grande-Ville. L'origine d'Epinal ne remonte pas au delà du xe s., et la ville appartint à la Lorraine jusqu'à la réunion du duché à la France. Il reste peu de chose de ses anciens remparts, mais les hauteurs voisines sont couvertes de nouveaux forts, qui en font maintenant une place très importante. Comme établissements industriels, Epinal a surtout des féculeries et des filatures et tissages de coton. A mentionner aussi l'imagerie pour les enfants.

De la *gare* (pl. B 3), la rue à dr., qui tourne et descend bientôt à g., conduit au bras de la Moselle dit canal des Grands-Moulins, que l'on traverse à g. sur le pont des Quatre-Nations. Continuant

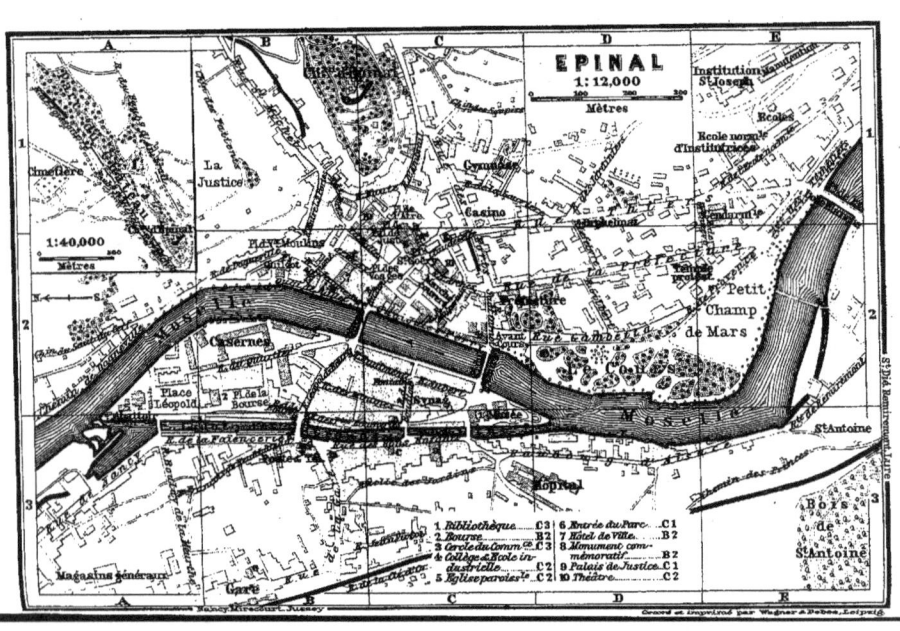

de là tout droit par la Petite-Ville, on arrive à la Grande-Ville en passant sur le Grand-Pont. Dans un square à g. de ce pont se voit un *monument commémoratif* (pl. 8, B 2) érigé en 1875 aux victimes de la guerre de 1870-71. La rue à la suite du pont aboutit à la *place des Vosges* (pl. C 2), le centre de la ville. Elle est entourée de *vieilles maisons*, parmi lesquelles on remarque le n° 20, du xviiie s. (arcades) et le n° 5, de la Renaissance.

L'**église St-Goëry** ou *St-Maurice* (pl. 5, C 2), qu'on aperçoit près de la place, est des styles roman et gothique. C'est une anc. collégiale, jadis dépendant d'un chapitre de dames nobles. On remarque à l'extérieur sa grosse tour, du style de transition, deux tourelles et des restes de cloître du côté droit. Le grand portail du N. (restauré), où l'on arrive de la place des Vosges par un passage voûté, a d'élégantes colonnettes engagées et une belle Vierge au trumeau. La nef est belle à l'intérieur, mais sombre; elle a un triforium trilobé. Près du chœur, qui est original, avec une galerie circulaire gothique, se voit, à dr., un St-Sépulcre du xvie s.

Derrière l'église, à g., le *palais de justice* (pl. 9, C 1-2), qui est moderne. Plus loin est la promenade du Château (p. 152).

La rue d'Arches, en face de l'église, laisse à g. le *théâtre* (pl. 10, C 2), à dr. le *marché*, et conduit à la rue Sadi-Carnot, qui descend vers le pont du Cours. A g. s'étend le *Cours*, promenade avec de beaux arbres, sur la rive dr. de la Moselle. En deçà, un grand quartier neuf, avec la *préfecture*.

A côté du pont se trouve d'abord la *bibliothèque* (pl. 1, C 3), qui compte 37 650 vol. et possède, parmi ses 233 manuscrits, un Evangile selon St Marc écrit en lettres d'or sur vélin, une charte de l'empereur Henri II (m. 1024), et une bible imprimée de 1460.

Le *musée départemental (pl. C 3), à côté, est public les dim. et jeudi, de 1 h. à 5 h. en été et 4 h. en hiver, et visible les autres jours. Description illustrée (1900), 1 fr.; catalogue général en préparation. Conservateur, M. Chevreux.

Rez-de-chaussée, *antiquités*. — Vestibule: antiquités romaines, surtout de Grand (p. 132), sculptures et inscriptions. — Cour: suite des antiquités, stèles, autels, sculptures diverses. Au milieu, David s'apprêtant à lancer la pierre à Goliath, bronze par Ant. Watrinelle (1868), et dans un massif à dr., le *cippe de Virecourt*. A dr. de la porte du fond, dans le haut, un bas-relief du Donon (p. 145), un lion et un sanglier très frustes, avec l'inscription inexpliquée «Belliccus Surbur». Au-dessous, de grandes sculptures provenant aussi du Donon. — Salle du fond: plâtres de sculptures antiques et modernes. La Douleur, marbre moderne par Janson. St-Sépulcre, de Vézelise (p. 137; xvie s.); au-dessus, une Tête de St Jean-Baptiste, travail allemand du xve s. — Le jardin au delà contient encore quelques antiquités. — Salle à dr. de la précédente: riche collection Em. Lagarde, armes et objets divers. Il y a des étiquettes. —

Dernière salle: antiquités vosgiennes, armes franques, débris gallo-romains et quelques tableaux.

1ᵉʳ étage. — Dans l'escalier: les Adieux d'Hector et d'Andromaque, par *Vien;* un Episode de combat en Crimée, par *J. Lange;* les Mercredis chez le peintre Français, par *Cesbron;* un paysage de *J. et A. Both;* une Retraite, par *Médard*. — A dr., le *cabinet d'histoire naturelle* (surtout un bel ichtyosaure), qui se continue au 2ᵉ étage. — A g., des *meubles* de la Renaissance, des *armes* de diverses époques et des *vitraux* de 1543, puis la *galerie de peinture*.

Principaux tableaux, de dr. à g.: 221, *Eug. Isabey*, portr. d'homme; 46, *Jan Miense Molenaer* (et non *Fr. Hals*), Jeune garçon égratigné par un chat; 28, attr. à *Chardin* (éc. holl. du xvIIIᵉ s.?), portr. de femme; 130, *J.-R. de Vries*, paysage; 12 et, plus loin, 13, *Bout et Boudewyns*, paysages; 6, *van Balen*, Diane et deux de ses nymphes; 7, *le Giorgion*, le Martyre de St Sébastien; 116, *J. van Ruisdael*, Intérieur de forêt; 20, *P. Bril*, paysage; 27, *Courtois (le Bourguignon)*, Bataille; 91 et, plus loin, 90, *Panini*, Pyramide de Cestius et Arc de triomphe de Titus, à Rome; — *33, *Français*, Un soir au bord de la Seine; 97, *Le Poittevin*, le Festival au château; — 118, d'apr. *Girardet*, portr. de Charles-Alexandre de Lorraine, prince des Pays-Bas autrichiens; 123, *Velasquez* (?), portr. d'enfant; 26, *école de Clouet*, Jeune femme tenant un chien et un œillet; 191, *Brispot*, Donneur d'eau bénite; 28, *Coques*, portraits; 127, *Vouet*, le Christ porté au tombeau; 37, *maître de la Mort de Marie* (et non *Gossaert*), Ste Famille; 194, *Feyen-Perrin*, l'Elégie; — 68, *Lepaulle*, portr. du duc de Choiseul-Stainville; 68, *Largillière*, portr. d'homme; 8, *Bonvicino (le Moretto)*, la Madeleine en prière; 88, *J. van Neck*, portr. de femme (1683); *101, *Rembrandt*, Religieuse avec béguin et chapelet (1661; fort détérioré); 59, *A. Kessel* (?), portr. du maréchal de Bassompierre (v. p. 187); 81, *P. Mignard*, portr. d'homme; 55, attr. à *Holbein le J.*, portr. de Calvin (?); 145, *inconnu du xvIIIᵉ s.*, portr. de dame; 10, *Natoire* (et non *Boucher*), tête de jeune fille; 126, *Ribera*, Pèlerin implorant St Jérôme; 71, 72, *C. et M. Vanloo*, portraits; 89, *van Goyen*, paysage (1634); 108 et, plus loin, 107, *Seb. Ricci*, Cénobites tourmentés par des démons; 85, 112, *Cl. Lorrain* (Gellée), *Salv. Rosa*, paysages; 102, *Rembrandt* (?), Jésus montant au calvaire, esquisse; 25, *Ph. de Champaigne*, portr. d'homme; 80, *P. Mignard*, portr. de Charles IV de Lorraine; 132, *Schalcken*, Femme visitant un prisonnier; 56, *Carel de Hooch*, les Thermes de Titus à Rome (1637); 106, *Ribera*, St Jérôme éveillé par un ange; 1, *Bourgeois*, Enfant tué par un obus, marbre; 235, *Marchal*, le Pardon d'Alsace; 58, *école de Poussin*, Jésus guérissant un malade; — 109, *H. Robert*, le Pont-Neuf (fantaisiste).

Il y a encore dans cette salle de *petites antiquités*, des *objets d'art* du moyen âge et de la Renaissance, des *émaux*, une *statuette d'hermaphrodite*, œuvre gallo-romaine en bronze, une riche collection de *médailles*, et des *bijoux*.

La rue Aubert, presque en face du musée, en deçà du pont, puis la rue Rualménil ramènent dans la ville du côté par où l'on est arrivé. A un carrefour se trouve la *fontaine du Pinau* (pl. C 2), avec une colonne sur laquelle est une reproduction en bronze du Tireur d'épine du palais des Conservateurs, à Rome, armoiries parlantes de la ville, dont on fait dériver le nom du latin «spina», épine.

La **promenade du Château** ou *jardin Doublat* (350 m.; pl. B C 1 et le cartouche), au N.-E. de la ville, ou à l'opposé de la gare, entre les faub. d'Ambrail et St-Michel, est une belle propriété de 26 hect., qui a été léguée à la ville par son dernier propriétaire, en 1857, mais doit son nom de jardin Doublat au receveur général qui la

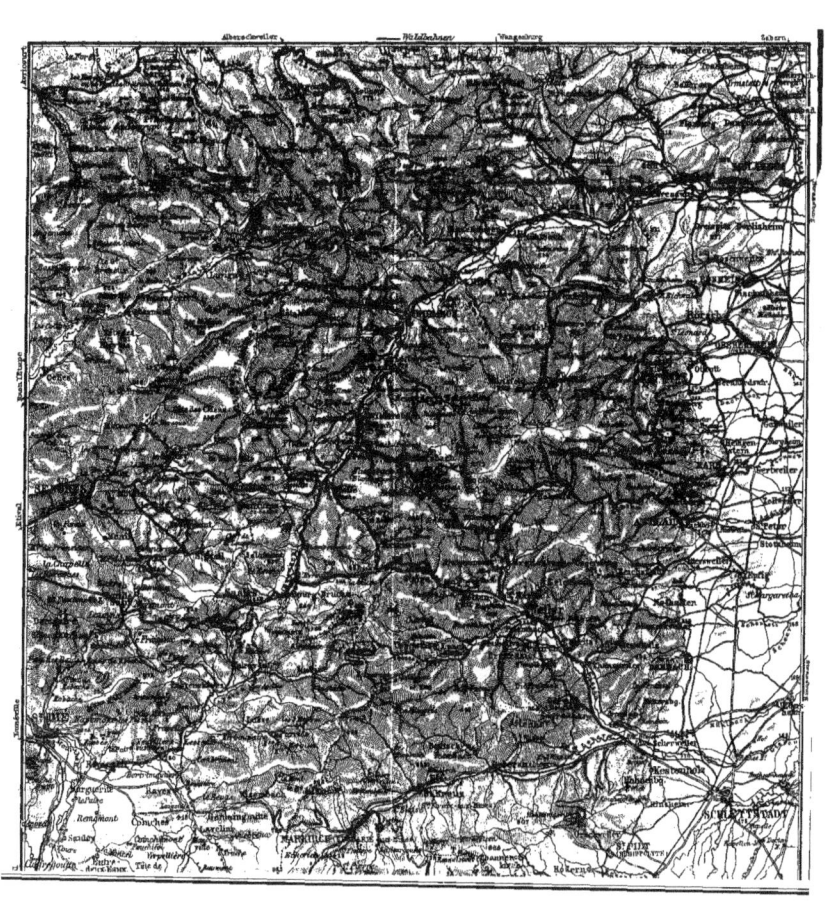

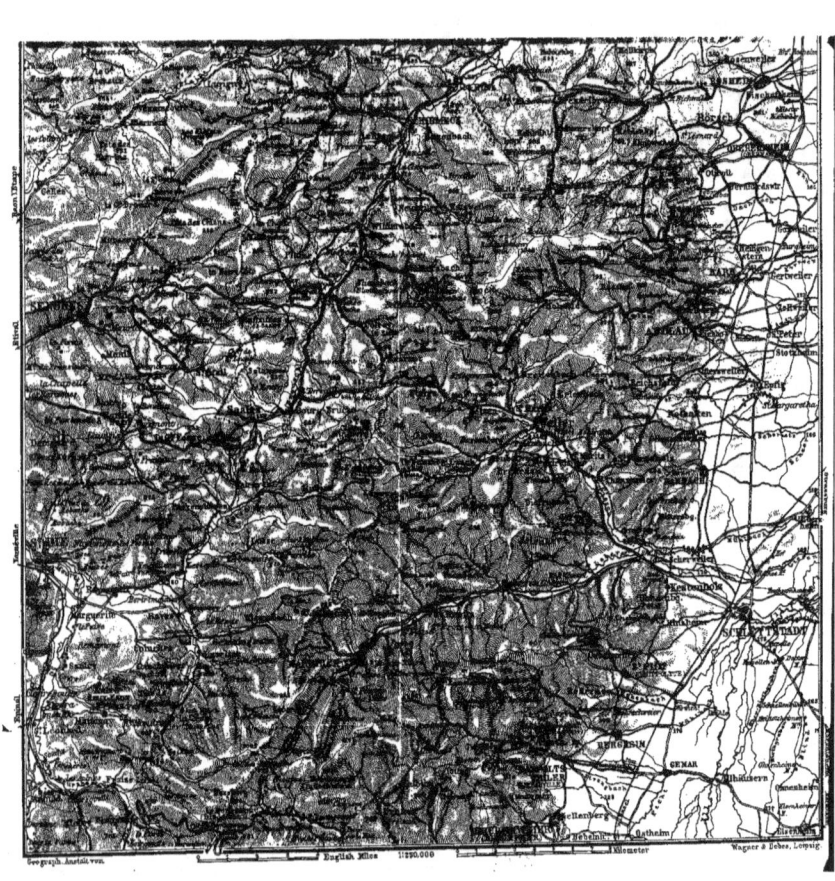

posséda d'abord après la Révolution. L'entrée principale est par un escalier au 25 de la rue d'Ambrail, qui commence à dr. derrière St-Goëry; les voitures font un détour par le faub. St-Michel. Cette promenade occupe, sur une éminence dominant la ville et la vallée, l'emplacement de l'anc. château fort d'Epinal, dont il subsiste des ruines. La destruction date de la prise de la ville par le maréchal de Créqui, en 1670. La promenade, qui s'étend sur une faible largeur, jusqu'à env. 1/2 d'h. de distance (4 kil. de murs), se divise en deux parties, réunies par une passerelle sur une anc. route: le Château et la Ferme. Dans la première, la principale: un pavillon, de petites pièces d'eau, les ruines, peu importantes, et des communs, au delà, dans les anciens fossés, à côté des piles de l'anc. pont-levis.

A mentionner aussi, comme promenade, la rive g. de la Moselle, où il y a, entre autres bois, celui de *St-Antoine* (pl. E 3).

D'Epinal à *Dijon*, v. R. 34 C; à *St-Dié* et à *Lunéville*, R. 36; à *Plombières*, p. 184; dans les *Vosges*, R. 39; à *Belfort*, R. 40.

38. Excursions de St-Dié dans les Vosges.
I. A Strasbourg, par Saales.

81 kil. — 20 kil. de route jusqu'à *Saales*, service d'automobiles et de voit. publ. plusieurs fois par jour, trajet en 2 h., pour 2 fr. — 61 kil. de chemin de fer de là à *Strasbourg*, en 3 h. 1/2, pour 4 ℳ 90, 3 ℳ 30 et 2 ℳ 10 (ℳ, marc, 1 fr. 25).

St-Dié, v. p. 146. La ROUTE prend au S.-E. de la rue Gambetta, non loin de la gare, traverse la Meurthe à *Ste-Marguerite* (3 kil.), laisse à dr. celle de Ste-Marie-aux-Mines (p. 154) et tourne à g. pour remonter la large vallée de la *Fave*, où elle passe d'abord à *Remomeix*, à *Vanifosse* et à *Neuvillers*. — 13 kil. *Provenchères* (hôtel), long village après lequel on laisse à dr. une route menant dans le Val de Villé (p. 155) et tourne de nouveau à g., dans un vallon qui monte jusqu'à la frontière (douane). A dr. se dresse le *Voyemont* (804 m.), avec la roche des Fées.

20 kil. **Saales** (558 m.; hôt.: *de l'Europe, du Commerce*), bourg alsacien, avec la douane.

Le CHEMIN DE FER descend dans la vallée de la *Bruche*, qui est de langue française jusqu'à Urmatt (p. 154) et où il y a des filatures et des tissages. — 23 kil. **Bourg-Bruche** (496 m.).

C'est surtout d'ici que se fait, en 1 h. 1/2 env., à l'E., puis au S.-E., par l'*Evreuil* et *la Schlag* (ferme), l'ascension du *Climont* (966 m.). Vue très étendue de la tour *(Juliusturm)*.

27 kil. *Saulxures.* — 29 kil. *St-Blaise-Poutay*. Route de Senones, v. p. 146. — 31 kil. *Fouday* (Urbach).

36 kil. **Rothau** (337 m.; *hôt. des Deux-Clefs*), gros village industriel, sur la Bruche. On peut faire aux environs de jolies excursions: v. les *Bords du Rhin*, par Bædeker.

38 kil. **Schirmeck-la-Broque** (314 m.; *hôt. Vogt*, à la Broque, df. 2 ℳ 50), deux localités industrielles, la première sur la rive dr., la seconde, avec la gare, sur la rive g. Ici aboutit la route de

Raon-l'Etape par le *Donon* (p. 145). L'ascension de cette montagne se fait en 2 h. 1/2 à 3 h. de Schirmeck. — 42 kil. *Russ-Hersbach.* — 43 kil. *Wisches* (Wisch). — 45 kil. *Lutzelhouse* (Lützelhausen).

49 kil. *Urmatt* (hôt. de la Poste, dans le village).

D'URMATT A NIEDERHASLACH ET DANS LA VALLÉE DU NIDECK, excursion intéressante d'env. 2 h. — *Niederhaslach* (hôt. Delcominète), 3 kil. au N. du ch. de fer, sur le *Haslach* ou Hasel, a une grande et belle *église* goth., dépendant jadis d'une abbaye fondée par St Florent, à qui elle est dédiée. Elle possède des vitraux du xive s. La *vallée du Haslach*, qui s'élève au N.-O., est fort belle au delà d'*Oberhaslach*, 20 min. plus loin. A 50 min. de là, en deçà de la 5e scierie, s'ouvre à dr. la *vallée du Nideck*, magnifique vallée rocheuse traversée par le ruisseau de ce nom, qui forme 20 min. plus haut une *cascade* dans un beau site. En montant encore 20 min., on arrive aux ruines du *château du Nideck*, et 20 min. plus loin est la *maison forestière de Nideck* (rafraîch.). On pourrait aller de là au Schneeberg et à Wangenbourg (2 h. 1/2 ; p. 148) ou au Donon (4 h. 1/2 ; p. 145). Quantité d'écriteaux.

En continuant le trajet en chemin de fer, on aperçoit à dr. le *château de Guirbaden.* — 53 kil. *Heiligenberg.*

Heiligenberg est le principal point de départ pour la visite du château de Guirbaden (565 m.), une des plus anciennes et des plus grandes forteresses de l'Alsace, en ruine depuis le xviie s. Il faut 1 h. 1/2 pour y monter, au S., au delà du chemin de fer, par un sentier où il y a des poteaux. Les ruines sont encore considérables. On en peut redescendre à Gresswiller (env. 1 h. 1/4 ; v. ci-dessous), à Rosheim (2 h. ; p. 148) ou à Obernai (2 h. 1/2 ; p. 148).

Le chemin de fer sort ensuite des montagnes. — 56 kil. *Gresswiller* (Gressweiler). — 60 kil. *Mutzig*, petite ville. — 62 kil. *Molsheim*, sur la ligne de Saverne à Schlestadt (p. 143). — Plus loin encore 6 stat. sans importance pour le touriste. — 81 kil. *Strasbourg* (p. 143).

II. A Schlestadt, par Ste-Marie-aux-Mines.

46 kil. — 24 kil. de route jusqu'à *Ste-Marie-aux-Mines*, voit. publ. 2 et 4 fois par jour (v. l'Indicateur), départ du café de la Poste, rue Thiers, à St-Dié ; trajet en 3 à 4 h., pour 4 fr. 50 (coupé) et 4 fr. — 22 kil. de chemin de fer de là à *Schlestadt*, trajet en 50 min., pour 1 ℳ 80, 1 ℳ 20 et 75 pf.

ROUTE. — Même direction que ci-dessus jusqu'au delà de *Ste-Marguerite*; on laisse à g. la route de Saales et continue à l'E., par *Raves* (9 kil.), *Gemaingoutte* (12 kil.) et *Wisembach* (14 kil.). On franchit le faîte des Vosges et la frontière env. 4 kil. plus loin. Puis on descend dans la belle vallée boisée de la *Liepvrette* (Leber).

24 kil. **Ste-Marie-aux-Mines**, en all. *Markirch* (360 m.; *Grand-Hôtel*; bon), ville de 12400 hab., avec d'importantes manufactures de cotonnades et de draps. L'exploitation de ses anciennes mines d'argent a été reprise depuis peu.

Une route de voit. conduit d'ici en 3 h. 1/2 env. au *Bonhomme* (p. 156), par le *col des Bagenelles* (aub.). On peut faire de ce côté ou par le chemin parallèle de la *vallée du Faunoux (Rauenthal)*, et par la *ferme de Heycot* (2 h. 1/2), l'ascension du *Brézouard* (3 h. 1/4 ; p. 156).

CHEMIN DE FER. — 27 kil. (de St-Dié). *Ste-Croix-aux-Mines* (St. Kreuz). — 31 kil. *Lièpvre* (Leberau). — 36 kil. *La Vancelle* (Wanzell), d'où un bon chemin de piétons (écriteaux) mène en 2 h.

environ au Hohkœnigsbourg (v. ci-dessous). — 39 kil. *Val-de-Ville* (Weilerthal), où débouche, à g., la vallée de ce nom, que dessert un embranch. de 9 kil., jusqu'à *Villé* (hôt.: de Nancy, de la Poste), la localité principale. Sur la hauteur du même côté, les ruines du *château de Frankenbourg.*

Une bonne route de voit. mène au S. au château de Hohkœnigsbourg (10 kil.). Des raccourcis (bornes indicatives) permettent d'y monter à pied en 2 h. 1/2 environ. Il y a un bon *hôtel* à 30 min. du sommet. Le *château de **Hohkœnigsbourg** (755 m.), en ruine depuis la guerre de Trente-Ans (1633), est un des plus grands du moyen âge en Alsace, comme celui de Guirbaden (v. p. 154), mais mieux conservé que lui. Il a été donné en 1899, par la ville de Schlestadt, à l'empereur Guillaume II et est maintenant en reconstruction. Vue magnifique, à l'E. On peut redescendre à la Vancelle (p. 154), à Châtenois (v. ci-dessous) ou bien, au S., à Ribeauvillé (2 h. 3/4; p. 186), par ses châteaux.

41 kil. **Châtenois**, en all. *Kestenholz* (hôt. de l'Agneau-Blanc), bourg qui a deux sources d'eau minérales.

A 20 min. au S., *Kintzheim*, avec un château en ruine et d'où l'on peut monter en 1 h. 1/2 à celui de Hohkœnigsbourg (v. ci-dessus). De Châtenois, on y va directement en 2 h. à 2 h. 1/2. — Au N. de Châtenois, de l'autre côté de la vallée, les ruines des *châteaux de Ramstein* et *d'Ortenberg.*

On sort ensuite des montagnes et rejoint les lignes de Saverne et de Strasbourg. — 46 kil. *Schlestadt* (p. 186).

III. A Colmar, par Fraize, le col du Bonhomme et la Poutroye.

55 kil. — 15 kil. de ch. de fer jusqu'à *Fraize*, trajet en 40 à 50 min., pour 1 fr. 80, 1 fr. 20 et 80 c. — 19 kil. de route (raccourcis pour les piétons) et correspond. à 11 h. du mat. de Fraize à *la Poutroye*; trajet en 3 h. 1/2. — 20 kil. de tramw. à vap. de la Poutroye à *Colmar*, trajet en 1 h. 1/2 env., pour 1 ℳ 30 et 90 pf.

Jusqu'à *St-Léonard* (8 kil.), v. p. 147. L'embranch. de Fraize reste dans la vallée de la Meurthe. — 11 kil. *Anould.* 3216 hab. Papeterie. D'ici à Gérardmer, v. p. 160.

15 kil. **Fraize** (*H. de la Poste*, dans la 1re rue à g. de la grand'rue; *H. de la Gare*), bourg de 4271 hab., important seulement comme centre industriel.

La ROUTE de la Poutroye est à dr. à la gare. — 17 kil. 4. *Plainfaing* (520 m.), village de 5422 hab., avec une papeterie et un tissage, où la route quitte la vallée, qui tourne au S.

DE PLAINFAING AU VALTIN ET A LA SCHLUCHT. La vallée supérieure de la Meurthe, dite *vallée d'Habeaurupt* et *du Valtin*, est assez intéressante pour le touriste, et l'on peut gagner à peu près directement de ce côté la Schlucht, en 3 h. 1/2 de Plainfaing (17 kil.). Il y a quantité d'établissements industriels, filatures et tissages importants, fabriques et scieries. Une route de voitures remonte cette vallée par (2 kil. 7) *Noirgoutte*, (4 kil. 1) *la Truche*, (5 kil.) *Habeaurupt* et (9 kil.) *le Rudlin* (700 m.; restaur.), hameau à 20 min. à g. duquel est la jolie *cascade du Rudlin* (poteau). On peut aussi aller de ce hameau, en 1 h. 1/2, au N., par le col du *Louchpach* (3/4 d'h.; 976 m.; aub.), puis à l'E. par la forêt, au lac Blanc (3/4 d'h.; p. 162). — On atteint ensuite en 1/2 h. *le Valtin* (751 m.; café-hôt.), à 10 kil. 4 de Plainfaing, où l'on quitte la route de voit., qui se prolonge au S.-O. dans la direction de Gérardmer (13 kil.; v. p. 160). On continue encore par la vallée pendant 1/2 h. et prend au 2e pont, à g., un chemin pénible, par où l'on monte dans la forêt, en 3/4 d'h., à l'hôtel de la *Schlucht* (p. 161).

Passé Plainfaing, la route, peu intéressante, monte à g. par de grands lacets au col du Bonhomme, distant par là de 8 kil. Les piétons abrègent au moins de moitié en continuant tout droit, à la première courbe; ils arrivent par là au col en 1 h. 20.

26 kil. **Col du Bonhomme** (951 m.), un des passages les plus importants des Vosges et des plus anciennement fréquentés, maintenant sur la frontière de l'Alsace (douane). La route fait encore ensuite un grand détour à dr., et les piétons abrègent de nouveau, de plus de 2 kil., en prenant à g. au tournant de la route.

31 kil. *Le Bonhomme*, en all. Diedolshausen (hôt.: des Lacs, du Cheval-Blanc), village sur la *Béchine*. Route de Ste-Marie-aux-Mines (Brézouard), v. p. 154.

Un bon chemin conduit d'ici au S., en 1 h. 1/2 env., au *lac Blanc* (p. 162). Du col, on y va en 1 h. 1/2 par le *chemin des Sapins*, qui prend à dr. et rejoint au bout de 50 min. celui du Rudlin au Louchpach (v. p. 155).

La route de Colmar descend la vallée de la Béchine, puis celle de la Weiss, dans laquelle se jette la première rivière. Cette contrée est de langue française, du moins jusqu'à Hachimette.

35 kil. **La Poutroye**, en all. *Schnierlach* (hôt.: *de la Poste, de la Couronne*), bourg industriel qui a surtout des filatures et des tissages.

Le **Brézouard**, en all. *Brüschbückel* (1229 m.), au N. de la vallée, se gravit d'ici en 3 h. On retourne d'abord dans la direction du Bonhomme, jusqu'au premier coude, et l'on continue de monter au N., par le *col de Chdmont* et la *ferme du Barlin*. Très beau panorama. On peut redescendre au N., par la *ferme de Heycot*, à Ste-Marie-aux-Mines (p. 154).

Le TRAMWAY de la Poutroye à Colmar suit généralement la route. — 37 kil. *Hachimette* (Eschelmer; hôt. Grivel), au confluent de la Béchine et de la *Weiss*.

C'est d'ici qu'on monte, en 2 h. env., aux lacs Blanc et Noir (p. 162), par Orbey (en all. *Urbeis*; hôt. *Cornélius*), bourg industriel comme la Poutroye, à 3 kil. 1/2 au S.-O., dans la vallée de la Weiss (omnibus). Un écriteau dans le haut, du côté dr., indique les deux directions (θ en 6 kil.). Le chemin du premier lac prend à dr. dans Orbey et en sort par le «nouveau martinet». L'autre est en partie carrossable.

39 kil. *Fréland* (Urbach), stat. pour le village de ce nom, à env. 2 kil. 1/2 au N.-O. — 41 kil. *Alspach*. — 42 kil. *Kaysersberg*, halte à l'O. de la ville, que le tramway contourne au S.

43 kil. **Kaysersberg** (*buffet; hôt. des Deux-Clefs*), petite ville ancienne et intéressante, dominée au N. par un *château* en ruine. On en remarque l'*hôtel de ville*, de 1604; l'*église*, du XIIe s., et plusieurs *maisons* originales, des XVe et XVIe s. Pour les détails, v. les *Bords du Rhin*, par Bædeker.

45 kil. *Kientzheim*. — 46 kil. *Sigolsheim*. — 47 kil. *Ammerschwihr*. — 55 kil. *Colmar* (p. 186).

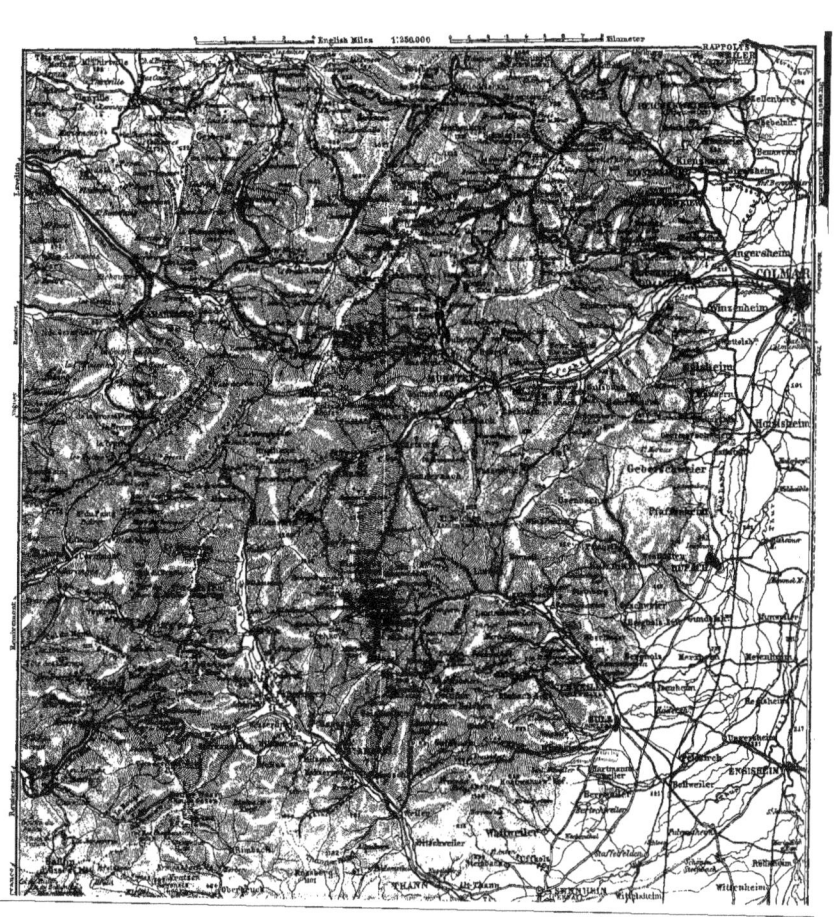

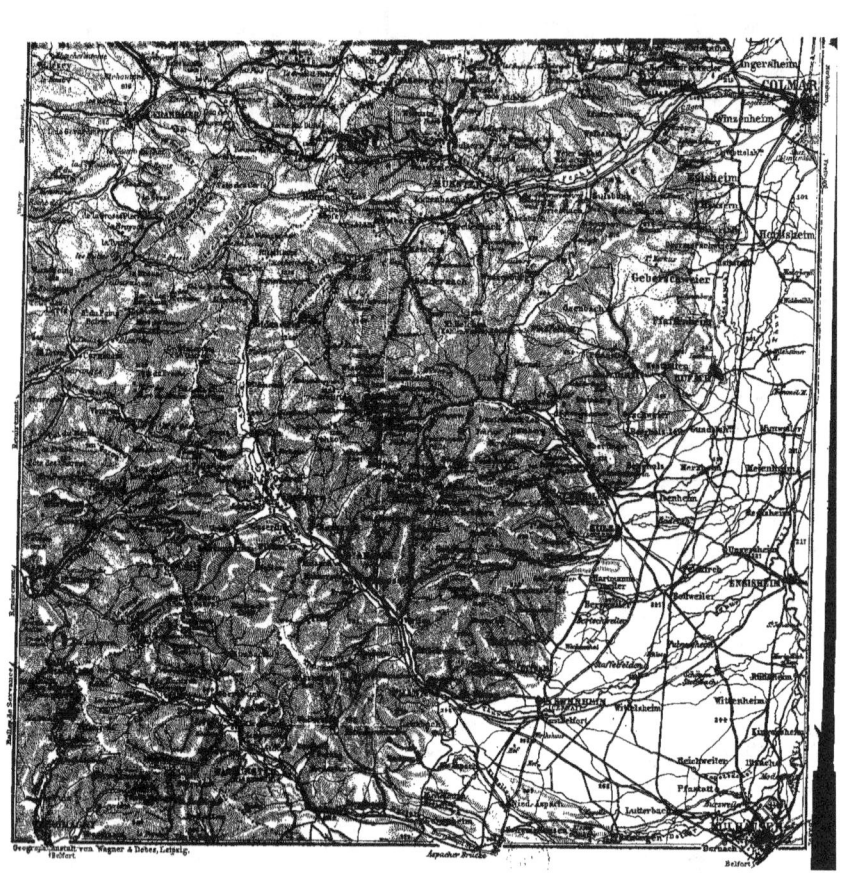

39. Excursions d'Epinal dans les Vosges.
I. A la Schlucht (Munster) par Gérardmer.

58 kil. de chemin de fer jusqu'à *Gérardmer*, trajet en 1 h. 58 à 2 h. 10 pour 5 fr. 90, 4 fr. et 2 fr. 60. — 15 kil. de route jusqu'à la *Schlucht*, en 3 h. env. par la voit. publ., à 9 h. 1/2, pour 3 fr., 5 fr. aller et retour. Descente de la voit. à Gérardmer au retour en 1 h. 1/2, pour 2 fr. Départs de la Schlucht pour Gérardmer à 3 h. 1/2. On ne peut compter sur une place à la Schlucht, à moins qu'on ne l'ait prise à Gérardmer ou à Munster pour tout le trajet ou l'aller et le retour. — De la Schlucht à *Munster*, v. p. 164.

Nota. Il y a un *tramway* de Gérardmer à Retournemer (v. p. 158), d'où l'on peut monter en 1 h. 1/4 à pied à la Schlucht et on travaille à la construction d'un autre tramway de Retournemer à la Schlucht (avec embranchement sur le Hohneck), qui se raccordera avec un tramway projeté de la Schlucht à Munster sur le versant alsacien.

Epinal, v. p. 150. On suit d'abord la ligne d'Aillevillers (p. 138), puis on la laisse à dr. pour continuer de remonter la vallée pittoresque de la *Moselle*, jusqu'après la deuxième station. — 6 kil. *Dinozé*. A g., des hauteurs fortifiées. Encore un viaduc.

12 kil. *Arches* (buffet; hôt.-rest. A la Truite renommée, ch. 1 fr. 50 à 2, dé. ou dî. 2.50). 1472 hab. Ligne de Remiremont-Bussang, v. p. 165.

Plus loin, à dr., est le *fort de la Savonnerie*. La ligne traverse la Moselle et remonte au N.-E. la belle vallée de la *Vologne*, rivière où l'on trouve des moules perlières et qui a même donné des perles pour les anc. couronnes ducales de Lorraine, aujourd'hui à la couronne d'Autriche.

16 kil. *Jarménil*, au confluent des deux rivières et d'où l'on peut visiter, 1 kil. en aval, la chute de la Moselle dite le *Saut-Broc*.

20 kil. *Docelles-Cheniménil*. Docelles, à dr., est à l'entrée de la jolie vallée du Barba, dont un affluent, au S., au delà du village du même nom (6 à 7 kil. de la stat.), forme la belle *cascade du Tendon*, une des plus importantes des Vosges, haute de 30 à 35 m.

24 kil. *Deycimont*. — 26 kil. *Lépanges*. 1630 hab. — 29 kil. *Laval*. Le chemin de fer quitte la rive dr. de la Vologne, mais pour y revenir après la stat. suivante, qu'il atteint par un grand détour et un petit tunnel.

31 kil. *Bruyères* (hôt.: de l'Ange, de la Renaissance, etc.), vieille ville de 3550 hab., à g., dans un joli site, entourée de collines boisées. A l'entrée, place Stanislas, un buste du Dr Villemin (1893), ancien professeur du Val-de-Grâce, à Paris, qui a découvert la contagion de la tuberculose. Ligne en construction de Gerbéviller (v. p. 140), exploitée déjà jusqu'à Rambervillers (p. 135).

35 kil. *Laveline* (buvette), d'où se détache, à g., la ligne de St-Dié (v. p. 147). On continue par la vallée de la Vologne. Vue à g. — 38 kil. *Aumontzey*. — 41 kil. *Granges* (hôt. & café de Lorraine), à dr., localité industrielle de 3793 hab., qui a des filatures et des tissages. Ensuite la magnifique *vallée de Granges* (p. 158). Vue à gauche.

50 kil. *Kichompré* (625 m.; hôt. de la Vologne, à la gare, ch.

2 fr., rep. 75 c. et 3 fr.), village industriel tout moderne, qui a surtout un établissement de tissage. Il est situé au confluent de la Vologne et de la Jamagne, décharge du lac de Gérardmer.

C'est d'ici, plutôt que de Gérardmer, que les piétons doivent visiter la *vallée de Granges, parce qu'ils s'épargnent ainsi 2 à 3 kil. de chemin dénué d'intérêt et exposé au soleil (v. ci-dessous). Cette vallée est un défilé très pittoresque d'env. 7 kil., où la Vologne coule capricieusement entre des hauteurs rocheuses et boisées, un des plus beaux endroits des environs de Gérardmer. On fera une promenade charmante par la route de voit. de la rive dr. de la Vologne, surtout en amont. Des écriteaux, plutôt trop nombreux, indiquent une quantité de sites et de sentiers qui sont peu importants pour le touriste de passage. On traverse la Vologne et laisse à g. le sentier qui mène à la Basse de l'Ours (v. ci-dessous). A 10 min. de la stat., le *pont Marie-Louise*, par où l'on peut rejoindre la route de Kichompré à Gérardmer. A 10 min. de là, le *pont des Fées*, vieux pont très pittoresque, où l'on peut aussi passer pour gagner Gérardmer, par la route de la Schlucht. Enfin 10 à 15 min. plus loin le *pont de Vologne*, avec le *saut des Cuves*, qu'on aura du reste l'occasion de voir en allant à la Schlucht (v. p. 160). — Du pont des Fées, un chemin de piétons remonte au N. la *gorge des Roitelets*, également pittoresque, par laquelle on peut aller passer à la *grange de Chenil*, pour redescendre au S.-O. à Kichompré (env. 1 h. 1/2), par la *Basse de l'Ours*, gorge curieuse, mais où il est difficile de trouver un passage, au milieu des blocs de granit qui l'encombrent. Il faut même y marcher avec précaution, car la mousse y cache entre les rochers, déjà glissants, des anfractuosités dangereuses. — En aval de Kichompré, on visite particulièrement la *glacière du Kertoff* (1/4 d'h.), chaos de rochers où l'on trouve un peu de glace même en été. On en peut revenir par un chemin sur les hauteurs de la rive g., conduisant en 1 h. 1/4 env. à Gérardmer et dont le point principal est le *Haut de la Haie-Griselle*, non loin de Kichompré, d'où l'on peut aussi y monter directement: la vue y est très belle.

Le chemin de fer tourne ensuite au S., le long de la Jamagne.

53 kil. **Gérardmer**. — Hôtels, les principaux ouverts seulement en été: *Gr.-H. du Lac*, près du lac (dé. 3 fr., dî. 4, v. n. c.); *H. de la Poste*, place du Tilleul (dé. 3 fr. 50, dî. 4, v. c.); *H. Beau-Rivage*, aussi près du lac; *H. Cholé-Terminus*, à la gare (dé. 3 fr., dî. 3.50, v. c.); *H. de la Providence*, id., ouvert aussi en hiver, recommandé (ch. 3 fr., rep. 1, 3 et 3.50); *H. des Bains*, boul. du Lac; *H. des Vosges*, en deçà de la place du Tilleul, à g. (ch. 2 fr., dé. ou dî. 3, v. c., en été, 2.50 en hiver). — Au fort de l'été, les hôtels sont souvent combles, et il n'est pas prudent d'y arriver le soir sans avoir retenu sa chambre et obtenu une réponse; mieux vaut alors s'arrêter en route, par ex. à Granges (p. 157). — *Pension de famille*, Mme L. Bouton, place de l'Eglise.

Cafés: à l'hôt. *Cholé-Terminus*; *C. du Boulevard*, près de la gare; *Paxion*, place Albert-Ferry; *C. des Canotiers*, au lac.

Casino: entrée libre; 25 c. aux concerts de jour et 50 à ceux du soir; théâtre, 1 à 5 fr.; abonn., 3 et 8 fr. par semaine.

Voitures. *Voitures publiques* pour la Schlucht et Munster, v. p. 157 et 164. — *Voitures de louage* (Defranoux, à la gare): à 1 chev. (2 pl.), 12 à 15 fr.; à 2 chev. (4 pl.), 20 à 25 fr. par jour; 15 et 25 fr. pour la Schlucht, 6 et 10 fr. pour le tour du lac et l'écho de Ramberchamp, 9 et 15 pour le Saut des Cuves et la vallée de Granges, 15 et 25 fr. pour la Bresse ou Cornimont, etc.: demander le tarif.

Tramway de Gérardmer à *Retournemer* (11 kil.; p. 160), par le Saut des Cuves (p. 160) et Longemer (p. 160), en été, de la place près de la gare, 11 fois par jour dans chaque sens; trajet en 50 min. (10 et 12 pour chacune des deux premières sections), pour 90 c. (15 par section). — *Tramway* projeté de Retournemer à la Schlucht, v. p. 157. — *Tramway* de Gérardmer à Remiremont, 27 kil. en 1 h. 40, pour 3 fr. 35 et 1 fr. 95; 13 stat. — On longe d'abord le lac de Gérardmer; 4 kil. *Beillard*; 8 kil.

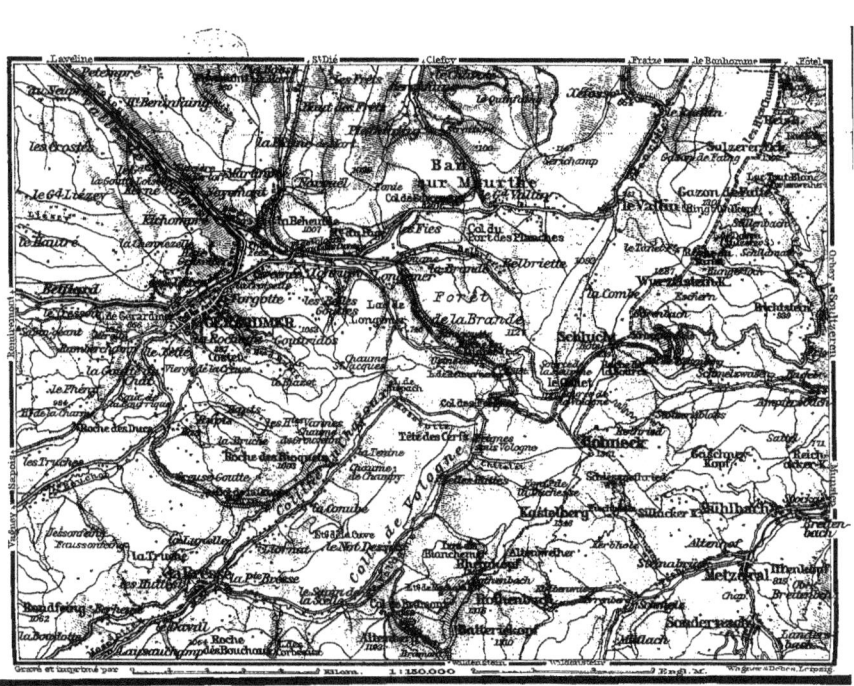

le *Rain-Brice* (à 1500 m. à dr., le trou de l'Enfer) ; 10 kil. *le Tholy* (1329 hab. ; hôt.), d'où l'on peut faire l'excursion de la cascade du Tendon (7 kil. 5 ; p. 157) ; 21 kil. *St-Amé* (p. 169) ; 25 kil. *Bellevue* (p. 166) ; 27 kil. *Remiremont*, v. p. 165.

Poste & télégraphe, boulevard du Lac.

Etablissement hydrothérapique, au rond-point du boul. du Lac. — *Bains du lac* : entrée, 25 c.

Barques : 1 à 1 fr. 50 l'heure, 75 c. de plus avec un rameur.

Gérardmer (671 m. ; pron. «Gérardmé») est une ville moderne de 9104 hab. (3469 agglomérés), dont on fait remonter l'origine à Gérard d'Alsace, qui construisit vers 1070 une tour au bord de son lac («mer»). Elle occupe un beau site, à l'E. de ce lac, et c'est le principal lieu de villégiature et le point de départ des plus belles excursions du côté français dans les Vosges. C'est en outre un centre important de tissages et de blanchisseries de toiles. Il s'y fait un commerce considérable des fromages renommés de la contrée, dits de «Géromé». On remarque sur la place publique, au centre, un *tilleul* de la dernière moitié du xvie s., qui a 30 m. de haut et env. 6 m. de circonférence à 1 m. du sol, mais que surpassent le chêne des Partisans, près de Contrexéville (p. 179), et le peuplier de l'Arquebuse, à Dijon (p. 221). Devant l'église, un petit *obélisque* de granit des Vosges élevé en 1899 aux morts de la guerre franco-allemande.

Le *lac de Gérardmer* (666 m.), à l'O. de la ville, entre des montagnes couvertes de pâturages et boisées seulement au sommet, est de forme à peu près ovale et mesure env. 2 kil. 1/2 de longueur sur 800 à 900 m. de largeur, soit 115 hect. 1/2 de superficie, avec une profondeur atteignant jusqu'à 35 m. On en peut faire le tour en 1 h. 1/2 à pied, et l'on trouve des barques pour s'y promener (v. ci-dessus). Ses bords sont toutefois trop dépourvus d'ombre, comme la ville elle-même, et des villas fermées au public obligent à des détours du côté S. Il y a un *établissement de bains* du côté de la ville, au N. (prix, v. ci-dessus).

Promenades et excursions. — On peut faire aux environs de Gérardmer un grand nombre de jolies promenades et de belles excursions ; néanmoins il y a dans toutes les directions un bout de chemin découvert et à peu près dénué d'intérêt, que les piétons font bien d'éviter, lorsque c'est possible. Il y a partout des poteaux indicateurs du Club Alpin Français (C. A. F.) et une plaque du même genre à la sortie de la gare. — *Vallée de Granges*, v. p. 158. — *Tour du lac*, v. ci-dessus. — *Saut des Cuves* et lacs de *Longemer* et de *Retournemer*, la *Schlucht*, etc., v. p. 160-161. — La **vallée de Ramberchamp**, au S. du lac, est un but de promenade recommandé (hôt.-rest. de l'Echo de Ramberchamp, modeste). Le premier chemin à g. sur le bord du lac conduit d'abord, en 1/2 h., à un *écho*, marqué par un poteau. 20 min. plus loin se trouve une petite gorge avec une cascade dite *saut de la Bourrique*. A env. 15 min. de là à dr., le *Haut de la Charme* (984 m.), beau point de vue d'où l'on peut revenir par un chemin plus long, sur les hauteurs du *Phény* et de la *Mérelle* (850 m. ; cascade), à l'O. de la vallée. Toute la promenade prend env. 3 h. — A env. 2 kil. à l'O. du lac, à l'opposé de la ville, le *sapin géant*, haut de 48 m., qu'on visite en 1 h. 1/2, aller et retour. — *Vierge de la Creuse*, v. p. 160. — La **Basse des Rupts** mérite aussi une visite. C'est une gorge pittoresque où monte un chemin qui prend à dr. de la route de la Schlucht, au delà de l'église. En tournant à dr. dans le haut, on arrive au *Biazot* (900 m.), d'où la vue est très belle. Au retour, on prendra par les hauteurs de la rive g. ou par celles de la rive dr. La promenade demande ainsi env. 2 h. ou 2 h. 1/2. Du côté g., on passe à la *Tête du Costet* (887 m.), qui offre aussi une belle vue. Du côté dr. (plus long), on passe par les *Gouttridos* (900 m.), point encore plus renommé pour sa vue et à ³/₄ d'h. de la ville.

De **Gérardmer à la Bresse**: 18 kil. par la route; 2 h. ¹/₂ par le chemin des piétons. Voit. partic., 15 et 25 fr., 18 et 30 par Retournemer (v. ci-dessous). — La ROUTE, qui est peu intéressante, est le prolongement de la grande rue au S.-O., tournant au S. en deçà de la vallée de Ramberchamp (p. 159). A 4 kil., elle laisse à dr. une autre route menant à *Rochesson* (12 kil.) et *Vagney* (18 kil.; p. 169). Ensuite elle remonte le *vallon de la Creuse-Goutte*, arrosé par le *Bouchot* (cascade, à dr.; 1 h. ¹/₄ de Gérardmer), passe le *col de la Grosse-Pierre* (8 kil. ¹/₂) et redescend au S.-O. par le versant de la rive dr. de la Moselotte, jusqu'à *la Bresse* (p. 169). — Le CHEMIN DES PIÉTONS monte directement de la place du Tilleul par un vallon dans le haut duquel se trouve la *Vierge de la Creuse* (¹/₂ h.), un rocher sur lequel est peinte grossièrement une Vierge. Ensuite il rejoint la route, qu'il quitte bientôt après, tout en remontant aussi le *vallon de la Creuse-Goutte* et passant au *col de la Grosse-Pierre* (v. ci-dessus; poteaux).

La ROUTE DE LA SCHLUCHT ET DE MUNSTER, qu'on ne saurait conseiller de monter à pied (voit., v. p. 157 et 158), se dirige d'abord au N.-E., par la grande rue, vers la vallée de la Vologne. — 3 kil. 5. *Pont de Vologne* (café-rest. du Saut-des-Cuves). En amont du pont, le *saut des Cuves, où la voiture s'arrête à la montée. C'est une triple cascade, ou plutôt une suite de rapides très pittoresques, formés par la Vologne. Vallée de Granges, v. p. 158. La route qui monte d'ici au N. est celle de St-Dié, par le *col de Martinpré* (2 kil. ¹/₂; 792 m. d'alt.), *Gerbépal* (7 kil.) et *Anould* (13 kil.; p. 155).

Du pont, on tourne à dr. dans la vallée. Au bout de ¹/₄ d'h., à g., une route montant au *Valtin* (13 kil. de Gérardmer; Rudlin, lac Blanc; v. p. 155), et ¹/₄ d'h. après, à dr.

6 kil. 1. Route des lacs de Longemer et de Retournemer, bifurcation (café-rest.; douane française) près du premier de ces lacs et à 4 kil. du second.

Les LACS DE LONGEMER et de RETOURNEMER occupent de ce côté le fond de la vallée, entre des hauteurs boisées. On n'y va plus guère de Gérardmer (7 et 11 kil.) que par le tramway, et quand le tramway projeté (p. 157) sera achevé, c'est surtout de ce côté qu'on montera de Gérardmer à la Schlucht. On voit déjà assez bien ces lacs de la route à la montée. Le *lac de Longemer* (746 m.), ainsi nommé à cause de sa forme allongée, a env. 2 kil. de longueur sur 350 à 500 m. de largeur et 28 m. de profondeur. Il y a à l'extrémité inférieure une maison dont le propriétaire interdit de ce côté le passage d'une rive à l'autre. — Le *lac de Retournemer* (778 m.), à env. 2 kil. du précédent, n'a que 800 m. sur 200 et 10 m. de profondeur, mais il est encore plus pittoresque. Son nom lui vient de ce que la vallée de la Vologne se termine au delà en un cirque où il semble qu'on soit obligé de retourner sur ses pas. La rivière forme une jolie *cascade* à son issue. Il y a sur le bord du lac, là où s'arrête le tramway, un petit *hôtel* et une *maison forestière* (rafraîch.). En deçà de cette dernière est le «chemin des Dames», un sentier raide par lequel on monte en ³/₄ d'h. à la route de la Bresse (p. 163), à 500 m. du Collet, situé sur celle de la Schlucht (à g.; v. p. 161) et au point de départ d'un autre sentier raide menant au Hohneck (2 kil. 150; autre préférable au Collet). — Il y a de Retournemer, au delà du lac, un chemin plus long, mais meilleur, par où passent les voitures.

La route monte ensuite par la *forêt de la Brande*, sur le versant de la montagne de ce nom (1127 m.), au N.-E. des lacs, qui se voient bien à dr. par différentes éclaircies. — 10 kil., un petit tunnel dans la *roche du Diable*, du sommet de laquelle on a une belle vue. La voiture s'y arrête un instant. Il y a un peu au delà un sentier par lequel on descendrait en 20 à 25 min. à Retournemer. Vue encore plus belle au delà du 12ᵉ kil., où l'on se trouve en face de la vallée et de ses lacs.

13 kil. *Le Collet* (1110 m.), passage en deçà duquel sont, à dr., les chemins des lacs et de la Bresse (p. 163), avec la source de la Vologne, et le chemin direct du Hohneck (v. ci-dessous et p. 162). Plus loin, à dr., la *source de la Meurthe*.

15 kil. *La Schlucht (1139 m.; pron. franç. «schlouck»), col sur la frontière, entre les vallées de Gérardmer et de Munster. L'*hôtel français de la Schlucht* qui s'y trouve, à g., est à la limite du territoire français (ch. 3 à 8 fr.; pet. df. 2.50; table d'hôte à 11 h. ½ et 1 h., 4 fr.; à 7 h., 3 fr. 50). A dr. au delà du poteau de la frontière, une buvette allemande. Hôtel de l'Altenberg, v. p. 164.

La *vallée de Munster* a un autre caractère que celle de Gérardmer. C'est une gorge rocheuse et boisée, mais où manquent les lacs. Le contraste est même général dans les Vosges entre le versant français et le versant alsacien. Les hauts sommets sont plus nombreux de ce côté et les pentes plus abruptes. Même différence dans le climat et la végétation. Il pleut moins dans les vallées alsaciennes, exposées à des vents plus secs, et la vigne y prospère au S., tandis qu'elle ne réussit pas du côté de la France. La situation politique et les grandes voies de communication ont donné depuis longtemps aux villes du côté du Rhin une importance que ne pouvaient avoir celles du versant occidental, d'un accès plus ou moins difficile, entre de longues ramifications de la chaîne de montagnes. Enfin à ces particularités qui rendent le versant alsacien plus intéressant s'ajoute encore l'attrait de nombreuses ruines de châteaux forts.

Les touristes qui renonceront aux belles excursions du côté alsacien devront descendre sur la route au moins jusqu'au delà du tunnel ou à l'hôtel de l'Altenberg (v. p. 164), d'où la vallée se présente sous un autre aspect, avec Munster dans le fond. — On recommande aussi particulièrement, à ceux qui ne vont pas au Hohneck (v. ci-dessous), ni au lac Blanc (p. 162), la vue de la *roche de la Source* (v. ci-dessous) et l'ascension du **Krappenfels** (1255 m.), hauteur où passe la frontière, à dr. de l'hôtel (20 min.).

Route de *Munster*, v. p. 164. A *Fraize*, par *le Valtin* (env. 3 h. ½), p. 155. A *la Bresse*, p. 168. A *Gérardmer*, par *les lacs* (v. ci-dessus et p. 163), 3 h. ½; au lac de *Retournemer* seulement, 1 h. à 1 h. ½ (v. p. 160); 2 h. par la *roche du Diable* (p. 160).

Excursions de la Schlucht.

Au Hohneck: 1 h. à 1 h. ¼ d'ascension facile et recommandée. Il y a un sentier jalonné de poteaux indicateurs et tout entier sur le territoire français, où l'on n'a pas besoin de guide; le sentier allemand n'est qu'à quelques pas à l'E. On monte d'abord sous bois, en face de l'hôtel. A ¼ d'h. de distance, à g., la *roche de la Source*, d'où l'on a une *vue magnifique de la vallée de Munster (v. ci-dessus). On passe ensuite par des *chaumes* ou pâturages, et on aperçoit plusieurs des *marcaireries* ou fromageries de ces hautes régions.

Le *Hohneck (1361 m.; buvette en été) est le sommet le plus élevé des Vosges après le ballon de Guebwiller (p. 185). On y a un *panorama immense et fort beau, par suite de la position centrale de cette montagne; il embrasse toute la chaîne des Vosges et s'étend, au N.-E., par-dessus la vallée du Rhin, jusqu'à la Forêt-Noire; au S., jusqu'au Jura et aux Alpes. Il y a une table d'orientation. Au premier plan, à l'O., la vallée de Gérardmer avec ses lacs; à l'E., celle de Munster.

Si l'on retourne à Gérardmer et qu'on n'ait pas de voiture à la Schlucht, il est inutile d'aller de nouveau jusque là à la descente du Hohneck; on rencontre à mi-chemin, à g., un sentier qui descend au Collet (p. 161), situé env. 200 m. plus bas, et l'on arrive par là en 1 h. 1/4 au lac de Retournemer (p. 160).

On peut aussi redescendre du Hohneck vers Munster (env. 3 h. 1/2), par un sentier où il y a des poteaux indicateurs, de même qu'on peut y aller par Metzeral (3 h.; p. 164), en passant au *Fischbœdle*, étang dans un site sauvage, dont le sentier s'embranche à dr. de celui de Munster.

Au lac Blanc *(Bonhomme; Orbey*, etc.): 14 kil., trajet facile et intéressant de 3 h. 1/2, par les *Hautes-Chaumes* ou la crête des Vosges au N., généralement découverte («chaumes», montagnes chauves) et d'où l'on a de belles vues des deux côtés. Il n'y a de montée et de descente considérables qu'au départ et à l'arrivée. D'abord le même chemin que pour le Krappenfels (v. p. 161). On croise au bout de 1 h. env. un chemin allant du Valtin (p. 155) à Soultzeren (p. 164). — 1 h. 10. *Roche du Tanet* (1293 m.), à la borne frontière 2800. Belle vue. A g., en bas, la ferme du même nom. On aperçoit bientôt après, à dr., le **lac de Daren** (1044 m. d'alt.), dit aussi *lac Vert* ou *lac de Soultzeren* (v. p. 164), un des petits lacs pittoresques du versant alsacien, endigué pour le service de divers établissements industriels situés en aval. — 2 h. 10 (b. 2782). *Gazon de Faîte* ou *Ringbühlkopf* (1301 m.). On y découvre, à dr., le *lac Tout-Blanc* (Forlenweiher), encore plus petit. — 2 h. 30 (b. 2779). *Soultzerer Eck* (1302 m. d'alt.). Longer ensuite, à dr., une petite forêt qu'on traverse plus loin pour arriver à un point de vue d'où l'on domine le **lac Noir** (950 m. d'alt.), séparé du lac Blanc seulement par un contrefort escarpé à g., le *Reisberg* (1291 m.). Il n'est pas difficile de reconnaître qu'il y a eu ici jadis un glacier. En y descendant, on allongerait son chemin d'au moins 3/4 d'h., parce qu'il faut tourner ce contrefort. Revenu au sentier principal, on a encore à dr. un autre point de vue, le «*château*» *du Lac-Noir* (Seekanzel), d'où l'on domine les deux lacs, et l'on arrive enfin à la dernière descente, en vue du lac Blanc et de l'*hôtel du Lac-Blanc* (dî. 2 ℳ 50). — Le *lac Blanc (1055 m. d'alt.), redevable de son nom au quartz dont se compose son lit, est le plus grand du versant alsacien, de 29 hect. de superficie. Il est situé un peu plus bas que l'hôtel, dans une espèce de cirque formé par des amoncellements de rochers granitiques, au N. du Reisberg (v. ci-dessus). Ce lac est également endigué pour les besoins de l'industrie. Sa décharge et celle du lac Noir forment la Weiss.

On peut gagner le bas de la vallée par Orbey (p. 156) et de là Colmar (p. 186). Pour retourner à la Schlucht, il est intéressant de passer par le lac Noir (v. p. 162). Chemins du *Rudlin* et du *Bonhomme*, v. p. 155 et 156.

A la Bresse. Il y a de la Schlucht plusieurs chemins intéressants.

A. Par la route : 15 kil., 3 h. $^1/_2$ à pied. On suit la route de Gérardmer jusqu'au *Collet* (2 kil. 2; p. 161) et y tourne à g., dans la direction de Retournemer, qui est à 2 kil. par le sentier et 4 kil. 8 par la route de voitures. 1 h. *Col des Feignes-sous-Vologne* (842 m.), hors du bois, où il y a une bifurcation. Le chemin de dr., plus long de 10 min., mène aussi à la Bresse, en passant près du petit *lac de Lispach* (906 m.; tourbeux), qui se visite encore de celui de Longemer; puis par la vallée de la Moselotte (v. p. 168). Le chemin de g. descend dans la vallée d'un affluent de la Moselotte qui porte le nom de *Vologne*, comme le torrent du côté de Gérardmer. Cette vallée est également belle, sans caractère particulier. — 1 h. 50. Sentier du *lac de Blanchemer* (v. ci-dessous). Il faut près de 1 h., aller et retour, pour le visiter de cet endroit. — 2 h. 35. Pont de la route du col de Bramont (v. ci-dessous). — 3 h. Sentier du lac des Corbeaux (v. ci-dessous). — 3 h. $^1/_2$. *La Bresse* (p. 169).

B. Par le Hohneck : 4 h. $^1/_2$ et 6 h. $^1/_4$, selon le chemin que l'on suit après être redescendu de la montagne, au S., à 1 h. $^1/_2$ de la Schlucht. Le plus court prend à dr. de la frontière, passe au chalet de *Schmargult* (20 min.), tourne là à g., puis encore à g. au bout de $^1/_2$ h. et atteint 10 min. plus loin le **lac de Blanchemer** (1050 m.), petit lac pittoresque sur le versant O. du Rheinkopf (v. ci-dessous). Il n'y a plus ensuite qu'à descendre le long du ruisseau à la route mentionnée ci-dessus.

Le second chemin remonte, du pied du Hohneck, le long de la frontière, qu'il suit plus ou moins pendant près de 2 h. A 10 min., la *fontaine de la Duchesse* (1270 m.), ainsi nommée en l'honneur de Marie de Gonzague, femme de Henri II de Lorraine (1622). On contourne ensuite à dr. le *Haut des Fées* (1318 m.), jusqu'à la borne 2876 (35 min.), se dirige vers le Rheinkopf et le contourne aussi à dr., pour jouir de la vue du *lac de Blanchemer* (v. ci-dessus). Puis on tourne à g. pour arriver au sommet de la montagne, à 35 min. de la borne ci-dessus. Le **Rheinkopf** (1298 m.) offre une belle vue, s'étendant du Donon au Ballon d'Alsace et à la Forêt-Noire. A peu de distance au S. est l'autre sommet appelé *Rothenbacher Kopf* (1316 m.). On redescend du premier le long de la frontière jusqu'à la borne 2896 (15 min.), s'en écarte à dr., arrive au tout petit *lac Marchet* ou *Machais* (25 min.; 890 m.), laisse à dr. un sentier qui mènerait en 1 h. $^1/_2$ à la Bresse, rejoint la route de la Bresse à Wesserling (p. 169) et la remonte jusqu'au **col de Bramont** (40 min.; 890 m.). A la Bresse par la route, v. p. 169. Une anc. voie de schlitte conduit de là à dr. au *Haut de la Vierge* (35 min.; 1080 m.), d'où l'on continue tout droit vers le lac des **Corbeaux**

(30 min. ; 900 m.), lac très pittoresque, de 500 m. de long et 250 m. de large, profondément encaissé entre des rochers et entouré de sapins. Enfin on descend à g. du ruisseau de ce lac à *la Bresse* (1 h. ; p. 169).

II. A Colmar par la Schlucht et Munster.

104 kil., dont 58 kil. de chemin de fer jusqu'à *Gérardmer* (v. p. 158) ; puis 82 kil. 1/2 de route jusqu'à *Munster* et 19 kil. de chemin de fer de là à *Colmar*. Voiture de correspond. en été, de Gérardmer pour Munster, à 9 h. 1/2 (8 h. 1/2 de Munster, heure allem.), trajet en 7 h. 45, en comptant l'arrêt d'env. 3 h. à la Schlucht, d'où l'on repart à 3 h. 1/2, 4 h. 1/2 heure allemande. Prix, 5 fr. à l'aller et 5 fr. 50 au retour. Tramw. en projet de la Schlucht à Munster (v. p. 157). 45 min. de ch. de fer de Munster à Colmar pour 1 ℳ 60, 1 ℳ 10 et 65 pf.

Jusqu'à la *Schlucht* (60 kil.), v. p. 157-161. La descente de là dans la *vallée de Munster est d'abord superbe (v. p. 161). A env. 10 min. de la Schlucht, on traverse un tunnel, et bientôt après on arrive à un premier coude, d'où la vue est fort belle. Les piétons prennent là, à dr., une traverse par laquelle on descend en 2 h. 1/2 de la Schlucht à Munster. A env. 2 kil. du col, l'*hôtel de l'Altenberg, d'où l'on a une très belle vue du côté de Munster et de la vallée du Rhin. C'est un vaste et somptueux hôtel (ch. 2 ℳ 50 à 6.50, rep. 1.50, 4 et 3, v. n. c.), avec restaur. et éclairé à l'électricité. Il y a, à côté, un restaur. pour les touristes (df. 1 ℳ 50, v. n. c.). — La route forme ensuite une série de lacets, le dernier et le principal d'env. 4 kil., pour une distance de 1 kil. en ligne dr., jusqu'au fond de la vallée, à Stosswihr. — 9 kil. (24 de Gérardmer). *Im Eck*, écart où est la douane allemande. — 10 kil. 5. *Insel*, hameau d'où partent une route menant à Orbey (v. p. 163) et un chemin montant au lac de Daren (p. 162). — 13 kil. *Soultzeren* (Sulzern). Autre voit. publ. pour Munster. — 14 kil. *Stosswihr* (Stossweier).

17 kil. **Munster** (383 m. ; *hôt. de Munster*, près de la gare), ville industrielle de 6100 hab., avec des filatures, des tissages et des blanchisseries, à la jonction des vallées de *Kleinthal* et de la *Fecht*. Munster est renommé pour son fromage. Promenade intéressante au *Schlosswald*, belle propriété à 2 kil. au S.-E.

De Munster à Metzeral : 6 kil. de ch. de fer, prolongement de la ligne de Colmar, par la belle vallée de la Fecht. — 1 kil. *Luttenbach*, d'où se fait, en 2 h. 1/2 env. (poteaux indic.), l'ascension du **Kahlenwasen** ou *Petit-Ballon* (1268 m.), qui offre une très belle vue. On y monte aussi directement de Munster, en 3 h., ou de Soultzbach (v. ci-dessous). — 3 kil. *Breitenbach*. — 4 kil. *Mühlbach*. — 6 kil. *Metzeral* (aub. du Soleil-d'Or). Un beau chemin conduit plus loin à *Wildenstein* (4 h. ; p. 169).

Le chemin de fer descend la vallée manufacturière de la Fecht. — 3 kil. *Günsbach*. — 6 kil. *Wihr-au-Val* (Weier-im-Thal), stat. desservant aussi *Soultzbach*, qui a un petit établissement d'eaux minérales gazeuses. Ascension du Kahlenwasen (v. ci-dessus). — 8 kil. *Walbach*. — 10 kil. *St-Gilles* (St. Gilgen). — 13 kil. *Turckheim* (Türkheim ; hôt. des Deux-Clefs), petite ville avec des restes de fortifications. Monument de Ch. Grad (1842-1890), homme politique alsacien, par Enderlin.

De Turckheim aux Trois-Epis : 8 kil. 7, tramw. électr. en 40 min., pour 1 ℳ 20, 50 pf. à la descente, 1 ℳ 50 aller et retour. — Les Trois-Epis (*Drei Æhren*; 582 m.; hôt.: *Trois-Rois* et *Trois-Epis*, au même propriét.) sont un pèlerinage et lieu de villégiature dans un beau site. — A 1/2 h. au N., le *Galtz* (780 m.), qui offre une belle vue. — A 1 h. au S.-O., le *Grand-Hohnack* (976 m.), aussi un point de vue. Sur le *Petit-Hohnack* (920 m.), au N. de là, les ruines d'un château.

A 1 kil. 1/2 au S.-E. de Turckheim, *Wintzenheim* (hôt. Meyer), bourg relié à Colmar par un tramway (5 kil.). On monte de là en 1 h., au S., aux ruines du *château de Hohlandsbourg* (627 m.). Au retour, passer par la tour de *Pflixbourg* et aller jusqu'à la stat. de *St-Gilles* (p. 164).

La voie longe ensuite le canal du Logelbach, dans la plaine où Turenne défit les Impériaux en 1675. A g., le tramway de la Poutroye (p. 156). — 16 kil. *Logelbach*. — 19 kil. *Colmar* (p. 186).

III. A Mulhouse par Bussang et Wesserling.

107 kil. — 60 kil. de chemin de fer jusqu'à *Bussang*, trajet en 2 h. environ, pour 6 fr. 70, 4 fr. 55 et 2 fr. 95. — Env. 14 kil. 1/2 de route de Bussang à *Wesserling*, correspond. aux trains de 9 h. 1/2 du m. et 8 h. du s. (de W. vers 9 h. et 1 h., 8 h. et midi heure franç.), trajet d'env. 2 h., pour 2 fr. 25. — 34 kil. de ch. de fer de Wesserling à *Mulhouse*, trajet en 1 h. à 1 h. 20, pour 2 ℳ 80, 1 ℳ 90 et 1 ℳ 20.

Jusqu'à *Arches* (12 kil.), v. p. 157. On laisse à g. la ligne de St-Dié et de Gérardmer et continue de remonter la vallée de la Moselle, entre des hauteurs boisées. — 16 kil. *Pouxeux*. 1850 hab. — 19 kil. *Eloyes*. 2568 hab. — 24 kil. *St-Nabord*. 1919 hab.

28 kil. **Remiremont.** — Hôtels. H. *de la Poste*, H. *du Cheval-de-Bronze*, Grande-Rue, 67 et 59, bons, ch. 2 fr., dé. ou dî. 3; H. *des Deux-Clefs*, même rue, 60, ch. 1 fr. 50, dé. ou dî. 2.50. — *Buffet* à la gare. — Poste et télégr., rue Janny, au delà de l'hôtel de la Poste.

Remiremont (408 m.) est une ville propre et bien bâtie de 10 322 hab., chef-lieu d'arr. des Vosges, dans un beau site, sur la rive g. de la Moselle et au pied du Parmont (613 m.), au S.-O., qui est fortifié. Elle doit son origine à un monastère fondé par St Romaric, sur le St-Mont (p. 166). Il y eut en outre dans la ville une communauté de femmes, qui devint un chapitre de dames nobles, célèbre jusqu'à la Révolution, où il fut supprimé. C'étaient des princesses, qui n'étaient à la fin tenues à aucun vœu religieux et pouvaient s'absenter, même se marier. L'abbesse ne relevait au spirituel que du pape, avait le titre de princesse d'Empire et faisait à Remiremont une entrée solennelle.

Sur la place devant la gare, un *monument commémoratif de 1870-71*, un groupe en bronze par Adr. Gaudez, représentant la France qui soutient un soldat mourant (1895).

On arrive dans le centre de la ville par l'avenue Carnot, qui mène tout droit à la Grande-Rue, où sont les hôtels; près de là, à dr., les vastes bâtiments des écoles communales (1901). La partie principale de la Grande-Rue est bordée d'arcades. — A l'extrémité s'élève le *monument du Volontaire de 1792*, bronze par Choppin (1899). En prenant de là à g. la rue de la Xavée, on traverse la place de la Courtine, décorée d'une fontaine (1828). A g., se voit l'*église paroissiale*, l'anc. abbatiale (St-Romaric), peu curieuse à l'extérieur. Elle fut fondée en 910 et consacrée en 1050 par le pape Léon IX, mais elle a été maintes fois restaurée et transformée à la suite d'incendies. L'ensemble est des xive-xve s. La tour du portail principal date seulement de 1804. Il y a sous le chœur une crypte datant de la fondation. Grand autel monumental à baldaquin, avec statues et reliquaires. Dans une niche du côté dr., fermée par une jolie porte ajourée, la Vierge du Trésor, qui passe pour une offrande de Charlemagne (!). — Derrière l'église se voit l'*ancien palais abbatial*, auj. l'hôtel de ville et le palais de justice. C'est un édifice dans le style du xviiie s., incendié en 1871, mais reconstruit sur les plans primitifs; il a de belles salles. Dans un petit *square* par derrière, Herculanum, groupe par Foyatier. Il y a encore sur la place de l'église des *maisons canoniales*, dont l'une sert de sous-préfecture. — A peu de distance au delà de l'église, par la rue qui passe devant la façade, la *promenade du Calvaire*, d'où l'on a une belle vue et où il y a un calvaire.

Embranch. de *Cornimont*, v. p. 168-169. Tramway de *Gérardmer*, v. p. 158. Route et voit. publ. de *Plombières*, v. p. 184 et 182. Départ de l'hôt. de la Poste à 9 h. du mat. et 6 h. du soir.

Embranch. en projet de Remiremont à Lure (p. 174).

Excursions. — Au St-Mont (683 m.), hauteur isolée au N.-E., où était le monastère mentionné ci-dessus, env. 1 h. 1/2, par la halte de *Bellevue* (p. 159), *St-Etienne* (20 min.; 3289 hab.) et la *chapelle St-Romaric*, d'où il faut prendre un sentier à dr. Belle vue du sommet, où il y a une chapelle et une ferme. Près de St-Etienne est la *cascade de Miraumont*, ordinairement peu considérable. — A la **vallée d'Hérival**, 1 h. 1/2 au S. par les *bois du Corroy* (tour-belvédère, avec vue étendue), jusqu'à la *Croisette d'Hérival*, ferme près de laquelle on a également un beau point de vue. — Près de là, le joli *vallon de la Combeauté*. Au S.-O., la *forêt du Ban* et la *vallée du Géhard*.

Passé Remiremont, on traverse la Moselle près de son confluent avec la Moselotte. — 33 kil. *Vecoux*. La vallée se rétrécit. — 36 kil. *Maxonchamp*. — 40 kil. *Rupt-sur-Moselle*. 4435 hab. A dr., un fort commandant la vallée. — 44 kil. *Ferdrupt*. — 47 kil. *Ramonchamp*. 1821 hab. — 50 kil. *Le Thillot* (497 m.; hôt. du Cheval-Blanc), à g., bourg de 3404 hab., où débouche, au S., la *vallée de la Presle*, également protégée par un fort. On y construit un barrage de 17 m. de haut, destiné à former un réservoir d'une contenance d'env. 12 millions de mètres cubes d'eau, pour assurer la navigation du canal de la Moselle à la Saône, à la place du réservoir de Bouzey (p. 149). 10 kil. par cette vallée au Ballon de Servance (p. 171). — 52 kil. *Fresse*.

56 kil. **St-Maurice-sur-Moselle** (556 m.; hôt.: *H. de la Poste*, bon, ch. 2 fr., rep. 60 c. et 2 fr. 75; *de la Gare*, mêmes prix), bourg industriel de 2916 hab., un peu plus loin à dr. de la voie. — C'est de St-Maurice que part la route du Ballon d'Alsace (p. 170).

Près de l'église, à dr. de la route, commence l'intéressante vallée dite colline des Charbonniers (écriteaux). A 3/4 d'h., à g., le *vallon de la Grande-Goutte*, qui monte dans les bois de ce nom vers la *chaume* (1 h. 1/2; 1072 m.; chalet) et la *Tête des Neufs-Bois* (1/2 h.; 1234 m.; vue). A 1 h. 25

(dans la vallée), à dr., un très mauvais chemin montant au *col des Charbonniers* (1 h.; 1105 m.). A 2 h. 1/4, au delà d'une chapelle, la *chaume du Rouge-Gazon* (1099 m.; chalet), d'où l'on va en 20 min., au S., à la *Pointe de Perche* (1124 m.), env. 2 min. au delà de la frontière. On y domine le beau *lac de Perche* ou *Bers*, en all. *Sternsee* (984 m.). De là on monte en 20 min. au *Gresson* (1249 m.), qui offre une belle vue. On peut s'en retourner du Rouge-Gazon, au N., par la frontière, à la *chaume des Neufs-Bois* (1/2 h.; v. p. 166), le *fond du Séchenat* et *Bussang* (env. 2 h.; v. ci-dessous).

La voie traverse la Moselle, en laissant St-Maurice à dr., et la retraverse plus loin. Ensuite à g. Bussang.

60 kil. **Bussang** (624 m.; 643 aux sources). — Hôtels: *Gr.-H. des Sources*, à l'établissement, ouvert de juin à sept. (ch. dep. 4 fr.; rep. 1.50 ou 1.75, 3.50 et 4, v. n. c., om. 1 fr., pens. 9 à 15); *H. des Deux-Clefs*, dans le village, bon (ch. 2 fr. 50, rep. 75 c. et 8 fr., p. 8 fr.; voitures à volonté); *H. Central*, id., avec café. — *Eaux minérales:* abonn. à la buvette, 10 fr. pour une saison; bain dep. 1.25; douche, 2, linge non compris. — *Etablissement hydrothérapique* en deçà des sources.

Bussang est un village de 2508 hab., dans un beau site et connu par ses sources d'*eaux minérales*, qui se trouvent à 25 min. (2 kil.) de la gare, dans la vallée de la Moselle. Ces eaux, bicarbonatées-ferrugineuses, froides et très gazeuses, s'utilisent peu sur place (env. 250 baigneurs par saison), mais s'expédient en grande quantité. Elles sont ordonnées contre les maux d'estomac et de foie et les dérangements d'entrailles. Il y a trois sources, la plus importante la Salmade, dans le bâtiment principal. C'est à Bussang que M. Maur. Pottecher a fondé en 1895 le *théâtre du peuple*, intéressant essai de décentralisation artistique.

Le *tunnel de Bussang* (p. 168) est à env. 1/4 d'h. de là. En deçà, à dr., au delà d'une maison, se trouve la *source de la Moselle* (710 m.), dans un petit trou boueux, indiqué par un écriteau.

Excursions, facilitées par des plaques indicatrices et des traits de couleurs montrant les directions. — Au N. de la vallée de la Moselle. — Un poteau à g. à l'entrée du vallon de *la Hutte* (tissage), après le pont entre Bussang et ses sources, indique la direction du *col d'Oderen* (p. 170), à 1 h. 1/2 au N.-E., par où l'on peut aller à Cornimont (p. 169). — Un autre à g. en deçà du col de Bussang indique celle du *Drumont* ou *Petit-Drumont* (1208 m.), à env. 2 h. 3/4, par le col ou *Plain du Repos* (1 h. 10; 1015 m.). Il y a aussi, pour y aller, un chemin recommandé, par le *Gr.-H. des Sources* et le *Haut-de-Charat* (965 m.), 85 min. plus loin et à la même distance du Plain du Repos. Très belle vue du Drumont, où il y a une table d'orientation. Env. 85 min. plus loin, par la frontière, le sommet du massif, dit le *Grand-Drumont* ou la *Tête de Fellering* (1226 m.). On peut continuer de là vers le *col d'Oderen* (50 min.; p. 170), par le versant alsacien, ou bien gagner du côté français le vallon de la Hutte et rentrer par là à Bussang (1 h. 1/2; v. ci-dessus). On peut encore, pour le retour, prendre au Plain du Repos ou au Drumont la direction du col de Bussang (1 h. 35 et 1 h.; v. ci-dessous). — Au S. de la vallée de la Moselle. Du *pont du Séchenat*, à 20 min. de Bussang, dans la courbe de la route, un chemin à dr., sous bois, puis un embranch. encore à dr., etc. (plaques), conduisent en 1 h. à la *roche du Sabbat* et en 1/2 h. de là à la *chaume des Neufs-Bois*, etc. (p. 166). — Le chemin à dr. au col de Bussang, au-dessus de la route, mène en 1 h. au *fond du Séchenat* (maison forestière; 720 m.), d'où l'on monte en 1 h. à la *chaume des Neufs-Bois* (p. 166) ou en descend en 1 h. à *Bussang*, par le *pont du Séchenat* (40 min.; v. ci-dessus).

La ROUTE de Wesserling laisse à g. l'anc. route, plus courte d'env. 1/4 d'h., qui passe aux sources minérales et la rejoint au col. Le fond de la vallée est surtout dominé par les cônes boisés de la *Côte des Russiers* (1192 m.) et de la *Tête des Allemands* (1013 m.).

4 kil. 4. *Col de Bussang* (734 m.; douane franç.), dans un *tunnel* de 251 m. de long, où est la frontière. On a réussi à y faire du côté alsacien, à l'aide de gouttières prises dans la masse, une voûte étanche qui devrait bien être continuée du côté français. Il y a à l'autre extrémité une auberge, mais la vue n'y est pas dégagée. On peut aussi suivre l'anc. route au-dessus du tunnel. C'est par ce col que passait la voie romaine de Bâle à Metz. Sur le versant alsacien, la route descend d'abord dans un défilé, où elle est taillée dans le roc et fait de grands circuits. Plus loin, on a de beaux coups d'œil sur les villages d'Urbès et de Fellering. A g., le Ballon de Guebwiller (p. 185). — 10 kil. 4. *Urbès* (Urbis; hôt. de la Couronne; douane allem.), dans un beau site. — Puis la vallée de la Thur.

14 kil. 4. **Wesserling** (437 m.; *hôt. de Wesserling*, près de la gare), village industriel, qui a une importante manufacture de filés et de tissus de coton. — Route de la Bresse, v. p. 169.

Le CHEMIN DE FER descend la *vallée de St-Amarin* ou de la *Thur*. — 4 kil. *St-Amarin* (406 m.; hôt. du Lion-d'Or), bourg manufacturier. Ascension du Ballon de Guebwiller, v. p. 185. — 5 kil. *Moosch*, — 6 kil. *Willer* (Weiler). — 10 kil. *Bitschwiller* (Bitschweiler).

13 kil. **Thann** (hôt.: *des Voyageurs, Deux-Clefs*), ville manufacturière de 7600 hab., dominée par les ruines du *château d'Engelbourg* et possédant une très belle *église goth. du XIVe s., avec un magnifique clocher du XVe s.

19 kil. *Cernay* (Sennheim; hôt. Bornot).

EMBRANCH. de 28 kil. sur *Sewen* (hôt. de la Couronne), par *Massevaux* (19 kil.; Masmünster; hôt. de l'Aigle-d'Or). On fait de Sewen, en 8 h. 1/4 env., l'ascension du *Ballon d'Alsace* (p. 171), par le petit *lac de Sewen*, le grand réservoir d'eau de l'*Alfeld* et l'*hôtel du Ballon* (p. 171), à 1/2 h. du sommet. — De Massevaux à *Rougemont* et *Belfort*, v. p. 177.

On rejoint ensuite la ligne de Strasbourg. — 28 kil. *Lutterbach*. — 30 kil. *Dornach*. — 34 kil. *Mulhouse* (p. 185).

IV. A Mulhouse par Cornimont, la Bresse ou Ventron et Wesserling.

A. PAR CORNIMONT, LA BRESSE ET WESSERLING.

118 kil. — 52 kil. de chemin de fer jusqu'à *Cornimont*, trajet en 1 h. 3/4 à 2 h., pour 5 fr. 85, 8 fr. 90 et 2 fr. 80. — 33 kil. de route de là à *Wesserling*, avec correspond. 2 fois le jour de Cornimont à la Bresse (7 kil., 1 h., 1 fr.) et 3 fois de Wildenstein à Wesserling (11 kil., en 1 h. 1/2, 1 fr. 50). Voit. à 1 chev. de la Bresse à Wildenstein (15 kil.), 12 fr. Il y a des sentiers qui abrègent d'env. 8 kil. à la descente sur Wildenstein. — 34 kil. de ch. de fer de Wesserling à *Mulhouse*, comme il est dit p. 185.

Jusqu'à *Remiremont* (28 kil.), v. p. 157 et 165. L'embranch. de Cornimont prend à g. au delà du pont sur la Moselle et remonte la vallée industrielle de la *Moselotte*, qui a des filatures et des tissages de coton. — 32 kil. *Dommartin-lès-Remiremont*. — 35 kil. *Syn-*

dicat-St-Amé. Tramway de St-Amé à Gérardmer (21 kil.; p. 159).
— 38 kil. *Vagney* (hôt. de la Poste; dé. ou dî. 3 fr.), bourg manufacturier de 2949 hab., à 1 kil. au N., sur le Bouchot, ruisseau qui forme 1 h. plus loin, à dr. à 800 m. au delà de *Sapois*, la belle cascade dite *Saut du Bouchot*, de 25 à 30 m. de haut. — Ensuite, la vallée est encore plus belle. Vue surtout à g. — 40 kil. *Zainvillers*.
— 43 kil. *Thiéfosse*. — 47 kil. *Saulxures-sur-Moselotte*, ville manufacturière de 3507 hab., qui a une église neuve.

52 kil. **Cornimont** (582 m.; *hôt. du Cheval-de-Bronze*, à côté de l'église), ville manufacturière de 5268 hab., avec une grande et belle *église* neuve du style goth. du XIIIe s., un petit *château* moderne et des tissages.

VOITURES DE LOUAGE: pour *Gérardmer*, par Grosse-Pierre, 2 places, 15 fr.; 2 à 8 pl. (2 chev.), 25; pour *Bussang*, 15 et 25; pour la *Schlucht*, 2 pl., 18 fr.; 2 à 6 pl., 30 fr.; pour *Wesserling*, v. p. 170.

Route de *Ventron* et du *col d'Oderen*, v. ci-dessous.

La ROUTE de la Bresse remonte aussi la vallée de la Moselotte.

7 kil. **La Bresse** (635 m.; hôt., bons: *Bellevue, du Soleil* ou *Thissier*, ch. 1 à 2 fr., rep. 75 c. et 3 fr.), autre ville manufacturière, de 4787 hab. (1690 agglomérés), dont les environs sont intéressants pour les géologues (traces de glaciers). Elle s'étend au loin dans les vallées des deux ruisseaux qui forment la Moselotte.

D'ici à *Gérardmer*, v. p. 160; à la *Schlucht*, au *Hohneck*, au *lac des Corbeaux*, au *lac de Blanchemer*, p. 163 et ci-dessous.

La route de Wesserling se confond d'abord avec celle de la Schlucht, qui monte tout droit dans la ville. Elle la quitte au bout de 1 h. et traverse la Vologne. Belle vue à g. sur le haut de la vallée. On monte ensuite sous bois. A 1 h. $^1/_2$ de la Bresse, à g., un sentier menant au lac de Blanchemer (p. 163); quelques min. plus haut, celui du lac Marchet, du Rheinkopf, etc. (p. 163). $^1/_4$ d'h. plus loin, le col.

15 kil. **Col de Bramont** (890 m.), sur la frontière, où les piétons peuvent aussi monter par le lac des Corbeaux, en 2 h. $^1/_2$. La vue est bornée, mais elle se dégage après la hutte des douaniers, à mi-chemin de Wildenstein, et elle est fort belle, comme à la descente du côté de Munster (p. 164). La route fait de nombreux lacets, où il y a des raccourcis pour les piétons (3 kil.). — 22 kil. *Wildenstein* (600 m.; hôt. *du Soleil*), premier village alsacien. Chemin de Metzeral, v. p. 164. On voit ensuite au milieu de la vallée la colline morainique où était le château de Wildenstein, détruit en 1644. — 27 kil. *Krüth*.
— 29 kil. *Oderen* (hôt. *du Lion-d'Or*), où aboutit le chemin du col de ce nom (p. 170). Ensuite, à g., la *chapelle de Notre-Dame-des-Aides*, un pèlerinage. — 31 kil. *Fellering*. — 33 kil. *Wesserling*, etc. (p. 168).

B. PAR CORNIMONT, VENTRON ET WESSERLING.

108 kil. Chemin de fer comme ci-dessus, mais seulement 24 kil. de route au lieu de 33, dont 6 desservis par un courrier, jusqu'à *Ventron*, et 6 par la voit. publ. de Wildenstein, de *Krüth* à Wesserling (v. ci-dessus).

— Voit. partic. de Cornimont à Wesserling: 2 places, 15 fr.; 2 à 8 pl. (2 chev.), 80 fr.

Jusqu'à *Cornimont* (51 kil.), v. ci-dessus. La route de Ventron se détache de celle de Remiremont à quelque distance à g. du chemin de fer, pour remonter le vallon industriel d'un affluent de la Moselotte, bordé de rochers à pic, et elle traverse deux fois le ruisseau. Scieries, filatures et tissages. Le vallon s'élargit.

57 kil. **Ventron** (*hôt. Valroff*), bourg manufacturier de 1451 hab., entouré de pâturages et de hauteurs aux sommets boisés. Il a une jolie église moderne. — 59 kil. *Le Grand-Ventron*, hameau à l'issue de la «colline» (vallon) de Ventron, dont on traverse le ruisseau et laisse le chemin à g. La route monte de plus en plus et pénètre sous bois.

62 kil. **Col d'Oderen** ou *de Ventron* (885 m.), sur la frontière, entre le *Grand-Drumont*, à dr. (1226 m.; p. 167), et le *Haut de Felza*, à g. (1148 m.; 35 min. d'ascens.; belle vue). On laisse là à dr. un chemin en partie sous bois, qui mènerait directement à Fellering (v. p. 169). La route redescend en lacets vers la vallée de la Thur et présente bientôt de très beaux coups d'œil. — 67 kil. *Chapelle St-Nicolas*, d'où il y a, à dr., un chemin plus court descendant vers Oderen. — 69 kil. *Krüth*, etc. (v. p. 169).

V. A Belfort par le Ballon d'Alsace.

96 kil. — 56 kil. de chemin de fer jusqu'à St-Maurice-sur-Moselle (p. 166), en 2 h. env., pour 6 fr. 25, 4 fr. 25 et 2 fr. 75. — 26 kil. de route de St-Maurice à *Giromagny* (raccourcis pour les piétons), dont 10 jusqu'au Ballon. Il y a quelquefois des départs de voitures publiques. Voit. partic. de St-Maurice pour le Ballon: 10 à 12 fr. à 1 chev., 20 à 24 fr. à 2 chevaux, aller et retour. — 14 kil. de chemin de fer de Giromagny à *Belfort*, trajet en 1/2 h. à 1 h. 1/4, pour 1 fr. 55, 1 fr. 05 et 70 c.

Jusqu'à *St-Maurice-sur-Moselle* (56 kil.), v. p. 157 et 165-166.

Les piétons abrègent en prenant le *vieux chemin* (2 h.), en face de l'hôtel de la Poste. Ce n'est de fait qu'un chemin de piétons, en partie très raide, et qu'il vaut mieux ne prendre qu'à la descente (1 h. 20). Il croise plusieurs fois la route (écriteaux) et il la rejoint définitivement à la Jumenterie (v. ci-dessous), à 1 h. 20 de St-Maurice.

La route, qui ne demande guère plus de 2 h. 1/2, commence à l'entrée de St-Maurice. Il y a plusieurs raccourcis importants pour les piétons, indiqués par des poteaux. On entre dans la forêt au bout de 3 kil. et 1200 m. plus loin on a à dr. le *Plain du Canon*, petit col où il y a une maison forestière (rafraîchiss.) renommée pour son écho, que le garde réveille à l'aide d'un petit canon (50 c. le coup). Un écriteau y indique aussi un chemin du Ballon de Servance (6 kil.; v. ci-dessous). Montée sous bois et sans vue jusqu'à l'hôtel-restaur. de la *Jumenterie* (env. 9 kil.; alt., 1064 m.), où aboutit, à g., le chemin des piétons. On aperçoit bientôt ensuite à g. le Ballon d'Alsace et à dr. le Ballon de Servance. On passe à 1 kil. de là au pied du premier, où se trouve une maison, la *ferme du Ballon* (aub. A la Frontière). Hôtel, v. p. 171.

Le ***Ballon d'Alsace** (*Welscher Belchen*; 1245 m.), où l'on monte directement, en deçà de la ferme, en 10 à 15 min., est un des grands sommets des Vosges, sur la frontière et vers l'extrémité S. de la chaîne. La cime n'est pas là où se voit une statue de la Vierge, mais un peu plus à g. Une table d'orientation y indique les sommets des Vosges, de la Forêt-Noire, du Jura et des Alpes visibles du Ballon et les directions des principales villes environnantes. La *vue est particulièrement belle au S.-E. et n'est bornée qu'au N.-O., du côté du Ballon de Servance. Au N., le Drumont, le Grand-Ventron, le Hohneck; au N.-E., le Rouge-Gazon, le Gresson, le Ballon de Guebwiller; à l'E., Mulhouse, le Rhin et la Forêt-Noire, en particulier le Blauen et le Belchen; au S.-E., par un temps clair, les glaciers de l'Oberland Bernois, surtout, de g. à dr., le Wetterhorn, le Schreckhorn, l'Eiger et la Jungfrau; au S., Belfort; au S.-O., les montagnes du Jura. — En s'avançant à env. 5 min. au N. du sommet, on voit la «colline» des Charbonniers (p. 166) et la vallée de la Moselle, avec Bussang, St-Maurice, etc. — Descente en Alsace, à Sewen, dont on voit le lac 750 m. plus bas, à l'E., 2 h.; v. p. 168.

Le **Ballon de Servance** (1210 m.), dont l'ascension se fait directement de St-Maurice, en 3 h. 1/4 à 3 h. 1/2, par le chemin qui prend au Plain du Canon (v. p. 170), se gravit aussi du Ballon d'Alsace (poteaux), en 2 h. env., par le *col du Stalon* (3/4 d'h. à 1 h.; 951 m.) et la *ferme du Beurey* (1/2 h.; 1156 m.). La vue y est très belle, mais l'on ne peut arriver librement au sommet, qui est occupé par un fort. Les touristes sont admis à la cantine située au dehors. Auberge, à 10 min. de là. Belles routes stratégiques de ce Ballon, au S., à Plancher-les-Mines (13 kil.; p. 175) et au Thillot (13 kil. 7; p. 166), au N. — *Servance* (hôtel), localité industrielle qui a donné son nom au Ballon, est à 3 h. à l'O.-S.-O. du sommet. Importante scierie de pierres des Vosges (granit, syénite, etc.). Voit. publ. de là 2 fois par j. pour Lure (23 kil.; 2 h. 1/2; 2 fr.; p. 174).

A 1600 m. du sommet ou 600 m. du pied du Ballon d'Alsace, sur la route, est l'*hôtel du Ballon-d'Alsace* (1122 m.), qui est grand et bon (lit, 3 fr.; dé. ou dî. 4). Il est déjà du côté de la vallée de Giromagny, d'où on l'aperçoit à la montée de ce côté. — A pied, on abrège beaucoup la descente en prenant, en face de l'hôtel, un sentier qui passe sous bois, mais qui est mauvais à l'autre extrémité, surtout pour la montée (3 h. par là de Giromagny au Ballon). Il laisse à dr. l'*étang des Fagnies* ou du *Petit-Haut* (1/2 h.; 925 m.), et il longe vers le bas la *Savoureuse*. Il s'en détache à g., à 1/4 d'h. de l'hôtel, un autre sentier moins beau, qui aboutit au même endroit. — La route descend en faisant des lacets encore plus considérables que du côté de St-Maurice. A peu de distance de l'hôtel, le *chalet Boigeol* ou *Bonaparte*. Le sentier rejoint la route 9 kil. plus bas. Là se voit, à dr., la belle cascade dite *Saut de la Truite* (706 m.; auberge, au kil. 9), et il y en a une autre 1 kil. plus loin. Beaux coups d'œil. On rencontre une seconde auberge (Kolb) vers le bas de la vallée, au *Malvaux* (12 kil.). Puis viennent *le Puix* et

26 kil. **Giromagny** (476 m.; hôt.: *du Bœuf, du Soleil*), ville de 3467 hab., sur la Savoureuse, dominée à l'O. par un fort. On

en remarque l'église moderne, du style goth., avec un beau clocher. Giromagny a des filatures et des tissages de coton. La gare est de l'autre côté de la ville.

Le chemin de fer et la route de Belfort (14 kil.) descendent au S. dans une plaine, où il y a des étangs. — 6 kil. *La Chapelle-sous-Chaux*. — 8 kil. *Bas-Evette*, sur la ligne de Paris à *Belfort* (p. 175).

40. D'Epinal à Belfort en chemin de fer.
(Par le Ballon d'Alsace, v. p. 170.)

109 kil. Trajet en 2 h. 36 et plus. Prix: 12 fr. 25, 8 fr. 25, 5 fr. 40.

Epinal, v. p. 150. De là à *Aillevillers* (44 kil.), p. 137-138. — On laisse à g. l'embranch. du Val d'Ajol, à (46 kil.) *Corbenay*. Vue étendue à g. — 54 kil. *Fontaine-lès-Luxeuil*. — Tunnel. Vue à dr.

59 kil. **Luxeuil**-*les*-*Bains*. — HÔTELS : *Grands-Hôtels du Parc, des Thermes* et *du Casino*, rue Carnot et près des bains, appartenant à la même compagnie et de 1er ordre, 350 ch., pens. de 8 à 12 fr. ; — *Gr.-Chalet des Thermes*, également près des bains ; *H. du Lion-Vert*, rue Carnot, 85, ouvert toute l'année (ch. 2 fr., 2e dé. 2.50, dî. 3). — *Maisons meublées*. — ETABLISSEMENT THERMAL: *bains*, 1 à 2 fr. ; *douches*, 1 à 3 fr. — *Casino*, en deçà des bains: entrée, pour 1 jour, 1 fr. ; abonn. pour 25 jours, 20 fr. Théâtre: 3, 2 et 1 fr. — POSTE, rue Carnot, 10.

Luxeuil (304 m.) est une ville riante de 5254 hab., renommée pour ses *eaux thermales*, qu'utilisèrent déjà les Romains et qui appartiennent à l'Etat, comme celles de Plombières, mais moins fréquentées et dans un site bien inférieur. Il y a 3 sources ferrugineuses-manganésiennes et 13 sources chlorurées-sodiques. Leurs eaux, qui s'emploient en bains et en boisson, contre le rhumatisme et dans l'anémie, sont également peu minéralisées et doivent une grande partie de leurs vertus à leur thermalité, qui varie de 21 à 51° 5.

Antique *Luxovium*, cette ville a été célèbre au moyen âge par son abbaye, qu'avait fondée en 590 St Colomban, le missionnaire irlandais, et qui subsista jusqu'en 1792.

Luxeuil renferme, en dehors de son établissement, quelques curiosités. A dr. au coin de la rue de la Gare et de la rue Carnot ou grand'rue, la belle *maison du Juif* ou *François Ier*, de la Renaissance, avec des arcades. Un peu plus haut, à dr., l'*ancien hôtel de ville* ou la *Maison-Carrée*, construction très remarquable et pittoresque de 1440, à trois étages, avec de jolies fenêtres goth. et une jolie tourelle, et que domine une tour à créneaux. Il y a une bibliothèque et un petit musée. — En face, la *maison Jouffroy* ou *Pressinge*, aussi du xve s., avec un balcon auquel on a ajouté des colonnes au xviiie s.

L'*église St-Pierre*, plus bas que la maison du Juif, à g., sur une place où sont encore quelques maisons curieuses et l'hôtel de ville, est l'anc. abbatiale, un édifice de 1330, beau et bien restauré à l'intérieur. On y remarque des stalles de 1545 et surtout le buffet d'orgue, du xviie s., semblable à un énorme cul-de-lampe et que supporte un Hercule colossal ployant sous le faix, par Franç. de la

Baume. Il y a au S. ou à dr., du côté de la rue Carnot, des restes de cloître gothique, du xve s. — Plus loin, un petit séminaire, dans l'anc. abbaye, du xiiie s.

L'*établissement thermal* est situé, au milieu d'un joli petit parc à g. à l'extrémité de Luxeuil, au delà de l'anc. hôtel de ville et de la place du Collège, que décore une fontaine avec une statue de Neptune. C'est un corps de bâtiment de 1768, agrandi au xixe s., d'assez peu d'apparence, parce qu'il est en contre-bas de la rue, mais bien aménagé à l'intérieur. Toutes les sources y sont réunies. Il y a quelques antiquités dans la galerie de g. Cet établissement est ouvert toute l'année, mais fermé de midi à 2 h.

Le *casino* est entre la grand'rue et le parc de l'établissement. — Plus loin, à dr., un bel *hôpital*, qui est moderne.

Promenades assez intéressantes dans les bois voisins, la principale à l'*ermitage de St-Valbert*, au N., en partie par la route de Plombières, prolongement de la grand'rue du côté de l'établissement, puis à dr. par le village de St-Valbert. On le visite en payant 25 c. d'entrée, tous les jours excepté le mardi et le jeudi. Il y a 4 kil. 800 jusqu'au village et 5 kil. 400 jusqu'à l'ermitage. — Plombières (p. 181) est à 21 kil. de Luxeuil. De Luxeuil à *Corravillers*, 25 kil., ligne d'intérêt local, en 1 h. 30, pour 2 fr. 60 et 1 fr. 40. Principale stat.: (17 kil.) *Faucogney*, vieille petite ville fortifiée dans un site pittoresque (864 m.).

67 kil. *Citers-Quers*. Puis des bois. — 77 kil. *Lure* (p. 174), sur la ligne de Paris à *Belfort*.

41. De Langres à Belfort.

146 kil. Trajet en 2 h. 2 à 4 h. 38. Prix: 16 fr. 45, 11 fr. 15, 7 fr. 20.

Langres, v. p. 98. On traverse plus loin la *Marne*, assez près de sa source et dans le voisinage du réservoir de la Liez (p. 101); puis le *canal de la Haute-Marne* (p. 74 et 101), et l'on passe, par un tunnel de 1380 m., du bassin de la Marne dans celui de la Saône.

11 kil. (303 de Paris) **Chalindrey** ou *Culmont-Chalindrey* (bon *buffet-hôtel*). Culmont est à g. près de la voie. Chalindrey (1836 hab.) est à 1 kil. ½ à dr. Plus loin, à la même distance, est *le Pailly*, qui a un magnifique château de la Renaissance.

Ligne de *Nancy* (Contrexéville, Vittel) à *Dijon*, v. R. 34 A et B; ligne de *Besançon* par Gray, R. 47 C.

Ensuite un viaduc et un autre tunnel, de 1080 m. — 20 kil. *Hortes*. On descend la riante vallée de l'*Amance*. — 27 kil. *Charmoy*. — 31 kil. *La Ferté-sur-Amance*, à g. sur une hauteur.

39 kil. *Vitrey* (hôt. de la Gare, modeste). Ligne de *Bourbonne-les-Bains* (18 kil.), v. p. 180. — 45 kil. *Barges-Cemboing*.

50 kil. *Jussey* (hôt.: de l'Aigle-Noir, du Commerce), au confluent de la Saône et de l'Amance, avec un beau pont. 2600 hab. Ligne d'Epinal, v. p. 149.

On traverse la *Saône* et on en suit de loin la rive g. — 57 kil. *Montureux-lès-Baulay*.

64 kil. *Port-d'Atelier* (buffet; hôt. de la Gare, modeste), où se raccorde avec celle de Belfort la ligne de Nancy par Epinal, avec

embranch. sur Plombières, etc. (p. 181). — Plus loin, à dr., le confluent de la Saône et de la Lanterne; jolie vue. — 73 kil. *Port-sur-Saône.* 1903 hab. On quitte la vallée de la Saône et passe dans un tunnel de 385 m. — 76 kil. *Grattery.* — 80 kil. *Vaivre* — Ligne de Gray, Dôle et Dijon, v. R. 34 C. A Vesoul, à g., la colline de la Motte, avec son monument (v. ci-dessous).

84 kil. **Vesoul** (*buffet*; hôt.: *de l'Europe*, à la gare, bon; *de la Madeleine*, rue Carnot; *poste et tél.*, rue du Moulin-des-Prés, donnant dans la rue du Breuil), ville peu intéressante de 9704 hab. et chef-lieu du départ. de la *Haute-Saône*, sur le Durgeon, affluent de la Saône. Patrie du peintre Gérôme (né en 1824). Vesoul eut à subir plusieurs sièges importants et n'est à la France que depuis le traité de Nimègue (1678).

La grande rue de la Gare, à dr. à la sortie, puis la rue Carnot mènent au centre de la ville. Au delà de la rivière, à g., l'*hôpital*, au coin duquel se trouve un *buste du Dr Gevrey*, en bronze. La rue Alsace-Lorraine conduit de là à l'*église St-Georges*, qui est du XVIIIe s. Elle a, dans la première chapelle à dr., un St-Sépulcre avec statues en pierre, et ses voûtes sont remarquables par leur légèreté. Dans la rue du Collège, à g. de la place, se voit une *maison* goth. du XVIe s. La rue de l'Ecole-Normale, qui fait suite à la rue Alsace-Lorraine, aboutit plus haut à la rue des Annonciades, où se trouve dans l'anc. église des Annonciades, un petit *musée* de peinture: Jeanmougin, l'Enfer du Dante, les Foins; Vanloo, portr. du duc de Berry; Tassaert, portr. de femme; Jeanniot, le Moineau de Lesbie; Gérôme, Nominor leo, Cave canem; plusieurs moulages d'œuvres de Gérôme et son buste par Carpeaux. On revient à la place de l'église, d'où la rue Gevrey conduit au *palais de justice*, aussi du XVIIIe s. En prenant en deçà, à g., la rue de la Mairie et continuant par un sentier en lacets hors de la ville, on monte en 20 min. sur la colline de *la Motte* (452 m.), que couronne une Vierge érigée en 1854-57, sous une pyramide gothique. Vue étendue, mais assez uniforme. — A g. du palais de justice, on arrive en 2 min. à la place Neuve, au milieu de laquelle est le *monument des mobiles*, obélisque à la mémoire des mobiles du département morts sous les murs de Belfort en 1870-71. Dans le fond, le *Breuil*, promenade plantée de beaux platanes et un joli jardin anglais le long de la rivière. La rue du Breuil, du côté opposé, ramène à la rue Carnot.

De Vesoul à *Gray*, à *Dijon*, à *Besançon*, v. R. 34 C et 47 D.

92 kil. *Colombier.* — 98 kil. *Creveney-Saulx.* Puis un tunnel de 615 m. — 106 kil. *Genevreuille.*

114 kil. **Lure** (hôt.: *de l'Europe*, à la gare; *de France*, etc.), ville de 6062 hab. et chef-lieu d'arr. de la Haute-Saône. Elle eut jadis une abbaye, dont il reste des bâtiments du XVIIIe s., occupés par la sous-préfecture et précédés d'un petit lac, à g. de la grand'rue.

Ligne d'*Epinal* (Plombières), v. R. 40. — De Lure a Montbozon, suite de cette ligne vers Besançon: 40 kil., par la vallée de l'Ognon. Ce tronçon

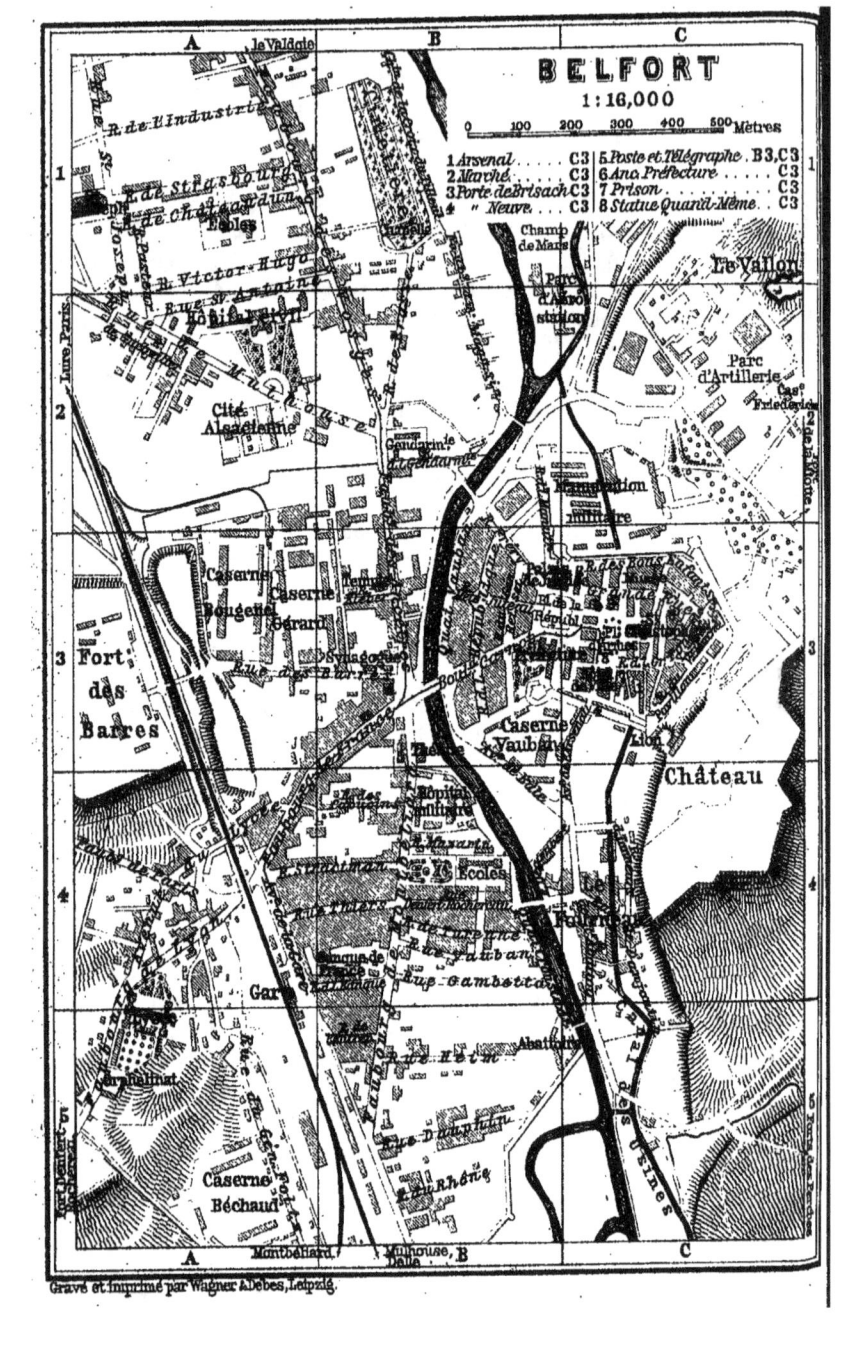

dessert *Villersexel* (18 kil.), où eut lieu, les 9 et 10 janv. 1871, entre les troupes des généraux Werder et Bourbaki, une bataille dans laquelle les Français restèrent vainement maîtres des positions. Il y a un beau château du XVII° s. Dans la partie haute, sur la place Neuve, un monument commémoratif (pyramide de granit), et il y en a un autre sur le champ de bataille, aussi couvert de tombes. — 12 kil. plus loin, *Rougemont*, village de 1170 hab., avec un château. — *Montbozon*, v. p. 228.

Lignes en construction de Lure : à *Héricourt* (p. 228) ; au *Haut-du-Them*, vers le N., avec prolongement projeté jusqu'à *Remiremont* (p. 165).

Les *Vosges*, qu'on voit depuis quelque temps à g., se montrent maintenant de plus en plus distinctement, surtout les Ballons de Servance et d'Alsace (p. 171). On aperçoit aussi un peu à l'horizon, à dr., le Jura. La voie remonte quelque temps la vallée du Rahin. — 125 kil. *Ronchamp*. 3571 hab.

TRAMWAY A VAPEUR d'ici à *Plancher-les-Mines* (18 kil. ; hôt. Moderne, ch. 1 fr. 50, dé. ou dî. 2.50, bon), centre industriel considérable pour la quincaillerie (clefs de montre), sur le Rahin et au S. du Ballon de Servance (18 kil. ; p. 171). 2685 hab. On passe par *Champagney* (v. ci-dessous) et par *Plancher-Bas* (2174 hab.), qui a une papeterie et un tissage de coton.

131 kil. *Champagney*, à dr., bourg de 4090 hab., au S. du Ballon de Servance. Ensuite un tunnel de 1250 m. A g., l'*étang du Malsaussy*.

139 kil. *Bas-Evette*. Embranch. de Giromagny (p. 172). C'est peut-être à tort qu'on y a cherché *Magetobrie*, où Arioviste, roi des Suèves, défit les Eduens vers l'an 70 av. J.-C. On a aussi placé cet endroit du côté de Luxeuil (p. 172) et du côté de Gray (p. 138).

A dr., la *montagne du Salbert* (647 m.), qui est fortifiée; plus loin, à g., la citadelle de Belfort, avec son lion, et encore plus à g. la tour de la Miotte (p. 177). Près de la ville, à dr., des établissements industriels, et à g. une cité ouvrière et le quartier neuf de Belfort.

146 kil. **Belfort** — HÔTELS: *de l'Ancienne-Poste* (pl. a, B 3), faubourg de France, en face du pont, bon, mais un peu cher ; *du Tonneau-d'Or* (pl. b, C 3), place d'Armes, bon, avec une annexe (pl. c, B 3), faub. de France, 16. — CAFÉS: *de l'Ancienne-Poste* (hôtel) ; *Danjean*, près de la poste (pl. 5, B 3) ; *de la Bourse*, faub. de France, 3 ; *du Tonneau-d'Or* (hôtel) et de son annexe (v. ci-dessus). — *Taverne Gauloise*, avec jardin, près de la gare; *café-brass. Terminus*, en face de la gare (dé. ou dî. 2 fr. 50), etc. — RESTAURANTS: *Danjean* (v. ci-dessus ; dé. ou dî. 3 fr.); bon buffet à la gare. — *Casino* (variétés), rue des Capucins.

VOITURES DE PLACE: à 1 chev., course, 1 fr. 25 le jour et 1. 75 la nuit, heure, 2 et 2.50 ; à 2 chev., course, 2 et 2.50, heure, 2 et 3. — VOIT. PARTIC. pour le *Ballon d'Alsace* (p. 171), chez Wandrès, faub. des Ancêtres, 7, et chez Dard, faub. de France, 13 : à 1 chev., 20 fr. pour 2 pers., 25 pour 3 ou 4 ; à 2 chev., 35 fr. pour 6 à 8 pers., etc.

TRAMWAYS: de la gare (pl. A 4-5) à la place d'Armes (pl. C 3 ; 10 c.) ; de la gare au *Valdoie* (v. pl. A 1 ; 25 c.).

POSTE & TÉLÉGRAPHE: vis-à-vis du théâtre (pl. 5, B 3) et dans la Grande-Rue (pl. 5, C 3).

BAINS: *Stiegler*, faub. des Ancêtres, 30 (bain simple, 1 fr.), et à l'*hôt. de l'Ancienne-Poste* (v. ci-dessus).

LIBRAIRIE: *J.-B. Schmitt*, faub. de France, 25 (souvenirs de Belfort et des Vosges, renseignements gratuits aux touristes).

BANQUES: *Banque de France* (pl. B 4), rue de la Banque ; *Comptoir National d'Escompte*, avenue du Lycée, 4 ; *Crédit Lyonnais*, faub. de France, 1 ; *Société Générale*, faub. de Montbéliard, 10.

Temple protestant (pl. B 3), faubourg des Ancêtres. — *Synagogue* (pl. B 3), rue des Barres.

Belfort ou *Béfort* (359 m.) est une ville prospère de 32567 hab. (8400 en 1870), sur la *Savoureuse*, et une place forte très importante pour la France, par sa situation au passage entre les Vosges et le Jura, connu sous le nom de *trouée de Belfort* et fréquenté de tous temps par les armées d'invasion entre les bassins du Rhône et du Rhin. Son origine ne remonte guère qu'au XIe s.; elle passa par mariage, au XIVe s., de la maison de Bourgogne à celle de Ferrette, puis à celle d'Autriche, fut prise par les Suédois en 1632 et 1634, par les Français en 1636, et réunie à la France en 1648. Assiégée par les Alliés en 1814 et en 1815, elle ne se rendit alors qu'à la fin des hostilités, de même qu'en 1871, à l'armistice et avec les honneurs de la guerre. Le dernier siège dura du 3 nov. 1870 au 16 février 1871; le bombardement commença le 3 déc., et les Allemands n'avaient pris à la fin que les forts détachés des Hautes et Basses-Perches, au S.-E. (v. pl. C5, et p. 185). La défense était dirigée par le lieutenant-colonel Denfert-Rochereau et l'attaque par le général de Treskow. Les fortifications de Belfort, dues à Vauban, sont auj. presque entièrement démantelées, mais des forts détachés entourent la ville sur une circonférence de 48 kil. (v. p. 177).

Belfort offre peu de curiosités au touriste. On y distingue deux parties principales: sur la rive dr. de la Savoureuse, un beau quartier neuf, le *faubourg de France*, compris dans la nouvelle enceinte; sur la rive g., la vieille ville, où l'on arrive de la gare en prenant à g. et traversant le faubourg. Elle est dominée par son imposant *château fort*, œuvre de Vauban, sur un rocher de 67 m. de haut, devant lequel se voit le gigantesque *lion de Belfort* (pl. C3), symbole de la défense, en grès rouge des Vosges, par Bartholdi (1880): il a 22 m. de long et 11 m. de haut sans le piédestal (visite, v. p. 177).

On entre dans la vieille ville par le beau boulevard Carnot (pl. B3). Depuis 1899, les fortifications et les casernes datant de Vauban ont été démolies et remplacées par un nouveau quartier entre la Savoureuse et l'ancienne porte de France (dém. en 1892). Sur la nouvelle place de la République (pl. BC3), où aboutit l'avenue Carnot, se trouvent, à dr. la *préfecture* (1902) et à g. ou au N., le *palais de justice* (1902). Là aussi sera élevé le *monument des trois sièges* (v. ci-dessus), œuvre de Bartholdi. De cette place, on va à l'E. à la place d'Armes. L'*église St-Christophe* (pl. C3), en face, est un édifice de 1727-1750, en grès rouge, dans le style lourd de l'époque. On remarque particulièrement les grilles en fer et les frises de l'intérieur. — A dr. sur la place, devant l'hôtel de ville, comme symbole de la résistance, le *Quand-Même* (pl. 8, C3), groupe en bronze par Mercié (1884), érigé à la mémoire de Thiers et de Denfert-Rochereau.

L'*hôtel de ville* (pl. C3) date de 1724.

La SALLE D'HONNEUR, au 1er étage, est décorée de grandes peintures modernes: Renaud de Bourgogne accordant des lettres d'affranchissement à la ville en 1307, par *A. Maignan*; Prise de la ville et sa réunion à la France en 1654, par *L. Mélingue*; Visite de Louvois et de Vauban à Belfort en 1679, par *Robert-Fleury*; Défense de Belfort en 1815 par Lecourbe, de *Detaille*; et la Défense de 1870-71, d'*A. de Neuville*.

Au N.-E. de la place d'Armes, dans la Grande-Rue, se trouve un petit *musée* de beaux-arts, d'archéologie et d'histoire naturelle (pl. C 3), ouvert les dim. de 2 h. à 4 h. et visible aussi les autres jours. Il renferme aussi la *bibliothèque*, qui compte env. 10 000 volumes et qui est ouverte le dim. de 10 h. à midi et le jeudi de 2 h. à 4 h.

La rue à dr. de l'hôtel de ville mène hors de l'enceinte par la porte Neuve (pl. 4, C 3), d'où l'on voit assez bien le *lion* (p. 176), qui toutefois ne se détache pas suffisamment. On peut aussi le voir de près, mais alors on n'a pas assez de recul.

La visite se fait sous la conduite d'un gardien, qui demeure rue de la Grande-Fontaine, n° 20 (v. ci-dessous), tous les jours en été (mai-oct.), et seulement les dim. et jeudi en hiver, de 1 h. à 4 h. Entrée: 1 pers., 50 c.; 2 ou 3 pers., 1 fr., puis 25 c. par pers., 10 c. uniformément par pers. les dim. et fêtes. On a en outre de là une belle vue.

La rue de la Grande-Fontaine, à dr. de l'église, près de l'hôtel de ville, conduit vers la *porte de Brisach* (pl. 3, C 3), de 1687, un des plus beaux spécimens de l'architecture militaire du XVIIe s., d'où l'on arrive dans le *Vallon* (pl. C 1-2), qui sert de camp retranché et que traverse la route de Strasbourg. A dr., la route de Bâle, qui passe entre les rochers de la citadelle et du *fort de la Justice*. On laisse plus loin à dr. le *cimetière des mobiles*, où reposent plus d'un millier de soldats français (monument commémoratif, 1873). A l'extrémité du vallon ($^3/_4$ d'h.), le *fort de la Miotte* (v. pl. C 2), avec une tour considérée en quelque sorte comme le palladium de Belfort; elle a été reconstruite depuis 1873, mais elle est de fondation très ancienne. Les fortifications ont été considérablement augmentées depuis la dernière guerre, surtout par la construction de forts détachés sur les hauteurs voisines et jusqu'à une distance de 24 kil., au Ballon de Servance (p. 171). — On peut monter jusqu'à l'entrée du château; la vue y est encore plus belle que du lion.

A 3 kil. au N.-O. de la ville, par le faub. des Ancêtres et en passant aux établissements industriels de l'autre côté du chemin de fer (p. 175), se trouve le village de *Cravanche*, où l'on a découvert en 1876 des *grottes à stalactites*. Nombreux objets et ossements de la période néolithique. S'adresser au gardien; 1 fr. pour 1 à 3 pers., puis 25 c. par pers.

De Belfort à *Epinal*, v. R. 40; au *Ballon d'Alsace*, à *Bussang*, etc., p. 172-171; à *Mulhouse*, etc., R. 43; à *Bâle*, R. 44; à *Besançon*, R. 48.

CORRESPOND. (courrier) 2 fois le jour, en 3 h., pour 2 fr. 50, de Belfort à *Rougemont* (16 kil.; aub.), bourg manufacturier de 2838 hab. à 5 kil. de la frontière et 7 de Massevaux (p. 168).

42. Bains des Vosges.

I. De Châlons-sur-Marne (Paris) à Vittel, Contrexéville et Martigny-les-Bains, par Mirecourt.

Des quatre embranchements reliant Châlons-s.-M. à Epinal par *Mirecourt* (R. 33), il n'y a que ceux de *Blesme* et de *Pagny-sur-Meuse* (R. 33 A et C) par lesquels on ait la correspondance à Mirecourt pour les bains ci-dessous. Voir cependant l'Indicateur. Le trajet de Mirecourt à Vittel est seulement de 9 kil. plus court que celui de Mirecourt à Epinal; de *Vittel*, il n'y a que 5 kil. jusqu'à *Contrexéville* et 15 jusqu'à *Martigny-les-Bains*. Les trajets sont donc à peu près de même durée et les prix à peu près les mêmes.

La ligne la plus rapide de Paris à Vittel, etc. est celle qui passe par *Troyes*, *Langres* et *Andilly* et mène d'abord à Martigny (p. 178).

Châlons-sur-Marne, v. p. 69. De là à *Mirecourt*, R. 33 A, B, C et D. De *Mirecourt* à *Vittel*, *Contrexéville* et *Martigny-les-Bains*, R. 34 B.

II. De Nancy à Vittel, Contrexéville et Martigny-les-Bains.

84, 89 et 99 kil. Trajet en 2 h. 16 à 8 h. 25 jusqu'à *Vittel*; env. 10 min. de plus jusqu'à *Contrexéville* et 1/4 d'h. de là à *Martigny*. Prix: 9 fr. 40, 6 fr. 35, 4 fr. 15; — 10 fr. 10, 6 fr. 70, 4 fr. 40; — 11 fr. 10, 7 fr. 45, 4 fr. 80.

Nancy, v. p. 120. De là à *Mirecourt*, *Vittel*, *Contrexéville* et *Martigny-les-Bains*, v. R. 34 B.

III. D'Epinal à Vittel, Contrexéville et Martigny-les-Bains.

57, 62 et 72 kil. Trajet en 1 h. 40 jusqu'à *Vittel*, etc., comme ci-dessus. Prix: 6 fr. 35, 4 fr. 80, 2 fr. 85; — 6 fr. 95, 4 fr. 65, 3 fr. 10; — 8 fr. 05, 5 fr. 40, 3 fr. 60.

Epinal, v. p. 150. De là à *Mirecourt* (33 kil.), p. 149. De *Mirecourt* à *Vittel*, etc., p. 137.

IV. De Langres (Paris) à Martigny-les-Bains, Contrexéville et Vittel, par Andilly.

58, 68 et 73 kil. Trajet en 1 h. 20 à 2 h. 86 jusqu'à *Martigny-les-Bains*, env. 1/4 d'h. de plus jusqu'à *Contrexéville* et 10 min. de là à *Vittel*. Prix: 6 fr. 50, 4 fr. 40, 2 fr. 85; — 7 fr. 60, 5 fr. 15, 3 fr. 85; — 8 fr. 20, 5 fr. 50, 3 fr. 60. — De *Paris* à *Martigny*, *Contrexéville* et *Vittel* par cette ligne: 355, 365 et 370 kil.; 6 h. à 12 h. env.; 39 fr. 85, 26 fr. 95 et 17 fr. 60; 40 fr. 95, 27 fr. 70 et 18 fr. 10; 41 fr. 55, 28 fr. 05 et 18 fr. 85.

Langres, v. p. 98. On y laisse à dr. la ligne de Belfort pour prendre un embranch. qui se dirige vers le N.-E. — 8 kil. *Bannes*. — 13 kil. *Neuilly-l'Evêque*. — 18 kil. *Andilly*, où l'on rejoint un autre embranch. partant de Chalindrey (p. 173), par lequel on continue vers *Merrey* et *Martigny* (42 kil.). Détails, v. p. 136 et 137.

Martigny-les-Bains. — Hôtels: *H. International* (200 ch., p. dep. 12 fr. 50 par jour), *Gr.-Hôt. de l'Etablissement* (p. 8 à 25 fr.), *H. d'Alsace* et *H. du Château* (p. 6 à 7 fr.), tous dans le parc et à la même société; — *H. St-Pierre*, anc. auberge, à l'autre extrémité du bourg, à 1/4 d'h. de la station, par le dernier pont. — Eaux minérales: *boisson*, 20 fr. pour 21 jours; *bains et douches*, depuis 1 fr. 50. — *Casino*, abonnement, 15 fr. par personne.

Martigny-les-Bains (366 m.) est un village de 1065 hab., qui a des *eaux minérales* comme Contrexéville et Vittel, sinon de même importance, et un établissement moderne, avec un grand et beau parc, en face de la gare. Les sources sont en face du Grand-Hôtel et les bains dans l'hôtel même. Saison du 15 mai au 15 septembre. La localité n'a sans cela rien de curieux et offre peu de ressource; les rues en sont même malpropres, en partie à cause de l'habitude qu'on a dans la région de mettre des tas de fumier devant les maisons. Les environs n'ont également rien de particulier. On n'est pas encore là dans les Vosges, mais dans les monts Faucilles, dont le relief est peu considérable. — Excursions, voir à Contrexéville. — A env. 3 kil. à l'E., le *Haut-Mont* (501 m.), d'où l'on a une belle vue.

Contrexéville. — Hôtels: *de l'Etablissement*, aux bains; *de la Providence, de Paris, Martin-Félix, Martin aîné, Gr.-H. des Apôtres, H. de France*, tous près de l'établissement; *Harmand*, à dr. du parc (7 à 8 fr. par jour, t. c.); *de l'Europe*, à g. de l'hôt. de Paris, plus modeste (ch. t. c. 2 à 8 fr., dé. 2.50, dî. 3, p. 7.50, omn. grat.); *Bellevue*, etc. — Beaucoup de *maisons meublées*. — *Cafés* aux hôtels des Apôtres et de France.

Eaux minérales: à l'établissement, *boisson*, 20 fr. par abonnement; *bains* et *douches*, depuis 1 fr. 50; buvette gratuite à la *source du Dr Thiéry*, à côté du parc de l'établissement, à g. en y arrivant, et à la *source Mongeot*, de l'autre côté du parc; 5 fr. à la *source Le Cler*, du même côté.

Casino de l'établissement: abonnement, complet (théâtre, salles de lecture, jeux et billards), 1 pers., 30 fr. pour 21 jours; 2 pers., 50 fr.; 3 pers., 60, etc.; abonn. au cabinet de lecture seul, 20, 35 et 45; simple entrée au théâtre, 3 fr.

Voitures pour promenades, non tarifées et chères.

Contrexéville (342 m.) est un village de 937 hab., dans un vallon orienté du S. au N. et sur le Vair, dont le cours a été amélioré. Ses *eaux minérales* froides, sulfatées-calciques, sont renommées depuis le xviiie s. Elles s'emploient spécialement en boisson, dans le traitement de la gravelle, de la goutte, du diabète, du catarrhe vésical et des coliques hépatiques. Elles sont éminemment diurétiques. L'*établissement*, à peu de distance de la gare, dans un quartier élégant, est de belle apparence, surtout grâce à la galerie vitrée où se trouve la *source du Pavillon*, la plus importante, dont le débit est de 200 000 litres par jour. De chaque côté de la cour qui la précède se trouvent les bureaux de l'administration, l'hôtel de l'Etablissement, les bains et la poste; dans le fond, à g., le casino; derrière, un joli petit *parc*, avec des boutiques et des jeux et où il y a concert deux fois par jour. L'entrée de ce parc est réservée aux abonnés et aux personnes qui les accompagnent. Saison du 20 mai au 20 septembre.

Excursions. — Au *chêne des Partisans*, 8 kil. au S.-O., par *Crainvilliers*, par où l'on y va aussi de Martigny (p. 178). Cet arbre, presque à la lisière d'une forêt, non loin de *la Vacheresse*, a 33 m. de haut et 14 m. 50 de circonférence à la base. Il doit sa dénomination aux partisans de Lorraine qui se réunissaient à cet endroit lors de leurs incursions sur le territoire français, en 1645, durant le siège de la Mothe (v. p. 137). — A *Bulgnéville* (hôt. du Lion-d'Or), 6 kil. à l'O., promenade agréable par la belle forêt de ce nom. Il y a des ruines d'un couvent et d'un château et l'église renferme un St-Sépulcre qui est la reproduction de celui de St-Mihiel (p. 116). Bulgnéville a deux sources d'eaux minérales inexploitées. Correspond. d'Aulnois (p. 149). — Dans la *vallée de Bonneval*, 11 kil. au S.-E., par *Lignéville* (5 kil.) et *St-Baslemont* (9 kil.), village qui a des restes de château et de fortifications. On visite aussi, à 1 kil. à l'E. de là, l'*ermitage de Chèvre-Roche*. — Il y a encore dans la même forêt, plus au S., le *vallon de Viviers-le-Gras*, à 8 kil. de Contrexéville, etc.

Vittel. — Hôtels: *Vittel Palace, dans le parc, de tout 1er ordre; **Gr.-H. de l'Etablissement*, au-dessus de l'établissement et à côté du casino, également de 1er ordre (11 à 20 fr. par jour, avec carte d'entrée au casino); *H. Suisse*, à l'entrée du parc (8 fr. 50); *H. des Sources*, en deçà (ch. t. c. 2 à 3 fr. 50, rep. 75 c., 2.50 et 3 fr., p. 7 à 8.50, om. grat.); *Lorraine* (8 à 12 fr.), *Continental* et *de Châtillon* (8 à 12 fr.), tous dans l'avenue venant de la gare;

des Tilleuls (6 à 7 fr.); *de Paris*, près de la gare (7 à 8 fr., t. c.); *H. de la Providence*, *des Vosges*, dans le bourg, place de l'Hôtel-de-Ville (6 à 8 fr.).

Eaux minérales: au grand établissement, *boisson*, abonnement, 20 fr.; *bain*, 1 fr. 50 à 2.50; *douche*, 1 fr. 25 et 1.50; à la Source Bienfaisante, buvette gratuite.

Casino: abonnement de 25 jours au casino et au théâtre, fauteuils, 50 fr.; premières, 35; deuxièmes, 25; abonn. au casino seul, 10 fr.; une journée, avec entrée au théâtre, 3 fr. — *Musique* le matin de 7 h. 1/2 à 9 h. et le soir de 3 à 5. — *Voitures de louage* tarifées pour les excursions.

Vittel (330 m.) est un bourg de 1713 hab., à g. ou au S. du chemin de fer, à peu près sans intérêt pour le touriste. Mais il a à dr., dans un joli site et au milieu d'un beau parc, des *eaux minérales* froides, sulfatées-calciques et ferrugineuses, qui s'emploient surtout, en boisson et en bains, contre la goutte, la gravelle, le diabète, la dyspepsie, les maladies des voies urinaires et la constipation. Saison du 25 mai au 25 septembre.

On y va de la gare en passant sous la voie. Les constructions sont de date récente, sur les plans de Ch. Garnier, architecte de l'Opéra de Paris. Le beau bâtiment à dôme qu'on voit en arrivant, dans le haut du parc, est le *casino*, précédé d'une terrasse. A côté est le *Grand-Hôtel*, aussi avec terrasse, et le *Vittel Palace*. Dans le bas, les *bains* et les *sources*, trois dans une galerie précédant les bains et une dans un pavillon rustique à dr. La « grande source » est particulièrement diurétique et la « source salée » fortement laxative. Chapelle derrière le Grand-Hôtel. Bureau de poste et télégraphe.

Il existe dans le bourg, près de l'hôtel de ville, un petit établissement dit de la *Source Bienfaisante*, dont l'eau est, dit-on, moins minéralisée.

Excursions de Vittel, v. ci-dessus, à Contrexéville.

V. De Langres (Paris) à Bourbonne-les-Bains.

57 kil. Trajet en 1 h. 28 à 2 h. 7. Prix: 6 fr. 40, 4 fr. 30, 2 fr. 80. — *De Paris:* 354 kil.; 7 h. 3 à 11 h. 40; 39 fr. 75, 26 fr. 85, 17 fr. 55.

Langres, v. p. 98. De là à *Vitrey* (39 kil.), p. 173.

L'embranch. suit quelque temps la ligne de Belfort, puis tourne au N. et traverse l'Amance. — 47 kil. *Voisey*.

57 kil. **Bourbonne-les-Bains.** — Hôtels: *Gr.-H. des Thermes*, place des Bains; *Berthe-Gaillard*, aussi près de l'établissement; *des Bains*, rue des Bains, 20 (ch. t. c. 2 fr. 50 à 6, rep. 60 ou 75 c., 3 fr. et 3.50, p. 8.50 à 13, om. 50 et 75 c.); *H. du Commerce*, Grande-Rue (ch. 1 à 3 fr.; 2e dé. 2.50; dî. 3, p. 7 à 8.50); *H. de l'Est*, même rue, etc. — *Maisons meublées*. — Cafés: *des Bains*, rue de ce nom; *du Balcon*, Grande-Rue.

Eaux minérales: *bains*, 1re cl., en baignoire, 2 fr.; 2e cl., en baignoire, 1 fr.; en piscine, 65 c.; *douches*, 1re cl., ordin., 2 fr.; à haute pression, 2.50; 2e cl., 1 et 1.50; buvette, verre d'eau, 10 c.; abonn., 5 fr.

Casino: abonn. pour civils, complet, 15 jours, 20 fr.; un mois, 30; entrée simple aux concerts et aux bals, 2 fr.; au théâtre, 1 à 4. — *Concerts*, à midi, 4 h. et 7 h. 1/2. Chaise au parc, 10 c., pour les non-abonnés; 4 fr. par mois.

Poste et télégraphe, place de l'Hôtel-de-Ville, près de l'église.

Bourbonne-les-Bains est une ville de 4038 hab., renommée par ses *eaux thermales* (42 à 65°), chlorurées-sodiques fortes, déjà utilisées par les Romains (« Aquæ Borvonis »). Elles s'emploient surtout dans le traitement du lymphatisme et des scrofules, du rhumatisme, de la paralysie, des maladies chirurgicales et des blessures par armes à feu, et l'on y rencontre beaucoup de militaires.

On traverse un faubourg en venant de la gare. Arrivé au centre par la Grande-Rue, qui monte à dr., on a du même côté, sur une colline, l'*église*, édifice remarquable des XIIe et XIIIe s., avec un beau clocher goth. à flèche en pierre. Quelques pas plus loin, à g., est la rue des Bains, qui descend aux *établissements thermaux*, composés de *bains civils* de 1re et de 2e classe, et d'un *hôpital militaire* (à g.), les eaux étant propriété de l'État. Il y vient annuellement 2500 à 3000 baigneurs. Saison, du 15 avril au 15 octobre. Le casino est dans la partie gauche des bains civils de 1re classe. Il y a derrière un petit *parc*, sur le versant d'un monticule, où se trouvent huit réservoirs, chacun d'une contenance de 100 000 litres, dans lesquels des pompes à vapeur font monter les eaux minérales, de la cour de l'établissement militaire, pour les refroidir. Sur la petite place qui précède les bains civils, la *buvette*, à une source spéciale. Derrière les bains de 1re cl., à dr., une buvette d'eau d'Aigremont (v. ci-dessous).

Sur l'autre versant de la colline où est l'église, à dr. au delà de cet édifice, se voient des restes du *château* des seigneurs de Bourbonne et dans le bas, à g., est la *promenade de Montmorency*, un petit parc bien ombragé.

Il y a aux environs des bois qui sont des buts de promenade. On va aussi à *Coiffy-le-Haut*, sur une colline à 7 kil. au S.-O., où il y a des restes d'un château fort, et à *Larivière-sous-Aigremont*, à 8 kil. au N.-N.-O., où il y a une source d'eau ferrugineuse exploitée.

A 10 kil. à l'E., par *Villars-St-Marcellin* (8 kil.) et *Fresnes-sur-Apance* (4 kil.), *Châtillon-sur-Saône*, vieux village fortifié, avec maison du XVIe s.

VI. De Langres à Bains-les-Bains, Luxeuil et Plombières.

A *Bains-les-Bains*: 108 kil.; 2 h. 51 à 4 h. 12; 12 fr. 25, 8 fr. 20, 5 fr. 80. *De Paris* par cette ligne (moins long et moins cher que par Nancy): 405 kil.; 8 h. 31 à 13 h. 45; 45 fr. 50, 30 fr. 75, 20 fr. 05. — A *Luxeuil*: 109 kil.; 4 h. 10 à 5 h. 25; 13 fr. 40, 8 fr. 80, 5 fr. 40. *De Paris*: 406 kil.; 12 h. 85 à 14 h.; 45 fr. 65, 30 fr. 85, 20 fr. 15. — A *Plombières*: 105 kil.; 8 h. 50 à 4 h. 45; 11 fr. 95, 8 fr., 5 fr. 20. *De Paris*: 402 kil.; 11 h. 5 et 13 h. 45; 45 fr. 20, 30 fr. 55, 19 fr. 95.

Langres, v. p. 98; de là à *Port-d'Atelier* (64 kil.), p. 173; puis à *Aillevillers* (30 kil.), p. 138, et de là à Plombières (11 kil., v. ci-dessous), à *Bains-les-Bains* (14 kil., et 4 kil. 1/2 de route, v. p. 184), ou à *Luxeuil* (15 kil.), p. 172.

L'EMBRANCHEMENT DE PLOMBIÈRES part d'Aillevillers et remonte la belle vallée boisée de l'Augrogne qui se rétrécit dans la partie supérieure. — 100 kil. *Le Grand-Fahys*. — 102 kil. *La Balance*.

105 kil. **Plombières**-*les-Bains*. — ARRIVÉE. La gare est à l'extrémité O. de la ville, près des Nouveaux Thermes, au-dessous du parc (à g.). Il y a des omnibus du chemin de fer et des hôtels. Omnibus du chemin de fer, 25 c. jusqu'au bureau, 30 c. à domicile et 20 c. par colis.

HÔTELS: *Grands-Hôtels des Nouveaux-Thermes*, à l'entrée, près du casino, de 1er ordre; *Gr.-H. Stanislas*, derrière le casino; *Gr.-H. de la Paix*, à dr. en face du casino; *Nouvel-Hôtel*, au commencement de la rue Stanislas, à g.; *H. de la Tête-d'Or*, près de l'église, à g., à l'extrémité de la rue Stanislas (ch. 2 à 8 fr., rep. 75 c. et 8 fr.); *H. de l'Ours*, près de là, à dr. (ch. 2 à 5 fr., b. 50 c., s. 75, rep. 75 c., 8 et 3 fr. 50, om. 50 et 75 c.); *H. des Bains*, rue Stanislas, 19; *H.-pens. Bellevue*, avenue Louis-Français. Au fort de la saison, en juillet et en août, il est bon d'arrêter son logement à l'avance. — Beaucoup de *maisons meublées*, indiquées par des écriteaux, rue Stanislas, avenue Louis-Français, etc., quelques-unes avec table d'hôte.

CAFÉS: *du Casino*, sur la promenade; *des Arcades*, rue Stanislas; *Leduc*, près de l'église.

TARIF DES BAINS. Établiss. thermaux: 1re cl. ou Nouveaux Thermes, bain Stanislas et bain Romain, 2 fr. 80; douches, 1 fr. 05 à 2 fr. 05; — 2e cl., bain National, 1 fr. 20 à 1 fr. 80 et 60 c. à 1 fr. 50; bain des Dames, 1 fr. 80 et 1 fr. 30; — 3e cl., bain Tempéré, 1 fr. 20 et 40 c. à 1 fr. 10; bain des Capucins, 80 c. — Étuves romaines: bain de vap., avec douche, 2 fr.; sans douche, 1 fr. 50. — Les buvettes sont gratuites.

VOITURES DE PLACE: l'heure, dans la soirée, à 1 chev., 3 fr.; à 2 chev., 5 fr.; pour de petites excursions, à partir de 12 et de 16 fr.; s'adresser au bureau et voir les affiches sur la promenade. On obtient des réductions à la fin de la saison.

OMNIBUS: pour les Feuillées (p. 183), en face de l'église, 3 et 4 fois par jour, 1 fr. 50 aller et retour; pour Remiremont (p. 184), 2 fois par jour, à 6 h. 1/2 et 3 h.; trajet en 1 h. 1/2, pour 1 fr. 60. — Voitures pour d'autres excursions, demander le tarif.

POSTE & TÉLÉGRAPHE, avenue Louis-Français, derrière le bain National.

CASINO: abonnement au casino seul, 1, 2 et 3 pers., de la même famille, 15, 30 et 40 fr.; au casino et au théâtre, 40, 60 et 75 fr.; — entrée au casino, 1 fr.; au théâtre, 3 à 5 pour les non abonnés. — *Concerts* publics, sur le devant: de midi à 1 h. 1/2, 4 h. à 5 h. 1/2 et 8 h. à 9 h. 1/2.

CULTE PROTESTANT, salle de l'ancien casino, au bain National.

Plombières (430 m.) est une petite ville de 1830 hab., occupant un joli site dans un ravin, sur les bords de l'*Augrogne* ou Augronne et célèbre par ses *eaux thermales*, déjà connues des Romains et les plus importantes des Vosges. Ces eaux, remises en faveur au milieu du XVIIIe s. par les soins de Stanislas, alors duc de Lorraine, jouissent surtout d'une grande vogue depuis que Napoléon III y est venu passer plusieurs saisons et y a fait faire de grands travaux. Aussi sont-elles des plus fréquentées et des plus à la mode, et il y règne, proportion gardée, un ton analogue à celui de Vichy. Elles sont également la propriété de l'Etat, qui les fait exploiter par une compagnie fermière. Il y a 27 sources, donnant 750 m. cubes d'eau par jour, d'une température variant entre 12 et 70°. On les divise en sources thermo-minérales, sources savonneuses et sources ferrugineuses. On classe les premières parmi les sulfatées-sodiques, mais elles sont peu minéralisées et la thermalité en est le principal élément. Quant aux savonneuses, elles semblent devoir leur nature onctueuse à la présence du silicate d'alumine. Les eaux de Plombières se prennent surtout en bains, mais il y a aussi quelques sources où elles se boivent. Elles s'emploient particulièrement contre les maladies des organes de la digestion, les affections nerveuses, la goutte et les rhumatismes. Le climat est assez variable.

A l'entrée de la ville, à g., se trouvent les *Nouveaux Thermes*, établissement monumental de première classe et parfaitement aménagé, construit en 1857. Il y a quatre piscines et deux étages de cabinets autour d'une galerie servant de promenoir. Les deux bâtiments de chaque côté sont les Grands-Hôtels.

Quelques pas plus loin, la *petite promenade*, rendez-vous des baigneurs et où se donnent des concerts. Le côté g. est occupé par le *casino*. De l'autre côté de la promenade, la *rue Stanislas*, la principale. En contre-haut, à dr. en arrivant, l'*avenue Louis-Français*, qui est plus moderne et plus large, et où l'on a érigé, à g., un *monument de Louis Français*, le peintre (1814-1897), originaire de Plombières, par E. Peynot (1901): buste et deux statues symbolisant la Forêt et le Printemps. C'est dans la rue Stanislas que se trouvent les autres établissements et les principales sources : à g., le *bain des Capucins*, de 3e cl., petite salle à voûte en ogive, avec une piscine à deux compartiments, où l'eau sort du «trou du Capucin», et le *bain Tempéré*, de 3e cl., qui a quatre piscines et des cabinets; à dr., le *bain National*, de 2e cl., le plus fréquenté, qui a quatre piscines, des cabinets et une étuve, avec une douche appelée «l'Enfer»; plus loin, le *bain Romain*, de 1re cl., en sous-sol au milieu de la rue et à la suite duquel sont les *étuves romaines*, sous le pavé de la rue (entrée par le bain Stanislas; ouvert toute l'année); à dr., derrière les maisons, le *bain des Dames*, de 2e cl.; près de la rue, la *source des Dames* (51° 40; buvette), ainsi nommé parce qu'il a appartenu aux chanoinesses de Remiremont, et le *bain Stanislas*, de 1re cl., dépendant en partie de l'hôpital voisin. En face, la *maison des Arcades*, de 1760, où se trouvent la *source du Crucifix* (43° 21) et la *source savonneuse* (tempér. variable), avec buvettes.

L'*église*, un peu plus loin, est une construction moderne dans le style du XIVe s., qui a un beau clocher.

A l'extrémité de la ville, la *promenade des Dames*, plantée de magnifiques ormes et vers le milieu de laquelle est la *source Bourdeille*, la plus importante des ferrugineuses (froide), avec buvette.

On a un joli coup d'œil du petit plateau où s'élèvent une *statue de la Vierge* et une petite *chapelle St-Joseph*, au N. de la ville. On y monte par la rue d'Epinal, au N. de la place de l'Eglise, puis par un escalier à dr. L'endroit est illuminé dans la saison, et il y a une procession avec cierges le 15 août au soir.

Le *parc*, du côté de la gare et qui s'étend au loin, derrière les Nouveaux Thermes et le long du chemin de fer, est une charmante promenade, bien ombragée. On y remarque de curieux éboulis de rochers granitiques. Il y a à la suite un bois, avec des poteaux indiquant divers endroits fréquentés par les promeneurs, surtout la *fontaine Stanislas*, à 2 kil. de distance. Il y a un restaurant.

D'autres endroits fréquentés aux environs sont les cafés rustiques qu'on appelle «feuillées», particulièrement la *Feuillée Dorothée*, à 1 h. au S. (voit., p. 182). Le chemin qui y conduit part de la rue haute au-dessus de la Petite Promenade. Il y a des poteaux indicateurs. Le local de la Feuillée domine la jolie vallée dite *val d'Ajol* (p. 184). Le coup d'œil est encore plus beau un peu plus loin. La *Feuillée Nouvelle* est de l'autre côté du vallon qu'on longe en arrivant, à dr. de la route du val d'Ajol.

De Plombières à Remiremont. Les touristes désirant aller de Plombières à Remiremont pour faire les excursions recommandées de ce côté, ont plus court d'y aller en voiture par la montagne qu'en ch. de fer par Epinal. Il y a 14 kil. par la route nationale, qui est desservie en été par des voit. publ. (p. 182), et 82 kil. par le ch. de fer. Une voit. partic. coûte, par la même route, à 1 chev., 14 fr.; à 2 chev., 20 fr. Mais il est beaucoup plus intéressant d'y aller par le *val d'Ajol* (v. p. 188; voit., 20 et 30 fr.), où l'on passe près de la *cascade de Faymont*, à g. en deçà du petit village de ce nom (hôt. du Cheval-Blanc; stat., p. 188); puis par la *vallée des Roches*, un très beau défilé, entre des hauteurs boisées. Il y a 8 kil. de Plombières à la localité dite le Val-d'Ajol (stat., p. 188), ensuite 2 kil. jusqu'à Faymont et 12 de là à *Remiremont* (p. 165). — La ligne d'Aillevillers à Plombières doit être prolongée jusqu'à Remiremont.

VII. D'Epinal à Bains-les-Bains, Plombières et Luxeuil.

A *Bains-les-Bains*: 30 kil. de ch. de fer, en 45 min., pour 3 fr. 35, 2 fr. 25 et 1 fr. 50; puis 4 kil. 1/2 de route et correspond. pour 55 c., 30 par la concurrence. — A *Plombières*: 55 kil.; 2 h. 20 à 2 h. 45; 6 fr. 15, 4 fr. 15 et 2 fr. 70. — A *Luxeuil*: 59 kil.; 1 h. 30 à 1 h. 45; 6 fr. 60, 4 fr. 45, 2 fr. 90.

Epinal et première partie du trajet, v. p. 150 et 137-138. — 30 kil. *Bains-les-Bains* (hôt. de la Gare), stat. à 4 kil. 1/2 de la ville, où l'on descend par une jolie vallée, en tournant à dr. près de la gare.

Bains-les-Bains. — Hôtels: *Gr.-H. des Bains*, au bain Neuf (v. ci-dessous); — *Mathieu*, au pont (7 fr. par jour). Maisons meublées. — Bains: dans les piscines, au bain Neuf, 1 fr.; au bain Romain, 75 c.; en cabinet, simple, 1 fr. 25 et 90 c.; avec douches, 2 fr. 25 et 1 fr. 90, etc., plus 20 c. pour un peignoir chaud (obligatoire), 10 et 5 c. pour une serviette, etc. — *Casino* au 1er hôtel.

Bains-les-Bains (306 m.) est une ville de 2415 hab. dans un assez joli site, redevable de son nom à des *sources thermales* (29 à 50°) peu minéralisées, déjà connues des Romains. Elles ont de l'analogie avec celles de Plombières, mais la station est beaucoup plus modeste et plus calme. Il y a deux établissements: le *bain Romain*, de peu d'apparence, à moitié en sous-sol, sur une place à peu près au centre, au delà du pont sur le Bagnerot, rivière qui traverse la ville, et le *bain Neuf*, en deçà à dr., plus près du pont. Le second bâtiment comprend aussi l'hôtel des Bains et le casino. — Environs boisés, avec promenades entretenues.

Après celle de Bains-les-Bains vient la station d'*Aillevillers* (14 kil.), où s'embranche la ligne de *Plombières* (11 kil.; p. 181), et 3 stations plus loin (15 kil.) celle de *Luxeuil*. Détails, v. p. 172.

VIII. D'Epinal à Bussang.

60 kil. Trajet en 2 h. env. Prix: 6 fr. 70, 4 fr. 55, 2 fr. 95. — *De Paris* (par Epinal): 487 kil.; 9 h. 40 et 10 h. 40; 54 fr. 65, 36 fr. 95, 24 fr. 10.

Itinéraire au départ d'Epinal, v. p. 157 et 165.

43. De Belfort à Strasbourg.*

162 kil. Trajet en 4 h. à 5 h. 45. Prix: 16 fr. 10, 10 fr. 80, 6 fr. 85. Jusqu'à *Mulhouse:* 49 kil.; 2 à 3 h.; express, 5 fr. 60, 3 fr. 95; trains omn., 5 fr. 10, 3 fr. 45, 2 fr. 25. — De Mulhouse à *Colmar:* 43 kil.; 40 min. à 1 h. 15; 4 ℳ, 2 ℳ 80 et 1 ℳ 95 ou 3 ℳ 50, 2 ℳ 35 et 1 ℳ 50. — De Colmar à *Strasbourg:* 70 kil.; 1 h. à 2 h. 10; 5 ℳ 90, 4 ℳ 25 et 3 ℳ ou 5 ℳ 80, 3 ℳ 50 et 2 ℳ 25.

Belfort, v. p. 175. On laisse à dr. les lignes de Montbéliard-Besançon et de Delle. A g., les *forts des Perches* (v. p. 176). — 6 kil. *Chèvremont*. — 12 kil. *Petit-Croix* (buffet), stat. frontière française.

14 kil. *Montreux-Vieux* (all. Altmünsterol; buffet), avec la douane allemande. Heure en avance de 55 min. — On traverse ensuite le *canal du Rhône au Rhin*, qui relie les deux fleuves par le Doubs, la Saône, etc., et forme une ligne de navigation de 349 kil. Puis 2 viaducs, de 390 et 494 m. de long sur 20 et 24 de haut. — 24 kil. *Dannemarie* (Dammerkirch). Encore 3 viaducs, les deux derniers sur l'*Ill*, dont on va descendre la jolie vallée jusqu'à Strasbourg.

32 kil. **Altkirch** (*hôt. Geber*), ville de 3300 hab., dominée par une église moderne du style roman. — Embranch. de 24 kil. sur *Ferrette* (Pfirt; hôt. de New-York), centre d'excursions dans le Jura alsacien.

40 kil. *Illfurth*. — 43 kil. *Zillisheim*. A g., la ligne de Strasbourg. A dr., la belle flèche du temple de Mulhouse.

49 kil. **Mulhouse**, en all. *Mülhausen* (hôt.: *Central* et *Wagner*, rue de la Porte-de-Bâle, 16 et 18), ville de 88 500 hab., centre manufacturier le plus important de l'Alsace. Elle présente peu de curiosités. Au delà du canal du Rhône au Rhin, qui passe près de la gare, à dr. en arrivant, l'*hôtel des postes* et le *musée*, qui mérite une visite. Plus loin, à g. de la rue de la Porte-de-Bâle, l'*hôtel de ville*, curieux édifice de 1551, couvert extérieurement de peintures, et le *temple protestant*, construction moderne du style gothique. Les *cités ouvrières* sont encore plus loin, en dehors de la vieille ville. Mulhouse a surtout des filatures et des tissages, puis des fabriques de produits chimiques, des ateliers de construction, etc.

De Mulhouse à *Wesserling, Bussang, la Bresse*, etc., v. p. 166-167 et 169; à *Bâle*, p. 187.

Le train de Strasbourg reprend pour un instant la direction de Belfort, puis tourne à dr. ou au N.-O. — 52 kil. *Dornach*. — 54 kil. *Lutterbach*. Ligne de Wesserling, v. p. 168. — 62 kil. *Wittelsheim*. A g., le Ballon de Guebwiller (v. ci-dessous). — 66 kil. *Bollwiller*.

EMBRANCH. de 18 kil. sur *Lautenbach*, desservant une vallée manufacturière où se trouve (7 kil.) **Guebwiller** (*Gebweiler*; *hôt. de l'Ange*), ville de 13 300 hab., dont l'*église St-Léger* est un très bel édifice du style de transition et du style goth., à trois tours et cinq nefs. Le *Ballon de Guebwiller ou de *Soultz* (1424 m.), cime la plus élevée des Vosges, se gravit de Lautenbach en 3 h. 3/4 à 4 h., par la maison forestière de *Sägmatten* (50 min. en amont de la vallée), le *lac du Ballon* (Belchensee, 1 h. 1/2; 986 m.) et le *col du Haag* (1 h.; 1250 m.), à 1/2 h. du sommet, où il y a un bon chalet-hôtel. On peut redescendre par St-Amarin (p. 168).

---

* Pour plus de détails, v. les *Bords du Rhin*, par Bædeker.

73 kil. *Merxheim.* — 78 kil. *Rouffach* (Rufach), à g., vieille petite ville qui a une belle église des XIIe-XIVe s. — 84 kil. *Herlisheim.* — 87 kil. *Eguisheim*, dominé par les ruines d'un château.

92 kil. **Colmar** (hôt.: *_Terminus_, en face de la gare; *des Deux-Clefs*, rue des Clefs, 7; *Central*, au Champ-de-Mars, non loin de la gare), ville de 38000 hab., très intéressante par sa physionomie ancienne. Au delà du quartier neuf de la gare, sur la grande place dite le Champ-de-Mars, l'anc. *préfecture*, l'*hôtel des postes*, le *monument de l'amiral Bruat* (1796-1855) et le *monument du maréchal Rapp* (1771-1821), bronzes par Bartholdi. Il y a un contraste frappant entre cette partie toute moderne de la ville et l'intérieur, avec ses rues tortueuses et pittoresques, dans lesquelles l'attention est attirée par de jolies *maisons* du XVIe et du XVIIe s. L'*église St-Martin* est un bel édifice des XIIIe et XIVe s. Au N.-O. de l'église, à l'extrémité de la rue des Clefs (Schlüsselgasse), le *musée*, dans un ancien couvent, public les dim. et jeudi, de 9 ou 10 h. à midi et de 2 à 4 ou 6 h., et visible encore les autres jours, moyennant 50 pf. Il comprend des antiquités et des peintures, en particulier de Schongauer (m. 1488).

De Colmar à *Munster*, la *Schlucht* et *Gérardmer*, v. p. 165-164 et 161-160; à *Kaysersberg*, la *Poutroye* et *St-Dié*, p. 156-155.

Ensuite, à g., l'embranch. de Munster. — 99 kil. *Bennwihr* (Bennweier). On traverse la Fecht. — 102 kil. *Ostheim.*

105 kil. **Ribeauvillé**, en all. *Rappoltsweiler* (hôt.: *de la Ville-de-Nancy, du Mouton*), ville de 6100 hab., dans un site pittoresque, à 4 kil. à l'O., mais reliée à sa stat. par un tramway (35 et 25 pf.). Elle est dominée par les ruines des trois châteaux des comtes de Ribeaupierre: le **château de St-Ulrich*, du XVe s., à 3/4 d'h. de la ville; le *château de Girsberg*, du XIIIe s., sur un rocher escarpé en face, et le *château de Rappoltstein*, à 35 min. au delà du premier. Vignobles renommés. — Au Hohkœnigsbourg, v. p. 155.

109 kil. *St-Hippolyte* (Sanct-Pilt), à 3 kil. à gauche.

114 kil. **Schlestadt**, en all. *Schlettstadt* (hôt.: *de l'Aigle-&-du Bouc; du Mouton-d'Or*), ville de 9500 hab. et anc. place forte, avec deux églises remarquables, *Ste-Foi* et *St-Georges.*

Ligne de *Saverne*, v. p. 148; à *St-Dié* par Ste-Marie-aux-Mines, p. 155-154.

On laisse ensuite à g. les lignes de Saverne et de Ste-Marie-aux-Mines et on s'éloigne davantage des Vosges. — 7 stations sans importance pour le touriste. — 154 kil. *Geispolsheim.* Plus loin, à dr., deux forts de Strasbourg. — 155 kil. *Grafenstaden.* A dr., le clocher de Strasbourg. A g., la ligne de Molsheim-Saales (p. 154); à dr., celle de Kehl; on traverse les fortifications, etc.

162 kil. *Strasbourg* (p. 143).

44. De Belfort (Paris) à Bâle.

A. Par Mulhouse.

82 kil. Trajet en 1 h. 40 à 3 h. 25. Prix: 9 fr. 45, 6 fr. 80, 4 fr. 60. — *De Paris:* 525 kil.; 8 h. 5 à 16 h. 15; 59 fr. 15, 40 fr. 20, 26 fr. 55.

Jusqu'à *Mulhouse* (49 kil.), v. p. 185. En continuant sur Bâle, on tourne au S.-E., pour gagner les bords du Rhin, qu'on n'atteint toutefois qu'à Bâle. — 55 kil. *Rixheim.* — 56 kil. *Habsheim.* A g., la *forêt de la Hardt.* — 66 kil. *Sierentz.* — 69 kil. *Bartenheim.* — 77 kil. *St-Louis,* dernière station alsacienne, d'où il y a un embranch. desservant *Huningue,* petite ville et anc. place forte à 3 kil., sur la rive g. du Rhin. — 82 kil. *Bâle* (p. 188).

B. Par Delle.

101 kil. Trajet en 2 h. 30 à 5 h. 10; *de Paris:* 544 kil.; 9 h. à 14 h. 45. Prix, comme par l'autre ligne.

Belfort, v. p. 175. Cette ligne, qui est plus intéressante que l'autre, laisse à dr. celle de Besançon, puis à g. celle de Mulhouse. — 7 kil. *Méroux.* — 12 kil. *Bourogne.* On traverse la rivière St-Nicolas et le *canal du Rhône au Rhin* (p. 185). — 14 kil. *Morvillars,* où aboutit une ligne de Montbéliard (p. 229). — 17 kil. *Grandvillars.*

22 kil. **Delle** (*buffet; hôtel du Nord*), ville de 2505 hab. et dernière stat. française, sur l'*Allaine,* avec les ruines d'un château fort. — Douane à l'entrée en France, sauf pour les bagages enregistrés en Italie pour Paris. Changement d'heure pour les voyageurs qui continuent, soit 55 min. d'avance sur celle des chemins de fer français.

Les *GROTTES DE MILANDRE sont à 1500 m. de la gare de Delle, mais sur le territoire suisse. Ce sont de vastes grottes à stalactites et stalagmites remarquables. Pour y aller de la gare, on prend la route de Porrentruy, à 100 m. de la douane française, traverse la voie, longe l'Allaine jusqu'au premier chemin à dr. (10 min.), retraverse la voie, passe la rivière sur un pont d'où on aperçoit déjà la *tour de Milandre,* tourne à g. et arrive à la *ferme de Milandre-Dessus,* où il faut s'adresser pour la visite des grottes, qui sont d'un accès facile. On paie 1 fr. par personne.

29 kil. *Courtemaiche.* Puis un tunnel.

34 kil. **Porrentruy** (424 m.; hôt.: *National, du Cheval-Blanc,* bons), à dr., vieille ville de 6927 hab., dominée par un château en ruine. Douane suisse, sauf pour les bagages enregistrés à Paris à destination de l'Italie. Ensuite *Courgenay* et un tunnel sous le *Mont-Terrible.* — 53 kil. *St-Ursanne* (hôt. du Bœuf), à dr., petite ville pittoresque, dans la belle vallée du *Doubs.* Cette rivière, qui vient du S.-O., comme si elle dirigeait vers le Rhin, y tourne brusquement à l'O.-S.-O., pour aller, après une seconde boucle très prononcée au delà de St-Hippolyte (p. 229), se jeter dans la Saône, affluent du Rhône. Le Doubs a ainsi un parcours de 430 kil. et son embouchure, à Verdun-sur-le-Doubs (p. 226), n'est qu'à 90 kil. de sa source (p. 268). St-Ursanne a un château en ruine sur un rocher à pic. Correspond. de St-Hippolyte (p. 229). — Encore 3 tunnels, dont

un de 2900 m. et un grand viaduc. On descend la vallée de la *Sorne*, 4 stations.

62 kil. Delémont (415 m.; hôt.: *du Faucon*, bon; *Lachat*, à la gare), petite ville, où l'on rejoint la ligne de Bienne (Berne) à Bâle.

Puis on descend au N.-E. la vallée rocheuse de la *Birse*. A g. et à dr., deux châteaux en ruine. Stat. de *Soyhières* et de *Liesberg*. 2 tunnels. — *Bœrschwyl*. — *Laufen*. — *Zwingen*, avec un château, à g. — *Grellingen*. Plus loin à g., les ruines pittoresques de *Pfeffingen*. Tunnel sous le château d'*Angenstein*. — *Æsch*. — *Dornach - Arlesheim*. A dr. encore des châteaux en ruine. — *Mœnchenstein*.

101 kil. Bâle. — La *gare centrale*, où l'on arrive, est dans la partie principale de la ville, sur la rive g. du Rhin, et il y en a une autre, dite *gare badoise*, à *Petit-Bâle*, sur la rive droite. — HÔTELS: *Trois-Rois, près du Rhin; *Schweizerhof, *National, *Euler, *Jura*, etc., à la gare centrale; *Europe*, *Métropole, *Central*, *Bauer-au-Rhin, *Balances, etc., dans la ville.

Bâle (273 m.), en all. *Basel*, chef-lieu du demi-canton suisse de Bâle-Ville, sur le Rhin, est une ville commerçante de 107 287 hab. — Devant la gare centrale, le *monument de Strasbourg*, par Bartholdi (1895). — La *cathédrale* (Münster), plus loin, sur la rive g., est du style goth., des XIVe et XVIe s., mais en a remplacé une du style roman dont provient le portail N. Il y a à l'intérieur (25 c.) des sculptures remarquables des XIIe-XVe s.: pierres tombales, jubé, etc. — Belle vue de la *Pfalz*, une terrasse derrière la cathédrale. — Le *musée*, dans la rue qui conduit de la cathédrale au pont du Rhin, est surtout important par sa riche collection de tableaux et de dessins de *Holbein le Jeune* (1497-1543), qui vécut à Bâle. Il y a aussi de bons tableaux d'artistes suisses modernes, tels que Vautier, Calame, Bœcklin, Girardet, etc. Ce musée est visible tous les jours (50 c.). — Bâle possède encore quelques autres édifices remarquables: l'*hôtel de ville*, de 1521; la *porte St-Paul* (Spahlenthor), bâtie en 1400; *St-Martin*, *St-Léonard*, *Ste-Elisabeth*, trois églises goth.; le *monument de St-Jacques*, à 10 min. de l'Æschenplatz, etc. — Pour plus de détails, voir *la Suisse*, par Bædeker.

III. BOURGOGNE, FRANCHE-COMTÉ ET NIVERNAIS

45. De Paris à Montereau et à Dijon (Lyon) . . . 191
    I. De Paris à Montereau par Fontainebleau . . 191
        De Melun à Verneuil; à Barbizon. 198.
    II. De Paris à Montereau par Corbeil 200
        De Montereau à Flamboin; à Souppes. 202.
    III. De Montereau à Sens et à Dijon 202
        De Sens à Egreville. 206. — De Joigny à Toucy. De Laroche à l'Isle-Angély. 207. — De Nuits-sous-Ravières à Châtillon-sur-Seine; à Avallon. 209. — Mont-Auxois. Alise. Château de Bussy-Rabutin. Des Laumes à Epinac. 210. — Sources de la Seine. 210.
46. Dijon 211
    Excursions de Dijon. 222. — De Dijon à Fontaine-Française; à Epinac (Autun); à St-Amour. 222.
47. De Paris à Besançon 223
    A. Par Dijon et Dôle 223
        D'Auxonne à Châlon-sur-Saône. 224. — De Dôle à Gray; à Chagny; à Poligny. 226. 227.
    B. Par Troyes, Is-sur-Tille et Gray 227
        De Gray à Labarre. 227.
    C. Par Troyes, Chalindrey et Gray 228
    D. Par Troyes et Vesoul 228
48. De Belfort (Strasbourg) à Besançon (Dijon. Lyon) . 228
    De Montbéliard à Delle; à St-Hippolyte, etc. 229.
49. Besançon 231
50. De Besançon à Neuchâtel (Pontarlier) 238
    De l'Hôpital-du-Gros-Bois à Lods. 238. — Notre-Dame-de-Consolation. De Gilley à Pontarlier. 239. — Col des Roches, lac des Brenets, Saut du Doubs. 239. 240.
51. De Dijon (Paris) à Neuchâtel et à Lausanne . . 241
    I. De Dijon à Pontarlier. Salins 241
        De Mouchard à Salins. 241. — Environs de Salins. 243.
    II. De Pontarlier à Neuchâtel 244
        De Neuchâtel à Lausanne. 245.
    III. De Pontarlier à Lausanne 245
        De Lausanne à Genève. 246.
52. De Dijon (Paris) à Lyon 246
    Abbaye de Cîteaux. 246. — De Beaune à Arnay-le-Duc (Saulieu). 249. — De Chalon à Bourg; à Lons-le-Saunier; à Cluny. 251. 252. — Ile de la Palme. 254. — Beaujeu. De Villefranche à Monsols; à Tarare. 255.
53. De Besançon (Belfort) à Lyon par Bourg et Ambérieu ou la Dombes 256
    A. Par Bourg et Ambérieu 256
        Baume-les-Messieurs. 258. — De Lons-le-Saunier à St-Julien-sur-Suran. 259.
    B. Par Bourg et la Dombes 260
        Châtillon-sur-Chalaronne. 261.

54. Excursions dans le Jura 261
   I. D'Andelot (Dôle, Besançon) à Genève par le Jura 262
     A. Par St-Laurent, Morez et la Faucille 262
       De Champagnole à Nozeroy. De la Chaux-des-Crotenay à Ilay (Doucier): lacs de Maclu, etc.; à Mouthe (Pontarlier). 262. 263. — Du col de la Faucille à Bellegarde. Creux-de-l'Envers. 264.
     B. Par St-Laurent, Morez et Nyon 265
       La Dôle. 265.
   II. D'Andelot (Dôle, Besançon) à St-Claude et à la Cluse (Nantua, Bourg), par St-Laurent . . 265
       Environs de St-Claude. De St-Claude à la Faucille (Gex, Genève). 267.
   III. De Pontarlier à St-Claude 268
     A. Par Mouthe et St-Laurent 268
     B. Par le lac de Joux, les Rousses et Morez . . . 268
       Mont Tendre. Dent de Vaulion. 269.
   IV. De Lons-le-Saunier à Morez (Genève) . . . 270
     A. Par Champagnole 270
       Lacs de Chalin, etc. Grand Saut, etc. 270.
     B. Par Clairvaux et St-Laurent 271
   V. De Lons-le-Saunier à St-Claude, par Clairvaux et Moirans 271
       Tour-du-Meix et pont de la Pile. 271. — De Lons-le-Saunier à Orgelet et à Arinthod. 272.

55. De Mâcon (Paris) à Genève 273
     A. Par Bourg, Ambérieu et Culoz 273
       De Pont-de-Veyle à St-Trivier-de-Courtes; à Trévoux. 273. — De Bourg à Trévoux. 276.
     B. Par Bourg et Nantua 276
       Monts d'Ain, etc. 277. 278.

56. De Paris à Nevers (Lyon) par Montargis 278
   I. De Paris à Montargis par Fontainebleau et Moret 278
       De Souppes à Château-Landon. 279.
   II. De Paris à Montargis par Corbeil 280
       De Malesherbes à Orléans; à Bourron. De Beaune-la-Rolande à Bourges. 280. — De Montargis à Sens; à Clamecy. 282.
   III. De Montargis à Nevers 283
       De Gien à Argent; à Auxerre. 284. — De Cosne à Bourges; à Clamecy. 285.

57. De Paris à Nevers par Orléans et Bourges . . . 290
   I. De Paris à Orléans 290
       Montlhéry. 291. — Source du Loiret. D'Orléans à Montargis; à Gien. 297. 298.
   II. D'Orléans à Bourges 298
       La Sologne. 298.
   III. De Bourges à Nevers 304

58. Le Morvan. Auxerre, Autun, etc. 304
   I. De Laroche (Sens) à Auxerre (Autun) et à Nevers 305
   II. D'Auxerre à Autun, par Avallon 308
       D'Avallon à Vézelay; à Chastellux et à Quarré-les-Tombes. 310. — De Saulieu à Montsauche. 311.

> III. D'Avallon (Auxerre) à Dijon, par Semur . . . 312
> De Semur à Saulieu. 313.
> IV. De Clamecy (Aux.) à Paray-le-Monial (Moulins) 314
> De Corbigny à Alligny-en-Morvan (Saulieu). Châtillon-en-Bazois. Château-Chinon. St-Honoré-l.-B. 814. — De Bourbon-Lancy à Toulon-s.-Arroux. 815.
> 59. De Dijon à Nevers 315
> A. Par Chagny, Montchanin et le Creusot . . . 315
> De Montchanin à St-Gengoux; à Roanne. 816. — D'Etang à Digoin. 317.
> B. Par Chagny et Autun 318
> D'Autun au Beuvray; à Château-Chinon; à Athez-Corcelles. 823.
> 60. De Moulins à Mâcon 324
> De Dompierre à Lapalisse. 824. — De Paray-le-Monial à Lozanne (Lyon). 825. — De Cluny à Roanne. 327.
> 61. De Nevers (Paris) à Lyon, par Roanne et Tarare . . 329
> Yzeure. 331. — Sail-les-Bains. Ambierle. 332. — St-Alban. Thizy. Cours. 833. — De Lyon à Trévoux. 837.
> 62. De Lyon à Genève 337
> De Tenay à Hauteville. 337. — De Bellegarde à Gex et à Divonne. 339.

45. De Paris à Montereau et à Dijon (Lyon).

Chemin de fer de Lyon (gare, pl. de Paris, p. 1, G 25-28). A *Montereau*, v. ci-dessous. A *Dijon*, par la ligne directe (Fontainebleau): 315 kil.; trajet en 4 h. 15 à 9 h. 45; prix: 35 fr. 40, 26 fr. 90, 15 fr. 60.

I. De Paris à Montereau par Fontainebleau.

79 kil. Trajet en 1 h. 20 à 2 h. 25. Prix: 8 fr. 85, 5 fr. 95, 3 fr. 90.

3 kil. *Charenton* (17 980 hab.), où l'on traverse la *Marne*, non loin de son embouchure dans la *Seine*. — 7 kil. *Maisons-Alfort*. 10 547 hab. Plus loin, la ligne de Grande-Ceinture de Paris.

15 kil. *Villeneuve-St-Georges* (8178 hab.), au confluent de l'*Yères* et de la Seine, avec un fort. Vaste gare. Ligne de Corbeil, v. p. 200. — Ensuite, à dr., un pont suspendu sur la Seine. On traverse l'Yères, dont la vallée offre un joli coup d'œil à g. — 18 kil. *Montgeron*. 2346 hab. — 22 kil. *Brunoy*. 2642 hab. Viaduc de plus de 32 m. de haut et de 376 m. de long. Joli coup d'œil. — 26 kil. *Combs-la-Ville*. — 31 kil. *Lieusaint*. — 38 kil. *Cesson*. On se rapproche de la Seine et on la traverse, après le village du *Mée* (p. 193).

45 kil. **Melun.** — Hôtels: *du Grand-Monarque*, rue du Miroir, ch. 2 fr. 50, dîn. id.; *du Commerce*, rue Carnot, tous deux près de St-Aspais. — Tramway électr. traversant toute la ville de la gare aux casernes, 15 et 30 c.

Melun (70 m.), situé à g. de la voie, sur la Seine, est une ville de 13 059 hab. et le chef-lieu du départ. de *Seine-et-Marne*. Commerce de grains et de fromages. Grande *brasserie Gruber*, à dr. de la voie, près de la gare.

C'est le *Melodunum* des Romains, pris par Labiénus, lieutenant de César. Les Normands ravagèrent Melun cinq fois au IVe s.; ensuite la ville devint résidence royale, et fut prise en 1858 par Charles le Mauvais de Navarre, en 1859 par B. du Guesclin, en 1420 par les Anglais, après une résistance opiniâtre des habitants, qui les expulsèrent dix ans plus tard, et en 1590 par Henri IV.

La rue de la Gare, à g., et la belle avenue Thiers, à dr., mènent au centre de la ville. Au coin de l'avenue Thiers et du boul. St-Ambroise, un *monument* érigé en 1899 aux victimes de la guerre de 1870-71, œuvre du sculpteur Desvergnes. Plus loin, dans une île de la Seine, se trouve, à dr., l'*église Notre-Dame*, des XIe et XIIe s., mais remaniée plus tard et restaurée encore au XIXe s. Elle a deux tours romanes au delà du transept. On en remarque particulièrement le chœur (goth.), et il y a de bons tableaux anciens : dans le bas côté de g., une Descente de croix de *Jordaens*, d'après Rubens; dans celui de dr., un Moïse sauvé des eaux, par *le Primatice*, une pierre tombale du XVe s. et un Ecce Homo de *Séb. Franck;* dans le chœur, une vieille copie de la grande Ste Famille de Raphaël.

La rue principale de l'autre côté de l'île passe derrière l'*église St-Aspais*, surmontée d'une jolie flèche. C'est une église du XVIe s. assez riche à l'extérieur. Elle est de forme irrégulière, le vaisseau s'élargissant de façon à avoir cinq nefs au chevet. Sur le mur extérieur de l'abside, un médaillon moderne de Jeanne d'Arc, par Chapu, destiné à rappeler la délivrance de la ville en 1430. A l'intérieur, on remarque les beaux vitraux anciens du chœur, où l'on voit encore, à dr., six beaux médaillons, des Apôtres et des Pères de l'Eglise, en marbre, du XVIIe s. Dans le bas côté de dr., 1re et 2e chap., une Cène et les Enfants (4) dans la fournaise, deux tableaux anciens; dans celui de g., un grand Christ moderne, par H. Schopin.

Devant l'église, une assez belle *caisse d'épargne* de construction récente. La rue du Miroir mène plus loin à la ville haute, où se trouvent le *clocher St-Barthélemy*, du XVIIIe s., et derrière, la *préfecture*, grande construction moderne dans le style Louis XIII.

En deçà, à g., le boul. Victor-Hugo, où s'élève, du côté de la Seine, le *monument de Pasteur* (1822-1895), érigé en reconnaissance de la découverte qu'il fit dans le pays du vaccin du charbon. Il se compose d'un buste et d'un groupe en bronze par A. d'Houdain.

L'*hôtel de ville*, rue de ce nom, à dr. au delà de St-Aspais, est un assez bel édifice dans le style de la Renaissance, dont une partie même est ancienne. La cour est décorée d'une *statue d'Amyot*, évêque d'Auxerre et traducteur de Plutarque, originaire de Melun (1513-1593), marbre par Godin (1860), et il y a derrière l'hôtel une jolie petite promenade. A l'intérieur, un petit *musée*, comprenant des moulages de sculptures de Chapu, né au Mée (p. 193), des antiquités locales et des peintures : s'adresser au concierge.

La rue de l'Hôtel-de-Ville aboutit à la place St-Jean, où il y a une *fontaine* moderne, en fonte bronzée, avec statues.

Plus loin, sur une colline, est le parc du *château de Vaux-le-Pénil* (XVIIIe s.), au-dessus de la rive dr. de la Seine, sur les bords de laquelle

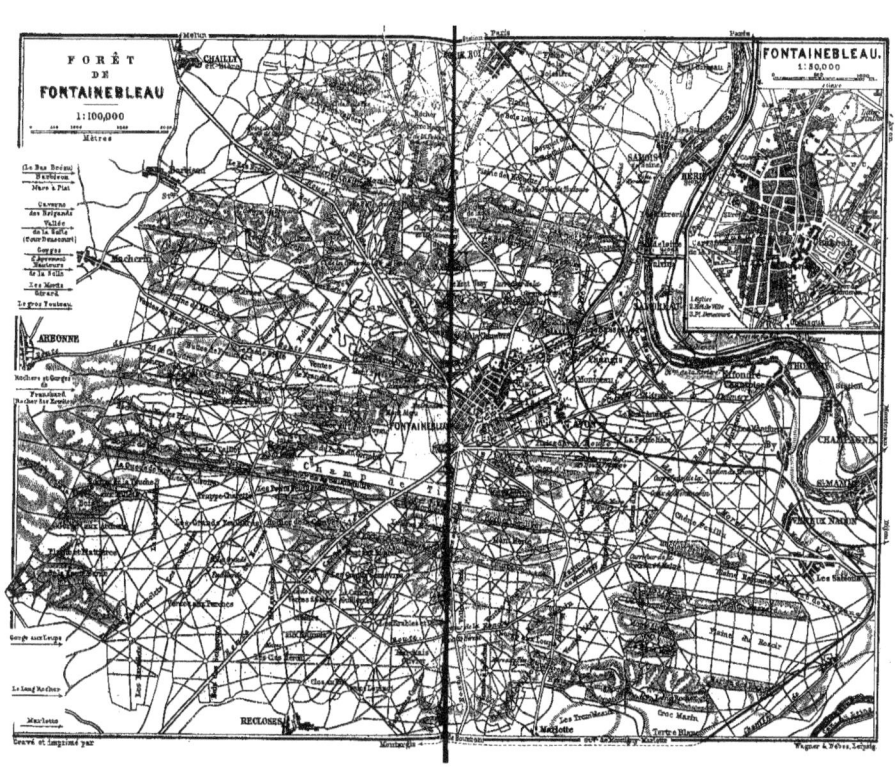

on peut faire une belle promenade. On aperçoit déjà ce château du premier pont de Melun en venant de la gare.

Dans la même direction, à 6 kil. de Melun, par la route qui part de la place St-Jean et tourne dans le haut à dr., se trouve le **château de Vaux-Praslin** ou *Vaux-le-Vicomte*, magnifique construction du XVIIᵉ s., avec un immense parc, qui coûtèrent 18 millions à *Nic. Fouquet*, surintendant des finances sous Louis XIV, et où il donna au roi des fêtes somptueuses qui achevèrent de le perdre, de telles dépenses ne pouvant être faites qu'au détriment de l'Etat. Il y a à l'intérieur des peintures de *Lebrun* et de *Mignard*, des tapisseries de grande valeur, etc. On le visite avec une autorisation du propriétaire, M. Sommier.

A 8 kil. à l'O. de Melun, par le bord de la Seine, se trouve le village du *Mée* (p. 191), patrie du sculpteur Chapu (1833-1891), qui est enterré au cimetière (beau monument) et dont on a réuni un grand nombre de maquettes dans un petit musée, annexé à la mairie.

Tramw. à vap. de Melun: 1, à *Verneuil* (p. 85); 19 kil. en 1 h., pour 1 fr. 45 et 1 fr. 10; — 2, à *Barbizon* (p. 198), par *Dammarie-lès-Lys* (1734 hab.) et *Chailly-en-Bière* (1298 hab.); 12 kil. en 40 min., pour 1 fr. 25 et 75 c.

Ligne de *Paris à Montereau* par *Corbeil* et *Melun*, v. p. 200.

Après la stat. de Melun, à g., le *château de Vaux-le-Pénil*. On passe au-dessus de la ligne de Montereau par la rive dr. de la Seine (p. 200), qui traverse le fleuve près de là à g. Plus loin, un petit tunnel. On revoit ensuite la Seine à g. Belle vue en arrière de ce côté. — 51 kil. *Bois-le-Roi*. 1314 hab. Puis la forêt de Fontainebleau. — 59 kil. *Fontainebleau* (buffet).

Fontainebleau.

La gare est à ½ h. de marche du palais. *Tramw. électr.*, 30 c. *Omnib.* des hôtels, 30 c., 50 c. à domicile.

Hôtels: *de France & d'Angleterre*, *de l'Aigle-Noir* (ch. t. c. dep. 5 fr., rep. 1.25, 4 et 5, v. n. c., et à la carte, p. dep. 12), tous deux près du palais, où l'on fera prix; *H. de la Ville-de-Lyon & de Londres*, rue Royale, 21, du même genre (p. dep. 12 fr.); *H. du Lion-d'Or*, place Denecourt, 25 (22 ch. dep. 2 fr. 50, rep. 1.25, 3 et 3.50, v. n. c., p. dep. 8); *de la Chancellerie*, rue de ce nom et rue Grande, 2, près du palais (20 ch. dep. 2 fr. 50, rep. 1, 3 et 3.50, v. c., p. dep. 8); *de Moret & d'Armagnac*, rue du Château, 16 (40 ch. dep. 4 fr., rep. 1, 3 et 3.50, v. c., p. dep. 10); *du Cadran-Bleu*, rue Grande, 9 (50 ch. de 2.50 fr. à 4, rep. 1, 3 et 3.50, v. c., p. dep. 10); *H.-Pens. Launoy*, boul. de Magenta, 37, recommandé (40 ch. dep. 3 fr. 50, rep. 1, 3.50 et 4.50, p. 10 à 13); *H.-P. Victoria*, rue de France, 112-114 (16 ch., p. 8 à 10 fr.).

Restaurants: dans les hôtels, et *Charny*, rue Grande, 112 (déj. 2 et 2 fr. 50, dîn. 2.50 et 3).

Cafés: *Naudin*, rue des Bons-Enfants, 33; *du Cadran-Bleu*, à l'hôtel, rue Grande, 9; *de l'Hôtel-de-Ville*, même rue, 23; *Henri II*, id., 65; etc.

Voitures de place: courses en ville, 1 fr.; à la gare, 2, 2.50 si la voit. est demandée à domicile; de la gare en ville, même à domicile, 2 fr.; — à l'heure, 3 fr.; en forêt, prix à débattre. Colis, 30 c. par 30 kilos.

Poste et télégraphe, place Denecourt et rue de la Chancellerie.

Bains: *de la Salamandre*, Grande-Rue, 78; *St-Merri*, rue Guérin, 18.

Banque: *Société Générale*, rue de la Cloche, 22.

Temple protestant, rue Béranger. — *Synagogue*, rue du Parc.

Fontainebleau est une ville paisible de 14 160 hab., chef-lieu d'arr. de Seine-et-Marne, à la mode pour la villégiature et où la vie est chère. En dehors du palais, on y remarque l'*hôtel de ville* (pl. 2), d'origine récente, dans la rue Grande. Un peu plus loin, le *monument de Carnot* (1837-1894), un buste de l'anc. président sur une pyramide précédée d'une statue de la France, bronzes par Peynot (1895). Sur la place Centrale, derrière l'église, la *statue du général*

Damesme, de Fontainebleau, tué par les insurgés en juin 1848, bronze par Godin (1881). Sur la place Denecourt (pl. 3), le *monument de Rosa Bonheur* (v. p. 199), inauguré en 1901 : un taureau en bronze, œuvre de la grande artiste même, sur un socle avec quatre bas-reliefs représentant son portrait et trois de ses tableaux.

Le *palais ou *château* de Fontainebleau, au S.-O. de la ville, a été bâti sous *François Ier* sur les plans de *Gilles le Breton, Pierre Chambiges* et *Philibert Delorme*. Il est des plus vastes, mais inférieur, comme ensemble, aux autres châteaux de l'époque. Ce qu'il a de plus remarquable, c'est sa décoration intérieure, dans le style de Jules Romain. *Henri IV* (m. 1610) et son fils *Louis XIII* (m. 1643) y firent des additions; puis *Napoléon Ier* en fit une de ses résidences favorites. Négligé depuis 1815, il a été restauré à grands frais par Louis-Philippe et Napoléon III.

Parmi les souvenirs historiques qui s'y rattachent, outre les événements dont il sera question ci-après (abdication de Napoléon Ier, ses adieux à la garde, captivité de Pie VII, séjour de Christine de Suède et assassinat de Monaldeschi, etc.), nous mentionnerons encore les suivants: *François Ier* y reçut Charles-Quint en 1539; *Henri IV* y fit arrêter en 1602 le maréchal *de Biron*, son ami et son compagnon d'armes devenu conspirateur, pour le faire décapiter quatre semaines après à la Bastille; *Louis XIII* y était né l'année précédente; *Louis XIV* y signa en 1685 la révocation de l'édit de Nantes; le *Grand Condé* y mourut en 1686; enfin le divorce de *Napoléon Ier* et de Joséphine y fut prononcé en 1809.

Le *palais se visite* tous les jours gratuitement, de 10 h. à 5 h. en été et de 11 h. à 4 h. en hiver (oct.-avril), sous la conduite d'un gardien, qu'on trouve à l'entrée, au fond de la cour principale. La visite dure env. 1 h.

La *cour du Cheval-Blanc*, par où l'on entre d'ordinaire, doit son nom à une statue qui s'y trouvait anciennement. On l'appelle aussi la *cour des Adieux*, parce que Napoléon Ier y fit en 1814 ses adieux aux grenadiers de la garde, qu'il y passa encore en revue à son retour de l'île d'Elbe, en 1815.

Le pavillon central est précédé d'un escalier monumental un peu massif, dit l'*escalier du Fer-à-Cheval*. C'est au-dessous, en face, qu'est l'entrée des visiteurs. L'itinéraire suivi par les gardiens est d'ordinaire celui que nous allons indiquer sommairement.

La *chapelle de la Trinité*, à g. au rez-de-chaussée, est ornée surtout d'un plafond, œuvre de *Fréminet*, imitateur de Michel-Ange et du Parmesan. Tableau d'autel par *J. Dubois*, une Descente de croix; statues par *G. Pilon*. Cette salle a vu le mariage de Louis XV en 1725, le baptême du prince Louis-Napoléon (plus tard Napoléon III) en 1810, et le mariage de Ferdinand, duc d'Orléans, en 1837.

On monte de là au premier, où l'on visite d'abord les appartements dits de Napoléon Ier ou la galerie de François Ier (p. 196), ou bien la galerie des Assiettes (p. 196) et les autres appartements du côté de la façade, en passant par le vestibule du Fer-à-Cheval.

Appartements de Napoléon Ier, du côté du jardin de l'Orangerie. Antichambre: dessus de portes par *Boucher*; Scipion, par *Vien*; les Dames romaines donnant leurs bijoux pour la patrie, par *Brenet*, etc. — Cabinet du secrétaire, avec d'autres tableaux. — *Salle de bains, qui a des glaces ornées de peintures, par *Barthélemy*, provenant de celle de Marie-Antoinette au Petit-Trianon. — Cabinet où Napoléon signa son abdication, en 1814, sur le petit guéridon du milieu, et son buste, par *Canova*. — Cabinet de travail, avec plafond par *J.-B. Regnault*, la Loi et la Justice. — Chambre à coucher, qui a une belle cheminée du temps de Louis XVI, de très beaux meubles avec bronzes, le lit de Napoléon, une pendule ornée de camées antiques, donnée par Pie VII, etc.

A g., la **salle du Conseil*, de l'époque de Louis XV, décorée par *Boucher*, et dont les meubles sont en tapisserie de Beauvais. Grande table avec dessus d'une seule pièce, de 2 m. 10 de diamètre. — Puis la **salle du Trône*, qui a un magnifique plafond, un lustre en cristal de roche et des boiseries faites sous Louis XIII et Louis XIV.

Ensuite les *appartements de Marie-Antoinette*: boudoir avec deux vases en ivoire d'une très grande finesse; *chambre à tentures données par la ville de Lyon; salons avec table et vases de Sèvres et un serre-bijoux de Marie-Louise; salon de musique avec guéridon en porcelaine de Sèvres; salon des dames d'honneur.

Puis la *galerie de Diane* ou *de la Bibliothèque* (86 m. de long; 30000 vol.), construite sous Henri IV et restaurée sous Napoléon Ier et Louis XVIII. Peintures mythologiques modernes, par *Blondel* et *A. de Pujol*, et divers tableaux, en particulier un portrait de Henri IV par *Mauzaisse*. Épée et cotte de mailles de *Monaldeschi*.

Au-dessous se trouve l'anc. *galerie des Cerfs*, qu'on ne visite pas. C'est là que Christine de Suède, qui recevait l'hospitalité à la cour de France et demeurait à Fontainebleau depuis son abdication (1654), fit tuer par jalousie et par vengeance, en 1657, le comte italien Monaldeschi, son grand écuyer, après l'avoir soumis à un simulacre de jugement et lui avoir donné un confesseur.

On retraverse d'ordinaire la galerie pour passer dans les *salons de réception*, parallèles aux appartements de Marie-Antoinette, du côté de la cour Ovale (p. 197). L'antichambre est ornée de gobelins du temps de Louis XIV, le salon suivant, de tapisseries flamandes (Psyché), de même que celui de François Ier, qui a aussi une belle cheminée, en partie du xvie s., et des bahuts en ébène des xvie et xviie s. — Le *salon Louis XIII*, où est né ce roi, est décoré de peintures par *Ambr. Dubois* (1543-1614 ou 15), tirées du roman de Théagène et Chariclée, et il a deux meubles sculptés en ébène du temps de Louis XIII. Dans la *salle St-Louis*, quinze tableaux dont les scènes sont empruntées à la vie de Henri IV, un bas-relief en marbre représentant ce prince à cheval, par *Jacquet*, etc. — Au *salon des Jeux*, une pendule Louis XIV, avec le « Char embourbé » (Versailles). — Dans la *salle des Gardes*, une belle cheminée, en partie par *G. Pilon*, avec un buste de Henri IV, des statues de la Force et de la Paix, un plafond ancien et un plancher moderne.

Puis l'*escalier du Roi* ou escalier d'honneur, une anc. chambre, avec peintures par *Nic. dell' Abbate* et *le Primatice*, restaurées ou refaites entièrement par *A. de Pujol*: les sujets sont tirés de la vie d'Alexandre. On voit bien du palier la cour Ovale (p. 197).

Les *appartements de Mme de Maintenon*, qu'on montre ensuite, sont moins remarquables. Dans le salon, une tapisserie faite par les demoiselles de St-Cyr, un meuble de Boule et des sièges à tapisseries au petit point.

Un couloir conduit de là à la *galerie de Henri II ou *salle des Fêtes*, construite sous François Ier. Henri II la fit magnifiquement décorer pour Diane de Poitiers. Le croissant et le monogramme de Diane et Henri s'y voient dans beaucoup d'ornements. Les fresques, représentant des sujets mythologiques, sont du *Primatice* et de son élève *Nic. dell' Abbate*; mais elles ont été restaurées par *Alaux* et elles ont perdu une grande partie de leur originalité. A l'extrémité, une cheminée monumentale. Beau coup d'œil sur les jardins.

On revient au salon St-Louis et on entre à g. dans la *galerie de François Ier*, parallèle aux appartements de Napoléon Ier, du côté de la cour de la Fontaine (p. 197). A l'entrée, à g., un serre-bijoux du temps de Louis-Philippe, en porcelaine de Sèvres. La galerie est décorée de quatorze grandes compositions en majeure partie du *Rosso*, des scènes allégoriques et mythologiques ayant rapport à l'histoire et aux aventures de François Ier. Elles sont séparées par des bas-reliefs, des cariatides, des trophées et des médaillons. La salamandre et le chiffre du roi s'y répètent souvent.

Le *vestibule d'honneur*, entre l'escalier du Fer-à-Cheval et la galerie François Ier, a deux belles portes en chêne du temps de Louis XIII et quatre portes modernes du même genre.

A g. sont les *appartements des Reines Mères* et de *Pie VII*. Ils ont été habités par Catherine de Médicis (m. 1588), Anne d'Autriche (m. 1666) et Pie VII, dans sa captivité (1812-1814). D'abord une antichambre, avec sièges et tentures en cuir dit de Cordoue et un très beau bahut Louis XIII; puis le salon des officiers de service, décoré de gobelins, l'Histoire d'Esther, de 1740; un salon de réception, avec des gobelins et des meubles en tapisserie de Beauvais; la chambre d'Anne d'Autriche, également ornée de gobelins et avec lit moderne; deux cabinets, le premier avec le portrait du pape d'après *David*; la chambre du pape (modifiée) et deux salons avec des tapisseries. Enfin une antichambre, où il y a des biscuits et de petits vases de Sèvres, et la « galerie des Fastes », où l'on devait peindre l'histoire de Fontainebleau et où il y a des tableaux anciens.

Une dernière galerie de ce côté, par laquelle on entre quelquefois, est la *galerie des Assiettes*, ainsi nommée à cause de sa décoration bizarre, due à Louis-Philippe: des assiettes en porcelaine où sont représentées les résidences royales. On y a transporté des fresques de la galerie de Diane, par Ambroise Dubois.

Il y a encore, au rez-de-chaussée, à dr. dans le bâtiment principal, un *musée chinois*, qui est public aux heures où le palais est ouvert. L'entrée est dans la cour de la Fontaine (p. 197), où l'on arrive en passant par une grande porte à dr. de l'escalier du Fer-à-Cheval. C'est une riche collection, commencée à la suite de l'expédition de Chine en 1860.

Ire SALLE: brûle-parfums, jardinière à émaux cloisonnés, lustre, dragons et pagode en cuivre, bas-reliefs en jaspe, panneaux en laque, défenses d'éléphant; dans les vitrines, la couronne du roi de Siam, une belle aiguière, etc. — IIe SALLE: pagode en bois, parures de grand prix, surtout une ceinture qui avait été donnée par Louis XV aux ambassadeurs siamois; une décoration de l'Eléphant, un collier de mandarin, en jade, etc. En outre des statues par Schœnewerk et Cordier et des portraits de Louis XV et de Marie Leczinska par C. Vanloo. — IIIe SALLE: palanquin, tamtams, armes et armures, drapeaux, etc.

Jardins. — La principale entrée des jardins est par la *cour de la Fontaine*, à dr. au fond de celle du Cheval-Blanc. Là se trouve, à dr., un *étang* avec un pavillon. Les carpes de cet étang amusent toujours, par leur gloutonnerie, les visiteurs qui ont des loisirs.

A dr. en deçà s'étend le *jardin anglais*, planté sous Napoléon Ier.

A g. après l'étang est la *porte Dorée* du palais, du règne de François Ier. Elle est décorée de fresques, qui ont été restaurées.

C'est une des entrées de la *cour Ovale* ou *du Donjon*, la plus ancienne du palais, qui a subi plusieurs modifications et perdu sa forme primitive, mais qui n'en est pas moins intéressante par son architecture, notamment par son péristyle, dont les colonnes ont des chapiteaux charmants: elle n'est pas publique. A l'E. de cette cour se voit une porte curieuse surmontée d'un dôme, dite la porte Dauphine ou le Baptistère, parce que c'est là que fut baptisé Louis XIII; on peut y aller du parterre, plus loin à gauche. — La cour Henri IV, en face, et d'autres dépendances du palais sont occupées par l'*école d'application de l'artillerie et du génie*, auparavant à Metz.

Le *parterre*, autre jardin public au delà de l'étang, a été dessiné sous Louis XIV par Le Nôtre. Il y a une pièce d'eau carrée et une ronde. Plus loin est un *canal* creusé sous Henri IV (1200 m.), précédé de statues et de groupes en bronze et en marbre. A g., le *parc*, avec la célèbre *treille* du palais, au mur de g., et un *labyrinthe*, dans le fond.

La *forêt de Fontainebleau, qui a 80 kil. de tour et une superficie de plus de 17 000 hect., est regardée avec raison comme une des plus belles de France. Elle est bornée au N.-E. par le cours sinueux de la Seine. Le sol en est très accidenté; il se compose surtout de sable et de grès, utilisé pour le pavage. Ses magnifiques futaies et ses gorges sauvages offrent des promenades aussi variées que pittoresques et de jolis motifs aux peintres, dont une colonie est établie au N.-O. à *Barbizon* (p. 198), et une autre au S. à *Marlotte* (p. 199). Cette forêt recèle des vipères, et il est bon de faire attention à soi, si l'on sort des chemins battus.

Il y a des poteaux indicateurs à tous les carrefours. Des *marques bleues et rouges*, sur des arbres et des rochers, y signalent les endroits les plus pittoresques et les directions à suivre.

La *tour Denecourt, un belvédère qui offre le plus beau point de vue des environs de Fontainebleau, est à env. $^1/_2$ h. de la gare. Pour y aller de là, on prend à g. à l'arrivée, traverse la voie, la suit à dr. et appuie bientôt à g., à un laboratoire de biologie végétale, par une bonne route qui mène à une colline où est le belvédère (buvette). Le panorama y embrasse une circonférence de plus de 60 kilomètres. On y voit la tour Eiffel, à Paris, mais non Fontainebleau même. De la ville, on y va en 3/4 d'h. env., par la rue Grande, la route de Melun et, à dr. (2 kil. 1/2), le chemin de Fontaine-le-Port, jusqu'à un poteau (500 m.) qui indique à dr. la tour Denecourt (v. la carte). C'est par là qu'on reviendra, si l'on est venu par la gare. — Plus près de la ville, à dr. de la route de Melun, la *Croix du Calvaire*, un autre belvédère. — Entre la même route et celle de Paris (v. ci-dessous), le *Nid de l'Aigle*, un des plus beaux bouquets d'arbres de la forêt, et le *Gros-Fouteau*, endroit remarquable par sa futaie, à 1/2 h. du centre de Fontainebleau.

Si l'on a peu de temps à consacrer à la forêt, on se contentera de visiter les *rochers et gorges de Franchard*, à env. 1 h. de la ville (voit., v. p. 193). On prend, pour y aller, à l'extrémité de la rue de France, au N.-O. (1/4 d'h.), la route qui se détache à g. de celle de Paris, par laquelle on irait au Gros-Fouteau et au Nid de l'Aigle (v. ci-dessus). Les voitures vont jusqu'à la route Ronde, où elles tournent à g., pour arriver bientôt au restaurant. Les piétons quittent la route au bout de 35 min. et prennent à g. la route sablonneuse du Cèdre, qui conduit à la *Croix de Franchard*; de là on arrive en 5 min. au *restaurant de Franchard*, lieu le plus fréquenté et le seul restaur. de la forêt (faire prix!).

Les *rochers et gorges de Franchard* consistent en un chaos de rochers de grès blanc et très dur, où croissent toutes sortes d'arbres et de broussailles. Le bassin, qui mesure environ une lieue de tour, commence à 5 min. à l'O. (restes d'un vieux couvent), près de rochers d'où l'on a un beau panorama de toute la gorge, qui a toutefois, comme les autres, perdu de son pittoresque, parce que l'Etat y a fait faire des semis de pins et par suite du terrible incendie de 1897. Si l'on est pressé, prendre un des guides qui s'offrent d'eux-mêmes, mais faire prix d'avance (d'ordinaire, 1 fr. 50). On retournera alors à Fontainebleau par le même chemin.

Les *gorges d'Apremont* et la haute futaie du *Bas-Bréau*, qui les avoisine, au N. des gorges de Franchard, sont également une promenade fort intéressante. L'excursion de ce côté demande 4 à 5 h., à partir de Fontainebleau. Des gorges de Franchard, on gagne env. 1 h., 2 h. sur les deux excursions (v. la carte). Entre les rochers d'Apremont et une autre chaîne de collines au S., appelées *Monts-Girard*, s'étend le *Dormoir*, un des plus beaux endroits de la forêt, le rendez-vous des chasses. Au sommet des gorges d'Apremont se trouve la *caverne des Brigands*, grotte où un industriel vend des rafraîchissements et des souvenirs (faire prix!). Plus au N. est la route de Paris déjà mentionnée, qui passe, du côté de Fontainebleau, près des *hauteurs de la Solle*, au *Gros-Fouteau* (v. ci-dessus), etc.

Barbizon (hôt.: *de la Forêt, des Artistes*, etc.; pens. 6 à 8 fr.), desservi par un tramw. de Melun (p. 193), est à 1/4 d'h. à l'O. du Bas-Bréau. C'est un rendez-vous d'artistes, illustré par Th. Rousseau et Millet, mais il n'y a d'intéressant que des souvenirs de divers peintres dans les hôtels.

Comme endroits renommés dans la partie S. de la forêt, il y a le *rocher d'Avon*, près du parc du palais, entre la route de Moret et le chemin de Marlotte; la *gorge aux Loups* et le *Long-Rocher*, vers l'extrémité, près de Marlotte et de Bourron (v. ci-dessous).

Marlotte (*hôt. Mallet*, pens. 6 à 8 fr.), à 9 kil. de Fontainebleau, est un rendez-vous de peintres, desservi par la stat. de *Montigny*, à 1/4 d'h. à l'E. (p. 278), d'où l'on peut revenir à Fontainebleau par Moret (v. ci-dessous). — *Bourron*, v. p. 278.

SUITE. — Un peu après la gare de Fontainebleau, un viaduc courbe de 20 m. de haut. A dr., *Avon*, vieux bourg de 2783 hab., dont dépendait jadis le hameau de Fontainebleau. Son église St-Pierre, du xe s., renferme les tombeaux de Monaldeschi (p. 195) et du peintre Ambr. Dubois (p. 195). — 64 kil. *Thomery*, village à g. avant sa station, célèbre par ses raisins, dits chasselas de Fontainebleau. On dit que la longueur des murs consacrés à la vigne y est de 1 million de m. et la production annuelle des raisins de 2 millions de kilos. Il est intéressant de visiter les magnifiques serres de M.M. Salomon et Rose Charmeux. — Près de Thomery, *By*, où habita et mourut Rosa Bonheur (1822-1899; v. p. 193). Ensuite, à g., le viaduc courbe de Moret; en deçà, St-Mammès (v. ci-dessous) et de l'autre côté de la Seine, à mi-côte, *Champagne*, avec la nouvelle ligne de Montereau (p. 201). Moret est à dr. du viaduc.

67 kil. **Moret** (*buffet; hôt. du Cheval-Noir*, à l'entrée), petite ville ancienne de 2090 hab., dans un site pittoresque, sur le *Loing*, à 1/4 d'h. à g. Sucre d'orge renommé. La gare est située à la bifurcation et entre les deux lignes de la Bourgogne (Dijon) et du Bourbonnais (Moulins) et l'on descend en ville entre ces lignes, par une belle avenue. Aux deux extrémités de la rue Grande, qui traverse la vieille ville, se trouvent des *portes* goth., restes de ses fortifications. Dans la même rue, à dr. en arrivant, n°s 28 et 30, une *maison* assez curieuse de la Renaissance. Les bords du Loing, immédiatement après la seconde porte, présentent à cet endroit un coup d'œil pittoresque. On y voit aussi les restes du *donjon*, du xiie s., transformé en habitation particulière, qu'on pourra voir de près (peu curieux) en prenant à dr. de l'église et plus loin encore à dr. L'*église*, près de la même porte, est un bel édifice des xiie et xve s. Le portail présente de belles sculptures dans le style flamboyant, l'abside trois étages de fenêtres, celles du milieu des œils-de-bœuf, dans le style ogival bourguignon. Beau buffet d'orgue.

Ligne de *Nevers-Moulins* et de *Lyon par le Bourbonnais*, v. R. 58 et 61.

La ligne de Dijon tourne ici à l'E. et passe bientôt sur un long viaduc courbe, haut de 20 m., au-dessus de la vallée du Loing. Belle vue. — 69 kil. *St-Mammès*, au confluent du Loing et de la Seine. Plus loin, à dr., l'*obélisque de la Reine*, marquant l'endroit où Louis XV vint recevoir Marie Leczinska (1725). On longe encore à g. le fleuve, que traverse la ligne ci-après. 79 kil. *Montereau* (buffet; p. 201). — Suite de la ligne de Dijon, v. p. 202.

II. De Paris à Montereau par Corbeil.

94 kil. Trajet en 2 h. 45 à 4 h. 10. Prix comme par Fontainebleau (p. 191).

Jusqu'à *Villeneuve-St-Georges* (15 kil.), v. p. 191. On tourne ensuite à dr. et traverse l'*Yères*. — 18 kil. *Draveil-Vigneux*. Puis on franchit la *Seine* et longe à dr. la ligne d'Orléans (p. 290).

22 kil. **Juvisy**-*sur-Orge (hôt. Belle-Fontaine)*, bourg de 3611 hab., dont la stat. est commune aux deux lignes. Château ancien et parc planté par Le Nôtre.

On remonte ensuite, sur la rive g., la vallée de la Seine. — 26 kil. *Ris-Orangis*. 1495 hab. Sur l'autre rive, *Champrosay* et la *forêt de Sénart*, louée pour la chasse et partant peu agréable comme promenade, à cause des clôtures. A ½ h. de la stat., l'Ermitage, endroit le plus fréquenté, avec deux restaurants. — 30 kil. *Evry-Petit-Bourg*, où sont, à g., les établissements Decauville, surtout pour la fabrication du matériel des ch. de fer à voie étroite.

33 kil. **Corbeil** (hôt.: *de la Belle-Image*, à g. en deçà des moulins; *Bellevue*, au pont, rive dr.), ville de 9632 hab. et chef-lieu d'arr. de Seine-et-Oise, au confluent de la Seine et de l'*Essonne*.

A peu de distance, par l'avenue en face de la gare, sont les grands *moulins de Corbeil*, qui passent pour les plus importants de France et dont dépend encore une féculerie, aussi au bord de la Seine, à g. On ne les visite pas. Belle vue de là sur le fleuve.

Au delà des moulins, l'*hôtel de ville* et, dans un petit jardin, le *monument des Galignani* (m. 1873 et 1882), éditeurs de Paris, qui furent les bienfaiteurs de Corbeil, groupe en marbre par Chapu.

En continuant de là par les rues Notre-Dame et St-Spire, on passe, à dr., à la *porte St-Spire*, en ogive, du XIVe s., qui formait l'entrée du monastère dont dépendait l'église voisine.

L'*église St-Spire* est un édifice goth. des XIIe, XIIIe et XVe s. Dans la 1re chap. de dr., les tombeaux de Haymon Ier, comte de Corbeil (m. 957) et de Jacques de Bourgoin de Corbeil (m. 1661), fondateurs de l'église et du collège. En outre deux beaux autels modernes.

A 1 kil. ½ au S.-O., *Essonnes*, 9374 hab., avec la grande papeterie de ce nom (Darblay), qui occupe 8000 ouvriers et produit 40 millions de kilos de papier par an. On peut la visiter. — Ligne de *Montargis*, v. R. 56.

La ligne de Melun laisse à g. celle de Montargis, puis passe en dessous et dans un tunnel de 573 m. après la stat. de (36 kil.) *Villabé* et un pont sur l'Essonne. On se retrouve encore sur la rive g. de la Seine, dont les bords sont jolis et boisés. — 40 kil. *Coudray-Montceaux*. — 44 kil. *St-Fargeau-Seine-Port*. Seine-Port, qui a de belles villas, est sur la rive dr. et desservi de la stat. par un bac. — 48 kil. *Ponthierry-Pringy*, où il y a un pont sur la Seine. — 53 kil. *Vosves*, où on longe à dr. le parc du château de Belombre. On rejoint ensuite, à g., la ligne directe de Paris.

58 kil. **Melun** (p. 191). De là, on passe à g. en vue du *château de Vaux-le-Pénil*, puis sous la ligne de Fontainebleau, et on traverse la Seine, pour longer les côteaux de la rive dr. jusque près

de Montereau. Sur la rive g., la *forêt de Fontainebleau* (p. 197). — 61 kil. *Livry-sur-Seine*. — 64 kil. *Chartrettes*, dont la stat. de Bois-le-Roi n'est qu'à env. 1500 m. On se rapproche pour quelque temps de la Seine. — 68 kil. *Fontaine-le-Port*, à 10 kil. de Fontainebleau (p. 193), par une route dans la forêt. Ensuite un petit tunnel. — 74 kil. *Héricy*, village de 1169 hab., à dr.; en face, sur la rive g., *Samois-sur-Seine* (1031 hab.), dans une situation charmante. — 75 kil. *Vulaines-sur-Seine-Samoreau*, stat. à env. 3 kil. de la gare de Fontainebleau et seulement 2 de la tour Denecourt (p. 197.) — 81 kil. *Champagne*, presque en face de Thomery (env. 1 kil.; p. 199) et qui récolte aussi beaucoup de chasselas. On passe ensuite, à dr., le long des *établissements Schneider* (p. 316) et aperçoit sur l'autre rive St-Mammès, à 2 kil. de sa stat. (p. 199). — 86 kil. *Vernou*. — 90 kil. *La Grande-Paroisse*. On retraverse enfin la Seine et rejoint à dr. la ligne précédente. — 94 kil. *Montereau*.

Montereau. — La GARE *(buffet)* est commune au P.-L.-M. et à l'Est, la ligne de la seconde comp. étant de l'autre côté du bâtiment à l'arrivée. — HÔTELS: *du Grand-Monarque*, Grande-Rue, 77, bon (ch. 2 fr., dé. 2,75, dî. 3); *du Cheval-Blanc*, même rue, 107; *de Lyon*, près de la gare. — Joli *café des Oiseaux*, Grande-Rue, 68.

Montereau est une ville ancienne et commerçante de 7929 hab., qui doit son nom à un monastère («monasteriolum») autour duquel elle s'est formée et le surnom de «Fault-Yonne» à sa situation au confluent de la Seine et de l'*Yonne*. Elle est connue par deux événements historiques: l'assassinat de Jean sans Peur, duc de Bourgogne, en 1419, par les partisans du Dauphin, plus tard Charles VII, et une victoire de Napoléon Ier sur les Wurtembergeois en 1814. Patrie de *Pierre de Montereau*, architecte de la Ste-Chapelle de Paris (XIIIe s.).

On arrive de la gare dans le centre en $1/4$ d'h., en prenant là à dr. et plus loin à g., par la Grande-Rue. L'*église*, vers l'extrémité, est un très beau vaisseau à cinq nefs, sans transept, des XIIIe-XVe s., avec un portail achevé à la Renaissance. A l'intérieur, des faisceaux de colonnes fort remarquables et un très beaux retable goth. en pierre, avec trois statues, dans des niches à baldaquins, au bas côté extérieur de g. En haut du 2e pilier à dr. du chœur se voit une épée, qu'on donne pour celle de Jean sans Peur.

C'est sur le *pont* voisin (inscription à dr.) que le duc fut assassiné (v. ci-dessus). Sur le terre-plein du confluent, une *statue équestre de Napoléon 1er*, érigée en souvenir de sa victoire. Cette statue, en bronze, est par le général Pajol, fils du général du même nom (v. p. 237), qui se distingua particulièrement à Montereau.

Belle vue de la hauteur de la rive dr., où l'on monte en passant par une grille à dr. de la rue qui longe la Seine ou par le chemin un peu plus loin. Dans le haut, à dr., le *château de Surville*.

EMBRANCH. de 80 kil. sur *Flamboin* (Nogent-sur-Seine; p. 90). Il traverse l'Yonne et la Seine, puis remonte, au N.-E., le vallon d'un affluent du fleuve dit la «Vieille-Seine». Stations sans importance pour le touriste.

De Montereau a Souppes : 45 kil., ligne à voie étroite, reliée à la grande ligne et avec gare spéciale à 3 min. de l'autre; 2 h. 20 à 4 h. 80; 4 fr. 65 et 3 fr. (2 cl.). On passe sous la grande ligne. — 15 kil. (6ᵉ st.) *Voulx*, à g., toute petite ville avec des vestiges de fortifications du xvıᵉ s. A 8 kil. au S.-E. se trouve *Vallery* (p. 206), qui a deux châteaux, dont un en ruine et l'autre attribué à Phil. Delorme, mais considérablement modifié. Son église renferme le beau mausolée de Henri de Condé (m. 1588), père du Grand Condé, qui fut propriétaire de ce château. Il est attr. à Michel Bourdin (v. p. 206) et il présente, avec la statue à demi couchée du défunt, quatre statues cariatides. — 24 kil. (8ᵉ st.) *Lorrez - le - Bocage*, qui a un château en partie de la fin du xvᵉ s. — 31 kil. (10ᵉ st.) *Egreville*, qui a une église du xvᵉ s. et des halles des xvıᵉ-xvııᵉ s. Ici aboutit une ligne venant de Sens (p. 206). — 45 kil. (14ᵉ st.) *Souppes*, où l'on passe au-dessus de la ligne de Montargis (v. p. 279).

III. De Montereau à Sens et à Dijon.

A *Sens*: 34 kil.; 30 à 50 min.; 3 fr. 80, 2 fr. 60, 1 fr. 65. — A *Dijon*: 236 kil.; 3 h. 45 à 7 h.; 26 fr. 55, 17 fr. 95, 11 fr. 70.

Principales curiosités de cette ligne: *Sens* (v. ci-dessous) et la traversée de *Montbard à Dijon* (p. 209-211).

Notre ligne laisse ensuite à g. celle de Flamboin (Est) et remonte la rive g. de l'Yonne. — 90 kil. (de Paris par Fontainebleau). *Villeneuve - la - Guyard*. — 95 kil. *Champigny*. — 102 kil. *Pont - sur - Yonne*, à g., bourg de 1736 hab. qui a une belle église du xıııᵉ s. On passe plus loin sous l'aqueduc de la Vanne; à g., Ste-Colombe (p. 204) et Sens. A dr., l'église isolée de St-Martin (p. 191). — On passe sous la ligne de Troyes (v. ci-dessous) qui décrit un circuit à dr.

113 kil. **Sens.** — Gares: *grande gare* ou *gare de Sens-Lyon* (pl. A 2; buffet), sur la grande ligne et où aboutissent celles d'Orléans et de Troyes; *gare de Sens-Est* (v. pl. D 1), à 1 kil. au N., sur cette dernière ligne, et *halte de St-Savinien* (v. pl. E 2), à 1500 m. à l'E., sur la même ligne. Omnibus des hôtels aux deux gares.

Hôtels: *de Paris* (pl. a, C 2), rue de la République, près de la cathédrale (ch. 3 fr. 50, 1ᵉʳ dé. 1, 2ᵉ, 3); *de l'Ecu* (pl. b, C 2), même rue (ch. t. c. 3 à 4 fr., rep. 75 c. à 1 fr., 3 et 3.50, om. 30 et 50 c.); *de la Gare*, bonne maison secondaire.

Poste et télégraphe (pl. C 2), rue de l'Ecrivain.

Banques: *B. de France*, rue Edouard-Charton; *Société Générale*, place Drapès; *Crédit Lyonnais*, rue de la République, 6.

Sens est une ville de 14 962 hab. et un chef-lieu d'arr. de l'Yonne, sur l'Yonne. Anc. *Agedincum* et capitale des *Sénons* «les victorieux», qui prirent part à l'invasion de l'Italie et à la prise de Rome en 396 av. J.-C., ce fut la métropole de la 4ᵉ Lyonnaise, après la conquête romaine sous César. Elle devint dès le vıııᵉ s. le siège d'un archevêché, dont le titulaire était «primat des Gaules et de Germanie», et il s'y tint plusieurs conciles, entre autres celui où St Bernard fit condamner Abélard. Sens entra avec ardeur dans la Ligue, résista à Henri IV en 1590 et ne se soumit qu'en 1594. Elle soutint un siège de quinze jours en 1814 et fut occupée pendant quatre mois et demi par les Allemands en 1870-71.

On prend l'avenue Vauban et traverse deux bras de l'Yonne pour arriver de la grande gare dans la ville. A g., dans l'île, l'*église St-Maurice* (pl. B 2), des xııᵉ et xvıᵉ s.

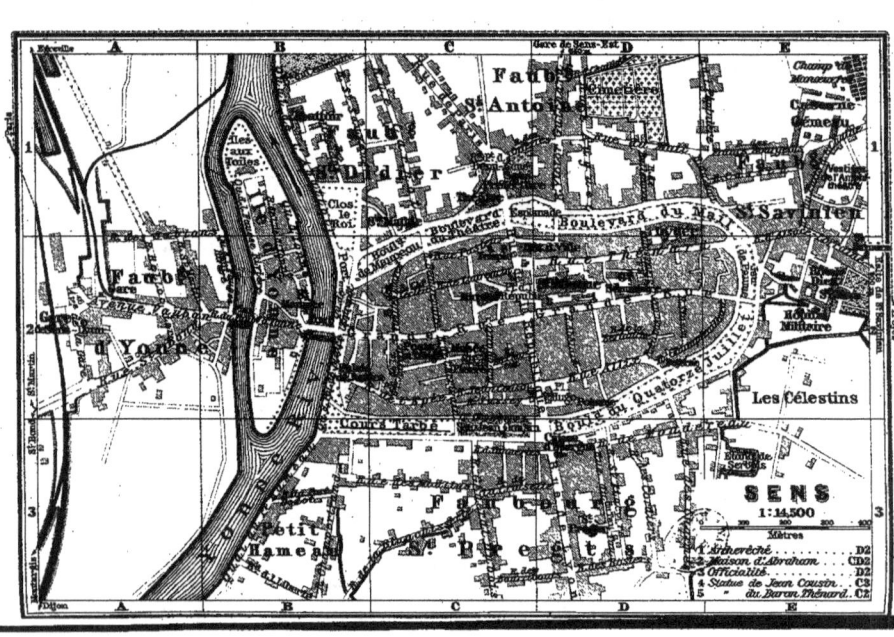

La Grande-Rue, qui traverse toute la vieille ville de l'O. à l'E., mène ensuite vers St-Etienne, dont la façade est à g. un peu au delà de la seconde artère transversale, la rue de la République.

*St-Etienne (pl. D 2), la cathédrale de Sens, est le plus remarquable de ses monuments. Il occupe, dit-on, l'emplacement d'un temple païen; St Louis y épousa en 1234 Marguerite de Provence. C'est une église de différentes époques et qui a été maintes fois remaniée, mais le style qui y domine est le goth. du XIIe s. Elle a été commencée en 1124, dans le style roman, et achevée vers 1168, sans transept ni chapelle absidale. C'est ici, dit-on, qu'a été inventée l'ogive, par l'architecte *Guillaume de Sens*, qui construisit aussi le chœur de la cathédrale de Cantorbéry (Angleterre), semblable à celle de Sens. La façade, assez sévère, présente trois portails décorés de belles sculptures, malheureusement mutilées. Les sujets des tympans sont tirés de la légende de St Etienne, dont on voit la statue au trumeau du milieu, de l'histoire de la Vierge et de la légende de St Jean-Baptiste. De chaque côté sont des tours sans flèches. Celle de g., qui ne dépasse pas le toit de l'église, date du XIIe s. et a quelques arcades romanes. Celle de dr., qui a un étage de plus et atteint 78 m., a été reconstruite au XIIIe s. et est surmontée d'un campanile de 1535. Elle renferme encore deux cloches anciennes, pesant 31 171 et 27 730 livres. Dans le haut du portail et à cette tour se voient un Christ bénissant, entre deux anges en adoration, et dix statues de bienfaiteurs de l'église, refaites au XIXe s. par Maindron. Pour le bâtiment à dr., l'Officialité, v. p. 204. Les portails latéraux du S. et du N. sont d'une architecture plus riche, le transept ayant été ajouté de 1490 à 1504, par *Martin Chambiges*, qui travailla aussi à Troyes (p. 93) et à Beauvais. Ils ont de magnifiques roses, mais leurs niches n'ont plus de statuettes.

L'intérieur présente une vaste nef et deux collatéraux avec de petites chapelles précédées d'arcades romanes, sauf les deux premières de dr., reconstruites dans le style goth., en même temps que la tour. Les collatéraux ont des fenêtres romanes; celui de dr. toutefois en a une gothique, décorée d'une belle verrière par *J. Cousin* (p. 204), la légende de St Eutrope, de la jeunesse de l'artiste (1530; autre, v. ci-dessous). Dans la nef et dans le chœur, les piliers alternent avec de doubles colonnes. Au 5e pilier de g. se voit un beau *retable* goth. provenant d'un tombeau: les statuettes en ont été brisées, et les deux qui y sont ont été rapportées. La nef et le chœur ont un beau triforium, mais les fenêtres sont un peu basses. On remarquera surtout les *vitraux*, les plus anciens du XIIe s., à g. du chœur; ceux du chœur lui-même, du XIIIe s.; les plus beaux à la rose du N., un Concert céleste. Le maître-autel et son baldaquin, à colonnes en marbre rouge, qui jure avec le style de l'église, sont de Servandoni (1742). Dans la première chapelle absidale de g. se trouvent des sculptures, auparavant dans d'autres parties de l'église. C'est d'abord le *mausolée du Dauphin* (m. 1765), père de Louis XVI, inhumé dans le chœur de cette église. Il est décoré de statues en marbre blanc de la Religion et de l'Immortalité, du Temps et de l'Amour conjugal, avec des génies, etc., par *Guill. Coustou fils*. Ensuite les *bas-reliefs* du mausolée du cardinal Duprat, archevêque de Sens, de 1525 à 1535, et les *statues*, aussi en marbre blanc, de Jacques et Jean Duperron, archevêques de Sens au XVIIe s. Dans la chap. du fond, un beau retable, le *Martyre de St Savinien*, apôtre de Sens, par Hermann

(XVIIIe s.). Dans la chapelle à dr., une verrière de *J. Cousin*, moins ancienne que celle de la 1re chap. de dr. (v. ci-dessus) et restaurée, la Sibylle de Tibur. Ensuite vient une élégante arcature, où est l'escalier du trésor (v. ci-dessous). Puis la chap. Ste-Apolline, où l'on a érigé un monument au cardinal Bernadou. La chap. de la Vierge, à dr. du chœur, du même côté, au transept, a une statue de la Vierge du XIVe s. A mentionner encore: de belles grilles en fer, au-dessus d'une sorte de retable de la Renaissance.

Le *trésor* de la cathédrale de Sens, dans une belle salle voûtée en berceau, dont l'entrée se trouve sous l'arcature à dr. du chœur, est très riche, le plus riche de France, dit-on. S'adresser, pour le voir, au frère sacristain (50 c., 1 fr. pour 2 à 5 pers.). Il en existe un catalogue. Il possède de magnifiques tapisseries des XVe et XVIe s., divers coffrets et reliquaires anciens, dont un en ivoire du XIIe s., et un magnifique reliquaire moderne, contenant un reliquaire ancien en or, avec pierres précieuses, dans lequel se trouve un grand fragment de la vraie croix; un grand peigne en ivoire de St Loup, évêque de Sens au commencement du VIIe s.; un calice du XIIIe s., un christ admirable en ivoire, par Girardon; le manteau du sacre de Charles X, des vêtements sacerdotaux de St Thomas Becket (m. 1170), provenant de l'anc. monastère de Ste-Colombe, à 1/2 h. au N.-O. de Sens, où le saint séjourna de 1166 à 1170.

L'Officialité (pl. 3, D 2), à dr. de St-Etienne, est un autre monument digne d'attention, du XIIIe s. et bien restauré au XIXe s., par Viollet-le-Duc. Elle a sur la façade six fenêtres doubles trilobées, surmontées de roses, et des créneaux. Il y a au rez-de-chaussée un musée archéologique, composé de débris de la cathédrale, et au premier étage une grande et belle salle synodale voûtée. On y voit un grand tableau auparavant à la cathédrale, St Louis et son frère Robert entrant dans cette église avec la couronne d'épines, par Gaillot (1826). Les cachots sont restés intacts. L'Officialité est reliée à *l'archevêché* (pl. 1, D 2) par un fort joli bâtiment de la Renaissance, à frises sculptées, qui a une porte remarquable de la même époque, du style flamand, par où l'on arrive au portail S. de la cathédrale. Il y a dans le passage de belles grilles de 1762, autrefois au chœur et aux chapelles de l'église.

Sur la place Drapès, à g. près du portail de la cathédrale, est la *statue du baron Thénard* (pl. 5, C 2), le chimiste (1777-1857), en costume de chancelier de l'université, bronze par Droz. — Au delà, le nouvel *hôtel de ville* (pl. C D 2), construit dans le style de la Renaissance sur les plans de M. Poivert; sur la tour principale, une statue de Brennus, par Guillot.

Prendre maintenant la rue de la République et la suivre au S., de l'autre côté de la Grande-Rue. Il y a vers l'extrémité une vieille *maison* en bois, dite la maison d'Abraham (pl. 2, C 2), avec un arbre de Jessé, à dr. au coin de la rue Jean-Cousin, et cette rue en a une autre au n° 8, l'anc. caisse d'épargne.

La rue de la République aboutit aux *boulevards*, dont une partie a été transformée en un square où l'on a érigé une *statue de Jean Cousin* (pl. 4, C 3; m. vers 1589), artiste connu surtout comme peintre et verrier, marbre par Chapu (1880). En face, la nouvelle *caisse d'épargne* (pl. D 3; 1901), dont la façade est décorée de deux statues par Peynot, de Sens, le Travail et l'Epargne. Sur le boul. du 14 Juillet (pl. D E 3-2) a été conservée une partie pittoresque des anc. fortifications, la *poterne du Midi* (pl. D 2) ou *des Quatre-Mares*, du XIVᵉ s., enclavée dans un mur romain. Les boulevards tournent ensuite à g., après avoir passé à l'extrémité de la Grande-Rue.

A peu de distance à dr., dans le faub. St-Savinien, l'*Hôtel-Dieu* (pl. E 2), une anc. abbaye, avec la belle *église St-Jean*, du XIIIᵉ s., maintenant sa chapelle et où les visiteurs sont admis le lundi de midi à 3 h. et les jeudi et dim. de 2 à 3. — Plus loin dans le faubourg, l'église *St-Savinien* (pl. E 2), du style roman, reconstruite en 1068 et qui a une crypte carolingienne. — Au N. de l'autre partie des boulevards, le *cimetière* (pl. D 1), où l'on va par la rue de Bellenave. — Les boulevards passent plus loin, à g., près de la cathédrale.

L'anc. *hôtel de ville*, dans la rue Rigault, entre la rue Jean-Cousin et la Grande-Rue, comprend le *musée* (pl. C 2; v. ci-dessous) et la *bibliothèque*, composée d'env. 16 000 vol. et 300 man. et ouverte tous les jours, de 1 h. à 4 h., excepté le mercredi.

Le MUSÉE (2ᵉ porte) est public les dim. et jeudi, de 1 h. à 4 h. en hiver et 5 h. en été, et visible les autres jours (s'adresser au concierge de l'hôtel de ville). — Conservateur, M. Roblot. Il y a trois catalogues pour les musées lapidaire, archéologique et artistique (les trois réunis, 1 fr.).

Au rez-de-chaussée se trouvent d'abord des *sculptures*, plâtres modernes pour la plupart, notamment : 30, *F.-C. Moreau*, Ivresse ; 2, *J. Carlus*, Molière et sa servante ; s. n°, *A. Lefeuvre*, Marivaux. Dans une salle basse et dans une cour intérieure, une *collection lapidaire gallo-romaine*, la plus considérable du nord-est de la France, comprenant plus de 500 pièces qui proviennent des fondements des murs d'enceinte de la ville. Les morceaux les plus remarquables sont: dans la salle, un bas-relief représentant Oreste amené devant sa sœur Iphigénie, pour être sacrifié ; les débris d'un autre, qui a pour sujet Diane et Endymion, un Persée ou Bellérophon monté sur Pégase, une tête de jeune homme, un bas-relief où sont figurés des artisans ; dans la cour, surtout un fragment de frise, avec inscription, dite de Magilius, d'un temple d'Auguste à Sens, de l'an 53 environ, et d'autres inscriptions, jusque vers l'an 208. Il y a aussi des stèles funéraires et des fragments architectoniques.

Au 1ᵉʳ étage, d'abord des *collections archéologique et d'histoire naturelle* et encore des antiquités ; puis le petit *salon Guérard*, contenant une collection de toiles et de gravures du peintre de ce nom. A la suite, une grande salle de peinture.

De dr. à g. : *inconnu*, portr. de Jean Cousin ; 84, 85, *Dolci*, Ecce homo, Vierge (sur bois) ; s. n°, *Léandre*, En province (pastel) ; 78, *de Boissieu*, paysage avec figures ; 79, 80, *Carpentier*, portraits ; 103, *Pointelin*, Prairie en Côte-d'Or ; 94, *Hersent*, Daphnis et les Grâces ; 117, *F. de Volterra*, Christ au tombeau ; 17 (sculpture), *Lefeuvre*, Jeanne d'Arc écoutant ses voix ; 102, *Murillo*, tête de moine ; 98, *Lenain*, Jeunes femmes ; 129, *éc. holl.*, Intérieur de taverne ; 114, *D. Teniers*, Retour de fête ; 99, *Lenain* (?), la Leçon de musique ; 90, *le Guide*, Judith et Holopherne ; 111, *Sergent*, le Sergent Bobillot à Tuyen-Quan (janvier 1885) ; 118, *P. Molyn*, dit *Tempesta*, Clair de lune près d'un volcan ; 126, *éc. fr.*, portr. du duc de Choiseul (1682-1711) ; 77, *Bizard*, portrait ; plus loin, 110, *Salv. Rosa*, tête de guerrier ; s. n°, *Lépicié*, son portrait ; s. n°, *David*, Antiope et Jupiter ; 109, *B. Rolland*, Homère ; 125, *éc. de Fontainebleau*, la Passion ; 118, *Watelet*, Henri IV et le capitaine Michaud ; 91, *Guillon*, Vézelay ; s. n°, *Marilhat*, paysage d'Egypte ; 116, *Vestier*, une Harpiste ; 108, *Rochegrosse*, Mort de Vitellius ; 86, *Ed. Fournier*, Suleika.

La grande salle contient encore un magnifique buffet en bois sculpté et de nombreuses curiosités, surtout, dans la 4ᵉ vitrine, un diptyque en ivoire du IIᵉ ou du Vᵉ s., qui représente le triomphe de Bacchus et celui de Diane ou les levers du Soleil et de la Lune. Il recouvre depuis le XIIIᵉ s. un missel dit l'«Office de l'Ane», à cause d'une «prose» de ce missel où il est question de l'âne qui porta J.-C. dans la fuite en Egypte et qui se chantait jadis à la «fête des Fous», réminiscence des saturnales de l'antiquité. Dans une autre vitrine, un évangéliaire manuscrit du XIIIe s., recouvert de feuilles de cuivre estampées, avec des émaux et, sur la face antérieure, une plaque d'argent gravée; un sceau en ivoire du chapitre de la cathédrale, du IXe ou du XIIe s.; une corbeille chinoise en ivoire. Dans d'autres vitrines, des objets ayant appartenu à Napoléon Ier.

Près du musée, à dr. en sortant, l'*église St-Pierre* (pl. C 2), de la première période de l'art ogival, avec un seul bas-côté à g., où l'on remarque de vieux vitraux, un retable en bois sculpté (St Hubert) et quelques vieilles sculptures.

Promenades, pour la vue: à la *montagne de St-Bond*, à quelques min. à g. au delà de la grande gare, et à *St-Martin*, dont on a vu l'église isolée en venant de Paris, à 2 kil. à dr. derrière la même gare (v. pl. A 2-3).

Ligne d'*Orléans-Montargis*, v. p. 282 et 297; ligne de *Troyes* et *Châlons-sur-Marne*, R. 19.

DE SENS A EGREVILLE: ligne de 41 kil. à voie étroite se raccordant à celle de Montereau à Souppes (p. 202), et dont la gare se trouve à g. au sortir de la gare principale, à l'entrée de l'avenue Vauban (pl. A 2); 1 h. 45, prix: 4 fr. 35 et 2 fr. 85. — 17 kil. (5e st.) *Dollot-Vallery*, qui dessert le village de Vallery (p. 202). — 20 kil. (6e st.) *St-Valérien*, dont l'église renferme le tombeau remarquable de P. Dauvet, par Michel Bourdin, de la Renaissance, en marbres rouge et noir, avec statues en marbre blanc et armoiries en bronze. — 29 kil. (10e st.) *Chéroy*, bourg dans la vallée du Lunain. — 41 kil. *Egreville*, sur la ligne de Montereau à Souppes (p. 202).

On laisse à dr. la ligne de Montargis qui gravit la *montagne de Paron* et on longe à g. l'*Yonne*, qui est très large et bordée de coteaux couverts de vignes. — 121 kil. *Etigny-Véron*. — Vue de Villeneuve à g. avant sa station.

127 kil. **Villeneuve-sur-Yonne** (hôt.: *du Dauphin*, *du Bon-Laboureur*), ville de 4768 hab., qui a une *église* goth. du XIIIe s., avec portail de la Renaissance. On y remarque aussi une belle *tour* et deux *portes* de l'anc. enceinte.

135 kil. *St-Julien-du-Sault*, à dr., petite ville de 1727 hab., qui a une église des XIIIe-XVIe s., avec de magnifiques vitraux. — 141 kil. *Cézy*.

146 kil. **Joigny.** — HÔTELS: *des Ducs-de-Bourgogne*, sur le quai; *de la Poste*, avenue Gambetta. — POSTE & TÉLÉGRAPHE, 18, rue St-Jacques, qui part de la place du Pilori.

Joigny, à g., est une ville très curieuse de 6254 hab. et chef-lieu d'arr. de l'Yonne, connue par ses vins, dits de la côte St-Jacques.

Au sortir de la gare, on prend l'avenue Gambetta; à g., gare du chem. de fer de Joigny à Toucy (p. 207). Puis la rue de la gare conduit à l'Yonne, que l'on traverse.

La partie ancienne, sur l'autre rive, a des rues montantes et mal bâties, où l'on remarque de *vieilles maisons* en bois, notamment en haut de la Grande-Rue à g. (arbre de Jessé), rue Montant-au-Palais, 3 et place du Pilori, 18. A g. près de cette place est l'*église St-Thibaut*, de la fin de la période ogivale, actuellement en restauration. Elle a de belles voûtes à clefs pendantes, des bas-reliefs du XVIe s. et une belle chaire en pierre.

On reprendra la rue Montant-au-Palais, qu'on suivra jusqu'à l'église St-Jean, à laquelle on accède par des escaliers, précédés d'une vieille porte. Au n° 38 de la rue, se voit une très curieuse *maison du xvie s.* servant aujourd'hui de cercle pour les soldats. L'*église St-Jean* est en grande partie de la Renaissance et fort originale. Elle a une voûte à caissons, un St-Sépulcre en marbre du xve s., à g. de l'entrée; des peintures, une chaire et un banc d'œuvre modernes remarquables. A g. de l'église, un bâtiment de la Renaissance transformé en école communale.

On descendra les escaliers pour continuer à g. la rue Montant-au-Palais, où l'on remarquera chemin faisant la salle d'Asile (xvie s.) et quelques restes des murs de la ville. Au bout, l'*église St-André*, fondée au xie s., mais surtout des xvie et xviie s., a une belle porte de la Renaissance décorée d'un curieux haut relief. A l'intérieur, on voit une statue tombale de l'un des comtes de Joigny au xiiie s. et, dans le bas-côté g., un fragment d'échelle du siège infructueux de la ville par les Anglais en 1429. Près de l'église, le *palais de justice*, où se trouve enclavée une jolie chapelle renaissance.

On voit encore une vieille porte de la ville, à arcades en ogives, au bout de la rue des Fromages, qui va de la place du Pilori au boulevard Lesire-Lacam, élevé sur l'emplacement des anciennes fortifications.

De Joigny a Toucy, 36 kil., chem. de fer d'intérêt local, en 1 h. 35 pour 3 fr. 80 et 2 fr. 50, en remontant la vallée du Tholon, par *Aillant-sur-Tholon* (5e stat., 1895 hab.); *Toucy*, v. p. 283.

La voie traverse l'Yonne à la stat. suiv., pour en quitter la vallée.

155 kil. **Laroche** (*buffet*, avec chambres; *hôt. de la Réunion*, au delà du canal), stat. importante, à l'embranch. de la ligne d'Auxerre, etc., qui est de l'autre côté de la gare. Dans le voisinage, à g. à l'arrivée, est l'embouchure du *canal de Bourgogne* dans l'Yonne. Ce canal, long de 242 kil., relie la Seine au Rhône par l'Yonne et la Saône, en traversant le faîte de partage des eaux (378 m.) à Pouilly-en-Auxois, vers la source de l'Armançon, par un souterrain de 3333 m. de long (p. 210) et débouche dans la Saône à St-Jean-de-Losne (p. 223). Il est alimenté par 5 réservoirs et 20 prises d'eau. La construction en fut commencée en 1775, mais il date surtout de 1832-1834. Il a coûté plus de 55 millions $^1/_2$.

Lignes du Morvan (Auxerre, etc.), v. R. 58.

De Laroche a l'Isle-Angély, ligne d'intérêt local, par la vallée très sinueuse du *Serain*: 74 kil., en 3 h. 10 à 3 h. 40, pour 7 fr. 60, 5 fr. 70 et 4 fr. 20. — 18 kil. (4e st.) **Pontigny**, où se voient les restes d'une *abbaye* autrefois célèbre, habitée par plusieurs archevêques de Cantorbéry, entre autres St Thomas Becket et St Edme. La partie la plus remarquable est l'*église*, construite d'un seul jet dans la seconde moitié du xiie s. et un bel exemple du style de transition. — 33 kil. (9e st.) **Chablis**, petite ville célèbre par son vin blanc. On rejoint à *l'Isle-sur-Serain* (73 kil.) la ligne de Nuits-sous-Ravières à Avallon (p. 209).

La ligne de Dijon remonte plus loin la vallée de l'*Armançon* et longe souvent le canal. — 164 kil. **Brienon** (pron. «Brinon»). 2725 hab. On traverse la rivière.

173 kil. *St-Florentin-Vergigny*, station de cette ligne pour

St-Florentin (*hôt. de la Porte-Dilo*, rue de Dilo), ville de 2661 hab., à env. 1/4 d'h. à g., par une route qui traverse à l'entrée l'Armançon et le canal de Bourgogne, près d'un beau pont de la ligne de Troyes (v. ci-dessous). On arrive bientôt de là à la Grande-Rue et, à dr., à l'*église*, des styles goth. et de la Renaissance, qui possède des œuvres d'art fort remarquables, aussi de la Renaissance, des vitraux (1528), un jubé, des clôtures, des retables, des statues et surtout un St-Sépulcre de 5 m. de long sur 3 m. de haut, entouré de jolis bas-reliefs, derrière le maître-autel.

Ligne de *Troyes* (56 kil.), v. p. 96-95. Cette ligne a une station spéciale près de la ville, au N.-E. ou à dr. au delà de l'église.

184 kil. *Flogny*, sur une colline à gauche.

197 kil. **Tonnerre** (*buffet; hôt. du Lion-d'Or*, à l'entrée de la rue de Rougemont, près la place du Centre; *poste et tél.*, rue de Rougemont), le «Castrum Ternodorense» des Romains, ville de 4685 hab. et chef-lieu d'arr. de l'Yonne, à dr. sur le versant d'une colline que couronne une église isolée. Elle fait un important commerce des vins des environs, les meilleurs de la Basse-Bourgogne.

En tournant à g. au sortir de la gare, on traverse une grande place, puis prend la rue de la Gare, qui aboutit à la rue du Port qu'on suivra à dr. Après avoir franchi l'Armançon, on voit à g. l'*hôpital*, fondé en 1293 par Marguerite de Bourgogne (m. 1308), femme de Charles d'Anjou, frère de St Louis. On y entre par une ruelle à dr. La *chapelle*, de la fin du XIIIe s., avec une vaste nef voûtée en bois, renferme le tombeau de la fondatrice, refait en 1826 par Bridan; celui de Louvois (m. 1691), ministre de Louis XIV, qui acheta le comté de Tonnerre, par Girardon et Desjardins (XVIIe s.), et, dans une petite crypte au fond à dr., un St-Sépulcre du XVe s.

Dans la rue Fontenilles, un peu plus haut à g., la *caisse d'épargne*, dans l'ancien hôtel d'Uzès, de la Renaissance (1533).

La rue de l'hôpital conduit à la place du Centre, où aboutit également à dr. la rue de l'Hôtel-de-Ville, venant de la Fosse Dionne (v. ci-dessous). L'*église Notre-Dame*, à g., du style goth. primitif, avec un portail renaissance fort dégradé, est remarquable à l'intérieur, où elle est nouvellement restaurée.

La rue St-Pierre, un peu en deçà, puis la rue des Forges, à g., gravissent la colline, au sommet de laquelle est l'*église St-Pierre*, curieux édifice de la fin de la période goth., mais surtout de la Renaissance, aussi bien restauré à l'intérieur. On y remarque de vieilles peintures sur bois dans les bras du transept, quelques vitraux et un beau monument moderne, style renaissance, en mémoire des «saints comtes de Tonnerre». — Un sentier à g. derrière le chœur de cette église descend directement à la Fosse Dionne.

La *Fosse Dionne* («divona», divine, comme jadis la source de Cahors) est une curiosité de cette ville. C'est une source très abondante au pied de la colline, sortant d'une paroi de rocher à pic et formant aussitôt une petite rivière qui va se jeter dans l'Armançon.

Elle est comprise dans une enceinte circulaire en pierre entourée d'un lavoir. — En quittant la Fosse Dionne on prendra à dr. la rue de l'Hôtel-de-Ville, qui mène à la place de la République, d'où l'on gagnera rapidement la gare.

---

205 kil. *Tanlay*, petit bourg à env. ¼ d'h. à g. et au delà duquel se trouve le *château de ce nom, grande et magnifique résidence seigneuriale rebâtie dans la seconde moitié du xvie s., en partie par François de Coligny, frère de l'amiral. Il se compose de deux parties séparées par un fossé de 24 m. de largeur. Il faut, pour le visiter, une autorisation écrite de l'intendant.

Ensuite un tunnel de 532 m. — 211 kil. *Lézinnes*. Ponts sur l'Armançon et le canal. Puis encore un tunnel, de 1 kil., et un pont sur le canal et la rivière.

219 kil. *Ancy-le-Franc* (1189 hab.) qui a, à g. avant la station, un magnifique *château des xvie et xviie s., commencé en 1546 par le Primatice, propriété des Clermont-Tonnerre, mais qui appartint de 1683 à 1844 à la famille de Louvois. Beaucoup de salles y sont décorées de peintures par Nic. dell' Abbate et d'autres élèves du Primatice: galerie de Pharsale, cabinet des Fleurs, chambre du Cardinal, galerie de Jason, galerie de Médée, cabinet du Pastor Fido.

225 kil. *Nuits-sous-Ravières* ou *sur-Armançon* (hôt. de la Gare), qui a des restes de fortifications et un château du xvie s.

A 7 kil. à l'E., les curieuses ruines du *château de Rochefort*, sur un rocher.

EMBRANCH. de 36 kil. sur *Châtillon-sur-Seine* (p. 108), par un pays peu intéressant, où la stat. principale est *Laignes* (20 kil.).

EMBRANCH. de 44 kil. sur *Avallon* (p. 309), par *Châtel-Gérard* (16 kil.), *Thizy-Montréal* (25 kil.; château du xiiie s. à Thizy), l'*Isle-sur-Serain* et l'*Isle-Angély* (30 et 31 kil.), desservis aussi par une ligne de Laroche (p. 207).

On passe ensuite sous la ligne d'Avallon. — 233 kil. *Aisy*. Puis la voie quitte, avec le canal de Bourgogne, la vallée de l'Armançon, pour celle de son affluent la *Brenne*.

243 kil. **Montbard** (hôt.: *de l'Ecu*, de l'autre côté de la ville; *de la Gare*, bon), à g., petite ville de 3632 hab. dans un site pittoresque, en partie sur une colline entre le canal et la Brenne, où sont les restes de son anc. château fort, dont l'enceinte est transformée en un beau parc public. On y monte directement de la gare en traversant le canal, puis une place, et en tournant plus loin à g. de la rue de la Liberté, dans la rue de Paris. En dehors du parc est l'*église*, l'anc. chapelle du château, commencée en 1050, mais souvent remaniée et restaurée de nos jours, et devant, la *statue de Buffon* (1707-1788), le naturaliste, originaire de Montbard, bronze par Dumont (1865). Il reste surtout de l'anc. château un *donjon* du xive s., de 40 m. de haut, qu'habita Buffon; une autre construction carrée et d'énormes soubassements ou murs d'enceintes, dans lesquels se trouvent des escaliers et des issues dans diverses directions. — On verra encore, de l'autre côté de la colline, une belle *chapelle* moderne du style roman fleuri, qui dépend d'un couvent.

A 4 kil. ½ au S., les ruines imposantes du *château de Montfort*, pour un temps aux princes d'Orange et rebâti en 1826.

On traverse plus loin le canal de Bourgogne. — 257 kil. *Les Laumes* (buffet; hôt. de la Gare). Ligne d'Avallon-Semur (p. 314). A 40 min. au S.-E. ou à dr. se trouvent le **Mont-Auxois** (418 m.) et *Alise-Ste-Reine*. Le *Mont-Auxois* est un point stratégique important, au débouché de trois vallées, et, selon toute probabilité, c'est au village d'Alise-Ste-Reine, sur les versants E. et O., qu'il faut chercher l'emplacement d'*Alesia*, où *Vercingétorix* fut définitivement vaincu par César, l'an 52 av. J.-C., après une lutte qui avait duré neuf ans. On y a érigé en 1865, au chef des Gaulois, une *statue*, par Millet, en cuivre repoussé, de 6 m. 50 de haut sans le piédestal: elle s'aperçoit un peu à dr. du chemin de fer. — Alise-Ste-Reine est aussi un pèlerinage célèbre et possède des eaux minérales faibles, carbonatées-calciques, ferrugineuses et magnésiennes, avec un hôpital fondé au XVIIe s. et un petit établissement de bains. L'existence de Ste Reine, vierge romaine martyre, a été révoquée en doute, et le caractère des manifestations à moitié païennes qui se faisaient autrefois au pèlerinage, le 7 sept., a fait voir en elle la personnification de la Gaule vaincue par César. — 1 h. plus loin se trouve *Flavigny*, sur une colline de 420 m., toute petite ville qui a des restes remarquables de constructions du moyen âge, en particulier d'une abbaye fondée au VIIIe s., et surtout une église des XIIIe et XVe s., renfermant un magnifique jubé du XVIe s. Dans l'abbaye se voit une statue de *Lacordaire* (1802-1861), par Bonnassieux. Correspondance de là pour Darcey (7 kil.; v. ci-dessous).

A env. 6 kil. au N.-E. des Laumes, par *Grésigny-Ste-Reine* (4 kil.), le *château de Bussy-Rabutin*, fondé au XIIe s., mais en partie reconstruit et richement décoré à l'intérieur au XVIIe s., par le comte Roger de Bussy-Rabutin, cousin de Mme de Sévigné. On n'en visite que les parties principales. Les peintures des appartements représentent des sujets allégoriques, des rois de France, des hommes et des femmes célèbres: plusieurs sont de Mignard. Dans la chapelle, une madone d'André del Sarto (?), un St Jacques de Compostelle par Murillo et deux Poussin, le Buisson ardent et Moïse frappant le rocher.

Des Laumes a Epinac: 75 kil.; 2 h. 30 à 3 h. 40; 8 fr. 40, 5 fr. 65, 3 fr. 70. — 5 kil. *Pouillenay*, qui a un vieux château et où l'on quitte la ligne de Semur (p. 314), pour remonter quelque temps la vallée de la *Brenne*. — 13 kil. *Villeferry-Arnay*. Villeferry, à g., a aussi un vieux château, ainsi que *Posanges*, plus loin à g. — 19 kil. *Vitteaux*, vieille petite ville de 1349 hab. sur la Brenne. — 26 kil. *St-Thibault*, qui a une église intéressante. On se retrouve près du canal de Bourgogne. — 2 autres stations. — 39 kil. *Pouilly-en-Auxois*, à l'extrémité N.-O. du *souterrain* de 3333 m. par lequel le canal de Bourgogne passe du bassin du Rhône dans celui de la Seine (p. 207). On traverse le canal. — 46 kil. *Essey*. — 55 kil. **Arnay-le-Duc** (*hôt. de la Poste*), ville de 2666 hab., sur l'*Arroux*, connue par la bataille dans laquelle les protestants, commandés par Coligny, vainquirent les catholiques, sous les ordres de Cossé-Brissac, en 1570. Lignes de Beaune et de Saulieu, v. p. 249 et 311. — 2 stations. — 75 kil. *Epinac* (p. 318).

Le chemin de fer laisse ensuite à dr. la vallée de la Brenne et le canal de Bourgogne. Du même côté se voit le Mont-Auxois, avec sa statue. — 265 kil. *Darcey*. Le village est à 3 kil. à g., et il y a 1 kil. plus loin des grottes, d'où sort la belle et forte source de la Douix qui ne permet pas toujours d'y entrer. Correspond. pour Flavigny, v. ci-dessus. — La voie monte plus loin, sur la rive g. de l'*Oze*, entre des hauteurs qui atteignent plus de 500 m. d'altitude. — 272 kil. *Thenissey*, à g., sur une hauteur. Plus loin du même côté, *Salmaise*, qui a un château en ruine. — 279 kil. *Verrey*.

A 7 ou 8 kil. au N.-E., le petit village de *St-Germain-la-Feuille*, à ¾ d'h. à l'E. duquel sont les *sources de la Seine*, avec un monument érigé

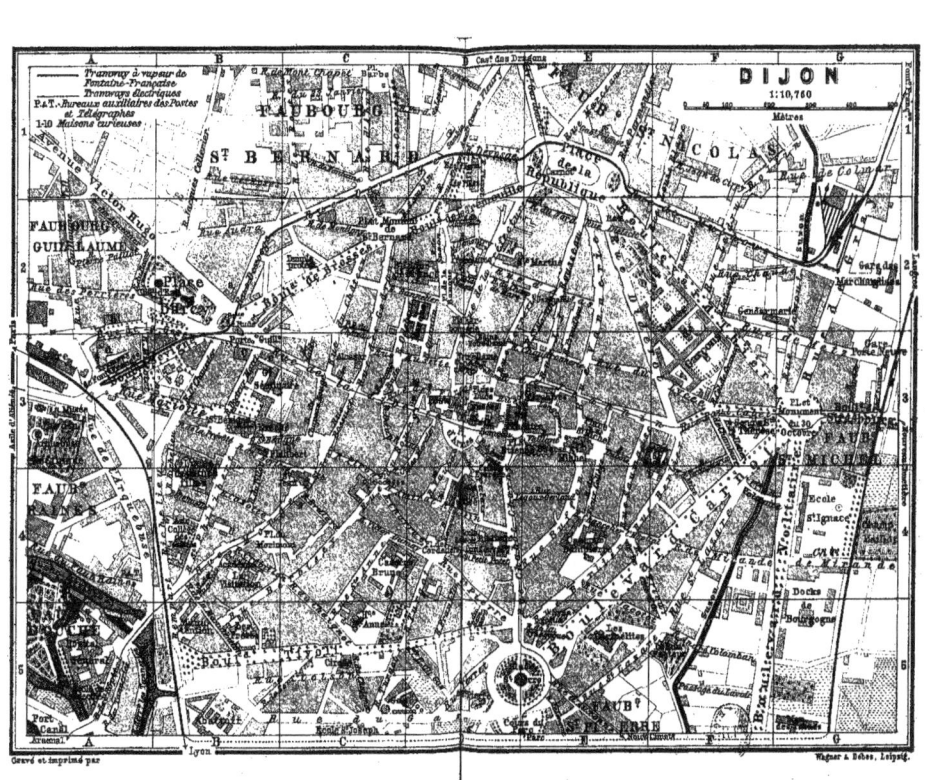

en 1867 et renfermant une statue de la Sequana par Jouffroy. On y a trouvé des restes d'un temple gallo-romain et des antiquités, qui sont au musée de Dijon. Les sources sont entourées d'un jardin dont la clef est chez le maire de St-Germain.

La voie continue de monter, pour passer du bassin de la Seine dans celui du Rhône. — 288 kil. *Blaisy-Bas* (406 m.), d'où l'on fait aisément en 2 h. aller et retour l'ascension du *mont Tasselot* (593 m.). Puis un *tunnel* de 4100 m. de long, aéré par 15 puits, avant et après lequel on a de belles vues. On redescend rapidement vers Dijon. Contrée curieuse; paysage sévère; tranchées, tunnels, hauts remblais et viaducs nombreux sur des *combes* ou petites vallées étroites et profondes. Bientôt un viaduc de 190 m. de long et 26 m. 50 de haut et un tunnel de 328 m.

296 kil. *Malain* (369 m.), à dr., en deçà de la station. Il y a un *château* en ruine, sur une hauteur escarpée. A g., à env. 2 kil., *Baulme-la-Roche*, village pittoresque, au pied de rochers escarpés et qui a une grotte curieuse. — Puis le viaduc de Lée, de 160 m. de long et 23 m. de haut. Belle vue à dr. sur la vallée de l'Ouche, où passe le canal de Bourgogne et que dominent les plus hauts sommets de la Côte-d'Or, le *Plan de Suzan* (565 m.) et le *Mont-Afrique* (584 m.), qui est fortifié (v. aussi p. 222). Viaduc de la combe de Fain, de 220 m. de long et 44 m. de haut et à deux étages d'arcades. — 300 kil. *Lantenay*. Encore un viaduc de 130 m. de long et 18 m. de haut, un tunnel de 170 m., un viaduc de 38 m. de haut et un autre tunnel. A dr., sur une hauteur boisée, la chapelle de Notre-Dame-d'Etang (p. 222). — 306 kil. *Velars* (395 m.). Puis deux viaducs de 22 m. — 310 kil. *Plombières* (269 m.). Encore quatre petits tunnels.

315 kil. *Dijon* (bon buffet, v. ci-dessous).

46. Dijon.

Gares: *gare de Paris* (pl. A 3), à l'O., la principale (bon *buffet*, rep. 1.50, 3 fr. et 4 fr.); *gare Porte-Neuve* (pl. G 3), à l'E., pour la ligne de Chalindrey, Langres, etc., mais reliée à la précédente par un tronçon de raccordement; *gares du tramway de Fontaine-Française* (pl. A 3 et G 2), boul. Sévigné et rue de Mulhouse.

Hôtels: **Gr.-H. de la Cloche* (pl. a, B 2; nouveau propr.), place Darcy (ch. t. c. 3 à 8 fr., rep. 1.50, 3.50 et 4, om. 75 c.); *du Jura* (pl. b, A 2), près de la gare (ch. t. c. 2 fr. 50 à 4 fr. 50, rep. 1.50, 3.50 et 4, om. 50 et 75 c.); — *de Bourgogne* (pl. c, B 3), place Darcy, plus près du centre de la ville, bon (ch. 3 fr. 50, rep. 1.50 et 3, om. 1); *du Nord* (pl. e, B 3), à la porte Guillaume, avec restaur., bon (p. 8.50); *de la Galère & des Négociants* (pl. f, C 3), voyageurs de commerce, rue de la Liberté, 45 (7 fr. 50 par jour); *Morot* (pl. d, A 3), en face de la gare, bon (60 ch. de 2 fr. 50 à 3, rep. 1, 2.50 et 3, p. dep. 8).

Cafés: *de la Rotonde*, place Darcy; *du Lion-de-Belfort* (brasserie), même place; *de la Concorde*, à la porte Guillaume; *C.-Rest. Dosson*, place d'Armes; *C. de Paris*, place St-Etienne, au théâtre; *C. Georges*, au coin des rues de la Liberté et Bossuet. — *Brasserie Loos* ou *Alsacienne* (casino), en face de la gare de Paris.

Voitures de place: prises aux stations ou sur la voie publique, course, 1 fr. le jour, 1.50 la nuit; heure, 1.60 et 2; au remisage, 1.50, 2 et 2.50.

Tramways électriques, de la *gare de Paris* (pl. A 3): 1, à la *gare Porte-Neuve* (pl. G 3); 2, à la *place St-Pierre* (pl. D E 5), et de là au Nouveau Cimetière et au parc; 3, à la *place de la République* (pl. E 1) et à la caserne des dragons; 4, au *port du Canal* (pl. A 5) et à l'arsenal. Prix: 10 c., 15 avec correspondance.

Poste (pl. D 3), bureau central rue des Forges, à g. derrière l'hôtel de ville. Bureaux auxiliaires (« P. & T. » sur le pl.): boulev. Thiers, 6 (pl. E 2); rue du Faubourg-Raines (pl. A 4); boul. Sévigné, 3 (pl. B 3). — **Télégraphe** (pl. D 3), à l'hôtel de ville, à dr.

Banques: *Banque de France* (pl. D 2), place de la Banque; *Crédit Lyonnais*, rue de la Liberté, 6; *Comptoir d'Escompte*, rue de la Liberté, 89, près de l'hôtel de ville; *Société Générale*, place St-Etienne.

Bains: *bains du Parc*, près de la place St-Pierre (pl. D 5).

Libraires: *Rey*, rue de la Liberté, 26; *Venot*, place d'Armes, 1.

Consulat de Suisse, rue Chabot-Charny, 71.

Théâtre, v. p. 218. — *Casino* (brasserie Loos), rue de la Gare. — *Cirque d'Été*, boul. Tivoli. — *Alcazar* (pl. C 3), rue des Godrans.

Temple protestant (pl. C 2), boul. de Brosses; culte le dimanche, à 10 h. et à 2 h. — *Synagogue*, boulevard Carnot (pl. E 5).

Principales curiosités: *St-Bénigne* (p. 213), l'*hôtel de ville*, avec le *musée* et la *salle des Gardes* (p. 214), *St-Michel* (p. 218), *Notre-Dame* (p. 219), le *parc* (p. 220), le *monument du 30 octobre* (p. 221) et l'*asile des aliénés* (p. 221).

Dijon est une ville commerçante de 71326 hab. et le chef-lieu du départ. de la *Côte-d'Or*, avec un évêché, une cour d'appel, une école nationale des Beaux-Arts, un conservatoire de musique et une université. On en a aussi fait depuis 1870 une place de guerre défendue par huit forts détachés. Elle est bâtie au N.-E. du confluent de l'*Ouche* avec le *Suzon* et du *canal de Bourgogne* (p. 207), au pied des collines de la Côte-d'Or (p. 246), que domine le mont Afrique (p. 211). Les ducs de Bourgogne y ont résidé pendant trois siècles (1179-1477), jusqu'à la mort de Charles le Téméraire, et les monuments qu'elle a conservés de cette époque lui donnent un intérêt particulier. — Dijon fait un grand commerce de vins et de blé; sa moutarde, son pain d'épices et sa liqueur de cassis ont une réputation presque universelle.

Dijon, *Dibio* ou *Divio*, n'a pris une certaine importance qu'au xie s., en devenant la capitale du duché de Bourgogne, sous Henri, fils aîné du roi Robert le Pieux, mais c'est seulement à partir de 1363 qu'elle est devenue célèbre, avec les ducs Philippe le Hardi (fils du roi Jean le Bon), Jean sans Peur, Philippe le Bon et Charles le Téméraire. Louis XI reprit la Bourgogne après la mort de ce dernier, en 1477. 30000 Suisses, Allemands et Francs-Comtois l'assiégèrent en 1513 et en furent éloignés à prix d'argent. François Ier, prisonnier à Madrid, l'abandonna bien à Charles-Quint, mais les Etats ne ratifièrent pas la cession. Dijon fut du parti catholique et de la Ligue dans les guerres de religion et ne se soumit à Henri IV qu'en 1595, après la victoire de Fontaine-Française (v. p. 222). La province de Bourgogne a été gouvernée par les princes de Condé de 1631 à la Révolution, et Dijon fut très prospère au xviiie s. La ville résista énergiquement aux alliés en 1814 et aux Allemands en 1870 (v. p. 221). Elle fut occupée du 31 oct. au 27 déc. 1870 par le corps d'armée allemand du général Werder. Evacuée alors à l'approche du corps français de Crémer, elle fut couverte et défendue par Garibaldi, qui eut à repousser, du 21 au 23 janv., une attaque faite en vue de permettre à Manteuffel de rejeter Bourbaki sur la frontière suisse. En récompense de sa belle conduite, la ville reçut le droit de porter dans ses armes la croix de la légion d'honneur. — Outre ses ducs Jean sans Peur, Philippe le Bon et Charles le Téméraire, il faut surtout citer, parmi les hommes célèbres de Dijon: Bossuet, Crébillon, Rameau, Piron, le chimiste Guyton de Morveau, l'amiral Roussin, le maréchal Vaillant et les statuaires Claude Ramey, Rude et Jouffroy.

La rue de la Gare mène à la *place Darcy* (pl. B 2), ainsi nommée de l'ingénieur qui a créé les deux réservoirs et les fontaines publiques de la ville. On y voit la *statue de Rude* (1784-1855), le sculpteur, bronze par Jos. Tournois (1886). Sur cette place s'étend la jolie *promenade du Château-d'Eau*, avec l'un des réservoirs. Plus loin, dans la première direction, est la *porte Guillaume* (pl. B 3), de 1784, à l'entrée de la ville proprement dite. La rue de la Liberté va directement de là à la place d'Armes (v. p. 214); il vaut mieux tourner immédiatement à dr. par la rue Docteur-Maret pour visiter d'abord

St-Bénigne (pl. B 3), la cathédrale, dépendant jadis d'une abbaye, qu'ont remplacée l'évêché et le séminaire. C'est un assez bel édifice goth., dont la fondation est très ancienne, mais qui a été presque entièrement reconstruit au XIIIe s. et plus tard. La façade présente une sorte de vestibule ou narthex, avec un Martyre de St Etienne par Bouchardon, remplaçant des sculptures détruites à la Révolution, surmonté d'une galerie à arcades. Il y a deux belles tours sur les côtés, mais pas de portails latéraux. Le plan de cette cathédrale goth. tient encore de celui des dernières églises romano-byzantines: elle a trois nefs, un transept très court, un chœur sans déambulatoire ni chapelles et, à l'extrémité, trois absides en hémicycle. Sur la croisée, un svelte clocher en bâtière avec une belle flèche de 93 m. 50 de haut entourée de statues en cuivre repoussé, reconstruite en 1894-95, sur le modèle de celle du XVIe s.

A l'intérieur, on remarque d'abord sous le beau buffet d'orgue, du XVIIIe s., les tombeaux intéressants du président Legoux de la Berchère et de sa femme, avec leurs statues agenouillées (XVIIe s.). Au bas des collatéraux, inscriptions indiquant l'emplacement des tombeaux de Philippe le Hardi, de Jean sans Peur et d'Anne de Bourgogne, fille de ce dernier. Plus haut, dans le collatéral de dr., tombeau de Jean de Berbisey (1720), et pierre tombale de Wladislas le Blanc, roi de Pologne (m. 1888). Aux piliers de la nef et du transept, statues par Bouchardon, Jean Dubois et Attiret. Au chœur, restauré de 1886 à 1892, stalles du XVIIIe s. Dans le collatéral de g., beau tombeau de l'évêque Rivet (XIXe s.).

Au-dessous du chœur, se trouve une *crypte*, du XIe s., retrouvée et restaurée au XIXe s. (entrée par la sacristie), qui comprend une curieuse chapelle ronde à coupole et double rangée de colonnes. Derrière se voit le tombeau de St Bénigne, apôtre de la Bourgogne (m. vers 179).

A quelques pas à dr. de la cathédrale se voit *St-Philibert* (pl. B 3), anc. église du XIIe s., avec une flèche goth. en pierre de 1513, et un portail latéral à dr. de la même époque. Cette église est auj. transformée en magasin. La petite rue des Novices à dr. mène à *St-Jean* (pl. C 4), église rebâtie de 1447 à 1455. St Urbain, St Grégoire et St Tétricus, qui furent évêques de Langres, y sont inhumés.

Derrière l'église s'étend la place St-Jean, de forme irrégulière (au n° 10, maison où est né *Bossuet;* au n° 23, maison du XVIe s; pl. 1, C 4), à l'extrémité dr. de laquelle commence la rue Monge (au n° 1, *hôtel Bouchu*, de 1643, occupé auj. par le Conservatoire de musique; pl. 2, C 4). Prendre, à l'autre extrémité, la rue Bossuet qui débouche, au «coin du Miroir», sur la rue de la Liberté, une des principales de la ville, que l'on suivra à dr. Près de là, la rue des Forges a une vieille maison aux nos 52-56 et une autre, plus curieuse encore, la *maison Milsand*, au n° 38 (pl. 10, 8; D 3; entrer dans le couloir); la rue du Bourg a une façade de style Henri II au n° 8 (pl. 9, D 3). La rue de la Liberté aboutit à la *place d'Armes*, place semi-circulaire au N. de laquelle s'élève

L'hôtel de ville, l'anc. *palais des ducs de Bourgogne* (pl. D 3). Ce vaste édifice, reconstruit en grande partie de 1681 à 1725 et au XIXᵉ s., est en lui-même peu remarquable, mais présente cependant partout des détails curieux. Il n'est guère resté de l'ancien palais, des XIVᵉ et XVᵉ s., où sont nés Jean sans Peur, Philippe le Bon et Charles le Téméraire, que la haute tour de la Terrasse qui le domine (46 m.) et une autre plus basse sur le derrière, la tour de Bar, ainsi que quelques salles voûtées du rez-de-chaussée, les cuisines (v. ci-dessous) et le grand puits qui les précède, à dr. de la cour principale. Mais ce qu'il y a de plus intéressant ici c'est le musée.

Le ***musée** occupe 27 salles, dont 22 au 1ᵉʳ étage de la partie E. ou partie dr. de l'hôtel de ville. C'est un des plus riches de province pour la peinture, et il renferme les splendides tombeaux de Philippe le Hardi et de Jean sans Peur. Il est public les dim. et fêtes et jeudis de midi ½ à 4 h. en hiver et 5 h. en été, mais on peut toujours le visiter, moyennant un pourboire, de 9 h. à 11 h. et de midi ½ à 4 ou 5 h., le lundi seulement à partir de midi ½. L'entrée est du côté dr., sur la place Rameau (v. p. 218). Il y a partout des étiquettes et il existe un bon catalogue de 1883, 3 fr. Conserv., M. A. Joliet.

Rez-de-chaussée. — 5 salles du bas, à g. de l'entrée, contiennent une partie des sculptures. Dans la 1ʳᵉ, une statue de Lazare Carnot par *Turcan*, un Hercule Farnèse du musée Campana, un Faune vidant une outre par *H. Rutchiel* et un Apollon Citharède antique. Dans la 2ᵉ, des œuvres de *Rude* (p. 218): l'Amour dominateur du monde, diverses reproductions et un buste de l'artiste par *Cabet*. Dans la 3ᵉ: *Dampt*, Diane; *Cabet*, l'Année terrible; *Schrœder*, Œdipe et Antigone; *Larche*, la Prairie et le ruisseau; *A. Boucher*, la Terre; *M. Moreau*, la Fileuse; *Rude*, Retour de chasse; *Cabet*, Réveil du printemps, et des moulages ou des modèles. Dans la 4ᵉ: *Dampt*, Mignon; *Houdon*, buste de Napoléon (terre cuite); *Masseau*, étude; *Moreau*, le Printemps (terre cuite); *Barye*, Jaguar et lièvre. Dans la 5ᵉ, reconstitution du puits de Moïse (p. 221) et moulage des différentes parties; trois retables en pierre sculptée. — C'est dans la 5ᵉ salle que donnent les *cuisines du palais ducal*, de 1445, dont on remarque les six cheminées, la cheminée ventilateur du milieu et la voûte en dôme; on y a placé quelques fragments de sculpture et un beau coffre en chêne du XIIIᵉ s.

Escalier: sculptures, entre autres une République par *Coutan*; Victorieuse par *Bouttellier*; bustes, dont un de Prud'hon, par *Darbois*.

Iᵉʳ étage. — Iʳᵉ salle: gravures; statuette par *B. Blaise*, Un berger. — IIᵉ salle: *Collection de Mme Veuve Dècle*, une vitrine contenant des objets en porcelaine et bon nombre de petits tableaux, à g.: *Beschey*, Flore; *Senave*, l'Orage; *de Marne*, Départ pour le marché; *Beschey*, Pomone; *Ommeganck*, paysage avec animaux; — *Cl. Gillot* (maître de Watteau), la Danse; *Trinquesse*, Offrande à Vénus, Serment à l'Amour; *Malbranche*, Canal en Hollande; *J. Grimou*, portr. de jeune fille; — *de Marne*, le Coup de vent; *Rottenhammer*, Danse d'enfants; *Boudewyns*, Ville au bord du Rhin;

Musée. DIJON. *III. R. 46.* 215

T. Michaud, Deux ports de mer; *C. de Baellieur*, la Galerie de tableaux; *Wildens*, la Madeleine; — à dr., *éc. fr. du XVIIIᵉ s.*, Berger et bergère. Beau meuble en bois sculpté.

IIIᵉ - VIᵉ SALLES, *collection Trimolet, léguée à la ville en 1878 et comprenant surtout de magnifiques meubles anciens, des tableaux et dessins de maîtres, des miniatures, des émaux, des bas-reliefs en ivoire, en argent, en bronze et en bois, des bijoux, des vases, des faïences, des œuvres d'art chinoises, etc. — Salle III: dessins, estampes, antiquités, porcelaines, faïences et beaux meubles. — Salle IV: magnifique collection de tableaux, meubles, ivoires, émaux, faïences et armes. Tableaux: à g., 77, *Verelst*, portr. de femme; 37, *école romaine* (?), Vierge; 52, *Holbein le J.* (?), portr. de femme; 8, *Bonifacio*, Vierge; 63, *Netscher* (?), portr. d'un bourgmestre; 27, *A. del Verrocchio* (?), Vierge; 31, *école ombrienne*, Ste Famille; 18, *C. da Sesto* (?), Vierge; 57 (entre 2 fenêtres), *école de Memling*, Vierge; 82, *école romaine* (?, Lotto), Ste Famille; 49, *B. van der Helst* (?), portr. d'homme; 29, *école italienne*, le Christ aux liens; 71, *Rubens*, portr. d'Isab. Brant, sa première femme; 11, *éc. ital. du XVIᵉ s.*, Ste Famille; 74, *J. van Schuppen*, portr. de femme; 14, *le Francia (Raibolini)*, la Vierge et l'Enfant; 6, *Gaudenzio Ferrari*, l'Assomption de la Vierge; 7, *le Ghirlandajo*, Couronnement de la Vierge. — Bustes des donateurs, par *F. Dameron*. — Dans les vitrines, on remarquera particulièrement les objets de celle du milieu du côté g.: émaux translucides, plaque d'or au repoussé et émaillée, agrafes de chapes, bijoux. Les nᵒˢ *1409, *1410 et 1411, en or ciselé, repoussé et émaillé, sont des enseignes ou ornements de chapeaux, ouvrages italiens du XVIᵉ s., les deux premiers attribués à *Benv. Cellini* ou à *Ambr. Foppa*, dit *Caradosso*. Dans la grande vitrine au mur de dr., 1088, une magnifique aiguière d'après *Briot*, émaillée par *Bern. Palissy*; 328, 337, statuettes en ivoire, des XIIIᵉ et XIVᵉ s.; plus loin, 1375-1378, quatre plaques en argent ciselé et repoussé, travail flamand du XVIIᵉ s.; des émaux de Limoges (surtout 1304 et ss., et 1288); 1603, une tapisserie des Flandres, du XVIᵉ s. — Salle V, suite des meubles, bijouterie et verrerie fine. Tableaux: 26, *le Garofalo*, la Vierge et l'Enfant; 95, *Greuze*, tête d'expression; 57, *éc. de H. Memling*, la Vierge et l'Enfant; 103, *Vanloo*, portr. d'homme; 89, *Clouet* (?), Elisabeth d'Autriche, femme de Charles IX; 25, *Solimena*, l'Assomption; 39, *Asselyn*, paysage d'Italie; 13, *le Bassan*, Adoration des bergers; 80, *Phil. Wouwerman*, Retour de la chasse; 24, *Solimena*, Mort de St Joseph; — 65, *J. van Oost*, jeune homme; 113, *H. Rigaud*, portr. d'homme; 54, *J. Kobell*, paysage; 59, *Moreelse*, Dame flamande; 62, *C. Dolci*, Pietà; 28, *école de Léon. de Vinci*, la Vierge et l'Enfant; 60, *A. Mytens*, portr. de jeune homme; 58, *A. de Moor*, portr. d'homme; 12, *J. Romain* (?), Jeune femme; — 85, *Navaretto*, Ste Famille; 1, *Fra Bartolomeo* (?), id.; 19, *Solario*, id.; 50, *van der Heyden* (?), vue prise à Rotterdam; 9, *Mazzolini*, le Christ au roseau; 2, *Bellini* (?), la Vierge et l'Enfant. — Salle VI, suite des meubles. Tableaux: 53, *van Huchtenburgh*, Bataille; 40, *Berchem* (?), paysage et animaux; 55, *Koekkoek*, Effet d'hiver; 93, *G. Dughet*, paysage; 76, *Teniers le J.*, Vision de St Jérôme; 101, *Lancret*, Scène dans un parc; — 75, *Teniers le V.*, Effet de neige; 87, *F. Boucher*, sujet allégorique; 41, *J. Both*, paysage d'Italie; 15, *le Guide (Reni)*, Triomphe de Vénus; 108, *Nonnotte*, portr. de femme; — 128, *Vestier*, portr. de Voltaire; 79, *Ph. Wouwerman*, Départ pour la chasse; 43, *Cuyp*, paysage; 66, *G. de Poorter*, Jugement d'une sorcière; 98, *Guérin*, Anacréon. Dans les vitrines, des médaillons, le 814, près de l'entrée, un portrait de Pascal à 17 ans (1654); ivoires, coffrets, statuettes.

VIIᵉ SALLE, plutôt un passage: estampes, photographies de tapisseries.

Les salles VIII et IX doivent être réunies pour former une grande galerie de 25 m. de long, éclairée par en haut.

VIIIᵉ SALLE, *collection Devosge*: tableaux et dessins de *Fr. Devosge* (p. 189), fondateur de l'école des Beaux-Arts et du musée de Dijon, en 1783; à dr.: 715, *Rubens*, Ganymède enlevé par l'aigle; 693, *Lucatelli*, paysage; 695, *M.-J. van Mierevelt* (?), portr. de femme; 701, *Prud'hon*, portr. de Devosge; dessins de Prud'hon.

IXᵉ SALLE: à g. et à dr., 10-12, *P. de Cortone (Berrettini)*, l'Enlèvement des Sabines, la Réconciliation de Laban et de Jacob, Laban cherchant ses idoles, copies; 158 (1re fen. à dr.), d'apr. *Netscher*, Vertumne et Pomone ou la Curiosité nuisible; 75, à la fen. du côté de l'entrée, *le Dominiquin*, Judith, et encore quantité de copies. Derrière, à g., 465, *Suvée*, Mort de Coligny (même sujet de cet artiste au Louvre). Au milieu, des objets d'art et des curiosités; 1370, pendule de Boule, avec la Nuit et le Jour d'après Michel-Ange; 1466, l'Ancien et le Nouveau Testament, bas-relief d'argent rehaussé d'or. Bronzes, plâtres et terres cuites.

Xe SALLE: sculptures, la plupart d'après l'antique; *1075, 1076, *Rude*, Hébé jouant avec l'aigle de Jupiter, buste de Devosge; à dr., 1029, 1027, *Jouffroy*, la Rêverie, la Désillusion; 1022, *Girard*, le Vendangeur (bronze); 1056, *M. Moreau*, la Fée des fleurs (bronze). Plafond par *Prud'hon*, la Bourgogne dominant la Mort et le Temps et entourée des Vertus et des Beaux-Arts, d'après le tableau de P. de Cortone, au palais Barberini, à Rome.

XIe SALLE: dessins de maîtres anciens, donnés par His de la Salle.

XIIe SALLE: tableaux secondaires de l'école française: *Gervex*, 1re Communion à la Trinité; s. n°, *Manet*, copie du portr. du Tintoret par lui-même; 271, *Debay*, Faune et panthère; 214, *Allegrain*, paysage; s. n°, *inc.*, portr. du président Jeannin (p. 819). Au milieu, des sculptures: le Réveil de la source, par *P. Gasq*; Cléopâtre se donnant la mort, par *B. Blaise*.

XIIIe SALLE ou palier en haut de l'escalier par où l'on entrait autrefois, quelques sculptures, entre autres un moulage de la tête de Vercingétorix par *Millet* (p. 210); s. n°, *Mottez*, Phryné devant l'Aréopage; 896, *B. Masson*, Bataille de Trasimène; 1433, tombe du xve s.; *Travaux*, David vainqueur (plâtre).

XIVe SALLE: dessins modernes, surtout de *Puvis de Chavannes*; estampes; pastels, dont deux de *Rosalba Carriera* (19, 20) et quatre de *Quentin de La Tour*: 360, portr. d'un chanoine; 361, homme en bonnet de nuit; 362, son portrait; 363, portr. d'Horace Vernet; retable en pierre du xvie s. et des tableaux de primitifs, surtout flamands.

XVe SALLE, l'anc. *salle des Gardes du palais des ducs de Bourgogne, avec une *cheminée de 1508. On y admire surtout les **tombeaux de Philippe le Hardi et de Jean sans Peur*, érigés d'abord dans l'oratoire des ducs à la chartreuse de Champmol (p. 221), en partie détruits à la Révolution et habilement restaurés depuis. Celui de Philippe le Hardi, le second, fut exécuté depuis 1404, par *Claus Sluter* et son neveu *Cl. de Werve*. Il est en marbre noir, rehaussé de peintures et de dorures. Sur le sarcophage est couchée la statue du duc, dont les pieds reposent sur un lion et la tête sur un coussin entre deux anges aux ailes déployées, soutenant son casque. Tout autour du monument règne une sorte de cloître en marbre blanc aux arcades ogivales, garnies de 40 statuettes de personnages de la cour de Bourgogne et de religieux, dont on a toujours admiré l'expression et les draperies. — Le tombeau de Jean sans Peur ressemble beaucoup à celui de son père, dont il diffère surtout en ce qu'il y a dessus une seconde statue, celle de la duchesse Marguerite de Bavière. Ce tombeau, étant moins ancien d'env. un demi-siècle, est encore plus richement ouvragé que l'autre. Il est l'œuvre de *Jehan de la Huerta* dit d'*Arroca* et d'*Ant. le Moiturier*. — Parmi les autres ouvrages d'art très remarquables de cette salle, il faut citer, de g. à dr., à partir de la porte: 442, *Nic. Quentin* (m. 1636), Adoration des bergers; *1420, deux retables goth. en bois doré, dits chapelles portatives des ducs de Bourgogne, sculptés par *Jac. de Baerze* et peints par *Melch. Broderlam*, en 1391, par ordre de Philippe le Hardi, pour l'oratoire de la chartreuse de Champmol; une porte, sculptée par *H. Sambin*; 1434, un haut relief colorié du xiiie s., de l'anc. chapelle du palais; *1421, retable de l'abbaye de Clairvaux, cinq tableaux; 1464, fragments de retable du xve s. Dans une vitrine entre les deux tombeaux: 1467, couronne donnée comme provenant du tombeau de Marguerite de Bavière; coupe de St Bernard, du xiie s.; boîtes en ivoire des xiiie et xve s.; crosse de St Robert, du xie s.; armes. A la suite, 1445, tapisserie du xvie s., Dijon assiégé par les Suisses en 1513; statue d'A. de Fontette (xvie s.); 1438, statue de St Genêt (xvie s.); *éc. vénit.*, la Vierge et les saints (xvie s.); 482, *de Troy*, Jésus devant Pilate. Devant la cheminée, 1439, le Baptême de Jésus et la Prédication de St Jean, reliefs en ronde bosse, de 1520. En revenant, 206, *éc. all.*, triptyque; 505, 506, portr. de Philippe le Hardi et de Jean sans Peur, ducs de Bourgogne; 1045, *Lemoyne*, modèle d'un mausolée de Crébillon qui n'a pas été exécuté; 81, *éc. ital. du XIVe s.*, tableau à cinq compartiments; 503, 507, 508, portr. d'Isabelle de Portugal, femme de Philippe le Bon et mère de Charles le Téméraire. — 965, *Bridan*, statue de Bossuet. Bustes divers.

XVIe SALLE, galerie de peinture. A dr.: petits tableaux hollandais; 113, *C. Engelbrecht* (copie d'après le tableau d'Etienne Lochner à la cathédrale de Cologne), l'Annonciation; 418, *Nattier*, portr. de Marie Leczinska; 263, *Ant. Coypel*, Sacrifice de Jephté; 267, *Noël Coypel*, Apollon couronné par la Victoire; 347 et 348 (plus loin), *Lallemand* (de Dijon), paysages; 247, *Chardin*, portr. de Rameau; 421, *Parrocel*, Une bataille; 135, *J. van Hoeck*, Martyre de Ste Marie de Cordoue; s. n°, *Rigaud*, portr. de Pontchartrain; 94, *F. Bol*, les Cinq sens; 133, *F. Hals*, Enfant riant; 250, *J. Clouet*, portr. de femme; 438, *Prud'hon*, portrait; 252, *Colson* (de Dijon), Jeune fille endormie; 541, *inconnu*, portr. de Charles le Téméraire; s. n°, *Largillière*, portr. de Bouhier (v. p. 220); *74, *le Dominiquin*, St Jérôme, un des plus beaux tableaux du musée; s. n°, *Lethière*, d'apr. *Ribera*, Déposition de croix; *18, *Ann. Carrache*, la Chananéenne; *38, *40, *le Bassan*, Noé fait entrer les animaux dans l'arche, les Disciples d'Emmaüs; 136, *M. d'Hondekoeter* (?), Eperviers, coqs et poules; 151, *van der Meulen* (?), le Siège de Besançon en 1674; s. n°, *Revel*, portr. de l'abbé Palliot; 49, *le Tintoret*, l'Assomption; 91, *D. van Bergen*, paysage et animaux; 169, *Teniers le J.*, Intérieur de tabagie; 163, *école de Rubens*, la Vierge présente l'enfant Jésus à St François d'Assise; 152, *van der Meulen* (?), le Siège de Lille en 1667; 215, *Allegrain*, paysage; — 104, *Phil. de Champaigne*, la Présentation. — Autre côté, en retournant vers l'entrée: s. n°, *Lenain*, Vieillard se chauffant; 420, *Oudry*, Poissons et canards; 134, *Heinz*, Femme endormie; 30, *Bern. Luini*, l'Enfant Jésus debout sur les genoux de sa mère; 432, *Prud'hon*, portr. d'homme; 407, *Mignard*, portr. d'un peintre; 452, *Rigaud*, portr. du sculpteur Girardon; 71, *école du Pérugin*, la Vierge et l'Enfant; 91, *van Bergen*, paysage et animaux; 89, *van Balen*, l'Annonciation (sur cuiv.); 14, *école de P. Véronèse*, la Vierge entourée de la gloire céleste; *13, *P. Véronèse*, Moïse sauvé des eaux; 108, *G. de Crayer*, les Apprêts de la sépulture; 120, *Franck*, Thomyris ou Hérodiade; 431, *Prud'hon*, portr. d'homme; 1, *l'Albane*, Ste Famille; 107, *G. de Crayer*, l'Assomption; 165, *école de Rubens*, Entrée de Jésus à Jérusalem; 296, *Gagneraux* (de Dijon; m. 1795), Bataille de Senef; 180, *Phil. Wouwerman*, Départ pour la chasse; 187, 188 (petits; en bas), *P. Wouwerman*, Halte de voyageurs, Halte de chasse; *42, *le Guide*, Adam et Eve; 65, *Strozzi*, Ste Cécile; 238, *L. de Boullongne*, Baptême de St Augustin; *150, *H. Memling* ou plutôt *le maître de Flémalle*, Adoration des bergers; 29, *Lanfranchi*, St Pierre repentant; 297, *Gagneraux*, Passage du Rhin sous les ordres de Condé; 181, *Ph. Wouwerman*, un Campement; 384, *Carle Vanloo*, Condamnation de St Denis; 439, *N. Quentin* (de Dijon, XVIIe s.), la Circoncision; s. n°, *Tocqué*, portr. d'homme; 455, *H. Rigaud*, portr. du président Berbisey; — 456, 457, *H. Robert*, Temple antique, Ecurie sous une voûte; 39, *le Bassan*, la Flagellation; 370, *Ch. Lebrun*, Christ en croix; 386, *C. Vanloo*, portr. de Louis XV; 103, *Brueghel de Velours*, Vierge dans une forêt. — Au milieu, *Schœnewerk*, le Prisonnier dangereux (marbre); reproduction de la statue couchée d'Anne de Bourgogne (1404-1432), fille de Jean sans Peur.

XVIIe SALLE: 380, *Lenoir*, portr. du sculpteur Attiret; 88, *J. d'Arthois*, paysage; 9, *Battoni*, Cléopâtre fait voir à Auguste le buste de César; s. n°, *Revel*, portraits; 426, *N. Poussin*, portr. de P. Corneille; s. n°, *Lallemand*, l'Abreuvoir; 265 (plus loin), *Coypel*, l'Adoration des bergers.

XVIIIe SALLE: tableaux de valeur secondaire; 334, *Jourdy* (de Dijon), Thésée reconnu par son père; 352, 351, *Lallemand*, paysages; 280, *Devosge* (de Gray; v. p. 189 et 215), Dévouement de Cimon; 268, *Coypel*, la Colère d'Achille; — *H. Michaud*, nature morte; — *Trutat*, portr. d'homme; — au milieu, antiquités, vases étrusques, et deux marbres, Erigone par *Jouffroy* et Ariane par *Lescorné*.

XIXe SALLE: 260, *J. Courtois*, Choc de cavalerie ; 402, *L. Mélingue*, la Levée du siège de Metz en 1558 ; 101, *B. Breemberg*, paysage ; 579, *éc. angl. du XVIIIe s.*, portr. de vieillard ; — 322, *Jacquand*, le Pérugin chez les moines de Pérouse ; 394, *Massenot* (de Dijon), la Mort emportant un cadavre ; vitrine contenant des vases de Sèvres ; 305, *Glaize*, Esope chez Xanthus ; — 458, *Ronot*, les Ouvriers de la dernière heure ; 315, *Henner*, Byblis changée en source ; 379, *A. Legros* (de Dijon), l'Ex-voto. — Bronzes : la Résistance, par *Cabet* ; la Vigneronne, par *M. Moreau*.

XXe SALLE: 313, *Guillaumet*, les Femmes du douar ; 287, *J.-P. Flandrin*, vue de Provence ; s. n°, *Parrot*, l'Aurore ; — s. n°, *A. Guillon*, Vézelay ; 285, *Boulanger*, Vive la joie ! ; 408, *Gust. Moreau*, le Cantique des cantiques ; 282, *W. Bouguereau*, le Retour de Tobie ; — 497, *Ziegler*, les Pasteurs de la bible ; 417, *A. de Neuville*, Au bivouac devant le Bourget ; s. n°, *Glaize*, le Réveil. — *Rude*, Mercure, le Pêcheur napolitain (bronzes) ; dans des vitrines, petits bronzes, antiquités égyptiennes, ivoires et émaux.

XXIe SALLE: s. n°, *Français*, la Source, Son portrait ; 226, *Bertin*, vue de Phocide ; s. n°, *Coignard*, le Repos du matin ; *Geoffroy*, la Prière des humbles ; *Panini*, Ruines ; *Boulanger*, portr. d'homme ; *Billotte*, vue de Paris ; — vitrine contenant des objets en porcelaine de Sèvres (1901).

XXIIe SALLE : s. n°, *Lallemand*, paysage avec ruines ; 176-179, *M. de Vos*, Visitation, Circoncision, Adoration des mages, Présentation au temple ; 470, *R. Tassel*, la Présentation ; s. n°, *Raoux*, portr. de Piron ; — 371, *Ch. Lebrun*, Jésus foudroyant les anges rebelles ; s. n°, *Swebach*, Escarmouche dans un bois ; 156, *P. van Mol*, tête de jeune homme ; 490, *H. Vernet*, portr. du maréchal Vaillant ; 411, *C. Nanteuil*, la Lecture de Don Quichotte. — Deux bronzes, 1050, Dalila, par *Mercié* ; 1058, Ismaël, par *M. Moreau*. — Au milieu, vase de Sèvres avec peintures d'après Fragonard.

L'hôtel de ville renferme encore un *musée archéologique*, indépendant du précédent, qui occupe du même côté trois salles du rez-de-chaussée. Il est public le dim. de 1 h. à 3 h. et visible les autres jours, en s'adressant au concierge sous l'escalier de la tour voisine. Ce musée renferme une des plus riches collections de monuments romains en pierre du nord-est de la France. Il y a un grand catalogue illustré de 1894 (20 fr.). Conservateur, M. le Dr L. Marchant.

Sur la place Rameau entre l'hôtel de ville et le théâtre se trouve une *statue de Rameau* (1683-1764), bronze par Guillaume (1876). — Le *théâtre* est dans le style classique, avec une colonnade sur la place St-Etienne, au S. — A l'E. de cette place, l'anc. *église St-Etienne*, rebâtie au XVIIIe s. et transformée en 1897 en Bourse du Commerce (pl. E 3). La façade est décorée de deux statues par *P. Gasq*, l'Agriculture et l'Industrie (1898). Dans le fond, à dr., la *caisse d'épargne* (1890). La rue Chabot-Charny (n° 18, maison du XVIe s. ; pl. 5, D 4) qui commence à g. mènerait à la place St-Pierre (p. 220). En suivant au contraire la rue des Bons-Enfants à dr. et tournant dans la rue Philippe-Pot, à g., on irait au palais de justice (p. 219). — Un peu au delà de St-Etienne se trouve

St-Michel (pl. E 3), église consacrée en 1529, mais dont le plan général, qui rappelle beaucoup St-Bénigne (p. 213), est du style gothique. La **façade*, du style de la Renaissance, passe, probablement à tort, pour avoir été reconstruite à partir de 1529, par *Hugues Sambin*, de Dijon, élève de Michel-Ange, et pour avoir servi de modèle à l'église St-Eustache de Paris (1532-1637). Elle a trois portails avec tympans et voussures en plein cintre à caissons richement sculptés; les deux tours, où figurent quatre ordres de colonnes superposés, se terminent par des balustrades et des lanternes octogones à dôme. Le tympan du portail principal, représentant le Jugement dernier, et quelques autres détails sont sans doute de Sambin. Il y a au transept de petits portails du style flamboyant. L'intérieur de l'église est simple. On y remarque une statue de St Yves, par J. Dubois, dans la 1re chap. de dr.; une fresque attribuée à Fréminet, dans la 3e de g.; un retable dans le crois. droit, l'Adoration des mages, avec un bel encadrement de la Renaissance.

De la place St-Michel on prendra la rue Vannerie, puis à g. la rue Jeannin. Ce quartier a encore de vieilles maisons curieuses (rue Vannerie, 66, jolie *tourelle*; rue Chaudronnerie, 28, *maison des Cariatides*, pl. 6, E 3); la rue Jeannin se continue par la rue Notre-Dame, où l'on voit au n° 8 l'*hôtel Vogué* (pl. 7, D 3), de la Renaissance, avec une jolie façade donnant sur le jardin; au rez-de-chaussée on peut visiter une grande salle qui a un riche plafond et une magnifique cheminée de 1616.

*Notre-Dame (pl. D 3) est une église fort originale du XIIIe s. dans le style ogival bourguignon. La *façade*, restaurée dernièrement, en est la partie la plus curieuse. Elle présente, au-dessus d'un triple porche fort élégant, deux étages d'arcatures formant galerie et rappelle les églises de Pise et de Lucques. Les intervalles en sont remplis par des frises richement sculptées. Il y a à chaque étage 17 *statuettes fort curieuses, posées en gargouilles, aux figures et aux attitudes les plus variées. Dans le haut, à dr., une horloge prise à Courtrai et donnée par Phil. le Hardi, en 1383, mais qui ne fonctionne plus. Elle est attribuée au mécanicien flamand Jacques Marc, d'où le nom de «jaquemart» donné au personnage qui sonne les heures aux horloges de ce genre, ici avec femme et enfant. Sur la croisée, une tour moderne surmontée d'une flèche de 80 m. et flanquée de quatre tourelles rondes. Deux tourelles du même genre s'élèvent aux extrémités du transept.

L'intérieur est à trois nefs, sans déambulatoire, comme à St-Bénigne. Sauf au transept, il y a des colonnes au lieu de piliers, les chapiteaux portant des colonnettes qui soutiennent les retombées des voûtes de la grande nef. La même nef a un beau triforium et au-dessus règne une galerie, devant les fenêtres, qui sont assez petites. Le chœur présente trois étages de fenêtres, le deuxième, au triforium, composé de fenêtres rondes, et de belles arcatures à colonnettes. Le transept n'a pas de portails, mais cinq fenêtres au-dessous de la rosace. La croisée forme lanterne avec une galerie intérieure à colonnettes. Il y a un beau reste de fresque dans le croisillon de gauche et un autre, moins bien conservé, au bas du collatéral du même côté.

On retourne maintenant à la place d'Armes et on la traverse pour prendre, à g., la rue du Palais, qui mène près de là au **palais de justice** (pl. D 4), jadis le siège du parlement de Bourgogne. Il est du XVIe s., de l'architecte H. Sambin et a une petite façade renaissance, avec porche.

A l'intérieur (entrée au n° 8 à dr.) on visite: la grande et belle salle des pas-perdus, qui se termine par une petite chapelle; la cour d'assises, qui a un plafond en bois sculpté de l'époque Louis XIV; la «Chambre dorée», ancienne salle du parlement, maintenant la Chambre civile, ornée d'un beau Christ aux donateurs, avec un plafond en bois sculpté de l'époque Louis XII et des vitraux en grisaille du xvie s.; le salon des avocats, qui a un plafond Louis XII et une cheminée Henri II; la bibliothèque, dont le plafond est décoré d'une peinture du xviie s.; enfin le cabinet du premier président où se voit une très belle *tête de Christ* du xve s., peut-être de Jean de Bruges ou de van Eyck.

Près de là se voient, au n° 12 de la rue Vauban, l'*hôtel du président Bouhier* (pl. 3, D 4) et surtout, au coin des rues Liégeard et de l'amiral Roussin, l'*hôtel Legoux de Gerland* ou Liégeard, récemment restauré, avec 4 tourelles attribuées à H. Sambin (pl. 4, D 4).

Derrière le palais de justice se trouvent l'*école de droit*, avec la *bibliothèque de la ville*, et une *école primaire supérieure*, cette dernière dans un anc. collège des jésuites, qui a une belle porte et une tour carrée.

De l'école de droit, on peut visiter la *salle des thèses* qui renferme quelques tableaux: *Revel*, l'Apparition de Samuel (1694), l'Annonciation (1695); *Tassel*, le Martyre de St Etienne; *Corneille*, le Serpent d'airain. — Dans la cour, buste du jurisconsulte Proudhon (1758-1838).

La *bibliothèque de la ville* est ouverte tous les jours de 11 h. à 4 h. et, en hiver, sauf le dim., de 7 h. à 9 h. du soir. Vacances à Pâques et de la mi-août au 20 septembre. Elle compte env. 100000 vol. et 1100 manuscrits, et elle a un riche cabinet d'estampes et de dessins, etc. Principaux manuscrits: Bible de St-Bénigne, du xie s.; Bible de St-Etienne, de 1109; Virgile du xve s., avec miniatures; St-Graal du xve s., avec quantité de miniatures. Parmi les incunables, formant 203 vol., on cite surtout l'Ordonnance de Bourgogne, de 1490, et un recueil des privilèges de l'ordre de Cîteaux, de 1491, le premier ouvrage imprimé à Dijon. La collection Marion (72 vol.) et les almanachs royaux sont particulièrement remarquables par leurs reliures.

La rue Chabot-Charny (au n° 71, *hôtel de Vergy*, occupé par le consulat de Suisse), qui part de la place St-Etienne (p. 218) et passe à g. de l'école, mène à la grande *place St-Pierre* (pl. D E 5), où il y a un jardin avec un bassin et un beau jet d'eau. De là partent le boulevard Carnot (v. ci-dessous) et le cours du Parc.

Le *parc*, à 1500 m. de cette place, est une promenade superbe de plus de 33 hect., plantée par Le Nôtre pour les princes de Condé, gouverneurs de Bourgogne. Il est bien ombragé et n'a rien d'artificiel. Il s'étend au S. jusqu'à l'Ouche et au delà se trouve l'ancien château, peu remarquable et propriété particulière. En deçà de la rivière, à l'extrémité de l'avenue principale, un cadran solaire comme à l'église de Brou (p. 276). — Cafés-restaur. à l'entrée.

Le boul. Carnot, long d'env. 800 m., relie la place St-Pierre (v. ci-dessus) à celle du 30 Octobre. Au commencement, à g., une *synagogue* du style moresque. Sur la seconde place, le beau monument du 30 octobre (pl. G 3), érigé en 1886 à la mémoire des habitants tués dans la défense de la ville en 1870 et dont beaucoup sont inhumés à cet endroit. Il se compose surtout d'une magnifique statue de la Résistance, en marbre blanc, par *Cabet*, sur un haut piédestal en forme de tour ronde, avec un groupe en haut relief représentant la défense. — Non loin de cette place, au N.-E., la *gare Porte-Neuve* (p. 211). Le boul. Thiers, qui continue le tour de la vieille ville, passe à g. devant le nouveau *lycée de garçons* (pl. F 2-3), bâti sur les plans de Flamant et Chaudouet, et aboutit à la place de la République, d'où les boul. de la Trémouille et de Brosses ramènent vers la place Darcy, en passant à la place St-Bernard.

Sur la place de la République (pl. E 1) a été inauguré en 1899 le *monument de Carnot*, l'anc. président, sa statue et celle de la Renommée (en bronze), par M. Moreau; la Douleur et l'Histoire, par Gasq, tous deux de Dijon.

Non loin de la place, au «coin des Cinq-Rues», s'élève depuis 1900 une *statue de Garibaldi* (pl. E 2), bronze par Auban.

Une **statue de St-Bernard** (1091-1153), en bronze, par *Jouffroy*, décore depuis 1847 la place St-Bernard (pl. C 2). Elle est sur un haut piédestal hexagone, décoré de hauts reliefs en pierre représentant le pape Eugène III, Louis VII de France, Suger, Hugues le Pacifique, duc de Bourgogne, Pierre le Vénérable, abbé de Cluny, et Hugues des Païens, fondateur de l'ordre des Templiers, contemporains du saint, qui était de Fontaine, 2 kil. 1/2 au N.-O. de Dijon. — L'anc. *château* qui se trouvait là a été démoli pour l'ouverture du boulevard.

Près de la gare, à g. de la rue qui y mène en revenant de l'intérieur de la ville, se trouvent le *jardin botanique* et la *promenade de l'Arquebuse* (pl. A 3), ainsi nommée parce que là fut le siège de la compagnie de l'Arquebuse. Le jardin, fondé en 1782, a de riches collections (plus de 5000 espèces) et un *musée*, public les jeudi et dim. de 1 h. à 4 ou 5 h. Au fond de la promenade est un peuplier noir d'une grosseur extraordinaire, âgé d'env. 500 ans. Il a 40 m. de haut et 15 m. de circonférence au niveau du sol.

L'anc. **chartreuse de Champmol**, auj. l'*asile des aliénés* (v. pl. A 3), est env. 10 min. plus loin, dans la même direction. Il reste peu de chose de cette célèbre maison, fondée en 1383 par Philippe le Hardi, duc de Bourgogne, et qui fut détruite en 1793, mais ce qu'il en reste est encore fort intéressant. On peut toujours la visiter, en le demandant. L'entrée est un ancien portail gothique. Près de là, dans l'enclos, une *tour* par où les ducs de Bourgogne allaient dans l'oratoire où se trouvaient les tombeaux qui sont maintenant au musée (p. 216). Un peu plus loin, la *chapelle*, où subsiste le portail de l'anc. église, avec *statues de la Vierge, Philippe le Hardi, sa femme et leurs patrons, attribuées à *Claus Sluter*, un des auteurs du tombeau de Philippe et du puits de Moïse. A l'intérieur, on remarque encore de grandes armoiries anciennes. Le ***puits de Moïse** ou *des Prophètes*, est maintenant sous un abri dans le jardin, auparavant l'enclos du grand cloître. C'est un puits de 7 m. 15 de diamètre, au milieu duquel s'élève un piédestal, qui supportait jadis une grande croix en pierre et qui est encore décoré de magnifiques statues de Moïse, Zacharie et Daniel par *Cl. Sluter*; David, Jérémie et Isaïe, par *Cl. de Werve*.

Environs de Dijon. — 1° A l'O., dans la *vallée de l'Ouche*, à *Plombières* et à *Velars*, 5 et 9 kil. par le chemin de fer (p. 211). Curieux travaux d'art de cette ligne. Entre Plombières et Velars, la *combe de Neuvon*, avec une superbe route. A Velars, les *rochers du Trou-aux-Ducs*. Plus près, dans la même direction, *Talant* et *Fontaine*, deux villages sur des coteaux couverts de vigne, souvent nommés en 1870. — 2° Au N., dans le *val Suzon*, à la *fontaine de Jouvence* (joli site); 13 kil.; voit. partic., 7 fr.; voit. publ. jusqu'à *Messigny* (10 kil.) à 8 h. du mat. (50 c., retour le soir). On peut déjeuner au val Suzon. Au delà du val Suzon s'étend le *val Courbe*, par où l'on pourra gagner la stat. de *Blaisy-Bas* (p. 211). — 3° Aux *bois* et *grottes d'Asnières*, à 6 kil. de la ville, en partie par la même route, puis à dr. — 4° Au S., à *Gevrey-Chambertin* (11 kil.), par le chemin de fer (p. 246) ou en voiture. Le bourg est à env. 1/4 d'h. à l'O. de sa station. Derrière sont les vallons très pittoresques nommés *combes de Lavaux* et de *la Bussière* ou *la Boissière*. A 2 kil. au N., *Fixin*, où se visite, dans le *parc Noisot*, un *monument de Napoléon Ier*, en bronze, érigé par l'un des anciens officiers de l'empereur. Il est par Rude et représente l'empereur au tombeau, s'éveillant à l'immortalité. La propriété a été léguée par Noisot à la commune et la visite du monument est gratuite. On peut encore faire de là une belle promenade dans la *combe de Fixin* et y gravir l'escalier dit «l'Escargot», du haut duquel on a une belle vue. — 5° Au S.-O., au *Mont-Afrique* (10 kil.; p. 211), par le *port du Canal*, l'*église de Larrey* et *Corcelles-les-Monts* (8 kil.). Vue très étendue du plateau qui forme le sommet. De Corcelles, un chemin descend à Plombières (4 kil.; v. ci-dessus), un autre à Velars (v. ci-dessus), par *la Cude* (restaur. Gassendi). — En faisant le tour du Mont-Afrique depuis Corcelles, par *Flavignerot*, on arrive, en gravissant des chemins de bois, sur l'arête à l'extrémité N. de laquelle se dresse la *statue de Notre-Dame-d'Etang* (pèlerinage en août).

Un TRAMWAY A VAPEUR, partant du boul. Sévigné (pl. A 3), dessert la banlieue de Dijon à l'E.: *St-Apollinaire*, *Varois*, *Courtenon*, *Arc-sur-Tille* (carrières de marbre), etc., croise à *Mirebeau* (28 kil.) la ligne d'Is-sur-Tille (p. 104) et va jusqu'à *Mornay* (52 kil.), d'où il doit être prolongé jusqu'à Champlitte (p. 228). La principale stat. est **Fontaine-Française** (44 kil.; hôt. *Tubœuf-Viard*), vieux bourg connu par la victoire décisive de Henri IV sur les Ligueurs en 1595. Il est situé sur la *Torcelle*, qui y forme trois beaux *étangs*, et entouré de grands bois. Son *château*, au N., a été reconstruit à partir de 1755. Il est propriété particulière et peu remarquable, mais il renferme un beau mobilier ancien. — Pour *Bèze*, à 8 kil. au N. de Mirebeau, v. p. 227.

Un tramway à vapeur en construction reliera Dijon à *St-Seine-l'Abbaye* (27 kil.), village peu éloigné des sources de la Seine et qui a un établissement hydrothérapique; église des XIIIe-XVe s.

De Dijon à *Paris*, v. R. 45; à *Besançon*, R. 47 A; à *Neuchâtel* et à *Lausanne*, R. 51; à *Nancy*, R. 84; à *Lyon*, R. 52; à *Nevers*, R. 59.

De Dijon à Epinac (*Autun*): 68 kil., ligne en construction, remontant au S.-O. la vallée de l'Ouche, avec le canal de Bourgogne, jusqu'au *Pont-d'Ouche* (39 kil.), où le canal tourne au N.-O. Là elle se raccorde avec le chemin de fer industriel qui relie Epinac (p. 318) au canal (26 kil.). Ce tronçon croise à *Bligny-sur-Ouche* (8 kil.) la ligne de Beaune à Arnay-le-Duc (p. 249) et passe (16 kil.) à *Cussy-la-Colonne*, où il y a, dans un champ, une colonne romaine octogone de 10 m. de haut, ornée de bas-reliefs, érigée peut-être en souvenir d'une victoire de César sur les Helvètes.

De Dijon à St-Amour (*Bourg*): 113 kil.; 3 h. 45 à 4 h. 15; 12 fr. 75, 8 fr. 55, 5 fr. 55. Cette ligne s'embranche à g. de celle de Lyon (v. p. 228) et suit d'abord la direction du S.-E., comme le canal de Bourgogne. — 31 kil.

(6ᵉ st.) **St-Jean-de-Losne** (*hôt. de la Côte-d'Or*), ville ancienne de 1450 hab., à env. ¼ d'h. à g., sur la rive dr. de la *Saône*, à l'embouchure du canal de Bourgogne (p. 207). Elle s'est illustrée en 1636 par une défense héroïque et victorieuse contre les Impériaux, qu'y rappelle un monument. Sa belle conduite contre les Alliés en 1814 lui a valu de Napoléon Iᵉʳ le droit de porter dans ses armes la croix d'honneur. Embranch. d'Auxonne, v. p. 224. Ligne en construction sur Lons-le-Saunier (p. 258). A env. 4 kil. au N.-E. commence le *canal du Rhône au Rhin* (p. 185). — La voie traverse la Saône et tourne au S.-O. — 39 kil. *Pagny*, qui a eu un château dont il reste surtout la *chapelle*, du xvᵉ s.; elle renferme un beau retable de la même époque, des monuments et des peintures des xvᵉ et xvıᵉ s. — 46 kil. **Seurre** (*hôt. du Chapeau-Rouge*), à dr., ville de 2286 hab., sur la rive g. de la Saône. Ce fut aussi une place d'une certaine importance dans les guerres du xvıᵉ s. Elle repoussa les Impériaux en 1536, mais fut prise en 1543. Elle eut pour dernier seigneur le prince de Condé, embrassa sous lui le parti de la Fronde et fut prise par les royalistes en 1650 et 1653. Ligne d'Auxonne à Chalon (chang. de voit.), v. p. 224. — 53 kil. *Navilly*, stat. avant laquelle on traverse le *Doubs*. — 60 kil. *St-Bonnet-en-Bresse* (1260 hab.), sur la ligne de Dôle à Chagny (p. 226), au-dessus de laquelle on passe à l'arrivée. — 68 kil. *Mervans* (1904 hab.), où doit aboutir une ligne d'intérêt local venant de *St-Marcel* (p. 251) par *St-Martin-en-Bresse* (v. p. 251). On voit ensuite de plus en plus distinctement le Jura, à g. — 3 stations. — 88 kil. **Louhans** (*buffet*; *hôt. St-Martin*), ville de 4489 hab. et chef-lieu d'arr. de Saône-et-Loire, sur la *Seille* et la ligne de Chalon à Lons-le-Saunier (p. 251-252; autre gare, à g.). Grande-Rue curieuse, bordée d'arcades. Commerce considérable de volaille de la Bresse. A la Grenette, un *monument de 1870-1871*, pyramide avec une Bressane qui offre une palme aux victimes de la guerre, par Gauthier et Thomasset. Ligne en projet de Louhans à *Tournus* (p. 252). — 4 stations. — 113 kil. *St-Amour* (p. 260).

47. De Paris à Besançon.

A. Par Dijon et Dôle.

407 kil. Trajet en 7 h. 10 à 10 h. 45. Prix: 45 fr. 70, 30 fr. 85, 20 fr. 05. PRINCIPALE CURIOSITÉ de cette ligne, *Dôle* (p. 224).

Jusqu'à *Dijon* (315 kil.), v. R. 45. On traverse l'Ouche, laisse à dr. la ligne de Lyon (R. 52) et le canal de Bourgogne et passe un second pont sur l'Ouche, après lequel se détache, à g., la ligne d'Is-sur-Tille (p. 104). La contrée offre d'abord peu d'intérêt, mais en avançant, on distingue peu à peu les hauteurs du Jura. — 324 kil. *Neuilly-lès-Dijon*. — 329 kil. *Magny*. — 334 kil. *Genlis*. On traverse la *Tille*. — 338 kil. *Collonges-les-Premières*. Puis une forêt et, à g., la ligne de Gray (p. 139); à dr., celle de Chalon et Chagny (p. 224). — 345 kil. *Villers-les-Pots*.

347 kil. **Auxonne** (189 m.), pron. «*Aussonne*» (*buffet*; hôt.: *du Grand-Cerf*, rue Grande, 48; *poste et tél.*, rue Grande, 79; *Banque de France*, rue Carnot, 17, à g. de l'église), à g., ville commerçante et anc. place forte auj. en partie démantelée de 6135 hab., sur la rive g. de la *Saône*. Elle a résisté victorieusement aux Impériaux en 1526 et aux Allemands en 1870-71, et elle ne s'est rendue en 1815 que deux mois après l'abdication de Napoléon.

On entre dans la ville après avoir traversé la Saône, à dr. à quelque distance de la gare. Une longue artère qui porte successivement les noms de rue Thiers, rue Grande et rue du Jura, traverse la ville dans toute sa longueur. La rue de l'Hôpital, à dr., conduit à l'*hôpital*, vaste construction du XVIIe s., derrière lequel se trouve l'ancien *château fort*, de la Renaissance, transformé en caserne.

La rue Grande aboutit plus loin à g. à la rue de la Paix qui débouche sur la place d'Armes, où s'élève l'*église Notre-Dame*, bel édifice goth. du XIVe s., avec un beau *porche du XVIe s., présentant 22 statues de prophètes dans des niches richement sculptées et flanqué de deux tours, dont celle de g. inachevée. Aux tympans du portail principal sous le porche, trois bas-reliefs, l'Annonciation, le Baptême et la Naissance du Christ. Il y a encore une flèche très élancée sur le transept, dont la base est d'une église romane antérieure. Aux contreforts extérieurs de la nef, 12 statues d'apôtres. L'intérieur offre la disposition du style bourguignon (v. p. 213 et 219): il y a un beau triforium surmonté de petites fenêtres. Au bras dr. du transept, une pierre tombale double de 1400.

Sur la place d'Armes s'élève une *statue de Napoléon Ier*, avec bas-reliefs, en bronze, par Jouffroy (1856), rappelant que Bonaparte fut en garnison à Auxonne en 1788 et 1789. L'*hôtel de ville*, qu'elle précède, est une construction du style de la Renaissance, en briques et pierre, dont la façade a été restaurée au XIXe s.

Auxonne possède une *bibliothèque,* au-dessus du passage Xavier-Girault, rue Grande, 72, et un petit *musée*, ouvert seulement les jeudi et dim. de 1 à 3 h., dans le bâtiment de la salle d'asile, à dr. de la rue Thiers.

Il ne reste plus des anc. fortifications de la ville qu'un *rempart* assez pittoresque sur le bord de la Saône (à dr. du pont en venant), et deux portes, la *porte Comté*, au bout de la rue du Jura, et la *porte Nationale*, derrière les casernes, au bout de la rue Carnot, qui prend à g. de l'église. A côté de la porte Nationale, la vieille *tour du Cygne*, reste d'un autre château fort.

D'Auxonne à *Gray* (37 kil.), v. p. 189.

D'AUXONNE A CHALON-SUR-SAÔNE: 66 kil.; 2 h. 10 à 2 h. 35; 7 fr. 40, 5 fr., 3 fr. 80. On suit d'abord la ligne de Dijon jusqu'au delà de *Villers-les-Pots* (p. 223). — 14 kil. (4e st.) *St-Jean-de-Losne* (p. 223). Puis (22 kil.) *Pagny* et (28 kil.) *Seurre* (p. 223), encore sur la ligne de St-Amour, et (48 kil.) *Allerey*, sur celle de Dôle à Chagny (p. 226). — 50 kil. *Gergy*, sur la rive dr. de la Saône et relié à *Verjux*, sur l'autre rive, par un beau pont dû à la munificence de feu Mme Boucicaut (m. 1887), anc. propriétaire des magasins du Bon-Marché à Paris, originaire de cette commune. Ceux à qui elle a distribué son immense fortune lui ont érigé près de là un grand monument, par Boileau et Perrey, dans le genre de celui de Gambetta à Paris. — 66 kil. *Chalon-sur-Saône* (p. 249).

On traverse ensuite la Saône. — 358 kil. *Champvans-lès-Dôle*. — Tunnel dans le *Mont-Roland* (350 m.; belle vue), ainsi nommé d'un anc. couvent dont la fondation est attribuée au paladin Róland. Plus loin, à dr., la ligne de Chagny (p. 226).

362 kil. **Dôle**. — Petit *buffet*. — HÔTELS: *de Lyon*, place Jules-Grévy (25 ch. de 2 à 5 fr., rep. 75 c. ou 1 fr., 2.50 et 3, p. dep. 8, om. 50 c.); *de Genève*, près de l'église (ch. 2 fr. 50, rep. 1, 2.50 et 3, p. 8); *de la Gare*. — POSTE ET TÉLÉGRAPHE, Grande-Rue, 41. — BANQUES: *B. de France*, avenue de

la Gare, 7; *Comptoir d'Escompte*, rue du Collège, 16; *Société Générale*, rue Mont-Roland, 21.

Dôle (217 m.), à dr. de la voie, est une vieille et curieuse ville industrielle de 14627 hab. et un chef-lieu d'arr. du Jura, dans un joli site, sur le *Doubs* et le *canal du Rhône au Rhin* (p. 185).

Dôle fut très attachée à la maison de Bourgogne, et elle opposa en 1479 une résistance désespérée aux troupes de Louis XI, qui l'avait annexée après la mort du dernier duc, Charles le Téméraire (1477). A l'Autriche, puis à l'Espagne, par suite du mariage de Marie de Bourgogne, fille de Charles, avec l'archiduc Maximilien, elle fut promise à Louis XIV, avec la Franche-Comté, comme dot de Marie-Thérèse, mais le roi dut la prendre de force en 1668 et 1674, et l'annexion ne fut définitive qu'au traité de Nimègue, en 1678. Dôle perdit alors le titre de capitale de la Franche-Comté, qu'elle avait depuis 1274 et qui passa à Besançon, avec le parlement et l'université. Les Allemands durent la bombarder en 1871 pour s'en emparer, après en avoir été repoussés par les gardes nationaux.

Au sortir de la gare, on tourne à g. (plus loin, le long de la voie, le petit *monument de la Défense* du 21 janvier 1871), puis à dr. par la belle avenue de la Gare, au bout de laquelle on aperçoit la grosse tour carrée de Notre-Dame, vers laquelle on se dirige en laissant à dr. la rue du Collège (p. 226) et en traversant un peu en deçà de l'église la rue de Besançon, dont il sera question ci-après.

Notre-Dame, sur la place Nationale, est une église goth. du xvie s., à trois nefs, à court transept, sans déambulatoire et avec une grosse tour massive de 73 m. supportée par un large porche. Elle a quelques œuvres d'art: beaux vitraux modernes, grand buffet d'orgue avec boiseries sculptées, stalles et tableaux, la plupart des copies, une Vierge de l'école italienne près du portail latéral de droite. — Au dehors, du côté N., une vieille *fontaine*, où il y avait jadis une statue de Louis XVI, que remplace depuis 1883 une *statue de la Paix*, par Aizelin.

Sur la même place, l'*hôtel de ville*, anc. hôtel du Parlement, avec une tourelle octogone terminée par une échauguette carrée.

Revenu à la rue de Besançon, on la suivra à dr. jusqu'à la *place Grévy*, où est le *monument de Grévy*, par Falguière (1893), une statue de l'anc. président de la République (v. p. 227) et, sur le devant, une statue de la France, lui rendant hommage. Là commence l'ancien *cours*, décoré de 4 statues en pierre par Bouchardon, et qui forme une belle petite promenade d'où l'on a une jolie vue. Dans le bas se voient le canal, la promenade du *Pasquier* et, au delà, la ligne de Poligny (p. 227), avec un pont de fer à droite. Sur le cours s'élève le *monument de Pasteur* (1822-1890), inauguré en 1902, œuvre du sculpteur Carlès; il comprend une statue de l'illustre savant né à Dôle, sur un socle cylindrique au pied duquel se trouvent les figures de la Gloire et de l'Humanité.

On reprendra la rue de Besançon jusqu'au carrefour, centre de la ville, où aboutit la rue des Arènes (v. p. 226) et où commence la Grande-Rue, que l'on descendra à g. jusqu'au canal et au grand pont sur le Doubs. De là, la ville a un aspect des plus pittoresques.

La Grande-Rue a encore de *vieilles maisons* curieuses, notamment les n⁰ˢ 39, 35 et 31 ; au bas, à dr., l'*Hôtel-Dieu*, du xvııᵉ s., et en face l'*école Jeanne-d'Arc*, ancien hôpital général (1560). Derrière l'Hôtel-Dieu se voient deux chapelles, de style gothique, restes d'anciens couvents.

On prendra le long du petit bras du canal la rue du Vieux-Château, qui débouche en haut sur l'esplanade, d'où l'on a une jolie vue, et tombe plus loin sur la rue des Arènes. Cette dernière, qui n'est que le prolongement de la rue de Besançon, a aussi quelques vieilles maisons curieuses, notamment le n° 39, ancien couvent du xvᵉ s., antérieur à la destruction de la ville en 1479 et qui sert de *palais de justice*. On y voit encore au n° 76 une fontaine de 1776, par Attiret, et en face les bâtiments de la caserne Bernard, en partie du xvıııᵉ s. Plus bas, dans la direction de la rue de Besançon, la *fontaine à l'enfant*, du sculpteur F. Rosset (xıxᵉ s.).

Un peu avant cette fontaine se voit, au n° 32, l'ancienne Université, au coin de la rue Mont-Roland, par où l'on reviendra. Cette rue a au n° 7 le bel *hôtel Balay*, du style espagnol, avec de remarquables grilles aux fenêtres, et passe plus haut devant le *théâtre*, construction assez monumentale; un peu en deçà, à dr., on prendra la rue du Collège.

Le **collège*, dans cette rue, est un édifice original, fondé en 1600 par les jésuites. Il se compose de deux corps de bâtiment, à dr. et à g. de la rue et reliés par une galerie au-dessus. Il y a à côté une *église*, remarquable seulement par son joli portail de la Renaissance. On remarquera aussi les trois portes du collège et sa tourelle en encorbellement. Le tout forme un ensemble pittoresque. Il y a au collège une riche *bibliothèque* et un petit *musée*, public le dim. de 2 h. à 4 h. : s'adresser à la 1ʳᵉ porte à dr. avant l'arcade. — Il n'y a pas de catalogue. Conservateur, M. Gros.

Ce musée comprend, en 4 salles au 1ᵉʳ étage, environ 250 tableaux, de valeur secondaire, dont plusieurs ne sont que des copies, et beaucoup des portraits d'illustrations locales ; on y voit aussi quelques meubles anciens et dans la dernière salle de dr. une belle cheminée de 1565.

La rue du Collège ramène plus loin à l'entrée de l'avenue de la Gare.

DE DÔLE À GRAY, tramway à vapeur qui part de la place de la Gare: 55 kil. en 3 h. ¼ à 4 h., pour 5 fr. 65 et 3 fr. 10. Principale station: *Pesmes* (28 kil.), anc. bourg fortifié avec une église intéressante des xııᵉ-xıvᵉ s. 1815 hab. — *Gray*, v. p. 188.

De Dôle à *Pontarlier*, etc., v. R. 51.

EMBRANCH. de 84 kil. sur *Chagny*. — 10 kil. (2ᵉ st.) *Tavaux*, précédé d'un pont sur le canal du Rhône au Rhin et suivi d'un autre sur le Doubs. — 18 kil. *Chaussin*, 1301 hab. — 36 kil. (5ᵉ st.) *Pierre* (1944 hab.), qui a un château de 1680. — 45 kil. *St-Bonnet-en-Bresse* (p. 228). — 55 kil. *Verdun-sur-le-Doubs* (1448 hab.), au confluent du Doubs et de la Saône (p. 187). On traverse ensuite la *Saône*. — 61 kil. *Allerey*, aussi sur la ligne d'Auxonne à Chalon (p. 224). — 69 kil. *St-Loup-de-la-Salle*, où aboutit une ligne venant de Beaune (p. 249). — 74 kil. *Demigny*, 1507 hab. Beau château. — 78 kil. *Chaudenay*. Ces trois dernières localités ont de belles églises des xıvᵉ et xvᵉ s. — Puis on rejoint la ligne de Dijon. — 84 kil. *Chagny* (p. 249).

EMBRANCH. de 41 kil. sur *Poligny* (p. 257), par *Mont-sous-Vaudrey* (22 kil.), bourgade d'où était originaire et où est inhumé Jules Grévy (1807-1891), président de la République de 1879 à 1887. On lui a érigé en 1894, devant l'église, un buste en bronze d'après Carrier-Belleuse (statue, v. p. 225).

La ligne de Besançon laisse à dr. l'embranchement de Poligny, puis la ligne de Pontarlier, pour remonter la vallée du Doubs, parallèlement au canal du Rhône au Rhin (à dr.). — 369 kil. *Rochefort*, au pied d'un rocher de la rive dr., où il y a eu un château dont il reste peu de chose. — 372 kil. *Moulin-Rouge*. — 377 kil. *Orchamps*.

380 kil. *Labarre*, où aboutit un embranch. de Gray (v. ci-dessous). — 382 kil. *Ranchot*, en face de *Rans*, situé sur l'autre rive du Doubs et qui a un vieux château. A 3 kil. $^1/_2$ au N.-E., aussi sur la rive dr., *Fraisans* (2617 hab.), avec des forges considérables, datant de 1526. — 389 kil. *St-Vit*. Le Doubs fait un détour à l'E. et la voie en reste éloignée jusqu'au delà de Besançon. — 395 kil. *Dannemarie*. — 400 kil. *Franois*, où s'embranche la ligne de Lyon par Bourg (R. 53). On est désormais dans les montagnes et on aperçoit bientôt, à dr., les hauteurs fortifiées des environs de Besançon, puis la ville elle-même.

407 kil. *Besançon* (gare de la Viotte; p. 231).

B. Par Troyes, Is-sur-Tille et Gray.

411 kil. Trajet en 11 h. 15 et 14 h. 50. Prix: 46 fr. 15, 31 fr. 20, 20 fr. 35.

Jusqu'à *Is-sur-Tille* (307 kil.), v. R. 25. On laisse ensuite à dr. la ligne de Dijon. — 313 kil. *Til-Châtel*, qui a une forge-aciérie et une église intéressante des XIe et XIIe s. — 315 kil. *Lux*, qui a un grand château du XVIe s. et des carrières de pierre. — 322 kil. *Bèze*, bourgade sur la rivière de ce nom. Aciérie et taillanderie. On y visite l'abondante *source de la Bèze*, produite par des infiltrations.

330 kil. *Mirebeau-sur-Bèze*, petite ville ancienne. Ligne de Dijon à Mornay, v. p. 222. Plus loin, un viaduc de 294 m. de long et 28 de haut, sur la Vingeanne. — 335 kil. *Oissily-Renève*. C'est à Renève, 2 à 3 kil. au S.-E., que Brunehaut fut mise à mort en 613, attachée à la queue d'un cheval indompté. — 338 kil. *Champagne*, sur la Vingeanne. — 345 kil. *Autrey*. — 349 kil. *Nantilly*. Puis, à dr., la ligne d'Auxonne à Gray.

354 kil. **Gray** (*buffet*; p. 138). — Notre ligne traverse la Saône au S. de la ville. — 362 kil. *Champvans-lès-Gray*. — 370 kil. *Valay*, qui a des mines de fer et des hauts fourneaux. — 376 kil. *Montagney*.

EMBRANCH. de 17 kil. sur *Labarre* (v. ci-dessus), par *Ougney* (7 kil.), où sont les ruines importantes d'un château du XVe s.

La voie tourne ensuite à l'E. dans la vallée de l'*Ognon*, qu'elle traversera plusieurs fois. — 381 kil. *Chenevrey*.

387 kil. *Marnay*, à dr., bourgade qui a des restes de fortifications et un ancien château fort, transformé en école. Tramw. à

vap. de Gy (p. 139). Ensuite encore un château à dr. — 395 kil. *Emagny.*

404 kil. *Miserey,* qui a une saline, dont les eaux alimentent l'établissement de bains salins de Besançon (p. 237).

Enfin un petit tunnel et plus loin deux autres qui n'en forment pour ainsi dire qu'un, de plus de 1 kil. de longueur.

411 kil. *Besançon,* gare de la Viotte (v. p. 231).

C. Par Troyes, Chalindrey et Gray.

410 kil. Trajet en 9 h. 45 à 14 h. 50. Prix: 46 fr. 05, 31 fr. 10, 20 fr. 80.

Jusqu'à *Chalindrey* (308 kil.), v. R. 21, 23 et 41. La ligne de Gray tourne de là au S. et gagne la vallée du Salon, affluent de la Saône. Pays accidenté et en partie boisé. — Arrêt de *Violot.* — 321 kil. *Maatz.* — 326 kil. *Leffond.* — 333 kil. *Champlitte,* à dr., petite ville sur le Salon. Ligne en construction de Champlitte à *Mornay* (8 kil.; v. p. 222). — 337 kil. *Neuvelles-lès-Champlitte.* — 343 kil. *Oyrières.*

353 kil. **Gray** *(buffet),* à g., où l'on rejoint la ligne précédente.

D. Par Troyes et Vesoul.

445 kil. Trajet en 8 h. à 13 h. 20. Prix: 49 fr. 90, 38 fr. 75, 22 fr. 05.

Jusqu'à *Vesoul* (381 kil.), v. R. 21, 23 et 41. On tourne ensuite au S.-E. et traverse d'abord un pays en partie boisé, où il y a de hauts remblais. — 388 kil. *Villers-le-Sec.* Puis des tranchées dans le roc. La voie tourne au S. — 394 kil. *Vallerois-le-Bois,* qui a un vieux château fort, à g. A 14 kil. à l'E. se trouve *Villersexel* (p. 175).

400 kil. *Dampierre-sur-Linotte.* — 405 kil. *Montbozon,* localité à 2 kil. à g., sur l'Ognon, dont la voie va descendre la vallée. Il y a aussi un beau château, du XVIe s. Ligne de Lure, v. p. 174. — 410 kil. *Loulans-les-Forges.* On traverse l'*Ognon,* qui a un cours très sinueux. — 416 kil. *Rigney.* Plus loin, un haut viaduc. — 423 kil. *Moncey.* A g., les montagnes du Jura. — 427 kil. *Merey-Vieilley.* — 432 kil. *Devecey.* On quitte la vallée de l'Ognon et traverse de nouveau un pays accidenté et boisé. Vue étendue à dr. — 435 kil. *Auxon-Dessus,* qui a des salines, ainsi que la stat. suivante. Puis, à dr., la ligne de Gray (p. 227).

438 kil. *Miserey,* où l'on rejoint les lignes précédentes (v. ci-dessus).

48. De Belfort (Strasbourg) à Besançon.
(Dijon. Lyon.)

96 kil. Trajet en 1 h. 45 à 3 h. Prix: 10 fr. 85, 7 fr. 25, 4 fr. 70. Trajet direct de Strasbourg à Dijon par cette ligne, en 8 h. 45 à 11 h. 10. Le pays qu'elle parcourt est très beau. Vue surtout à gauche.

Belfort, v. p. 175. Nous laissons à g. les lignes de Mulhouse et de Delle et prenons au S. — 10 kil. *Héricourt* (hôt. de la Poste), à dr., ville manufacturière (filatures, tissages, etc.) de 5499 hab., connue par la bataille des 15-17 janv. 1871, dans laquelle l'armée de Bourbaki tenta vainement de débloquer Belfort et qui fut suivie de sa retraite vers la Suisse. — La voie descend plus loin la vallée de la *Lisaine*.

18 kil. Montbéliard (320 m.; *hôt. de la Balance*, rue de Belfort, 40, bon), à dr., ville de 10034 hab., en majorité protestants, chef-lieu d'arr. du Doubs et centre industriel assez important (horlogerie, etc.), au confluent de la Lisaine et de l'Allaine et sur le *canal du Rhône au Rhin* (p. 185). Elle fut dès le moyen âge la capitale d'un comté, qui passa en 1397 au Wurtemberg et lui appartint jusqu'en 1793, sauf de 1676 à 1697.

On en voit près de la gare le *château*, de 1751, avec deux tours de 1425 et 1594. Il est bâti sur un rocher que longent les rues de la Sous-Préfecture et de Belfort (à g.), et il a des restes de fortifications, qui en firent l'une des principales positions des Allemands durant la bataille d'Héricourt (v. p. 228). Il n'a guère de curieux que ses tours, et c'est du reste maintenant une caserne fermée au public.

La grand'rue, qui part de la gare et traverse toute la ville, passe à dr. près de la place de l'Hôtel-de-Ville, où s'élève la *statue de G. Cuvier* (1769-1832), le naturaliste, originaire de Montbéliard, bronze par David d'Angers. Derrière, l'*église St-Martin*, du XVIIe s., maintenant un temple protestant. — La même rue mène ensuite à la place d'Armes, où se trouvent des *halles* du XVIe s. (petit musée) et une *statue du colonel Denfert-Rochereau* (1823-1878), défenseur de Belfort en 1870-71, et à la place Dorian, où se voit le *buste de Dorian* (1814-1873), membre de la Défense Nationale à la même époque. Plus loin encore, à dr., l'*église catholique*, de 1850.

EMBRANCH. de 29 kil. sur *Delle*, desservant des stat. importantes par leurs établissements industriels : forges, fabriques de quincaillerie, de vis, d'articles de ménage (Japy), etc. — 6 kil. *Audincourt* (7847 hab.), qu'un tramw. relie à *Valentigney* (4124 hab.), 8 kil. au S.-O., et un autre à *Hérimoncourt* (3749 hab.), 7 kil. au S.-E. — 12 kil. *Beaucourt*. 4526 hab. — 16 kil. *Fesches*. — 20 kil. *Morvillars*, où l'on rejoint la ligne de Belfort à Delle et Bâle (p. 187).

De Montbéliard à St-Hippolyte *(vallées du Doubs et du Dessoubre)* : 32 kil.; 1 h. 10 à 1 h. 30; 3 fr. 60, 2 fr. 40, 1 fr. 60. — Cet embranch. se détache de la ligne principale à Voujèaucourt (p. 230), où on peut le prendre, coupe la seconde des deux grandes boucles que le *Doubs* forme dans son immense détour au N.-E. (v. p. 187), puis remonte, au S., une partie de la vallée supérieure du Doubs. Localités industrielles comme ci-dessus. — 15 kil. (2e st.) *Mathay*, stat. desservant *Mandeure*, village de la rive dr., à 4 kil. au N.-E., sur l'emplacement de l'importante ville gallo-romaine d'*Epomanduodurum*, où l'on a trouvé des antiquités, que possède le musée de Besançon. — 21 kil. (4e st.) *Pont-de-Roide*, localité industrielle et commerçante de 2758 hab., dans un beau site. La vallée est ensuite très pittoresque.

32 kil. (6e st.) **St-Hippolyte** (367 m.; *hôt. de la Coupe d'Or*), petite ville industrielle de 1191 hab., dans une contrée pittoresque, au confluent du Doubs et du *Dessoubre*.

Une route très intéressante, desservie le matin par une voit. publ., remonte plus loin la vallée sinueuse et boisée du Doubs jusqu'à *St-Ursanne* (33 kil.; p. 187). Elle passe la frontière suisse après *Vaufrey* (11 kil.; aub.; douane franç.), où il y a un arrêt de 3 à 4 h.

CORRESPOND. aussi à St-Hippolyte, 3 fois le jour, pour *Maîche* (11 kil., 2 h. 1/2 au ret.; 2 fr.) et de là pour *Morteau* (29 kil.) et *la Chaux-de-Fonds*. La route remonte d'abord au S., sur la rive dr., la vallée du Dessoubre et passe par *les Bresseux* (7 kil.). — **Maîche** (775 m.; *hôt. National*, bon) est un bourg industriel et commerçant de 2085 hab., le centre de la région, sur un plateau entre les vallées du Dessoubre et du Doubs. Outre celle de Morteau (v. p. 229), des voit. publ. le relient encore à l'O. à *Clerval* (4 h. 1/4; v. ci-dessous), par *Sancey-le-Long*, et à l'E. à *la Chaux-de-Fonds* (p. 240), soit directement (8 h. 1/4), par *Charquemont* (7 kil.) et le *pont de Biaufond* (28 kil.), sur le Doubs (frontière), à 12 kil. de la Chaux-de-Fonds, soit par *Damprichard* (1 h.), *Goumois* (1 h. 1/2; frontière), sur le Doubs, et *Saignelégier* (1 h.; hôt. de la Gare), d'où il y a un ch. de fer (1 h. 1/2) jusqu'à la Chaux-de-Fonds.

La route de St-Hippolyte et Maîche à Morteau continue de monter par un plateau peu intéressant, en passant par *les Bichets* (2 kil.), *Frambouhans* (2 kil.), *les Fontenelles* (4 kil.), *le Grand-Communal* (1 kil. 5), *le Russey* (2 kil. 5), localité principale; *la Chenalotte* (7 kil.) et *Noël-Cerneux* (2 kil.), et elle redescend après avoir atteint l'alt. de 910 m. — *Morteau*, v. p. 239.

On traverse ensuite la Savoureuse, le canal et un tunnel de 492 m. A g., l'embranch. de Delle. Puis on atteint la rive dr. du *Doubs*, qui coule d'abord à gauche.

22 kil. *Voujeaucourt*, gros village industriel (fers) de 1548 hab. — On franchit plus loin le Doubs, laisse à g. l'embranch. de St-Hippolyte et longe à dr. le canal, au delà duquel coule la rivière. — 29 kil. *Colombier-Fontaine*. — 33 kil. *St-Maurice* (Doubs). Ponts sur le canal et sur la rivière, tunnel de 250 m., troisième pont sur le Doubs et un autre sur le canal. La contrée s'embellit et l'on a de beaux coups d'œil à g. sur le *Jura*.

38 kil. *L'Isle-sur-le-Doubs* (hôt. du Nord), petite ville industrielle (fers) de 2621 hab. Ensuite un tunnel de 1125 m., et l'on retraverse le Doubs et le canal, qui vont rester à g. — 48 kil. *Clerval*, qui a des fonderies. Voit. pour Maîche, v. ci-dessus. Puis 3 tunnels. — 57 kil. *Hièvre-Paroisse*. A g., une gorge avec des rochers ruiniformes. Le trajet d'ici à Laissey (p. 231) mérite d'être fait à pied, par la route sur la rive dr. du Doubs. Encore 5 tunnels et des tranchées dans le roc vif. — A g.

64 kil. **Baume-les-Dames** (*hôt. du Commerce*, dans la rue du Collège, qui est à dr. en venant de la gare), ville de 3134 hab. et chef-lieu d'arr. du Doubs. Elle avait avant la Révolution une riche abbaye de dames nobles de l'ordre de St-Benoît et s'appelait alors *Baume-les-Nonnes*. L'*église*, où l'on va en prenant à g. à la gare, puis à dr. par la rue Barbier, est du style goth. de la décadence, avec clocher à porche. En face, une *maison* du xve ou du xvie s., à tourelle d'angle en pierre. Plus loin, une petite place avec une *fontaine* et une autre *maison* à tourelle. En face, au delà d'une voûte, une place avec une *ancienne église* du xviiie s., à dôme, transformée en halle, mais qui a encore de beaux restes d'ornementation rocaille. Plus loin dans la première direction, une place à arcades et le tribunal.

CORRESPOND. 2 fois le jour dans la saison de Baume à *Guillon-les-Bains* (1 h.; 1 fr. 50; hôt. de l'Etablissement), où il y a une source d'eau sulfurée calcique froide, peu minéralisée, avec un établissement de bains assez important, dans un parc et un joli site.

A env. 7 kil. de Baume, dans la direction de la voie, à *Fourbanne*, se trouve une très belle grotte à stalactites, qui a jusqu'à 21 chambres.

La contrée est très pittoresque jusqu'aux environs de Besançon.

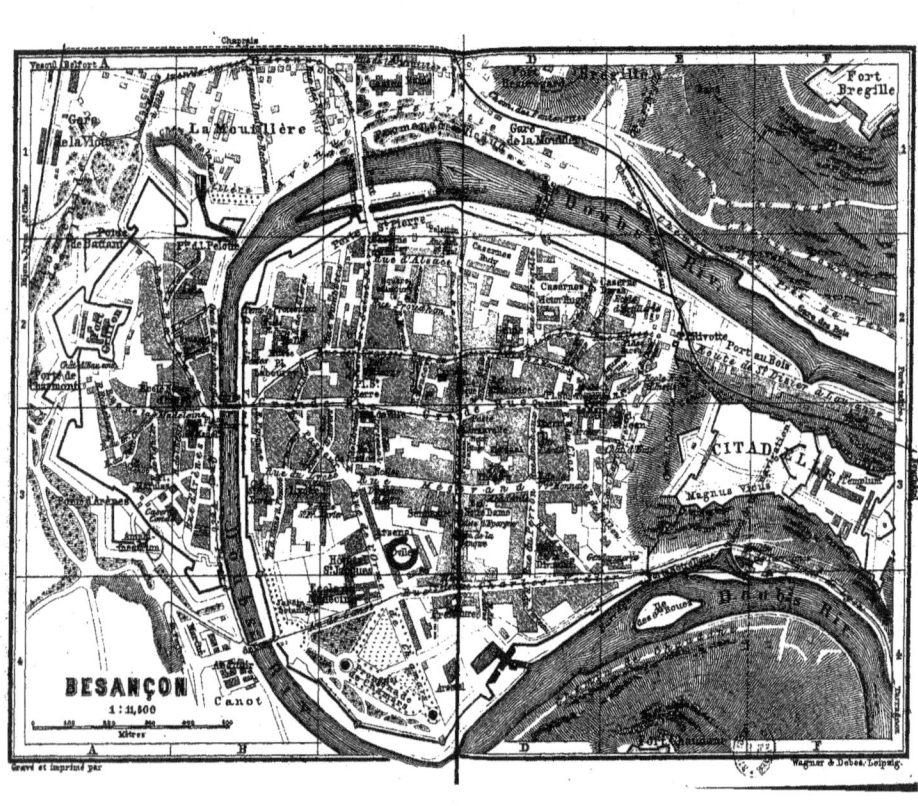

Hauteurs boisées et rocheuses. 3 tunnels. Ruines à une grande hauteur à g. — 76 kil. *Laissey*, qui a des mines de fer. — 80 kil. *Deluz*. — 85 kil. *Novillars*, qui a une papeterie. — 87 kil. *Roche*.

Sur la rive g. du Doubs (bac) se trouve le hameau d'*Arcier*, qui doit son nom aux arcades, maintenant en ruine, de l'aqueduc romain qui alimentait Besançon et qu'on a rétabli en 1854-55. La tête de cet aqueduc est dans un beau cirque rocheux. Quand les eaux sont abondantes, le trop-plein y forme une belle cascade.

Plus loin à g. de la voie, le *signal de Montfaucon* (611 m.), avec des ruines, au-dessous d'un nouveau fort. Tunnel de 1070 m. Puis vue à g. sur Besançon et les hauteurs fortifiées qui l'environnent. A dr., les lignes de Vesoul et de Chalindrey; à g., la ligne de Morteau-Neuchâtel (R. 50).

96 kil. *Besançon*, gare de la Viotte (buffet).

49. Besançon.

Gares: *de la Viotte* (pl. A 1; buffet), pour toutes les lignes; *de la Mouillère* (pl. D 1), pour la ligne de Morteau-Neuchâtel (R. 50), dont les trains se forment à la gare principale.

Hôtels: *Gr.-H. des Bains-Salins* (pl. a, C 1), à côté du casino, à la Mouillère (p. 237; ch. t. c. dep. 3 fr. 20 % de plus si les repas sont pris hors de l'hôtel; rep. 1.25 ou 1.50, 3.50 et 4, pens. de 10 à 15); *H. de Paris* (pl. c, C 2), rue des Granges, 33, bon (ch. t. c. 2.50 à 5 fr., dé. 1 et 3, dî. 3, om. 50 et 75 c.); *du Nord* (pl. æ, C 2), rue Moncey (dé. ou dî., 3 fr.); *de l'Europe* (pl. b, C 2), rue St-Pierre; *de la Couronne* (pl. d, B 2), rue de Glères, près du musée (ch. 1 à 3 fr., 2ᵉ dé. ou dî. 2.50).

Restaurants: *Colomat*, rue des Granges, 28, bon; *Verquet*, Grande-Rue, 86 et rue de la Préfecture, 4 (dé. 3.50, dî. 4 fr.); *Gavillon*, rue St-Pierre, 18 (rep. dep. 2 fr.); *bouillon Duval*, Grande-Rue, 12. Café-rest. aussi aux *bains salins* (p. 237). — *Buffet* à la gare de la Viotte.

Cafés: *C. Parisien*, *Granvelle*, *du Helder* (brass.), tous promenade Granvelle (pl. D 3); *du Commerce*, à côté de l'hôt. de Paris; *de la Bourse*, devant le musée (pl. B 2); *Tav. Alsacienne*, rue St-Pierre, 26 (rep. dep. 1 fr. 50); brass. *Félix Brelin*, square St-Amour, 1; brass. *du Point-Central*, rue St-Pierre, 12.

Voitures de place: le jour, à 1 chev., 1 fr. la 1ʳᵉ 1/2 h., 75 c. la suiv.; la nuit, de 10 h. à minuit la 1/2 h. 1 fr. 50, l'h. 2 fr. 50, de min. à 6 h. 2 fr. et 3 fr. 50.

Voitures automobiles de Franche-Comté: pour *Salins*, 2 fois par jour, départ de la préfecture; pour *Marchaux*, 2 fois par jour, départ de Tarragnoz (tramway, v. ci-dessous).

Voitures publiques: pour *Amancey*, les lundi, mardi, jeudi, sam., 3 fr.; pour *Marnay*, jeudi et sam., 1 fr. 50; pour *Audeux et Recologne*, tous les j., 1 fr. 50; pour *Beure*, toutes les 2 h., de 8 h. m. à 6 h. s., place St-Pierre, 40 c.

Tramways électriques: 1, de la *gare de la Viotte* (pl. A 1) à *Tarragnoz* (v. pl. F 4), par la préfecture; 2, de *St-Claude* (v. pl. A 1) à la *porte Rivotte* (pl. E 2), par la place Jouffroy; 3, de *Chaprais* (v. pl. B 1) à la préfecture (pl. C D 4) et à la *place Jouffroy* (pl. B 3); 4, de la *place Jouffroy* (pl. B 3) à *St-Ferjeux* (v. pl. B 4). Prix: 10, 15 et 20 c., selon le nombre de sections parcourues; correspond., 5 c. en sus.

Poste et télégr. (pl. D 3), Grande-Rue, 100, à côté du palais Granvelle.

Théâtres: *Théâtre municipal* (pl. D 3), rue Mégevand (3 fr. à 60 c.; location 25 c. en plus); *Théâtre du Casino*, v. p. 238; *Kursaal-Cirque* (pl. D 3), place Granvelle (2 fr. 50 à 60 c.; loc. 25 c. en plus).

Bains: *B. Salins*, ouverts toute l'année, v. p. 237; *B. Granvelle*, rue de la Préfecture, 10.

Syndicat d'initiative, donnant gratuitement des renseignements sur Besançon et la Franche-Comté (timbre pour réponse), aux bains.

PRINCIPALES CURIOSITÉS: le *site* et l'*aspect* de la ville en général, puis la *cathédrale* (p. 284), le *musée* (p. 285), la *porte de Mars* (p. 288) et les *bains salins* (p. 287).

Besançon (250 m.) est une ville très anciennne de 55362 hab., l'anc. capitale de la *Franche-Comté* et aujourd'hui le chef-lieu du départ. du *Doubs*, en grande partie dans une presqu'île entourée par la rivière de ce nom, avec une citadelle au S.-E., sur une hauteur au milieu de l'isthme (368 m.), et des forts détachés sur les hauteurs environnantes, ce qui en fait une place forte de 1re cl. C'est aussi le chef-lieu du command. du VIIe corps d'armée, le siège d'un archevêché, d'une université, d'une école d'horlogerie, etc. Besançon est un centre industriel très important, surtout pour l'horlogerie, qui occupe environ un cinquième de sa population et fournit plus des quatre cinquièmes des montres vendues en France ou env. 450 000 par an, représentant une valeur de plus de 20 millions de francs. Elle fabrique avec succès même le chronomètre et la montre bijou. Son commerce est également considérable, par suite de sa situation près de la Suisse, à la rencontre de plusieurs chemins de fer et sur le canal du Rhône au Rhin (p. 185). Ce canal se confond ici avec le Doubs, sauf dans un tunnel de 380 m. sous la citadelle, qui épargne à la navigation un détour de 4 à 5 kil.

Besançon, *Vesontio* ou *Bisontium*, était la capitale des Séquanes lorsque César y vainquit, l'an 58 av. J.-C., Arioviste, roi des Suèves. Ce fut une cité florissante sous les Romains, grâce à son importance comme position stratégique, et elle fut la métropole de la Grande-Séquanaise. Plusieurs fois ravagée durant les invasions des barbares, elle appartint ensuite aux Bourguignons, puis aux Francs, fut successivement réunie aux royaumes de Bourgogne et d'Arles et à l'empire germanique, érigée en ville libre au XIIe s. par Frédéric Ier Barberousse, qui y tint plusieurs diètes, cédée à l'Espagne par le traité de Westphalie (1648), prise, perdue et reprise par les Français au XVIIe s., et elle appartient à la France depuis le traité de Nimègue (1678). Elle fut assiégée inutilement durant quatre mois par les Autrichiens en 1814. En 1870-71, elle servit de base aux opérations de l'armée de Bourbaki contre celle de Werder assiégeant Belfort, mais elle ne fut pas attaquée. Besançon a vu naître le cardinal de Granvelle, le maréchal Moncey, le général Pajol, Ch. Nodier, Victor Hugo.

De la *gare de la Viotte* (pl. A 1), on se rend en ville en faisant un assez long détour à g., par le faub. de la Mouillère, où passent les omnibus, ou bien à dr. par le faub. de Battant. Dans le premier cas, on arrive par la rue St-Pierre à la place St-Pierre (pl. C 2), que longe la Grande-Rue, et dans le second, au delà du faubourg, au pont de Battant (p. 287), d'où part la Grande-Rue.

Près de la rue St-Pierre, le *square St-Amour* (pl. C 2), où il y a un *buste de l'amiral Devarenne* (1830-1891), bronze par Delorme (1896).

L'*église St-Pierre* (pl. C 2), place de ce nom, est un édifice peu remarquable du XVIIIe s. Elle a, dans le transept, à dr. une Pietà en marbre par Luc Breton, à g. une Vierge avec l'enfant Jésus par Clésinger, deux artistes de Besançon.

L'*hôtel de ville* (pl. C 3), en face, avec sa façade à bossages toute noircie par le temps, est du XVIe s. — Derrière est le *palais de justice*, aussi du XVIe s., jadis le siège du parlement de Franche-Comté, construit par H. Sambin (p. 219). Il a une jolie façade, et la grande salle des audiences renferme de belles boiseries.

Plus loin à dr., dans la Grande-Rue, au coin de la rue de la Préfecture (p. 237), l'anc. maison des Carmes et la *fontaine des Carmes*, avec un Neptune sous les traits, dit-on, du duc d'Albe, général de Charles-Quint et de Philippe II du temps du cardinal de Granvelle (v. ci-dessous), par Claude Arnould, dit Lulier (1570).

Le **palais Granvelle** (pl. D 3), à l'autre coin de la rue de la Préfecture, a été construit de 1534 à 1540 par le *cardinal de Granvelle* (1517-1586), le fameux chancelier de Charles-Quint, qui était de Besançon et qui en fut archevêque à la fin de ses jours. La cour, qui sert de passage, est entourée d'arcades comme un cloître, et l'on y a érigé en 1897 la *statue du cardinal de Granvelle*, par Jean Petit, de Besançon. Le palais est le siège des sociétés savantes de la ville. Au delà de la cour se trouve la *promenade Granvelle*, l'anc. jardin du palais, où il y a une *statue de Victor Hugo*, en marbre, par Just Becquet (1902) et où se donnent des concerts, en été, de 8 h. $1/2$ à 10 h. du soir.

Un peu au delà du palais Granvelle, à g., l'*église St-Maurice* (pl. D 2), construite par les jésuites en 1712-1714. Elle a de belles boiseries et un riche autel tout doré, avec une grande gloire en bois sculpté représentant l'Assomption.

A quelques pas dans la rue à g. de cette église est la *bibliothèque* (pl. D 2), qui possède env. 100 000 vol. et compte parmi ses 2200 manuscrits 80 vol. in-fol. des papiers d'Etat de Granvelle. Elle a aussi un médaillier, composé de plus de 10 000 pièces, et diverses autres curiosités. La biblioth. est ouverte tous les jours de 1 h. à 5 h. en été et de midi à 4 h. en hiver.

Au n° 140 de la Grande-Rue, la maison où Victor Hugo naquit en 1802, désignée par une plaque en bronze.

Ensuite, à g., le *square archéologique Castan* (pl. D 2), sur l'emplacement duquel on a découvert des ruines qui sont probablement celles du *théâtre antique*, auquel succéda un baptistère. Des colonnes entières ou en fragments et d'autres débris ont été réunis aux deux extrémités du square. Le gardien (rue des Martelots, 13) fait voir les marches du théâtre ainsi que des restes du «podium» ou soubassement intérieur et d'un aqueduc romain. Notre plan indique encore d'autres endroits où l'on a retrouvé des vestiges de monuments antiques, non entièrement déblayés.

La **porte de Mars** ou *porte Noire* (pl. D 2-3), vers l'extrémité de la rue, est le principal monument antique qui subsiste à Besançon. C'est, dit-on, un arc de triomphe érigé par Marc-Aurèle en 167, comme témoignage de ses victoires sur les Germains. Elle se compose d'une seule arcade et mesure env. 10 m. de haut sur 5 m. 60 de large. Son principal ornement consiste en huit colonnes disposées en deux étages. Elle est fort dégradée, et une partie qui tombait en ruine a même dû être refaite en 1820.

La **cathédrale**, *St-Jean* (pl. E 3), à l'extrémité de la Grande-Rue et de la ville, au S.-E., au pied de la citadelle, est le plus curieux édifice de Besançon. Elle manque en partie de dégagement et elle n'a qu'un portail latéral, sur la Grande-Rue, mais elle a deux absides. Sa fondation remonte au IVe s., cependant la plus grande partie de la construction actuelle date des XIe-XIIIe s., sauf l'abside de l'E., rebâtie au XVIIIe s. Elle présente donc un singulier mélange de divers styles. La nef a des arcades et des fenêtres romanes, ces dernières précédées de belles galeries gothiques. La grande abside, à l'O., avec de mauvais vitraux modernes, est aussi romane.

Cette église est assez riche en œuvres d'art, surtout en tableaux, dont les principaux sont: au delà de l'orgue, à dr., la Vierge, l'enfant Jésus et des saints, de *Fra Bartolommeo*, avec le portrait de Jean Carondelet, archevêque de Palerme, le donateur; à g. de l'entrée, la Mort de Saphire, par *Seb. del Piombo* ou *le Tintoret*, au-dessus du *tombeau de Ferry Carondelet* (m. 1528), archidiacre du chapitre, frère de Jean, qui fit faire ce monument à Bruges; au fond de la petite abside, une Résurrection de J.-C. par *Carle Vanloo*, et quatre scènes de la Passion, œuvres remarquables de *Natoire*, sur les côtés de la même abside. A l'entrée se voient aussi, à dr., la statue du *cardinal de Rohan* (m. 1833), par Clésinger père; à g., celle du *cardinal Mathieu* (m. 1875), par Bourgeois. Dans un local spécial, à dr. de la petite abside (porte au-dessous d'un cadran; 25 c.), se trouve une belle *horloge astronomique*, œuvre moderne de *Vérité*, de Beauvais (1860); elle compte 72 cadrans et elle est surtout intéressante au coup de midi. Dans la nef est une chaire goth. en pierre, du XVIe s. Derrière, une chapelle avec voûte à caissons et lambris à bas-reliefs.

L'*archevêché*, à côté de la cathédrale, possède aussi des œuvres d'art remarquables: scène de l'histoire de Venise par Paul Véronèse, Portement de croix par Cigoli, 2 paysages par Claude Lorrain, 4 marines par Jos. Vernet, 2 portraits par H. Rigaud, le dessin de l'Enlèvement des Sabines par Poussin, une mitre du XVe s., la croix processionnelle du cardinal de Granvelle, en argent, du XVIe s., etc.

La **citadelle** (pl. E F 3), qui occupe l'emplacement d'un «castrum» romain, à l'E. de la cathédrale, a été construite au XVIIe s., en grande partie sur les plans de Vauban. Les hauteurs voisines la dominent en partie, mais elles sont aussi fortifiées. On a de belles vues du versant du plateau rocheux qu'occupe la citadelle (368 m.), de chaque côté duquel coule le Doubs, et des hauteurs environnantes, mais l'entrée des forts est interdite au public.

A peu de distance au N.-E. de la cathédrale, à l'extrémité de la rue Rivotte (pl. E 2), se voient la *maison Mareschal*, construction goth. intéressante de 1520, à g., n° 19, et la vieille *porte Rivotte*. — A env. 10 min. de là, au pied de la citadelle et au bord du Doubs, est la *Porte Taillée* (v. pl. F 2-3), échancrure dans un contrefort de la hauteur de la citadelle, où passe maintenant la route de Lausanne. Elle remonte jusqu'au temps des Romains, qui la pratiquèrent pour y faire passer un aqueduc (p. 281), maintenant rétabli au-dessus. Jolies vues en deçà et au delà.

A l'extrémité de la ville du côté du pont de Battant se trouve la place Labourey, avec la **halle** (pl. B 2), bâtiment sans valeur architectonique, mais dont le premier étage est occupé par le musée.

Le **musée** de Besançon est important pour la peinture (plus de 500 num.), et il comprend en outre une collection considérable d'antiquités. Il est public les jeudi et dim. de 1 h. à 4 h. et visible aussi les autres jours pour les étrangers. Conservateur, M. A. Vaissier.

Rez-de-chaussée. — Dans le vestibule et dans l'escalier, des débris de monuments romains et des moulages de sculptures.

GALERIES A DROITE, *antiquités et objets d'art*. A dr. à l'entrée, tête en bronze de la statue de Pichegru, élevée par la Restauration à Besançon et qui fut renversée en 1880. Vitrine à dr.: vases, bustes en marbre et en bronze, statuettes en bronze. 1re vitr. du milieu, médailles et, dessus, des sculptures, surtout des terres cuites. 2e: vieux plan de la ville en peinture; montre, horloge renaissance, statuettes; petits objets d'art. 3e: Jésus en croix entre les larrons, émail; statuettes en partie antiques, autres antiquités et objets trouvés dans des sépultures. 4e-6e: exposition provisoire de la collection Louis Chenot (objets du xiiie au xviiie s., antiquités romaines, livres, autographes, tableaux et gravures, faïences). 7e: antiquités et objets trouvés dans des sépultures. 8e: vases en terre gallo-romains et verres antiques. 9e: petits objets romains trouvés dans le Doubs. Autour de la galerie, une collection lapidaire (sculptures antiques et objets moins anciens), une vieille tapisserie, un grand et beau meuble ancien à fronton brisé, un cabinet italien à incrustations, 2 vieux plans de la ville. Du côté des fenêtres: sculptures, bas-reliefs, médaillons en métal; médailles, ouvrages en fer, armes anciennes; encore des objets trouvés dans des tombeaux; moulages de diptyques, etc. — Galerie transversale du bout: *taureau* d'airain à trois cornes (autre à Autun, p. 320), de style gallo-grec, l'une des principales pièces de la collection, de 75 cm de long et 45 de haut, trouvé dans la région; mosaïque; borne milliaire romaine; suite des petites antiquités; 5 vitr. au milieu avec des antiquités gallo-romaines et d'autres dans le fond. Là aussi, à g., des sarcophages, des momies et d'autres antiquités égyptiennes.

Ier étage. *Peintures*. — Ire SALLE, à dr. dans le haut (autre salle, la viie, v. p. 236). De g. à dr.: 480, d'ap. *Rubens*, l'Arc-en-ciel; 76, d'ap. *Cignani*, Chasteté de Joseph; 450, 451 (plus loin), *Snyders*, Fleurs et fruits; 270, *Grimou*, David venant de tuer Goliath; 343, *Massimo*, Loth et ses filles; 358, *P. van Mol*, Vénus implorant Jupiter pour son fils Enée; 428, d'ap. *Rubens*, Jésus montant au calvaire; 356, 355 (plus loin), *Ant. Mor*, portr. de Jeanne Lullier et de Sim. Renard, son mari; *368, *Bern. van Orley*, Notre-Dame des Sept-Douleurs, magnifique triptyque d'un oratoire du palais Granvelle, longtemps attribué à Durer; 17, *Bavoux*, Rochers des bords du Doubs; 437, *Ary Scheffer*, portr. du gén. Baudrand, de Besançon (m. 1848); 251, *Gigoux* (de Besançon), le Père Lecour, un vigneron; 18, *Baron* (de Besançon), les Noces de Gamache; 105. *Courbet*, portr. de l'artiste; 280, *le Guide*, Lucrèce; 478, *C. Vanloo*, Thésée vainqueur du taureau; — 248, *Gigoux*, Mort de Léonard de Vinci, meilleur tableau de l'artiste; 254 (en bas), *le Giorgion*, Un patricien de Venise; — 488, *Ary Scheffer*, Démonstration des Ligueurs de Paris (1589); 409, *Ribera*, portr. d'homme; 66, *Phil. de Champaigne*, Un vieillard; 468, *L. van Uden*, Une vallée en Belgique; 499, *Phil. Wouwerman*, Halte forcée; 425, *Rottenhammer*, Jésus crucifié entre les deux larrons; 286, *Adr. Hanneman*, Un abbé, chancelier de l'ordre de la Toison d'or; 153, *école flam.* (xviiie s.), Ecce Homo; *57, *Bronzino*, Déposition de la croix, supérieure à la répétition qui est aux Offices de Florence; 463, *le Titien*, portr. du cardinal de Granvelle; 501, *J.-M.-J. Wyrsch*, l'Enfance de la Vierge; 1, *J.-A. Achard*, les Bords de l'Ain; 62, *B. Strozzi*, dit *Cappuccino*, Mort de Lucrèce; 240, *Gaetano*, portr. du cardinal de Granvelle; 328, *Fr. Le Moyne*, Tancrède rendant les armes à Clorinde (le Tasse); 472, *Valentin*, Querelle de joueurs dans un corps de garde; 211, *école ital.* (xvie s.), Homme d'Etat dictant une dépêche; 469, *L. van Uden*, vue de Flandre; — 248, *Gigoux*, la Veille d'Austerlitz; 291 (en bas), d'après *Holbein le J.*, Erasme lisant; 489 (en bas), *Schedone* (?), Adoration des bergers. — Au milieu de la salle, des sculptures: *Perrey*,

Jézabel; *Mme Syamour*, Méditation; *Dalou*, buste de Courbet; *Franceschi*, le Réveil; *Malherbe*, la Dernière nymphe.

II⁰ SALLE. De dr. à g.: 407, d'ap. *Ribera*, Un astronome; 479, attribué à *Velasquez*, Une dame; 236, 235, *Francken le J.*, Passage du Jourdain, Passage de la mer Rouge; 108, *N. Coypel*, l'Auteur et sa fille; 406, *Ribera*, Philosophe cynique; 408, d'ap. *Ribera*, Un géomètre; — copies de *Poussin* etc.; 247, *Gigoux*, Pygmalion et Galatée; — 52, *Brueghel de Velours*, Fuite en Egypte; 299, *Rubens*, la Tête de St Jean-Baptiste, répétition; 493, *J. Victors*, Cuisine hollandaise; 170, *école hollandaise*, le Vieillard à la loupe. — Au milieu, 287, *Harpignies*, Vallée de l'Aumance, etc. — Bustes; 896, *Becquet*, Bonne femme de Franche-Comté; 925, 926, *Breton*, Cicéron, Mareschal de Vezet; 956, *Maire*, Christ couronné d'épines.

III⁰ SALLE. A dr., 383, *G. Pietersz* (? plutôt *Adr.-Thomas Key*), portr. d'un prince allemand; s. n°, *Giacomotti*, portr. du peintre Chapuis; 322, *Largillière*, Une Dame de la cour de Louis XV; 244, *Giacomotti*, Martyre de St Hippolyte; — 30-38, *Boucher*, Scènes chinoises, modèles de tapisseries exécutées pour la Pompadour; 128, *le Dominiquin*, St Jean-Baptiste enfant; 321, *Largillière*, portr. d'une famille; — 107, 106, *G. Courtois*, Elaine, d'ap. Tennyson; Dante et Virgile aux Enfers, cercle des traîtres à la patrie; 386, *Poirson*, l'Absolution suprême.

IV⁰ SALLE. De dr. à g.: portr. de l'école française; 72, *Th. Chartran* (de Besançon), Une martyre aux catacombes de Rome; 146, *école all.* (manière d'*Aldegrever*), portr. d'un gentilhomme; — 169 (en bas), *école flam.* (manière de Brueghel le V. ou le Drôle), l'Ingratitude filiale; 129, *le Dominiquin*, paysage avec figures; s. n°, *Brouillet*; l'Amour aux champs; 46, *Brascassat*, Rivière torrentielle; 488, *Jos. Vernet*, marine; 460, *Teniers le J.*, Tentation de St Antoine; 86, *Cormon*, Jalousie au sérail; 387, 388, *Mabuse* (Gossaert), Ecce Homo, Jean Carondelet (v. p. 284); 444, *Fr. Schommer*, Ste Madeleine; — 288, *Francken le J.*, Jésus portant sa croix; 50, *Brueghel d'Enfer*, Incendie de Troie; 47, *Brouwer*, Une tabagie; 359, *P. Neefs le V.*, Eglise de Flandre; 202 (en bas), *école ital.*, Prise d'Athènes par Minos; 308, *Kalf*, le Bénédicité; 55, 51, 56, *Brueghel de Velours*, Fête de village, le Paradis terrestre, Patinage; 517, *Zurbaran*, St François d'Assise; 9 (en haut), *Baille*, Funérailles de St Sébastien; 295, *Fr. Clouet*, dit *Janet*, portr. du sire de Vieilleville; 462, *van Thulden*, le Matin de Pâques; 344, *Massys*, Pensée de la mort.

V⁰ SALLE: A dr.: s. n°, *Clairin*, Victor Hugo à l'Arc de Triomphe 1885; — 453, *Solimena*, Godefroi de Bouillon blessé; 25, *Besson*, les Zuccati, mosaïstes de Venise; — 207 (au-dessus de la porte), *école de Jules Romain*, Justice de Trajan.

VI⁰ SALLE. De dr. à g.: 283, *Français*, le Miroir de Scey (Doubs), paysage; — s. n°, *Gros*, le Doubs à la Charbonnière; s. n°, *Enders*, le Testament du père Tiennot; 22, *N. Berthon*, Un enterrement en Auvergne; — 104, *Courbet*, l'Hallali du cerf; — s. n°, *Giacomotti*, portr. du sculpteur Soitoux; s. n°, *Muenier*, Catéchisme; s. n°, *Enders*, Rayon dans le deuil, Pendant la lessive; *Pointelin*, Coteau jurassien. — Au milieu, dessins.

VII⁰ SALLE, en retour et qui donne à l'autre extrémité sur l'escalier, quantité de tableaux moins importants. Ceux dont nous nommons seulement ici les auteurs sont des portraits. Côté dr. (au fond par rapport à l'escalier): *Murillo*; d'ap. *van der Weyden*, Jésus descendu de la croix; *Cranach*, Adam et Eve; *le Giorgion*; *école ital.*, Vierge; — *Massys*, tête d'homme; *Tilborg*, le Bénédicité; *Hals* (?); *Bega*, nature morte; *Lievens*, Enfant aux bulles de savon; *L. di Credi*, Ste Famille; *Poussin*, paysage; *Hogarth*, Atelier d'horlogerie; *Borgognone*, Jésus et St Jean; *Schorel*; *le Titien*, St Christophe; *Both*, paysage; *Jordaens*, Joyeux compère et commère; *Ribera*, St Sébastien; *Poussin*, Une fontaine; *Aldegrever*; *Bonifazio*, Vierge; *Poussin*, Romain se perçant de son épée; *Rigaud*; *Bellini*, Noé; *Holbein* (?); *le Guide*, d'ap. *le Titien*, la Vérité; *Cranach*, Femme nue se perçant le sein; *Bellini*; *le Dominiquin*, St Sébastien; *Largillière*; *Terburg*; *Cranach*, Nymphe; *Lawrence*; *van Ostade*, Tabagie; *Rigaud*; *Goltzius*, le Jugement dernier; *Ingres*. — Ici la porte actuelle. — Côté g., en retournant: *le Tintoret*; *Poussin*, Nymphes et Amours; puis un *Rubens* (?)

et un *Giorgion (?)*; *le Titien*; *Lawrence*; *Granet*, Cloître; *Ph. Wouwerman*, Pont rustique; *Gérard*; *van Heda*, natures mortes; *P. Delaroche*, Femme nue; *Largillière*; genre d'*A. Cuyp*, paysage; *Massys*, Vierge; *van Orley*, id.; *Decamps*, paysage; *le Tintoret*; *van der Weyden*; *Bol*, etc.

Derrière la halle est le *temple protestant* (pl. B 2), anc. église du St-Esprit, du xiii⁰ s., et à g. de là une maison qui a, dans la cour, un curieux *balcon* en bois du xv⁰ s.

De l'autre côté du *pont de Battant* (pl. B 2-3), qui date en partie du temps des Romains, se trouve l'*église Ste-Madeleine* (pl. B 3), du xviii⁰ s., par Nicole, et près de là la *statue de Claude de Jouffroy* (1751-1832), véritable inventeur des bateaux à vapeur, bronze par Ch. Gauthier (1884).

La rue de la Préfecture, qui longe la promenade Granvelle (p. 233), croise près de là la rue Mégevand, où se trouvent, dans la partie de g. (pl. D 3), le *théâtre*, de 1778-1784; l'*église Notre-Dame*, des xvi⁰ et xix⁰ s., et l'*Université* (Académie, sur le pl.), où il y a un *musée d'histoire naturelle* intéressant, public les dim. et jeudi de 1 h. à 4 h. et visible aussi les autres jours.

La *préfecture* (pl. C D 4) est l'ancien palais des intendants de la Franche-Comté, du xviii⁰ s. A dr. de ce palais, l'*arsenal* (pl. C 3), là où était le cirque romain. Plus loin au S.-O., vers le Doubs, la *promenade de Chamars* ou du Champ-de-Mars, du xviii⁰ s., décorée d'une statue en bronze du général Pajol (m. 1844), par son fils, qui fut aussi général (m. 1891; v. p. 201). Près de là encore, l'*hôpital St-Jacques* (pl. C 3), qui a une belle grille en fer forgé, de 1686-1703, par Chappius, et dans la 1ʳᵉ rue à g., le *lycée Victor-Hugo* (pl. B 3), anc. collège des jésuites, avec un buste de Pasteur devant la façade.

La *promenade Micaud*, à l'opposé de celle de Chamars ou au N., près de la gare de la Mouillère (p. 231), est petite, mais jolie et bien ombragée. On y a de beaux coups d'œil sur la citadelle et les autres hauteurs fortifiées autour de la ville.

Les **bains salins**, dans le quartier de la *Mouillère* (pl. C 1), près de la gare de ce nom, sont un établissement de création récente, avec *hôtel* (p. 231), *casino*, etc. L'eau est fournie par la saline de Miserey (p. 228), à 7 kil. au N.-O., sur la ligne de Vesoul, mais 3 kil. 700 à vol d'oiseau. Elle contient près de 300 gr. de matières minérales par litre, dont près de 1 gr. 20 de bromure de potassium, et bien davantage s'il s'agit d'eau mère (333 de sels et 2.25 de bromure), ce qui la mettrait au 4ᵉ rang des chlorurées sodiques fortes, après celles de Rheinfelden (Suisse), de Lons-le-Saunier (p. 259) et de Salies-de-Béarn. Le bromure de potassium, qu'on ne trouve en plus grande quantité que dans les eaux mères de Salies, est très important dans le traitement du lymphatisme et de la scrofule. L'établissement est des mieux organisés, ainsi que ses dépendances, l'hôtel et le casino (restaur., théâtre, salles des fêtes et cercle), qui sont de fort belles constructions.

Tarifs. — *Bains* (en été ou du 1er mai au 1er oct.; moins chers en hiver): b. minéral: 1re cl. , 3 fr.; 2e cl., 2.25; 3e cl., 1.75; abonn. de 20 b., 54 fr., 40.50 et 31.50; b. ordinaire, 1.25, 85 et 60 c., linge compris; autres bains, v. le tarif affiché; douche simple, 1 fr. et 75 c.; douche écossaise, 1 fr. 50 et 1 fr. 25; douches locales, 50 c.; sudations, hydrothérapie, électrothérapie, aérothérapie, massage, gymnastique médicale, cures de lait, de petit-lait et de kéfir: voir aussi le tarif affiché. — *Casino* (1er mai-30 sept.): entrée, 50 c. le jour et 50 c. le soir, 1 fr. le dim. et aux fêtes de nuit; abonn., 10 fr. pour un mois et 20 pour la saison; abonn. de famille, deux pers. 14 et 25 fr., chaque pers. en plus 4 et 5 fr. — *Théâtre:* 1 fr. à 3 fr., y compris l'entrée au casino; abonn., 25 et 70 fr., etc.

De Besançon à *Dôle* et *Dijon*, à *Gray* et *Chalindrey*, à *Vesoul*, etc., v. R. 47; à *Neuchâtel*, R. 50; à *Lyon*, par Bourg, R. 53.

50. De Besançon à Neuchâtel.
(Pontarlier.)
Voir la carte p. 261.

118 kil. Trajet en 3 h. 3/4 jusqu'au Locle (80 kil.), pour 8 fr. 95, 6 fr. 05 et 3 fr. 95, et 1 h. 20 à 1 h. 35 de là à Neuchâtel (38 kil.), pour 5 fr. 25, 3 fr. 80 et 2 fr. 80.

Besançon, v. ci-dessus. Départ de la *gare de la Viotte* ou de celle de *la Mouillère* (p. 231). De la première, on contourne la ville au N. et passe dans un tunnel de 600 m. avant d'être à la seconde. Puis on traverse le Doubs sur un haut pont à treillis, et l'on commence à monter sur le versant de la hauteur rocheuse occupée par la *citadelle* de Besançon. 3 petits tunnels; vue de la *Porte Taillée* (v. p. 234), à g., après le premier. La voie monte beaucoup. Belle vue sur la vallée, qu'on domine à pic. Sur la hauteur de l'autre côté, le *fort de Montfaucon* (p. 231). En arrière, toujours la citadelle. 2 tunnels, le second de 1100 m. On a quitté la vallée et parcourt un plateau d'abord marécageux, puis couvert de champs cultivés et de bois. — 11 kil. *Saône*. — 16 kil. *Mamirolle*, où il y a une école nationale de laiterie. — 22 kil. *L'Hôpital-du-Gros-Bois*.

De l'Hôpital-du-Gros-Bois à **Lods** (*Mouthier, source de la Loue*), 25 kil.; 1 h. et 1 h. 3/4; 2 fr. 80, 1 fr. 90, 1 fr. 20. Vue à g. — On gagne d'abord, au S., la gorge rocheuse et pittoresque de la *Brême*. — 11 kil. *Maizières*. Puis la voie tourne au S.-E. dans la jolie vallée de la *Loue*, où sont les stat. suiv., des localités industrielles, qui ont particulièrement des distilleries de kirsch et d'absinthe, des clouteries et des tréfileries. — 14 kil. **Ornans** (*hôt. des Voyageurs*, bon et pas cher, etc.), ville de 3153 hab., dans un beau site, illustrée par Gustave Courbet, le peintre, originaire des environs (1819-1877). Elle a vu naître Nic. Perrenot de Granvelle (1486-1550), qui fut chancelier de Charles-Quint et père du cardinal de Granvelle. — 19 kil. *Montgesoye*. — 21 kil. *Vuillafans*, avec un château en ruine. — 25 kil. **Lods** (*hôt. de France*), bourg industriel où s'arrête cet embranchement. Il y a aux environs des grottes à stalactites, la *Grande-Baume*. On peut faire de jolies excursions dans la partie supérieure de la vallée, de Lods ou mieux encore de *Mouthier* (hôtels), village situé 1/2 h. plus loin (omn., 50 c.). On visite surtout la *source de la Loue, env. 1 h. 1/4 plus loin, par la route de Pontarlier (1/2 h.) et un sentier à dr. Cette source (aub. en deçà), qui rappelle la fontaine de Vaucluse mais a un débit deux fois plus fort, sort très abondante d'une vaste grotte, en formant une chute de 10 m., qu'utilisent des usines, et elle coule ensuite dans une gorge très profonde.

Ce n'est en somme qu'un bras souterrain du Doubs, ainsi que l'a prouvé d'une façon curieuse l'incendie de l'usine d'absinthe Pernod à Pontarlier (1901): les cuves enflammées s'étant déversées dans le Doubs, la source de la Loue se trouva peu après imprégnée de la même liqueur. — Il y a env. 20 kil. de Mouthier à *Pontarlier* (p. 243). On passe par *St-Gorgon, Goux, Bians, Sombacour* et *Houtaud.* — En été, service de Lods à Pontarlier au train du matin et retour pour celui du soir.

27 kil. *Etalans.* — 33 kil. *Le Valdahon.* — 41 kil. *Avoudrey.*
CORRESPOND. à tous les trains, par *Orchamps-Vennes,* pour *Fuans* (aub.), 12 kil. à l'E., dans le haut de la belle *vallée du Dessoubre*, où se trouve, 7 kil. en aval, *Notre-Dame-de-Consolation,* anc. couvent transformé en petit séminaire, dans un très beau site, entouré de montagnes rocheuses.

La contrée devient plus accidentée et plus jolie. — 47 kil. *Longemaison.* Tranchées dans le roc, belle vue à g., long tunnel. — 55 kil. *Gilley* (hôt. des Voyageurs).

De Gilley à Pontarlier: 24 kil.; 50 min. à 1 h. 1/4; 2 fr. 70, 1 fr. 80, 1 fr. 20. Cet embranch. remonte au S.-O. la vallée du *Doubs.* — 8 kil. *Montbenoît,* qui eut une abbaye d'augustins, dont il reste l'*église* et le *cloître* remarquables, des XIIIe-XVIe s. — 13 kil. *Maisons-du-Bois.* — 16 kil. *Arçon.* On traverse ensuite deux fois le Doubs. — 20 kil. *Doubs*, halte. — 24 kil. *Pontarlier* (p. 243).

On redescend et passe, par un tunnel, dans une belle gorge rocheuse et boisée. — 64 kil. *Grand-Combe-de-Morteau.* On se retrouve pour quelque temps dans la vallée du *Doubs.*

67 kil. **Morteau** (douane française; *hôt. du Commerce),* ville industrielle de 4110 hab., à peu près sans intérêt pour le touriste. C'est un centre important pour la fabrication de l'horlogerie ordinaire, le vallon de Morteau produisant plus de 200 000 montres par an.

Une route intéressante conduit d'ici, au N., à St-Hippolyte (51 kil.; p. 229), par la vallée du *Dessoubre,* affluent du Doubs.

On change de train à Morteau et monte dans des wagons suisses, des wagons à couloir. Plus loin, on traverse le Doubs, sur les bords duquel la voie s'élève beaucoup, en passant dans un long tunnel. Belle vue aussi à dr. à la sortie.

72 kil. *Le Lac-ou-Villers* (hôt.: de France, de l'Union), dernière stat. française et localité industrielle de 3138 hab., à 20 min. dans le bas, sur la rive g. du Doubs. C'est le point de départ du bateau à vapeur menant au Saut (v. ci-dessous), mais il vaut mieux y aller des Brenets. Très belle vue sur la vallée. On monte toujours; petit tunnel, haut viaduc et deux autres tunnels plus considérables. On voit à g. celui de la route (p. 240).

77 kil. *Les Brenets-Col-des-Roches,* première station suisse (douane), près du col, mais à env. 4 kil. des Brenets, que dessert un ch. de fer à voie étroite venant du Locle. Heure en avance de 55 min. sur celle des chemins de fer français.

Col des Roches, lac des Brenets, Saut du Doubs. — Près de la stat. se trouvent un *moulin* et une *scierie* que fait mouvoir le *Bied*, ruisseau qu'on a détourné dans un tunnel de 272 m. de long et qui en ressort en formant une cascade de l'autre côté du col (v. ci-dessous). On traverse la voie et passe devant des auberges pour arriver au col des Roches, échancrure dans la crête rocheuse qui forme ici la frontière, tellement abrupte qu'il n'y a pas même de sentier pour y passer. Mais on a pratiqué au-dessous des tunnels, qui donnent passage à deux bonnes routes. Il y en a d'abord un de 112 pas de long, après lequel se détachent, à g., la route de Villers (4 kil. 80; v. p. 239), qui passe encore dans un petit tunnel, et à dr. celle des Brenets (8 kil. 50; le Locle est seulement à 2 kil. 40 de là et le Saut du Doubs à 6 kil.). — La route des Brenets passe ensuite dans un tunnel tournant, qui a un jour à g. du côté de la vallée du Doubs. On entend là la *cascade* sortant du tunnel, mais on ne la voit guère. Plus loin, on revoit Villers, au fond de la vallée, et l'on traverse un dernier tunnel (120 pas) à 5 min. des Brenets. — *Les Brenets* (hôt.: de la Couronne, Bellevue) sont un gros village suisse, agréable et bien situé, à une certaine hauteur au-dessus du *lac des Brenets ou *de Chaillexon* (758 m.), formé par le Doubs au-dessus de sa chute. Ce lac a env. 4 kil. de long, sur 500 m. au plus de largeur, et son lit, très irrégulier, forme cinq bassins, pittoresquement encaissés entre de hauts rochers calcaires à pic, en partie couverts de sapins. Il y a un bon chemin des Brenets au Saut du Doubs (3 kil.), offrant de belles échappées de vue sur le lac, mais il vaut mieux y aller et surtout en revenir en barque (prix à débattre; 3 fr. aller et retour pour 1 à 8 pers.). A l'extrémité du lac sont deux hôtels: l'*hôt. du Saut-du-Doubs*, du côté suisse (déj., 2 fr. 25, v. n. c.), et le modeste *hôt. de France*, sur l'autre rive, par où il faut passer (bac, 5 c.) pour voir la chute. — Le *Saut du Doubs, éloigné encore de 7 à 8 min., par un sentier qui monte sur la rive g., est une chute imposante de 27 m. de haut, tombant entre des rochers qui atteignent jusqu'à 200 m. On le voit d'abord de haut, presque en face, et l'on peut descendre à un second point de vue dans le bas, par un sentier très raide, quelques pas plus loin à dr. Aller aussi, du premier hôtel, par la rive dr., jusqu'au hameau de *Moron* (aub.); on a du chemin qui y mène de belles vues sur la vallée, et l'on y revoit la chute.

Pour plus de détails sur le beau trajet du col des Roches jusqu'à Neuchâtel, v. la *Suisse*, par Bædeker.

80 kil. **Le Locle** (*buffet*; douane; *hôt. des Trois-Rois*, etc.), localité riante et prospère d'env. 11 350 hab., renommée pour l'industrie horlogère, qu'y fonda *Jean-Richard* (1665-1741), à qui on a érigé une statue en 1888. — 84 kil. *Eplatures*.

88 kil. **La Chaux-de-Fonds** (*buffet*; hôt.: *Central, de la Fleur-de-Lys, du Lion-d'Or*), ville d'env. 30 000 hab., également renommée pour ses montres, mais sans intérêt pour le touriste.

Ensuite 2 tunnels, de 256 et 1355 m. — 92 kil. *Les Convers*. Ligne de Bienne, v. la *Suisse*. — Immédiatement après, un tunnel de 3263 m. — 98 kil. *Les Hauts-Geneveys*. — 101 kil. *Les Geneveys-sur-Coffrane*. Plus loin, *vue magnifique, à dr., sur le *lac de Neuchâtel* et les *Alpes*.

107 kil. *Chambrelien*, dans un très beau site, presque à pic au-dessus de la *vallée de la Reuse*. On retourne ensuite en arrière, pour descendre vers Neuchâtel, en longeant à la fin les lignes des Pontarlier et de Lausanne. 2 tunnels. — 113 kil. *Corcelles*. *Vue toujours à dr. et encore un tunnel, de 685 m. — 118 kil. *Neuchâtel* (p. 245).

51. De Dijon (Paris) à Neuchâtel et à Lausanne.
I. De Dijon à Pontarlier. Salins.

140 kil. Trajet en 8 h. à 5 h. 45. Prix: 15 fr. 80, 10 fr. 70, 6 fr. 90.

Jusqu'à *Dôle* (47 kil.), v. p. 223-224. — Notre ligne laisse ensuite à g. celle de Besançon et à dr. celle de Poligny, traverse le canal du Rhône au Rhin et le Doubs et s'engage dans la grande *forêt de Chaux* (19561 hect.), dans laquelle elle fait 11 kil. — 56 kil. *Grand-Contour*. — 61 kil. *Montbarrey*. — 66 kil. *Châteley*.

72 kil. *Arc-et-Senans*, où il y a une saline alimentée par les eaux de Salins (17 kil.; v. p. 242). L'*église* est moderne, mais possède des tableaux de maîtres anciens, donnés par la reine Christine d'Espagne: Rédemption, d'Ant. de Pereda; St-Joseph et l'enfant Jésus, de Murillo; le Christ et la Chananéenne, d'Ann. Carrache; Ste Famille, de Schedone; une Vierge, de G. de Crayer, etc. — Ligne de Besançon, v. R. 53. — Voir, à partir d'ici, la *carte* p. 261. — Ensuite on traverse la *Loue*.

79 kil. **Mouchard** (petit *buffet*; *hôt. de la Gare*), petit bourg, à dr. Suite de cette ligne, v. p. 243. Ligne de *Besançon à Bourg* et *Lyon*, v. p. 257. — Omnibus de la gare à *Port-Lesney* (3 kil. 5; hôt. Monrepos), but d'excursion de Salins.

De **Mouchard à Salins**: 8 kil., embranch. de l'autre côté de la gare; 14 min.; 90, 60 et 40 c.

Cet embranch. remonte un joli vallon, en passant dans deux tunnels entre lesquels est un viaduc. En face, au-dessus de Salins, les hauteurs mentionnées ci-dessous, avec leurs forts. Près de la gare, une importante scierie (A. Bouvet et fils).

Salins. — Hôtels: *Gr.-H. des Bains; H. des Messageries*, rue de la République, 17; *H. du Sauvage*, un peu plus loin, place du Vigneron. — Cafés: *C. de la Place*, sur la place d'Armes; *C. du Commerce*, rue de la République. — Bains minéraux: bain simple, 1 fr. 50; avec addition d'eaux mères, 2 fr.; b. de piscine, b. de siège, b. de pieds, 75 c., plus le linge (10 à 50 c.). — *Douches*: 1 fr. à 1 fr. 50. — *Eau de la source*, 60 c. le litre. — Liste des *médecins* affichée à l'établissement. — Poste et Télégraphe, rue des Bains.

Salins (354 m.) est une ville de 5525 hab., dans une gorge étroite, sur la *Furieuse*, et dominée par les monts *Belin*, *St-André*, et *Poupet*, les deux premiers très escarpés et fortifiés (v. p. 243). Comme son nom l'indique, elle possède des *salines*; elle a en outre des *bains* d'eau chlorurées sodiques. C'était une des principales villes de la Franche-Comté et elle ne fut prise définitivement par les Français qu'en 1674, comme du reste les autres villes du pays. Un incendie l'a presque complètement détruite en 1825, de sorte qu'elle offre en elle-même peu de curiosités, à part son église principale. Elle a vu naître *Victor Considérant* (1808-1893), l'apôtre du fouriérisme, à qui elle doit élever une statue.

De la gare, on arrive d'abord, par la rue Gambetta, à une promenade qui a de beaux arbres et à g. de laquelle se voit un petit *monument* érigé aux victimes des combats de Salins, les 25-27 janv. 1871.

L'*établissement de bains* est plus loin dans la même direction, vers le milieu de la ville, qui ne se compose guère que d'une longue rue. Il est de modeste apparence et il occupe un espace restreint, entre deux rues, avec un petit jardin, mais il est bien aménagé et il a même une piscine. Ses eaux, froides, contiennent près de 30 gr. de sels par litre et il y a, avec le chlorure de sodium, une notable quantité de bromure de potassium (v. p. 237 et 259). La saison dure du 1er juin au 30 septembre.

Sur la place d'Armes, à côté de l'établissement, la *statue du général Cler* (1814-1859), qui fut tué à Magenta, bronze par Perraud. Là aussi, une *fontaine* du xviiie s., avec une naïade; l'*hôtel de ville*, de la même époque, et une *chapelle* du xviie s., de forme ovale et à belle voûte.

Les *salines*, qui appartiennent à une compagnie, sont à dr. au delà de la place d'Armes, rue de la République. On peut les visiter le jeudi toute la journée et le dim. de 1 h. à 4 h. On y voit, dans les souterrains, les sources salées, dont des pompes, mues par la Furieuse, montent l'eau dans l'établissement ou l'envoient à la saline d'Arc (17 kil.; p. 241). Cette eau est ensuite évaporée dans des chaudières, pour produire du sel, dont Salins fournit 6 millions de kilogr. par an.

En face est la place du Vigneron, avec une *fontaine* ornée d'un Vigneron, par Max Claudet (1864), de Salins. La rue de la République a au n° 97 une maison gothique. Plus loin encore, à l'extrémité de la rue et de la ville proprement dite, se voient des restes des anc. fortifications. En continuant de remonter par là la vallée, on irait à la stat. de Pont-d'Héry (9 kil.; p. 243).

En montant à dr. de la place du Vigneron (à g., on irait au musée), on va à l'*église St-Anatoile*, qui domine la ville sur le versant du Belin. C'est un édifice remarquable du style de transition, à trois nefs, transept et triforium, bien restaurée depuis peu. Elle a de belles portes en bois sculpté, du style goth. fleuri, et un buffet d'orgue assez curieux.

La rue des Clarisses, à dr. au sortir de l'église, descend à la place St-Jean, où se trouvent une caserne, le collège et, dans son anc. église, un petit *musée*, public le dim. de 1 h. à 4 h. et qu'on peut du reste toujours voir. Il comprend quelques tableaux et sculptures et des objets divers.

À citer: *Houasse*, panneau décoratif; *G. Coindre*, vue de la ville, dessin à la plume; *Beaulieu*, la Femme adultère; *P. Mignard*, la Peste d'Epire; des portraits; *Thierry*, Caravane au Sahara; 2 grandes tapisseries de Bruges (1501), d'une série de 14, autrefois à St-Anatoile; *Coindre*, vue de Besançon, à la plume; des paysages; *Gingendre*, Charge de cavalerie en Algérie; *Girodet*, Soldat grec blessé; *Houasse*, autre panneau décoratif. Vitrines du milieu: petites antiquités, sceaux, médailles. 2 volets de retable à double face. Sculptures: au fond, Robespierre mourant, par *M. Claudet*. Curiosités; armes.

Dans les dépendances du collège se trouve aussi la *bibliothèque*, ouverte le jeudi de 2 h. à 4 h. et le dim. de 8 à 10. Vacances en septembre.

PONTARLIER.　　　III. R. 51.

ENVIRONS DE SALINS. — Le *mont Belin* (584 m.), à l'E., et le *mont St-André* (598 m.), à l'O. de la vallée, offrent de très belles vues, mais il faut une autorisation pour entrer dans les forts qui en couronnent les sommets. Il n'y en a pas au contraire au mont Poupet (858 m.), au N. de la ville, dont l'ascension est facile et se fait en 1 h. 1/2 env., en prenant à dr. à la promenade du côté de la gare, 1/2 h. plus loin à g. et à 20 min. de là encore à g., en montant toujours, jusqu'au sommet. Vue magnifique.

EXCURSION intéressante à la source du Lison, par *Nans-sous-Ste-Anne* (380 m. ; aub.), à 14 kil. au N.-E. ; voit. publ. le mat. (4 h.), en 2 h., pour 1 fr. 50 ; voit. partic., 12 et 15 fr., selon la route, pour 4 ou 5 personnes. Ce village est situé sur la rivière même, à env. 3/4 d'h. de la source, qui est très belle et sort d'une grotte comme celle de la Loue (p. 238). A 1/4 d'h. en deçà est une autre grotte, d'aspect grandiose, dite *grotte Sarrasine*, qu'on pourra voir au retour. A 5 min. au delà de la source, le *creux Billard*, entonnoir rocheux très profond, qui est en partie occupé par une nappe d'eau en communication avec la source.

LIGNE DE PONTARLIER (suite). — La ligne de Pontarlier, laissant à dr. et à g. la ligne de Bourg-Lyon et l'embranch. de Salins, monte sensiblement au delà de Mouchard, pour pénétrer dans les montagnes du *Jura*. Belle vue, très étendue, à dr. A g., les hauteurs fortifiées autour de Salins. On passe sur un viaduc courbe de 28 m. de haut, sur un remblai de 30 m. et dans deux tunnels, de 180 et 540 m. de long. — 89 kil. *Mesnay-Arbois*, stat. à env. 3 kil. d'Arbois, qui est mieux desservi par la ligne de Mouchard à Bourg (R. 53). Ensuite 7 tunnels, le deuxième de plus de 500 m. Vue à dr. — 98 kil. *Pont-d'Héry*. Pays boisé. Belle vue à g., où l'on domine le vallon de la Furieuse, qui passe à Salins (9 kil. ; p. 241).

103 kil. **Andelot**-*en-Montagne* (buffet), village à 10 min. à dr.

Embranch. de *St-Laurent* et de là à *Morez*, etc., v. R. 54. — Chemin de fer départemental d'Andelot à *Levier* (22 kil.), en 1 h., pour 2 fr. 20 et 1.55.

Plus loin, un viaduc de 20 m. de haut, un tunnel et la belle *forêt de la Joux*, avec des tranchées dans le roc. — 109 kil. *La Joux*, au milieu de cette forêt. — 115 kil. *Boujailles*.

CORRESPOND. 2 fois le jour pour *Nozeroy* (14 kil.) ; trajet en 1 h. 1/2, pour 1 fr. 50. On traverse, au S., un pays couvert de bois et de pâturages : 5 kil. *Cuvier* ; 7 kil. *Censeau* ; 12 kil. *Mièges*. C'est un petit village où il y a eu un prieuré, dont il reste l'église, bel édifice goth. qui a des sculptures remarquables, en particulier deux retables de la Renaissance, 24 stalles anciennes, etc. — 14 kil. *Nozeroy* (p. 262).

Encore un coin de forêt et une tranchée dans le roc. — 123 kil. *Frasne*. — 128 kil. *La Rivière*.

140 kil. **Pontarlier** (838 m. ; *buffet* ; hôt. : *de la Poste*, Grande-Rue, bon ; *de Paris*, rue de la Gare), ville commerçante et industrielle de 7963 hab., chef-lieu d'arr. du Doubs, sur le *Doubs* et à l'entrée du défilé de la Cluse (p. 244). Elle est d'origine très ancienne (Pons Ariolicae), mais elle a été souvent ravagée dans les guerres du moyen âge et des temps modernes, en particulier dans la guerre de Trente-Ans, où elle fut complètement brûlée par les Suédois (1639). Aussi est-ce une ville d'aspect moderne et à peu près dénuée de curiosités. La Grande-Rue se termine, à l'extrémité de g. pour celui qui vient de la gare, par une *porte* monumentale du

XVIIIe s., érigée en l'honneur de Louis XV, sous lequel fut reconstruite la ville, ravagée de nouveau sous son règne par des incendies. A l'autre extrémité, un pont sur le Doubs et l'hôpital. — Pontarlier fabrique beaucoup d'absinthe.

Ligne de *Lausanne*, v. p. 245. Embranch. de *Gilley* (Morteau, Besançon), p. 239. *Excursion dans le Jura*, p. 268. Correspond. pour *Mouthier* et *Lods* (p. 239).

C'est à Pontarlier qu'est la *douane française*, pour les voyageurs venant de Neuchâtel. Elle est aux Hôpitaux (p. 245) pour ceux de Lausanne.

II. De Pontarlier à Neuchâtel.

54 kil. Trajet en 1 h. 30 à 3 h. 15. Prix: 5 fr. 75, 4 fr., 2 fr. 80.

Les trains sont réglés à partir d'ici sur *l'heure de l'Europe centrale*, qui avance de 55 min. sur celle des chemins de fer français.

Belle vue à g. au départ de Pontarlier, mais ensuite généralement à dr. On remonte quelque temps la rive g. du Doubs, traverse la rivière et entre dans le *défilé de la Cluse*, un des principaux du Jura entre la France et la Suisse. Cette gorge pittoresque, où coule la Morte, est défendue à dr. par le *fort de Joux*, sur un rocher isolé de 200 m. de haut, et à g. par les deux *forts du Larmont*, l'un au-dessus de l'autre. Ceux-ci sont modernes, mais le fort de Joux est de fondation très ancienne. Ce fut d'abord un château bâti au Xe s., par les sires de Joux, et que se disputèrent tous ceux qui voulurent dominer en Franche-Comté, jusqu'à la conquête définitive par Louis XIV, en 1674. Son donjon servit longtemps de prison d'Etat, et c'est là que furent enfermés, entre autres, Mirabeau, pour expier les folies de sa jeunesse, et Toussaint Louverture, le chef des nègres révoltés de Haïti, qui y mourut en 1803. C'est par la Cluse que l'armée française de Bourbaki, vaincue à la bataille d'Héricourt (p. 228) et ne pouvant gagner Besançon ni Lons-le-Saunier, opéra en 1871 sa retraite en Suisse, sous la protection des forts. — On laisse à dr. la ligne de Lausanne (p. 245).

152 kil. (de Dijon) *Les Verrières-de-Joux*, dernière station française. Fabrication d'horlogerie courante.

154 kil. *Les Verrières-Suisse*. Douane suisse. Puis on passe au col des Verrières (947 m.) et l'on redescend, en traversant 2 tunnels, de 305 et 257 m., 2 viaducs de 30 m. de haut et un autre tunnel, de 546 m. On arrive alors dans le *val de Travers*, belle vallée arrosée par la *Reuse* ou *Areuse*. Pour plus de détails sur cette partie de la ligne, v. la *Suisse*, par Bædeker.

164 kil. *Boveresse*. Au fond de la vallée se trouvent *Fleurier* et *Môtiers* (horlogerie, absinthe), que dessert une petite ligne partant de Travers (v. ci-dessous). — Haut viaduc. — 167 kil. *Couvet*, petite ville industrielle. — 171 kil. *Travers*. — 175 kil. *Noiraigue*. Encore 4 tunnels avant la halte de *Champ-du-Moulin* (hôtel) et 4 après. Vallée grandiose de la Reuse. Coups d'œil magnifiques à dr. sur le lac de Neuchâtel et les Alpes. Du même côté, le grand viaduc de la ligne de Lausanne, qu'on rejoint bientôt. — 188 kil.

Auvernier. On passe ensuite sur un viaduc de 30 m. de haut, dans un tunnel et sur le Seyon. A g., la ligne de Besançon (R. 50).

194 kil. Neuchâtel (hôt.: *Gr.-H. Bellevue, Gr.-H. du Lac, H. du Faucon; H. Terminus*, à la gare), ville de 20700 hab., dans un joli site, sur le lac de son nom. Curiosités: l'*église* et le *château*, dans le haut, près du ch. de fer; le *lac*, vers lequel descend, de la gare, un tramway électrique; le *musée des Beaux-Arts*, à g. du port, public les dim. et jeudi de 10 h. à midi et de 1 à 5, etc. Pour les détails, v. la *Suisse*, par Bædeker. Ligne de Besançon, v. R. 50.

De Neuchâtel à Lausanne: 74 kil.; 1 h. 1/2 à 2 h. 1/2; 7 fr. 80, 5 fr. 50, 3 fr. 90. Détails, v. aussi la *Suisse.* — On suit d'abord la direction d'*Auvernier* (5 kil.; v. ci-dessus). *Vue à g. A dr., la ligne de Pontarlier. — 8 kil. *Colombier.* — 9 kil. *Boudry.* Viaduc grandiose sur la vallée de la *Reuse.* — 13 kil. *Bevaix.* On se rapproche du lac de Neuchâtel. Stat. de *Gorgier-St-Aubin*, *Vaumarcus*, *Concise* et *Onnens-Bonvillars*. — 33 kil. **Grandson**, petite ville avec un beau château et connue par une victoire des Suisses sur Charles le Téméraire, en 1476. — 36 kil. **Yverdon**, petite ville ancienne, avec un vieux château. On quitte ici le lac. — 47 kil. *Chavornay-Orbe*. 2 tunnels. — 58 kil. *Eclépens*. — 60 kil. *Cossonay*, où l'on rejoint la ligne suivante.

III. De Pontarlier à Lausanne.

72 kil. Trajet en 2 h. 10 à 2 h. 55. Prix: 7 fr. 70, 5 fr. 35, 3 fr. 70. — *Heure*, v. p. 244.

Cette ligne se confond avec celle de Neuchâtel jusqu'au défilé de la Cluse (v. p. 244), puis se dirige vers le S. — 144 kil. (de Dijon) *Le Frambourg.* — 156 kil. *Les Hôpitaux-Jougne*, dernière stat. française, avec la douane pour les voyageurs venant de Suisse. *Jougne*, à 2 kil. 1/2 au S.-E. (omn., 60 c.), est une petite ville industrielle. — Ensuite 2 tunnels, de 1550 et de 50 m., et l'on est en Suisse. Pour plus de détails, v. la *Suisse*, par Bædeker.

166 kil. Vallorbe (768 m.; hôt.: *Gr.-H. de Vallorbe; H. de Genève & Terminus*, à la gare), autre localité industrielle (horlogerie) de 3272 hab., sur l'*Orbe* et au pied du *Mont-d'Or* (1463 m.). Douane suisse. A 1/2 h. au S.-O., la prétendue *source de l'Orbe*, fort ruisseau qui sort d'un rocher et qui n'est que la décharge souterraine des lacs de Joux et Brenet (p. 269), traversés par l'Orbe, qui a sa véritable source au lac des Rousses (p. 269). — Embranch. du Pont, etc., v. p. 269.

Vallorbe est tête de ligne, et en continuant sur Lausanne, on retourne quelque temps en arrière pour appuyer à l'E. dans la vallée de l'Orbe, que l'on traverse, sur un viaduc de 58 m. de haut. — 178 kil. *Croy-Romainmôtier.* — 184 kil. *Arnex-Orbe.* 2 tunnels. — 189 kil. *La Sarraz*, avec un vieux château. On rejoint la ligne de Neuchâtel-Yverdon et la vallée de la *Venoge*, qu'on traverse plusieurs fois. — 197 kil. *Cossonay*, où cette ligne se raccorde avec celle de Neuchâtel-Yverdon (v. ci-dessus). — 205 kil. *Bussigny.* A dr., la ligne de Genève (55 kil.; v. la *Suisse*, par Bædeker). — 207 kil. *Renens*, où l'on rejoint la ligne de Genève (p. 246). A dr., le *lac de Genève*.

213 kil. Lausanne (hôt.: *Riche-Mont, Gibbon, Beau-Séjour, du Grand-Pont, Continental, Terminus*), ville de 46 400 hab., sur une hauteur dominant le lac de Genève. La gare est aux $3/4$ de cette hauteur, entre *Ouchy*, le port de Lausanne, et la ville; montée à pied en 30 min.; funiculaire, passant près de la gare, en 8 min. Principale curiosité, la *cathédrale*, bel édifice goth. du XIIIᵉ s., maintenant un temple, ouvert dans la sem. de 9 h. à midi et de 1 à 4 et visible en d'autres moments moyennant 30 c. Belle vue de la terrasse voisine. Plus haut, l'anc. *château épiscopal*; entre les deux, le *musée cantonal*, comprenant des collections d'histoire naturelle et d'antiquités. A peu de distance sur le derrière, place de la Riponne, le *musée Arlaud*, une petite galerie de peinture. — Détails, v. la *Suisse*, par Bædeker.

De Lausanne à Genève en ch. de fer (en bateau, v. aussi la *Suisse*): 60 kil.; 1 h. à 2 h.; 6 fr. 35, 4 fr. 25, 3 fr. 20. — 4 kil. *Renens*, où l'on quitte les lignes de Neuchâtel et Pontarlier. — 12 kil. *Morges*, petite ville à g. au bord du lac de Genève et d'où l'on aperçoit le Mont-Blanc par un temps clair, au delà du lac, que l'on côtoie ensuite plus ou moins jusqu'à Genève. Stat. de *St-Prex, Aubonne-Allaman, Rolle, Gilly-Bursinel* et *Gland*. — 33 kil. **Nyon** (*hôt. Beau-Rivage*, etc.), vieille ville de 4847 hab., avec un *château* du XIVᵉ s. Route de St-Cergues, v. p. 265. Puis *Coppet*, avec l'anc. château de Necker et Mme de Staël, sa fille; *Versoix, Genthod-Bellevue* et *Chambésy*. — 60 kil. *Genève* (p. 389).

52. De Dijon (Paris) à Lyon.

197 kil. Trajet en 2 h. 40 à 7 h. 35 jusqu'à la gare de Perrache (p. 334). Prix: 22 fr. 15, 15 fr., 9 fr. 75. Vue surtout à gauche.

PRINCIPALES CURIOSITÉS de cette ligne: *Beaune, Chalon-sur-Saône, Mâcon* et les *abords de Lyon* (p. 255-256).

Dijon, v. p. 211. On traverse au sortir de la ville deux bras de l'Ouche, laisse à g. les lignes de Pontarlier et d'Is-sur-Tille, croise le canal de Bourgogne, laisse encore à g. la ligne de St-Amour, les grands ateliers du chemin de fer et sa gare de triage (rotondes), et longe à dr. les collines de la *Côte-d'Or*, ainsi nommées à cause des excellents vins qui s'y récoltent.

11 kil. *Gevrey*, dont dépend le célèbre vignoble de *Chambertin*. Combes de Lavaux et de la Bussière et monument de Fixin, v. p. 222. — 17 kil. *Vougeot*, non moins fameux par son *clos*.

22 kil. *Nuits-St-Georges*, ville de 3646 hab., qui fait surtout un grand commerce des vins des environs. C'est une anc. place forte qui fut brûlée par les Allemands en 1576 et pillée par les Suédois en 1636. En 1870 eut lieu à Nuits un combat dans lequel fut vaincu, non sans peine, le général français Crémer. Pyramide commémorative à dr. un peu avant la station. Nuits a vu naître l'astronome *Tisserand* (1845-1896), à qui elle a en 1899 élevé un *monument*, dû à Math. Moreau.

A 12 kil. à l'E. se trouve l'ancienne et célèbre *abbaye de Cîteaux*, fondée en 1098 et rebâtie au XVIIIᵉ s. Elle est transformée dep. 1849 en colonie agricole et n'offre plus d'intérêt.

28 kil. *Corgoloin*. — 32 kil. *Serrigny*.

37 kil. **Beaune.** — Hôtels: *de la Poste*, boul. de Bouze; *du Chevreuil*, rue Maufoux, 33-35, tous deux à l'opposé de la gare; *H. de France*, à la gare. — *Buffet* à la gare. — Poste et télégraphe, rue Thiers, 60, à g. de la rue du Château. — *Crédit Lyonnais*, place Monge, 84.

Beaune est une vieille ville de 13 887 hab. et un chef-lieu d'arr. de la Côte-d'Or, centre d'un vignoble renommé, déjà célébré par Eumène (IVe s.) et par Grégoire de Tours (VIe s.).

Beaune (ant. *Belna*) fut une des principales villes du duché de Bourgogne et le siège de son parlement avant Dijon. Les Ligueurs s'en rendirent maîtres en 1585, mais les habitants les en expulsèrent pour la remettre à Henri IV, en 1595. Elle eut jusqu'à la révocation de l'édit de Nantes (1685) d'importantes manufactures de draps. Elle fait surtout aujourd'hui le commerce des vins de la Bourgogne.

De la gare, on traverse d'abord un faubourg (3 min.) et l'on entre dans la ville en passant entre deux *tours* rondes, restes de l'anc. château fort. Appuyant ensuite un peu à g., on arrive par la rue des Tonneliers à la place Monge où est la *statue de Monge* (1746-1818), le mathématicien, qui était de Beaune, bronze remarquable par Rude (1847). Derrière se dresse le *beffroi* de l'ancien hôtel de ville, de 1403 et restauré en 1897. En deçà, à g., l'anc. **hôtel de la Mare* ou *Rochepot*, de 1523, maintenant occupé par une librairie; il a deux belles cours à arcades renaissance, où l'on peut entrer librement. Beaune a encore d'autres vieilles maisons intéressantes.

La rue de Lorraine, à dr. en arrivant à la place, mène à l'hôtel de ville (p. 248); à g. à l'opposé, on va par la rue Carnot à la place de ce nom. Là est le *monument de Carnot*, érigé à l'anc. président Carnot (1837-1894), un buste et deux statues allégoriques, en bronze par Loiseau-Bailly (1896). Il y a au n° 18 une *vieille maison*, à l'entrée de la rue Rolin.

L'*Hôpital, près de là, par la rue Rolin, est un édifice original du style flamand, qui a plutôt l'air d'un château. Il a été fondé en 1443 par Nic. Rolin, chancelier de Bourgogne (v. aussi p. 320) et par sa femme, Guigone de Salins. Entrée gratuite les dim. et fêtes, 50 c. dans la semaine. L'extérieur est simple et n'a de remarquable, en dehors de son aspect, que sa porte à auvent et le clocheton qui surmonte sa haute toiture. L'hôpital est desservi par des béguines, qui se recrutent dans les familles riches et ont conservé avec le hennin le costume du temps, blanc en été, bleu en hiver. On peut le visiter de 10 h. à 11 h. $^1/_2$ et de 1 à 4. On en remarque particulièrement la cour, avec ses galeries en bois à deux étages (actuellement en restaur.) et ses lucarnes à frontons; plusieurs salles dans le style de l'époque, l'une d'elles décorée de peintures murales de 1682; la chapelle, décorée d'une magnifique verrière, et la cuisine. Mais la principale curiosité, comme œuvre d'art, est le superbe **« retable » du Jugement dernier, tableau à volets donné par le fondateur de l'hôpital, œuvre de *Roger van der Weyden*. Il se compose de 15 panneaux, dont 6 extérieurs, exposés à part, représentant les fondateurs et leurs patrons. Il est au 1ᵉʳ étage, avec d'autres objets, qui forment un petit *musée*, surtout des *tapisseries d'Aubusson (xvᵉ-xviiᵉ s.) et des Flandres (xvᵉ s.), de la vaisselle, des manuscrits à miniatures, des livres à reliures fort riches et des meubles. Là aussi est la grande salle du conseil, qui a de vieilles tapisseries des Gobelins (xviiᵉ s.).

La rue où est l'hôpital aboutit à g. à la sortie à la petite place de la Halle, où il y a une belle *caisse d'épargne*, de 1894. De là, on traverse la place Fleury et prend l'avenue de la République, qui passe entre la rue et la place Maufoux. A g., à l'entrée de la première, vieille maison à tourelle, dite *maison du Lieu-Dieu*.

L'ÉGLISE NOTRE-DAME, anc. collégiale, sur la place Maufoux, à dr., est un édifice roman et goth. des xiiᵉ-xviᵉ s. Elle est surmontée d'une belle tour goth., basse, avec dôme et lanterne, et précédée d'un grand porche à trois nefs, du même style, avec de jolies portes; mais sa belle *abside*, à trois petites chapelles rondes, est romane. L'intérieur est à trois nefs, celle du milieu voûtée en berceau, les autres à voûtes d'arête. Il y a de beaux vitraux au chœur et d'autres (surtout des grisailles) dans les chap. latérales de la nef. On remarquera aux piliers de la nef l'opposition de pilastres cannelés et de colonnes engagées, comme à Chalon (p. 250); dans la 2ᵉ chap. de g., restes de peinture ancienne; dans la 3ᵉ de g. et dans la 2ᵉ de dr., retables et bas-relief en pierre. Cette église possède de très belles *tapisseries* du xvᵉ s., dont on pare quelquefois l'abside; les sujets sont tirés de l'histoire de la Vierge.

La petite rue derrière l'église aboutit, à dr., près du beffroi et de la place Monge (p. 247). La rue St-Martin, à g. ou à l'opposé de cette place, mène, comme l'avenue de la République, aux boulevards qui marquent les limites de la vieille ville et forment de belles promenades. A cet endroit est le *square des Lions*, anc. bastion ainsi nommé de ses rampes ornées de lions. A g., dans un petit square, à l'endroit où aboutit l'avenue de la République, se trouve le *monument de Joigneaux*, l'agronome (1815-1892), buste avec figures en marbre par Math. Moreau (1898). On revient sur ses pas pour suivre les remparts au delà de la rue St-Martin. Après un tournant, à dr., à l'extrémité de la rue de Lorraine, la *porte St-Nicolas*, arc de triomphe de 1761, et plus loin, la promenade du *Jardin Anglais*. Le faubourg voisin, St-Nicolas, a, en haut, à dr., une église du xivᵉ s., à une seule nef et large transept, précédée d'un portail roman sous un porche délabré.

En rentrant dans la ville par la porte St-Nicolas et la rue de Lorraine (à dr., chapelle du collège), on a à g., à l'extrémité d'une petite rue, l'*hôtel de ville*, un ancien couvent, précédé d'une cour où il y a un *monument des combattants de 1870-71*, avec une reproduction de la Jeunesse de Chapu (1896). L'hôtel de ville renferme un petit *musée*, qui comprend des peintures, des antiquités et des curiosités.

Là aussi sont la *bibliothèque* (50 000 vol. et env. 200 man.), les *archives* et une *galerie d'histoire naturelle*.

La rue de Lorraine passe ensuite, à g., à l'extrémité de la rue de la Charité (vieilles *maisons*, surtout le n° 10), où est l'*hospice de la Charité*, de 1645, et ramène enfin à la place Monge (p. 247).

EMBRANCH. de 11 kil. sur *St-Loup-de-la-Salle* (p. 226).

DE BEAUNE A ARNAY-LE-DUC (*Saulieu*): 42 kil., ligne à voie étroite qui a sa gare spéciale près de l'autre et une stat. au S. de la ville, à dr. derrière l'hôpital. Elle traverse les monts de la *Côte-d'Or* et elle est remarquable par les travaux du *col de Laucy* (551 m.), où elle monte jusqu'à 331 m. au-dessus de son point de départ, par des lacets dont les rampes atteignent 40 mm. et les courbes un minimum de 40 m. Elle dessert *Pommard* (5 kil.), bourg de 1062 hab. célèbre par ses vins, ainsi que *Volnay*, 1 kil. 1/2 plus au S. A *Bligny-sur-Ouche* (26 kil.), il croise le chemin de fer en construction de Dijon-Plombières à Epinac (p. 222). — *Arnay-le-Duc*, v. p. 210. Cette ligne se prolonge jusqu'à *Saulieu* (29 kil.; p. 311).

44 kil. *Meursault* (2426 hab.), renommé pour ses vins blancs. Plus loin à dr., *Puligny*, où se récolte le Montrachet.

52 kil. **Chagny** (*buffet*; hôt.: *du Commerce*, place d'Armes, bon; *de Bourgogne*, près de la gare), ville de 4671 hab. et centre commercial important, sur plusieurs routes, entre la *Dheune* et le *canal du Centre* (v. ci-dessous). On va dans le centre en prenant à g. à la gare, puis à dr. et plus loin, au delà de l'église, surmontée d'une tour du XIIe s., de nouveau à dr., dans la rue de la République, où est l'hôtel de ville. Ensuite viennent la rue du Bourg et à dr., la place d'Armes.

De Chagny à *Nevers*, par Montchanin et le Creusot et par Autun, v. R. 59; à *Dôle* (Besançon), p. 226.

La ligne de Lyon passe ensuite dans deux petits tunnels, le premier sous le canal du Centre. Puis une longue tranchée, et on entre dans la vallée de la Thalie. — 55 kil. *Rully*. — 58 kil. *Fontaines*, où il y a depuis 1892 une école pratique d'agriculture.

68 kil. **Chalon-sur-Saône**. — HÔTELS: *Grand-Hôtel*, *H. du Chevreuil* et *H. des Négociants*, rue et place du Port-Villiers, près de la Saône; *Terminus*, près de la gare (p. 7.50 par jour, bains à tous les étages), bon. — CAFÉS: au Grand-Hôtel et dans le voisinage, ainsi que près du pont sur la Saône. — POSTE ET TÉLÉGRAPHE, place de l'Obélisque. — BANQUES: *Crédit Lyonnais*, rue Basse-de-l'Obélisque, 15; *Société Générale*, boul. de la République, 8; *Comptoir d'Escompte*, id., 6; *Crédit Foncier*, rue de la Mare, 10.

Chalon-sur-Saône est une ville ancienne, commerçante et industrielle, de 29 058 hab. et un chef-lieu d'arr. de Saône-et-Loire, sur la rive dr. de la *Saône*, à l'embouchure du *canal du Centre*, qui relie cette rivière à la Loire, à Digoin (120 kil.; p. 324).

C'est le *Cabillonum* des anciens, la ville la plus importante des Eduens et des Romains après la conquête de la Gaule. L'empereur Probus y fit planter la vigne en 281. L'Evangile y fut prêché par St Marcel au IIe s. et ce fut le siège d'un évêché jusqu'en 1790. Sa situation fit qu'elle eut à souffrir de toutes sortes de guerres, mais se releva toujours par le commerce. Elle fut la résidence des rois de Bourgogne, eut des comtes à partir du VIIIe s., dépendit des ducs de Bourgogne de 1237 à 1477 et fut réunie ensuite au royaume de France par Louis XI. En 1814, elle résista vigoureusement aux Autrichiens.

La rue qui part de la gare traverse près de là le canal et se prolonge par le nouveau boul. de la République; à dr. à l'entrée, devant le nouveau *collège de filles*, s'étend un petit square, au fond duquel s'élève depuis 1899 le *monument* de l'égyptologue *Chabas* (1817-1882), né à Chalon. Le boulevard de la République aboutit à la place de l'Obélisque d'où part à dr. la rue Basse-de-l'Obélisque, qui descend au port Villiers (v. ci-dessous). Au milieu de la place s'élève un *obélisque* de 1730, érigé à l'ouverture du canal du Centre; plus loin, le *palais de justice* et la *halle aux grains*, deux constructions modernes. Devant le palais est un square avec la jolie *fontaine Thévenin* (1879), à la mémoire de la famille qui a doté la ville de son service public d'eau, et au delà, la place de Beaune avec une vieille *fontaine de Neptune*. La Grande-Rue, à dr., descend vers la Saône et son pont. Là se trouve le *vieux quartier*, aux rues étroites et tortueuses, qui contraste singulièrement avec le *quartier neuf* parcouru depuis la gare. On y rencontre encore de curieuses *vieilles maisons*, d'abord dans la Grande-Rue et dans la rue du Pont qui lui fait suite, puis dans les rues St-Georges (n° 55, au coin de la place) et des Tonneliers (n° 9, vieux beffroi, et n° 10), à dr. de la Grande-Rue et dans la rue aux Fèvres (n° 31, dans la cour, curieux escalier en bois), à g. de la même. Plus loin, du même côté, la rue St-Vincent (au n° 7, «maison aux trois greniers») conduit à

St-Vincent, l'anc. cathédrale, bâtie du XIIe au XVe s., avec une façade moderne à deux tours. L'intérieur, restauré, est particulièrement remarquable, surtout le *chœur* et l'*abside*, du XIIIe s. Il y a un beau triforium et un court transept, mais pas de déambulatoire. Aux piliers de la nef, on remarquera l'opposition de colonnes engagées et de pilastres cannelés. Beaux chapiteaux d'où partent d'élégants faisceaux de colonnettes soutenant les retombées des voûtes. Beau dais goth. dans le chœur, là où était le trône épiscopal, et riche maître-autel moderne, en bronze doré. Au commencement du bas côté dr., des pierres tombales et dans la 2e chap. un jardin des Oliviers, statues et peintures; dans la 5e, des restes de peinture ancienne. Du côté g., 3e chap., un joli lavabo renaissance et une très belle voûte.

À g. de l'église se trouve l'anc. évêché, du XVe s., avec une tour ronde donnant sur la rue des Minimes. Les rues alentour ont encore de nombreuses *vieilles maisons*, surtout la rue des Prêtres et la rue des Cochons-de-Lait, qui ramènent au quai, en amont du pont.

Le vieux *pont St-Laurent* relie la ville à une île de la Saône, où il y a un grand *hôpital*, fondé au XVIe s. et reconstruit au XIXe.

En aval du pont se trouve la place du Port-Villiers, avec la *statue de Niepce* (1765-1833), inventeur de la photographie, de Chalon, bronze par Guillaume (1884). — La Saône a ici un petit *port*.

Sur une autre place à peu de distance à g. en remontant par la rue du Port-Villiers, se trouvent l'*hôtel de ville* et l'*église St-Pierre*, bâtie de 1692 à 1700 et agrandie en 1898, avec un dôme. La façade a été reconstruite en 1900. Il y a de belles boiseries dans le chœur et un maître-autel à hauts reliefs.

Le *musée*, dans le bâtiment presque en face, est visible tous les jours et public le dim. de midi à 4 h. Dans la semaine, on y entre par la 2ᵉ porte à dr. sur le côté. Catalogue (pour l'archéologie seulement), de 1886, 25 c. Conservateur, M. Chevrier.

Au REZ-DE CHAUSSÉE, une *collection lapidaire*, des fragments de sculptures antiques et d'autres sculptures moins anciennes.

Iᵉʳ ÉTAGE. — 1ʳᵉ SALLE : *sculptures*, moulages et originaux ; *Protheau*, Andromaque, Joueur de boules ; *Mme Léon Bertaux*, Baigneuse, etc. ; *G. Boichot*, bustes et bas-reliefs ; *Rude*, buste de jeune fille ; à g., *Claudet*, l'Enfant à la coquille ; *Cartelier*, statue de Denon ; *Badin*, la Source ; *Captier*, la Rosée, et des bas-reliefs. — 2ᵉ SALLE, en face de la grande entrée : *peintures* ; de dr. à g. ; *éc. allem.*, Mise au tombeau ; *van Balen*, Concert des Muses ; — *Monnoyer*, fleurs ; *le Bassan*, Adoration des bergers ; *le Parmesan*, Mise au tombeau ; *Porbus* (?), portr. de femme ; *Tiepolo*, le Jugement dernier ; *Strozzi*, Vierge ; — *P. Véronèse* (?), César recevant la tête de Pompée ; *L. Adenot*, le Fumeur ; *Cicéri*, paysage ; *St-Cyr-Giriez*, paysage ; *E. Lassalle*, portr. de Niepce ; *Netscher*, portr. de femme ; *Jeanron*, un Camp ; *Charlet*, Retraite de Russie ; *van der Meulen*, St Hubert ; — *V. Dupré*, paysage ; *Géricault*, Mulâtre ; *Ch. Jacque*, paysage ; *Parrocel*, Bataille ; *Raffort*, vue de Chalon ; *Sieurac*, Bacchanale ; *L. Giordano*, Mort de Caton d'Utique ; — *Brauwer*, Homme examinant une monnaie ; *Trevisani*, Charité romaine ; *Clouet* (?), portr. de femme ; *Raffort*, Constantinople ; *Nuvellone*, Loth et ses filles ; *Couture*, le Maître des cérémonies de Notre-Dame ; *Largillière*, deux portr. de femmes ; *le Guerchin*, Adoration des mages ; *le Caravage*, Cléopâtre ; *Morlot*, paysage. Au milieu, la Charmeuse de pigeons, par *Perrey*, et une vitrine avec de petits bronzes antiques, surtout des statuettes. — 3ᵉ SALLE à dr. par rapport à la grande entrée : antiquités celtiques, gallo-romaines et égyptiennes ; encore des peintures, en particulier, au milieu, un polyptyque du xvᵉ s., le Martyre de St Blaise ; dessins et petites collections ethnographique et d'histoire naturelle ; instruments et souvenirs divers de Niepce. — 4ᵉ SALLE, de l'autre côté : collection préhistorique et géologique ; au milieu, *onze lames de silex connues sous le nom de «silex de Volgu». — 5ᵉ SALLE, sur le palier, en sortant de la 1ʳᵉ salle, dessins et gravures.

La rue Denon, au fond de la place de l'Hôtel-de-Ville à dr., ramène au boulevard de la République. Entre le canal et le chemin de fer, se trouve l'*église St-Côme*, moderne, dans le style goth. du xiiiᵉ s., à trois nefs et avec tribunes sur les bas côtés.

BATEAUX A VAPEUR dits «Parisiens» pour Lyon, les mardi, jeudi et sam. à 7 h. du matin (env. 6 h. ; 6 et 4 fr. ; all. et ret., 8 et 6 fr.) : le trajet n'est intéressant qu'à partir de Mâcon (p. 254).

Ligne d'*Auxonne* (Dôle), v. p. 224.

De Chalon à Bourg : 77 kil. ; 2 h. 30 à 3 h. ; 8 fr. 65, 5 fr. 85, 3 fr. 80. — Cette ligne tourne à l'E. et traverse la Saône. — 4 kil. *St-Marcel* (1906 hab.), qui avait autrefois une abbaye célèbre, où mourut Abélard, dont il ne reste que la belle église de transition, rebâtie au xiiᵉ s. — Chemin de fer d'intérêt local de St-Marcel à *St-Martin-en-Bresse* (18 kil., 2017 hab.), pour 1 fr. 85 et 1 fr. 10. La ligne doit être continuée jusqu'à Mervans (p. 228). — 16 kil. (4ᵉ st.) *St-Germain-du-Plain*. Ligne de Lons-le-Saunier, v. ci-dessous. — 32 kil. (7ᵉ st.) *Cuisery* (1585 hab.), qui a des restes de murs d'enceinte et d'un château fort. — 41 kil. (9ᵉ st.) *Romenay*, vieille ville de 3558 hab., avec des restes de murs des xiiiᵉ et xivᵉ s. — 46 kil. (10ᵉ st.) *St-Trivier-de-Courtes* (1341 hab. ; p. 278). — 60 kil. (14ᵉ st.) *Montrevel* (1483 hab.), sur la Reyssouze. — 66 kil. *Attignat*, qui a un beau château. — 77 kil. (17ᵉ st.) *Bourg* (p. 278).

De Chalon à Lons-le-Saunier : 68 kil. ; 2 h. 15 à 2 h. 40 ; 7 fr. 60, 5 fr. 15, 3 fr. 35. — Jusqu'à *St-Germain-du-Plain* (17 kil.), v. ci-dessus. — 88 kil.

(8e st.) *Louhans* (p. 228). — 68 kil. (13e st.) *Chilly-le-Vignoble*. Le pays devient accidenté. Puis on rejoint, à dr., la ligne de Bourg. — 68 kil. (15e st.) *Lons-le-Saunier* (p. 258).

De Chalon à Cluny (*Roanne*): 50 kil.; 1 h. 35 à 1 h. 45; 5 fr. 60, 3 fr. 80, 2 fr. 45. — Cette ligne tourne à l'O., puis au S., dans un pays vignoble. — 8 kil. *Givry*, petite ville de 2616 hab., près de la forêt de son nom. Eglise et hôtel de ville du XVIIIe s. Bons vins. Carrières de pierre. — 12 kil. *St-Désert*, bourgade qui a une *église fortifiée* du XIVe s. — 17 kil. *Buxy*, bourg de 1989 hab., dans un beau site. — 2 stations. — 20 kil. *Jully-lès-Buxy*. — 27 kil. *Etiveau* (p. 316), aussi sur la ligne de Montchanin. — 29 kil. *St-Gengoux-le-National*, ville fort ancienne de 1726 hab. Embranch. de Montchanin (p. 316). On descend la vallée de la *Grosne*. — 38 kil. *Cormatin*, qui a un beau *château* de la Renaissance, restauré au XVIIIe s., entouré d'un beau parc et contenant une galerie de tableaux, qu'on peut visiter. — 43 kil. *Massilly*. — 50 kil. *Cluny*, à dr. (p. 326).

Passé Chalon, la ligne de Lyon laisse à g. celle de Bourg. — 76 kil. *Varennes-le-Grand*. — 84 kil. *Sennecey-le-Grand*. 2346 hab. On longe définitivement la Saône et, quand le temps est clair, on voit du même côté le Jura.

93 kil. **Tournus**, pron. «Tournu» (*hôtel-buffet* à la gare; *hôt. du Sauvage*, rue du Nord, 8, bon; omn. de la gare en ville, 30 c.), ville de 4890 hab., sur la Saône. Son principal édifice est l'*église St-Philibert*, anc. abbatiale du style roman bourguignon, fort curieuse pour les archéologues. On la voit assez bien du chemin de fer, à g. Elle a été bâtie aux XIe et XIIe s. et un peu remaniée aux XIVe et XVe s. C'est une construction massive et fort simple, qui a deux tours sur la façade, dont une seule achevée, et une troisième sur le transept. Il y a d'abord à l'intérieur un narthex à trois travées, qui a des piliers énormes et que surmonte un premier étage; il est voûté d'arête au milieu et en berceau aux deux collatéraux. La nef a de gros piliers ronds, naturellement plus élevés; elle est voûtée d'arête dans les collatéraux et au milieu, disposition spéciale et originale, présente des berceaux transversaux. Dans le collatéral S., un enfeu du XVe s., dégradé, devant lequel est un autel avec une Vierge byzantine, en bois, de la fin du XIIe s. La chap. de la Vierge, à dr. du chœur, et la chap. Ste-Philomène, plus loin, renferment des peintures remarquables et originales. L'abside se termine par des colonnes à beaux chapiteaux et mérite aussi d'être vue à l'extérieur, où elle rappelle le style roman auvergnat, avec cette différence que les chapelles rayonnantes sont terminées par des murs droits. Sous le chœur (entrée à g.), une crypte curieuse, qui contient le tombeau de St Valérien, apôtre de la ville au IIe s. Buffet d'orgue également curieux.

La rue du Nord, à g. au delà de l'église, descend vers la Saône, dont les bords sont dénudés. La rue du Centre, à dr. en deçà, conduit à la place de l'Hôtel-de-Ville, où est la *statue de Greuze*, le peintre, de Tournus (1725-1805), marbre par Rougelet. L'hôtel de ville renferme un petit musée d'intérêt local, ouvert les jeud. et dim. de 2 à 4 h. (conservateur, M. Martin), et une bibliothèque de 16 000 vol. Plus loin par la même rue, la petite *église de la Made-*

leine, du style de transition. Tournus a conservé de nombreuses vieilles maisons.

Une ligne à voie étroite doit relier Tournus à *Louhans* (p. 223).

103 kil. *Uchizy-Chardonnay*. — 108 kil. *Pont-de-Vaux-Fleurville*. *Pont-de-Vaux* (p. 273) se trouve à 5 kil. à l'E. (tramw. à vap. 9 à 10 fois par jour). — 115 kil. *Sénozan*.

125 kil. **Mâcon**. — Hôtels : *de l'Europe & d'Angleterre*, quai du Nord ; *des Champs-Elysées*, place de la Barre (ch. t. c. 2 fr. 50 à 10, rep. 1.50, 3 et 4, om. 50 c.) ; *du Sauvage*, au pont ; *de France & des Etrangers*, avec restaur., à la sortie de la gare. — *Buffet* à la gare. — *Cafés*, quai du Midi. — Poste et télégraphe, derrière l'église St-Pierre, près du lycée. — Banques : *B. de France*, rue Victor-Hugo, 6 ; *Crédit Lyonnais*, rue de la Barre, au coin de la rue Guichenon ; *Société Générale*, rue Lamartine, 17. — *Bains du Centre*, rue Guichenon, 3, entre la poste et la rue de la Barre.

Mâcon est une ville de 18 928 hab., le chef-lieu du dép. de *Saône-et-Loire*, sur la rive dr. de la Saône.

Ville importante des Eduens (Matisco), elle déchut sous l'empire romain, fut ravagée par tous les peuples barbares et assiégée aussi maintes fois plus tard, jusqu'au xiiie s. Elle passa alors au roi de France, Charles V, fut encore séparée à diverses reprises du domaine royal et définitivement annexée par Louis XI. Elle eut aussi à souffrir, de 1559 à 1567, des luttes entre les catholiques et les protestants, qui en furent maîtres tour à tour. Aujourd'hui, c'est une ville industrielle et commerçante, mais assez pauvre en curiosités.

En sortant de la cour de la gare, on a à g. la rue Victor-Hugo, qui mène à la place de la Barre, d'où la rue du même nom descend à dr. vers le pont, et en face la rue Gambetta, qui conduit directement au *quai du Sud*, transformé en promenade. Ce quai est décoré d'une *statue de Lamartine*, né à Mâcon en 1790, bronze par Falguière (1878). La Saône est traversée plus loin, au bas de la rue de la Barre, par un vieux pont à 12 arches, qui conduit au faubourg St-Laurent. Près de la statue est un assez beau corps de bâtiment, en partie du xviiie s., comprenant l'*hôtel de ville*, avec le *théâtre*, la *bibliothèque* et le *musée*.

Dans la cour de l'hôtel de ville, Timon le Misanthrope, statue en bronze par Captier.

La *bibliothèque*, ouverte tous les soirs de 7 h. à 10 h. sauf les jeudi et dim. et pendant les vacances, compte env. 22 000 vol. et 150 manuscrits.

Le *musée* est public le dim. de 2 h. à 4 h. et visible les autres jours. Il n'y a pas de catalogue. Conservateur, M. Pillard.

Il y a 8 salles, une au rez-de-chaussée, contenant des sculptures, des plâtres et des antiquités, et 7 au premier, dont 3 consacrées à l'histoire naturelle, les autres aux dessins, gravures et peintures. Tout d'abord, à g. du palier, se trouvent les 2 salles de la *collection Ronot*, contenant des tableaux, surtout la Bohémienne par *A. Coypel* et deux portr. d'évêques par *Greuze* et *de Troy* ; belles faïences. — A g. des collections d'histoire naturelle, salle contenant des dessins et gravures et quelques tableaux : *van Helmont*, un Marché ; *N. Maas*, Apparition de l'ange aux bergers ; *Jeaurat*, Scène champêtre (1762) ; *Ch. Lebrun*, Mucius Scévola ; *G. de Lairesse*, Danse d'enfants ; au milieu : des antiquités diverses ; la Vocation, bronze par *Roubaud* ; Hébé, plâtre par *Captier*, et un buste de Lamartine, par *Brian*. — A l'extrémité opposée, grande salle de peinture, de dr. à g. : *Bernard*, vue d'Italie ; *Courtat*, Odalisque ; — *Chambellan*, les Saltimbanques; *Guillon*, Vézelay; *Appian*, les Marais de Rossillon; *St-Cyr-Girtez*, Solitude; *Chintreuil*, les Ruines; *Desportes*, fruits; *Decaisne*, Lamartine; *Dallemagne*, Soleil couchant; *Chambellan*, Récolte des foins; *P. Dupuis*, l'Orage; — à dr., la *galerie locale*, avec des gravures; — *Duez*, le Soir; — *Tirpenne*, le Château de St-Point (v. p. 326); *Bussière*, Hélène; *Larouze*, le Soir; *A. Duval*, l'Annonciation; *Larouze*, le Calme; *A. Scheffer*, Charles IX et Catherine de Médicis; *Courbet*, Bords d'une rivière; *Baudouin*, les Oies du Capitole.

L'*église St-Pierre*, derrière l'hôtel de ville, est un grand édifice du style roman bourguignon, construit en 1866, à trois nefs, avec transept, déambulatoire, chapelles latérales et tribunes au-dessus des bas côtés et du pourtour. L'ensemble est un peu massif. La nef a des piliers ronds trapus, avec de beaux chapiteaux, d'où partent des colonnettes soutenant les retombées de la voûte. Les chapelles sont décorées de peintures. Dans le bras dr. du transept se voit une épitaphe dans un encadrement, de 1649.

La rue Carnot, à dr. de la place St-Pierre, puis la rue Dombey amènent à la place de l'Herberie, où se voit, au coin de g., une curieuse *maison en bois*. Près de là, au n° 21 de la rue Sigorgne, le bel *hôtel de Sénecé*, auj. siège de l'académie de Mâcon. En continuant par la rue Dombey et en prenant un peu plus haut dans la rue Philibert-Laguiche la rue St-Vincent, on voit, derrière les halles, les restes de l'*ancienne cathédrale St-Vincent*, la façade, avec le narthex et les tours, des XIIIe-XVe s. L'une de ces tours a encore une partie de sa flèche et de belles sculptures. Le narthex sert de chapelle. L'entrée est du côté des halles, où il y a une clôture formée avec de belles colonnettes de l'église, et où sont réunis quelques débris de sculptures. On ne peut visiter que le dimanche. On remarquera dans la chapelle, en se retournant, le tympan de l'ancien portail. — On montera à dr. de la place St-Vincent par la rue Dinet, puis on prendra la rue de la Préfecture, qui contourne à dr. les bâtiments de la *préfecture*, reconstruits en 1866, et les Archives. Vers le haut, à g., la rue des Ursulines, où se voit au n° 19 la *maison natale de Lamartine* et presque en face le portail de l'anc. chapelle du couvent des Ursulines (auj. magasin). La rue de la Préfecture laisse à dr. le *palais de justice* et aboutit à la place d'Armes, où se trouve la *nouvelle église St-Vincent*, du style classique, avec des vitraux modernes. En face, les vastes bâtiments de l'*Hôtel-Dieu*. — La rue Mathieu conduit de là à la place de la Barre, d'où la rue Victor-Hugo ramène à la gare.

C'est à env. 4 kil. en amont de Mâcon, à l'*île de la Palme*, que les Helvètes furent défaits, l'an 61 av. J.-C., par Jules César, lorsqu'ils traversaient la Saône, au nombre de 368000, pour s'établir dans la Gaule.

Tramw. à vap. de Mâcon à *Fleurville* (36 kil.; p. 253), en 2 h. env., pour 3 fr. 70 et 2 fr. 20. Départ de la gare de P.-L.-M., et arrêt à la place de la Barre.

Bateaux «parisiens» sur la Saône (v. p. 251); départ pour *Chalon* les lundi, mercr. et vendr. à 1 h. 30 du soir, pour *Lyon* les mardi, jeudi et sam. à 11 h. 30 du matin. Prix: dans les deux directions 3 fr. et 2 fr. (5 fr. et 3 fr. aller et retour).

De Mâcon à *Genève*, v. R. 55; à *Cluny* (24 kil.) et *Moulins*, R. 60; à *Lyon* en bat. à vap., v. ci-dessus.

Notre ligne continue de descendre la vallée de la Saône, en se rapprochant plus ou moins de la rivière. On franchit la *Petite Grosne*. Jolis coups d'œil à g. — 132 kil. *Crèches.* — 136 kil. *Pontanevaux.* — 141 kil. *Romanèche* («Romana esca»; 2395 hab.), renommé par ses vins du *Moulin-à-Vent* et de *Thorins*. On y a élevé un monument à *Benoît Raclet*, inventeur du moyen de détruire la pyrale. — 148 kil. *Belleville*, petite ville de 2906 hab., à 1500 m. à gauche.

EMBRANCH. de 18 kil. sur **Beaujeu** *(hôt. de la Préfecture)*, ville de 3873 hab., qui a fait donner au pays environnant le nom de *Beaujolais*. Il reste peu de chose de son château. — Voit. publ. pour les *Echarmeaux* (15 kil.; p. 325); ligne de Villefranche à Monsols, v. ci-dessous.

154 kil. *St-Georges-de-Reneins* (2632 hab.), où eut lieu un sanglant combat en 1814. Ensuite, à dr., Villefranche.

163 kil. **Villefranche** (hôt.: *de l'Europe*, rue Paul-Bert, près de la sous-préfecture; *de la Providence*, rue Nationale); ville de 14793 hab. et chef-lieu d'arr. du Rhône, sur le Morgon et à env. 2 kil. à l'O. de la Saône (« *Villefranche-sur-Saône* »).

Elle ne se compose guère que d'une longue et large rue, la route de Lyon, dite rue Nationale. On y arrive bientôt par celle qui prend en face de la gare. Elle descend à dr. vers l'*église Notre-Dame-des-Marais*, qui a une belle façade restaurée, des XVe-XVIe s., avec un clocher à flèche aérienne refaite après un incendie et de nos jours. Belles voûtes. Vieux vitraux aux extrémités des bas côtés. La rue Nationale a quantité de *vieilles maisons* curieuses, en partie extérieurement et surtout par leurs cours, où l'on peut d'ordinaire entrer librement. La plupart sont du côté opposé à l'église. A citer surtout: le n° 202, goth.; l'*hôtel de ville*, de la Renaissance; le 178, très curieux, aussi goth.; la cour du 174, goth.; celle du 170; une très belle niche goth. et une cour assez curieuse au 155; les façades des 144 et 142, goth. et renaissance; le 85, à dr., fort curieux, les parties sur la cour visibles du trottoir opposé, et enfin le 83.

A quelques pas de l'église, dans le bas de la rue Nationale, celle de la Sous-Préfecture, qui mène à une place et un square où il y a un *buste d'Et. Poulet*, par P. Devaux. Là aussi, la *poste*. Dans le haut de la ville, la *place du Promenoir*, qui a une belle vue sur le Beaujolais.

A 3 kil. à l'E., près de la rive g. de la Saône, se trouve *Jassans*, station des lignes de Bourg et de Pont-de-Veyle à Trévoux (v. p. 276 et 273).

DE VILLEFRANCHE À MONSOLS, 48 kil., ligne à voie étroite, en 2 h. 45, pour 3 fr. 70 et 2 fr. 45. Principale stat.: (32 kil.) *Beaujeu*, v. ci-dessus.

DE VILLEFRANCHE À TARARE, 42 kil., autre ligne à voie étroite, en 2 h. 30, pour 3 fr. 25 et 2 fr. 15. Stat.: (21 kil.) *le Bois-d'Oingt* (p. 325); (25 kil.) *Légny* (p. 325); (35 kil.) *Pontcharra*, 1681 hab.; (42 kil.) *Tarare*, v. p. 334.

167 kil. *Anse*, sur l'Azergues, anc. station romaine, où les proconsuls avaient des villas. 2070 hab. On traverse ensuite l'Azergues.

171 kil. **Trévoux** *(hôt. de la Terrasse)*, vieille ville de 2821 hab. et chef-lieu d'arr. de l'Ain, dans un beau site, à env. $^1/_2$ h., sur la rive g. de la Saône, reliée à Lyon par une ligne spéciale (p. 337). Son nom lui vient de trois voies qui s'y croisaient. Septime-Sévère

y battit en 198 son compétiteur Albin. Trévoux fut jusqu'en 1771 la capitale de la souveraineté de Dombes, alors réunie à la France. Elle eut au XVIII⁰ s. une imprimerie célèbre qui édita, entre autres, le Dictionnaire universel dit de Trévoux. Les jésuites y publièrent pendant 30 ans un journal critique et littéraire dit Mémoires ou Journal de Trévoux. Belle vue de la *place de la Terrasse*, sur la vallée et les monts du Lyonnais. Restes de fortifications.

De Trévoux à *Bourg*, v. p. 276; à *Pont-de-Veyle*, v. p. 278.

La contrée s'embellit aux abords de Lyon, et outre les stat. ci-dessous, il y a des haltes desservies par des trains légers circulant entre Lyon, gares St-Paul et de Vaise (v. ci-dessous), et Villefranche.

177 kil. *St-Germain-au-Mont-d'Or* (petit buffet), où aboutit la ligne de Paris-Nevers par Roanne et Tarare (R. 61). — 179 kil. *Neuville-sur-Saône* (3257 hab.), sur la rive g. de la Saône et la ligne de Trévoux. Près de là, à g., *Fleurieu*, avec une fabrique de bleu d'outremer, dirigée par *Em. Guimet*, le fondateur du musée de ce nom à Paris. — 182 kil. *Couzon*, qui a une belle église moderne originale, avec une vieille tour, des sculptures et des peintures remarquables. — Beau coup d'œil en arrière. Sur l'autre rive, un viaduc de la ligne de Trévoux. Puis des tranchées et un petit tunnel.

185 kil. *Collonges-Fontaines*, que desservent aussi des bateaux et un tramway de Lyon. On laisse ensuite à g. un embranch. qui traverse la Saône, passe dans un tunnel d'env. 4 kil. 1/2, sous la colline de la Croix-Rousse (p. 335), et tombe dans la ligne de Genève à la gare de St-Clair (p. 337). Il y a par là un raccourci considérable pour les trains de marchandises vers Marseille, dont ils rejoignent la ligne sur la rive g. du Rhône. La ligne principale reste sur la rive dr. de la Saône. Jolis coteaux boisés sur la rive gauche.

189 kil. *L'Ile-Barbe*, lieu de divertissement des Lyonnais. Bateau à vapeur, v. p. 334. Puis encore deux petits tunnels. Une halte plus près de Lyon dessert *St-Rambert* (2588 hab.), qui a une assez belle église romane reconstruite au XIX⁰ s. — A g., sur la hauteur, l'église de Fourvière (p. 335).

192 kil. *Lyon-Vaise*, première gare de Lyon, dans l'anc. faubourg de Vaise, à l'O. de la ville et sur la rive dr. de la Saône. — Enfin le tunnel de St-Irénée, de 2175 m., et un pont sur la Saône, d'où l'on a une belle vue de la ville à g. — 197 kil. *Lyon-Perrache* (p. 334).

53. De Besançon (Belfort) à Lyon par Bourg et Ambérieu ou la Dombes.

A. Par Bourg et Ambérieu.

237 kil. Trajet jusqu'à Lyon (gare de Perrache, p. 334) en 8 h. 40 et 11 h. 30. Prix: 26 fr. 65, 18 fr., 11 fr. 80. — A *Lons-le-Saunier*: 90 kil.; 1 h. 50 à 8 h. 10; 10 fr. 20, 6 fr. 80, 4 fr. 45. — A *Bourg*: 154 kil.; 3 h. à 8 h. 15; 17 fr. 35, 11 fr. 75, 7 fr. 60.

PRINCIPALE CURIOSITÉ de cette ligne et de la suiv., *Bourg*, avec son *église de Brou (p. 275).

Besançon, v. p. 231. On suit la ligne de Dôle-Dijon jusqu'à *Franois* (7 kil.), la première stat. (p. 227). — 12 kil. *Montferrand*, à 2 kil. à g., avec un château en ruine. Puis deux ponts sur le Doubs. — 15 kil. *Torpes*. On franchit encore plus loin le canal du Rhône au Rhin et la rivière. L'un et l'autre s'écartent à l'O., en contournant une hauteur où se trouve *Osselle* («Auricella»), qui a de curieuses grottes à stalactites, qu'on va visiter de la stat. suivante (4 kil.). — — 22 kil. *Byans*. — 29 kil. *Liesle*.

34 kil. *Arc-et-Senans*, où l'on rejoint la ligne de Dijon en Suisse par Pontarlier (R. 51). — Voir, à partir d'ici, la carte p. 261.

41 kil. **Mouchard** (p. 241).

Ligne de *Dijon à Pontarlier*, v. R. 51. Embranch. de *Salins*, v. p. 241.

La ligne de Bourg et Lyon, laissant à g. celle de Pontarlier, dont on aperçoit bientôt le viaduc (p. 243), parcourt encore plus loin un pays accidenté, en longeant le premier plateau du Jura.

49 kil. **Arbois** *(hôt. du Cerf)*, ville de 4209 hab., dans le joli vallon de la *Cuisance*, où se récoltent d'excellents vins. Elle est également desservie par la ligne de Pontarlier (v. p. 243). *Pasteur* (1822-1890) passa son enfance à Arbois et on lui a élevé, sur la promenade de la Foule, près de la Grande-Rue, une *statue* assise, œuvre de Daillion (1901).

Excursion intéressante, à 5 kil. au S.-E., par *le Vernois* (3 kil.), au *creux* et aux *sources de la Cuisance*. Le «creux» (v. p. 261) est un vaste hémicycle de rochers, hauts de 200 à 300 m. La Cuisance y a deux sources, la principale sortant d'une grotte et formant une cascade de 15 m. de haut.

56 kil. *Grozon*. Plus loin, à dr., l'embranch. de Dôle (p. 227).

61 kil. **Poligny** (294 m.; *buvette*; hôt.: *Central*, Grande-Rue, 47; *de France*, place Nationale, 1; *poste et tél.*, rue du Collège), ville de 4090 hab. et chef-lieu d'arr. du Jura, à env. 1 kil. à g. de la gare, dominée par des hauteurs rocheuses dont l'une porte des restes de remparts d'un anc. château fort.

Dans un petit jardin public, à dr., avant d'entrer en ville, se trouve le *monument de Wladimir Gagneur*, homme politique (1807-1889), avec buste, par J. Syamour (1890). Plus loin, dans la ville même, on a à dr. la Grande-Rue et à g. la rue du Collège, qui sont parallèles et vont aboutir à la place Nationale. Dans la première, à dr., la petite *promenade du Crochet*, avec le buste de l'historien *Chevalier*, par M. Claudet (1872). Puis, à g., l'*hôtel de ville*, qui renferme la bibliothèque et un petit musée visible sur demande (conserv., M. Bonvalot); il contient surtout des collections d'histoire naturelle, en particulier les restes du fameux «Dimodosaurus Poliniensis» trouvés à St-Lothain (p. 258). Plus loin encore, à dr., dans la rue Voltaire, se voit une vaste cour entourée d'arcades, anc. cloître d'un couvent d'Ursulines. La place Nationale est décorée d'une fontaine avec *statue du général Travot* (1767-1836), originaire de Poligny, reproduction de l'œuvre médiocre de Maindron qui est à la Roche-sur-Yon. Plus loin du côté dr., dans un faubourg, est l'*église de Moutier-Vieillard*, qui a un très beau retable en pierre sculptée du xvi⁰ s. — Dans la rue du Collège, en revenant de la place, la *sous-préfecture*, un anc. couvent de dominicains, dont l'église sert de halle au blé; puis l'*église St-Hippolyte*, du style goth. primitif, avec un porche et des chap. des xiii⁰-xv⁰ s. Il y a un petit retable dans la première de g. et de belles boiseries anc. et modernes dans le chœur. Dans le bas de la rue du Collège, à dr., la vieille *tour de la Sergenterie*. On remarquera dans plusieurs rues de Poligny des fontaines, des portes et d'autres parties de constructions intéressantes, datant de la domination espagnole. — Embranch. de Dôle, v. p. 227.

A 2 kil. au S.-E., par la route de Champagnole, le vallon de Vaux, où se trouve le séminaire, et derrière, à dr. de la route, la *Culée de Vaux*, cirque de rochers d'où sort la Glantine, qui y forme une cascade.

67 kil. *St-Lothain*, à dr., bourg qui a une anc. église abbatiale intéressante. — 72 kil. *Passenans*. Puis un tunnel. On franchit la Seille. — 77 kil. *Domblans-Voiteur*.

A 7 kil. au S.-E., vers le haut de la vallée de la *Seille*, qui forme en deçà un défilé et où il y a de nombreuses cascades, se trouve Baume-les-Messieurs, village sur le territoire duquel était la vieille *abbaye* de ce nom, déjà célèbre au ix⁰ s. et d'où sortirent une partie des religieux qui fondèrent celle de Cluny (p. 326). Il en reste surtout l'église, des styles roman et goth., avec un triptyque du xvi⁰ s., des tombeaux et des statues des xiv⁰ et xv⁰ s. — 2 kil. plus loin, au fond de la vallée, les *roches de Baume*, les curieuses *sources de la Seille*, et les *grottes de Baume*, à stalactites et éclairées à l'électricité (1 fr.). Un sentier à pic, les *Echelles de Crançot*, rejoint la route de Lons-le-Saunier (9 kil.; voit. publ., v. p. 259).

83 kil. *Moniain-Lavigny*; à dr., sur une hauteur, le *château du Pin*, des xiii⁰ et xv⁰ s. Plus loin du même côté, Lons-le-Saunier.

90 kil. **Lons-le-Saunier.** — *Buffet.* — Hôtels: *de Genève & de Paris*, rue du Jura, 17, près de la Chevalerie; *de l'Europe*, place de la Liberté (p. 7 fr.); *du Jura*, av. café, en face de la gare. — *Poste et tél.*, rue Tamisier, 2, entre la place de la Liberté et l'hôtel de ville. — *Société Générale*, avenue Gambetta.

Lons-le-Saunier est une ville industrielle, bien située, mais peu intéressante, de 12953 hab., sur la *Vallière*, le *Ledo Salinarius* des Romains, auj. chef-lieu du départ. du *Jura*.

L'avenue Gambetta descend de la gare vers le centre de la ville. Elle passe à g. devant le *lycée de jeunes filles*, belle construction neuve et plus loin, du même côté, près de la *préfecture*, un ancien couvent de bénédictins. En face, la caisse d'épargne. L'*église St-Désiré*, qui est contiguë à la préfecture, à g., n'a de curieux qu'une crypte romane sous le chœur, des peintures polychromes, des vitraux et de beaux autels modernes. L'avenue et la rue St-Désiré, plus bas que l'église, traversent la rivière, au delà de laquelle est la place de la Liberté.

La *place de la Liberté* est décorée de ce côté d'une fontaine avec la *statue du général Lecourbe*, de Lons-le-Saunier (1759-1815), bronze par Etex (1855). A l'autre extrémité de la place, le *théâtre*, bâti sur les plans de Soufflot et actuellement en reconstruction; il devait d'abord être une église. Derrière, la place de la Petite-Chevalerie, voisine du séminaire. Plus loin encore, près du palais de justice, la belle *promenade de la Chevalerie*, où il y a une *statue de Rouget de l'Isle* (1760-1836), né au n° 12 de la rue du Commerce (v. ci-dessous), bronze par Bartholdi (1882). — *Etablissement balnéaire salin*, v. ci-dessous.

Dans la rue des Cordeliers, qui commence derrière le théâtre, se trouve, au n° 11, l'*église des Cordeliers*, surtout du XVIIIe s.

La rue du Commerce, qui part de la Grande-Place entre le théâtre et la statue de Lecourbe, au coin de l'ancien *beffroi*, est bordée de larges galeries à arcades. Elle conduit vers l'*hôtel de ville*, l'anc. palais des «princes de Chalon», situé à g. Il est peu curieux, mais il renferme un *musée*, visible seulement les jeudi et dim. de 2 h. à 4 h. Il y a des étiquettes. Conservateur, M. Girardot.

REZ-DE-CHAUSSÉE, *sculptures*, en majeure partie des plâtres d'œuvres modernes. — 1re salle: surtout des œuvres de *Perraud*, sculpteur originaire du Jura (v. ci-dessous), qui resta fidèle aux traditions classiques. 2e salle: surtout des œuvres de *Max Claudet*, de Salins. — 3e salle: suite des œuvres de *Perraud*; d'autres plâtres; deux marbres et une terre cuite.

PREMIER ÉTAGE. 1re salle: petites antiquités égyptiennes, celtiques, gauloises, romaines, mérovingiennes, préhistoriques; collection d'histoire naturelle, petite collection ethnographique, armures, médailles; jolie statuette en marbre de la Dubarry. — 2e salle, tableaux (catalogue manuscrit): 142, *Carrache*, Adam et Eve; 5, 6, *P. Brueghel*, Fête de village flamand, Massacre des Innocents; 82, *inconnu* (flamand?), Martyre de St Pierre; 121, *P. della Vecchia*, Rosemonde forcée de boire dans le crâne de son père; 86, *inconnu*, Judith tenant la tête d'Holopherne; 3, *L. Giordano*, l'Enlèvement d'Europe; 79, *van Miereveit*, portr. de femme; 187, *Ch. Lefèvre*, la Femme de Putiphar (1885). — Encore quelques objets d'art, des médailles, des curiosités et des estampes.

Derrière l'hôtel de ville est la place Perraud, avec le *buste de Perraud* (1819-1876), le sculpteur, bronze par Claudet (1877). Sur la même place, l'*Hôtel-Dieu*, du XVIIIe s., précédé d'une belle grille en fer.

Lons-le-Saunier a eu des salines, remplacées aujourd'hui par un *établissement balnéaire salin*, nouvellement reconstruit, en face de la promenade de la Chevalerie (v. ci-dessus), avec un casino, dans un parc de 7 hectares. Ses eaux, bromo-chlorurées sodiques fortes, contiennent plus de 319 gr. de sels par litre, dont 305 de chlorure de sodium (v. p. 237 et 242). On y traite particulièrement le rachitisme, le lymphatisme, la scrofule et l'anémie.

A 2 kil. à l'O., par la rue qui part de la place de la Liberté, à l'opposé du théâtre, le village de *Montmorot* (salines), dominé par le *Montciel* («Mons Cœlius»; 385 m.), d'où l'on a une vue magnifique.

De Lons-le-Saunier à *Chalon-sur-Saône*, v. p. 251; à *Champagnole*, *St-Laurent et Morez*, p. 270; à *St-Claude*, p. 271. — Voitures et renseignements aux *Messageries du Jura*, rue Lafayette, 23, près de la Grande-Place.

VOITURE PUBLIQUE pour les *grottes de Baume* (v. p. 258). Départ de la gare les mardi, jeudi, samedi et dimanche à 8 h. 1/4 du matin. Retour par la vallée de la Seille et Voiteur le soir à 7 h. Prix 3 fr.

COURRIER à 5 h. 1/2 du m. pour *St-Julien* (35 kil.; 4 h. 1/2; 3 fr. 50), par une belle route qui prend au S. — 4 kil. *Macornay* (270 m.). Montée raide pour atteindre un plateau d'où l'on a une belle vue. — 7 kil. *Géruge* (428 m.). — 10 kil. *St-Laurent-la-Roche*, village pittoresque, au N. duquel sont les ruines d'un château fort, détruit dans les guerres des XVIe et XVIIe s. — 16 kil. *Augisey*. — 19 kil. *Cressia*, dominé par un château du moyen âge encore habité. On descend ensuite dans la vallée du *Suran*. — 28 kil. *Gigny*, qui eut un prieuré important au xve s., dont il reste l'église. — 35 kil. **St-Julien**-*sur-Suran* (hôt. du Midi ou Dauvergne), petit bourg, qui a eu un château fort, remplacé par un château moderne, sur une hauteur escarpée. Commerce de mulets. — La route va jusqu'à la stat. de Simandre (20 kil.; p. 277). D'autres mènent au N.-O. à St-Amour (18 kil.; v. ci-dessous) et à l'E. à Arinthod (15 kil.; p. 278).

La ligne contourne plus loin le Montciel et laisse à dr. l'embranchement en construction de St-Jean-de-Losne (p. 223), puis celui de Chalon. — 96 kil. *Gevingey*, avec un château du xviie s. — 100 kil. *Ste-Agnès*. — 105 kil. *Beaufort*, avec les ruines d'un château du xiie s. — 111 kil. *Cousance*.

115 kil. *Cuiseaux*, toute petite ville à 1/4 d'h. à g., dominée par des rochers pittoresques. Ce fut une place forte assez importante, à l'extrémité S.-E. de la Bourgogne, et elle a été souvent brûlée et saccagée dans les guerres des xve-xvii{e} s. Son église a de curieuses stalles du xve s. Plus loin, à dr., la ligne de Dijon à St-Amour.

124 kil. **St-Amour** (*hôt. du Commerce*), ville ancienne de 2109 hab. à 5 min. à g. Elle doit son nom à St Amator, martyr de la légion thébaine. C'est la patrie du célèbre docteur en Sorbonne Guillaume de St-Amour (m. 1272). Cette ville a été aussi plusieurs fois prise et saccagée aux xve-xvii{e} s.

Ligne de *Dijon*, v. p. 223-222.

130 kil. *Coligny* (1669 hab.), vieille ville de la Bresse, à 1/4 d'h. à g., patrie du célèbre amiral tué à la St-Barthélemy, le 24 août 1572. On y a découvert en 1898 un précieux calendrier gaulois. — 137 kil. *Moulin-des-Ponts*. — 142 kil. *St-Etienne-du-Bois*. On traverse ensuite la *Reyssouze* et rejoint à dr. les lignes de Mâcon et de Chalon-sur-Saône.

154 kil. **Bourg** (p. 278). Suite du trajet par *Ambérieu*, v. p. 277. De là à *Lyon*, p. 337.

B. Par Bourg et la Dombes.

213 kil. Cette ligne aboutissant à Lyon à la gare de la Croix-Rousse (p. 261), il n'y a que les trains directs qui aillent immédiatement à celle de Perrache. Trajet direct en 4 h. 56 et 5 h. 46. Prix : 23 fr. 95, 16 fr. 20, 10 fr. 60.

Jusqu'à *Bourg* (154 kil.), v. ci-dessus. La ligne de la Dombes laisse à g. celles d'Ambérieu et de Nantua-Bellegarde, pour prendre au S.-O. par le plateau marécageux de l'anc. principauté de *Dombes*, qui eut pour capitale Trévoux (p. 255).

La **Dombes** est un pays d'étangs et de marais, qui comptait encore env. 2000 étangs au milieu du xixe s., couvrant une superficie de plus de 19 000 hectares. Elle a pour sol une couche de terre assez mince recouvrant un conglomérat de cailloux roulés, provenant des Alpes, sur lequel les eaux restent stagnantes. Cependant la plupart de ses étangs sont artificiels et datent du moyen âge. La population ayant beaucoup diminué, par suite des guerres féodales, et avec elle la culture du sol, les ruisseaux se sont obstrués. Les paysans prirent dès lors l'habitude d'inonder leurs terres pour un temps, au moyen de digues, et de les vider ensuite pour en vendre le poisson et les remettre en culture. On a beaucoup travaillé de nos jours au desséchement et à l'assainissement des étangs marécageux, spécialement sur le parcours du chemin de fer, où il

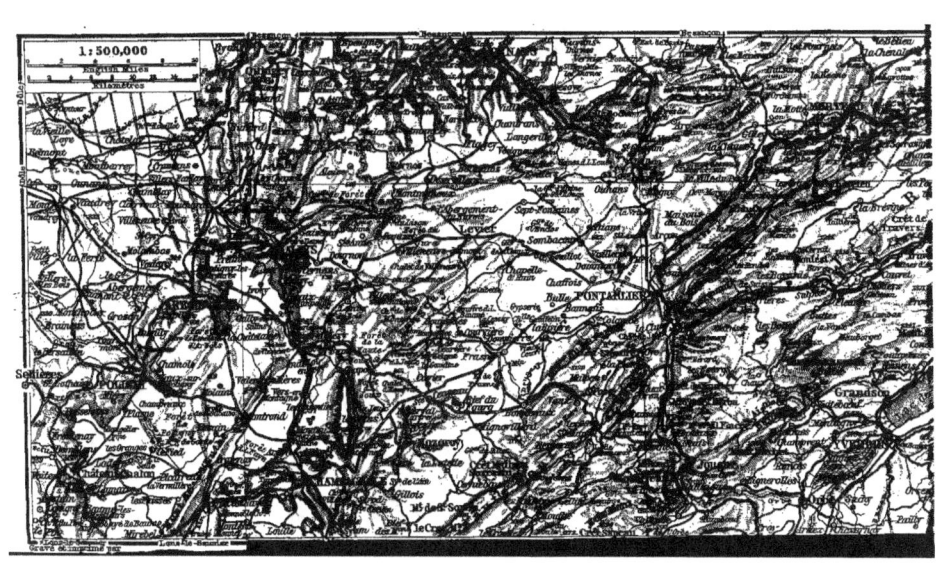

en reste fort peu, et, comme la Sologne (p. 298), la Dombes n'est plus le pays inculte et malsain d'autrefois.

163 kil. *Servas-Lent.* — 168 kil. *St-Paul-de-Varax.* — 184 kil. *Marlieux-Châtillon.*

EMBRANCH. de 12 kil. desservant à l'O. *Châtillon-sur-Chalaronne* (hôt. de l'Europe), jolie ville de 2818 habitants. St Vincent de Paul (1576-1660), qui en fut curé, y fonda l'ordre des sœurs de Charité. Pèlerinage. Statue en bronze du saint, par Cabuchet (copie à Bourg, p. 275). Ligne de Bourg à Trévoux, v. p. 276.

181 kil. *Villars-Chalamont* (buffet). — 192 kil. *St-André-de-Corcy.* — 196 kil. *Mionnay.* — 199 kil. *Les Echets.* Au loin, à dr., les monts du Lyonnais (Mont-d'Or) et du Beaujolais.

206 kil. *Sathonay*, gros village où il y a un camp de manœuvres, de l'autre côté, à g. de l'embranch. de Trévoux (p. 337).

On dépasse enfin des stations de banlieue desservies seulement par des trains spéciaux allant jusqu'à Trévoux (p. 255), et on arrive à Lyon par le quartier haut dit de la Croix-Rousse.

213 kil. *Lyon* (p. 334), *gare de la Croix-Rousse*, d'où l'on descend par la Ficelle (10 c.) à la *gare de Sathonay*, près de la place des Terreaux (p. 336). La descente des bagages se fait sans que les voyageurs aient à s'en occuper.

54. Excursions dans le Jura.

Voir les cartes ci-contre et p. 271.

Le Jura proprement dit s'étend, partie en France et partie en Suisse, depuis le confluent du Rhône et de l'Ain, au S.-O., jusqu'à celui du Rhin et de l'Aar, au N.-E., sur une longueur de 400 kil. et une largeur de 70 à 80 kil. La partie française, dont il a déjà été question R. 50 et 51 et à laquelle sont aussi consacrées les pages suivantes et les R. 55 et 62, n'a qu'env. 260 kil. de longueur.

Cet ensemble de montagnes diffère dans sa structure de la plupart des autres. Au lieu d'une arête ou d'un massif central avec ramifications, il présente neuf rangées parallèles de montagnes, sans chaînons transversaux, résultat du plissement du terrain et qu'on a comparées aux vagues de la mer. A cette particularité s'en ajoutent d'autres dues à la nature calcaire du Jura, qui lui donnent une grande variété d'aspect et qui y forment des paysages imprévus et charmants. La plupart des crêtes y sont coupées par de profondes «cluses» ou fissures très pittoresques, creusées par les torrents et où il y a de belles sources. Le terrain y est caverneux et les eaux y disparaissent souvent pour jaillir plus loin en forts ruisseaux dans des «creux» grandioses. De nombreux lacs, aux eaux vertes, s'y allongent dans les plissements des vallées, y sont encaissés entre les parois abruptes des cluses ou y remplissent des cavernes effondrées. Enfin les pentes des montagnes sont couvertes de sombres forêts, qui contrastent agréablement avec les fractures vives du calcaire. Les vallées du Jura français sont très belles et souvent même grandioses, comme celles du Doubs et de l'Ain, avec leurs lacs, leurs grandes cluses, leurs beaux défilés et leurs magnifiques «sauts» ou cascades.

Ces montagnes, trop peu connues jusqu'à présent, méritent donc d'être visitées. De nouveaux chemins de fer et tramways, divers services de voitures publiques («Messageries du Jura») y facilitent maintenant les excursions. Le Jura offre aussi, à la portée de tous, ce qu'on va souvent chercher bien loin et avec peine dans les Alpes, des vues incomparables de ces montagnes, pour lesquelles les sommets près de la frontière sont les meilleurs belvédères (v. p. 264, 265, 269, 277, etc.). — Pour *renseignements* sur les services de *voitures*, s'adresser aux *Messageries du Jura*, à Lons-le-Saunier (v. p. 259).

I. D'Andelot (Dôle, Besançon) à Genève par le Jura.

A. Par St-Laurent, Morez et la Faucille.

105 kil. — A *Morez*: 50 kil., chem. de fer en 2 h. 5 à 2 h. 11, pour 5 fr. 60, 3 fr. 80 et 2 fr. 45. — De Morez à *Gex*, par *la Faucille*: 39 kil. 1/2, voit. publ. 1 fois par jour, à 10 h. du matin (de Gex à 11 h. du matin), trajet en 6 h., pour 6 fr. Second service de la Faucille à *Gex*, à 6 h. 1/4 du soir (de Gex à 8 h. 20 du matin), trajet en 1 h., pour 1 fr. 50. — De Gex à *Ferney*: 9 kil., tramw. à vap. 6 fois le jour en été, en 40 min. — De Ferney à *Genève*: 6 kil. 1/2, tramw. électr., en 35 minutes. — Route fort intéressante.

Andelot, v. p. 248. L'embranch. de St-Laurent tourne au S. — 6 kil. *Vers-en-Montagne*, à g., sur l'*Angillon*, dont on remonte quelque temps la vallée sinueuse. Ruines d'un château du xve s.

14 kil. **Champagnole** (545 m.; hôt.: *du Commerce*, rue des Jardins; *Dumont*, *Tissot-Cottez*, tous les deux dans la grand'rue), à dr., ville industrielle de 3830 hab., dans un site pittoresque, sur l'*Ain*. Elle est d'origine fort ancienne, mais elle a été souvent incendiée et complètement rebâtie. Elle s'étend de chaque côté d'une grande rue, à l'extrémité de laquelle se voit une belle chute d'eau. *Eglise* du xviiie s., avec un grand retable au maître-autel. Petit *musée* à l'hôtel de ville. Champagnole a des usines, des scieries et des distilleries.

De Champagnole à *Lons-le-Saunier*, v. p. 271-270.

De Champagnole a Nozeroy: 15 kil. de route et voit. publ. matin et soir; trajet en 2 h. 1/4, pour 2 fr. Cette route, fort intéressante, passe au N.-E. par la vallée de la *Londaine*. — 3 kil. *Equevillon*. Ensuite la *cluse d'Entreportes*, un défilé d'env. 600 m. de long, entre des murailles de rocher de 100 à 150 m. de haut. — 11 kil. *Charbonny*. — A g., *Mièges* (v. p. 243). — 15 kil. **Nozeroy** (790 m.; *hôt. de France & de Bellevue*, ch. dep. 1 fr. 50, dî. 3, bon), toute petite ville, dans un site pittoresque, sur une hauteur et avec des restes de fortifications. C'est un endroit convenable pour un séjour d'été. Correspond. de Boujailles (v. p. 248). — La *source de l'Ain* est à 1 h. au S.-E.

La ligne de St-Laurent remonte ensuite quelque temps la vallée de l'Ain (vue à dr.) et traverse la rivière sur un viaduc de 47 m. de haut. — 19 kil. *Syam*, village sur la rive dr., à 1 kil. en aval duquel sont les forges du même nom. Ensuite la belle vallée de la *Laime*, affluent de l'Ain, où la voie passe à une grande hauteur. Vue à g. — 23 kil. *Le Vaudioux*. Puis 2 viaducs, alternant avec 2 tunnels, et un pont sur la Laime. — 27 kil. *La Chaux-des-Crotenay* (aub.), village à env. 1/2 h. au N.-E.

De la Chaux-des-Crotenay à Ilay (*Doucier*): 7 kil. 1/2, voiture publ. les dim. en été. La route passe dans un vallon latéral, à dr., au N. des 2 lacs de Maclu (3 kil.), puis au S. du lac de *Narlay*, au *Frasnois* (4 kil. 1/2) et à l'O. du lac de la Motte ou *d'Ilay*, le plus grand, d'env. 2 kil. de long sur 400 à 500 m. de large. Ces lacs sont jolis, en grande partie entourés de hauteurs boisées et très poissonneux. A l'extrémité S. du lac de la Motte se trouve le village *d'Ilay* (7 kil. 1/2; aub.), à l'E. duquel s'élève le *pic du Grand-Bec* (1005 m.; très belle vue). — Il y a 10 kil. 1/2 d'Ilay à *St-Laurent* (p. 263), au S.-E., et 12 jusqu'à *Doucier*, au N.-O., par la combe du Hérisson (v. p. 270). — A 4 kil. d'Ilay, au S.-O., se trouve *Bonlieu* (p. 271).

De la Chaux-des-Crotenay à Mouthe (*Pontarlier*): 23 kil., voit. publ. au 1er train du mat., trajet en 3 h. 3/4, pour 4 fr.; de Mouthe vers 2 h. 3/4 du s. — La route passe par le village et se dirige vers l'E. — 7 kil. *Les Planches-en-Montagne* (aub.), village près duquel on visite la *Langouette*, défilé excessivement étroit, une sorte de «rue d'Enfer», où la Saine forme une très belle cascade de 15 m. de haut. — 10 kil. *Foncine-le-Bas*, sur la route de St-Laurent à Mouthe et Pontarlier (p. 268).

Puis un autre pont sur la Laime et plus loin encore 2 hauts viaducs alternant avec 2 tunnels. — 33 kil. *La Chaumusse-Fort-du-Plasne*. Montée rapide. On contourne enfin St-Laurent.

37 kil. **St-Laurent**-*du-Jura* (907 m.; *hôt. du Commerce*), à g., bourg où aboutissent des routes de Lons-le-Saunier (p. 270), de Pontarlier (p. 268) et de St-Claude (p. 265). — Le chemin de fer monte par un tunnel à la halte de *la Savine* (947 m.), d'où l'on redescend vers la vallée de la Bienne. En face se voit déjà la Dôle (p. 265). — Tunnel de 2080 m. — 44 kil. *Morbier* (859 m.; hôtel). Après un haut viaduc courbe, on voit Morez à dr., en bas. Ensuite un tunnel, un second grand viaduc et un autre plus petit. La voie fait un grand circuit au N.-E. en passant dans un tunnel en spirale de 1044 m. de long (26 m. de rampe). Encore un tunnel et 2 viaducs.

50 kil. **Morez** (704-630 m.; hôt.: *de la Poste*, près de la place du Marché, bon; *Central*, en face de l'église), ville de 5449 hab. et point terminus du chemin de fer, dans un site pittoresque, sur la *Bienne*, au fond d'une gorge très étroite. C'est un centre industriel important, pour la lunetterie, l'horlogerie et la clouterie.

De Morez à *St-Claude*, v. p. 265 et 268; à *Bois-d'Amont*, p. 268.

La route de Gex monte longtemps au S.-E. (1 h. ³/₄ au pas; le chemin qui suit le télégraphe est beaucoup plus court), par le vallon d'un affluent de la Bienne, et fait de grands circuits, entre des hauteurs boisées. Avant les Rousses, à dr., le *fort* de ce nom.

59 kil. **Les Rousses** (1135 m.; hôt.: *de la Couronne, de France*), bourg industriel très étendu (maisons éparses) de 2195 hab. et point stratégique important près de la frontière suisse, dominé au S. par le fort ci-dessus. — *Lac des Rousses, vallée de l'Orbe*, v. p. 269.

62 kil. *La Cure* (hôt. Ponthus), dernière localité française dans la direction de Nyon, un hameau, avec la douane. Route de Nyon, v. p. 265. En face, la *Dôle* (p. 265), sur le territoire suisse.

La route tourne ensuite à dr. et longe d'abord la frontière, qui plus loin s'écarte beaucoup, au point d'aller passer à env. 2 kil. du lac de Genève. Une sorte de plateau, puis une nouvelle montée. — 66 kil. *Les Dappes* (1262 m.). En prenant au delà à g., on arriverait aisément, par des pentes gazonnées, en 1 h. ¹/₄ env., au sommet de la *Dôle* (p. 265), et on aurait la surprise de son magnifique panorama des Alpes. — Belle descente après les Dappes. Coup d'œil à dr. sur la vallée de la Valserine (p. 264). Puis on remonte encore une fois.

71 kil. *La Vasserode*, un relai. On a maintenant la Dôle en arrière, et l'on passe à dr. à une grande hauteur au-dessus de la *combe de Mijoux*, où coule la Valserine (v. ci-dessous).

77 kil. ¹/₂. **Col de la Faucille** (1323 m.; hôt.: **de la Faucille, de la Couronne*), le plus élevé du Jura, dans la principale et la dernière

rangée de ce massif de montagnes à l'E. On y a en face une *vue magnifique du lac de Genève, des Alpes et surtout du Mont-Blanc, à 80 kil. à vol d'oiseau. C'est de plus un point de départ pour des excursions aux environs, en particulier à la Dôle (p. 265), dans les montagnes au S. et dans la vallée de la Valserine (v. ci-dessous), du côté de Gex et de Divonne (v. ci-dessous), à St-Claude (p. 266), etc.

Du col de la Faucille a Bellegarde: 44 kil. de route fort intéressante. On descend d'abord très rapidement dans la belle *vallée de la Valserine*, entre deux chaînes de montagnes, dont celle de g. est la principale du Jura pour l'élévation et offre naturellement des vues superbes, dans le genre de celle de la Dôle, sinon supérieures (au Colomby). Les deux premiers sommets sont ceux du *Montrond* (1600 m.; 1 h. 1/2) et du *Colomby de Gex* (1691 m.; 2 h.), pour lesquels il est bon d'avoir un guide. — 8 kil. *Mijoux* (983 m.; hôt. de la Valserine). Route de St-Claude, v. p. 267. — 14 kil. *Lélex* (922 m.; hôt.: du Mont-Jura, Malleg). A g. se dresse le *Crêt de la Neige* (1728 m.), le plus haut sommet du Jura, dont l'ascension se fait aussi du col de la Faucille, avec un guide (5 h. 1/4), ou d'ici par le *col de Crozet* (1 h. 3/4), d'où il y a encore 2 h. de montée. Derrière se trouve le *Reculet* (1720 m.), qui se gravit surtout de Thoiry (p. 389), mais où l'on peut aller facilement de l'autre sommet par la crête, en 1 h. 1/4. En face, sur la rive dr., le *Crêt Chalam* (1548 m.), etc. — Plus loin sur la route, après le *Niaiset* (8 kil.), le *défilé de Sous-Balme*, de près de 6 kil. de long. — 26 kil. *Chezery* (625 m.; hôt. du Commerce), village avec une anc. abbaye, où est l'hôtel. Ensuite plusieurs hameaux et une forêt. — 36 kil. *Confort* (550 m.; aub.), d'où l'on fait en 2 h. 1/2, à l'E., l'ascension du *Crédo* ou *Grand-Crédo* (Crêt d'Eau? 1608 m.), sommet extrême de la chaîne principale du Jura, dominant la vallée du Rhône et dont la *vue est magnifique. Confort n'est qu'à 1 h. de la stat. de *Châtillon-de-Michaille* (p. 278); par la route, il y a encore 8 kil. jusqu'à *Bellegarde* (p. 388).

La route de Gex descend du col en formant de nombreux lacets. Très beaux coups d'œil. A peu près à mi-chemin, une fontaine historique dite *fontaine Napoléon*. Env. 1 h. de trajet en voiture. Il y a pour les piétons un chemin qui abrège beaucoup.

89 kil. 1/2. **Gex** (647-576 m.; *hôt. du Commerce*, bon; 8 fr. par jour), ville de 2822 hab., chef-lieu d'arr. de l'Ain, dans un beau site sur une pente très escarpée, au pied du Jura, et sur la rive g. du Journan. Capitale du petit pays du même nom, elle eut d'abord des seigneurs particuliers, fut prise en 1353 par la Savoie, qui la garda, non sans la perdre plusieurs fois, jusqu'en 1591, fut alors rattachée au comté de Genève et fut annexée à la France en 1601. — Très belles vues de la place Gambetta, devant l'hôtel de ville; de la promenade un peu plus haut, à g. de l'église, et d'une autre place plus loin, devant les écoles. Gex est relié à Ferney et à Genève par des tramways, v. p. 262.

A 1/2 h. au N.-O. est le *Creux-de-l'Envers*, profond ravin traversé par le Journan, où l'on fera une promenade intéressante.

Ligne de *Bellegarde* à Gex et *Divonne*, v. p. 389.

La route continue de descendre au S.-E. et est maintenant moins intéressante. — 91 kil. 1/2. *Cessy*. — 93 kil. 1/2. *Segny*. — 96 kil. 1/2. *Ornex*.

98 kil. 1/2. **Ferney-Voltaire** (439 m.; *hôt. de France*), bourg de 1269 hab. dont Voltaire (1694-1778) peut être regardé comme le fondateur. Il en acheta le terrain en 1758, y attira des colons et y fonda

des fabriques. Sur la place de l'Hôtel-de-Ville, où est la station du tramway de Genève, sa *statue*, par E. Lambert (1890). Le petit *château* qu'il se bâtit à Ferney est à env. 10 min. au N.-O. de la place, à g. en allant vers Gex. On le visite en été, le mercr. de 2 h. à 5 (pourb.). Il a été plusieurs fois modifié, mais il conserve encore des souvenirs du «patriarche de Ferney». Au-dessus de l'anc. chapelle, la fameuse inscription: «Deo erexit Voltaire». Vue de la terrasse du jardin.

Plus loin, les villages suisses du *Grand-Saconnex* et du *Petit-Saconnex*. — 105 kil. *Genève* (p. 339).

B. Par St-Laurent, Morez et Nyon.

105 kil. Chemin de fer comme ci-dessus jusqu'à *Morez*; puis postes suisses jusqu'à *Nyon* (33 kil.; 4 h. 1/2; 8 fr. 40 et 6 fr. 70) et enfin chemin de fer pour *Genève* (22 kil.; 2 fr. 30, 1 fr. 60 et 1 fr. 15).

Jusqu'à *la Cure* (62 kil.), v. p. 263. C'est ici que la route allant rejoindre le chemin de fer à Nyon se détache à g. de la route directe de Genève par Gex (v. ci-dessus), après avoir laissé du même côté une autre route menant dans la vallée de l'Orbe (v. p. 269).

Ensuite le *col de St-Cergues* (env. 1160 m.), entre le Noirmont et la Dôle (v. ci-dessous), et l'on redescend. Belle vue sur les Alpes.

71 kil. **St-Cergues** (1043 m.; hôt.: *de l'Observatoire, de la Poste, Capt, Auberson*, bons), station d'été dans un site magnifique.

La *Dôle (1680 m.) se gravit d'ici en 2 h. (guide, utile, 5 fr.), par le *chalet de Vuarne* (1 h.; 1333 m.) et le *col de la Porte* (1563 m.). La vue du sommet est des plus pittoresques et très étendue. Le Mont-Blanc y offre un coup d'œil grandiose. On peut redescendre en 1 h. N. sur la route du col de la Faucille (p. 264), d'où il vaudrait mieux monter pour avoir la surprise du *panorama des Alpes, surtout l'après-midi, où elles sont le mieux éclairées.

La route continue de descendre en lacets, laisse à 6 kil. 1/2 de St-Cergues un chemin qui mène à Divonne (10 kil.; p. 339), passe encore à *Trélex* et atteint les bords du *lac de Genève*.

82 kil. *Nyon* (p. 246), à 23 kil. de *Genève* (p. 339).

II. D'Andelot (Dôle, Besançon) à St-Claude et à la Cluse (Nantua, Bourg), par St-Laurent.

111 kil. Chemin de fer jusqu'à *St-Laurent* (37 kil.; v. p. 262-263); de là voit. publ. le matin pour *St-Claude* (30 kil.), en 3 h., pour 4 fr., et enfin ch. de fer de St-Claude à *la Cluse* (44 kil.), en 1 h. 1/4 à 2 h., pour 4 fr. 95, 3 fr. 35 et 2 fr. 15. Très belle excursion.

Nota. On peut aussi aller à St-Claude par *Morez* et *Longchaumois* et par *Morez* et *la Rixouse*, dont les routes n'allongent le trajet que de 8 et 13 kil. et sont aussi desservies par des voit. publ., la seconde seulement en sens inverse (v. p. 268). Le trajet de Morez à la Rixouse par les gorges de la *Bienne* est très beau.

Jusqu'à *St-Laurent* (37 kil.), v. p. 262-263. La route de là à St-Claude prend d'abord à l'O., puis tourne au S.-O. et traverse plusieurs hameaux du *Grandvaux*, pays de pâturages peu accidenté. — 43 kil. *Les Guillons* (880 m.; aub.), à l'extrémité N. du *lac de l'Abbaye*, avec l'anc. église de l'*abbaye de Grandvaux*. On longe à l'E. ce lac, de 2 kil. de long, dont les eaux se perdent plus loin par un canal souterrain. — 49 kil. *Château-des-Prés* (912 m.; aub.), village près du *Mont-Ecuvet* (1027 m.), que surmontent une statue de la Vierge et un calvaire. On tourne à l'E., puis au S. et descend vers la belle *vallée de la Bienne*, qu'on domine au-dessus de la route de Morez (p. 269). — 55 kil. *La Rixouse* (730 m.; hôt. Monnet), village déjà près de 200 m. plus bas que le précédent, mais dominant encore d'autant le fond de la gorge boisée et rocheuse de la Bienne, par laquelle on continue. Au loin à g., une belle cascade. — 60 kil. *Valfin-lès-St-Claude* (600 m.; aub.). On descend enfin vers la rivière et la gare, etc. (v. ci-dessous).

67 kil. **St-Claude.** — Hôtels : *de France*, *du Commerce*, tous les deux place Denfert-Rochereau, bons. — *Poste et tél.*, au fond de la même place. — *Banque de France*, rue du Pré, 23. — *Bains du Nord*, rue du Pré, 45.

St-Claude (418-388 m.) est une ville de 10449 hab., chef-lieu d'arr. du Jura et siège d'un évêché, dans un site très pittoresque, entre des hauteurs escarpées et à la jonction des profondes gorges de la *Bienne* et du *Tacon* (v. ci-dessous). Appelée *Condatiscon* («confluent») par les Gaulois, elle eut au moyen âge une abbaye dans laquelle se retira, au XIIe s., St Claude, évêque de Besançon, dont elle prit le nom. Cette abbaye devint par la suite très puissante et les habitants de ses vastes domaines en restèrent serfs jusqu'en 1789. St-Claude est un centre industriel considérable et qui a pour spécialités la tabletterie, surtout la fabrication des tabatières et des pipes, des objets en corne et en écaille, la taille des pierres fines.

La gare est sur la rive dr. de la Bienne, non loin du *pont de pierre*, qui franchit la rivière à 30 m. de hauteur. Au delà de ce pont, à g., sur une promenade de la rive g., s'élève une *statue de Voltaire*, en bronze, par Syamour (1887), avec un buste de l'avocat *Christin*, témoignages de la reconnaissance des «anciens serfs du Jura» pour leurs défenseurs.

La rue principale, dite rue du Pré, qui part, à dr., de la place Denfert-Rochereau, passe devant la *sous-préfecture* et l'*hôtel de ville;* à la suite, la rue du Marché aboutit à la *cathédrale St-Pierre*, l'anc. église abbatiale, des XIVe-XIXe s., construction simple et massive, de style goth. mélangé çà et là de style classique, avec une seule tour à la façade. Il y a aux contreforts des échauguettes qui en faisaient une sorte de forteresse. A l'intérieur, d'aspect sévère et qui présente trois grandes nefs sans transept ni déambulatoire, on remarque surtout 74 magnifiques *stalles, faites par le Genevois Jean de Vitry, en 1449-1465. Chaque bas côté se termine par une chapelle et une tribune; dans le bas côté g., un beau retable de 1533; dans la tribune de dr., un autre du XVIIe s. et dans la chapelle au-dessous, quelques tableaux anciens, avec la grande et riche châsse moderne de St Claude.

Le Tacon est traversé près de la cathédrale par un *pont suspendu*, à 50 m. de hauteur. — Au delà, se trouve la gare des tramways de Lons-le-Saunier (p. 272).

ENVIRONS DE ST-CLAUDE. — Excursions intéressantes de cette ville dans les vallées de la Bienne, du Tacon et de leurs affluents. *Vallée de la Bienne*, v. ci-dessus et p. 269. — La *vallée du Tacon*, qui descend du S., est surtout curieuse par la profondeur et l'étroitesse de son ravin, sur la rive g. duquel passe une route, que dessert une voit. publ. allant dans la matinée aux *Bouchoux* (15 kil.). On pourrait de là gagner au S. la belle *vallée de la Semine* et en redescendre à *St-Germain-de-Joux* (env. 30 kil. de St-Claude), stat. de la ligne de Bourg-Nantua à Bellegarde (p. 278). — La *combe de Tressus*, au N. de la vallée du Tacon ou au N.-E. de St-Claude, derrière le *mont Bayard* (956 m.; belle vue), est parcourue par un ruisseau qui y forme une belle cascade, dite la *Queue-de-Cheval* (50 m.), à *Chaumont*, qui n'est qu'à 1 h. de St-Claude. — *Vallée du Flumen*, d'où l'on voit cette cascade, v. ci-dessous. — A *St-Laurent* (v. ci-dessus), départ entre 2 h. et 2 h. 1/2. A *Morez*, à 8 h. 1/4 du m. par la Rixouse (p. 269); à 1 h. du s. par Longchaumois (p. 269).

De St-Claude à *Lons-le-Saunier*, v. p. 272-271.

De St-Claude à la Faucille (*Gex, Genève*): 29 kil., voit. publ., en 1902 à 8 h. 1/4 du m. (dép. de la Faucille à 2 h. 35 du s.), en 6 h. 1/4, pour 4 fr. 50; second service, seulement jusqu'à Septmoncel, à 3 h. du s., en 2 h. 3/4. Correspondances de la Faucille à Gex, v. p. 262. La route remonte d'abord, sur la rive dr., la *vallée du Tacon* (v. ci-dessus) et laisse à g. la combe de Tressus, dont on voit la grande cascade (v. ci-dessus). Bientôt après elle continue, au S.-E., par la *vallée du Flumen, vallée rocheuse et très pittoresque, où elle passe dans un tunnel et monte en lacets, en offrant de belles vues. A g., la *montagne Sur-les-Grès* (1091 m.). — 8 kil. 1/2. *Les Moulins*, hameau après lequel on quitte la vallée et monte au N.-E. — 11 kil. *Septmoncel* (1044 m.; *hôt. Chevassus*), bourg prospère de 1414 hab., où l'industrie de la lapidairerie est très développée et qui fabrique un fromage bleu renommé. — Ensuite vient un plateau désolé, puis la route tourne successivement à l'E., au S. et au S.-E., par un petit ravin et des pâturages. — 20 kil. *Lajoux* (1182 m.; hôt. Benoît-Barnet), village industriel dans le genre du précédent. — Un peu plus loin commence une descente rapide en lacets, pour atteindre la *vallée de la Valserine*. — 26 kil. *Mijoux* (p. 264), d'où l'on remonte, par cette vallée, à *la Faucille* (p. 263).

Le CHEMIN DE FER de St-Claude à la Cluse descend d'abord un défilé très pittoresque de la vallée de la Bienne, qui tourne à l'O. Vue magnifique de la ville à g. et en arrière. La voie court à une certaine hauteur. Vue à g. jusqu'à Molinges, puis à dr. Tunnel. — 6 kil. *Lavans-lès-St-Claude*, stat. desservant *St-Lupicin*, à 4 kil. au N. (p. 272). On traverse la rivière près de la stat. suivante. — 12 kil. *Molinges*, à g., avec des carrières de marbre. En deçà, du même côté, la belle vallée du *Longviry*, dans laquelle aboutit, env. 1 h. plus haut, à g., le vallon non moins remarquable de la *Perrière*. — 15 kil. *Vaux-lès-St-Claude*. — 17 kil. *Jeurre-Vaux*, dans un joli site, à dr. au delà de la station. Voit. publ. pour Moirans (p. 272), à 7 h. 1/4 du mat., en 2 h. — Tunnel. — 23 kil. *Dortan*, bourg industriel de 1155 hab., à env. 20 min. à dr. On sort plus loin par 2 tunnels de la vallée de la Bienne et alors cesse la partie fort pittoresque du trajet. — 28 kil. *Arbent*.

31 kil. **Oyonnax** (*hôt. du Commerce*), à g., ville très industrielle de 6140 hab., fabriquant des articles dits de St-Claude. On peut aller d'ici en 2 h. 1/2, à l'O., à *Samognat* (9 kil.) et au *saut de Charmine* (15 m.). Le charmant *lac Génin* est à peu près à la même distance au S.-E. (v. p. 278). — 34 kil. *Bélignat*. — 38 kil. *Mar-*

tignat. — 41 kil. *Montréal*, à dr., dans un site pittoresque, au pied d'une hauteur où il y a eu un château fort, détruit au xviie s. On rejoint ensuite, à dr., la ligne de Bourg. — 44 kil. *La Cluse* (buvette). — On change de voit. pour *Nantua* (p. 277) ou *Bourg* (p. 273).

III. De Pontarlier à St-Claude.
A. Par Mouthe et St-Laurent.

86 kil. Jusqu'à *Mouthe*, 30 kil., tramway à vap. 4 fois le jour, en 2 h. env., pour 3 fr. et 2 fr. 10. — Route de voitures de là à *St-Laurent*: 25 kil., mais pas de voit. publ., si ce n'est celle de la Chaux-des-Crotenay (p. 262) jusqu'à *Foncine-le-Bas* (13 kil.), par laquelle on peut naturellement aller rejoindre le ch. de fer, mais sans correspond. dans la direction de St-Laurent (env. 3 h. 1/2 d'attente). De St-Laurent à *St-Claude*, voit. publ. comme il est dit p. 265.

Pontarlier, v. p. 243. La voie remonte au S. la vallée du *Doubs*, d'abord dans la direction du fort de Joux (p. 244), puis traverse la ligne de Neuchâtel, après *la Cluse* (3 kil.). — 8 kil. *Oye-et-Pallet*. Ensuite la voie tourne au S.-O. et franchit le Doubs.

A env. 10 kil. de Pontarlier, on atteint le **lac de St-Point** (849 m.), plus grand et l'un des plus pittoresques du Jura français, long de kil. 1/2 et large au plus de 500 à 1000 m. Il est très profond et très poissonneux, traversé par le Doubs et bordé de collines peu considérables, en partie boisées. — 10 kil. *Chaon.* — 13 kil. *Chaudron.*

15 kil. *Malbuisson* (aub.) — 19 kil. *Labergement-Ste-Marie*. A dr., le *lac de Remoray*, beaucoup plus petit, mais également joli et traversé par le Doubs. — 25 kil. *Gellin*.

30 kil. **Mouthe** (918 m.; *hôtels*), petit bourg sur le *Doubs*, dont la source est à 20 min. à l'E.

La route de Pontarlier-St-Claude monte également au S.-O. dans la vallée d'un affluent du Doubs, par *Petite-Chaux, Chaux-Neuve* et *Châtelblanc* (37 kil. de Pontarlier), village à 1 kil. duquel elle passe un petit col, à env. 1000 m., pour redescendre dans la vallée de la *Saine*, affluent de l'Ain. — 40 kil. *Foncine-le-Haut*, gros village à 1/2 h. au N. duquel on visite la curieuse *source de la Saine*.

43 kil. *Foncine-le-Bas* (aub.), village moins important. 1 kil. plus loin, la belle *cascade du Bouchon*, qui se précipite d'un mur de rocher d'env. 100 m. de haut. La route de St-Laurent offre ensuite moins d'intérêt. Elle en laisse à dr. une qui va à Champagnole (17 kil.), par les Planches-en-Montagne et Syam (v. p. 262).

56 kil. *St-Laurent* (p. 263). De là à *St-Claude* (30 kil.), v. p. 265-266.

B. Par le lac de Joux, les Rousses et Morez.

101 à 109 kil., selon qu'on profitera plus ou moins des raccourcis. — 50 kil. de ch. de fer jusqu'au *Brassus*, au S.-O. du lac de Joux, trajet en 3 h. 3/4 à 4 h. 1/4, pour 4 fr. 15, 3 fr. 30 et 2 fr. 60. — 17 kil. de route et postes suisses 1 fois par jour de là à *la Cure*, en 2 h. 25, pour 2 fr. 10. — 12 kil. et postes 1 fois toute l'année et 2 fois en été de la Cure à *Morez*, en 1 h. 5, pour 2 fr. 90 et 2 fr. 30. [De *Bois-d'Amont* à Morez, par les Rousses, voit. publ. 2 fois par j., en 2 h.] — 25 ou 30 kil. et voit. publ. 2 fois par j. de Morez à *St-Claude*, par Longchaumois, en 3 h. 1/2, pour 4 fr. De St-Claude

à Morez, voit. publ. le matin par la Rixouse (préférable), le soir par Longchaumois, en 3 h. 1/2 et 4 h. — Excursion très intéressante.

Jusqu'à *Vallorbe* (26 kil.), v. p. 245. L'embranch. du Pont se détache de la ligne de Lausanne au delà du viaduc de l'Orbe et remonte la vallée de cette rivière, à g. de la *Dent de Vaulion* (1486 m.). A dr. se voit le *Mont-d'Or* (1463 m.), puis le petit *lac Brenet*, voisin de celui de Joux.

37 kil. (de Pontarlier). **Le Pont** (1009 m.; hôt.: *Gr.-H. du Lac-de-Joux, de la Truite*), sur le versant S. du Vaulion et à l'extrémité N.-E. du **lac de Joux**, nappe d'eau de 9 kil. de long et env. 1100 m. de largeur moyenne, vers le bas de la *vallée supérieure de l'Orbe*, entre la longue muraille du *Risoux* (1423 m.), dont la majeure partie forme de ce côté la frontière de la France et de la Suisse, et une première terrasse du massif du *Mont-Tendre* (v. ci-dessous). Ce lac, qui est très poissonneux, a 50 m. de profondeur. Il communique par un canal avec le *lac Brenet* (2 kil. sur 500 m.), au N. duquel sont des «entonnoirs» par où les eaux s'écoulent pour former, après un cours souterrain de 1 h. et env. 225 m. plus bas, la prétendue source de l'Orbe (p. 245). Ce fait est commun dans le Jura.

Le lac est desservi par un petit bateau à vap. qui va jusqu'au *Rocheray* (v. ci-dessous; 40 min., 80 c.). Il s'arrête à *l'Abbaye*, petit village sur la rive E., d'où l'on fait en 2 h. 1/4 l'ascension du *Mont-Tendre (1688 m.), qui est fort intéressante. — La *Dent de Vaulion (1487 m.), qui présente à l'O. un rocher escarpé de 500 m. de haut et à l'E. une pente douce, se gravit du Pont en 1 h. 1/2. Très belle vue.

Du Pont, le chemin de fer passe entre le lac Brenet et le lac de Joux, puis aux *Charbonnières* (12 kil.) et longe ensuite le côté O. du second lac, par les stat. de *Séchey*, le *Lieu*, le *Rocheray* (v. ci-dessus) et *Solliat-Golisse*. — 21 kil. *Le Sentier* (1023 m.; hôt.: *Guignard, de l'Union*), village prospère dans un beau site.

Du Brassus à *Rolle* (p. 246) ou à *Bière*, par le *col de Marchairuz*, v. la *Suisse*, par Bædeker.

50 kil. **Le Brassus** (1037 m.; hôt.: *de la Lande, de France*), bourg industriel sur le versant dr. de la vallée, qui est en partie marécageuse et boisée. Point terminus du chemin de fer.

55 kil. *Le Carroz* (1042 m.), hameau où est la douane suisse et à 400 m. duquel on est au hameau français des *Landes-d'Amont*. — 57 kil. *Bois-d'Amont* (voit. publ. à Morez, v. p. 268). — 63 kil. *Le Gravier* (1086 m.). A l'O., le *lac des Rousses* (1075 m.), d'où sort l'Orbe et que domine le *fort du Risoux* (1386 m.). Un chemin à dr. aux *Berthets*, à 1 kil. 1/2 du Gravier, mène directement aux *Rousses* (3 kil.; p. 263).

67 kil. *La Cure* (p. 263), sur la route de la Faucille à *Morez* (12 kil.; p. 263).

La route de Morez à St-Claude par Longchaumois passe sur un plateau et offre peu d'intérêt. *Longchaumois* (13 kil.; hôt. Tournier) est un village industriel, qui fabrique des lunettes, des mesures linéaires et des soufflets et taille des pierres fines.

L'autre route (pas de service dans ce sens), par la Rixouse, descend la *vallée de la Bienne*, qui est très pittoresque et forme une gorge à g. de laquelle on passe à une très grande hauteur. — A 12 kil. de Morez, *Lézat*; 6 kil. plus loin, *la Rixouse* (730 m.; hôt. Monnet), où l'on rejoint la route de St-Laurent à *St-Claude* (p. 266).

IV. De Lons-le-Saunier à Morez (Genève).
A. Par Champagnole.

81 kil. Chemin de fer en 3 h. à 4 h. 40 pour 9 fr. 10, 6 fr. 15 et 3 fr. 95.

Lons-le-Saunier, v. p. 258. On suit d'abord la ligne de Poligny (R. 53), puis on tourne à dr., et la voie fait de grands circuits pour contourner le *creux de Revigny* (v. aussi p. 271). Belle vue à dr., dans la direction de Lons-le-Saunier. — 7 kil. *Conliège*, bourgade qui a une église intéressante des xive et xviie s. On passe ensuite à une grande hauteur au-dessus du «creux», en traversant 6 tunnels et une galerie, et l'on revoit Conliège à dr. dans le bas; puis on aperçoit Revigny et les viaducs de la ligne de St-Claude (p. 271) et l'on parcourt un plateau d'où la vue s'étend des deux côtés. — 15 kil. *Publy-Vévy*. La voie redescend. — 17 kil. *Verges*. Encore un petit tunnel. Vue à dr. et en arrière. On passe à l'extrémité S.-O. du *mont de l'Heute* ou *l'Euthe*, longue crête qu'on va longer vers le N.-E., par une belle partie de la vallée, dite la *combe d'Ain*. Sur les hauteurs sont encore des châteaux en ruine, qui ne se voient pas du chemin de fer; ils ont été, comme bien d'autres de la Franche-Comté, démantelés sous Louis XIV. — 22 kil. *Châtillon*, sur une colline à g., où est l'un de ces châteaux, du xiie s.

De Châtillon à Ilay *(lac de Châlin, lacs et cascades du Hérisson)*, très belle excursion. Jusqu'au *moulin Jacquand* (12 kil.), route et voit. publ. le dim. en été; voit. particulières à l'hôtel Lamy à Doucier (v. ci-dessous). — La route mène d'abord à *Doucier* (5 kil. à l'E.; omn. 2 fois par j.; hôt. Lamy), dans un site très pittoresque, à 1/2 h. au S. du lac de Châlin (500 m.), un des plus beaux et des plus grands du Jura français, d'env. 3 kil. de long et 1 kil. de largeur moyenne. A son extrémité E. et à 4 kil. 1/2 de Doucier, par la route, se trouve, sur une hauteur, le joli petit village de *Fontenu*. On y a, près de son église, une belle vue d'ensemble du lac et de l'hémicycle de roches qui l'entourent à l'E.

La route d'Ilay passe plus loin, au S.-E. de Doucier, à g. du *lac de Chambly* et du *lac du Val*, au moins de moitié plus petits que le lac de Châlin, mais aussi fort pittoresques, à env. 2 et 4 kil., dans la *combe du Hérisson*. — 12 kil. Le *moulin Jacquand* (rafraîch.), où commence le sentier des cascades: à 130 m. au-dessus du moulin, le *Grand Saut, cascade de 70 m. de hauteur et qui se développe en éventail. Encore 300 m. plus haut, le *Niagara Jurassien (55 m. de h.), cascade qui tombe d'un rocher surplombant où passe un sentier. En remontant toujours le torrent, qui forme successivement une trentaine de cascades, le sentier aboutit au *saut Girard* (20 m. de h.), après avoir traversé une prairie. Un peu plus loin, à 1 h. du moulin Jacquand, se trouve *Ilay*, sur la route de la Chaux-des-Crotenay (v. p. 262). — En partant de Lons-le-Saunier par le premier train on peut facilement rentrer le même jour par la Chaux-des-Crotenay et Champagnole.

On laisse ensuite à dr. le lac de Châlin. — 28 kil. *Mirebel*. Le village de ce nom, que dessert une corresp. de Pont-du-Navoy (p. 271; $^3/_4$ d'h.), est situé de l'autre côté de la crête de l'Heute (belle vue à la montée), où il y a aussi des ruines d'un château fort,

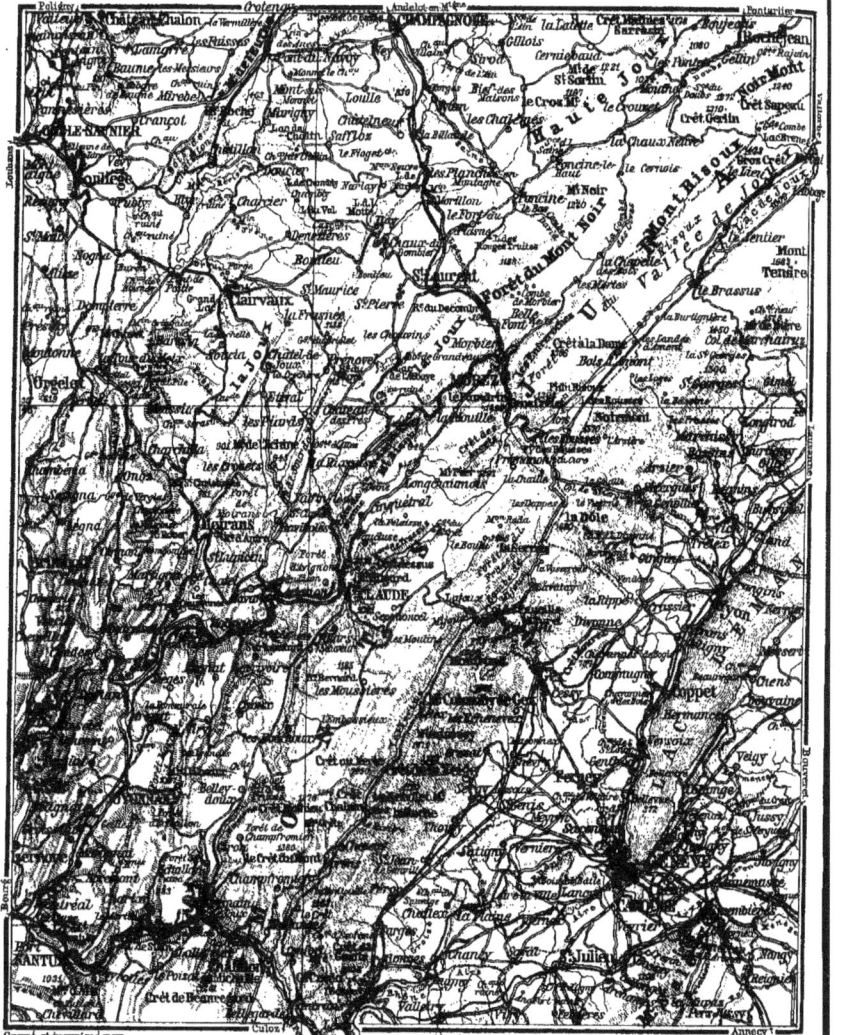

jadis un des principaux de la région. — 31 kil. *Pont-du-Navoy*. La voie tourne à l'E. avec la vallée. — 37 kil. *Crotenay*.

45 kil. **Champagnole** (p. 262). Suite du trajet jusqu'à *Morez* (36 kil.), v. p. 262-263.

B. Par Clairvaux et St-Laurent.

68 kil. Tramway à vapeur le matin de Lons-le-Saunier à *Clairvaux* (25 kil.; 2 h.; 2 fr. 60 et 1 fr. 85); puis voiture publique l'après-midi de là à *St-Laurent* (25 kil.; 3 h. 3/4); enfin chemin de fer de St-Laurent à Morez (18 kil.; 35 min.; 1 fr. 45, 1 fr. et 65 c.).

Jusqu'à *Clairvaux*, v. ci-dessous. La route de St-Laurent se dirige vers l'E. et traverse un plateau. — 27 kil. (de Lons-le-Saunier). *Cogna*. — 37 kil. *Bonlieu* (826 m.; hôtel). 25 min. plus loin, à 10 min. à dr. de la route, le beau petit *lac de Bonlieu*, au bord duquel il y a une anc. chartreuse. On redescend en longeant la décharge du lac. A 3 kil. du village, à g., un chemin menant au lac de la Motte (env. 2 kil.; p. 262). Puis la belle *cluse d'Ilay* et, à g., un chemin qui vient de Doucier (p. 270; cascades), en croisant le précédent. La route monte en lacets. — 43 kil. *La Chaux-de-Dombief* (870 m.; aub.), avec le château de l'Aigle, en ruine. Enfin encore un beau bout de route et le petit *lac de Ratey*, et on est dans le *Grandvaux* (p. 265). — 50 kil. *St-Laurent*, etc. (v. p. 263).

V. De Lons-le-Saunier à St-Claude,
par Clairvaux et Moirans.

68 kil. Tramway à vap. 3 fois par jour, partant de la gare P.-L.-M., en 4 h. 40 pour 7 fr. 05 et 4 fr. 80. Vue surtout à dr. Belle excursion.

Lons-le-Saunier, v. p. 258. — 1 kil. *Lons-le-Saunier-Bains* (p. 259). — On passe sous la ligne de Mouchard et Champagnole. — 5 kil. *Conliège* (p. 270). — 7 kil. *Revigny*, dans une très belle gorge, dite *creux de Revigny*, qui commence déjà avant Conliège et que l'on remonte en passant dans un tunnel et par plusieurs viaducs. A dr., dans le bas, Conliège. Ensuite un plateau. — 12 kil. *Revigny-St-Maur*. — 13 kil. *Bifurcation*; on laisse à dr. la ligne d'Orgelet et d'Arinthod (p. 272-273). — 14 kil. *Nogna* (aub.). Plus loin, on passe au S. d'une hauteur où sont les ruines du *château de Beauregard*, visibles de fort loin et on descend dans la vallée ou *combe d'Ain* (v. aussi p. 270).

20 kil. **Pont-de-Poitte** (434 m.; aub.). La rivière forme à moins de 1/4 d'h. en aval, aux forges de la Saisse, le *saut de la Saisse*, cascade superbe de 18 m. de haut et 132 m. de large.

Belle excursion au S. à *la Tour-du-Meix* (8 kil.; aub.), village dominé par les belles ruines d'un château et près de la combe d'Ain, où se trouve, env. 25 min. plus loin, le *pont de la Pile*, dans une «cluse» ou gorge très pittoresque. Le village est à 5 kil. à l'E. d'Orgelet (p. 272), et l'on peut gagner du pont, au S.-E., la station de Meussia (env. 6 kil.; p. 272).

On traverse l'Ain, puis un petit plateau.

25 kil. **Clairvaux** (540 m.; hôt.: *Waille*, *Ethevenard*), toute

petite ville dans un beau site, avec une belle promenade et au N. de deux jolis *lacs*, qu'on voit ensuite à g.

De Clairvaux à *St-Laurent* et à *Morez*, v. p. 271 et 268.

A 6 kil. au S.-E., *la Frasnée*, dans le «creux» de ce nom, avec une magnifique *cascade*, sortant d'une gorge pittoresque. — Une autre route traverse au S.-E. la *forêt de la Joux*, où est *Châtel-de-Joux*, et conduit à *Etival* (11 kil.), village à 10 min. à l'E. duquel sont deux petits lacs.

Après avoir longé les lacs de Clairvaux, le tramway continue vers le S., où il traverse un autre plateau. — 29 kil. *Soucia.* Belle vue à dr. A g., la forêt de la Joux (v. ci-dessus). Puis la vallée de la Frête, avec une cascade, le *saut Girard*. — 35 kil. *Meussia*, où aboutit un chemin venant de la Tour-du-Meix (p. 271). — Encore un plateau. — 39 kil. *Charchilla*. Puis, à dr., une route venant d'Orgelet (v. ci-dessous).

44 kil. **Moirans** (610 m.; hôt. *Dessoy*), toute petite ville déchue, avec de vieilles maisons pittoresques, dans un fond d'où l'on remonte au S. — Correspond. à 2 h. $^1/_2$ du soir pour Jeurre (p. 267), en 1 h.

La voie fait un grand détour au N.-E. — 47 kil. *Villard-d'Héria*, sur l'Héria. Aux environs, dans le haut de la vallée, se trouvent le joli *lac d'Antre* et quelques restes d'une ville antique dite la *ville d'Antre*. — Après un viaduc, on suit le vallon de l'Héria et on tourne au S.-E. *Vue magnifique à dr. sur la vallée profonde de la Bienne (p. 266), où l'on descend en grands lacets après un tunnel et la station de *Pratz* (53 kil.).

57 kil. **St-Lupicin** (620 m.; *hôtels*), vieux bourg industriel, situé au-dessus de la belle *vallée du Lison*. Il eut un prieuré dont il reste une belle *église* romane, du XIe s.

59 kil. *Lavans-lès-St-Claude* (p. 267). — 62 kil. *Lavans-P.-L.-M.* — On remonte enfin la vallée de la Bienne, d'abord sur la rive dr., ensuite sur la rive g. *Vue magnifique sur la ville de St-Claude.

68 kil. *St-Claude*, près du pont suspendu (v. p. 266).

DE LONS-LE-SAUNIER À ORGELET ET ARINTHOD: 41 kil. Tramway à vap. 3 fois par jour, en 3 h. env., pour 4 fr. 30 et 2 fr. 95.

Jusqu'à la *Bifurcation*, v. p. 271. La ligne d'Orgelet tourne au S. et passe aux haltes de *Poids-de-Fiole* et de *Marnézia*. — 19 kil. *Dompierre*.

24 kil. **Orgelet** (492 m.; hôt.: *de la Croix-Blanche, Pratt*), toute petite ville d'origine antique et jadis plus importante, au S. du *Mont-Orgier* (651 m.; Vierge), sur le versant duquel sont les ruines d'un château fort. Belle promenade, avec un énorme tilleul. Près de l'église se voit une anc. porte de la ville.

D'Orgelet à *la Tour-du-Meix* et au *pont de la Pile*, v. p. 271.

La ligne d'Arinthod descend la vallée de la Valouse. — 32 kil. *Chambéria*. — 35 kil. *Ugna-Suvigna*. — 37 kil. *Chatonnay*.

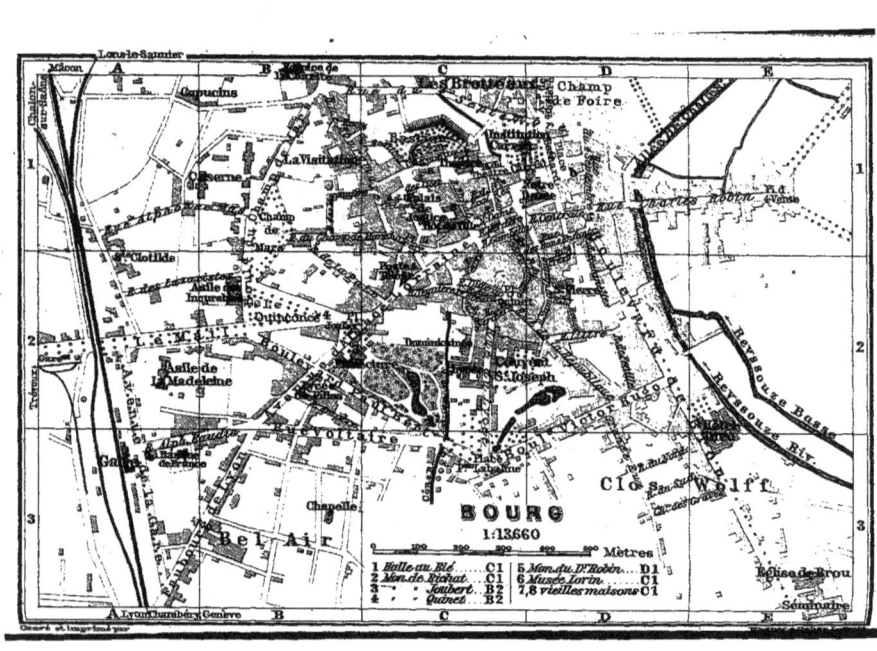

41 kil. **Arinthod** (430 m.; *hôt. Malfroy*), bourg d'origine antique, sur le bord d'un plateau près de la vallée de la Valouse. Une voiture publ. le relie à la stat. de *Oize-Bolozon* (4 h. 1/4; p. 277), par *Thoirette* (1 h. 1/2); départ à 1 h. 1/4 du soir; prix, 3 fr. 50.

55. De Mâcon (Paris) à Genève.
A. Par Bourg, Ambérieu et Culoz.

186 kil. Ligne desservie par les trains express, mais de 50 kil. plus longue que celle qui passe par Nantua et partant plus chère (v. p. 276). Trajet en 3 h. 40 à 6 h. 45. Prix: 20 fr. 95, 14 fr. 15, 9 fr. 15. — *De Paris*: 626 kil.; 10 h. 15 à 17 h. 35; 70 fr. 25, 47 fr. 40, 30 fr. 95.

Outre la ligne par *Dijon, Mâcon, Bourg* et *Nantua* (p. 276), dont la longueur est seulement de 576 kil., il y a encore une ligne plus courte de Paris à Genève, par *Dijon, St-Amour, Bourg* et *Nantua*, sa longueur n'étant que de 555 kil., mais elle n'a que quelques trains directs. Par *Dijon, Pontarlier* et *Lausanne*, la distance de Paris à Genève est de 589 kil.

PRINCIPALE CURIOSITÉ de cette ligne, *Bourg*, avec son *église de Brou (p. 273 et 275).

Mâcon, v. p. 253. On laisse à dr. la ligne de Lyon et passe la Saône. Vue sur Mâcon à g. — 8 kil. *Pont-de-Veyle*; à 6 kil. au N., *Bagé-le-Châtel*, où l'on a élevé un monument avec buste au général Puthod (1757-1820).

DE PONT-DE-VEYLE À ST-TRIVIER-DE-COURTES: 32 kil., en 2 h. 35 à 3 h. 25, pour 2 fr. 65 et 1 fr. 65. — Principale stat.: (20 kil.) *Pont-de-Vaux* (v. p. 253), petite ville riante de 2483 hab., la patrie du général Joubert (1769-1799; v. p. 274) et du peintre Chintreuil (1816-1873), auxquels on a érigé sur la place publique une statue et un buste. — 32 kil. *St-Trivier-de-Courtes* (p. 251).

DE PONT-DE-VEYLE À TRÉVOUX: 46 kil., en 2 h. 50 à 3 h. 15, pour 3 fr. 75 et 2 fr. 80. — 15 kil. (6ᵉ st.) *Thoissey*. 1858 hab. — 39 kil. (16ᵉ st.) *Jassans* (p. 276). — 46 kil. *Trévoux* (p. 255).

17 kil. *Vonnas*. — 22 kil. *Mézériat*. On distingue bien ensuite le Jura. — 28 kil. *Polliat*. Plus loin, à g., du côté de Bourg, la ligne de Lons-le-Saunier; à dr., celle de Chalon-sur-Saône.

38 kil. **Bourg** (*buffet*). — HÔTELS: *de l'Europe* (pl. a, C1), place de la Grenette (ch. t. c. 1.50 à 3 fr., rep. 1, 3 et 3.50, om. 60 c. ou 1 fr.); *de France* (pl. b, D1), place Bernard (dj. 3 fr.); *de la Paix* (pl. c, A3), à la gare (ch. t. c. 1 fr. 50 à 2.50, dé. 2.50, dî. 3); *Grand-Café*, près de l'hôtel de ville.

POSTE ET TÉLÉGRAPHE (pl. C2), avenue d'Alsace-Lorraine.

BANQUES: *B. de France* (pl. A3), rue Alphonse-Baudin; *Crédit Lyonnais*, avenue d'Alsace-Lorraine, au coin de la place de l'Hôtel-de-Ville.

BAINS, rue Voltaire, 3, au coin du boulevard Paul-Bert.

TRAM-OMNIBUS de la gare (pl. A3), par le centre de la ville, à la rue Ch.-Robin (pl. D1), à l'entrée du boul. de Brou (p. 275).

Bourg (241 m.; pron. Bourque) est une assez belle ville de 18521 hab., l'anc. capitale de la *Bresse* et auj. le chef-lieu du départ. de l'*Ain*, sur la *Reyssouze*. Elle n'est pas d'origine très ancienne, mais elle a eu une certaine importance à partir de la fin du XIIIᵉ s., où la province passa par alliance à la maison de Savoie, qui ne la perdit définitivement qu'en 1601. C'est la patrie de l'astronome Lalande (v. p. 274) et peut-être du grammairien Vaugelas.

Pour aller de la gare dans la ville, on prend en face la rue Alphonse-Baudin et tourne plus loin à g. dans l'avenue d'Alsace-Lorraine. Si au contraire on veut aller directement à l'église de Brou ($^1/_4$ d'h.; p. 275), on continue par la rue Voltaire et les boul. Paul-Bert et Victor-Hugo, et l'on tourne à dr. à celui de Brou.

Dans l'avenue d'Alsace-Lorraine, à dr., un *lycée de filles* (1887-1888), puis la *préfecture* (pl. B C 2), construction moderne qui a une belle façade et dont la cour est décorée d'une *statue du général Joubert* (v. p. 273; pl. 3), qui s'illustra dans les campagnes d'Italie et fut tué à la bataille de Novi, bronze par Aubé (1884). En face est la place Joubert, avec un petit obélisque, et à quelques pas de là la place du Quinconce, où se voit la *statue d'Edgar Quinet* (1803-1875; pl. 4, B 2), philosophe et écrivain, né à Bourg, bronze par Aimé Millet (1883). Plus loin, à g., à l'entrée de la rue Lalande, n° 22, la maison où est né l'astronome *Lalande* (1732-1807), désignée par un médaillon. Du même côté, le bel *hôtel des Postes et Télégraphes* (1897; pl. C 2), puis la place du Greffe, à g. de laquelle se voit, au n° 2 de la rue du Palais, une *vieille maison* en bois (pl. 7, C 1). L'avenue d'Alsace-Lorraine aboutit à la place de l'Hôtel-de-Ville, d'où la rue Notre-Dame conduit directement à l'église (p. 275).

L'*hôtel de ville* (pl. C 1), à g. ou au fond de cette place, renferme un petit *musée* (pl. 6), dit «musée Lorin», dont l'entrée est dans la rue Bichat, qui commence à dr. de là. Il est public le dim. de 2 h. à 4 h. et visible les autres jours. Catalogue de 1875, 25 c. Conserv., M. Loiseau.

Dans l'ESCALIER, quelques toiles peu importantes, parmi lesquelles: 73, *Boucher*, Léda; 188, *A. Coypel*, Hérode et Marianne; 55, *N. Coypel*, Vénus et Vulcain.

1er ÉTAGE. Salle I: ornithologie, minéralogie et conchyliologie; tableaux, à dr.: 133, d'après *Léon. de Vinci*, la Joconde (copie d'un artiste des Pays-Bas); 86, *Maratta*, Mariage mystique de Ste Catherine d'Alexandrie; 152, *éc. esp.*, Christ à la colonne; 82, *120, *le Guide*, la Madeleine, sujet religieux. — Salle II, de dr. à g.: 17, *Jacquand*, Vert-Vert; 48, *A. Duclaux*, Intérieur de ferme; s. n°, *Bidauld*, Gardienne de chèvres; 29, *Chardin*, les Bulles de savon; 156, *Ch. Landelle*, Ste Véronique; — s. n°, *Dallemagne*, Après l'orage; dessins de Puvis de Chavannes; 168, *J.-B. Vanloo*, Vierge; 90, *Fragonard*, Diane au bain; 11, *Mignard* (?), Ste Famille; 20, *E. Blondel*, les Savoyards; 142, *Viot*, vue du Bugey; 144, *F. Girard*, Sommeil de Vénus; — s. n°, *Bouché*, le Hameau. — Au milieu, *143, *Millet*, la Gardeuse de vaches; 122, *Chintreuil*, paysage. Antiquités gallo-romaines. — Salle III: 23, *N. Coypel*, Bacchus et Ariane; 93, 95, *F. Desportes*, natures mortes; 118, *Gust. Moreau*, les Athéniens livrés au Minotaure (1854); — 2, *H. Rigaud*, portr. d'homme; 96, *J. Leclercq* (1587-1633), Repos de Diane; 112, *N. Coypel*, Naissance de Bacchus; — 157, *J. André*, paysage; 94, *Cl. Gellée* (?), Port de mer; — 88, *S. Bourdon* (1608-1671), Un corps de garde. — Collection numismatique; coffre en bois sculpté. — Salle IV: 108, *Canaletto*, le Palais ducal à Venise; 47, *le Giorgione*, Judith; — 117 (plus loin), *J. Both*, vue d'Italie; 27, *Franck le J.*, Jésus au jardin des Oliviers; 75, *A. Durer* (?), Adoration des mages; 158, *éc. fr. du XIVe s.*, volets de triptyque relatifs à la vie de St François; — 80, *van den Eeckhout*, Homme avec bonnet fourrée; 87, *van Goyen*, paysage; 16, *Teniers*, un Buveur; 98, *van den Eeckhout*, Jésus devant Caïphe. Marbres et plâtres. — Salle V: petits tableaux des écoles française et hollandaise, surtout 110, *Brueghel de Velours*, paysage; 54, *Roos de Tivoli*, Animaux; 111, *van Balen*, Baigneuses; — *126, *Wohlgemuth* (plutôt école franç. du xvie s. ?), triptyque relatif à la vie de St Jérôme, provenant de l'église de Brou; 100, *C. Bega*, Tabagie; *115, *Wouwerman*, Départ pour la chasse; — 113, *van Kessel*, vue de Paris; *4, *J.-D. de Heem*, Fruits. — Collection numismatique; coffres. — Salle VI: 146, *A. Coypel*, Évanouissement d'Esther; beau meuble.

La rue Bichat aboutit un peu plus loin à la place de la Grenette, bornée au N. par la promenade du Bastion et où s'élève une *statue de Bichat* (1771-1802; pl. 2, C 1), le célèbre médecin et anatomiste, qui étudia à Bourg, bronze par David d'Angers (1843).

Du côté E. de la place se trouvent la *halle au blé* (pl. 1, C 1) et le *théâtre* et au delà, les places du Théâtre et Carriat. Sur cette dernière, l'*Institution Carriat* (pl. C D 1), une école professionnelle. Derrière s'étend le *champ de Foire*, dans la direction de la Reyssouze. De la place Carriat on gagne aisément l'église **Notre-Dame** (pl. D 1), du style goth., de 1505-1545, avec une façade des XVIe et XVIIe s. Elle possède un beau vitrail ancien dans la 3e chap. de g.; dans le chœur, des boiseries du XVIe s., dont 52 stalles; de beaux vitraux modernes, par Oudinot, à l'abside, qui a aussi une belle clef pendante; remarquer aussi la clôture de la chapelle à dr. de là; la chaire, du XVIIIe s. et l'orgue, dans une belle tribune en pierre.

Sur la place, à dr. de la façade, aboutit la rue Gambetta, où se voit, au n° 16, une *vieille maison* gothique (pl. 8, C 1), de 1496.

La rue Centrale, presque en face de la rue Gambetta, mène au boulev. de Brou, par lequel on va à l'église de ce nom. Au commencement de ce boulevard, à g., le *monument de Ch. Robin* (1821-1885; pl. 5, D 1), professeur de médecine, avec un buste en bronze par Aubé. Plus loin, à g. du boulevard, l'*Hôtel-Dieu* (pl. E 2-3).

L'*église de Brou* se visite: les jours ouvrables, de 7 h. en été et 8 h. en hiver (1er oct.-30 avr.) à 11 h. 1/2 et de 1 à 6 ou 5; les dim. et fêtes de 7 ou 8 h. à 10 h., 1 à 3 et 4 1/4 à 6 ou 5. 15 c. par pers. au sacristain, pour les parties réservées. — *Guide-Express*, 5e éd., 1899, 1 fr.

L'**ÉGLISE DE BROU** (pl. E 3), la principale curiosité de Bourg, a été bâtie de 1511 à 1536 par Marguerite d'Autriche, épouse de Philibert II ou le Beau, de Savoie, en exécution d'un vœu de Marguerite de Bourbon, sa belle-mère. Elle est du style gothique flamboyant et a eu pour architectes Jehan Perréal, dit J. de Paris, puis Loys van Boghem. La *façade* principale est une merveille de grâce et d'élégance. Elle comprend d'abord un beau *portail*, en anse de panier, aux voussures richement sculptées, dont le tympan représente un Ecce Homo, et le trumeau St Nicolas de Tolentin, patron de l'église; il est surmonté d'une statue de St André, refaite en 1890. Au-dessus des grandes fenêtres qui dominent le portail se dresse un beau pignon triangulaire percé d'une rosace et de trois fenêtres et couronné d'un fleuron feuillagé. Il y a un autre beau portail à g. de l'église. Enfin, à dr. du chœur, une belle tour carrée sans flèche.

La nef et le transept sont d'une élégante simplicité; il n'y a pas de triforium, mais au-dessous des fenêtres règne une jolie galerie avec balustrade richement sculptée. Dans la nef, une statue de St Vincent de Paul, par Cabuchet (1855; v. p. 261). Le chœur est précédé d'un *jubé* très riche et on y visite des chefs-d'œuvre de sculpture : 74 *stalles goth., dont 42 magnifiques stalles hautes, à baldaquins, représentant des personnages de l'Ancien et du Nouveau Testament, et surtout les superbes *mausolées du prince et des princesses mentionnés ci-dessus, en partie d'après Michel Colombe et Perréal, exécutés par Conr. et Thomas Meyt et d'autres sculpteurs moins connus. Au milieu se voit celui de Philibert (m. 1504), où il y a deux statues couchées du prince, dont l'une le représente vivant et l'autre mort; des génies, douze piliers tout couverts d'ornements et des statuettes de sibylles. A dr. est celui de Marguerite de Bourbon (m. 1483), dans une niche, encore d'une grande richesse, avec des génies, des pleureuses, St André et plusieurs saintes. A g., celui de Marguerite d'Autriche (m. 1530), le plus beau et le plus complet des trois. Il a aussi deux statues et il est de plus surmonté d'un riche baldaquin. On lit sur la corniche, comme du reste en d'autres parties de l'église, par ex. sur le grand bénitier à l'entrée, la devise suivante: «Fortune infortune (persécute) fort une», adoptée par cette princesse, qui fut fiancée à Charles VIII de France et se vit préférer Anne de Bretagne, fut veuve de Jean de Castille à 19 ans, perdit peu après le fils qu'elle avait eu de lui, fut encore veuve à 25 ans de Philibert et devint ensuite régente des Pays-Bas, où elle mourut d'une blessure que rappelle le pied g. de la statue du bas. — Dans la chap. de la Vierge, à côté, se voit encore un grand *retable* en albâtre, de la même époque, à hauts reliefs représentant des scènes de la vie de la Vierge. Les statues sur les côtés sont celles de St Philippe et St André. En deçà de la chapelle, l'oratoire de Marguerite avec cheminée; on remarquera que la paroi est ouverte en biais pour permettre à la princesse d'assister à l'office de sa place. Le chœur a un *autel* moderne en marbre, avec 15 statuettes en bronze doré. Enfin l'église a conservé des *vitraux* anciens fort remarquables.

Devant le portail, sur le sol, est tracé un *cadran solaire* oval; on y voit l'heure marquée par son ombre, en se plaçant sur la lettre du mois dans lequel on se trouve, plus ou moins près de celle du mois suivant selon la date du jour.

Le bâtiment voisin est l'anc. couvent dont dépendait l'église, maintenant un grand séminaire.

Lignes de *Besançon-Lons-le-Saunier-Lyon*, v. R. 53; de *Chalon-sur-Saône*, p. 251; de *Genève par Nantua*, v. ci-dessous.

De Bourg à Trévoux: 54 kil., ligne à voie étroite dont la gare se trouve à g. en sortant de la gare principale (pl. A 2), en 3 h. env., pour 4 fr. 45 et 2 fr. 75. — 25 kil. (7ᵉ st.) *Châtillon-sur-Chalaronne* (p. 261). — 43 kil. (12ᵉ st.) *Ars*, qui a une belle église neuve, par Bossan, sur le tombeau du curé Vianey (m. 1858), devenu un lieu de pèlerinage. — 47 kil. (14ᵉ st.) *Jassans*, où l'on rejoint la ligne de Pont-de-Veyle à Trévoux (p. 278).

La ligne principale, par Ambérieu-Culoz, continue dans la direction du S.-E. pour rejoindre celle de Lyon à Genève. A g., l'église de Brou et les montagnes du Jura. — 47 kil. *La Vavrette-Tossiat*. — 57 kil. *Pont-d'Ain*, petite ville de 1722 hab. Restes insignifiants d'un château des ducs de Savoie. Un tramway à vap. (75 et 45 c.) conduit d'ici à (6 kil.) *St-Jean-le-Vieux* (p. 337) et à *Jujurieux* (9 kil.; 2652 hab.). On traverse l'*Ain*. — 62 kil. *Ambronay*, stat. à 2 kil. à l'O. de la localité (1278 hab.), où se voient les ruines d'une abbaye de bénédictins et une église goth. intéressante.

69 kil. *Ambérieu*, sur la ligne de Lyon à Genève. 4023 hab. Suite, d'ici à *Genève* (116 kil.), v. p. 337-339.

B. Par Bourg et Nantua.

186 kil. Ligne plus courte que la précédente de 50 kil. et en partie très pittoresque, mais sans trains express de Bourg à Bellegarde. Trajet en 4 h. 50 à 8 h. 10. Prix (pas de billets directs): 15 fr. 30, 10 fr. 25, 6 fr. 65. — De *Paris*: 576 kil.; 11 h. 30 et 18 h. 5; 64 fr. 70, 48 fr. 60 et 28 fr. 45.

Principales curiosités de cette ligne: *Bourg*, avec son *église de Brou* (p. 273 et 275) et la *traversée du Jura* (v. ci-dessous). Vue surtout à dr. sur la gorge de l'Ain.

Jusqu'à *Bourg* (38 kil.), v. p. 273. On laisse à dr. la ligne d'Ambérieu-Culoz, pour se diriger à l'E. vers le Jura. A g., l'église de Brou (p. 275). Ensuite la voie monte par des rampes qui atteignent 28 mm. Vue très étendue à dr. — 48 kil. *Ceyzériat*. Puis un tunnel. — 51 kil. *Sénissiat* (396 m.). On redescend aussi rapidement et traverse le *Suran*, affluent de l'Ain. Vue surtout à dr. — 57 kil. *Villereversure*. — 60 kil. *Simandre-sur-Suran*. Plus loin, un tunnel de 1700 m. et immédiatement le hardi *viaduc de Cize*, long de 280 m. et haut de 53, sur la *gorge de l'Ain :* il est à deux étages, le premier pour une route. Vue admirable. — 64 kil. *Cize-Bolozon* (318 m.). Voit. publ. au 1er train du matin pour Arinthod (p. 273). La voie remonte par des rampes de 24 à 27 mm. et court à une grande hauteur au-dessus de la gorge de l'Ain, qui fait ici, à dr., une courbe très prononcée, une presqu'île où est Cize. Vue superbe à dr. Puis on s'éloigne de la rivière. 3 tunnels, de 200, 800 et 2700 m. (5 min.). — 71 kil. *Nurieux* (485 m.). On traverse ensuite l'*Oignin* et l'*Ange*.

74 kil. *La Cluse* (479 m.; buvette), au bord du lac de Nantua, et à la bifurcation de la ligne de St-Claude (p. 268). De là on longe à g., avant et après un tunnel de 280 m., le **lac de Nantua**, qui a près de 3 kil. de long sur 500 à 700 m. de large. C'est le troisième des lacs du Jura français pour les dimensions, après ceux de St-Point (p. 268) et de Châlin (p. 270), et il est aussi très pittoresque et très poissonneux. Ce lac a pour décharge l'Oignin.

78 kil. **Nantua** (479 m.; *hôt. de France*, à g. dans la grand'rue, bon; dé. 3 fr.), à g., ville de 2989 hab. et chef-lieu d'arr. de l'Ain, dans un beau site, à l'extrémité S.-E. du lac, entre des montagnes escarpées. Son nom paraît dérivé d'un radical celtique *nant* «vallée».

On en remarque l'*église*, du style de transition, qui dépendait d'un monastère fondé au VIIe s., lequel aurait, dit-on, conservé les cendres de Charles le Chauve avant leur transport à St-Denis. Elle a sur la croisée une belle tour octogone restaurée. La voûte de la grande nef se distingue par sa forme un peu bizarre, en anse de panier s'évasant vers le haut. Il y a un St Sébastien d'Eug. Delacroix, à g. dans la nef; un retable de la Renaissance, dans la 1re chap. à g.; d'assez riches boiseries, un beau maître-autel avec des anges par Cl. Javet (1781), des vitraux et des peintures murales modernes.

Devant cette église, la *statue de Baudin*, représentant du peuple originaire de Nantua, tué sur une barricade à Paris, au coup d'État de décembre 1851; elle est en bronze, par P. Lebègue (1887).

De Nantua à *St-Claude* et excursions de ce côté, v. p. 267.

Les **monts d'Ain**, dont les parois à pic se dressent de l'autre côté du lac, sont un des principaux buts d'excursion de Nantua. On arrive au point culminant en 2 h., par un grand chemin en lacets qui prend au delà de la voie en aval de la gare et tourne à g. Il est en majeure partie ombragé, mais caillouteux, et l'on n'y a que quelques rares échappées. Le sommet, dit *Signal des Monts-d'Ain* (1031 m.), offre au contraire un panorama immense et superbe.

Autre excursion intéressante au *lac de Silan* et au *lac Génin* (25 kil.; p. 267), d'où l'on pourra revenir par Oyonnax (p. 267).

Routes fort intéressantes de Nantua à *Oulor* (52 kil.; p. 338), par le *Valromey* («Vallis Romanorum»), en passant à *Hotonnes* (26 kil.; aub.), à *Champagne* (39 kil.; aub.), etc. — Autre route par *Hauteville* (31 kil.; p. 338), etc.

On monte encore ensuite, entre des hauteurs rocheuses et escarpées, mais boisées. Vue à g. Tunnel de 617 m., dans lequel la voie atteint son point culminant, 590 m. d'altitude, après s'être élevée de 350 m. depuis Bourg (46 kil.). On est au delà sur les bords du *lac de Silan* ou *Sylans*, qui a env. 2 kil. de long et 250 m. de large. Il y a d'importantes glacières. — 87 kil. *Charix-Lalleyriat* (587 m.), villages à 3 kil. au N. et au S.

A 500 m. au N. de la station, au *moulin de Charix* (aub.), la *cascade de Pisse-Vache*, de 25 m. de haut, surtout belle en avril et en mai et après les grandes pluies. 1 h. ½ plus loin, au delà de *Charix-le-Haut*, le charmant petit *lac Génin*, à env. 2 h. de la station et d'Oyonnax (v. p. 267).

Le pays conserve plus loin à peu près le même caractère pittoresque. On redescend rapidement. — 91 kil. *St-Germain-de-Joux* (496 m.). Le village occupe un joli site, sur un petit plateau à g. Puis, du même côté, la gorge très pittoresque de la *Semine;* un viaduc de 30 m. de haut sur la vallée du Tacon et 2 petits tunnels.

97 kil. **Châtillon-de-Michaille** (461 m. 5; *hôt. du Nord*), toute petite ville dans un site pittoresque, à dr., sur une hauteur (525 m.), qui domine le confluent de la Semine et de la *Valserine*.

On descend ensuite, sur la rive dr., la vallée de la Valserine, où il y a encore 2 tunnels, de 250 et 580 m. De l'autre côté à g., le Crêt du Mont et le Crédo (p. 264).

102 kil. *Bellegarde* (p. 338). Belle vue à l'arrivée sur la ville. La stat. de cette ligne (377 m.) est au-dessus de celle de la ligne de Lyon, où l'on arrive par une passerelle.

De Bellegarde à *Genève* (34 kil.), v. p. 339.

---

56. De Paris à Nevers (Lyon) par Montargis.

254 kil. Chemin de fer de Lyon (gare, pl. de Paris, p. 1, G 25-28). Trajet en 4 h. 24 à 8 h. 11. Prix: 28 fr. 55, 19 fr. 30, 12 fr. 60.

I. De Paris à Montargis par Fontainebleau et Moret.

118 kil. Trajet en 1 h. 54 à 3 h. Prix: 13 fr. 80, 8 fr. 90, 5 fr. 80.

Jusqu'à *Moret* (67 kil.), v. p. 191-199. On laisse ensuite à g. la ligne de Dijon, dont on aperçoit le viaduc, et l'on passe assez près de Moret. Puis on remonte la vallée du *Loing*, en longeant la forêt de Fontainebleau jusqu'à Bourron. — 75 kil. *Montigny-Marlotte*. Montigny a une faïencerie artistique. Marlotte (v. p. 199) est un séjour d'été très agréable; nombreuses villas.

79 kil. *Bourron* (hôt. de la Paix, p. 6 fr.). 1301 hab. Embranch. de 27 kil. sur Malesherbes (p. 280).

87 kil. **Nemours** (hôt.: *de l'Ecu-de-France*, rue de Paris, bon; *St-Pierre*, à la gare; *poste et tél.*, rue Bezout, 27, la 1re à dr. avant l'église; *Société Générale*, rue des Moulins, 20), ville de 4861 hab., à g., sur le Loing, et anc. chef-lieu de duché, dont le titre existe encore dans la famille d'Orléans. La rue de Paris, à dr. en venant de la gare, en est l'artère principale. Après avoir traversé le canal, puis un bras du Loing, elle laisse à dr. *l'hôpital*, dont le mur est orné d'une jolie œuvre de J. Sanson, de Nemours, «la Source» (1901). L'*église St-Jean-Baptiste*, plus loin, à dr., est un édifice des XIIIe, XVe et XVIe s., avec porche à la façade, sous le clocher, et trois nefs sans transept. On y remarque des vitraux modernes, de beaux pendentifs sculptés et un groupe en bronze, derrière le maître-autel, Jésus descendu de la croix, par J. Sanson (1869). Devant l'église se voit une *statue de Bezout*, le mathématicien (1730-1783), par le même (1885). La rue de Paris traverse plus loin le Loing lui-même sur un grand et haut pont, d'où le coup d'œil est fort pittoresque.

La rue qui commence devant la façade de l'église conduit plus loin à dr. à l'*ancien château*, dont l'entrée est à g. dans la rue par une porte du XVIIIe s. C'est une construction carrée fort simple, des XIIe et XVe s., à quatre tours rondes en poivrières aux angles, avec un autre bâtiment qui se termine par une tour carrée. Il est restauré depuis 1901. Son petit *musée*, au 1er, comprend des meubles, des gravures, des antiquités diverses, des monnaies, des maquettes d'œuvres de J. Sanson, des tapisseries italiennes des XVe-XVIe s.

A 7 kil. 5 à l'O. de Nemours se trouve le petit village de *Larchant*, qui a conservé des restes importants de la magnifique *église St-Mathurin*, du XIIe s., l'abside, le chœur, le transept et une belle tour, fort dégradée, du XIIIe s., qui, bien que privée de sa flèche, a encore 50 m. de haut.

La voie longe ensuite à g. le *canal du Loing*, qui, avec ceux de Briare et d'Orléans (p. 280 et 281), joint la Seine à la Loire. A g. aussi, des collines rocheuses. On traverse le Loing.

97 kil. *Souppes* (3362 hab.), dont le nom dérive de celui de Sulpicius, capitaine romain qui y construisit, sous César, un pont sur le Loing. Église remarquable du XIIe ou du XIIIe s., possédant un très beau retable du XVIe s.

De Souppes à Château-Landon: 6 kil., ligne à voie étroite faisant suite à celle de Montereau (p. 202), station à côté de celle de la grande ligne. — Elle traverse le Loing. — **Château-Landon** (*hôt. du Lion-d'Or*) est une ville ancienne de 2699 hab., renommée par ses carrières d'une pierre dure qui se polit comme le marbre. *Église Notre-Dame* des XIe-XVe s., avec un très beau clocher du XIIIe s. Restes de remparts, de deux églises, St-André et Ste-Ugalde, du XIIe s., et d'une abbaye, sur une colline dans le quartier dit de la Ville-Forte.

102 kil. *Dordives.* — 108 kil. *Ferrières-Fontenay*. Ferrières (1593 hab.), à 1500 m. au S.-E., a eu une abbaye importante, dont il reste surtout une chapelle et une église fort curieuse, des XIIe-XVe s., possédant entre le chœur et la nef une rotonde à déambulatoire. — 114 kil. *Cépoy.*

118 kil. **Montargis** (p. 281).

II. De Paris à Montargis par Corbeil.

125 kil. Trajet en 2 h. 5 à 3 h. 50. Mêmes prix que ci-dessus. — A *Nevers* par cette ligne, 4 h. 46 à 8 h. 10 et mêmes prix que par la précédente. Départ aussi de la gare de Lyon.

Jusqu'à *Corbeil* (33 kil.), v. p. 200. On laisse d'abord à dr. la ligne de Melun, au-dessus de laquelle on passera après la stat. suivante, et l'on remonte la vallée marécageuse de l'*Essonne*. — 36 kil. *Moulin-Galant*. — 41 kil. *Mennecy*. — 47 kil. *Ballancourt*. Dans le voisinage, la poudrerie du *Bouchet*. Grandes tourbières à dr. dans la vallée; à g., des coteaux rocheux. — 53 kil. *La Ferté-Alais*, qui a une église du xiie s. Puis un pays boisé. — 60 kil. *Boutigny*. — 65 kil. *Maisse*. — 68 kil. *Buno-Gironville*. — 71 kil. *Boigneville*.

77 kil. **Malesherbes** (*hôt. du Lion-d'Or*, rue Neuve), ville de 2328 hab., à ¼ d'h. à g., sur l'Essonne. *Église* goth. du xiiie s., où l'on voit un *buste de Malesherbes*, ministre et défenseur de Louis XVI, originaire de cette ville. *Statue du capitaine Lelièvre* (1800-1851), héros de Mazagran (Algérie; 1840), où il tint tête, 4 jours et 3 nuits, à 12 000 Arabes, avec 123 hommes, en en perdant seulement 3, quand les pertes des Arabes furent de 600 hommes et 100 chevaux, cette statue, en bronze, par Et. Leroux. — A env. ¼ d'h. au S., le *château de Malesherbes*, du xviie s., qui a appartenu aux familles d'Entragues et Lamoignon de Malesherbes. On peut le visiter. — A env. ¼ d'h. au N., le magnifique *château de Rouville*, du xve s., avec tours à créneaux et à mâchicoulis. Entrée libre dans le parc.

EMBRANCH. de 64 kil. sur Orléans (p. 292), par une contrée dénuée d'intérêt. — 19 kil. *Pithiviers* (hôt.: *de la Poste, Gringoire*), ville de 6225 hab. et chef-lieu d'arr. du Loiret. Elle a une *église* de la Renaissance, avec un beau clocher très élevé. Statues de l'agronome *Duhamel du Monceau* (1700-1782), sur une place non loin de l'entrée de la ville, et du mathématicien *Poisson* (1781-1840), sur une autre place près de l'église. Grand commerce de grains et de safran. Gâteaux d'amandes et pâtés d'alouettes renommés. — Tramw. à vap. de Pithiviers à *Toury* (p. 292).

Une ligne en construction, partie de la ligne directe de Paris à Bourges, doit relier Pithiviers à *Étampes* (p. 291). Un tronçon de cette même ligne relie déjà Pithiviers à *Beaune-la-Rolande* (21 kil.; v. ci-dessous), par *Boynes* (14 kil.; 1294 hab.).

EMBRANCH. de 27 kil. de Malesherbes sur *Bourron* (Moret; p. 278).

83 kil. *La Brosse*. A 1 kil. ½ à g., le *château d'Angerville*, du xvie s., anc. propriété de l'avocat Berryer. — 89 kil. *Puiseaux* (2046 hab.), dont l'église a des peintures modernes, par P. Balze, et un St-Sépulcre du xve s. — 96 kil. *Beaumont-en-Gâtinais*, avec un anc. château. 1367 hab.

102 kil. *Beaune-la-Rolande*, stat. à 4 kil. au N.-E. de la ville, desservie directement par l'embranch. ci-dessous.

De Beaune-la-Rolande à Bourges, dernier tronçon d'une ligne directe de Paris à Bourges par Étampes (p. 291) et Pithiviers (v. ci-dessus): 195 kil. en 3 h. 50 à 5 h. 15; 15 fr. 20, 10 fr. 80, 6 fr. 65. Pays uniforme et peu intéressant. — 5 kil. *Beaune-la-Rolande*, petite ville fort ancienne de 1860 hab., peut-être le *Vellaunodunum* de César, connue par un engagement indécis entre les Français et les Allemands, en nov. 1870; à 5 kil. au S.-E., *Juranville*, où l'on a élevé un monument aux mobiles du Cher. — 14 kil. (3e st.) *Bellegarde-Quiers*, aussi sur la ligne d'Orléans à Montargis (p. 297). Des bois et des étangs. — 21 kil. *Beauchamps*. On traverse le *canal d'Orléans*.

— 28 kil. *Lorris*, ville de 2181 hab., patrie de l'auteur du Roman de la Rose, Guillaume de Lorris (m. vers 1260). On traverse la *forêt d'Orléans*. — 41 kil. (7ᵉ st.) *Les Bordes*, où l'on croise la ligne d'Orléans à Gien (p. 298). Ensuite un pont sur la Loire.

48 kil. **Sully-sur-Loire** (*hôt. de la Poste*), ville de 2558 hab., sur la rive g. de la *Loire*, qu'on traverse en arrivant. Elle fut dès le moyen âge le siège d'une seigneurie, puis d'une baronnie, que Henri IV érigea en duché en faveur de son ministre Maxim. de Béthune, baron de Rosny, qui n'est plus connu que sous le nom célèbre de Sully (1560-1641). Le *château* qu'il s'y construisit, à partir de 1602, et où il se retira après l'assassinat du roi, est assez bien conservé. On ne le visite pas. Il y a dans la cour une statue de Sully, en marbre, du XVIIᵉ s.

On est plus loin en *Sologne* (p. 298). — 73 kil. (11ᵉ st.) *Argent* (*hôt. des Voyageurs*), localité de 2198 hab., avant laquelle on traverse le *canal de la Sauldre* (p. 298). Il y a un beau *château* de Sully. Embranch. de Gien, v. p. 284. Ligne de 42 kil. d'Argent à *Salbris* (p. 299); de là à Romorantin, v. p. 299. — 82 kil. *Aubigny-Ville* (2636 hab.). — 97 kil. (14ᵉ st.) *La Chapelle-d'Angillon*, qui a un château des XVᵉ-XVIIᵉ s. — 107 kil. (17ᵉ st.) *Henrichemont*, ville de 3441 hab., fondée en 1609 par Sully et habitée exclusivement par des tanneurs. Elle est bâtie sur un plan régulier, avec une grande place carrée au centre, ornée d'une fontaine. — 115 kil. *Menetou-Salon*, qui a un beau château. On rejoint enfin la ligne de Bourges à Saincaize-Nevers. — 135 kil. (22ᵉ st.) *Bourges* (p. 299).

108 kil. *Lorcy*. — 115 kil. *Mignères-Gondreville*. On traverse ensuite le *Loing* et rejoint la ligne précédente. — 125 kil. *Montargis*.

Montargis. — Hôtels: *de la Poste*, place Victor-Hugo, assez loin; *de France*, place de la République; *de la Gare*. — *Buffet* à la gare. — *Omnib.* de la gare à la ville, 30 c. — *Poste et télégraphe*, rue Gambetta, près de l'église.

Montargis est une jolie ville de 12 351 hab. et un chef-lieu d'arr. du Loiret, au confluent du Loing et du Vernisson et à la jonction des canaux du Loing (p. 279), de Briare (p. 284) et d'Orléans (p. 297). Patrie de l'architecte Androuet Ducerceau (1510-1585) et du peintre Girodet (1767-1824; v. ci-dessous).

Une belle avenue y mène en 10 min. de la gare. On traverse d'abord trois bras du Loing, puis on passe à la grande place du Pâtis, ornée d'un jardin public, où se trouvent à g. la sous-préfecture et à dr. le théâtre. On franchit ensuite le canal principal et arrive à la place Mirabeau, où s'élève une *statue de Mirabeau* (1749-1791), le grand orateur, originaire des environs, bronze par Gaudez (1889). L'*église de la Madeleine*, sur la place, est un monument assez remarquable du XIIᵉ s., reconstruit au XVIᵉ s., après le terrible incendie de 1525 qui détruisit une partie de la ville. Le chœur, bâti par Androuet Ducerceau vers 1540, mais restauré au XIXᵉ s., est à trois nefs d'égale hauteur et entouré de chapelles. Le clocher est moderne. On remarque à l'intérieur de l'église de très beaux vitraux modernes, par Lobin, particulièrement les grandes verrières du chœur; dans une chap. à g., urne renfermant le cœur de Girodet (v. ci-dessus).

En suivant la rue du Loing, qui longe l'église, on voit à g. quelques *vieilles maisons* en bois bâties sur un bras de la rivière; plus loin, c'est le *faubourg de la Sirène*, dominé par les restes peu remarquables du *château*, des XIIᵉ-XVᵉ s.: on les voit encore mieux de la place du Pâtis. — La rue du Loing mène, du côté opposé, à l'*hôtel de ville*, joli édifice moderne qui renferme, au 1er étage, un petit *musée*, public les jeud., dim. et jours de fête de 1 h. à 4 h., mais visible les autres jours. Conserv., M. Lemariée; catal. (1885), 60 c.

D'abord deux petits cabinets, renfermant des plâtres, moulages et dessins; beau meuble en ébène. — Grande salle à la suite, de dr. à g.: 121, *P. Bril*, paysage avec figures; 182, 183, *Panini*, Ruines; 2, *Blin*, paysage; 11, *Chaplin*, le Château de cartes; 4, *R. Bonheur*, Tête de mouton; 120, *Beerstraaten*, la Bourse des bateliers à Amsterdam; 65, *Rozier*, les Pêcheurs de crevettes; 119, *le Guerchin*, Jeune guerrier assis; s. n°, *Lenain* (?), Chanteur et musicien; 131, *Q. Matsys*, l'Usurier; s. n°, *Régnier*, le Château de Montargis en 1800; 88, *Ch. Gleyre*, la Dispersion des apôtres; 58, *Pelouze*, un Gué en Bretagne; 129, *van Goyen* (?), paysage; 70, *J. Vernet* (?), marine. — 2e grande salle à la suite, de dr. à g.; 184, *J. Romain*, la Toilette de Venus et de Mars; 48, *Lemariée*, les Vieilles tanneries de Montargis; 68, *Th. Ribot*, le Braconnier; s. n°, *E. Carrière*, l'Enfant malade; 40, *Lancrenon*, Borée enlevant la nymphe Orithye; 180, *Hondt*, Réquisition en Flandre; 30, *Girodet*, portr. du doct. Trioson; 15, *Debon*, portrait; 29, *Girodet*, la Mort de Camille; 188, *Lenoir* (?), portr. du doct. Trioson (past.); 122, *Denner*, Tête de vieille femme; 128, *van Goyen* (?), marine; 188, *Solimena* (?), Assomption; 142, *van der Werff*, portrait; 136, *Rubens* (?), Suzanne au bain; 61, *éc. de Poussin*, paysage avec figures; 143, *Zurbaran*, St Jérôme. — La salle suivante ouvre sur la *bibliothèque municipale*, qui comprend près de 10000 volumes.

Il y a dans le jardin devant l'hôtel de ville un *groupe en bronze* par Debrie, le «Chien de Montargis», rappelant le chien qui, dit-on, fit découvrir ici l'assassin de son maître et le vainquit dans un combat; dans le même jardin, à g., a été réédifié un pan de mur provenant du 2e étage du château de Lorris (xiie s.).

Derrière l'hôtel de ville, s'étend le square Durzy, qui donne sur le Loing. En remontant le boulevard Durzy et en traversant le canal on gagne aisément la place Victor-Hugo, d'où la rue Dorée, une des principales de la ville, ramène directement à la place Mirabeau. Entre la rue Dorée et le canal se trouve la grande place de la République, de forme triangulaire, derrière laquelle il y a quelques *vieilles maisons*, pittoresquement bâties sur les bras de la rivière.

Ligne d'*Orléans*, v. p. 297.

De Montargis à Sens (ligne d'Orléans à Châlons-sur-Marne), tronçon de 62 kil., remontant d'abord la vallée de l'*Ouanne* et traversant le *Gâtinais*, anc. pays de France renommé pour son miel; 1 h. 30 à 2 h. 5; 6 fr. 95, 4 fr. 70, 3 fr. 05. — 18 kil. (4e st.) *Château-Renard*, petite ville de 2846 hab. où se voient les restes d'un vieux château fort, une église des xie-xiiie s., un autre château, du xviie s., et une maison en bois de la Renaissance, sur la place. — 28 kil. **Triguères** (1542 hab.), où se trouvait une station romaine, comme l'attestent les ruines d'un théâtre et de bains. Il y a aussi un dolmen. Eglise possédant un retable du xvie s. Ligne de Clamecy, v. ci-dessous. — 36 kil. (7e st.) *Courtenay*, petite ville de 2782 hab. qui a donné son nom à deux familles historiques, d'où sont sortis trois comtes d'Edesse et trois empereurs de Constantinople. Son château actuel est du xviiie s. — 62 kil. (12e st.) *Sens-Lyon*, sur la ligne de Lyon par Dijon (v. p. 202).

De Montargis à Clamecy (Morvan): 104 kil.; 4 h. à 4 h. 25; 11 fr. 60, 7 fr. 80, 5 fr. 10. On suit la ligne de Sens jusqu'à *Triguères* (28 kil.; v. ci-dessus) et continue de remonter la vallée de l'Ouanne, en tournant au S. A g. est le beau château de *la Brûlerie*. — 29 kil. *Douchy*, dont l'église à de belles stalles. — 38 kil. *Charny* (1494 hab.). — 42 kil. *St-Martin-sur-Ouanne*. A env. 10 min. au S., le *château d'Hautefeuille*, du xvie s., qui domine la vallée. A 1/2 h. du même côté, à *Malicorne*, les ruines du *château Duplesseys*, détruit par les Anglais au xɪᴠᵉ s. — 45 kil. *St-Denis-sur-Ouanne.* — 48 kil. *Grandchamp*, qui a une église et un château du xᴠɪᵉ s. — 53 kil. *Villiers-St-Benoît*, où il y a des constructions du xᴠɪᵉ s., anc. dépendances d'une abbaye. — 58 kil. *Dracy.* — 62 kil. **Toucy-Ville** *(hôt. Pillet)*, ville de 3369 hab., qui a un château moderne et des restes d'un *château* fort du xɪɪᵉ s. Sur la place qui porte son nom, le monument du lexicographe *P. Larousse*, originaire de cette ville (1817-1875), une fontaine avec un buste en bronze d'après Perraud. Chem. de fer d'intérêt local de Toucy à Joigny (p. 207). — 66 kil. *Toucy-Moulins*, aussi sur la ligne de Gien à Auxerre (p. 284). — 72 kil. *Fontenoy, Fontenay* ou *Fontanet*, où Charles le Chauve et Louis le Germanique vainquirent leur frère Lothaire en 841. On laisse ici à dr. la ligne de Gien et monte encore quelque temps pour redescendre dans la vallée de l'Yonne. — 81 kil. *Laın-Thury.* — 91 kil. *Druyes*, bourg dominé par les ruines d'un *château*, en partie du xɪɪᵉ s., qu'on voit de la gare — 97 kil. *Andryes.* — 100 kil. *Surgy*, où l'on rejoint la ligne d'Auxerre à *Clamecy* (p. 308).

III. De Montargis à Nevers.

186 kil. Trajet en 2 h. 25 à 4 h. 40. Prix: 15 fr. 35, 10 fr. 40, 6 fr. 70.

On retraverse le Loing et croise le *canal de Briare* (p. 284). — 130 kil. (de Paris, par Moret). *Solterres.* — 136 kil. *Nogent-sur-Vernisson.* — 143 kil. *Les Choux-Boismorand.* Le ch. de fer monte pour passer du bassin de la Seine dans celui de la Loire.

155 kil. **Gien** *(buffet; hôt. de l'Ecu & de la Poste*, rue Victor-Hugo, ch. t. c. 2 fr., rep. 1, 2.50 et 3, om. 40 c.; *poste et tél.*, au coin de la rue Gambetta et de la place Riccé, au pied de la descente du château), ville de 7909 hab. et chef-lieu d'arr. du Loiret, à 2 kil. au S., sur la rive dr. de la Loire (omnibus). Elle est à g. au sortir de la gare. On traverse avant d'y arriver la ligne d'Argent et Bourges (p. 284), dont la station est plus près de la ville.

On entre en ville par la rue Thiers, qui se prolonge par la rue Victor-Hugo jusqu'à la Loire. En tournant à dr. à l'extrémité de la première, par la rue Anne-de-Beaujeu, on monte au *château*, bel édifice en briques et pierre de la fin du xᴠᵉ s., qui renferme aujourd'hui la sous-préfecture et le palais de justice. A côté est l'*église du Château*, du style classique, à cinq nefs, avec clocher gothique. Elle a de beaux vitraux par Lobin. On y remarque aussi un nouveau chemin de croix original, des groupes de statuettes devant un fond de peinture qui fait le tour de la nef. Devant l'église s'étend une petite esplanade d'où l'on a une fort belle vue sur la vallée de la Loire, fermée en aval par le long viaduc de la ligne de Bourges.

Plusieurs chemins avec escaliers descendent de cette esplanade dans le centre de la ville, soit à g. sur la rue Victor-Hugo, soit à dr. sur la rue Gambetta. Cette dernière possède un certain nombre de *vieilles maisons* curieuses, notamment les nᵒˢ 3-5, 29 (au coin de la rue du Pont), 31, 50 (Impasse du Billard; vieux puits au fond de la cour), 54-56. L'*église St-Louis*, près de la Loire, a des peintures murales à l'intérieur. Un beau pont de douze arches traverse le fleuve à l'extrémité de la Grande-Rue; à environ 400 m. en amont de ce pont, au milieu d'un petit square, s'élève une *statue colossale de Vercingétorix*, en fonte de fer, par Mouly. Gien a, en aval, une faïencerie très importante, qu'on ne peut visiter.

Embranch. d'*Orléans*, v. p. 298. — EMBRANCH. de 28 kil. sur *Argent* (p. 281; Bourges), traversant la Loire et ses abords en aval de Gien, par un viaduc de 1871 m. de long. Stat. principales: *Poilly* (1864 hab.) et *Coullons* (2932 hab.).

De Gien à Auxerre: 92 kil.; 3 h. 25 à 4 h.; 10 fr. 40, 6 fr. 95, 4 fr. 55. La stat. d'Auxerre-St-Amâtre (v. ci-dessous) est plus rapprochée d'Auxerre que la gare terminus. — 14 kil. *Ouzouer-sur-Trézée*, où l'on traverse le canal de Briare (v. ci-dessous). — 24 kil. (8ᵉ st.) *Bléneau* (2009 hab.), sur le Loing, où le prince de Condé fut battu par Turenne en 1652. — 37 kil. (5ᵉ st.) *St-Fargeau* (*hôt. de la Fontaine*), à dr., ville de 2578 hab., aussi sur le Loing. Elle a un vaste *château*, qui existait déjà au xvᵉ s., où il fut acquis par Jacques Cœur (p. 302), mais qui a été en grande partie reconstruit aux xvııᵉ et xvıııᵉ s., lorsqu'il appartenait à la famille d'Orléans, en particulier par Mlle de Montpensier, nièce de Louis XIII. L'*église* est aussi remarquable. — 49 kil. *St-Sauveur-en-Puisaye*, 10 min. à l'O., avec un château du xvııᵉ s., qui a un donjon du xıᵉ s. — 53 kil. *Saints*. — 56 kil. *Fontenoy*, où l'on rejoint la ligne de Clamecy-Triguères-Montargis (p. 283), qu'on suit jusqu'à la stat. suivante. — 62 kil. *Toucy-Moulins* (p. 283). — 70 kil. (11ᵉ st.) *Leugny*. — 75 kil. *Diges-Pourrain*, deux localités considérables, la première à 20 min. au S., avec des ruines et une belle église, la seconde à 1/4 d'h. au N., dans un beau site, sur une hauteur. — 89 kil. (15ᵉ st.) *Auxerre-St-Amâtre*, stat. près de la ville, du côté de la rue du Temple (p. 307). On traverse enfin l'*Yonne*. Belle vue sur la ville à g. — 92 kil. *Auxerre* (p. 305).

On aperçoit ensuite du chemin de fer, à dr., le château de Gien. Le pays devient plus joli. Plus loin, à dr., la *Loire*, qu'on revoit et longe souvent ensuite. Ce fleuve, le plus grand de France (1126 kil. de longueur), a un vaste lit peu profond, qui est en grande partie à sec durant l'été, comme on le remarquera particulièrement après Neuvy; mais ses crues ont causé de terribles inondations. Le déplacement des sables et les bancs qu'ils forment y rendent la navigation difficile et même impossible à certains endroits.

165 kil. Briare (*hôt. de la Poste*), ville de 5630 hab., aussi sur la Loire, d'où part le *canal de Briare*, commencé dès 1604 et qui met le fleuve en communication avec la Seine par le canal du Loing (p. 279). Sa longueur est de 59 kil. Il se prolonge au S., à l'aide d'un nouveau *pont-canal* sur le fleuve (660 m. de long), par le *canal latéral à la Loire*, qui se raccorde avec celui du Centre (p. 249) et qui a, avec ses ramifications, plus de 207 kil. de long. Briare a une belle *église* neuve à clocher tout en pierre. *Manufacture* très importante de boutons dits de porcelaine, une spécialité, créée par Bapterosses, dont on voit, sur la grand'place, le buste par Chapu (1897). Ces boutons sont faits en réalité sans kaolin, mais avec du feldspath, rendu plastique par l'emploi du lait. Il s'y fait aussi des perles et du jais artificiels. On ne visite pas la manufacture.

Le chemin de fer passe plus loin, à dr., près de la ville et de la jonction du canal avec la Loire. — 170 kil. *Châtillon-sur-Loire*, ville de 3158 hab., à env. 2 kil., sur la rive g. — 177 kil. *Bonny*. 2157 hab. — 183 kil. *Neuvy-sur-Loire*. 1429 hab. On y a élevé en 1902 un monument aux citoyens Chollet, Dugué, Paris et Thèmes, fusillés le 7 déc. 1852 à la suite du coup d'État. Jolie vue à dr.

à Nevers. COSNE. III. R. 56. 285

sur la vallée. On remarque maintenant dans les pâturages un bétail blanc fort estimé, propre au Nivernais. — 191 kil. *Myennes*.

196 kil. **Cosne** (148 m.; hôt.: *du Grand-Cerf*, rue St-Jacques, 43; *de l'Etoile*, rue St-Père, 52; *poste et tél.*, rue du 14 Juillet, 5), ville ancienne, mais peu intéressante, de 8582 hab., chef-lieu d'arr. de la Nièvre, sur la rive dr. de la Loire, qu'y traverse un double pont suspendu. La rue du 14 Juillet, qui part de la gare, aboutit à la place de la République, d'où la rue St-Père, à dr., puis la rue St-Jacques, la 1re à g., conduisent à *l'église* de ce nom, surtout du xve s., qui a une tour massive très basse et des vitraux modernes, par Lobin. Près de là, par la rue Duguet, en face de l'église (vieille maison à dr. au n° 2 de la rue des Chapelains), puis par la rue Louis-Paris, à g., on arrive au *monument d'Alphonse Baudin et des victimes du 2 décembre* (v. p. 277), une pyramide avec médaillon (1901). La rue A.-Baudin, qui contourne la prison, amène de là à l'*hôtel de ville*, sur une grande place. A dr., dans le quartier au delà d'un bras de rivière, l'*église St-Aignan*, de style roman, qui a une abside intéressante, flanquée de deux absidioles et une vieille porte sous le porche N., qui sert d'entrée principale. De la place de l'Hôtel-de-Ville on revient rapidement à l'église St-Jacques.

De Cosne à Bourges, par *Sancerre*; 68 kil.; 1 h. 50 à 2 h. 40; 7 fr. 60, 5 fr. 15, 3 fr. 85. On passe sous la ligne de Nevers, puis traverse la *Loire* et le canal latéral. — 6 kil. *Bannay*. — 12 kil. *St-Satur*, village de N.-E. de la colline de Sancerre, avec une belle église canoniale inachevée du xve s. On y peut descendre de la ville en 1/4 d'h., par un chemin de traverse. Le chemin de fer passe sur un haut viaduc, puis sur le flanc de la colline du côté E. — 14 kil. **Sancerre** (*hôt. du Point-du-Jour*), vieille ville mal bâtie, de 2998 hab. et chef-lieu d'arr. du Cher, dans un très beau site, sur une colline escarpée de 306 m. d'altit. et au milieu d'un pays accidenté, qui produit des vins rouges et blancs assez estimés. Par suite de sa position, Sancerre, qui avait embrassé la Réforme, fut un des boulevards du calvinisme et subit plusieurs sièges, dont le plus fameux fut celui de 1573, qui dura huit mois et fut accompagné d'une horrible famine. Sancerre a vu naître le maréchal Macdonald, duc de Tarente (1765-1840). La belle construction qu'on y voit de loin au bord de la colline est un *château* moderne du style de la Renaissance. On peut obtenir de le visiter, en sonnant à la petite porte près de la promenade qui domine la vallée de la Loire et d'où l'on a une belle vue. Dans son petit parc se trouve un reste des anciens remparts, la *tour des Fiefs*, du xive s. Non loin du château est l'*église*, du style roman et bien restaurée à l'intérieur. Correspond. pour Tracy-Sancerre, v. p. 286. — Ensuite encore deux viaducs, et la voie tourne au S.-O., par un pays moins intéressant. 7 stat., dont la principale est la 5e, *les Aix-d'Angillon*. On rejoint à la fin la ligne de Saincaize à *Bourges* (p. 304).

De Cosne à Clamecy; 68 kil.; 2 h. à 2 h. 40; 7 fr. 05, 4 fr. 75, 3 fr. 10. Cette ligne est établie en majeure partie dans la vallée du *Nohain*, qu'elle remonte à l'E. et au N.-E., et vers la limite du Morvan (p. 304) au N.-O. — 21 kil. (4e st.) **Donzy** (*hôt. du Grand-Monarque*, etc.), ville très ancienne («Domitiacus») de 2877 hab., qui fut au moyen âge la capitale d'une baronnie et donna son nom au pays, le Donziois. Dominée par le *donjon* de son anc. château, elle occupe un site pittoresque, près de la *forêt de Donzy*. L'*église* est des xiie et xive s. Dans le voisinage de la ville, les ruines des *prieurés de Notre-Dame-du-Pré* et *de l'Espau*. — La voie continue de longer à dr. des coteaux boisés. — 37 kil. (6e st.) *Entrains*, petite ville de 2167 hab., d'origine antique («Intaranum»), où l'on a trouvé des ruines d'un temple d'Auguste et des antiquités de toute sorte, même grecques et orientales. — On sort ensuite de la vallée et tourne à l'E. pour gagner celle de l'Yonne, où l'on rejoint la ligne de Nevers. — 63 kil. (10ᵉ st). *Clamecy* (p. 308).

Après Cosne, on passe au-dessus de la ligne de raccordement qui unit la ligne de Clamecy à celle de Bourges. Cette dernière se détache à dr. et franchit la Loire sur un beau pont. — 205 kil. *Tracy-Sancerre*, stat. d'où il y a toujours des omnibus (90 c.) pour Sancerre (p. 285), qu'on aperçoit de fort loin à dr., à env. 5 kil. par la route et 3 ¹/₂ par les raccourcis. La localité la plus rapprochée est *St-Thibault*, sur l'autre rive de la Loire, où l'on arrive par un pont suspendu et en traversant encore le canal latéral. Plus loin, à 2 kil. de la stat., est *St-Satur* (p. 285).

Ensuite, à g. de la ligne principale, un beau château moderne. 214 kil. *Pouilly-sur-Loire*, petite ville de 2599 hab., dans une jolie contrée qui a encore d'autres châteaux, et centre d'un vignoble qui produit un bon vin blanc. — 220 kil. *Mesves-Bulcy*. A g., les monts du Morvan (p. 304); à dr., le beau château moderne de *Mouron*, puis

227 kil. **La Charité** (199 m.; hôt.: *de la Poste & du Grand Monarque*, rue des Hôtelleries, 47; *du Dauphin; de la Gare*, passable), ville de 5147 hab., qui doit son nom à un anc. prieuré de l'ordre de Cluny. Elle a eu beaucoup à souffrir des guerres du moyen âge, comme la plupart des villes des bords de la Loire, et encore plus des guerres de religion. On tourne à g. en quittant la gare et plus loin à dr. dans la rue principale, qui descend vers la Loire et laisse à dr. l'église et les restes du château, à g. la rue des Hôtelleries. L'*église*, Ste-Croix, bien qu'en partie détruite par un incendie, est encore un grand et bel édifice des styles roman et de transition, à trois nefs et avec transept. On remarque particulièrement le chœur et le clocher, maintenant isolé par suite de l'incendie, l'un et l'autre de l'époque de transition. Bas-reliefs de l'époque dans le bras dr. du transept. Curieux chapiteaux aux piliers de l'abside. Les restes du *château* sont près du clocher. Son enceinte est envahie par des maisons, mais il y a encore des parties intéressantes.

241 kil. **Pougues-les-Eaux**. — Hôtels: *Splendid-Hôtel*, dans le parc (pens. dep. 12 fr.); *Gr.-H. du Parc*, à l'entrée; *Guimard*, *St-Léger*, de l'*Établissement-Thermal*, à quelque distance, dans la localité; *H. du Chalet & des Bains*, *H. de France*, encore plus loin; *H. de la Gare*. Villas et chalets meublés. — Établissement de Bains: buvette, 10 fr. pour 25 jours; bain ordin., 2 fr., douche, 2 fr., etc.; casino, 1 fr. pour une entrée le jour, 3 fr. le soir; 30 fr. pour 21 jours, réduction aux familles.

Pougues est une bourgade de 1600 hab., connue par ses eaux minérales froides, bicarbonatées-calciques, sodiques, magnésiennes et ferrugineuses. Ces eaux, assez fréquentées et qui l'ont même été dès les xvıᵉ et xvıIᵉ s. par plusieurs souverains de France, s'utilisent surtout dans les maladies de l'estomac, du foie et des voies génito-urinaires. L'*établissement* est à g. au delà de la localité, que traverse la route de Paris à Lyon. Il occupe un beau site et il a un beau

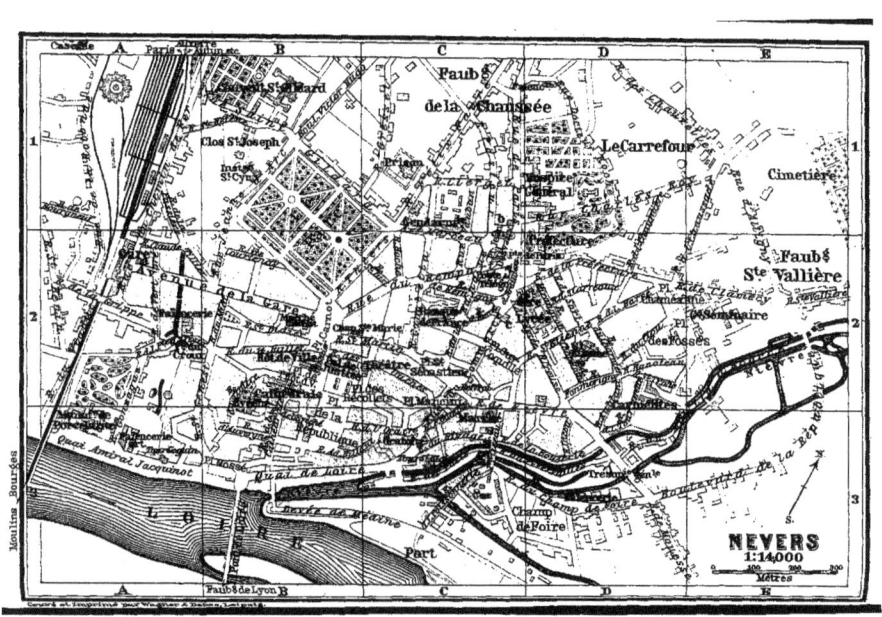

parc, où se trouvent ses deux sources, dites de St-Léger et St-Marcel. Il y a maintenant deux nouvelles sources (Ste-Elisabeth et Alice) de l'autre côté du chemin de fer. — Nevers est à 13 kil. au S.-E. de Pougues, par la route de Lyon, en passant à Fourchambault (v. ci-dessous), et Guérigny est à 9 kil. à l'E. (p. 308).

247 kil. *Fourchambault* (hôt. des Forges), à dr., ville de 6152 hab., avec des forges importantes. — A g. à Nevers, les lignes du Morvan (R. 58 et 59) et le couvent de St-Gildard (p. 290). — 254 kil. *Nevers*.

Nevers. — Hôtels: *de France* (pl. b, C1), à la porte de Paris, à l'autre extrémité de la ville, nouvellement réinstallé (50 ch., rep. 1 fr., 3 et 3.50, p. 8); *de la Paix* (pl. a, A2), à la gare (30 ch. à 3 fr. 50, rep. 1, 3 et 3.50); *de l'Europe* (pl. c, C2), rue du Commerce, 94.

Cafés: *Grand-Café*, avec jardin, rue du Commerce, 55; *C.-Glacier*, place du Lycée.

Voitures de place: course, 50 c.; heure, 2 fr.

Poste et Télégraphe (pl. C2), place Jean-Desvaux, près la porte de Paris.

Banques: *B. de France* (pl. C2); *Société Générale*, rue St-Martin, 19; *Crédit Lyonnais*, place des Récollets.

Bains du Château, derrière le palais.

Nevers (186 m.), anc. capitale du *Nivernais* et auj. chef-lieu du départ. de la *Nièvre*, avec une population de 27 673 hab., au confluent de la Loire et de la Nièvre, est une ville d'origine celtique, *Noviodunum*, l'antique capitale des Eduens. César y établit un campement considérable dont s'emparèrent les Gaulois, ce qui donna lieu à la lutte suprême dont Vercingétorix fut le héros (v. p. 210).

L'avenue de la Gare (pl. AB2), d'où on aperçoit à dr. la porte du Croux (p. 289) et la cathédrale (p. 288), mène à la *place Carnot* (pl. B2), à g. de laquelle se trouve le parc (p. 290). On prendra à dr. de la place la rue Sabatier.

Le *palais de justice (pl. B2), à g. de cette rue, est l'ancien *château ducal*, primitivement le château des comtes de Nivernais, dont le fief fut érigé en duché par François Ier en faveur de François de Clèves, l'un de ses capitaines, et qui passa par alliance, en 1562, à la maison de Gonzague, fut vendu au cardinal Mazarin et appartint ensuite à sa famille, jusqu'à la Révolution. La partie postérieure rappelle encore le château féodal, tandis que la façade est une élégante construction du xvie s. Elle a aux extrémités deux tourelles octogones et deux tours rondes, au milieu une autre tourelle très élégante décorée de bas-reliefs, retraçant la légende du chevalier du Cygne, fabuleuse origine des Clèves. Ces bas-reliefs ont été refaits au xixe s. par Jouffroy; les originaux étaient dus à Jean Goujon. Au 2e étage est le petit *musée Nivernais*, qui comprend surtout une collection très remarquable de faïences de Nevers des xvie-xviiie s., des antiquités, des objets d'art du moyen âge, des médailles. Il n'est ouvert que le dimanche de 1 h. à 3 h.; entrée par la tour du milieu.

Devant le palais s'étend la *place de la République* (pl. B 2-3), sur laquelle s'élève une *fontaine* ornée de figures allégoriques et surmontée d'une statue de la Ville de Nevers, le tout par Lequesne, et de l'extrémité de laquelle on a une belle vue sur la vallée de la Loire. Les deux bustes dans un square sont ceux du poète-menuisier *Adam Billaut* (1602-1662) et du pamphlétaire *Claude Tillier* (1801-1844), deux illustrations locales. Dans la rue de l'Oratoire (pl. B C 3), une grande *porte* du XVIe s., des anc. prisons des ducs de Nevers.

A l'E. du palais est le *théâtre* et à l'O. l'*hôtel de ville* (pl. B 2), qui renferme la bibliothèque (20 000 vol.) et un petit musée visible sur demande et comprenant en deux salles quelques tableaux et des collections d'histoire naturelle.

La **cathédrale**, *St-Cyr* (pl. B 2), presque en face de l'hôtel de ville, date des XIIIe-XVe s., mais elle en a remplacé une plus ancienne, dont il est resté l'extrémité O. Du côté du S., elle est encore engagée dans des maisons. Elle a deux *absides*, l'une à l'E., où est le chœur bâti au commencement du XIIIe s., dans le style ogival; l'autre à l'O., de style roman, transformée en chapelle. On en remarquera les ornements extérieurs. C'est du côté de l'abside occidentale que se trouve le transept. On entre par des *portails latéraux*, au N. et au S. de la nef: le premier est du XIIe s.; le second, de la fin du XVe, est flanqué d'une *tour* très riche de 1509-1528, haute de 52 m. et décorée de statues des prophètes, des apôtres et de divers saints.

L'intérieur a 110 m. de long. Dans la nef, on remarque surtout le *triforium*, avec ses faisceaux de colonnettes et ses statuettes. Chaque bras du transept, à l'O., a une double arcade romane sous l'arcade goth. qui ouvre dans la nef. Il y a une crypte sous la chapelle de l'abside, à l'O. Dans le bras S. du transept se voient une belle porte et un joli escalier ajouré. Plus haut, près du portail S., une autre porte et un escalier du XVIe s., donnant entrée dans la salle du chapitre, des XIVe et XVe s. Les chapelles latérales, du XVe s., ont quelques retables très mutilés, sauf celui de la chapelle St-Jean-Baptiste, du commenc. du XVIe s., à g. du chœur. Il représente la vie de St Jean, par des scènes très mouvementées, à partir de l'annonce de sa naissance, dans le haut. Le chœur a un autel goth. moderne à baldaquin, derrière lequel est un grand crucifix en bois du XIIIe s. On remarquera dans l'église quelques restes de fresques, récemment mises à jour, notamment à g. du pourtour du chœur, devant la porte N., à la 1re chapelle à dr. du chœur, et à la voûte de l'abside O.

On revient ensuite à la place Carnot et l'on prend à dr. la rue St-Martin. Dans une cour à g., n° 36, la *chapelle Ste-Marie* (pl. B 2), qui a une jolie façade rococo, du XVIIIe s. Elle dépendait du monastère illustré par Gresset dans son «Vert-Vert».

La rue St-Martin aboutit à la rue du Commerce, la principale de Nevers, que l'on prendra à g., presque en face du *beffroi* (pl. C 2), qui date du XVe s. et qui a deux belles salles. Plus loin, la place Guy-Coquille, que l'on traverse, pour tourner à g. dans la rue St-Etienne.

L'église St-Etienne (pl. D 2), dont l'entrée principale est dans une cour à dr., après le n° 29, est l'édifice religieux le plus curieux de Nevers pour les archéologues. La façade, seulement en partie restaurée, est fort simple, mais l'intérieur présente un beau vaisseau du style roman auvergnat, qui s'est répandu jusque dans le Nivernais. C'est une ancienne église abbatiale du xie s. On devra en ressortir par une petite porte latérale à g. dans le transept, afin de voir l'extérieur de la nef et de l'abside, qui est très remarquable. Il règne à la hauteur des cintres des fenêtres et autour de ces cintres un cordon qui produit un bel effet: la toiture repose sur des modillons aux figures très variées; les murs droits du transept, percés de cinq petites fenêtres à plein cintre et d'une fenêtre ronde, ont des arcatures aiguës alternant avec les pleins cintres; l'abside est entourée de trois chapelles rayonnantes en hémicycle, et dans le haut est une sorte de galerie à colonnettes.

L'intérieur est divisé en trois nefs, la principale à voûte en berceau, les autres à voûtes d'arête, surmontées de tribunes voûtées en quart de cercle. Il y a sur la croisée une coupole sans ouvertures et au milieu de chaque bras du transept une grande arcade, surmontée de cinq autres plus petites; derrière ces arcades, des chapelles, remplaçant les portails, et à l'E. des absidioles. Le chœur est plus élégant que la nef, ses colonnes sont moins massives et il a de jolies arcades surhaussées, ainsi qu'un beau triforium. Les chapelles, voûtées en demi-coupole, ont des arcatures alternant avec les fenêtres.

St-Etienne est près du *lycée* (pl. D 2), situé entre les deux rues à dr. en revenant. C'est un anc. collège des jésuites, où Gresset fut professeur. Son *église St-Père* ou *St-Pierre* (pl. CD 2), de l'autre côté, à l'angle des rues de la Préfecture et des Ardilliers, est du xviie s. Les voûtes sont décorées de peintures par Batiste et Ghérardin.

A l'extrémité de la rue des Ardilliers, où se termine la ville proprement dite, s'élève la *porte de Paris* (pl. CD 2), arc de triomphe assez simple, en souvenir de la victoire de Fontenoy (1745), avec une longue inscription en vers médiocres par Voltaire.

La rue des Ardilliers ramène à la rue du Commerce, dont l'autre extrémité est près du confluent de la Loire et de la Nièvre. Il y a là une *levée* destinée à garantir des inondations les parties basses de la ville. Plus loin, le beau *pont de Loire* (pl. B 3), et au delà le *viaduc* du chemin de fer, près duquel est une grande *manufacture de porcelaine* (pl. A 3). La fabrication de la porcelaine et de la faïence est une des principales industries de Nevers.

La **porte du Croux** (pl. A 2), déjà mentionnée p. 287, est un reste curieux des fortifications de la fin du xive s. Elle est de forme carrée, avec échauguettes (tourelles) et mâchicoulis, et précédée d'un ouvrage avancé. Elle renferme un *musée lapidaire*, composé de sculptures gallo-romaines et du moyen âge, où l'on voit aussi une belle mosaïque et des inscriptions. Il est ouvert le 1er et le 3e dim. de chaque mois de 1 h. à 3 h., mais on peut toujours le visiter en s'adressant au gardien, qui demeure près de là, rue du Midi, 3. A côté de la porte est une *manufacture de faïence* (Montagnon), qu'on peut aussi visiter.

Il y a encore sur les quais deux restes des anc. fortifications: la *tour Goguin* (pl. A 3), en partie du xie s., en aval du pont de Loire, et la *tour St-Eloi* (pl. C 3), du xve s., en amont, sur la rive dr. de la Nièvre.

Bædeker. N.-E. de la France. 7e édit.

Le *parc* (pl. B 1-2), anc. dépendance du château, près de la place Carnot et de l'extrémité de l'avenue de la Gare, est une assez belle promenade, bien ombragée, et il s'y donne des concerts. — Au delà, à dr., le grand *couvent St-Gildard* (pl. B 1), maison-mère des sœurs de Nevers, qui se consacrent à l'éducation. Dans la chapelle est enterrée Bernadette Soubirous, la visionnaire de Lourdes.

Tramway à vap. en projet de Nevers à *Corbigny* (p. 314).

De Nevers à *Auxerre*, v. p. 306-307; à *Dijon* (Mâcon) par le Creusot ou par Autun, R. 59; à *Lyon*, R. 61; à *Vichy*, etc., v. le *Sud-Est* et le *Sud-Ouest de la France*, par Bædeker.

57. De Paris à Nevers par Orléans et Bourges.

301 kil. Chemin de fer d'Orléans (gare au quai d'Orsay, pl. de Paris, p. 1, E 17). Trajet en 5 h. 35 à 11 h. 30. Prix: env. 34 fr. 15, 23 fr. 10, 15 fr. 10.

PRINCIPALES CURIOSITÉS de cette ligne: *Orléans* (p. 292) et *Bourges* (p. 299).

I. De Paris à Orléans.

121 kil. Trajet en 1 h. 50 à 4 h. 50. Prix: 14 fr. 10, 9 fr. 45, 6 fr. 15. Les trains express ne touchent pas à Orléans: v. p. 292, les Aubrais.

1 kil. 1/2. *Pont-St-Michel*, station pour voyageurs sans bagages. — 3 kil. *Gare d'Austerlitz*, l'anc. gare d'Orléans. — 3 kil. (de la gare d'Austerlitz). *Orléans-Ceinture*, stat. où l'on passe sous la ligne de ceinture avant de sortir de Paris. — 6 kil. *Le Chevaleret*. A dr., *Ivry* (28 585 hab.) et son grand *hospice des Incurables* (2029 lits). — 8 kil. *Vitry*. 9894 hab. On se retrouve sur le bord de la Seine avant Choisy.

10 kil. **Choisy-le-Roi** (*hôt. des Voyageurs; rest. Pompadour*), ville riante de 11 607 hab., où Louis XV fit bâtir, pour s'y livrer à la débauche, un château dont il reste peu de chose. Près du pont, en deçà de la gare, sur la rive g., un *monument* commémoratif des combats livrés ici en 1870. La rue du Pont passe à g. près des anc. *communs du château*, occupés, comme ce qu'il en reste à l'extrémité de l'avenue de Paris, par une manufacture de porcelaine. Plus loin, à dr. de la rue, la *mairie* et l'*église*, deux constructions de la même époque que le château. On aperçoit de loin la *statue de Rouget de l'Isle*, l'auteur de la «Marseillaise», qui mourut à Choisy en 1836, bronze par L. Steiner. La magnifique *avenue de Paris*, sur laquelle elle s'élève, se termine un peu plus loin à côté de la grille de l'ancien château. Il y a de jolies propriétés dans ce quartier neuf de Choisy, qui est relié directement à Paris, place du Châtelet, par un tramway.

On passe plus loin sous la ligne de Grande-Ceinture de Paris. — 15 kil. *Ablon*. On revoit la Seine à g. — 17 kil. *Athis-Mons*. 2612 hab. A dr., des hauteurs boisées avec de jolies maisons de campagne. A g., la ligne de Corbeil (p. 200).

20 kil. **Juvisy-sur-Orge** (p. 200), dont la stat. est commune aux deux lignes.

La voie remonte maintenant la vallée de l'Orge, sur laquelle on aperçoit à dr., un peu après la stat., les deux ponts superposés dits *pont des Belles-Fontaines*, du xviiie s.

22 kil. *Savigny-sur-Orge* (1647 hab.), qui a un beau *château* du xve s., à g. en arrivant. Un peu plus loin, à dr. et à g., un tronçon de la Grande-Ceinture de Paris, dans la direction de Palaiseau (Versailles).

24 kil. *Epinay-sur-Orge*, précédé et suivi d'un viaduc, dans un joli site. A dr., au loin, la tour de Montlhéry (v. ci-dessous).

26 kil. *Perray-Vaucluse*, stat. desservant le grand asile d'aliénés de *Vaucluse*, dont les nombreux bâtiments neufs s'étagent sur une colline à dr.: il appartient à la ville de Paris. — 29 kil. *St-Michel-sur-Orge*.

CORRESPOND. pour **Montlhéry** (3 kil.; *hôt. du Chapeau-Rouge*, etc.; tramw. de Paris, allant aussi à Longjumeau, à Marcoussis, à Arpajon), localité de 2448 hab., où sont les ruines d'un célèbre *château* féodal, dont la tour, de 32 m. de haut, sur une colline, s'aperçoit de fort loin. C'est l'anc. donjon, du xiiie s. On y peut monter pour jouir de la vue, qui est du reste déjà fort belle de la colline. Montlhéry est connu par la bataille que s'y livrèrent, en 1465, Louis XI et les seigneurs de la ligue du Bien public, et qui resta indécise. — A dr. de la route venant de St-Michel se voit *Longpont*, dont l'*église*, dépendant jadis d'un prieuré, est un curieux édifice roman, en grande partie reconstruit dans le style primitif. Pèlerinage le lundi de la Pentecôte.

32 kil. *Brétigny*, localité qu'il ne faut pas confondre avec celle où fut signé le traité de 1360, entre la France et l'Angleterre, à 9 kil. au S.-E. de Chartres. — Ligne de Tours par Vendôme, v. le *Nord-Ouest de la France*, par Bædeker.

37 kil. *Marolles*. — 40 kil. *Bouray*. Plus loin, à g., sur une hauteur, la tour de Janville. — 43 kil. *Lardy*. — 46 kil. *Chamarande*, à g., avec un château bâti par Mansart. — 49 kil. *Etrechy*. 1394 hab. A g., en arrivant à Etampes, ses églises Notre-Dame et St-Gilles; à dr., les ruines de la *tour Guinette* (p. 292).

56 kil. **Etampes** (*buffet*; hôt.: *du Grand-Monarque*, place Romanet; *du Grand-Courrier*, rue St-Jacques, 67), ville de 9001 hab. et chef-lieu d'arr. de Seine-et-Oise, dans un vallon à g., et que l'on voit bien ensuite du chemin de fer. Elle fait un grand commerce de grains, et trois petites rivières, la Juine et ses affluents, y font tourner des moulins importants.

La rue du Château, en face de la gare et qui croise bientôt la rue St-Jacques, conduit à l'*église St-Basile*, qui est surtout des xve et xvie s. Elle a une tour du xiie s. et un beau portail roman. On remarque à l'intérieur des bas-reliefs anciens et des vitraux anciens et modernes. A dr. est l'anc. *hôtel de Diane de Poitiers*, du xvie s., occupé sur le devant par la caisse d'épargne. La cour a encore de jolies sculptures et il y a dans ses bâtiments un petit musée, dit *musée Elias-Robert*, du nom d'un sculpteur d'Etampes (1819-1874), public le dim. et visible les autres jours. Il comprend des sculptures, surtout d'El. Robert; des antiquités, des armes, des faïences et, au 1er étage, une petite galerie de peinture.

Derrière St-Basile est la place Romanet et un peu plus bas, à g., l'*église Notre-Dame*, du XIIe s., avec des créneaux moins anciens et une belle tour romane à flèche en pierre. Vitraux du XVIe s.

Prenant ensuite par la place voisine, la rue à dr. et la première à g., on arrive à l'*hôtel de ville*, jolie construction à tourelles du XVIe s., agrandie au XIXe. A côté se voit l'anc. *hôtel d'Anne de Pisseleu*, maîtresse de François 1er, aussi du XVIe s., auj. une épicerie. La rue qui monte au delà, à g., ramène à St-Basile. En tournant encore là à g., dans la rue St-Jacques, on passe à la place du Théâtre, où est la *statue de Geoffroy-St-Hilaire*, le naturaliste (1772-1844), marbre par El. Robert. Plus loin, l'*église St-Gilles*, des XIIe-XIIIe et XVIe s., et plus loin encore, dans un faubourg, à env. 20 min. de St-Basile, l'*église St-Martin*, édifice remarquable du XIIe s., avec une tour de la Renaissance, qui penche fortement, et un portail moderne dans le style du XIIIe s.

La *tour Guinette* (27 m.), de l'autre côté du ch. de fer, est un reste de château fort du XIIe s. Il y a aux alentours une jolie promenade publique et l'on a de là une belle vue, mais il n'y a rien à voir dans la tour et il est difficile d'y monter.

A 2 kil. au N.-E., par la route de Paris, qui fait suite à la rue St-Jacques, le beau *parc du château Brunehaut*, qui est ouvert aux promeneurs.

Ligne d'Etampes à *Auneau*, v. le *Nord-Ouest de la France*, par Bædeker.

Une ligne en construction, qui sera la plus directe de Paris à Bourges, doit relier Etampes à *Beaune-la-Rolande* (p. 280), par *Pithiviers* (p. 280).

Au delà d'Etampes, qui s'étend au loin à g. et dont on aperçoit l'église St-Martin, la voie gravit une rampe assez forte, montant de 55 m. sur une distance de 6300 m. La contrée est ensuite très monotone: de vastes champs à perte de vue; on est sur le plateau de la *Beauce*, dont le sol très fertile produit surtout un blé excellent. — 70 kil. *Monnerville*. — 75 kil. *Angerville*. 1628 hab. — 81 kil. *Boisseaux*. — 89 kil. *Toury*.

EMBRANCH. de 30 kil. sur *Voves* (v. le *Nord-Ouest de la France*). — LIGNE à voie étroite, de 32 kil., à l'E., sur *Pithiviers* (p. 280).

95 kil. *Château-Gaillard*. — 102 kil. *Artenay*. — 108 kil. *Chevilly* (1311 hab.), où le prince Frédéric-Charles battit le général d'Aurelle de Paladines, le 3 déc. 1870. — 113 kil. *Cercottes*. La contrée devient plus riante et l'on traverse des vignes.

119 kil. *Les Aubrais* (buffet), où les express déposent les voyageurs à destination d'*Orléans*, qui y sont transportés par un train spécial. Les trains omnibus vont directement jusqu'à Orléans.

121 kil. *Orléans* (buffet). — Suite de la ligne de Nevers, v. p. 298.

Orléans. — HÔTELS: *H. St-Aignan* (pl. a, C 1), place Gambetta (100 ch. de 3 fr. 50 à 10 et 12 fr.; rep. 1.50, 3.50 et 4, v. c., om. 60 c.); *H. du Loiret* (pl. c, D 1), rue de la République (ch. dep. 2 fr. 50; rep. 2.50 et 3); *H. d'Orléans* (pl. b, C 2), rue Bannier, 118; *H. de la Boule-d'Or* (pl. d, C 3), rue d'Illiers, 9-13; *H. Ste-Catherine*, rue Ste-Catherine, 68 (40 ch. à 2 fr. 50, rep. 1, 3 et 3 fr., v. c., om. 50 c.); *Central-H.*, rue du Colombier, 9.

CAFÉS ET RESTAUR.: *Grand-Café*, *Café de la Rotonde*, place du Martroi

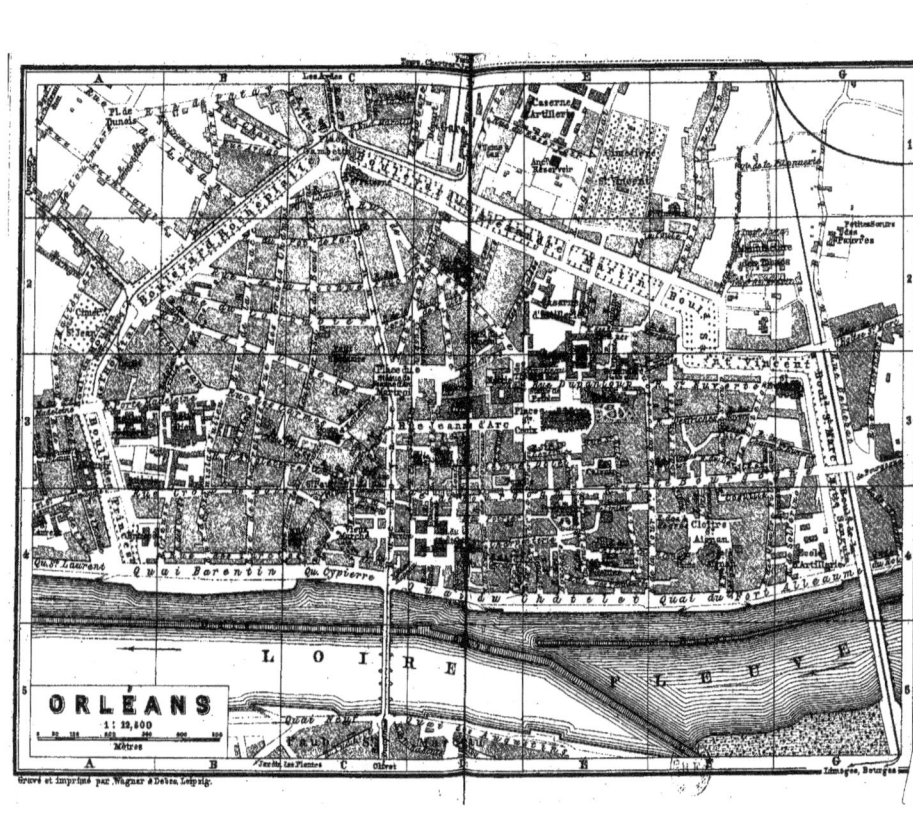

rest. Jeanne-d'Arc, même place, bon; restaur. aux *hôtels St-Aignan* et *du Loiret*. — *Buffet* à la gare.

Voitures de place: course, 75 c.; heure, 1 fr.; 1.50 et 2 la nuit, 25 et 50 c. de plus pour la course au delà des boulevards et de la Loire.

Tramway électrique: de *Bel-Air (les Aydes)*, au N., à *Olivet*, au S., par la rue Bannier et la rue Royale; 30 c. pour tout le parcours, 20 c. dans les limites de l'octroi, 15 et 10 c. par section plus courte. — *Omnibus* de la porte de Bourgogne (pl. G 3) à la porte Madeleine (pl. A 3). — Tramw. a vap. pour *Ouzouer-le-Marché* (31 kil.), par *Coulmiers* (18 kil.), où les Français vainquirent les Bavarois le 9 nov. 1870.

Poste et télégraphe (pl. C 3), rue du Tabour.

Bains: *B. du Châtelet*, rue Charles-Sanglier, 4 (pl. C D 3).

Temple protestant, rue de Bourgogne (pl. D 3).

Principales curiosités: *Ste-Croix* (p. 294), *hôtel de ville* (p. 294), *musée de peinture* (p. 295) et *musée historique* (p. 296).

Orléans, anc. capitale de l'*Orléanais*, auj. chef-lieu du départ. du *Loiret* et du command. du Ve corps d'armée, siège d'un évêché, est une ville commerçante de 67 311 hab., sur la rive dr. de la *Loire*. Vinaigre renommé.

Orléans a remplacé la ville gauloise de *Cenabum*, détruite par César, l'an 52 avant J.-C., et doit, dit-on, son existence et son nom *(Aurelianum)* à l'empereur Aurélien. Sa situation en a toujours fait un point d'une grande importance stratégique. Elle fut assiégée par Attila et sauvée par St Aignan, son évêque, en 451. Clovis s'en empara en 498, et elle devint après sa mort la capitale d'un royaume qui dura jusqu'en 613 et fut alors réuni à celui de Paris. Orléans fut une des villes les plus importantes de l'ancienne France. Son université, créée en 1309, était très fréquentée au moyen âge par les Hollandais et les Allemands en raison des privilèges accordés aux étudiants de la «natio germanica». L'événement le plus considérable de son histoire fut le siège qu'elle subit en 1428-1429 de la part des Anglais, alors maîtres de la plus grande partie du royaume, et auquel mit fin Jeanne d'Arc, la Pucelle d'Orléans, à qui la France dut son salut. Cet événement est encore fêté tous les ans, les 7 et 8 mai. Dans les guerres de religion, Orléans devint une place forte des calvinistes, et c'est pendant qu'il l'assiégeait que le duc de Guise fut tué par un gentilhomme protestant, Poltrot de Méré, en 1563. Orléans joua aussi un rôle dans la guerre de 1870-71; elle fut prise par les Allemands le 11 oct. 1870, reprise par les Français un mois après et réoccupée par les Allemands du 5 déc. 1870 au 16 mars 1871.

En sortant de la gare (pl. D 1), on trouve à dr. et à g. de beaux *boulevards*, et en face la rue de la République, qui mène directement à la place du Martroi (v. ci-dessous). Tourner à dr. et aller jusqu'à la *place Gambetta* (pl. C 1), pour descendre ensuite à g. par la rue Bannier.

L'église St-Paterne (pl. C 1), à g. au commencement de la rue Bannier, reconstruite de nos jours et encore inachevée, est un bel édifice goth., dans le style du XIIIe s. Elle doit avoir sur la façade deux tours à flèches en pierre. Large nef et large transept, ce dernier sans portails, mais avec chapelles et magnifiques roses. Beau chœur à colonnes et ogives surélevées.

La *place du Martroi* (pl. C 3), à l'extrémité de la rue, est le centre de la ville. Elle est décorée depuis 1855 d'une médiocre *statue équestre de Jeanne d'Arc*, en bronze, par Foyatier, avec 16 hauts reliefs par Vital Dubray, qui rappellent les principaux événements de sa vie.

De l'autre côté de la place est la rue Royale, qui descend jusqu'à la Loire. Prendre immédiatement à g. la rue Jeanne-d'Arc, qui conduit à Ste-Croix, en passant à g. devant le *lycée* et en laissant à dr. une petite place où s'élève une *statue de la République*, en bronze, par L. Roguet. Pour le musée, près de là, v. p. 295.

*Ste-Croix, la *cathédrale* (pl. E 3), est un édifice de la décadence de l'art goth., malgré le caractère imposant de sa façade. Commencée en 1287 et détruite en 1567 par les calvinistes avant son complet achèvement, elle a été presque complètement reconstruite de 1601 à 1829, la plus grande partie avec assez de succès dans le style ogival tertiaire, la façade, due à Gabriel, l'architecte de Louis XV, dans un style bâtard qui ne manque pas cependant de noblesse. Cette façade, d'une riche ornementation, est flanquée de deux tours de 87 m. de haut, sans flèches, et présente d'abord trois portails, ceux des côtés à doubles baies un peu étroites, puis trois roses et une galerie à claire-voie, au-dessus de laquelle les tours ont encore trois étages, le premier avec des escaliers en spirale aux quatre angles et des statues, les deux autres avec de légères arcades et terminés par une couronne architecturale. Entre ces deux tours se voit la flèche du transept, haute de 100 m., reconstruite en 1859. Tout l'édifice a 148 m. de longueur.

L'intérieur a un aspect grandiose; il est à 5 nefs et mesure 33 m. de hauteur. Le style en est supérieur à celui de la façade. Les onze chapelles de l'abside sont les chapelles primitives, épargnées par l'incendie de 1567. Les œuvres d'art y sont peu nombreuses et presque toutes de ces derniers temps: un grand chemin de croix sculpté dans des arcades sous les fenêtres, par Clov. Monceau (1873); de grands autels goth. en bois aux extrémités du transept, de beaux vitraux, par Lobin et Ottin. Ceux des bas côtés, retraçant les diverses phases de la vie de Jeanne d'Arc, sont de Gibelin, d'après Galland. Dans la 1re chap. à dr. du chœur, le beau *monument de Mgr Dupanloup* (1802-1878), par Chapu, avec la statue couchée du défunt, un ange qui déploie sur sa tête l'étendard de Jeanne d'Arc et des statues du Patriotisme et de l'Eloquence, debout de chaque côté, le tout en marbre.

A côté de la cathédrale, au N., se voit la *statue de Rob. Pothier* (pl. E 3), jurisconsulte originaire d'Orléans (1699-1772), bronze, par Vital Dubray (1859). Derrière commence la rue Dupanloup, où se trouve le *Grand-Séminaire* (dans la chapelle, magnifiques stalles en bois sculpté, du xviie s.), que les hommes seuls sont admis à visiter.

On revient sur ses pas pour voir à dr. l'*hôtel de ville* ou la *mairie* (pl. D 3), joli édifice en briques et en pierre, élevé en 1530, restauré et agrandi en 1850-1854. C'était jadis la résidence royale à Orléans, et François II y mourut en 1560. Il se compose d'un bâtiment principal et de deux ailes en retour, avec des niches renfermant des statues d'Orléanais célèbres. Au perron de la cour est une *statue de Jeanne d'Arc*, en bronze, d'après le marbre de la princesse Marie d'Orléans, qui est à Versailles. Les cariatides aux portes du haut sont attribuées à Jean Goujon. On visite le premier étage, qui a des pièces remarquables, décorées dans le style du xvie s.

(s'adresser au concierge). La salle des Mariages a une belle cheminée, la salle du Conseil un beau plafond. Le grand salon renferme une statuette équestre de Jeanne d'Arc, avec un Anglais blessé à mort sous les pieds de son cheval, aussi par Marie d'Orléans. — On a transporté dans le jardin les ruines d'une chapelle St-Jacques du xv⁵ s. Sur une pelouse, l'*Age de fer*, bronze par A. Lanson.

Traverser la place de la cathédrale et prendre à dr. la rue Pothier; au n° 2 se voit l'*ancienne salle des thèses* de l'Université (publique le dim. de 2 à 4 h.), joli monument du xv⁵ s., restauré en 1830.

Remonter ensuite la rue de Bourgogne et prendre la rue Louis-Roguet pour arriver à l'*ancien hôtel de ville*, édifice dégradé du xv⁵ s., avec une tour goth., accessible au public (10 c.), et qui a une seconde entrée de l'autre côté, rue Ste-Catherine. Il renferme le **musée de peinture et de sculpture** (pl. D 3) et le *musée d'histoire naturelle*. Ces musées sont publics les dim. et jeudi de midi à 4 h., du 1ᵉʳ sept. au 30 avr., et de 1 à 5 h. du 1ᵉʳ mai au 31 août, mais toujours visibles pour les étrangers. Conservateur, M. Alb. Didier. Vestiaire, 10 c.

Le musée de peinture et de sculpture est dans un grand encombrement; beaucoup d'œuvres n'ont pas d'étiquettes; certaines même ne sont pas numérotées. Il n'y a pas de catalogue.

Tableaux. — 8, *H. van Anthonissen*, marine. 4, sans n° et 5, *Antigna* (d'Orléans), Jeune Breton, Femme affaissée dans la neige, l'Incendie. 7, *J. van der Hagen*, Lisière de forêt. 20, *Berchère*, Enfants gardant les moissons, en Nubie. 30, *Blin*, Souvenir du cap Fréhel (Bretagne), et d'autres paysages. 36, *Bol* (d'apr. Rembrandt), beau portr. de femme. 37, *Rosa Bonheur*, paysage. 49, *Ad. Brauwer*, Intérieur de tabagie. 51, *J. Brueghel*, paysage. 60, *Cambiaso*, le Serpent d'airain. *Carrache*, Adoration des bergers. 65, *de Champaigne* (Ph.), St Charles Borromée. 71, *Corneille* (Mich.), Esaü cédant à Jacob son droit d'aînesse. *Corot*, paysages. 75, *Crespin* (d'Orléans, xviiiᵉ s.), paysage. *79, *Decker*, beau paysage. *Demont* (A.), paysage, à Douarnenez. *84-87, *Deruet* (1588-1660), la Terre, l'Air, le Feu et l'Eau, tableaux importants d'un artiste dont les œuvres sont fort rares. 93, *Deshayes*, St Benoît. 105, 106, *Drouais*, portr. de la marquise de Pompadour et d'un jeune homme. 107, *Dubufe*, Naissance du duc de Bordeaux (Henri V). 112, *Dupuis* (d'Orléans), Zénobie soignée par des pâtres. — 125, *Flandrin* (P.), paysage. 137, *Fragonard*, sans titre. 141-148, *Fréminet* (1567-1619), les Evangélistes et les Pères de l'Eglise. 154, *Cl. Gellée*, paysage. 155, *Gérard*, Jésus descendu sur la terre et dissipant les ténèbres. 156, *Giordano*, la Charité romaine. — 166, *Hallé*, la Fuite en Egypte. 172, *La Hyre* (1606-1656), paysage arcadien. 181, 182, *Huet* (P.), Arques, près de Dieppe; le Bois de la Haye. — 210, *Lancret*, le Déjeuner au jambon. 229, 230, *Vanloo* (C.), portr. de Louis XV et du Régent (?). 232, *Lucatelli*, Cabaret italien. 249, *van Mieris le Vieux* (Fr.), son portrait. 250, *Mignard*, portr. de sa fille, la marquise de Feuquières. 253, *van Mierevelt* (M.-J.), portr. d'Anna van Hussen. 258, *J. de Momper*, paysage. 264, *Murillo*, Un apôtre. — 267, *Negrone*, la Vierge avec des saints. 271, 272, *Nonnotte*, portraits du dessinateur Desfriches et du graveur Moyreau. 273, *Norblin*, Mort d'Ugolin et de ses enfants. — *276, *J. van Oosten*, Une forêt (1650). 278, *Oudry*, Oiseaux. — 293, *Pignerolle*, Pèlerinage à Notre-Dame-de-Lorette. 305, *Preti, le Calabrèse*, St Paul et St Antoine, ermites. 307, *Protais*, Une mare. *Prud'hon*, 2 portraits. — 329, *Restout*, la Salutation angélique. *Richemont* (A. de), le Lendemain de Rocroy (Condé trouvant le corps de Fuentès), Ste Cécile dans les catacombes. *Riesener*, portr. du maréchal Bessières et autres portraits. 340, *H. Robert*, Un parc. 349, *Rottenhammer*, Ste Famille. 852, *Rubens* (?), le Génie de la gloire et des arts. 860, *Ruisdael*, paysage. — 862, *Sacchi*, Résurrection de Lazare. *Scherrer*, Jeanne d'Arc à Orléans. 875, *Seghers*, Ste Famille dans une guirlande de fleurs. 877, *L. Signorelli*, la Vierge. 898, *de Troy (Fr.)*, portr. de la duchesse du Maine. — 402, *Vaines (M. de)*, Derniers moments d'Eust. Lesueur. 411, 952, *Vernet (Jos.)*, paysages. 418, *Vetter*, Une présentation, d'après les «Précieuses Ridicules» de Molière. 427, *Vouet*, Nymphe. 481, *J.-A. Watteau*, le Singe sculpteur. 778, *Coypel*, son portrait. — Au 1er étage, une salle est exclusivement consacrée aux œuvres de *L. Cogniet* (1794-1880).

Sculptures. — 566, *Blanchard*, le Jeune équilibriste. 578, *Captier*, Faune dansant. 585-587, *David d'Angers*, bas-reliefs en terre cuite. 591, *Duret*, Mercure inventant la lyre, plâtre dont l'original est détruit. *Feugère des Forts*, Ste Madeleine. *Lanson*, Jason. 601, *Dom. Molknecht*, Vénus sortant du bain. 630, *Pradier*, Vénus surprise au bain. 646, *Tournois*, le Joueur de palet. 648, *N.-V. Vilain*, Hébé.

La *collection de dessins* compte env. 250 numéros et il y a env. 10000 estampes.

On sort par la rue Ste-Catherine, que l'on remonte un instant, et on tourne à g., où se voit une jolie construction de 1542, l'*hôtel de Farville* ou *Cabut*, souvent nommé à tort «hôtel de Diane de Poitiers».

Le **musée historique** (pl. D 3), installé dans cet hôtel, est visible comme les autres musées (v. p. 295). Conservateur, M. l'abbé Desnoyers. Il y a des étiquettes et un catalogue de 1884 (1 fr. 50).

Au REZ-DE-CHAUSSÉE, des sculptures antiques, entre autres un Hercule; des sculptures du moyen âge et de la Renaissance; une mosaïque antique, des débris d'architecture, des pierres tombales, une belle cheminée de la Renaissance.

Ier ÉTAGE. — 1re salle: petites antiquités, entre autres, dans la 1re vitrine, des bijoux de Chypre, de Rhodes, romains, mérovingiens; de petits bronzes, des vases antiques, des antiquités égyptiennes (momies et sarcophages), des silex; dans la vitrine du milieu, de grands bronzes gallo-romains trouvés dans le Loiret, un cheval, des sangliers et des statuettes. — 2e salle: suite des antiquités, petits bronzes et terres cuites (statuettes). — 3e salle: objets divers moins anciens, jusqu'au XVIIIe s.

IIe ÉTAGE. — 1re salle: meubles, surtout des bahuts à personnages (XVe et XVIe s.); bénitier en fonte du XIIIe s., bas-reliefs en albâtre; ivoires; panneaux et bas-reliefs en bois. — 2e salle: collection ethnographique; armes diverses. — 3e salle: objets divers moins anciens, surtout de l'Orléanais.

Salle renaissance, dans la cour: faïences de Rouen, de Delft et de Nevers; très belle cheminée du XVIe s., avec bas-reliefs peints (légende de St Jean-Baptiste); porcelaines, petits objets d'art, montres, ivoires, bonbonnières, émaux, boucles et parures, statuettes; calvaire en ambre fort curieux, à g. près de la porte; panneaux en bois sculpté.

La rue des Albanais, à g. en sortant du musée, ramène plus loin à la rue Royale, la plus remarquable d'Orléans, qui descend jusqu'à la Loire.

La rue du Tabour (pl. C 3), la première à dr., renferme les plus intéressantes des vieilles maisons d'Orléans, après l'hôtel où est le musée historique, surtout la *maison de Jeanne d'Arc*, au n° 39, où logea la Pucelle, et la prétendue *maison d'Agnès Sorel*, n° 13-15, plus près de la rue Royale, belle construction restaurée des XVe et XVIe s., et qui renferme le *musée Jeanne d'Arc* (pl. C 3), ouvert comme les autres musées de la ville (v. p. 295).

C'est une importante collection d'objets relatifs à la Pucelle, originaux et reproductions, intéressants au point de vue historique, sinon toujours par leur valeur artistique. Ces objets sont répartis par catégories, en 4 salles: au rez-de-chaussée, dans la salle des Monuments, surtout les épures des statues de la Pucelle; au 1er étage, dans la salle du Siège, des armes et des armures de Français et d'Anglais au siège d'Orléans; au 2e, dans la salle des Bijoux, les monnaies, les médailles frappées en l'honneur de Jeanne d'Arc, les statuettes et les bijoux qui la représentent; au 3e, quantité de curiosités. A mentionner en particulier: une tapisserie flamande du xve s., figurant l'arrivée de la Pucelle à Chinon, des tapisseries flamandes du xviie s., d'après la «Pucelle» de Chapelain; une anc. bannière des processions de la fête de Jeanne d'Arc, du xvie s.; divers portraits de la Pucelle, dont un de 1581; un autre par Vouet (xviie s.); deux tableaux de combats où elle figure, par J. Courtois, dit le Bourguignon, et par Mignot; des gravures.

Un beau *pont* de 333 m. de long (pl. C5), construit en 1751-1761, traverse la Loire dans le bas de la rue Royale. Le lit du fleuve est souvent en grande partie à sec. De l'autre côté se trouve le faubourg *St-Marceau*, à l'entrée duquel se voit une médiocre *statue de Jeanne d'Arc*, par Gois, auparavant place du Martroi.

Près de la rive dr., à 300 m. en aval, se trouve *Notre-Dame-de-Recouvrance* (pl. C4), du style de la Renaissance, construite en mémoire de la délivrance de la ville par Jeanne d'Arc. On y remarque surtout des peintures murales par H. Lazerges et un bel autel.

En amont, à env. 1 kil. du pont, *St-Aignan* (pl. F4), du xive s. Il n'en reste que le chœur et le transept, très dégradés à l'extérieur, mais d'un vaste effet à l'intérieur; il y a sous l'église une vieille crypte, reste d'une église du xie s.

Au N.-E., près des boulevards (porte à dr.), *St-Euverte* (pl. G3), des xiie et xve s. — Il y a près de 1 kil. 1/2 de là à la gare.

Excursion assez intéressante d'Orléans à *Olivet* (*café-rest. de l'Eldorado*, etc.), bourg à 4 kil. au S. ou 1/2 h. par le tramway (p. 298), sur les bords pittoresques du *Loiret*, très fréquentée par les Orléanais et où l'on peut se promener en barque sur la rivière.

La source du Loiret, déjà fort à Olivet, n'est qu'à 3 kil. 1/2 de là, à g. au delà du pont qui l'y traverse, par la 1re ou par la 2e rue à g., puis par la route de St-Cyr-en-Val (p. 298). Elle est plus célèbre comme curiosité naturelle qu'intéressante comme but d'excursion. La route est dénuée d'ombre. Il y a en réalité deux sources, qu'on suppose être le résultat d'infiltrations des eaux de la Loire, qui passe seulement à 5 kil. de là et que le Loiret rejoint après un parcours de 12 kil. Ces sources, l'*Abîme* et le *Bouillon*, sont remarquables par l'abondance et la limpidité de leurs eaux. Elles sont dans un assez beau parc, entourant le modeste *château de la Source*, et on peut toujours les visiter en s'adressant au concierge (pourb.).

On peut faire de jolies promenades sur la rive dr. de la Loire, jusqu'au *château de St-Loup*, à 8 kil. en amont, et jusqu'à *la Chapelle-St-Mesmin*, à 4 kil. en aval. Omnibus pour la Chapelle rue de la Hallebarde, 31, près de la place du Martroi; dép. quatre fois par jour.

D'Orléans à *Tours* et à *Chartres*, v. le *Nord-Ouest de la France*, par Bædeker; à *Bordeaux*, à *Limoges*, etc., v. le *Sud-Ouest*; à *Bourges* et *Nevers*, p. 298; à *Malesherbes* et à *Bourron* (Moret), p. 280.

D'Orléans à Montargis: 76 kil.; 2 h. à 2 h. 10; 8 fr. 50, 5 fr. 75, 3 fr. 75. — 2 kil. *Les Aubrais* (p. 292). On longe et traverse en partie la *forêt d'Orléans*, une des plus grandes de France, de 40000 hect. de superficie. — 20 kil. (4e st.) *Donnery*. — 28 kil. *Fay-aux-Loges*, sur le *canal d'Orléans*, qui relie la Loire au Loing. — 51 kil. (11e st.) *Bellegarde-Quiers*, aussi sur la ligne de Beaune-la-Rolande à Bourges (p. 280). — 59 kil. *Ladon*, où une bataille eut lieu le 24 nov. 1870 (monument). — 76 kil. (15e st.) *Montargis* (p. 281).

D'Orléans à Gien: 68 kil.; 1 h. 55 à 2 h. 25; 7 fr. 05, 4 fr. 75, 3 fr. 10. — Cette ligne remonte la vallée de la Loire, à une certaine distance du fleuve. — 5 kil. *St-Jean-de-Braye*. — 10 kil. *Chécy-Mardié*. On traverse le canal d'Orléans (v. p. 297). — 17 kil. *St-Denis-Jargeau*. La petite ville de Jargeau (2321 hab.), sur la rive dr. de la Loire, est connue par une victoire de Jeanne d'Arc sur les Anglais, en 1429. — 25 kil. **Châteauneuf-sur-Loire** (*hôt. des Trois-Rois*), ville de 3333 hab., avec les restes d'un vaste *château* reconstruit au XVIIIe s. Son église renferme le tombeau du marquis de La Vrillière (1672-1718), ministre de Louis XIV, avec un beau groupe en marbre. A 4 kil. 1/2 au S.-E., dans la direction de St-Benoît-sur-Loire (10 kil.; v. ci-dessous), *Germigny-des-Prés*, village connu par son église de l'époque carlovingienne, qui a été reconstruite en partie dans le même style. 33 kil. *St-Benoît-St-Aignan*. — **St-Benoît-sur-Loire** (*auberges*), localité de 1471 hab., à 4 ou 5 kil. au S., doit son origine à une célèbre abbaye de bénédictins, fondée en 620, qui eut des écoles comptant jusqu'à 5000 élèves et qui fut pillée et saccagée en 1562 par les calvinistes, sous Louis Ier de Condé. Il n'en reste plus que l'*église*, une des plus anciennes et des plus curieuses de France. Elle a été construite de 1026 à 1218, dans le style de transition, et restaurée au XIXe s. Elle a deux transepts à l'E., qui lui donnent la forme d'une croix double. A l'O. est un porche à 2 étages, 3 nefs et 3 travées, dont les colonnes ont des chapiteaux très remarquables, et au N. une porte latérale flanquée de six grandes statues mutilées, avec un tympan où est représentée la translation des reliques de St Benoît du Mont-Cassin à l'abbaye. Les transepts n'ont pas de portails latéraux, mais des absidioles à l'E. Il y a une tour carrée sur l'intertransept. A l'Intérieur, on remarque, sous cette tour, le tombeau de Philippe Ier, roi de France (m. 1108), avec sa statue couchée, du XIIe s.; les chapiteaux des colonnes, les stalles, du XVe s., etc. — Les personnes qui voudront visiter d'ici *Sully* (8 kil.; v. ci-dessous) auront plus court d'y aller directement de St-Benoît, par la rive dr. de la Loire. — Germigny-des-Prés est à 5 kil. 1/2 au N.-O. (v. ci-dessus).

39 kil. *Les Bordes*, où l'on croise la ligne de Beaune-la-Rolande à Bourges. *Sully* est la première stat. de cette ligne au S. des Bordes (v. p. 281). — 49 kil. *Ouzouer-Dampierre*. — 68 kil. *Gien* (p. 288).

II. D'Orléans à Bourges.

118 kil. Trajet en 2 h. 10 à 3 h. 20. Prix: 12 fr. 40, 8 fr. 30, 5 fr. 45.

On retourne d'abord à la stat. de transit sur la ligne de Paris à Bordeaux, *les Aubrais* (2 kil.; p. 292), ou bien on passe, en train omnibus, par un tronçon de raccordement; puis on contourne Orléans au N. et on traverse la Loire sur un pont de pierre, d'où l'on a, à dr., une belle vue de la ville. — 132 kil. (de Paris). *St-Cyr-en-Val*. — 143 kil. *La Ferté-St-Aubin* (hôt. de la Croix-Blanche), à g., localité fort ancienne de 3437 hab., avec une église du XIIe s. — 152 kil. *Vouzon*.

159 kil. *La Motte-Beuvron* (hôt. Tatin; 2285 hab.), sur le *Beuvron* et à l'extrémité du *canal de la Sauldre*, long de plus de 43 kil., qui apporte du Sancerrois la marne nécessaire à l'amélioration des terres de la Sologne (v. ci-dessous). Château des XVIe-XVIIe s., transformé en colonie agricole.

Tramway de *Blois*, v. le *Nord-Ouest de la France*, par Bædeker.

165 kil. *Nouan-le-Fuzelier*. On parcourt le plateau de la Sologne.

La **Sologne**, qui a env. 500 000 hect. de superficie, était jusqu'en 1860 un pays couvert d'étangs et de marécages. On évaluait à 1200 le nombre de ses étangs, et la population n'y atteignait pas le chiffre de 100 000 hab.

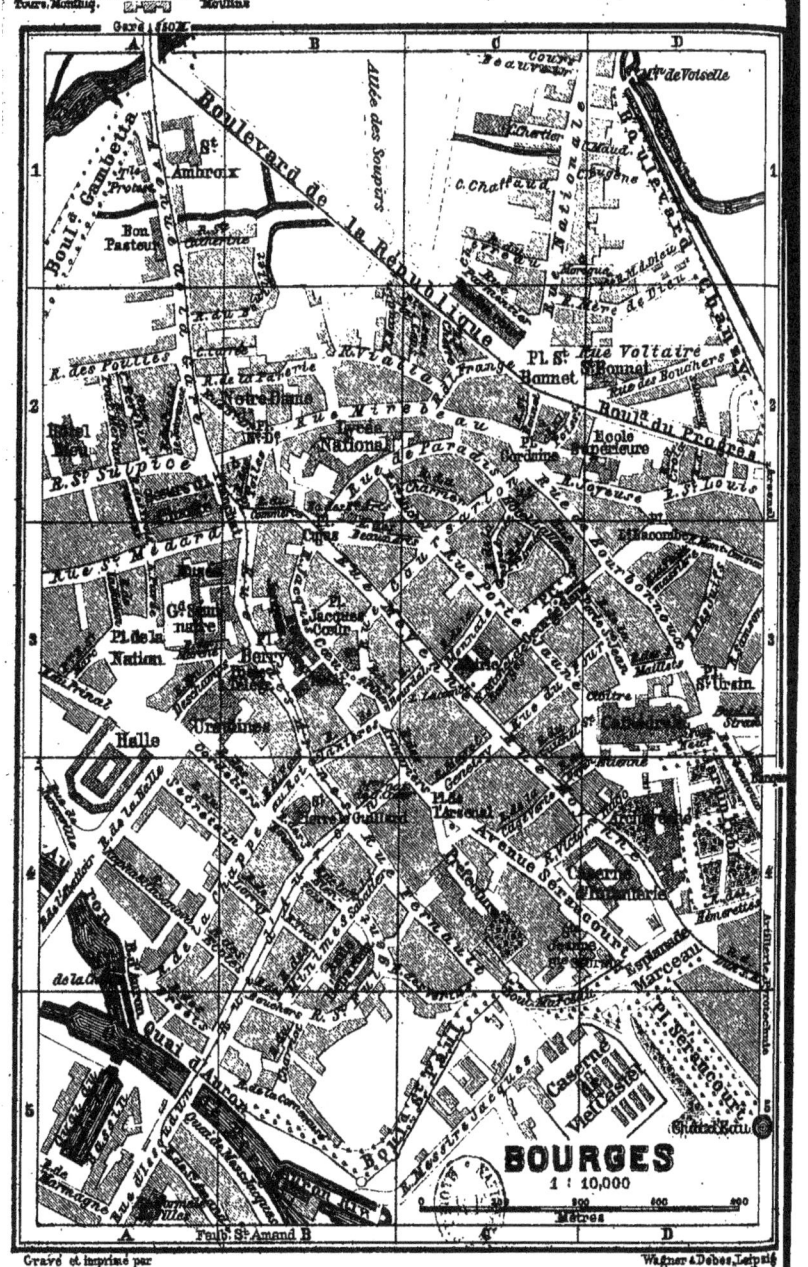

ou moins de 20 par kil. carré. Mais ce n'est plus aujourd'hui le pays marécageux et insalubre d'autrefois, depuis les guerres de religion et la révocation de l'édit de Nantes, qui en fit partir de nombreuses familles protestantes. L'Etat et un comité agricole, fondé dans ce but, ont transformé ce pays en y perçant des routes et des canaux, supprimant ou assainissant ses étangs et remplaçant ses bruyères par d'immenses forêts de pins et des cultures. Aussi la Sologne est-elle déjà redevenue un pays prospère et la population s'y est accrue de 50 %. Elle fournit en grande partie le bois utilisé pour le four par les boulangers de Paris, et l'on fait du «charbon de Paris» avec les branches de pins, transformées, dans des fours spéciaux portatifs, en poussier de charbon, qu'on mêle ensuite à du goudron de houille.

On traverse la *Grande-Sauldre* avant Salbris. — 177 kil. *Salbris*, localité industrielle et commerçante, dont l'église a de beaux vitraux.

Lignes de 29 kil. sur *Romorantin* pour 2 fr. 15 et 1 fr. 45 (voir le *Nord-Ouest de la France*) et de 42 kil. sur *Argent* (p. 281) pour 3 fr. 20 et 2 fr. 05, continuation de la précédente.

190 kil. *Theillay*. Ensuite une rampe, un tunnel de 1230 m. (21 soupiraux), la *forêt de Vierzon* (5000 hect.) et un remblai.

200 kil. **Vierzon** (*buffet*; hôt.: *des Messageries, du Bœuf*, rue Neuve), ville de 11796 hab., où se fabriquent des machines agricoles et industrielles. C'est aussi un centre pour la céramique. Elle est située sur le *Cher* et le *canal du Berry*, qui abrège la navigation entre les vallées supérieure et inférieure de la Loire.

Lignes de *Tours*, de *Limoges* et de *Montluçon*, v. le *Sud-Ouest de la France*, par Bædeker.

On traverse plus loin l'*Yèvre*, le canal du Berry et un tunnel, après lequel on quitte la ligne de Limoges et longe le canal sur la g.

210 kil. *Foëcy*. — 215 kil. *Mehun-sur-Yèvre* (hôt. Charles VII), ville de 6345 hab., avec des restes du château du xive s. où Charles VII fut couronné roi en 1422 et se laissa mourir de faim en 1461, de crainte d'être empoisonné par son fils, plus tard Louis XI. On doit y ériger, sur la place Charles VII, une statue à Jeanne d'Arc. Manufacture de porcelaine.

223 kil. *Marmagne*, où s'embranche, à dr., la ligne directe de Montluçon. On retraverse le canal du Berry et l'Yèvre. — 232 kil. *Bourges* (bon buffet), à dr.

Bourges. — Hôtels: *de la Boule-d'Or* (pl. a, C 2), place Gordaine (rep. 1 fr. 25, 3 et 4); *de France* (pl. b, B 2), place Planchat (ch. dep. 3 fr., rep. 3 et 8.50); *H. Jacques-Cœur* (pl. c, B 3), rue des Arènes, 33 (30 ch. dep. 2 fr. 50, rep. 1, 2.50 et 3, p. 8.50, om. 40 c.); *Central-Hôtel* (pl. œ, B 3), place des Quatre-Piliers et rue Jacques-Cœur.

Cafés: *Grand-Café*, rue Moyenne, 16; *C. des Beaux-Arts*, près de l'école de ce nom (p. 300).

Voitures de place: course, 1 fr. 50; 1re h., 2.50; h. suiv., 2.25.

Tramways électriques, de la *gare* (v. pl. A 1): à l'*arsenal* (v. pl. D 2), par le boul. de la République; à l'*Ecole de Pyrotechnie* (v. pl. D 4), par la rue Moyenne; au *faub. de St-Amand*, par la rue des Arènes: 10 et 15 c.

Poste et télégraphe (pl. B 3), place Berry.

Banque de France (pl. D 4), avenue Bourbonnoux.

Princip curiosités: *cathédrale* (p. 300); *hôtel de Jacques Cœur* (p. 302).

Bourges est une ville intéressante de 46551 hab., l'anc. capitale du *Berry* et auj. le chef-lieu du départ. du *Cher* et du command. du

VIIIe corps d'armée, le siège d'un archevêché, etc. Elle est bâtie au confluent de l'*Yèvre* et de l'*Auron* et entourée de prairies. Il y a un grand arsenal, avec une fonderie de canons.

Cette ville est l'*Avaricum* gaulois, capitale des *Bituriges* «rois du monde», qui opposèrent une résistance héroïque à Jules César. Après avoir été prise et saccagée par lui, l'an 52 av. J.-C., elle devint la métropole de l'Aquitaine Ire. Elle fut ensuite prise par Euric, roi des Visigoths; par Clovis, par Pépin le Bref et par les Normands. Puis elle obéit à des seigneurs particuliers, passa à la couronne, et devint même la capitale du royaume, sous Charles VII, jusqu'à la délivrance d'Orléans par Jeanne d'Arc, en 1429. Elle resta encore importante comme capitale du duché de Berry, fut le siège d'une université, où étudièrent, entre autres, Théodore de Bèze, Amyot et Calvin, et dont le jurisconsulte Cujas fut professeur. Beaucoup de ses habitants ayant embrassé la Réforme, Bourges souffrit considérablement des guerres de religion. Des incendies et la peste l'ont ravagée également plusieurs fois. Louis XI y naquit en 1423; c'est encore la patrie de Jacques Cœur, argentier de Charles VII (p. 302) et de Bourdaloue (p. 301).

L'avenue de la Gare, qui traverse l'Yèvre, mène directement vers le centre de la ville. Elle passe, à g., près de *Notre-Dame* (pl. B 2), église du style goth. flamboyant, avec une tour de la Renaissance dont on peut faire l'ascension (s'adresser au sacristain, rue Notre-Dame, 18). A l'intérieur, on en remarquera les bénitiers. La rue des Toiles et la rue Mirebeau, qui partent de la place Notre-Dame, ont encore de vieilles maisons intéressantes, surtout le n° 15 de la première, l'*hôtel Pelvoysin*, de la Renaissance.

La rue des Toiles aboutit à la place Planchat, près du musée (p. 302), et la petite rue du Commerce, à g., mène à la place Cujas, où est l'*Ecole des Beaux-Arts* (pl. B 2), belle construction moderne de style néo-grec, à peu de distance de l'hôtel de Jacques Cœur (p. 302). On continuera de la place Cujas par la rue Moyenne, une des principales de la vieille ville, qui passe, à g., le long de l'hôtel de ville (dans le jardin, au coin de la rue Michel-de-Bourges, buste du compositeur *L. Lacombe*, 1818-1884, bronze par J. Baffier) et amène du même côté près de la cathédrale.

La **cathédrale, ou *St-Etienne* (pl. D 3), est le principal édifice de Bourges et l'une des plus belles églises de France. Elle date du XIIIe et du XIVe s., mais elle n'a été achevée qu'au XVIe s.

La *façade, bien que manquant d'unité, est d'un effet imposant et excessivement riche comme décoration. Elle a 55 m. de largeur et elle est percée de cinq portails, qui correspondent à autant de nefs. On remarque surtout parmi les sculptures celles du portail du milieu, dont le tympan représente le *Jugement dernier; les autres tympans représentent, à g., St Guillaume, la Mort et l'Assomption de la Vierge, à dr., St Etienne et St Ursin. Le portail principal et ceux de dr. sont du XIIIe s.; ceux de g. sont seulement du XVIe s. Au centre de la façade est une magnifique rose de 9 m. de diamètre, surmontant deux grandes fenêtres à trois meneaux. Enfin sur les côtés s'élèvent deux tours. Celle de dr. ou du S., la *tour Sourde*, du XIVe s., mais inachevée, est haute de 58 m. et flanquée d'une construction qui détruit l'harmonie de la façade, l'anc.

prison du chapitre. La tour du N. ou *tour de Beurre*, qui est plus remarquable, atteint 65 m. (ascension, 25 c. par personne). Elle a été construite au xvi⁰ s., comme celle du même nom à Rouen, en partie avec les sommes payées par les fidèles pour obtenir la permission d'user de beurre en carême. L'église est sans cela fort simple à l'extérieur; elle n'a pas de transept, mais elle a cependant deux portails latéraux, avec porches, d'une église plus ancienne, d'un style roman très riche, surtout celui du S., des xi⁰-xii⁰ s.

L'intérieur n'est pas moins imposant que la façade. Tout l'édifice mesure 118 m. de longueur sur 40 de largeur et 37 m. de hauteur sous voûte dans la grande nef, 21 m. et 12 m. dans les autres. Les fenêtres et le triforium de la première paraissent toutefois écrasés, étant donnée la hauteur des piliers. Des chapelles latérales ont été ajoutées au xv⁰ et au xvi⁰ s. Le pourtour est double. Les cinq chapelles du chevet, fort petites, sont bâties en encorbellement sur des piliers. Les connaisseurs remarqueront surtout les *vitraux* de cette cathédrale, en grande partie du xiii⁰ s., notamment ceux de l'abside et de la façade, qui comptent, dit-on, jusqu'à 1610 figures. Nous mentionnerons ensuite comme œuvres d'art: dans la 2⁰ chap. à dr. de la nef, une Adoration des bergers, tableau de Jean Boucher, de Bourges (1568-1633); dans la chap. suivante, des tapisseries des Gobelins d'après les cartons de Raphaël, la Guérison du boiteux et la Mort d'Ananie; au chœur, des grilles modernes dans le style du xiii⁰ s.; à la chap. de la Vierge, les statues peintes du duc Jean de Berry (m. 1416) et de sa première femme (v. au musée); dans la chap. St-Ursin, la 2⁰ après la belle porte de la sacristie, à g. du chœur, 8 belles statues tombales en marbre des xvi⁰ et xvii⁰ s., auparavant dans la crypte, celles du chancelier de l'Aubespine, de sa femme et de leur fils (avec un livre), le marquis de Châteauneuf (m. 1653), qui fut garde des sceaux sous Louis XIII.

Sous le chœur se trouve une crypte romane où sont enterrés les archevêques (on ne visite pas). Elle est entourée d'une autre crypte circulaire, du commencement du xiii⁰ s. (visite, 15 c. par personne), où se voient quelques vitraux anciens, des pierres tombales, le tombeau du duc Jean avec une belle statue couchée en marbre blanc, un Saint-Sépulcre des xvi⁰-xvii⁰ s. dans une petite chapelle. On remarquera que les nervures des voûtes du côté intérieur ont une forme hélicoïdale par suite de la disposition irrégulière des piliers.

A dr. ou au S. de la cathédrale est le *jardin de l'Archevêché* (pl. D 4), qui est une belle promenade publique. On y voit un obélisque élevé en 1802 aux vertus civiques du duc de Béthune-Charost, les bustes en bronze du prédicateur *Bourdaloue* (1633-1704) et du physicien *Sigaud de Lafond* (1730-1810), de Bourges, et deux vases modernes aussi en bronze. L'archevêché lui-même, qui datait surtout du xvii⁰ s., a été incendié en 1871 et en partie reconstruit.

On prend ensuite les rues qui contournent le jardin au S. pour arriver à la grande *place Séraucourt* (pl. D 5), l'ancien Mail. Il y a à l'extrémité (5 min.) un *château d'eau* monumental, achevé en 1867.

A l'entrée de l'avenue Séraucourt, qui ramène de la place dans l'intérieur de la ville, se voit, à g., la *porte St-Ursin*, du xii⁰ s., provenant d'une église, avec des bas-reliefs représentant les mois de l'année, une chasse et des fables.

On continue tout droit de ce côté, où l'on passe à g. près de la *préfecture* (pl. C 4), le long de la maison natale de Jacques Cœur (p. 302) et devant le *théâtre* (pl. B 3).

Plus loin, sur une petite place en face de son ancien hôtel, la *statue de Jacques Cœur*, marbre moderne par Préault (1875).

Jacques Cœur (1400?-1456), d'abord simple ouvrier à la monnaie de Bourges, devint rapidement un des premiers commerçants et financiers de son temps, ayant 7 navires à son service et 300 factoreries. Ses principaux comptoirs en France furent à Montpellier, Marseille, Tours et Bourges. Il fut en outre le plus grand propriétaire du pays, et il eut plus de 30 châteaux et splendides hôtels. Ses immenses richesses lui permirent de prêter 200000 écus d'or à Charles VII, qui le mit à la tête de ses finances. Le roi lui confia encore d'importantes missions politiques. Aussi cette fortune extraordinaire ne fut pas sans lui susciter des jalousies, et on l'accusa, sans preuves, d'avoir empoisonné Agnès Sorel, maîtresse du roi, qui avait été sa bienfaitrice; altéré les monnaies, contrefait le poinçon royal, etc. Il fut condamné à mort en 1458 et ne dut la vie qu'à l'intervention du pape. Banni de France, il se retira à Chypre et mourut à Chio.

L'*hôtel de Jacques Cœur* (pl. B 3), maintenant le *palais de justice*, est un édifice fort remarquable de la seconde moitié du xve s., augmenté de nos jours, à dr., d'un lourd appendice dans le style de la Renaissance. Au-dessus de la porte goth. de la façade était une statue de Charles VII, et de chaque côté est encore, sculptée dans une fenêtre simulée, la tête d'un domestique qui regarde, dit-on, si son maître revient de l'exil. Les bâtiments de la cour ont mieux conservé leur caractère primitif. Il y a des portiques et des escaliers dans trois belles tourelles, ornées de bas-reliefs et de médaillons, dont les sujets se rapportent à la destination de chaque corps de bâtiment. La partie la plus remarquable à l'intérieur est la chapelle, au premier étage, au-dessus de l'entrée (s'adresser au concierge). Elle est précédée d'une belle salle des pas-perdus, l'ancienne salle d'armes, avec deux cheminées sculptées, et voûtée en carène. La chapelle même a pour principale décoration, à la voûte, des peintures du xve s., représentant des anges. Il y a de l'autre côté une salle voûtée comme la précédente.

On descendra à g. de l'hôtel de Jacques Cœur sur la *place Berry*, l'ancien jardin de l'hôtel, d'où se voit l'autre façade, construite sur un pan de *mur romain* de l'enceinte de la ville, dont on a utilisé deux tours, en les exhaussant.

L'*église St-Pierre-le-Guillard* (pl. B 4), près de la place Berry, au S., présente à l'intérieur un vaisseau goth. des xiie-xve s., à 3 nefs, sans transept. On y remarque les ogives surélevées du chœur.

Le musée (pl. A 3), un peu au delà de la place Berry, rue des Arènes, 6, est installé dans l'ancien *hôtel Cujas*, bel édifice de la Renaissance, restauré et agrandi sur le derrière. C'est un musée intéressant par ses objets d'art, public le dim., de 1 h. à 4 h., et visible les autres jours. Il n'y a pas de catalogue; conserv., M. Mater.

Dans la cour, une statue de Louis XI par *Baffier* et l'Espoir, bronze par le même (1901).

Rez-de-chaussée. — 1re salle, à g. dans le fond de la cour: cheminée de l'époque, avec restes de peintures; curieux plafond; sculptures provenant de la cathédrale, vieux portraits de Jacques Cœur et de sa femme; un St Sébastien, de *J. Boucher*; statue tombale d'évêque; modèle de l'anc. Ste-Chapelle de Bourges; ivoires, etc., dans la vitrine du côté de la cour; 11 belles statuettes en albâtre du tombeau du duc de Berry, dont les statues sont à la cathédrale; meubles goth., etc. — 2ᵉ salle: antiquités, portraits anciens d'échevins de la ville; haut relief, le Vaisseau de Jacques Cœur, à la cheminée; statue antique de la Fortune; plafond remarquable; tapisseries des xvᵉ-xvɪᵉ s.; dans une vitrine au milieu, objets gallo-romains. — Cabinet du fond: panneaux peints d'une anc église; un St Sébastien, d'une école italienne, provenant de l'église St-Pierre-le-Guillard (p. 302). — Galerie ouverte entre la cour et le jardin: sculptures architectoniques; l'Odalisque, marbre par *Jacquot*; rouages d'horlogerie du xvᵉ s. — Autre salle: antiquités; 2 volets de triptyque de *J. Boucher*, de Bourges (v. ci-dessous), représentant l'artiste et sa mère; une Adoration des mages et une Ste Catherine du même; céramique antique. — Galerie lapidaire à la suite: sculptures antiques, mérovingiennes, du moyen âge, des xvᵉ-xvɪɪᵉ s., et le Semeur d'ivraie, par *J. Valette*, de Bourges (1857). — Cour vitrée du fond: peintures, rien de bien important, de grandes toiles modernes, du reste avec des inscriptions; sculptures également modernes.

ENTRESOL: petite salle avec des armes et des sceaux et une avec des faïences, quelques tableaux, une tapisserie (Louis XV).

1ᵉʳ ÉTAGE: — 1ʳᵉ salle: à dr., portr. ancien de Cujas; puis quelques vieux tableaux religieux; dans les vitrines du milieu, des faïences et des armes; aux fenêtres du fond, des émaux, de vieux meubles, surtout un en ébène, qui est aussi fort beau à l'intérieur; du côté de la cour, de beaux bas-reliefs en bois et encore de beaux meubles, en particulier un lavabo; au milieu, une table et un pupitre également remarquables; éc. de *Fontainebleau*, Vénus et l'Amour; *A. del Sarto* (?), Annonciation. — 2ᵉ salle: suite de la belle collection de meubles anciens; objets d'art divers; collection de boutons; pendules, glaces; statuettes; tableaux de valeur secondaire. — 3ᵉ salle, à dr.: suite des meubles et tableaux et objets divers. — 4ᵉ salle, de l'autre côté: encore des meubles, dont 4 en marqueterie; coffret; glaces; tableaux.

IIᵉ ÉTAGE: galerie d'histoire naturelle; portr. de Napoléon Iᵉʳ, Charles X et Louis-Philippe, sculptures diverses et des médaillons.

Revenu à la place Planchat, on a près de là, à g., la rue St-Sulpice, où est la curieuse *maison de la Reine-Blanche*, en bois, au n° 17. — Dans la rue de Paradis, qui part de la place Cujas, se trouve le *lycée*, puis, au n° 13 (pl. B C 2), l'anc. hôtel de ville, du xvᵉ s. Il a une belle tourelle octogone dans la cour et une curieuse cheminée dans la première pièce du rez-de-chaussée, ainsi qu'une porte où est représentée Ste Solange. Cette rue aboutit à celle où se trouve, n° 5, l'*hôtel Lallemant* (pl. H. L., C 2), de la Renaissance, dont l'entrée principale est rue de Bourbonnoux, 6. Il est fort curieux du côté de la cour, où il a une très jolie tourelle, et par son oratoire, qui a un très joli plafond et un curieux bas-relief (une Forêt). Il y a encore une belle cheminée, style Louis XII, dans la salle à dr. en entrant. Cet hôtel est le siège de plusieurs sociétés savantes de la ville, et on peut le visiter en s'adressant au concierge.

La rue de l'Hôtel-Lallemant aboutit à la place George-Sand, décorée d'une fontaine avec statue allégorique de la ville de Bourges. La rue de Bourbonnoux, au fond de la place par une ruelle, a plusieurs *vieilles maisons* (n°ˢ 3, 5, 13, 52); elle conduit à g. à la place Gordaine. Plus au N., par la rue de ce nom, se trouve l'*église St-Bonnet* (pl. D 2), reconstruite au xvɪᵉ s. et dont il ne reste que le chœur. Elle a des vitraux de l'époque et un tableau de J. Boucher, dans la 2ᵉ chap. de g., l'Education de la Vierge, panneau principal d'un triptyque dont les volets sont au musée.

Le boul. de la République ramène de cette église vers la gare.

Les vastes établissements militaires de Bourges, *arsenal*, *fonderie*, etc., sont à env. 10 min. au S.-E. de la place St-Bonnet, par le boul. du Progrès, etc.: le public n'y est pas admis. Il y a encore plus loin, à dr., des casernes, un polygone, etc.

Lignes se dirigeant vers *Montluçon* et l'*Auvergne* et ligne de *Laugère*, v. le *Sud-Ouest de la France*, par Bædeker. — Lignes de *Beaune-la-Rolande* et de *Cosne* par *Sancerre*, v. p. 280 et 285.

III. De Bourges à Nevers.

69 kil. Trajet en 1 h. 40 à 2 h. 30. Prix: 7 fr. 75, 5 fr. 25, 3 fr. 40.

La ligne de Nevers remonte encore quelque temps la vallée de l'Yèvre, qu'elle traversera plusieurs fois. A g., la ligne de Cosne par Sancerre. — 239 kil. (de Paris). *St-Germain-du-Puy*. — 242 kil. *Moulins-sur-Yèvre*. On traverse trois fois l'Yèvre. — 248 kil. *Savigny-en-Septaine*. — 253 kil. *Avor*, stat. à g., en deçà de laquelle il y a un camp de manœuvres, avec une école de sous-officiers. — 262 kil. *Bengy*.

268 kil. *Nérondes*, à dr., ville de 2207 hab. Puis un assez long tunnel, et on traverse l'*Aubois* et le canal du Berry, près de la Guerche.

280 kil. *La Guerche*, à g., ville de 3254 hab., sur l'Aubois. Il y a dans les environs des hauts fourneaux et une carrière de pierres lithographiques.

Lignes de *St-Amand* et de *Villefranche-d'Allier*, v. le *Sud-Ouest de la France*, par Bædeker.

289 kil. *Le Guétin*. Le chemin de fer traverse ensuite un raccordement du *canal latéral à la Loire* avec l'Allier, à dr., et le *pont-aqueduc*, de 500 m. de long, par lequel le canal franchit cette même rivière. Bientôt après un pont de 381 m. sur l'*Allier*, et la grande ligne venant de Paris par Nevers.

291 kil. *Saincaize* (buffet), 10 kil. au S. de *Nevers* (v. p. 328).

58. Le Morvan. Auxerre, Autun, etc.

Le Morvan ou *Morvand*, auquel nous rattachons en partie, par suite de la connexion qu'établissent aujourd'hui les chemins de fer, l'Auxerrois, l'Auxois (Semur) et l'Autunois, est un ancien pays de France dans la Bourgogne et le Nivernais, intéressant pour les touristes, mais peu connu parce qu'il est en dehors des grandes routes généralement suivies. Il est traversé du N. au S., c'est-à-dire d'Avallon (p. 309) à Luzy (p. 317), par une chaîne de montagnes de 88 kil. de long sur 32 à 48 de large, dont la plus grande altitude est de 902 m. (pic du Bois-du-Roi, p. 323). Cette chaîne se rattache à celles de la Côte-d'Or et du Charolais et se trouve par conséquent comprise dans le faîte de partage des eaux entre l'Atlantique et la Méditerranée. Le sol y est en général peu fertile et couvert de bois et de pâturages, et les habitants y sont en conséquence surtout occupés à la préparation ou au transport du bois (v. p. 308) et à l'élève du bétail. Les Morvandiaux ont en général une physionomie très caractéristique, avec la tête carrée, les yeux petits et en amande, la face aplatie, le nez légèrement épaté, les cheveux raides et le visage glabre.

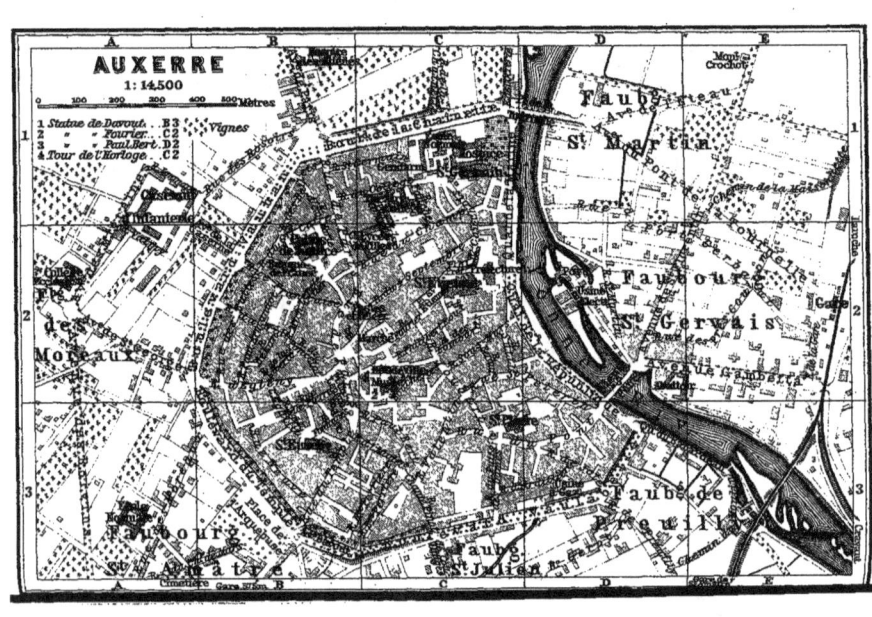

I. De Laroche (Sens) à Auxerre (Autun) et à Nevers.

19 et 147 kil. Trajets en 35 min. et en 4 h. 20 à 5 h. 30. Prix: pour Auxerre, 2 fr. 15, 1 fr. 45, 95 c.; pour Nevers, 16 fr. 55, 11 fr. 20, 7 fr. 25.

Laroche (155 kil. de Paris), v. p. 207. Le train pour la ligne d'Auxerre est de l'autre côté de la gare. On traverse d'abord un pays uniforme, sur la rive dr. de l'Yonne. Plaine à g., vue étendue à dr. sur des collines. — 6 kil. *Bonnard-Bassou.* — 8 kil. *Chemilly-Appoigny.* — 14 kil. *Monéteau.* Vue sur Auxerre à droite.

19 kil. **Auxerre** — Hôtels: au centre, dans le haut, près de St-Eusèbe: *H. de l'Epée* (pl. a, B 3), rue du Temple, 18 (40 ch. à 2 fr. 50, 1er dé. 1, dé. et dî. 3, om. 50 c.); *Gr.-H. de la Fontaine* (pl. b, B 2-3), place Ch.-Lepère, 12; *H. du Commerce* (pl. c, B 3), rue des Grandes-Fontaines, 5; *H. de la Poste* (pl. d, B 2), rue d'Orbandelle. — *Buffet* à la gare, mais en dehors. — Cafés: *Grand-Café*, avec jardin, à la promenade, à dr. au bout de la rue du Temple; *C. Léon*, place Ch.-Lepère. — Poste et télégraphe (pl. C 2), rue Dampierre, près de l'hôtel de ville. — *Crédit Lyonnais*, place Ch.-Lepère. — *Bains:* b. de l'Yonne, quai de la République, 18.

Auxerre est une ville intéressante de 18901 hab., chef-lieu du départ. de l'*Yonne*, située sur une colline de la rive g. de l'Yonne et assez mal bâtie, mais qui présente à l'arrivée un joli coup d'œil, avec ses trois églises sur le bord de la colline. Auxerre fait un commerce considérable des bons vins du pays.

C'est la ville gauloise d'*Autessiodurum*, importante à l'époque gallo-romaine, où l'évangile fut prêché vers 260 par St Pellerin et qui eut pour évêques au ve s. St Germain (m. 448), fondateur d'une abbaye, et au xvie s. l'écrivain J. Amyot (1513-1593; v. p. 192). La ville fut prise et saccagée par les Huns au ve s., par les Sarrasins, au viiie, et par les Huguenots en 1567; elle eut encore à souffrir de l'invasion de 1814 et fut bombardée par les Allemands en 1870.

La *gare* (pl. E 2) est dans un faubourg, à env. 10 min. de la ville, aussi éloignée que la station d'Auxerre-St-Amâtre (p. 307; ligne de Gien). On tourne d'abord à g., puis à dr., dans l'avenue Gambetta, qui mène au *Vieux-Pont* (pl. D 2), en amont. Là se trouve la *statue de Paul Bert* (1833-1886; pl. 3), d'Auxerre, physiologiste et homme politique, mort gouverneur du Tonkin, par Peynot (v. aussi p. 307).

L'*église St-Pierre* (pl. C D 3), à dr. de la rue du Pont, au delà de l'Yonne, a été reconstruite au xviie s., avec un beau portail dans le style classique; mais elle a conservé un fort beau *clocher* carré de 1530. Elle est précédée d'une cour, avec une porte de la Renaissance très dégradée. L'intérieur est bien restauré. On en remarque les voûtes, qui ont des restes de peintures anciennes. Beaux chapiteaux et beaux restes de vieux vitraux.

La rue Joubert, qui passe devant la porte, puis la rue Fourier mènent à la cathédrale.

La cathédrale, *St-Etienne* (pl. C 2), est un édifice fort remarquable, surtout des xiiie-xve s., mais de fondation plus ancienne et où l'on voit encore des restes du style roman. La façade, large de 50 m., a trois portails de la fin du xiiie s., en partie mutilés, et deux tours, celle de g. (N.), haute de 70 m., à quatre étages et avec riches arcatures à frontons, terminée au xvie s., celle du S. restée inachevée. Le portail principal a au tympan un bas-relief, le Jugement dernier.

Bædeker. N.-E. de la France. 7e édit. 20

Les portails latéraux de la façade, terminés aux xiv⁰ et xv⁰ s., sont d'une ornementation très riche : les tympans et les voussures présentent une multitude de petites statuettes dans des arcades trilobées et des niches. Il y a au-dessus un beau fronton et une vaste fenêtre avec trois roses. On admirera aussi les deux portails des bras du transept, fort intéressants : celui du N., des xv⁰-xvi⁰ s., orné de sculptures relatives à St Germain, celui du S., auquel on arrive par une ruelle à dr., représentant le martyre de St Etienne.

L'*intérieur, de 98 m. 50 de long sur 39 de large et 29 m. 50 de haut, est à trois nefs, remarquables par leur hauteur et le joli triforium à balustrade de celle du milieu. A l'entrée du chœur, une belle grille du xviii⁰ s. Le déambulatoire est plus bas que la nef de trois marches. Il a sous les fenêtres des arcatures (les premières, à dr., à plein cintre), avec de magnifiques chapiteaux à têtes humaines, d'une grande variété. A dr. et à g. au sanctuaire, de petits monuments d'évêques d'Auxerre, des xvii⁰ et xvi⁰ s., le second, de Jacques Amyot (v. p. 305). La chapelle absidale a aussi son originalité; elle est carrée et il y a à l'entrée deux colonnes extrêmement légères, soutenant les retombées de la voûte. Le chœur se termine également par des colonnes, et l'on y remarque, derrière un autel en marbre du xviii⁰ s., une statue de St Etienne, aussi en marbre. Enfin il faut encore signaler le monument des sires de Chastellux dans une petite chap. à g. du chœur et beaucoup de vitraux des xiii⁰-xvi⁰ s., notamment la belle rosace du transept N. (1528) et la grande rose de la façade (1573). — Sous le chœur, une *crypte* à 5 nefs du xi⁰ s., restaurée au xix⁰, dont l'entrée est à gauche.

On s'adressera à la sacristie pour visiter le *trésor*, qui est intéressant et pour faire l'ascension de la tour du N., d'où l'on a une fort belle vue.

Derrière la cathédrale, dans la rue Cauchois, se trouve la *préfecture* (pl. C2), l'ancien évêché, qui a, du côté de l'Yonne (à g.), une belle galerie romane, le promenoir des évêques au moyen âge, et une ancienne salle synodale avec pignons du style ogival.

La rue Cauchois conduit aux restes remarquables de l'*abbaye de St-Germain* (pl. C1), transformée en hôpital et en école normale. On les voit déjà bien du quai. Ce sont surtout une *tour* du xiv⁰ s., le transept, le chœur et les chap. absidales de l'église, qui datent des xiii⁰-xv⁰ s. La nef n'existe plus. Il y a des cryptes du ix⁰ s., avec des tombeaux d'évêques.

La rue du Collège (à g., le *théâtre*), qui part de la place St-Germain, conduit à la rue de Paris, une des principales de la ville, qu'on suivra à g. Près de là à dr., le *palais de justice* (pl. B2); un peu plus haut à g., la rue Dampierre où se trouve la *poste*. On laissera à g. les marchés couverts, pour prendre du même côté, plus haut, la rue de l'Horloge, qui conduit à l'*hôtel de ville* (pl. C2). Là se voit à dr. une anc. porte de la ville, avec la *tour de l'Horloge* (pl. 4), de la fin du xv⁰ s., mais dont la flèche incendiée a été refaite au xix⁰ s.

Derrière cette tour s'étend une grande place, décorée de la *statue de Fourier*, le mathématicien, né à Auxerre (1768-1830; pl. 2, C2), bronze par Faillot (1841). Là s'élève le *musée-bibliothèque*, ayant sur la façade des médaillons de célébrités du pays.

Le musée est ouvert les jeudis et dim. de 1 h. à 4 h., mais visible les autres jours. Conservateur-bibliothécaire, M. Porée. Catalogue des peintures et sculptures (1872), 75 c.

Au REZ-DE-CHAUSSÉE et dans l'escalier, d'intéressants débris de sculptures antiques, du moyen âge et de la Renaissance; quelques sculptures modernes.

Au 1er ÉTAGE, à g., des collections de zoologie et de botanique; à dr., la bibliothèque, contenant 80000 vol. et env. 200 manuscrits, au milieu de laquelle se trouve une statue d'Amyot (p. 305), par *Travaux* (1856).

Dans l'escalier, quelques peintures, entre autres: 88, *Sevin* (XVIIe s.), le Massacre des Innocents; 88, *éc. franç.* (sur bois), le Christ au tombeau; 28, *A. de Pujol*, la Fin du monde; 50, *Riesener*, la Mort des enfants de Niobé.

Au 2e ÉTAGE, à dr., peintures; de dr. à g.: 12, *Franck le V.*, Passage de la mer Rouge; s. n°, *Yon*, Laveuses à Cernay; 21, *J. Lefebvre*, Jeune homme peignant un masque de tragédie; s. n°, *Guillou*, vue de Vézelay; 14, *Gérard*, portr. de l'acteur Chenard (1797); s. n°, *Desportes*, nature morte; 24, *Marquis*, Jésus au milieu des docteurs; 152, *Picot*, Oreste après ses fureurs; 1, *Allori*, Vénus et l'Amour; s. n°, *Boucher* (?), Confidences; 84, *Sylvestre*, le Soldat de Marathon; 155, *Trézel*, Mort de la femme et de la fille de Gust. Wasa; 29, *J.-B. Regnault*, Achille tendant son arc; 4, *Blondel*, la Mort de Phocion; *186, retable en bois sculpté provenant de l'église de Lucy-sur-Cure, représentant la Mort et le Couronnement de la Vierge; 23, *Marquis*, Martyre de St Denis; s. n°, *van Dael*, fruits; 2, *André*, vue de Loéminé; 154, *de Steuben*, portr. de Mlle Louise Davout; 85, *A. Vollon*, Retour du marché; 8, *J. Blanchard* (?), Communion des apôtres; s. n°, *Vigée-Lebrun*, portr. de Louis XVII; 11, *le Guaspre*, paysage. Autour de la salle, dans des vitrines, collections diverses: faïences, camées, objets préhistoriques, antiquités. Au milieu, sculptures diverses, un vase gaulois, des bustes, des monnaies. — Dans la salle à g. de l'escalier, *musée d'Eckmühl* (ouvert le jeudi seulement), donné par Mme de Blocqueville, fille du maréchal Davout, prince d'Eckmühl, en 1882, contenant des souvenirs divers du maréchal, meubles, livres, bustes, tableaux.

On revient sur la rue de Paris.

Un peu plus haut à g., au delà de la place des Fontaines, la rue du Temple, une des plus importantes, à dr. de laquelle la rue de ce nom conduit à *St-Eusèbe* (pl. B 3), église de diverses époques, avec une belle tour du style de transition et un joli chœur goth. beaucoup plus élevé que la nef. Elle est bien restaurée. On y voit de très beaux vitraux du XVIe s., aux chap. du fond et des boiseries remarquables, aux premières stalles.

A l'extrémité de la rue du Temple s'étendent, à g., le boulevard du Temple, et à dr. l'avenue Davout, belles promenades, la dernière décorée d'une *statue du maréchal Davout* (pl. 1, B 3), né aux environs, à Annoux (1770-1823), bronze par Dumont. — C'est de ce côté (750 m.) qu'est la *station de St-Amâtre* (v. pl. B 3; p. 284).

Au cimetière dans le faubourg de ce côté (v. pl. A 3), est le *monument de Paul Bert* (v. p. 305), statue couchée par Bartholdi.

Auxerre a encore quelques *vieilles maisons* autour de l'hôtel de ville et de l'église St-Eusèbe.

D'Auxerre à *Toucy-Moulins* (Montargis) et *Gien*, v. p. 284.

La ligne de Nevers continue de remonter la vallée de l'Yonne, que longe le *canal du Nivernais* (176 kil.) destiné à relier cette rivière à la Loire. On traverse l'un et l'autre un grand nombre de fois. Important commerce de bois de chauffage.

24 kil. *Augy*. — 28 kil. *Champs-St-Bris*; St-Bris (1395 hab.), a une église des XIIe-XVIe s. On traverse plus loin l'Yonne. — 32 kil. *Vincelles*.

37 kil. *Cravant* (buffet), ancienne ville de 1082 hab., où les Français furent battus par les Anglais en 1423. De ses fortifications, il ne reste plus que la tour de l'Horloge. Elle a une belle église des xve et xvie s., avec chœur très riche de la Renaissance.

On laisse ici à g. l'embranch. d'Autun (v. ci-dessous). — 41 kil. *Prégilbert*. — 46 kil. *Mailly-la-Ville*. — 56 kil. *Châtel-Censoir*, sur les flancs d'une colline, dominée par sa belle église St-Potentien, des xie-xve s. — 64 kil. *Coulanges-sur-Yonne*. — 67 kil. *Surgy*, où aboutit la ligne de Montargis-Triguères (p. 283).

72 kil. **Clamecy** (*buffet; hôt. de la Boule-d'Or*), à g., ville de 5426 hab. et chef-lieu d'arr. de la Nièvre, au confluent de l'Yonne et du Beuvron. L'anc. *église de Bethléem*, du xiie s., sert de salle à manger à l'hôtel de la Boule-d'Or. L'*église St-Martin*, surtout des xiiie, xve et xvie s., a des parties curieuses, notamment sa façade avec une belle tour carrée. Sur la place de l'église, l'*hôtel de ville*, qui renferme au 1er étage la bibliothèque et un petit musée. *Jean Rouvet*, prétendu inventeur du flottage du bois à bûches perdues ou en trains, au xvie s., était de Clamecy, et il a sur le pont de l'Yonne un buste par David d'Angers (1829).

Le *flottage du bois* a nécessité une association qui a tout un personnel occupé à la surveillance, à la mise et remise à flot, quand il y a des bûches arrêtées, ainsi qu'à leur repêchage et au triage à l'arrivée. Les cours d'eau du Morvan sont curieux à voir lors du flottage, «les courrues», du 15 déc. au 1er févr., mais seulement par intervalles, les réservoirs de chasse se vidant rapidement. Arrivé à Paris, le bois revient à 52-58 fr. les 1000 kilos, après avoir coûté sur place de 22 à 83.

De Clamecy à *Cercy-la-Tour* et *Paray-le-Monial*, v. p. 314-315 et 324; à *Montargis*, par *Triguères*, p. 282; à *Cosne*, p. 286-285.

On quitte la vallée de l'Yonne. — 82 kil. *Corvol-l'Orgueilleux*. — 93 kil. *Varzy*, petite ville ancienne, à g., de 2585 hab., avec une belle église des xiiie-xive s., qui a des reliquaires des xiie et xiiie s. et un triptyque flamand de 1535, le Martyre de Ste Eugénie. Les *Dupin* étaient de Varzy et devant l'église se voit la statue de l'aîné, jurisconsulte et magistrat (1783-1865), par E. Boisseau. Varzy a un petit musée d'antiquités diverses.

100 kil. *Corvol-d'Embernard*. Beau coup d'œil à g.; vaste horizon de montagnes. — 106 kil. *Arzembouy*. — 117 kil. *Prémery*, petite ville de 2837 hab., où l'on arrive dans la vallée de la Nièvre. — 127 kil. *Poiseux*. — 132 kil. *Guérigny*, ville de 3787 hab., où sont les grandes *forges de la Chaussade*, qui appartiennent à l'Etat et travaillent pour la marine. — 137 kil. *Urzy*, à g., avec un château du xve s. On rejoint ensuite la ligne de Chagny (R. 59) et contourne Nevers, dominé par sa cathédrale et son palais.

147 kil. *Nevers* (p. 287).

II. D'Auxerre à Autun, par Avallon.

148 kil. Trajet en 4 h. 45 à 5 h. 40. Prix: 16 fr. 10, 10 fr. 90, 7 fr.

Jusqu'à *Cravant* (18 kil.), v. p. 307. Quittant ensuite la vallée de l'Yonne, qu'on traverse, on tourne à g. pour remonter la jolie vallée de la *Cure*, bordée de coteaux couverts de vignes. — 23 kil. (197 de Paris) *Accolay*. On traverse ensuite la Cure. — 24 kil. *Vermenton*, à g., petite ville de 1951 hab., dont l'église, du XIIIe s., a un beau portail roman. — 28 kil. *Lucy-sur-Cure-Bessy*.

32 kil. *Arcy-sur-Cure* (hôt. des Grottes), qui a un château du XVIIIe s. et qui est surtout connu par ses *grottes*, à 2 kil. en amont, sur la rive g. de la Cure, dont la vallée est bordée de rochers pittoresques. Il faut 1 h. pour les visiter et l'on paie 3 fr. pour 1 à 3 pers. ou 1 fr. par pers. pour un plus grand nombre. Il y a 3 salles remplies de stalactites, formant une longueur de 874 m. On y a découvert beaucoup d'ossements d'animaux préhistoriques et des objets en silex. La montagne, que contourne la rivière, est traversée par ces grottes, dont l'issue est obstruée par des éboulements.

Le chemin de fer franchit ensuite deux fois le cours sinueux de la Cure, passe dans un petit tunnel, après lequel on aperçoit, à dr., les *grottes de St-Moré*, riches en mobilier quaternaire, et encore deux fois sur la Cure. — 37 kil. *Voutenay*. Vestiges du *camp romain de Chora* (au N.-O., par St-Moré). — 41 kil. *Sermizelles*, en deçà à dr., au pied d'une colline où s'élève la tour Malakoff, moderne, avec une statue de la Vierge. Correspondance pour Vézelay (10 kil. en 1 h. 1/2, 2 départs par jour, 1 fr. 50 ; v. p. 310). — Puis on quitte la vallée de la Cure. — 46 kil. *Vault-de-Lugny*. — 52 kil. *Vassy*, dont la célèbre fabrique de ciment est à env. 1 kil. 1/2 à g.

56 kil. **Avallon**. — Hôtels : *du Chapeau-Rouge*, rue de Lyon, 11, près de la place Vauban (40 ch. dep. 2 fr., 1er dé. 75 c. ou 1 fr., dé. 2.75, dî. 3); *de la Poste*, place Vauban (dé. ou dî. 3 fr.). — *Poste et télégraphe*, rue de Lyon, 27. — *Bains*, rue de la Comédie, 5. — *Syndicat d'Initiative* d'Avallon et de l'Avallonnais, rue de Paris, 31.

Avallon, l'anc. *Aballo* («la ville des pommes»?), est une jolie ville de 5906 hab. et un chef-lieu d'arr. de l'Yonne, sur la rive dr. du Cousin, dont la vallée a des parties fort pittoresques.

L'avenue de la Gare conduit d'abord à la *promenade des Capucins*, à l'extrémité de laquelle est la petite *église St-Martin*, du XVIIIe s., qui n'a de remarquable que sa vieille chaire, en bois sculpté. Au bout de la rue de Lyon, à dr., se trouvent la place Vauban et le *Grand-Cours*, où s'élève la *statue de Vauban* (1633-1707), l'ingénieur militaire, né à St-Léger-Vauban (p. 311), bronze par Bartholdi (1873).

La Grande-Rue, à g. de la place, laisse à g. l'*hôtel de ville* (petit musée de peinture au rez-de-chaussée, bibliothèque au 2e étage) et passe sous la *tour de l'Horloge*, l'anc. hôtel de ville, de 1456-1460, dont la flèche élancée domine toute la ville (49 m.). Il y a au second étage un petit *musée*, qui comprend des antiquités, quelques tableaux, une collection géologique et un médallier comptant plus de 3000 pièces. — Plus loin, à g. dans la même rue, l'*église St-Lazare*, du XIIe s., restaurée de 1863 à 1866. Elle a deux beaux portails romans à la façade (l'un d'eux bouché), avec des colonnes très élégantes, torses et ondulées, une voussure à cinq cordons, richement garnie de sculptures, guirlandes de feuillage et de fruits. L'intérieur, du style goth. du XII° s., à voûtes d'arête, est plus bas que la rue et mal éclairé. Beaux chapiteaux. A dr. du portail, une grande chap. goth. indépendante; à dr. dans le transept, une chap. décorée de grisailles. — La Grande-Rue aboutit aux *Terreaux de la Petite-Porte*, promenade d'où l'on a une belle vue sur la vallée du Cousin. Il y a encore là des restes de fortifications, qu'on verra en faisant le tour à dr. pour regagner le Grand-Cours.

D'Avallon à *Nuits-sous-Ravières*, v. p. 209; aux *Laumes* (Dijon), p. 312.

D'Avallon à Vézelay: 15 kil.; voit., de 10 à 15 fr., aux hôtels et chez Duché, place Vauban, 17. — On peut aussi aller en chem. de fer jusqu'à *Sermizelles* et utiliser la voit. publique (v. p. 309). — Il y a dans la *vallée du Cousin*, jusqu'à Pontaubert (5 kil. 1/2), un chemin très intéressant pour les piétons. — *Pontaubert* occupe un site agréable sur les bords du Cousin et a une église remarquable du XII° s. — Plus loin après le pont du Cousin, il y a à dr. un raccourci agréable pour les piétons, quand il fait beau. La route monte pour redescendre, après *Fontette* (9 kil.), dans la vallée de la Cure, où le pays reprend un aspect riant. — 13 kil. *St-Père-sous-Vézelay*, où se trouvait d'abord le monastère de Vézelay. Son *église St-Pierre* est un monument très remarquable du XIII° s., avec un riche portail précédé d'un porche modifié plus tard, et surtout un élégant clocher tout en pierre, de la même époque, mais restauré. Sous le porche à dr., deux statues du XIII° s. et un tombeau du XIV° s.

• 15 kil. **Vézelay** (hôt.: *de la Poste; Rousseau*), anc. ville de 798 hab., sur une colline à 310 m. d'alt. et 156 m. au-dessus de la Cure. Elle fut fondée au IX° s., avec un monastère destiné à remplacer celui que les Normands avaient détruit à St-Père. C'est ici que St Bernard prêcha la seconde croisade, en 1146. Philippe-Auguste et Richard Cœur-de-Lion y prirent aussi la croix en 1187. Vézelay est la patrie de Théodore de Bèze, né en 1519. — Dans le haut de la ville se trouve **Ste-Madeleine**, l'ancienne église abbatiale, édifice curieux restauré par Viollet-le-Duc. La *façade* a trois portails et deux tours. Dans le tympan du portail central, le Jugement dernier; au-dessus, une grande fenêtre, richement ornée de sculptures, s'ouvre entre les deux tours; celle de g. s'élevant seulement à la hauteur du toit de la nef majeure. L'église commence par un *narthex*, sorte de porche long de 20 m., rappelant celui des églises de l'ordre de Cluny et construit de 1130 à 1140 (généralement fermé; s'adresser à la sacristie). La *nef* a pareillement trois portes, celle du milieu ornée d'intéressantes *sculptures. Elle est romane, de la fin du XI° s. et les voûtes en sont de forme bombée; les chapiteaux des colonnes engagées présentent des sujets très variés. Le *transept* et le *chœur* ont été construits de 1190 à 1220, dans le style ogival primaire. On en remarque aussi les chapiteaux historiés. La longueur totale de l'édifice est de 119 m. 80. Il y a sous le chœur une crypte à trois nefs, remaniée au XII° ou au XIII° s., et sous la tour du transept une chapelle basse, bien restaurée. Il y avait deux tours au croisillon, il n'en reste plus qu'une au S. Belle vue du sommet. — Derrière l'église s'étend une esplanade plantée d'arbres, d'où l'on a une fort belle vue sur toute la vallée. — On peut retourner à Avallon par *Pierre-Perthuis* et *Island* ou bien par *Asquins* et *Sermizelles* (ch. de fer, v. p. 309).

CORRESPONDANCES à Avallon pour Chastellux (voit. de Lormes) et Quarré-les-Tombes. *Chastellux* est un village à 12 kil. au S., sur une colline de la rive g. de la Cure. Il est dominé par un *château* bien conservé du moyen âge, datant surtout du XIII° s. et restauré au XIX° s. Il a six tours à mâchicoulis. On peut le visiter. Lormes (p. 314) est 15 kil. plus loin. — *Quarré-les-Tombes* (hôt.: Douénat, Duban) est un bourg de 2128 hab., à 16 kil. à l'E.-S.-E., aussi sur une colline, entre les vallées de la Cure et du Cousin. Il doit son surnom à une quantité de tombes en pierre non utilisées, dont quelques-unes se voient près de l'église. On a supposé qu'il y en avait là un entrepôt au moyen âge. Elles étaient encore nombreuses au XVIII° s. — A 1 h. env. au S.-E., dans un site sauvage de la vallée du Cousin, le couvent bénédictin de *Ste-Marie-de-la-Pierre-qui-Vire*, fondé en 1849. Route carrossable soit d'Avallon, soit de Quarré. Le chemin de traverse est difficile à trouver sans guide, mais on y arrive facilement seul en faisant un détour à l'E. (1 h.), par *St-Léger-Vauban*, patrie de Vauban (p. 309). On prend alors, env. 1 kil. plus loin, un bon chemin sous bois. Les hommes sont seuls admis au couvent. On y remarque une Vierge colossale, sur la roche druidique qui a donné son nom à la localité, et un chemin de croix monumental, sur les bords du Trinquelin.

La ligne d'Autun quitte à Avallon la vallée du Cousin. A g., la ligne de Nuits-sous-Ravières. — 64 kil. *Maison-Dieu*, où on laisse à g. l'embranch. des Laumes (p. 312). — 69 kil. *St-André-en-Terre-Plaine*. — 77 kil. *Sincey-lès-Rouvray*. Mines d'anthracite et carrières de granit. Belles vues. — 84 kil. *La Roche-en-Brénil*, bourg de 1756 hab., avec un château des xive-xvie s., qu'habita le comte de Montalembert. On traverse une forêt et monte beaucoup pour passer du bassin de la Seine dans celui de la Loire. — 89 kil. *Molphey*. — 93 kil. *St-Didier-Côte-d'Or*.

98 kil. **Saulieu** (*hôt. de la Poste*, sur la route), ville ancienne de 3583 hab., sur une petite hauteur à dr. Elle était traversée par une voie romaine venant d'Autun, la voie d'Agrippa, et possédait à l'époque romaine une station militaire. L'*église St-Andoche*, qui la domine, est une ancienne abbatiale du commencement du xiie s., moins le chœur, reconstruit au xviiie s., ainsi que la tour de g. Beau portail roman. On remarque à l'intérieur les chapiteaux des piliers, un tombeau dit de St Andoche, en marbre blanc, du ve s. (refait), derrière l'autel, et la tribune de l'orgue, du xve s.

Des tramw. à vap. relient Saulieu à *Semur* (29 kil.; p. 312), à *Beaune* par *Arnay-le-Duc* (71 et 29 kil.; p. 210) et à *Corbigny* (76 kil.; v. p. 814).

DE SAULIEU A MONTSAUCHE (vallée de la Cure; Corbigny; Château-Chinon): 25 kil., correspondance (3 fr. 25), par *Eschamps* (8 kil.) et *Gouloux* (18 kil.). **Montsauche** (*hôt. du Pied-à-Terre*) est une localité de 1582 hab., dans une contrée aride, sur la rive g. de la Cure, desservie par un chemin de fer d'intérêt local venant de Corbigny (p. 814). A 4 kil. env. au S.-E. (chem. de fer, p. 814), dans la *vallée de la Cure*, est le curieux **réservoir des Settons**, dans un fort beau site, au pied de croupes boisées (hôtel). Ce réservoir, qui a 400 hect. de superficie sur 18 m. de profondeur maximum, a été formé de 1848 à 1858, au moyen d'un barrage de 267 m. de long, 20 de haut et 11 à 4 d'épaisseur, afin de grossir la Cure et l'Yonne pour le flottage (p. 308) et la navigation. Il est très poissonneux (on y trouve la féra) et peuplé en hiver d'oiseaux de passage. — La vallée de la Cure a des parties très pittoresques, surtout au N., jusqu'à *Dun-les-Places* (env. 10 kil.), qui a une grande et belle *église* moderne du style roman. — La grande route continue vers le S.; dans la direction de *Château-Chinon* (26 kil.; p. 814), par les plateaux arides et les forêts du centre du Morvan.

107 kil. *Liernais*. La vue s'embellit. La voie redescend vers la vallée de l'Arroux, en faisant de grands circuits. — 112 kil. *Brazey-en-Morvan*. — 119 kil. *Manlay*. — 130 kil. *Cordesse-Igornay*.

135 kil. *Dracy-St-Loup*, où l'on rejoint la ligne de Chagny à Autun (p. 318). Il y a des mines de schistes bitumineux. On tourne ensuite dans la vallée de l'Arroux et découvre Autun à g., dominé par sa cathédrale. A dr., le prétendu temple de Janus (p. 322).

143 kil. *Autun* (p. 819).

III. D'Avallon (Auxerre) à Dijon, par Semur.

106 kil., 48 jusqu'aux *Laumes*, où l'on rejoint la grande ligne de Dijon à Paris (p. 210). Trajet en 2 h. 40 à 4 h. 30. Prix: 12 fr., 8 fr., 5 fr. 20. — Jusqu'à *Semur*: 34 kil.; 50 min. à 1 h. 25; 8 fr. 80, 2 fr. 55, 1 fr. 70.

Avallon, v. p. 309. On suit d'abord la ligne d'Autun; jusqu'à *Maison-Dieu* (9 kil.; p. 311); puis on tourne à l'E. Vue à g. Au loin de ce côté, *Montréal*, sur une hauteur isolée et où il y a des ruines intéressantes. — 15 kil. *Guillon*. On traverse le *Serain*. — 21 kil. *Epoisses*, qui a un *château* du XVIe s. et dont l'*église*, du XIIe s., renferme quelques œuvres d'art, en particulier un Ecce Homo attribué à Germ. Pilon. — 26 kil. *Torcy-Pouligny*. Plus loin, un haut viaduc sur la vallée de l'*Armançon*. Beau coup d'œil à g. sur

34 kil. **Semur-en-Auxois** (hôt.: *de la Côte-d'Or, du Commerce*, place et rue de la Liberté), ville de 3655 hab. et chef-lieu d'arr. de la Côte-d'Or, dans un site des plus pittoresques, sur une colline rocheuse dont l'Armançon fait une sorte de presqu'île. Elle est d'origine ancienne, ayant remplacé Alise (p. 210) comme capitale de l'Auxois, et elle appartint à la Bourgogne dès 1060. Réunie à la couronne après la mort de Charles le Téméraire (1477), elle se révolta et dut être prise d'assaut (1478). C'est la patrie du célèbre critique Claude de Saumaise (1588-1658).

La longue rue du Bourg-Voisin, au bout de l'avenue de la Gare, conduit à la place de l'Ancienne-Comédie (*poste* et tél.), derrière laquelle est l'*église *Notre-Dame*, fondée au XIe s., mais rebâtie au XIVe s. Elle est du style ogival bourguignon, avec un beau porche du XVe s., deux tours carrées sur la façade et une autre octogonale sur la croisée surmontée d'une flèche de 58 m. de haut.

L'intérieur présente trois nefs étroites, avec de beaux faisceaux de colonnes et des piliers ronds au chœur, supportant des ogives surhaussées. Il y a au chœur et au transept de très belles galeries, aux colonnettes surmontées de têtes; au-dessus du sanctuaire, une belle clef de voûte peinte. Les bas côtés sont prolongés jusqu'au sanctuaire et se terminent par des chapelles qui ont de beaux autels et des tableaux anciens. Derrière la chaire est une custode à clocheton d'une grande délicatesse, autrefois destinée aux saintes huiles. Les chapelles latérales sont précédées d'arcades du style flamboyant et de la Renaissance. On remarquera de plus, dans la 1re de g., un retable mutilé de la Renaissance, Jésus au milieu des docteurs; dans la 2e, un St-Sépulcre de 1490; dans la 3e, des vitraux anciens, relatifs à la vie de Ste Barbe, et deux tableaux attribués à Vanloo; dans la 4e et la 5e, de beaux vitraux et des autels avec retables; à dr. de la nef, une petite chapelle gothique; au portail latéral de g. encore deux tableaux anciens. Ce portail est orné à l'extérieur de curieux bas-reliefs qui rappellent la fondation de l'église, par Robert Ier de Bourgogne, en expiation du meurtre de son beau-père. — Pour faire l'ascension des tours, s'adresser au sacristain.

Autour de l'église se voient encore quelques *vieilles maisons*.

En descendant en face de l'église et tournant à g., on arrive, par la rue du Rempart, aux 4 *tours* du donjon de l'ancien château, sur un rocher au-dessus de l'Armançon et qui donnent un aspect très pittoresque à la ville de ce côté. Ce château, dont la fondation remonte au XIIIe s., a été démantelé sous Henri IV, en 1602. — Plus loin, derrière l'hôpital, est le *Vieux-Rempart*, petite promenade qui domine la vallée. — En revenant, on descendra, en contre-bas du château, jusqu'au *Pont-Joly*, fort élevé au-dessus de la rivière et d'où la vue est très pittoresque.

Au N.-E. de l'église, au bout de la rue Buffon (puits en fer forgé), se voit encore la vieille *porte Guillier*, du xve s., à l'entrée de la large rue de la Liberté, qui conduit au *Cours*, promenade dont on a vu les arbres de la gare.

Semur a un *musée* intéressant, qui se trouve, avec la bibliothèque, dans la rue J.-J.-Collenot, partant de la place de l'Ancienne-Comédie. Il est public le dim. de 1 h. à 3 h. et visible les autres jours (s'adresser au concierge de la mairie). Il y a un catalogue de 1899; 50 c. Conservateur, M. Creuzé.

Le rez-de-chaussée comprend une galerie de sculpture; de dr. à g.: 89, *Steinher*, Berger jouant avec un faune; reproductions nombreuses du sculpteur *A. Dumont* (1801-1884), l'auteur du Génie de la Liberté de la place de la Bastille, et du Napoléon Ier de la colonne Vendôme; 7, *Creusot* (de Semur), une Bacchanale (bas-relief); 8, *Dampt*, Enfant en prière. — Fragments de sculpture ancienne.

Au 1er étage, des collections d'histoire naturelle et la bibliothèque, qui compte plus de 14000 vol., dont 96 incunables, et 104 manuscrits.

Au 2e étage, un musée archéologique, comprenant des antiquités locales de l'époque gallo-romaine, du moyen âge et de la Renaissance (notamment, 162, une belle pierre sépulcrale avec inscription; 186, un beau retable, l'Education de l'enfant Jésus); à côté, une salle de peinture contenant 119 tableaux, parmi lesquels, de dr. à g.: 129, *inconnu*, portr. de femme; 84, *J. Sablet*, Femme dans une cuisine; 137, *inc.*, l'Homme au bandeau; 12, *Boizot* (xviiie s.), Narcisse à la fontaine; 73, *Raverat* (1801-1865), l'Amour; — 16, *Bruzard* (de Semur; 1801-1883), l'Enlèvement (aquar.); 49, *Leclaire*, Fleurs d'automne; 100, *J. Bassan*, les Pèlerins d'Emmaüs; 80, *J.-Ch. Rémond*, Vue de Loano; 97, 98, *T. Michau* (1676-1769), Vue d'un port, Marché au poisson; 28, *Dassy*, la Charité; 48, *L. de La Hyre*, Abraham conduisant son fils au sacrifice; 22, *Dameron*, les Vaux de Cernay; 38, *Girodet*, Tête de vieillard; 96, *van Heemskerk*, Intérieur rustique; 99, *J.-F. Millet*, paysage; — 51, *Lenain*, Tête de villageoise; 69, *Nivelon* (xviiie s.), le maréchal de Belle-Isle; *62, *Nanteuil*, la Vigne; 46, 47, *Kraus* (1727-1806), la Leçon de musique, le Concert; 126, 127, *inc.*, portr. its de Charles le Téméraire et de Jean sans Peur, ducs de Bourgogne; 82, *Rouget*, portr. de Napoléon Ier; 52, *Lerolle*, Marie-Madeleine; *21, *Corot*, le Verger; 2, *Alaux*, Diomède enlevant le palladium; 128, *inc.*, portr. de Marguerite de Bavière, mère de Philippe le Bon; 1, *Ab. de Pujol*, la Présentation au temple; — 70, *Pérignon*, Louis XII et Ludovic Sforza; 15, *Bouhot*, le Pont-Joly, à Semur; 89, *H. Vernet*, Tête de moine; 9, *Blondel*, Tête de femme; 101, *J. Palma* (?), St Jérôme; 103, 104, la Circoncision, l'Adoration des mages (sur bois, volets d'un triptyque du xive s.); 44, *Heim*, le Prisonnier; 91, *Cl. Vignon* (1573-1670), St Antoine; 45, *Jouffroy* (xviiie s.), portrait; 18, *Chevillard*, un Chemin en hiver, à Barbizon; — 94, *A. Elsheimer* (1574-1620), la Madeleine (sur cuivre). — Dans des vitrines, collection numismatique; au milieu, reproductions d'*A. Dumont* et autres sculptures.

DE SEMUR A SAULIEU: 29 kil., tramw. à vap., de la promenade des Quinconces; 1 h. 55; 2 fr. 25 et 1 fr. 65. Localité principale, *Précy-sous-Thil* (15 kil.), bourgade industrielle sur la rive dr. du Serain, avec un grand *château* en ruine, sur une hauteur, et une église intéressante des xie-xiie s. — *Saulieu*, v. p. 811.

La ligne des Laumes se rapproche avant la stat. suiv., à dr., du canal de Bourgogne (p. 207). — 45 kil. *Marigny-le-Cahouët*, qui a un grand château féodal. On traverse le canal. — 47 kil. *Pouillenay*,

nay, qui a aussi un ancien château. Ligne d'Epinac, v. p. 210. Plus loin, à dr., *Alise* et le *Mont-Auxois* (p. 210).

48 kil. *Les Laumes*, sur la ligne de Paris à *Dijon* (p. 210).

IV. De Clamecy (Auxerre) à Paray-le-Monial (Moulins).

158 kil. Trajet en 5 h. 30 et 7 h. 40. Prix: 17 fr. 75, 12 fr. 05, 7 fr. 80. — A *Moulins*: 165 kil., trajet en 5 h. 20 et 5 h. 45, pour 18 fr. 55, 12 fr. 60, 8 fr. 10.

Clamecy, v. p. 308. Cette ligne remonte un instant la vallée du Beuvron, traverse trois fois la rivière et gagne la vallée de l'Yonne, où passe aussi le canal du Nivernais (p. 307). — 13 kil. *Asnois*. — 18 kil. *Flez-Cusy-Tannay*. *Tannay*, toute petite ville sur une hauteur à 20 min. à dr., a une belle église des xive-xvie s., une anc. collégiale. A g., des collines boisées du Morvan. — 24 kil. *Dirol*.

33 kil. *Corbigny* (hôt. du Commerce), ville de 2490 hab., qui eut une abbaye où les rois de France venaient chercher le prétendu pouvoir de guérir les écrouelles. Elle a deux églises, des xiie et xvie s.

DE CORBIGNY À ALLIGNY-EN-MORVAN (*Saulieu*), chem. de fer d'intérêt local; 62 kil., en 3 h. 45, pour 6 fr. 40 et 3 fr. 85. Stat. princip.: (17 kil.) *Lormes* (hôt. de la Poste), vieille ville de 2886 hab., dans un beau site, d'où l'on a une vue très étendue; (34 kil.) *Ouroux*, 2568 hab.; (44 kil.) *Montsauche* (p. 311); (48 kil.) *les Settons* (p. 311) et (62 kil.) *Alligny-en-Morvan*. Au delà d'Alligny, le ch. de fer se prolonge, par la jolie vallée du Ternin, jusqu'à (14 kil.) *Saulieu* (p. 311). — Tramway à vap. en projet de Corbigny à Nevers (p. 287).

Le *canal du Nivernais* sort plus loin à dr. de la vallée de l'Yonne pour passer dans celle de l'Aron, par trois tunnels. Il y a sur la hauteur de grands étangs transformés en réservoirs pour l'alimenter. — 40 kil. *Sardy-lès-Epiry*. — 45 kil. *Epiry-Montreuillon*. — 51 kil. *Aunay*, qui a deux châteaux, du xve et du xviiie s., le premier en ruine. — 57 kil. *Tamnay-Châtillon*.

CORRESPOND. (75 c.) pour *Châtillon-en-Bazois*, petite ville de 1702 hab., à 6 kil. à l'O., sur le canal du Nivernais. Château des sires de Châtillon, en majeure partie reconstruit. Eglise moderne. — A 2 kil. 5 de là, *Alluy* (1185 hab.), dont l'église, des xiie-xve s., a une curieuse crypte romane.

EMBRANCH. de 24 kil. sur **Château-Chinon** (hôt.: *de la Poste, du Lion d'Or*), ville de 2330 hab., ancienne capitale du Morvan et chef-lieu d'arr. de la Nièvre, sur le versant d'une montagne (609 m.) et près de la rive g. de l'Yonne. Il ne reste que peu de chose du château autour duquel elle s'est formée. Il occupait le sommet de la montagne, d'où l'on a une très belle vue. Des fortifications de la ville il ne reste plus qu'une porte et trois tours. — De Château-Chinon à Autun, v. p. 323.

On arrive ensuite dans la vallée de l'Aron, où l'on retrouve le canal du Nivernais. — 70 kil. *Moulins-Engilbert* (3086 hab.), stat. pour la petite ville de ce nom, située à 6 kil. au N.-E. Elle est dominée par les ruines d'un château du xiiie s. — 75 kil. *Vandenesse*.

CORRESPOND. pour *St-Honoré-les-Bains* (9 kil.): 1 fr. 25 et 1 fr. — **St-Honoré-les-Bains** (hôt.: *du Parc*, dépendant de l'établissement; *des Bains, du Morvan, Bellevue, Villa-Vaux-Martin*, etc.), bourg de 1749 hab., entre des collines boisées, sur le versant occidental des monts du Morvan, est connu par ses eaux thermales (26 à 31°), sulfureuses-sodiques arsénicales, les *Aquæ Nisincii* des Romains, dans le genre de celles des Pyrénées. Il y a cinq sources, débitant 960000 litres d'eau par jour. L'*établissement ther-*

mal est à moins de 1 kil. à l'O. Il a un *parc* et il y a à côté un *casino*. Le bourg est dominé par un château du XVIIe s. On y a mis à jour d'anciens thermes romains (1888) et une piscine antique (1887). St-Honoré est une station calme, fréquentée surtout par les femmes et les enfants.

85 kil. *Cercy-la-Tour* (buffet), sur le canal du Nivernais (p. 307) et au confluent de l'Alène, de l'Aron et de la Canne. 2443 hab. Ligne de Chagny-Nevers (R. 59). On change de voit. pour notre ligne, qui continue vers le S. — 93 kil. *Briffault*. — 97 kil. *St-Hilaire-Fontaine*, qui a une belle église, en partie du XIIe s., dépendant jadis d'un prieuré. On arrive sur la rive dr. de la *Loire*, dont on remonte la vallée. — 103 kil. *Cronat*, bourg qui a trois châteaux remarquables. — 109 kil. *Vitry-sur-Loire*.

115 kil. **Bourbon-Lancy.** — HÔTELS : *Grand-Hôtel* (pens. 10 à 15 fr.) et *H. St-Léger* (pens. 7 à 10 fr.) dépendant de l'établissement; *H. des Thermes* (pens. 6 à 7 fr.), *H. des Bains* (pens. 5 à 6 fr.), près de l'établissement. — *H. de la Poste*, dans la ville, etc.

Bourbon-Lancy est une ville de 4158 hab., dans un beau site, à 3 kil. 1/2 à l'E. (om., 50 c.). Elle a des eaux thermales chlorurées-sodiques, à 48-57°, utilisées dès le temps des Romains, et elle possède un *établissement thermal* bien organisé, avec piscine. On y traite surtout le rhumatisme. Eglises intéressantes. Grand hôpital, fondé par le marquis et la marquise d'Aligre, dont on voit les statues devant l'établissement. Restes d'un château fort.

DE BOURBON-LANCY A TOULON-SUR-ARROUX : 45 kil., ligne d'intérêt local, en 2 h. 15, pour 4 fr. 75, 3 fr. 55 et 2 fr. 60. — *Toulon-s.-Arr.*, v. p. 317.

122 kil. *St-Aubin-sur-Loire*, qui a un château remarquable.

128 kil. *Gilly-sur-Loire*, où l'on rejoint la ligne de Moulins à Mâcon, par Paray-le-Monial et Cluny (R. 60).

59. De Dijon à Nevers.

A. Par Chagny, Montchanin et le Creusot.

215 kil. Trajet en 5 h. à 7 h. 50. Prix : 24 fr. 15, 16 fr. 35, 10 fr. 75.

Jusqu'à *Chagny* (52 kil.), v. p. 246-249. On y change de voiture et passe de l'autre côté. La ligne de Nevers tourne de là à l'O. dans la vallée de la *Dheune* et entre dans les montagnes, dont l'accès était commandé de ce côté, dans l'antiquité, par des retranchements qui subsistent plus ou moins sur les hauteurs voisines.

56 kil. *Santenay* (hôt.: du Commerce, du Lion-d'Or), bourg de 1502 hab., dans un beau site et qui a, à 1/2 h. au delà de la station, un petit établissement d'eaux minérales, chlorurées-sodiques moyennes (10 gr. de chlorure de lithium), et partant très efficaces contre la goutte et la gravelle. — Au N., le *mont de Sène* ou *des Trois-Croix* (524 m.), où il y a des tertres antiques et où l'on a trouvé les fondations d'un temple de Mercure. Belle vue. Curieux gisements ossifères. Au S., sur une colline non loin du village de ce nom, le *camp de Chassey*, dont les retranchements ont encore jusqu'à 14 m. de haut. Monts de Rôme-Château et de Rême, v. p. 318.

La ligne de Montchanin laisse à dr. celle d'Autun (p. 318), pour remonter la rive g. de la Dheune, de l'autre côté de laquelle coule le canal du Centre. Localités industrielles; carrières de pierre; mines de houille et de fer; plâtrières. — 59 kil. *Cheilly.* — 65 kil. *St-Léger-sur-Dheune.* — 69 kil. *St-Berain.* — 77 kil. *St-Julien-Ecuisses.* On longe plus loin à g. l'*étang de Longpendu*, qui est sur la ligne de partage entre les bassins du Rhône et de la Loire et se déverse dans les deux, au N.-E. et au S.-O.

81 kil. **Montchanin** (*buffet*; hôt.: *des Mines, de la Gare*), ville de 4514 hab., à 6 kil. au S. (omnibus). Elle a des *mines* de houille considérables, une grande tuilerie, des usines à fer, etc.

De Montchanin à St-Gengoux (*Chalon; Cluny*): 27 kil.; 1 h. à 1 h. 30; 3 fr., 2 fr. 65, 1 fr. 85. Cette ligne, qui se détache de celle de Chagny à dr. en deçà de l'*étang de Longpendu* (v. ci-dessus), traverse le *canal du Centre* et passe dans un tunnel de 700 m., puis sur un viaduc. — 11 kil. *Le Puley.* — 14 kil. *Genouilly.* Ensuite encore un tunnel, de 1185 m. — 21 kil. *Culles.* On rejoint la ligne de Chalon à Cluny. — 24 kil. *Etiveau* (p. 252), aussi sur la ligne de Cluny. — 27 kil. *St-Gengoux* (p. 252).

De Montchanin à Roanne: 110 kil.; 3 h. 30 à 4 h. 50; 12 fr. 40, 8 fr. 80, 5 fr. 40. Cette ligne, continuation de celle de Chagny au S.-O., gagne la vallée de la Bourbince, où l'on retrouve le canal du Centre. C'est aussi une vallée très industrielle, où il y a des mines de houille et de fer, etc. — 10 kil. *Blanzy* (5335 hab.), qui a les mines les plus importantes. — 15 kil. **Montceau-les-Mines** (*hôt. du Commerce*), ville toute moderne de 28779 hab., qui, outre des mines de houille, a diverses usines. Ses mines produisent env. 1800000 tonnes de houille par an et occupent près de 6000 ouvriers. Une ligne à voie étroite (45 kil. en 2 h. 15, pour 4 fr. 65 et 2 fr. 80) conduit d'ici à *St-Bonnet-Beaubery* (p. 326). — 24 kil. *Ciry-le-Noble.* — 30 kil. *Génelard.* — 34 kil. *Palinges* (2285 hab.). — 39 kil. *La Gravoine*, stat. dans le voisinage de laquelle était la ville gallo-romaine de *Colonia*, probablement détruite au IIIe s. par les Bagaudes.

50 kil. **Paray-le-Monial** (p. 324). Puis on suit un instant, à l'O., la ligne de Moulins (p. 324) et l'on tourne au S. dans la vallée de la *Loire*, sur la rive g. de laquelle est le *canal de Roanne à Digoin*. — 59 kil. *St-Yan.* — 67 kil. *Montceaux-Vindecy.* — 75 kil. *Marcigny* (2558 hab.). — 84 kil. *Iguerande.* — 91 kil. *Pouilly-sous-Charlieu*, où aboutit la ligne de Chalon par Cluny (p. 252). A 2 kil. au S.-E., au delà du village, l'anc. *château de Montrenard*, du XIVe s. — A 6 kil. à l'O., au delà de la Loire, *la Bénissons-Dieu*, qui a une *église* fort remarquable, reste d'une abbaye cistercienne du XIIe s., modifiée au XVe et au XVIIe s. et restaurée de nos jours. Elle possède encore une pyxide du XVIe s., un reliquaire du XIIIe et deux du XVIIe s. — 96 kil. *Vougy.* — 104 kil. *Le Coteau* (p. 333). On traverse la Loire. — 110 kil. *Roanne* (p. 333).

La ligne de Nevers tourne au N.-O. et traverse plus loin l'*étang du Creusot*, un de ceux de la région qui alimentent le canal du Centre.

89 kil. **Le Creusot** (hôt.: *Gr.-H. Moderne*, ch. dep. 2 fr. 50, rep. 2.50 et 3; *Rodrigue*, mêmes prix), ville de 30584 hab., très prospère, grâce à l'*usine Schneider, la plus importante de France et l'une des premières de l'Europe, et qui comprend même des mines de houille. Sa fondation première remonte à l'année 1782. Sur la place qui porte son nom, une statue d'*Eug. Schneider* (1805-1875), le fondateur des établissements actuels, par Chapu. On peut visiter l'usine en s'adressant à la direction, à 9 h. et à 2 h. précises, les jours ouvrables. La vue d'ensemble de cette immense usine est déjà fort

curieuse, et c'est un spectacle merveilleux le soir, avec ses fours à coke et ses hauts fourneaux en activité. Elle occupe 14 à 15000 agents et ouvriers. Les bâtiments et les dépendances y couvrent une surface de 970 hect., et elle est desservie par plus de 300 kil. de chemins de fer. La force motrice y est donnée par 390 machines à vapeur actionnant 1050 machines-outils et engins de toute sorte. Il y a 60 marteaux-pilons, y compris un marteau de 100 tonnes. La production annuelle de l'usine est actuellement d'environ 400 000 tonnes de houille, 100 000 tonnes de fonte, 150 000 de fer et d'acier, 60 000 de constructions diverses, ponts, bateaux, machines, etc.; plus de 100 locomotives et une quantité énorme de fers ouvrés pour tous les usages, même des canons. Il y a aussi un musée paléontologique et minéralogique. La visite se fait dans l'ordre suivant: ateliers des presses et pilons, forge (laminage du fer et de l'acier), machines soufflantes du Bessemer, ateliers de construction (locomotives, machines marines, machines fixes).

Ensuite un tunnel de plus de 1 kil., et on descend la vallée du Mesvrin. — 95 kil. *Marmagne*. — 101 kil. *Broye*. A dr., le *signal de Montjeu* (643 m.), derrière lequel est le château de ce nom, à env. 1 h. de la stat. (v. p. 322). — 105 kil. *Mesvres*.

110 kil. *Etang* (buffet), où l'on rejoint la ligne d'Autun (p. 323) et traverse l'*Arroux*. 1965 hab. Église goth. moderne avec un joli clocher.

D'ETANG A DIGOIN (Paray-le-Monial): 59 kil.; 2 h. 5 à 4 h.; 5 fr. 45, 4 fr. 10, 3 fr. Principales stat.: (28 kil.) *Toulon-sur-Arroux*, petite ville où l'on remarque un pont du moyen âge (ligne de Bourbon-Lancy, v. p. 315), et (86 kil.) *Gueugnon* (3331 hab.), qui a de grandes forges. — *Digoin*, v. p. 324.

116 kil. *St-Didier*. — 123 kil. *Millay*. — 132 kil. *Luzy* (hôt.: de l'Europe, du Centre), ville de 3345 hab., que domine à g. l'*Oppenelle* (380 m.), extrémité S. des montagnes du Morvan. — On descend la vallée de l'Alène. — 147 kil. *Rémilly*, où sont les ruines de deux châteaux du xve s. et d'où il y a pendant la saison une correspondance pour *St-Honoré-les-Bains* (10 kil.; p. 314). — 155 kil. *Fours*. 1517 hab.

162 kil. *Cercy-la-Tour* (p. 315), où aboutit la ligne de Clamecy par Corbigny (p. 314). — 167 kil. *Verneuil*.

177 kil. **Decize** (hôt.: des *Voyageurs*, du *Commerce*), ville ancienne et industrielle de 4990 hab., dans une île de la *Loire*, à son confluent avec l'Aron et à l'embouchure du canal du Nivernais, qu'on traverse avant d'y arriver. *Église* en partie du xie s., avec une crypte encore plus ancienne. Ruines d'un *château* du moyen âge, sur la hauteur qui domine la ville. Sur la promenade, la *statue de Guy Coquille* (1523-1603), jurisconsulte et historien originaire de Decize. — Correspond. pour les mines de *la Machine* (8 kil.; 4479 hab.).

La voie suit désormais la rive dr. de la Loire. Sur la rive g. passe le *canal latéral à la Loire* (v. p. 284). — Halte de *Sougy*.

190 kil. *Béard.* — 199 kil. *Imphy* (2805 hab.), qui a une importante fonderie, à g. après la station. On traverse la Nièvre un peu avant Nevers et contourne au N. la ville, dominée par sa cathédrale et son palais. — 215 kil. *Nevers* (p. 287).

B. Par Chagny et Autun.

221 kil. Trajet en 7 h. 20 et 7 h. 50. Prix: 24 fr. 80, 16 fr. 85, 11 fr. — A *Autun:* 101 kil.; 2 h. 30 à 3 h. 45; 11 fr. 85, 7 fr. 65, 5 fr.

Jusqu'à *Santenay* (56 kil.), v. p. 315. On laisse à g. les lignes de Nevers par Montchanin et le Creusot et de Roanne par Paray-le-Monial (p. 316). Celle d'Autun tourne à dr., dans une jolie vallée, et passe dans un petit tunnel. — 61 kil. *Paris-l'Hôpital.* A g., les *monts de Rôme-Château* (547 m.) et *de Rême* (516 m.), où il y a eu dans l'antiquité des retranchements comme sur le mont de Sène, à dr. (p. 315). Rochers et grottes au premier. Belles vues.

Plus loin, Nolay, que l'on contourne à g. En face, puis à dr., des rochers assez curieux.

66 kil. **Nolay** *(hôt. Ste-Marie)*, ville de 2215 hab., dans une belle vallée, couverte de vignes, et patrie des *Carnot*. *Lazare Carnot* (1753-1823), membre du Directoire, y a une statue en bronze, par Roulleau, devant sa maison, à un carrefour non loin de la gare, et *Sadi Carnot* (1837-1894), l'anc. président, un monument sur la place de l'Hôtel-de-Ville, par le même artiste et Falguière, surtout un groupe en bronze représentant la France qui reçoit dans ses bras le président frappé à mort.

A 4 kil. à l'E., *Larochepot*, village dominé par les ruines imposantes d'un château du xiiie s. Un de ses seigneurs fut Philippe Pot, grand sénéchal de Bourgogne, dont le tombeau est au Louvre.

Puis deux viaducs dans une longue courbe et un tunnel de plus de 1200 m.

79 kil. **Epinac** *(hôtel des Mines)*, à dr., localité de 4096 hab. Mines de houille considérables. Le puits Hottinguer, à la gare, atteint 1200 m. de profondeur. L'extraction s'y fait à l'aide d'une machine pneumatique. Les produits sont expédiés au *Pont-d'Ouche*, sur le canal de Bourgogne, par une ligne ferrée de 26 kil. (v. p. 222). Verrerie à bouteilles. Lignes des Laumes et de Dijon, v. p. 210 et 222.

Ensuite, à dr., le château d'Epinac, du xive s., mais restauré en 1897. Puis, du même côté, on aperçoit le *château de Sully*, rebâti en 1573 et où naquit en 1808 le maréchal de Mac-Mahon. — 84 kil. *Sully* (halte).

86 kil. *St-Léger-Sully.* St-Léger (St-L.-du-Bois) a des mines de schistes bitumineux. Sully, ½ h. en deçà, à dr., est desservi par la halte précédente; on y voit, outre le magnifique château mentionné ci-dessus, les restes d'un autre château.

93 kil. *Dracy-St-Loup*, où l'on rejoint la ligne d'Auxerre par Avallon (p. 311). Puis, à g., la flèche de la cathédrale d'Autun; à dr., le prétendu temple de Janus (p. 322). — 101 kil. *Autun* (buffet).

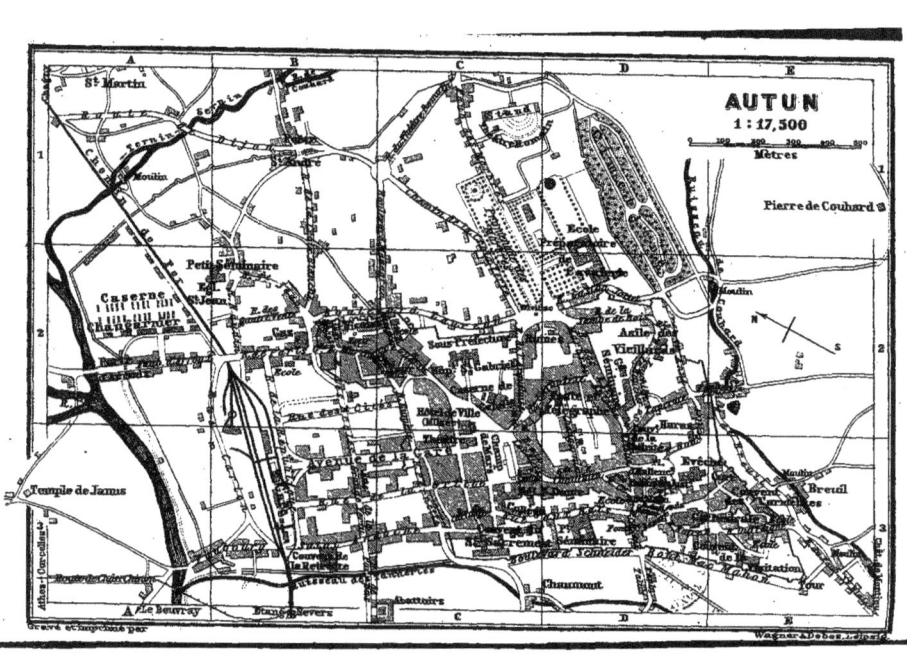

Autun. — Hôtels: *St-Louis & de la Poste (pl. a, C 2), rue de l'Arbalète (50 ch. de 3 à 5 fr., rep. 1, 3 et 3.50, om. 50 c.); *de la Tête-Noire* (pl. b, C 2), rue de l'Arquebuse (ch. 2 fr., rep. 60 c., 2.50 et 3 fr.); *des Négociants & de la Cloche*, place du Champ-de-Mars, θ, dans une cour; *Gaunet-Laplante* (pl. c, B 3), avenue de la Gare. — *Cafés*, près des hôtels et au Champ-de-Mars. — Poste et Télégraphe (pl. D 2), rue de l'Arbalète, 10. — Banques: *B. de France*, *Société Générale*, avenue de la Gare. — *Bains*, rue de l'Arbalète, 17. — Principales curiosités: la *cathédrale* (v. ci-dessous) et les *portes St-André* (p. 322) et *d'Arroux* (p. 322).

Autun (307 m.) est une ville industrielle de 15764 hab., un chef-lieu d'arr. de Saône-et-Loire et le siège d'un évêché. Elle occupe un joli site, sur le penchant d'une colline, dont l'Arroux baigne le pied et dans le haut de laquelle s'élève la cathédrale; les hauteurs boisées au S. achèvent de lui donner un aspect pittoresque.

C'est l'*Augustodunum* antique (en vieux-français *Ostedun*), qui remplaça Bibracte, capitale des Eduens (v. p. 323), fut une ville très florissante sous l'empire romain et eut des écoles célèbres. St Symphorien y fut martyrisé en 179. Elle compta encore plus tard parmi ses évêques St Léger (m. 678), qui la sauva en se livrant au maire du palais Ebroïn, son adversaire, et eut les yeux crevés, puis la tête tranchée par ordre de ce dernier. Ravagée par les Bagaudes, les Barbares, les Sarrasins, les Normands, les Anglais, la ville a perdu son ancienne importance. Elle emplit aujourd'hui à peine la moitié de son enceinte primitive, qui avait près de 6 kil. de développement et env. 200 hect. de superficie.

La *gare* (pl. B 3) est au N.-O. de la ville. L'avenue de la Gare, à g. à la sortie, conduit au Champ-de-Mars (pl. C 3), principale place de la ville, où il y a une grande foire dans la première quinzaine de septembre, à l'occasion de la St-Ladre ou St-Lazare.

A g. s'élèvent le théâtre, belle construction récente, et l'hôtel de ville, fort habilement restauré en 1900 et surélevé d'un étage dans le style classique (au fronton, médaillon du président Jeannin, d'Autun, ministre des finances sous Henri IV, 1540-1622; v. p. 320); le rez-de-chaussée sert de halle et le premier étage renferme le *musée* (v. p. 321) et la *bibliothèque* (16500 vol.; ouverte les jeud. et dim. de 8 h. $\frac{1}{2}$ à 11 h. $\frac{1}{2}$).

A dr., au fond de la place, le **collège** (pl. C 3), construit par les jésuites en 1709, que dirigèrent plus tard des prêtres de l'Oratoire et où étudièrent Lazare Carnot, Joseph Bonaparte et Napoléon. La belle grille qui le précède date de 1772. L'*église Notre-Dame*, à g., n'est qu'en partie due aux jésuites; elle a été terminée après leur expulsion (1763). Il y a au collège un *musée d'histoire naturelle*, qui occupe 4 salles de l'aile droite, au 3ᵉ étage.

Montant de là à g., par les rues St-Saulge, Chauchien (appuyer plus loin à dr.) et des Bancs (à g., tour ronde de la prison), on arrive à

La **cathédrale**, *St-Lazare* (pl. D E 3). C'est l'anc. chapelle d'un château des ducs de Bourgogne, fondée en 1060, mais surtout des XIIᵉ et XVᵉ s. La partie la plus ancienne est le *grand portail*. C'est un porche à trois nefs, voûté en plein cintre, avec arcades latérales en ogive et une salle au-dessus, et que flanquent deux tours en partie refaites en 1873. Le *tympan* représente le Jugement dernier. Il y a aussi un portail latéral du style roman, à g., et une belle flèche en pierre de 77 m. sur le transept, élevée vers 1470, mais dernièrement restaurée. Cette flèche forme lanterne à l'intérieur.

L'intérieur est à trois nefs, avec un transept très court et sans déambulatoire. Les colonnes sont remplacées par des pilastres cannelés, aux curieux chapiteaux. Sur les côtés sont des chapelles des xve et xvie s. Dans la 1re de g., une sorte de retable du xvie s., avec un fort beau cadre. La 2e et la 4e ont de belles verrières et il y en a aussi à la 4e et la 5e de dr., ainsi qu'aux fenêtres du chœur, en partie modernes. Encore du côté g., dans la 3e chap., un bas-relief moderne, St Antoine; dans la 4e, une Résurrection de Lazare; dans la 5e, une grande peinture murale par Ed. Krug. Du côté dr., dans la 4e chap., une Pietà par le Guerchin. Dans le croisillon de dr., un grand tableau d'Ingres, représentant le martyre de St Symphorien (179), que sa mère exhorte au courage. A dr. du chœur, du même côté, le monument du président Jeannin (v. p. 319) et de sa femme, avec leurs statues agenouillées, en marbre blanc. L'abside a une riche décoration de marbres polychromes, du xviiie s. Un reliquaire y renferme les restes de St Lazare. Le trésor, à dr. au transept, renferme un échantillon très ancien de tissu oriental en soie.

A côté du portail de la cathédrale, sur la place St-Louis, est la *fontaine St-Lazare*, de la Renaissance. L'*évêché* (pl. D 3), à l'extrémité N.-E. de la place, est l'ancien palais des ducs de Bourgogne avant le xiiie s., mais reconstruit depuis lors.

Au n° 3 de la rue des Bancs, par où l'on est venu, se trouve l'anc. HÔTEL ROLIN (pl. D 3), du xve s., qui appartint à Nic. Rolin, chancelier de Bourgogne (v. p. 247), né à Autun (1376-1462), et maintenant à la Société Éduenne, qui en a fait restaurer l'intérieur et y possède un *musée archéologique*. Entrée, 25 c. par pers., 50 c. si l'on est seul.

Dans la COUR, une Circé, par Lhomme de Mercey (1861).

REZ-DE-CHAUSSÉE. 1re salle: antiquités lapidaires gallo-romaines et autres; une barque préhistorique. — 2e salle, objets du moyen âge et de la Renaissance; statues et pierres tombales (moulages). — Ier ÉTAGE. 1re salle: bibliothèque et objets divers; petites antiquités, statuettes; christ émaillé du xiie s. — 2e salle, salle des Séances de la Société: portraits, dont deux de Jean et un de Nicolas Rolin; Christ en croix de l'école flamande et autres peintures moins importantes; fragment de l'étendard de Charles le Téméraire; statuette de Ste Catherine en marbre (xvie s.). — Cabinet à la suite: beau meuble et joli escalier montant au 2e étage. — 3e salle: vases en bronze, petites antiquités aussi en bronze, en particulier un petit taureau à trois cornes (autre à Besançon, p. 235); débris d'un casque romain; médailles; reproduction d'une statuette de lutteur qui est à St-Germain-en-Laye. Dans un cabinet voisin se voient de curieux bas-reliefs en ardoise.

IIe ÉTAGE. 1re salle: *collection très importante d'objets d'origine gauloise et romaine trouvés au mont Beuvray (p. 328) et fabriqués avant l'an 12 ap. J.-C., vases, creusets, monnaies. — 2e salle: objets provenant des fouilles dans la région, de Lambessa et d'Utique. — 3e salle: minéralogie.

On traverse ensuite les places St-Louis et d'Hallencourt, à dr. du *palais de justice*, puis on prend à dr. les rues Piolin, St-Antoine et des Marbres, qui mènent à la promenade. A dr. de la 2e rue est le *grand séminaire*, un ancien hôpital, qui a des cloîtres romans.

La PROMENADE DES MARBRES (pl. C D 1-2), qui doit son nom à des sièges antiques qui s'y trouvaient, est fort belle et jouit d'une jolie vue. Au commencement, à dr., une construction monumentale datant de 1669, l'*école préparatoire de cavalerie*, avec des jardins dessinés par Le Nôtre. Il y a dans la cour d'une maison située en deçà, en face de la promenade, un reste peu important d'un prétendu *temple d'Apollon* (pl CD 2). Sur la promenade, la *statue de Divitiac*, un des héros éduens, bronze par A. de Gravillon (1893). Au delà, un chemin à dr. conduit à l'emplacement du *théâtre romain* (pl. C 1) dont il ne reste que des substructions couvertes de gazon. Plus loin se trouvait une naumachie et à l'extrémité même de la promenade un amphithéâtre. On voit déjà du théâtre, au loin, à dr. en arrivant, la pierre de Couhard (p. 322). — De la promenade on reviendra au Champ-de-Mars par la rue de l'Arquebuse.

Le MUSÉE de l'hôtel de ville (v. p. 319) est public les dim. et fêtes de 1 h. à 4 h. et toujours visible pour les étrangers: entrée, galerie de dr., dans le fond. Un nouveau catalogue est en préparation. Conservateur, M. Marillier. A g., une petite collection d'histoire naturelle; à dr., les peintures, les sculptures et des antiquités.

Ire SALLE: 44, *Soyer*, les Forgerons; 57, *Castellani*, Escadron du 1er cuirassiers à Sedan; 25, *Glaize*, les Femmes gauloises, épisode de l'invasion romaine. *Béguine*, David vainqueur, bronze.

IIe SALLE: 58, *Greuze*, portr. du peintre Wille; 30, *Appert*, Le Nôtre; 12, *Caminade*, Jeune Grecque allant faire une offrande; 40, *Humbert*, l'Enlèvement, invasion des Sarrasins en Espagne; 19, *Lassale-Bordes*, Mort de Cléopâtre; 22, *Barrias*, Gaulois avec sa fille, prisonniers à Rome; 36, *Sain*, le Paiement; *éc. fr. du XVIIIe s.*, portr. de femme. Au milieu: Mme *L. Bertaux*, Jeune prisonnier, bronze; «Væ Victoribus»; dans des vitrines, petites antiquités.

IIIe SALLE: 15, *Guignet*, Une mêlée; 28, *Hor. Vernet*, Prise de Malakoff; 7, *école française*, portr. du président Jeannin, que représente aussi la statue colossale du milieu, en plâtre, par *Lhomme de Mercey*. Dans une vitrine, des souvenirs du général Changarnier, qui était d'Autun (v. p. 322); 9, *H. Vernet*, Combat de Somah; 31, *Ary Scheffer*, portr. de Changarnier; 4, *Amelot*, vue d'Autun; s. n°, *C. Vanloo*, Effet de neige. Bustes de Mac-Mahon et de Changarnier, par *Crauk*.

IVe SALLE: 42, *Didier*, paysage; 23, *Perrussin*, Repos de Bacchus; 13, *Saglio*, vue d'Italie; 27, *Pascal*, Fleurs et fruits; 29, *Dubuisson*, les Défricheurs; 38, *C. Flers*, paysage; 10, *Bertin*, le mont Pieria en Macédoine; 45, *Ch. Frère*, le Simoun; 21, *Palizzi*, la Vallée de Chevreuse; s. n°, *Vernet-Lecomte*, Pénélope. Antiquités.

Ve SALLE: 52, *Teniers le J.*, St Jérôme; 41, *L. Bakhuysen*, marine; 51, *Teniers*, les Deux ermites; 14, *école flamande*, curieuse Kermesse; 2, *Teniers*, grand paysage; 32, *école florentine*, St François d'Assise; 33, *école ombrienne*, Vierge; 8, *Dubbels*, paysage; s. n°, *école italienne*, Pietà; 50, *école de Giotto*, la Flagellation et la Crucifixion; 49, *école italienne*, la Crèche. Au milieu et autour, vitrines avec de petits bronzes antiques et des objets gallo-romains.

En sortant de l'hôtel de ville, on prend à g. la rue Guérin, puis à g. la rue Deguin, la Petite et la Grande-Rue Marchaux, que domine à dr. la belle *tour de l'Horloge* (pl. C 2), du XVe s., et la rue St-Nicolas, à dr. Là est la *chapelle St-Nicolas* (pl. B 2), qui renferme, ainsi que l'ancien cimetière qui la précède, le *musée lapidaire*. Le gardien demeure à l'entrée.

Dans la chapelle: à g., un beau sarcophage antique en marbre, avec une chasse au sanglier; beaucoup de petites sculptures et des débris; un Mercure, bas-relief dans une niche; dans l'abside, qui est jolie, une sorte d'autel avec une célèbre inscription grecque chrétienne, trouvée en 1839; à dr., un magnifique entablement, quelques sculptures du moyen âge et de la Renaissance, un vieux sarcophage chrétien; au milieu, une grande mosaïque. — Sous le hangar: des débris de constructions, des sarcophages, entre autres celui de Brunehaut, au commencement à g., et son épitaphe, refaite en 1767; des cippes à bas-reliefs, une belle vasque.

En continuant tout droit par la rue à g. de St-Nicolas et la rue de la Croix-Blanche, on arrive à la **porte St-André** (pl. B1), restaurée en 1847 par Viollet-le-Duc. C'est, comme la suivante, une porte antique du 1er s. de notre ère, qui était comprise dans l'enceinte de la ville, dont il reste une tour à g. Elle a 14 m. de hauteur sur 20 de largeur, et elle est percée de 4 arcades, deux grandes pour les voitures et deux petites pour les piétons. Au-dessus règne une galerie à 10 arcades soutenues par des pilastres ioniques, qui mettait en communication les remparts des deux côtés.

Les *murs romains* existent encore en partie, mais presque partout cachés par la verdure et des constructions et dégarnis de leurs tours, qui étaient au nombre de 62. Un assez long pan de ces murs, immédiatement à l'E. de la porte d'Arroux (v. ci-dessous), a conservé l'ancien revêtement.

La rue à g. en deçà de la porte ramène dans la ville à la rue de Paris, suite de la Grande-Rue Marchaux, à l'endroit où elle traverse le chemin de fer. C'est au delà, près de la rivière, que se trouve la **porte d'Arroux** (pl. A 2), encore plus remarquable que la précédente et non restaurée. Elle a 17 m. de haut et 19 de large. Elle est également percée de 4 arcades et au-dessus règne aussi une galerie qui comptait 10 arcades, mais qui n'en a plus que 7 et d'un seul côté. Les pilastres sont ici d'ordre corinthien.

Quand les eaux sont basses, on a plus court de passer le pont voisin et de tourner à g., où il faut traverser un bras de rivière à gué, pour aller voir les ruines du prétendu *temple de Janus* (pl. A 3); sinon il faut retourner jusqu'au chemin de fer et y prendre une rue qui longe la voie à g., pour descendre à dr. à un autre pont. Ces ruines d'un bâtiment de destination en somme inconnue (ouvrage militaire ou temple?) se composent de deux murs de 24 m. de haut et 17 de large, avec des arcades, des niches et des fenêtres, le tout dans un remarquable état de conservation.

Il faut encore mentionner comme antiquité à Autun la pierre de Couhard, à env. 20 min. au S.-E. de la promenade, en passant à dr. de l'école de cavalerie et devant le *cimetière* (pl. D 1-2), qui a quelques tombeaux remarquables, entre autres celui du général Changarnier (1793-1877). Si l'on prend plus loin la traverse, monter à dr. et non à g., quand le ravin n'est plus praticable. — La *pierre de Couhard* (pl. E 1) est une pyramide qui a encore près de 27 m. de haut et qui a dû en avoir 30. C'est un monument dans le genre de la pyramide de Cestius à Rome; aussi la donne-t-on comme un tombeau, celui de Divitiac (p. 321), dont les cendres auraient été dans une urne au sommet. Elle est faite de petites pyramides creuses placées les unes sur les autres. Belle vue de cet endroit.

Excursion intéressante au *château de Montjeu*, à 6 kil. au S., par la route qui passe dans le faub. St-Blaise, à dr. derrière la cathédrale, ou par un chemin plus raide traversant le Couhard et passant à la «maison des Chèvres». Il a un grand parc, qu'on rencontre à mi-chemin et où l'on passe entre deux étangs, qui alimentaient le principal aqueduc romain d'Autun. Le château existait déjà au XIIIe s., mais il a été plusieurs fois reconstruit. Au S. du parc, le *signal de Montjeu* («mons Jovis»; 649 m.), d'où l'on a une très belle vue. La stat. de Broye est à env. 1 h. au S. (v. p. 317).

D'Autun à *Auxerre*, v. p. 311-308.

D'AUTUN AU BEUVRAY: 24 kil. de route et 1 h. à 1 h. 1/4 de chemin. — On passe l'Arroux (pl. A 3) et prend à g. la route de Luzy-Moulins, que l'on quitte 4 kil. plus loin pour tourner à dr. — 6 kil. *Monthelon*. On aperçoit de temps à autre, en face, le Beuvray (v. ci-dessous). — 20 kil. *St-Léger-sous-Beuvray* (restaur. Sotty), localité de 1770 hab. La route se rapproche du Beuvray à g. — 24 kil. *Le Poirier-au-Chien*, hameau en deçà duquel il y a un chemin par lequel on arrive au sommet (2 fois à g.), en 1 h. La visite du plateau demande 2 h. et toute l'excursion un jour entier. Guide utile, mais difficile à trouver. Ouvrage à consulter: Bulliot, Fouilles du mont Beuvray, Autun, 1899, 30 fr.

Le **Beuvray** (821 m.), où il n'y a plus que des ruines informes, une croix de pierre et une chapelle, est la hauteur sur laquelle s'élevait l'oppidum éduen de *Bibracte*, comme on l'a reconnu dans des fouilles faites de 1865 à 1888. La forteresse gauloise était devenue du temps de César une sorte de ville industrielle et commerçante, ayant ses ateliers de métallurgistes et d'émailleurs et qui voyait affluer les marchands marseillais à l'époque de la fête de la Dea Bibracte. Les fouilles ont été comblées. L'emplacement du temple de la déesse est marqué par la chapelle, reconstruite depuis 1872; celui du forum, par la croix. La ville cessa d'être habitée dès le commencement de notre ère, après la fondation d'Autun, mais les Gaulois continuèrent de s'y assembler, et il s'y tient encore une foire, le 1er mercredi de mai. On a de là une belle vue.

D'AUTUN A CHATEAU-CHINON: 37 kil., route desservie par une voit. publ., dont le bureau est en face de la gare; départ à 6 h. 1/2 du mat. (1 h. du s. de Ch.-Ch.); trajet en 5 h. On franchit l'Arroux (pl. A 3) et se dirige vers le N.-O. à travers la plaine et de petits bois. — 12 kil. *La Selle* ou *la Selle-en-Morvan* (v. ci-dessous), village qui doit son nom à l'ermitage («cella») où vécut, à la fin du VIIe s., St Méry d'Autun, et qu'a remplacé l'église. On y a découvert des antiquités. Il s'y trouve des usines de schiste. La route remonte quelque temps la vallée pittoresque de la Canche, au fond de laquelle le *pic du Bois-du-Roi* (902 m.), sommet le plus élevé du Morvan. Il faudrait env. 4 h. pour y aller et en faire l'ascension, de l'auberge près de laquelle la route quitte la rivière, à 6 kil. de la Selle. — 21 kil. *Le Pommoy*. On continue encore de monter pendant 6 ou 7 kil. et redescend dans la vallée de l'Yonne. — 29 kil. *Arleuf*, localité de 2426 hab., dans un endroit stérile qui lui a, dit-on, donné son nom («aridus locus»). — 35 kil. *Pont-Charrot*, où la route traverse l'Yonne, à 9-10 kil. au N. de sa source. — 38 kil. *Château-Chinon* (p. 312).

D'Autun à *Athez-Corcelles* (24 kil. au N.-O.), ch. de fer d'intérêt local, en 1 h. 10, pour 2 fr. 45 et 1.50. On suit la route précédente jusqu'à *la Selle* et se dirige ensuite plus au N. par *Anost* (2888 hab.).

La ligne de Nevers suit encore au delà d'Autun la vallée de l'Arroux. — 109 kil. *Brion-Laizy*. 3 min. plus loin, à dr., les ruines du *château de Chazeu*. — 115 kil. *Etang* (buffet), où l'on rejoint la ligne précédente (p. 317), à 105 kil. de *Nevers* (p. 287).

60. De Moulins à Mâcon.

145 kil. Trajet en 4 h. 45 à 5 h. 20. Prix: 16 fr. 85, 11 fr. 05, 7 fr. 15. — A *Paray-le-Monial*: 67 kil.; 1 h. 30 à 3 h. 10; 7 fr. 50, 5 fr. 05, 3 fr. 30. — A *Cluny*: 122 kil.; 3 h. 45 à 4 h. 20; 13 fr. 75, 9 fr. 20, 6 fr.

PRINCIPALE CURIOSITÉ de cette ligne, *Cluny* (p. 328).

Moulins, v. p. 329. La ligne se détache à g. de celle qui vient de Paris et Nevers et monte à l'E. Vue étendue à dr., en arrière. Puis on redescend rapidement. — 14 kil. *Montbeugny*. — 21 kil. *Thiel*. Plus loin, de petits étangs.

28 kil. *Dompierre-Sept-Fonts* (hôt.: du Lion-d'Or, de la Gare). Dompierre est une localité industrielle de 3271 hab., à env. 10 min. au S.-E., sur la *Besbre* et un embranch. du canal latéral à la Loire (p. 284). A env. 1/2 h. au N.-E. de la voie, près du canal, est l'*abbaye de Sept-Fonts*, fondée par les cisterciens en 1132 et qui adopta la réforme de la Trappe en 1663. Les bâtiments ont été reconstruits en 1760. Brasserie dirigée par les trappistes.

DE DOMPIERRE A LAPALISSE: 44 kil., ligne d'intérêt local; 2 à 3 h.; 4 fr. 55 et 3 fr. 40. — Cette ligne remonte au S. la vallée de la Besbre et a une 1re stat. plus près de Dompierre. On remarque dans la vallée divers châteaux. Stat. principales: *Vaumas* (12 kil.) et *Jaligny* (36 kil.): Avant Jaligny, à g., un embranch. industriel desservant les houillères de *Bert*. — 41 kil. *Lapalisse-Ville*. — 44 kil. *Lapalisse-P.-L.-M.*, v. p. 332.

On traverse ensuite le bras du canal, la Besbre et le Roudon. Vue étendue à g. — 35 kil. *Diou*, dans un joli site. Puis on franchit le *canal latéral* lui-même et la *Loire*.

37 kil. *Gilly-sur-Loire*, où aboutit la ligne de Clamecy-Cercy-la-Tour (p. 315). Carrières de marbres et de pierre. On revoit plusieurs fois la Loire, que l'on domine à dr. — 47 kil. *St-Agnan*. On traverse ensuite l'*Arroux*.

56 kil. **Digoin** (hôt. *du Commerce*), ville de 6890 hab., sur la rive dr. de la Loire et à la jonction du canal latéral à la Loire et du canal du Centre, qui se fait par un pont-aqueduc sur le fleuve; c'est en outre le point de départ d'un canal qui va jusqu'à Roanne. Industries diverses; commerce de transit très actif. Eglise moderne du style roman. — Ligne d'Etang, v. p. 317.

La voie s'éloigne maintenant de la Loire, qui tourne au S., franchit le *canal du Centre* (p. 249) et le longe à gauche. A dr., la ligne de Roanne (p. 316); à g., Paray-le-Monial.

67 kil. **Paray-le-Monial** (*buffet*; hôt.: *de la Poste*, dans la grand' rue; *Drago*, en face du couvent, pour pèlerins; *de Bourgogne*, à la gare, bon et pas cher), ville de 4362 hab., sur la Bourbince. Elle a plutôt l'air d'un gros bourg que d'une ville. Elle doit son surnom à un ancien couvent de bénédictins, fondé en 965, et une certaine célébrité à un couvent de la Visitation encore existant, dont l'une des religieuses, Marie Alacoque (m. 1690), mit en faveur le culte du Sacré-Cœur de Jésus. Une recrudescence de dévotion, à laquelle l'esprit de parti n'était pas étranger, y amena en juin 1873 plus de 100000 pèlerins.

L'*église de Paray, où l'on arrivera directement par la première rue à dr. dans la ville, mérite à elle seule une visite. Bien que plus petite que son modèle, l'église abbatiale de Cluny, maintenant en majeure partie détruite (v. p. 326), c'est encore une grande église de transition du XIIe s., de plus de 49 m. de long et 27 m. de haut dans œuvre, et l'une des plus remarquables qui existent. Elle est à trois nefs, avec transept, deux tours à la façade, sur un narthex, et une tour centrale. Elle a de belles colonnes et de curieux chapiteaux, en particulier au narthex. Dans la chap. de la Vierge, à dr. du transept, tombeau de Jean de Damas (m. 1468). Il y a au S. un *cloître*, où l'on entre du bras dr. du transept. A dr. de la nef est l'ancien *couvent* dont dépendait l'église et plus loin l'ancien *palais prieural*, de la fin du XVe s.

L'«Institut des Fastes» qui a son siège à Paray y possède un *musée eucharistique* contenant env. 2000 pièces d'art, 500 tableaux et une bibliothèque de 5000 vol., le tout relatif au Sacré-Cœur. Guide rapide du musée, 30 c. Conservateur, M. de Sarachaga.

La rue en face du portail latéral du N. de l'église longe à dr. le *couvent de la Visitation*, dont la *chapelle* est pleine d'ex-voto.

En tournant plus loin à g., on arrive sur une petite place où se trouvent la *justice de paix*, reste d'une anc. église du XVIe s., et la *mairie*, anc. maison de la Renaissance, qui a une façade richement sculptée, avec des inscriptions datées de 1525 et 1528. — On se retrouve un peu plus loin à g. dans la grand' rue.

Ligne de *Chagny-Montchanin* à *Roanne*, v. p. 316.

DE PARAY-LE-MONIAL A LOZANNE (*Lyon*), *par Lamure*: 96 kil., en 2 h. 25 à 4 h., pour 10 fr. 85, 7 fr. 25 et 4 fr. 75. La ligne traverse une des parties les plus intéressantes des *Cévennes centrales*, qui comprennent, du S. au N., les monts du Lyonnais, du Beaujolais, du Charolais et du Mâconnais. Elle croise à *la Clayette* (29 kil.; p. 328) celle de Cluny à Roanne, passe plus loin, à *Mussy-sous-Dun* (36 kil.), sur un viaduc d'env. 600 m. de long et 60 m. de haut; puis à *Chauffailles* (39 kil.; corresp., p. 328), ville de 4282 hab., et elle sort du bassin de la Loire pour gagner celui du Rhône par un tunnel de 4500 m. — 46 kil. *Belleroche-Belmont*; Belmont est un gros bourg de 3378 hab.; à quelques kil. de la station, *les Echarmeaux* (718 m. d'alt.; hôt. des Voyageurs), hameau au col de ce nom, centre d'excursions dans les *monts du Beaujolais* (voit. de Beaujeu, p. 255). On redescend ensuite la belle *vallée de l'Azergues*. — 66 kil. *Lamure-sur-Azergues* (387 m.), à 15 kil. des Echarmeaux. — 75 kil. *Chamelet*. — 86 kil. *Le Bois-d'Oingt-Légny*; le Bois-d'O. est un bourg de 1854 hab., à 5 kil., desservi aussi par la ligne de Villefranche à Tarare, v. p. 255. — 90 kil. *Chessy*. — 92 kil. *Châtillon-d'Azergues*, qui a un château fort en ruine, avec une chapelle des XIIe et XVe s., à deux étages et décorée d'un tableau d'Hipp. Flandrin. — 96 kil. *Lozanne*, v. p. 334.

Puis on quitte le canal du Centre, qui tourne vers le N.-E.; on monte sensiblement et redescend par une forêt. Le pays est maintenant très accidenté; on traverse les *monts du Charolais*.

84 kil. **Charolles** (*buffet*; *hôt. du Lion-d'Or*), à dr., ville très ancienne de 3718 hab. et chef-lieu d'arr. de Saône-et-Loire, dans un assez beau site, à dr., au confluent de deux rivières, l'*Arconce* et la *Semence*. Elle fut la capitale du *Charolais*, qui dépendit longtemps de la Bourgogne, et Charles le Téméraire en prit le titre de comte de Charolais. Restes d'un *château* du XIVe s., transformés en

hôtel de ville. Grand *hôpital* sur un coteau. Faïencerie. Race de grands bœufs blancs renommée.

On remonte plus loin la vallée de la *Semence*. — 89 kil. *Vendenesse-sur-Semence*, à dr., avec une belle église. — 95 kil. *St-Bonnet-Beaubery*, stat. desservant *St-Bonnet-de-Joux* (1516 hab.), à 7 kil. au N.-E., et *Beaubery* (1049 hab.), à 3 kil. 1/2 au S. Ligne de Montceau-les-Mines, v. p. 316. — 98 kil. *Les Terreaux-Verosvres*. On passe plus loin par un tunnel du bassin de la Loire dans celui du Rhône. — 104 kil. *Trivy-Dompierre*. — 107 kil. *La Chapelle-Meulin*. La voie tourne au N.-E. dans la vallée de la Grosne. — 112 kil. *Clermain*. A dr., l'embranch. de Pouilly-sous-Charlieu (p. 328). — 117 kil. *Ste-Cécile-la-Valouse*. A 8 kil. au S. se trouve le village de *St-Point*, dont le château appartint à Lamartine et où il est enterré.

122 kil. **Cluny** (*buffet*; hôt.: *de Bourgogne*, à l'entrée de l'Ecole, bon; *de l'Etoile*, vers l'extrémité de la grand'rue), vieille ville de 4108 hab., sur la Grosne, jadis très célèbre par son abbaye de bénédictins réformés, fondée au xe s. et qui fut surtout florissante au xiie s. Elle eut 2000 monastères sous sa dépendance et fut comme la capitale intellectuelle de l'Europe, jusqu'à l'époque où le luxe y amena un relâchement de la discipline et fit passer la prééminence dans l'ordre de Cîteaux (p. 246), réformé par St Bernard. Trois papes sont sortis de l'abbaye de Cluny: Grégoire VII (1073-1085), Urbain II (1088-1099) et Pascal II (1099-1118). — Cluny est la patrie du peintre *Prud'hon* (1758-1823), dont on voit la maison natale à dr. avant d'arriver à l'église St-Marcel.

Les restes de l'abbaye sont du côté opposé à la gare. On rencontre d'abord, en laissant à g. une ruelle qui mène à l'hôpital (v. p. 327), l'*église St-Marcel*, du xiie s., qui a un beau clocher roman octogone et, à l'entrée, un beau bénitier, fait dans des fonts du xiiie s. Continuant plus loin à g. par la grand'rue, on laisse encore à g. Notre-Dame (p. 327) et l'on tourne à dr., à une fontaine surmontée d'un *buste de Prud'hon* (v. ci-dessus).

L'anc. *abbaye de Cluny, en partie détruite depuis la Révolution, a été transformée en Ecole normale spéciale en 1865, en *Ecole pratique de contremaîtres* en 1891, et finalement en *Ecole des Arts et Métiers* en 1900 (une des cinq de France: Aix, Angers, Châlons-s.-Marne, Cluny, Lille): durée des études, 3 ans; 300 élèves de 16 à 19 ans. On peut la visiter en le demandant au concierge. Le bâtiment où est l'entrée est l'anc. «palais du Pape Gélase», qui a été reconstruit en 1873. On sera encore plus étonné des dimensions de cette abbaye quand on saura qu'elle s'étendait de ce côté bien au delà de la place qui la précède et comprenait même le second palais et le «logis» dont il sera question plus loin. Les autres bâtiments claustraux avaient été rebâtis au xviiie s., et l'on est frappé de leurs vastes proportions. On en remarquera aussi les rampes d'escaliers et les balcons en fer forgé. L'*église abbatiale*, démolie de 1809 à 1815 en 75 coups de mine par les habitants de Cluny, auxquels l'entretien était à charge et qui préférèrent tirer parti des pierres comme matériaux de construction, était le type et la plus grande des églises romanes des XIe-XIIe s., dans la construction desquelles se distinguèrent les clunistes, la plus grande même de la chrétienté avant la construction de St-Pierre de Rome. Elle avait 171 m. de long (St-Pierre, 187), et elle était en forme de croix archiépiscopale, avec 2 transepts, 5 nefs et 5 clochers, plus 2 tours au narthex, ajouté à la façade au XIIIe s.; mais il ne reste plus qu'un bras du grand transept, haut de 33 m. sous voûte, avec un clocher de 62 m. de haut, et trois chapelles, la principale la *chapelle de Bourbon*, du XVe s., ainsi nommée de l'un des abbés et où l'on remarque 15 consoles, qui ont, dit-on, supporté 15 statues en argent massif. — On doit installer dans le bras du transept qui subsiste un petit musée industriel.

Un *dépôt d'étalons*, à côté de l'Ecole, au delà de l'entrée, occupe une partie de l'emplacement de l'église, dont le narthex formait un côté de la petite place en face de l'Ecole. Sur cette place et un peu plus loin se trouvent les autres constructions qui se rattachaient à l'abbaye: les « écuries du Pape Gélase », maintenant la halle et le théâtre; l'anc. *palais abbatial*, du XVe s., où se trouve le *musée*, et le *logis de Jacques d'Amboise*, de 1586, auj. l'*hôtel de ville*, avec un jardin. Jacques d'Amboise est l'abbé qui fit construire l'hôtel de Cluny à Paris.

Le *musée* est toujours visible pour les étrangers (concierge, porte plus bas) et public le 1er dim. du mois en hiver, le 1er et le 3e dim. en été. Il porte le nom d'Ochier, son fondateur. Il y a 2 salles et une galerie, contenant des objets qui proviennent de l'anc. abbaye, des ouvrages d'art de diverses natures, env. 80 tableaux de valeur secondaire (Vanloo, Greuze, Coypel, Prud'hon), des dessins, des estampes. Belles cheminées aussi dans les deux salles.

Notre-Dame, qu'on aperçoit déjà de la grand'rue près de l'anc. abbaye, est une belle église goth. du XIIIe s., à trois nefs et à court transept, avec une tour carrée. On en remarque les chapiteaux et les boiseries du chœur. — Plus haut est une *chapelle des Récollets*.

On remarquera encore à Cluny quelques *vieilles maisons*; il y en a même une romane, dans le haut de la rue de la République.

Enfin on visitera la *chapelle de l'Hôtel-Dieu*, non loin de St-Marcel, par une ruelle en face d'un puits public. Elle renferme deux belles statues et un très beau bas-relief du commencement du XVIIIe s., destinés à un mausolée du duc et de la duchesse de Bouillon, que voulait leur ériger leur fils, le cardinal de Bouillon, abbé de Cluny de 1683 à 1715. L'érection en fut interdite par Louis XIV, à cause des prétentions qu'affichait par là le cardinal.

Ligne de *Chalon-sur-Saône*, v. p. 252.

De Cluny à Roanne: 86 kil., suite de la ligne de Chalon; 3 h. à 3 h. 35; 9 fr. 65, 6 fr. 50, 4 fr. 25. On suit d'abord la ligne de Paray-le-Monial et Moulins jusqu'à *Clermain* (10 kil.; p. 826), d'où l'on continue encore quelque temps par la vallée de la *Grosne*. — 15 kil. *Pari-Gagné*. — 18 kil. *Trambly-Matour*. Matour est à 4 kil. 1/2 au S.-O. — 22 kil. *Dompierre-les-Ormes*. Puis un tunnel de 636 m., par lequel on passe dans le bassin de la Loire.

— 29 kil. *Montmélard.* Encore un tunnel. — 34 kil. *Gibles.* On descend la vallée de la Genête. Ensuite des étangs. — 42 kil. *La Clayette-Baudemont. La Clayette* (pron. «Claitte») est une petite ville de 1688 hab. à g. dans un site pittoresque, sur un coteau près d'un joli *lac* et avec un château. Ligne de Paray-le-Monial à Lozanne, v. p. 825. — 45 kil. *La Chapelle-sous-Dun*, dans la vallée du *Sornin.* — 52 kil. *St-Maurice-Châteauneuf. Châteauneuf*, à g., a des ruines pittoresques d'un château du moyen âge, un autre château, du xvie s., et une église remarquable du xiie s. Correspond. à St-Maurice pour *Chauffailles* (p. 825), à 7 kil. à l'E. — 57 kil. *St-Denis-de-Cabanne.*

61 kil. *Charlieu* (*hôt. du Lion-d'Or*), à g., vieille ville de 5406 hab., qui doit son origine à une abbaye de bénédictins fondée au ixe s., plus tard un prieuré dépendant de Cluny. Il y en a encore des *ruines* considérables, d'abord celles de l'*église*, des xie-xiie s., surtout un *porche à deux étages, très remarquable par son ornementation et sa statuaire et qui renferme des antiquités; puis des parties des *bâtiments conventuels*, en particulier un cloître ogival des xve et xvie s.; la demeure des prieurs, du xvie s. (presbytère); une tour, un donjon: s'adresser au gardien, près du porche. Maisons des xiiie, xve et xvie s. Dans un faubourg, encore un cloître, d'un couvent de cordeliers, des xive-xve s.

67 kil. *Pouilly-sous-Charlieu*, où l'on rejoint la ligne de Montchanin et Paray-le-Monial (p. 324) à *Roanne* (p. 383).

Ensuite on retourne un instant par la même ligne. Belle vue sur les *monts du Beaujolais.* On monte rapidement à g., traverse un tunnel de 1604 m. et passe en vue du vieux château fort de *Berzé*, aussi à g. — 130 kil. *La Croix-Blanche.* — 134 kil. *St-Sorlin-Milly* (buffet). *Milly*, à 3 kil. à dr., a été chanté par Lamartine (p. 253), qui y a passé son enfance et à qui on a érigé en 1896 un buste par Chamonard. — 137 kil. *Prissé.* A dr., la *roche de Solutré* (495 m.), rocher escarpé au pied duquel on a découvert une station préhistorique, avec des foyers et une quantité prodigieuse d'ossements de chevaux, dans des débris de cuisine. Puis le château de Condemine. — 141 kil. *Charnay-Condemine.* On rejoint à dr. la ligne de Lyon.

145 kil. *Mâcon* (p. 253).

61. De Nevers (Paris) à Lyon,
par Roanne et Tarare.

253 kil. Trajet en 8 h. 10 à 10 h. 30. Prix: 28 fr. 45, 19 fr. 25, 12 fr. 60. — *De Paris à Lyon* par cette ligne: 507 kil.; 13 h.; 56 fr. 90, 38 fr. 45, 25 fr. 10. Autre ligne, par Dijon, v. R. 45 et 52.

Nevers, v. p. 287. On franchit la Loire et on en quitte la vallée pour gagner celle de l'Allier, en tournant à l'O. Plus loin, on traverse encore le canal Latéral, qui a lui-même franchi l'Allier sur le pont-aqueduc du Guétin. Un tunnel de 379 m.

10 kil. **Saincaize** (*buffet*), où aboutit la ligne de Bourges (p. 304). — 20 kil. *Mars.* — 27 kil. *St-Pierre-le-Moutier* (2792 hab.), à g., pris en 1429 par Jeanne d'Arc, à qui on doit y élever un monument. Il y a une église intéressante datant surtout des xiie-xiiie s. Puis un tunnel. A g., un joli château moderne; plus loin, à dr., sur la rive g. de l'Allier, un autre plus considérable. — 36 kil. *Chantenay-St-Imbert.* — 46 kil. *Villeneuve-sur-Allier.* Le lit de l'Allier est fort large et presque à sec en été, comme celui de la Loire.

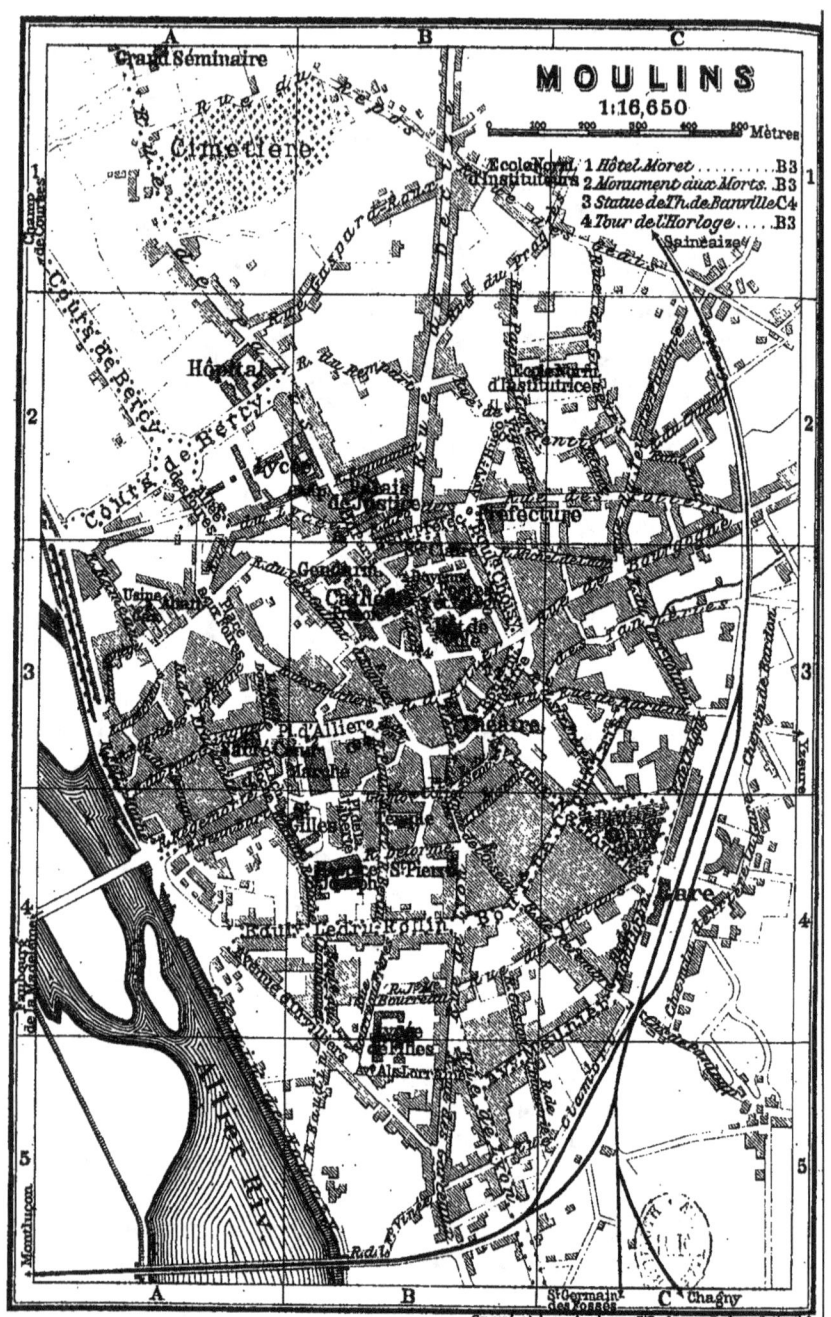

59 kil. Moulins (*buffet*). — Hôtels: *du Dauphin* (pl. b, B 3), place d'Allier (ch. 3 fr., s. et b. 1 fr., rep. 1.25, 3 et 3.50, om. 1 fr.); *de Paris* (pl. a, B 2), rue de Paris, 21 (28 ch. dep. 2 fr. 50, 1er dé. 1, dé. ou dî. 3, om. 50 c.); *de l'Allier* (pl. c, B 3), même place (ch. t. c. 2 à 5 fr., dé. 1 et 3, dî. 3, om. 80 et 50 c.). — *Cafés*, place d'Allier.

Poste et télégraphe (pl. B 3), place de la Bibliothèque, 2.

Banques: *Banque de France*, place de la République, 9 (devant la gare); *Crédit Lyonnais*, place d'Allier; *Société Générale*, boul. Choisy, 1.

Bains, place d'Allier, 53, à l'entrée de la rue du Pont.

Moulins (222 m.) est une ville de 22 340 hab. et le chef-lieu du départ. de l'*Allier*. Elle est d'origine peu ancienne et elle n'a joué un certain rôle, comme capitale du *Bourbonnais*, que de 1368 à 1527, année où le duché fut confisqué par François Ier, par suite de la trahison du connétable de Bourbon, passé au service de Charles-Quint.

A la gare, à dr., la *place de la République* (pl. C 4), transformée en jardin, avec une *statue de Théod. de Banville* (1823-1891), le poète, bronze par Coulon. Une belle avenue de platanes conduit de là vers le centre de la ville. A g., le *théâtre* (pl. B 3); prendre à dr. le boul. du Théâtre, auquel font suite le boul. Choisy et le boul. de la Préfecture, qui tourne à g. pour aboutir à la rue de Paris.

A l'entrée de cette rue, à dr., se trouve le *palais de justice* (pl. B 2), ancien collège des jésuites, qui renferme le *musée départemental*, public le 1er jeudi et le 3e dim. de chaque mois de 2 h. à 4 h., mais visible tous les jours. Ce musée contient surtout des antiquités recueillies dans le pays. Il y a un catalogue (1 fr.) de 1885, avec un supplément (1 fr. 50) de 1896. Conservateur, M. Bertrand.

Vestibule: collection lapidaire, sculptures de l'époque gallo-romaine, du moyen âge et de la Renaissance, notamment un Christ bénissant du xiie s. (88); à voir aussi une garniture de poêle en forme de vase (terre cuite), du xviiie s. — Escalier: trois belles tapisseries du xvie s. (48); antiquités du moyen âge, notamment une statuette de la Vierge (156) et une autre de Ste Barbe, du xve s. (157). — Ier étage, 1re salle: moulages des tombeaux de Souvigny (p. 382); peintures gothiques sur bois du xve s. (école flamande), relatives à la vie de J.-C., de St Etienne et de St Antoine; châsse de St Laurent (xvie s.); vitrine de céramique. — 2e salle: suite des antiquités; vitrines E-F, pierres éclatées et polies; vitrine U, statuettes gallo-romaines, surtout des moules, un tronc-tirelire; vitrine I, émaux cloisonnés, surtout un bassin du xiie s., de Limoges (174), ivoires; vitrine S, faïences italiennes, albâtres de Lagny du xviie s.; vitrine R, faïences de Moulins; vitrine L, beau collier gallo-romain (88); vitrine M, faïences de Nevers; vitrine N, une Vierge en marbre blanc du xvie s. (418); vitrine Q (partie supérieure), *Vierge en marbre noir du xve s.

A quelques pas plus loin dans la rue de Paris, à g., le *lycée Banville* (pl. A B 2), bâti sur l'emplacement d'un couvent de visitandines, dont il reste la chapelle, de 1650. On devra y entrer (s'adresser au concierge, 25 c. pour 1 personne, 50 c. pour 2 pers. et plus) pour voir le **mausolée du duc Henri II de Montmorency*, décapité pour trahison à Toulouse en 1632. Il lui a été érigé par sa veuve, la princesse des Ursins, qui repose près de lui. Le plan, dans le style théâtral de l'époque, est de Fr. Anguier, qui y travailla aussi comme sculpteur avec Regnaudin (de Moulins) et Thibaut Poissant.

Au milieu, sur un sarcophage en marbre noir, est la statue en marbre blanc du défunt à demi couché, ayant près de lui une magnifique statue de sa femme (ajoutée plus tard), assise dans l'attitude de la douleur. Sur les côtés, d'autres statues: à g., Hercule; à dr., la Charité. Le fond, aussi en marbres noir et blanc, présente quatre colonnes, entre lesquelles sont trois niches, celle du milieu avec une urne que deux anges entourent d'une guirlande de fleurs, les autres avec des statues de Mars et de la Religion (par Regnaudin). Au-dessus, un beau fronton et les armes des Montmorency, tenues par des Génies.

Au maître-autel, la Vierge au temple, de *P. de Cortone*. Dans l'anc. chœur des religieuses, en face du mausolée, au plafond, des peintures attr. à *Lesueur*, nouvellement restaurées.

En sortant du lycée on revient sur ses pas et retraverse la place de Paris, au fond de laquelle on prend la rue des Fausses-Brayes, qui débouche sur l'esplanade de l'ancien *château* des ducs de Bourbon. Il n'en reste plus qu'un donjon carré du XIVe s., dit la *tour Mal-Coiffée*, qui sert de prison, et à dr. les bâtiments moins anciens mais fort élégants du *pavillon d'Anne de Beaujeu*, qui sert de gendarmerie.

En repassant par la rue de Paris, on pourra voir au n° 7 la vieille porte de l'hôtel de la Ferronaye et on débouchera devant le chevet de la cathédrale.

La **cathédrale**, *Notre-Dame* (pl. B 3), comprend en guise de chœur l'ancienne chapelle du château (v. ci-dessus), bâtie de 1465 à 1507 dans un style fort riche avec bas côtés et chapelles rayonnantes, et restaurée depuis 1885. A cette chapelle a été maladroitement accolée une nef moderne d'élévation moindre et de style gothique primitif, qui produit une fâcheuse disparate. La façade a deux belles tours avec flèches en pierre d'une hauteur de 95 m. L'architecte, Millet (travaillant sur les plans de Viollet-le-Duc), y a fait, à l'imitation de plusieurs églises d'Auvergne, un mélange de pierre noire (lave) et de pierre blanche.

La partie la plus belle à l'intérieur est naturellement le «chœur»: on y remarque d'abord de beaux vitraux des XVe et XVIe s., ensuite une jolie tourelle d'escalier, à dr. et dans la chapelle voisine, du même côté, un petit monument funèbre de 1557, représentant un cadavre dévoré par les vers, enfin à g., près de la petite entrée du chevet, une Ste Agathe en bois et un St Christophe du XVIe s. Au maître-autel, un baldaquin moderne de mauvais goût en bois doré, et dans une sorte de crypte derrière cet autel un St Sépulcre de la fin du XVe s.; la chapelle haute au-dessus contient une Vierge noire (XIIe ou XIIIe s.). La principale curiosité artistique de cette église est un célèbre *triptyque*, placé dans la sacristie des chanoines, à g. de l'entrée du chœur (s'adresser à la sacristie, et, en cas d'absence, au n° 7 de la rue de Paris). Ce grand et magnifique triptyque, attr. à Jean Perréal, mais un peu restauré, représente à l'extérieur l'Annonciation (grisaille) et à l'intérieur la Vierge et l'enfant Jésus, entourés d'anges, d'une délicatesse d'expression infinie, avec les donateurs, Pierre II de Bourbon (m. 1503) et Anne de France ou de Beaujeu, sa femme (m. 1522), présentés par leurs patrons. Dans la sacristie aussi, une Vierge du XVIIIe s., provenant de l'abbaye de Sept-Fonds.

Derrière la cathédrale, se voit une ancienne *halle*, avec arcades, et à côté, rue François-Péron, 24, le *Doyenné* (pl. B 3), belle maison en pierre, de la fin du XVe s., dont on peut visiter la cour, la plus belle du vieux Moulins.

La rue François-Péron aboutit à la place de l'Hôtel-de-Ville, où se voit d'abord la *tour de l'Horloge* (pl. 4, B 3), beffroi carré de 1455, dont la belle galerie, surmontée d'une lanterne, a été refaite au xviie s. Il y a dans le haut un jaquemart. Les petites rues derrière la tour ont encore de *vieilles maisons* curieuses, notamment les rues des Orfèvres, Grenier (n° 2, du xve s.) et de l'Ancien-Palais (n° 3).

L'*hôtel de ville* (pl. B 3), sur la place de ce nom, renferme un petit *musée* et la *bibliothèque.*

Le musée, visible tous les jours, se compose de quelques tableaux placés dans la salle du conseil municipal: 1, *H. Vernet,* Prêtre arménien; 10, *Wynants* (?), paysage; s. n°, *éc. de Watteau*, Comédie italienne; 25, *éc. de Rubens*, Tête de vieillard; 84, *van Balen*, Naissance de Bacchus; s. n°, *M. Desboutins* (des environs), portr. de femme; 84, *éc. siennoise*, Crucifixion.

La bibliothèque, ouverte les jours non fériés de midi à 4 h., sauf pendant les vacances du lycée, se compose de 28500 volumes. Elle renferme la célèbre *bible de Souvigny*, magnifique manuscrit portant la date de 1115 et contenant 122 miniatures, probablement de l'école limousine: on peut toujours la voir en même temps que le musée.

Derrière l'hôtel de ville se trouve la place de la Bibliothèque, avec l'hôtel des *postes et télégraphes*. Prendre à dr. la rue Voltaire qui aboutit à la rue d'Allier, la plus commerçante de Moulins. On y remarque plusieurs maisons anciennes, notamment les n°s 71 (*hôtel Moret*, du xive s.; pl. 1, B 3) et 57.

La rue d'Allier conduit à la *place d'Allier* (pl. A B 3), de forme oblongue, au bout de laquelle s'élève depuis 1902 le *monument des soldats morts en 1870* (pl. 2), par Coulon et Besson.

Au fond de la place se trouve l'ÉGLISE DU SACRÉ-CŒUR (pl. A 3), bel édifice construit dans le style goth. primitif, sur les plans de Lassus (1850), avec deux flèches en pierre de 55 m. L'extérieur est d'une ornementation un peu maigre, l'intérieur est plus remarquable. Il y a trois nefs et un transept, avec un seul portail latéral et des tribunes au-dessous des roses. Vitraux par Lobin.

La rue Régemorte, la seconde à g. de la façade, conduit au beau *pont* qui traverse l'Allier, de 1750, par l'ingénieur de Régemorte.

En revenant par le boulevard Ledru-Rollin, à dr. en sortant du pont, puis par la rue de Lyon, on verra encore l'*église St-Pierre* (pl. B 4), à une seule nef et sans transept, en partie du style goth. du xve s., avec une tour récemment restaurée. A l'intérieur, belle tribune des orgues et au-dessus du banc d'œuvre, un Calvaire, tableau flamand du xvie s. — La rue de l'Oiseau ramène de là à dr. au boulevard de Courtais qui mène à g. dans la direction de la gare.

A 2 kil. à l'E. de Moulins (tramw. projeté), en passant sous le ch. de fer au delà de la gare du côté de Nevers, puis près du couvent actuel de la Visitation et du pensionnat du Sacré-Cœur, se trouve Yzeure (v. pl. C 3) ou *Iseure*, gros village de 5960 hab. qui a une belle *église* du style roman bourguignon du xiie s., avec chapelles du xive s. Elle dépendait jadis d'un couvent fondé au ixe s. Elle a une crypte carolingienne, restaurée en 1897, des fresques du xive s., aux voûtes; des boiseries du xviie s., une Vierge en pierre du xve s., en face de la chaire, des tableaux de valeur, etc. Cette église est précédée d'une *place* qui a servi de cimetière. Derrière, une *école de filles* dépendant de l'assistance publique de Paris, anc. séminaire dirigé par les jésuites, qui, depuis leur expulsion (1880), ont fondé à 1 kil. le *collège de Bellevue.*

A 14 kil. à l'E. de Moulins, sur la ligne de Montluçon, se trouve la petite ville de *Souvigny*, de 8068 hab., jadis célèbre par son prieuré de l'ordre de Cluny, dont il reste encore des bâtiments reconstruits au xviie s. et surtout l'*église*, des xie-xiie s., remaniée au xve s. L'intérieur présente un magnifique vaisseau de 84 m. de long, divisé en cinq nefs. A l'entrée se voit un tronçon de colonne romane couvert d'ornements et de sculptures. Au mur, une sorte de *retable du xiie s., à deux étages, très richement sculpté. A l'église ont été ajoutées aux xive-xve s. deux chapelles, la *chapelle Vieille* à dr. et la *chapelle Neuve* à g., qui renferment l'une le *tombeau de Louis II de Bourbon*, l'autre le *tombeau de Charles Ier*, chacun avec leur femme; ce sont deux magnifiques monuments avec statues couchées. La sacristie a de belles boiseries du temps de Louis XIV.

De Moulins à *Paray-le-Monial* et *Mâcon*, v. R. 60; à *Montluçon* et *Limoges*, à *Bourbon-l'Archambault*, etc., v. le *Sud-Ouest de la France*, par Bædeker.

La ligne principale continue de remonter la vallée de l'Allier. — 73 kil. *Bessay*. 1525 hab. — 79 kil. *La Ferté-Hauterive*. Puis, à g., son grand château moderne. — 88 kil. *Varennes-sur-Allier*. 3214 hab.

De Varennes à *Commentry*, v. le *Sud-Ouest de la France*.

94 kil. *Créchy*. Plus loin à g., après la seconde tranchée, *Billy*, avec les ruines pittoresques de son *château féodal*, où l'on va en excursion de Vichy.

101 kil. **St-Germain-des-Fossés** (*buffet*), où se détachent, à dr., les lignes de Clermont-Ferrand-Nîmes et de Vichy-Thiers-Le Puy. Sa petite *église*, en dehors du village, sur le plateau qui le domine, est une anc. église prieurale, probablement du xie s., intéressante pour les archéologues, avec une Vierge du xiiie s., à laquelle on vient en pèlerinage.

Lignes de *Vichy*, de *Clermont-Ferrand*, *Nîmes*, etc., v. le *Sud-Est* et le *Sud-Ouest de la France*, par Bædeker.

La ligne de Lyon laisse à dr. celles de Clermont et de Vichy et se dirige à g. vers la vallée de la Besbre. Le pays est assez accidenté et joli. — 107 kil. *St-Gérand-le-Puy*.

118 kil. **Lapalisse** (*hôt. de l'Ecu-de-France*), ville de 2847 hab. et chef-lieu d'arr. de l'Allier, à 2 kil. à g., avec un *château* des xve et xvie s., qui a un plafond en bois célèbre. Elle a une station plus rapprochée sur la ligne de Dompierre (p. 324).

Ensuite un viaduc sur la vallée de la Besbre. — 125 kil. *Arfeuilles*. 3261 hab. A dr., les *montagnes de la Madeleine*. Plusieurs viaducs et un tunnel de 1350 m. — 135 kil. *St-Martin-d'Estréaux*.

CORRESPOND. en été (1 fr. 50) pour *Sail-les-Bains* (*hôt. de l'Etablissement*), à 5 kil. au N.-E., où il y a des eaux minérales alcalines, silicatées, iodurées ou sulfureuses, déjà connues des Romains. Ces eaux passent pour les plus silicatées que l'on connaisse et spécialement efficaces dans le traitement des maladies infectieuses et des affections de la peau.

Encore un viaduc et un petit tunnel et toujours une belle vue à g. — 144 kil. *La Pacaudière*. — 154 kil. *St-Germain-l'Espinasse*.

St-Germain est à env. 2 kil. à l'E. A 8 kil. au N.-O. ou à dr. en deçà de la station, *Ambierle* (*hôt. Dalleris*), petite ville de 2370 hab. dans un site pittoresque, avec une très belle *église*, construite au xve s. par les bénédictins. Elle a encore 12 fenêtres garnies de vitraux anciens et on y remarque particulièrement un *retable donné en 1466, représentant la Passion, et ses volets, recouverts de peintures de l'école de Bruges, attribuées à Roger van der Weyden (v. aussi p. 247).

167 kil. Roanne (*buffet; hôt. du Nord*, rue de la Sous-Préfecture; *du Commerce*, place du Marché, 5), ville industrielle de 34 901 hab. et chef-lieu d'arr. de la Loire, sur la rive g. de la Loire, la *Rodomna*, ou *Roidomna* des Romains. Elle a d'importantes filatures et manufactures de cotonnades et elle fait encore un grand commerce de lainages au crochet, fabriqués dans la campagne environnante.

Roanne offre peu de curiosités aux touristes. Le cours de la République, à dr. au sortir de la gare, et la rue de la Côte, à l'extrémité à g., conduisent à la rue Nationale, qui descend vers la Loire. Cette rue passe, à dr., à *l'hôtel de ville*, édifice assez remarquable de construction récente, où il y a un petit *musée*, surtout d'antiquités et d'objets d'art, public les dim. et jeudi, de 10 h. à midi et de 2 à 4. — Plus loin, à g., *Notre-Dame-des-Victoires*, belle église moderne dans le style du xiiie s.

La seconde artère de la ville est celle qui passe devant la *sous-préfecture*, à dr. à l'extrémité de la rue de la Côte, et se continue à g. vers le *collège*, qui est moderne, et vers *St-Etienne*, l'église principale, des xiiie-xive s., mais rebâtie presque entièrement au xixe s. La rue transversale en deçà de cette église ramène à la gare.

De Roanne à *Paray-le-Monial*, *Montchanin* et *Chagny*, v. p. 313-315; à *Boën*, v. le *Sud-Est de la France*, par Baedeker.

A 13 kil. à l'O. (omn., 1 fr.), **St-Alban** (*hôt. St-Louis*, etc.), village de 1038 hab. qui a des eaux minérales froides ferrugineuses et gazeuses, connues depuis l'antiquité et fort estimées comme eaux de table. Il y a un *établissement* bien organisé et un *casino*. On y fait des excursions variées dans les *monts de la Madeleine*, d'où on a une belle vue sur la vallée de la Loire.

Après avoir contourné la ville à g., la voie traverse la *Loire*, à laquelle on a fait à cet endroit un nouveau lit près de l'ancien. — 169 kil. **Le Coteau** (4462 hab.), faubourg de Roanne, où se détachent, à dr. la ligne de St-Etienne, à g. celle de Paray-le-Monial. Celle de Tarare remonte la vallée du Rhins, qu'elle va traverser plusieurs fois. — 176 kil. *L'Hôpital*. Puis 4 petits tunnels.

183 kil. **Régny**, vieux village de 2189 hab., sur le Rhins, où il y eut un prieuré de l'ordre de Cluny et qui a encore des restes de fortifications. Belle église moderne sur les plans de Bossan; couronnant un rocher qui surplombe la rivière. Fabriques de cotonnades et de crayons Conté, pour le dessin.

Ensuite un tunnel, après lequel on voit, à g., la manufacture de crayons Conté, et plus loin un autre tunnel. — 189 kil. **St-Victor-Thizy** (buffet).

Embranch. de 7 kil. sur **Thizy** (*hôt. du Midi*), ville de 4797 hab., au N.-E., dans un site pittoresque, et centre important pour la fabrication des cotonnades, des étoffes d'ameublement, des couvre-pieds de soie, de la toile amiantine, des écharpes, etc.

Embranch. de 14 kil., par *Bourg-de-Thizy* (4867 hab.), sur Cours (*hôt. de la Poste*), autre ville industrielle, de 5493 hab., fabriquant surtout, avec les déchets de laine, des couvertures à bon marché.

Les travaux d'art deviennent plus considérables et le pays plus accidenté à mesure qu'on approche des montagnes du Lyonnais. Encore 2 tunnels.

195 kil. **Amplepuis** (hôt.: *du Centre, du Commerce*), à g., localité de 7097 hab., qui a des fabriques de linge de table, cotonnades, mousselines, foulards, etc. Elle est dominée par un château moderne. — La voie monte considérablement, passe dans un tunnel de 2926 m. et redescend rapidement dans le bassin du Rhône. Contrée pittoresque. On traverse encore un tunnel de 800 m., avant lequel on voit bien Tarare, à gauche.

209 kil. **Tarare** *(buffet; hôt. de l'Europe)*, ville industrielle moderne de 12334 hab., dans l'étroite vallée de la Turdine, entourée de montagnes. Elle est le centre d'une fabrication importante de *mousselines* unies et brodées et de peluche de soie pour chapeaux. Statue en bronze de *Simonnet* (1710-1778), qui y créa la première fabrique de mousseline. — Ligne de Villefranche, v. p. 255.

214 kil. *Pontcharra-St-Forgeux.* — 218 kil. *St-Romain-de-Popey.* Puis 2 petits tunnels.

225 kil. **L'Arbresle** *(Gr.-Hôtel)*, à g., ville ancienne de 3406 hab., dominée par un vieux *château*, dont le donjon a été restauré, et qui a conservé deux *portes* de son enceinte fortifiée, ainsi que des maisons du moyen âge et de la Renaissance. — Ligne de Montbrison, v. le *Sud-Est de la France*, par Bædeker.

Plus loin encore 4 petits tunnels, et à g. la ligne de Lamure. — 232 kil. **Lozanne.** Ligne de Paray-le-Monial-Lamure et vallée de l'Azergues, v. p. 325.

236 kil. *Chazay-Marcilly.* — 238 kil. *Les Chères-Chassel.*

243 kil. *St-Germain-au-Mont-d'Or* (petit buffet), où l'on rejoint la ligne de Paris par Dijon (p. 256).

253 kil. *Lyon, gare de Perrache* (buffet).

Lyon.

Description détaillée et plan de la ville, v. le *Sud-Est de la France*, par Bædeker.

La *gare de Perrache* est la principale, pour toutes les grandes lignes. *Gare de Vaise*, v. p. 256; gare *St-Paul*, v. p. 256 et 335; *gares de la Croix-Rousse* et *de Sathonay*, p. 261; *gares des Brotteaux* et *de St-Clair*, p. 337.

HÔTELS (omnibus, 1 fr. à 1 fr. 50): *Gr.-H. *de Lyon*, rue de la République, 16; *Gr.-H. *de Bellecour*, place du même nom, 21; — *Gr.-Nouvel-Hôtel*, près du Rhône; *Gr.-H. de l'Europe*, rue Bellecour, 1; *H. Bayard*, rue Président-Carnot, 4; — *H. de l'Univers*, *H. d'Angleterre*, etc., près de la gare de Perrache.

RESTAUR. ET CAFÉS, surtout rue de la République, rue de l'Hôtel-de-Ville et place Bellecour.

VOITURES DE PLACE: à 2 pl., course, 1 fr. 50; 1 heure, 2 fr.; à 4 pl., 1.75 et 2.50. Bagages: 1 colis, 25 c.

TRAMWAYS ÉLECTRIQUES. Prix ordinaires: 1re cl., 20 c.; 2e cl. (impér.), 10 c.; 5 c. de plus pour la correspondance, 10 et 5 c. hors de l'octroi.

BATEAUX-OMNIBUS sur la Saône. *Les Mouches*, service entre Perrache (pont du Midi), Vaise (pont Mouton) et St-Rambert (Ile-Barbe): 10 à 30 c. *Les Parisiens*, du quai St-Antoine à Chalon-sur-Saône. Le *Gladiateur*, du quai de la Charité à Avignon.

Chemins de fer funiculaires, dits *Ficelles:* de l'avenue de l'Archevêché à *Fourvière* (v. ci-dessous) ou à *St-Just*, 10 à 20 c.; — de la gare St-Paul à *Fourvière* et au *cimetière de Loyasse*, 10 à 30 c.; — de la place Sathonay et de la place Croix-Pâquet à la *Croix-Rousse* (v. ci-dessous), 20 et 10 c.

Poste: bureau principal, place de la Charité et place Bellecour. — Télégraphe: bureau central, ouvert jour et nuit, rue de la Barre, 7.

Lyon (Lugdunum) est une ville de 459 099 hab., la première de France après Paris et Marseille, non seulement par son étendue, mais encore par son industrie et son commerce. Elle occupe aussi un des premiers rangs par sa magnifique situation, au confluent de deux grandes rivières navigables, le *Rhône* et la *Saône*, qui la divisent en trois parties bien distinctes: la ville proprement dite, dans la langue de terre formée par le confluent des deux rivières, avec l'ancien faubourg de la *Croix-Rousse*, sur la colline du même nom; la rive droite de la Saône, avec *Fourvière* et l'anc. faubourg de *Vaise*, et la rive gauche du Rhône, comprenant l'anc. faubourg de la *Guillotière* et les *Brotteaux*.

Devant la gare de Perrache, le large *cours du Midi*, entre le Rhône, à dr., et la Saône, à g.; puis la *place Carnot*, avec un grand *monument de la République*, par Peynot. La rue Victor-Hugo conduit de là vers le centre de la ville, à la place Bellecour, en laissant à g. une place où est la *statue d'Ampère*, le physicien, et l'*église d'Ainay*, la plus ancienne de Lyon, fondée au vi^e s. et rebâtie aux xe et xie s., dans le style roman. Les absides sont décorées de peintures sur fond d'or par Hipp. Flandrin, le Christ et divers saints. Dans le chœur se voit une mosaïque du temps de Pascal II (xiie s.).

La place Bellecour est la plus importante de Lyon et la promenade à la mode de la ville. Elle est décorée d'une *statue équestre de Louis XIV*, en empereur romain, par *Lemot*, sculpteur lyonnais (1775-1827).

L'édifice imposant sur la hauteur à l'O. est l'église de Fourvière. On y montera de préférence par un temps clair, pour jouir de son point de vue superbe. Au delà d'un pont sur la Saône est la modeste gare de la Ficelle de Fourvière (v. ci-dessus), qui épargne la fatigue d'une montée pénible.

L'*église de Notre-Dame de Fourvière, à côté de l'anc. *chapelle* (pèlerinage), est un monument massif à dessein, construit de 1872 à 1896. Elle est dans une sorte de style byzantin modernisé, avec des tours aux extrémités et des demi-tours en guise de contreforts. L'intérieur est très richement décoré. On peut monter, pour jouir de la *vue, à la tour à g. du chœur, où il y a un disque d'orientation (50 c. par pers.). Par un temps clair, le regard y embrasse une étendue de plus de 200 kil., et l'on y voit jusqu'au Mont-Blanc.

*St-Jean, la *cathédrale*, au pied de la colline de Fourvière, est l'édifice religieux le plus remarquable de Lyon. Il date des xiie-xve s. Le chœur réunit dans ses arcades et ses fenêtres les styles roman et gothique mêlés à dessein, et le style roman se retrouve aussi dans le transept.

La grande nef se distingue par la pureté et l'élégance des lignes, bien que les travées les plus rapprochées du portail, du xve s., diffèrent un peu des autres, du siècle précédent. Les fenêtres sont à trois baies, surmontées de trois roses. Il y a sur le devant une galerie comme à Notre-Dame de Dijon (p. 219). Ces fenêtres, comme celles du chœur, ont de magnifiques vitraux anciens, des xiiie et xive s., et de beaux vitraux modernes. Les deux nefs latérales ne se prolongent pas au delà du transept, et le chœur a été agrandi de deux travées prises à la grande nef. Du côté dr., la chapelle St-Louis ou des Bourbons, du xve s., due au cardinal de Bourbon et à son frère Pierre, gendre de Louis XI.

A dr. de la façade de la cathédrale, la *manécanterie* ou maison des chantres, qui présente une curieuse façade du xie s.

Revenu à la place Bellecour, on prendra dans l'angle N.-E., à l'opposé de la rue Victor-Hugo, la rue de l'Hôtel-de-Ville. Elle passe à la *place des Jacobins*, qui est décorée d'une jolie *fontaine* moderne en marbre.

L'*église St-Nizier*, plus loin à g., est l'anc. cathédrale, rebâtie aux xve et xvie s.

L'*HÔTEL DE VILLE est un bel édifice du xviie s., la façade principale d'une grande richesse d'ornementation, l'autre, place de la Comédie (v. ci-dessous), moins prétentieuse et plus élégante.

La *place des Terreaux*, devant l'hôtel de ville, est décorée d'une *fontaine, par Bartholdi (1892).

Le PALAIS ST-PIERRE OU DES ARTS, au S., est un ancien couvent du xviiie s. Il a au centre un jardin avec portiques et il renferme des *musées très importants: un musée de peinture, un musée de sculpture, un musée lapidaire, un musée des antiques, du moyen âge et de la Renaissance et un musée d'histoire naturelle. Les trois premiers et le dernier sont publics tous les jours de 9 h. à 4 ou 5 h., les autres seulement les dim., jeudi et jours de fête, de 11 h. à 4 h., mais visibles aussi tous les jours, aux mêmes heures, pour les étrangers. Les peintures sont au 1er et surtout au 2e étage, les sculptures au rez-de-chaussée, les antiques au 1er, le musée d'histoire naturelle au même étage et au 2e, le musée lapidaire sous les arcades.

Derrière l'hôtel de ville est la petite *place de la Comédie*, devant le *Grand-Théâtre*.

La rue de la République ramène de là à la place Bellecour.

Le PALAIS DE LA BOURSE ET DU COMMERCE, à g. en venant de la place de la Comédie, est un des édifices les plus remarquables de la ville, dans un style renouvelé de la Renaissance. Au second étage se trouve un *musée historique des tissus*, public les dim., jeudi et jours de fête, de 11 h. à 4 h., et ouvert aussi aux étrangers les autres jours, sauf le lundi. — Près de là, l'*église St-Bonaventure*, du xve s.

La rue de la République passe plus loin à la place du même nom, qui est décorée d'un grand *monument Carnot*, par Gauquié (1900).

La principale curiosité des grands quartiers modernes de la rive g. du Rhône est le beau *parc de la Tête-d'Or*, à l'extrémité en amont, dans le genre du bois de Boulogne de Paris, avec le *monument des Légions du Rhône* (1870), à l'entrée.

De Lyon à *Dijon* et *Paris*, v. R. 52 et 45; à *Besançon* et *Belfort*, R. 53 et 48; à *Genève*, R. 62; à *Chambéry*, à *Grenoble*, à *Marseille*, à *Nîmes*, à *St-Etienne*, au *Puy*, à *Clermont-Ferrand*, v. le *Sud-Est de la France*, par Bædeker.

De Lyon a Trévoux, que dessert aussi la ligne de Dijon-Paris (p. 255): 26 kil.; 50 min. à 1 h. 45; 2 fr. 90, 1 fr. 95, 1 fr. 80. Départ de la *gare de la Croix-Rousse* (p. 261). Nombreuses stations de banlieue, les premières celles de *Cuire*, de *Montessuy*, de *Caluire* et du *Vernay*. Beaucoup de maisons de campagne et d'établissements industriels. — 7 kil. *Sathonay* (p. 261). On gagne ensuite les bords de la Saône — 17 kil. (12e st.) *Neuville-sur-Saône* (p. 256). — 26 kil. (17e st.) *Trévoux* (p. 255).

62. De Lyon à Genève.

Voir la carte p. 271.

168 kil. Trajet en 4 à 7 h. Prix: 18 fr. 90, 12 fr. 80, 8 fr. 80. Vue surtout à gauche.

Lyon, v. ci-dessus. Tous les trains partent de la gare de *Perrache* (p. 334), d'où on traverse le Rhône et contourne la ville au S.-E., après avoir laissé à dr. les lignes de Marseille et de Grenoble. Mais il y a une gare spéciale aux *Brotteaux*, à l'E., non loin du parc de la Tête-d'Or (p. 336), d'où le départ a lieu 15 à 20 min. après celui de Perrache. A g., toujours l'église de Fourvière. On traverse ensuite de nouveau le Rhône. — 9 kil. *St-Clair*, dernière gare de Lyon, seulement pour les trains omnibus. A g. débouche le grand tunnel de la ligne de raccordement partant de Collonges (p. 256). — 12 kil. *Rillieux-la-Pape*. — 15 kil. *Neyron*.

17 kil. *Miribel*, ville de 3406 hab., avec un château en ruine. On s'éloigne du Rhône. — *St-Maurice-de-Beynost*. — 21 kil. *Beynost*. — 24 kil. *La Boisse*. — 26 kil. *Montluel*, ville de 2664 hab., avec les restes d'un château très ancien. — 31 kil. *La Valbonne*, où il y a un camp, avec un polygone, à dr. — 39 kil. *Meximieux*, ville de 2340 hab., dominée par un château du xie s., qui a été restauré. On traverse l'*Ain* 3 kil. plus loin. — 47 kil. *Leyment*. A dr., le château de la Servette. On se rapproche du Jura. Puis on traverse l'*Albarine*, affluent de l'Ain.

52 kil. **Ambérieu** (*buffet*; *hôt. de la Gare*), ville de 4023 hab., à 1/4 d'h. à g. On y voit une *statue du Dr Bonnet* (1809-1858), qui en était originaire.

Tramway à vap. d'Ambérieu à *Cerdon* (23 kil.; 1352 hab.), par *St-Jean-le-Vieux* (13 kil.; v. p. 276). — Ligne de *Mâcon* par *Bourg*, v. R. 55 A; embranch. de *Montalieu* (18 kil.), v. le *Sud-Est de la France*, par Bædeker.

La voie entre maintenant dans le *Jura*, par la belle *vallée de l'Albarine*, et elle traverse nombre de fois la rivière. Beaucoup de vignes. — 58 kil. *Torcieu*.

63 kil. **St-Rambert-en-Bugey** (*hôtel*), ville manufacturière de 5028 hab., avec les ruines du *château de Cornillon*, qui se voit sur la hauteur à g. avant la station. La vallée se rétrécit et prend un caractère sauvage.

70 kil. **Tenay** (*hôt. Burlet*), autre ville manufacturière, de 3770 hab., à 1/4 d'h. à g., dans un coude de la vallée de l'Albarine.

De Tenay a Hauteville: 14 kil., route desservie par une voit. publ. (2 fr.). Cette route remonte la vallée supérieure de l'Albarine, qui forme de magnifiques gorges, où il y a, lors des hautes eaux, une *cascade* de 150 m. de haut, à env. 10 kil. de Tenay. — **Hauteville** (*hôt. Roland*, etc.) est un village dans un site très pittoresque, fréquenté comme station d'été. De là à Nantua, v. p. 278.

La voie quitte ensuite la vallée de l'Albarine, et s'engage dans une gorge déserte. On longe des étangs. A dr., le *Molard de Don* (1219 m.). — 84 kil. *Rossillon*. Puis un tunnel de 572 m. et, à dr., le *lac de Puginet*.

90 kil. *Virieu-le-Grand*. 1207 hab. Une ligne d'intérêt local qui dessert aussi Artemare (v. ci-dessous), relie Virieu-le-Grand à *Ruffieu* (23 kil.). Embranch. de *Pressins* (47 kil.), v. le *Sud-Est de la France*.

94 kil. *Artemare* (hôt. Béraud). On longe ensuite à g. le *mont Colombier* (1534 m.), dont l'ascension se fait surtout de Culoz, en 4 h. 1/2, et qui offre une très belle vue. Puis on arrive dans la vallée du *Rhône*, et l'on a une belle vue sur les Alpes.

102 kil. **Culoz** (*buffet; hôt. Folliet*, près de la gare), à g., au pied du Grand-Colombier et sur la rive dr. du Rhône. 1567 hab. Ligne d'Aix-les-Bains, v. le *Sud-Est de la France*.

La ligne de Genève remonte au N. la vallée du Rhône, sur la rive dr. — 117 kil. *Seyssel*, deux localités du même nom, reliées par un pont suspendu, celle de la rive g. faisant partie de la Savoie (vallée du Fier, v. le *Sud-Est*). Il y a des mines de bitume à Seyssel et à la stat. suivante. — 124 kil. *Pyrimont*. Petit tunnel. En face, le Crédo (v. p. 339 et 264). Viaduc de 37 m. de haut, sur la *Vézeronce*, et un cirque d'érosion à g. La vallée devient pittoresque; on traverse encore 3 tunnels, de 450, 840 et 1025 m.

135 kil. **Bellegarde** (*buffet*; hôt.: *des Touristes*, près de la gare; *de la Poste*, un peu plus bas), stat. frontière et bourg de 3183 hab., près du confluent du Rhône et de la Valserine. Visite de la douane à l'entrée en France.

Une curiosité à visiter ici autrefois était la *perte du Rhône*, gouffre dans lequel le fleuve disparaissait lors des basses eaux, de nov. à févr., sur un espace d'une centaine de pas. Cependant on ne regrettera pas de s'être arrêté à Bellegarde pour visiter cette partie très pittoresque de la vallée. La rue à g. des hôtels descend à une place et un pont sur le lit très profond de la Valserine, à 400 m. à dr. duquel est un autre pont sur le Rhône, à l'endroit même où le fleuve s'engouffrait sous des rochers qu'on a fait sauter. Plus haut, à g., l'entrée d'un canal de dérivation de 750 m. de long, dont 550 m. sous terre, à l'autre extrémité duquel se trouvent, en aval du pont, 3 turbines, qui font marcher deux établissements industriels. Il faut s'adresser au premier établissement pour visiter ces turbines; on n'en voit rien de l'autre rive. — On pourra aussi visiter, près de la gare, le *viaduc de la Valserine* (5 min.) mentionné p. 339 et la *gorge* où la rivière s'est creusé, dans la roche calcaire, un lit de 26 m. de profondeur, en formant elle-même une *perte* de 400 m. de long, à env. 2 kil. du viaduc.

De Bellegarde à *Nantua* et *Bourg*, v. R. 55 B; au *Crédo* et au *col de la Faucille*, p. 264.

De Bellegarde à Gex et à Divonne: 47 kil. en 2 h. 15 à 3 h., pour 5 fr. 25, 3 fr. 55 et 2 fr. 80. Cette ligne se confond avec celle de Genève jusqu'à *Sous-Villard* (8 kil.; v. ci-dessous); puis elle prend au N.-E., pour longer à g. la chaîne du Jura, que dominent le Crédo, le Crêt de la Neige, etc. (v. p. 264), et elle passe d'abord à *Collonges* (v. ci-dessous), *Farges*, *Péron*, *St-Jean-de-Gonville* et *Thoiry* (hôt. du Siècle), village de 1290 hab., à env. 15 kil. de Gex. On fait de cet endroit en 2 h. 3/4, avec un guide (6 fr.), l'ascension du *Reculet* (1720 m.), sommet voisin du Crêt de la Neige (1723 m.; p. 264) et, après lui, le principal de la chaîne voisine. On peut aller facilement de l'un à l'autre par la crête, en 1 h. 1/4. — Ensuite, sur le ch. de fer, *Sergy* et *Chevry*.

39 kil. **Gex** (p. 264). — La voie tourne ici au S.-E., à l'extrémité du *Crêt Mourex* (757 m.), pour reprendre ensuite la direction du N.-E.

47 kil. **Divonne** (470 m.; *H. de l'Etablissement*, dep. 10 fr. 50 par j.; *H. de la Truite*), bourg de 1665 hab., dans un joli site, avec un vieux château et sur la rivière du même nom, ou la Versoix, dont les eaux excellentes et très abondantes y ont amené la création d'un *établissement hydrothérapique* de premier ordre, qui est en même temps une station d'été, dans un beau parc. Promenades agréables aux environs, où l'on a des très belles vues, et excursions dans le Jura, du côté de la Faucille et de la Dôle (p. 265), de même que vers le lac de Genève, Divonne étant relié par des omnibus à Coppet et à Nyon (7 kil. et 9 kil.; p. 246).

Ensuite le *viaduc de la Valserine*, long de 250 m. et dont l'arche principale a 32 m. d'ouverture et 52 m. de hauteur. Puis le *tunnel du Crédo*, long de 3900 m., dans la montagne du même nom, et le *défilé de l'Ecluse*, échancrure étroite et profonde entre l'extrémité du Jura et le *mont Vuache* (1049 m.), par laquelle le Rhône sort de la Suisse. Le défilé est commandé par le *fort de l'Ecluse*, sur un rocher à g. (423 m.). La fondation de cette forteresse remonte aux ducs de Savoie, mais elle a été rebâtie sous Louis XIV par Vauban, démantelée par les Autrichiens en 1815, rétablie et augmentée d'un fortin depuis 1824. Plus loin, un autre tunnel, de 185 m., et la vue se dégage à dr. du côté des Alpes. On laisse à dr. la ligne d'Annemasse (v. le *Sud-Est de la France*), qui traverse le Rhône et s'enfonce dans un tunnel. — 143 kil. *Sous-Villard*, où s'embranche, à g., la ligne de Gex et Divonne (v. ci-dessus). — 146 kil. *Collonges*.

149 kil. *Pougny-Chancy*, stat. frontière. Chancy, sur la rive g., appartient déjà au canton de Genève. — 154 kil. *La Plaine*. La voie s'écarte du Rhône. — 159 kil. *Satigny*. — 163 kil. *Vernier-Meyrin*. On est enfin dans une belle plaine parsemée de villas.

168 kil. **Genève.** — Voir, pour les détails, la *Suisse*, par Baedeker.

Hôtels. Rive dr., où est la grande gare, les hôt.: *Beau-Rivage*, *National*, *de la Paix*, *d'Angleterre*, *des Bergues*, *de Russie*, *Bellevue*, sur les quais, où on a la vue des Alpes, tous de 1er ordre (ch. dep. 4 et 5 fr., dî. 5, v. n. c.); — *Suisse* (ch. 4 à 5 fr., rep. 1.50, 3 et 4); *de Genève* (ch. 2.50 à 3 fr., dî. 3 à 3.50); *Bristol* (ch. 2 à 3 fr., dî. 3 fr.), tous rue du Mont-Blanc; *Central*, *Terminus-Baur*, à la gare de Cornavin, etc. — Rive g. du Rhône, du côté de la vieille ville, les hôt.: *de l'Ecu* (1er o.), *de la Métropole* (1er o.), avec vue sur le lac; *Victoria* (ch. 3 fr. 50 à 4 fr. 50, dî. 3 fr. 50); *Moderne* (ch. 3 à 6 fr., dî. 3 à 4 fr.); *du Parc* (ch. dep. 3 fr., dî. 3 fr.); *de l'Europe* (ch. 2 fr. 50

à 4 fr., dî. 3 fr. 50); *du Lac* (ch. 3 à 6 fr., dî. 4 fr., v. c.); *de la Poste* (ch. 2.50 à 4 fr., rep. 3.50 et 3, v. c.); *de Paris* (ch. 2 fr. 50 à 4 fr.), etc.

RESTAURANTS: *Rest. du Nord*, au Grand-Quai; *du Lac*, *Dompmartin*, *Paris-Durand*, tous rue du Rhône; *de la Poste*, rue du Mont-Blanc, etc.

CAFÉS: *C. du Nord*, *de la Couronne*, au Grand-Quai; *du Théâtre*, au théâtre; *Lyrique*, en face du théâtre; *Kiosque des Bastions*, promenade du même nom (p. 341), etc.

BRASSERIES: *Brass. Centrale*, Molard; *de l'Univers*, Ackermann, *Crocodile*, *Muller*, rue du Rhône; *Wild*, Grand-Quai; *Landolt*, en face de l'Université (p. 341); *de la Bourse*, à l'hôt. de la Poste; autres près du théâtre, rue du Mont-Blanc, place des Alpes, etc.

FIACRES: la course, 1 fr. 50; l'heure, 2.50, puis 65 c. par 1/4 d'h.; bagages, 50 c. — Les cochers de Genève sont enclins à surfaire.

TRAMWAYS: de la *gare de Cornavin* ou grande gare à la *place du Molard*, près du lac; au *rond-point de Plainpalais* (Université), etc.; pour *Ferney* (p. 264), pour Annemasse, en Savoie, etc.

Nota. — L'heure suisse est de 50 min. en avance sur l'heure française, 55 min. sur celle des chemins de fer français.

Genève, chef-lieu du petit canton de ce nom, est une ville de 90320 hab., dont 216 millionnaires. Elle est admirablement située, sur les deux rives du *Rhône* et à l'extrémité S. du *lac de Genève* ou *Léman* (p. 341).

On va directement de la grande gare au lac par la belle rue du Mont-Blanc, à dr., en passant devant le magnifique *hôtel des Postes*. Du *pont du Mont-Blanc*, le premier en amont des six qui relient les deux parties de la ville, et du *quai du Mont-Blanc* qui l'avoisine, on jouit, quand le temps est clair, d'une vue admirable sur la chaîne du Mont-Blanc. Pour les détails, voir le disque sur le quai, au bord du lac. Sur une place voisine s'élève le somptueux *monument du duc Charles II de Brunswick* (m. 1873), qui a légué sa fortune à la ville. Sur l'autre rive, près du pont, le *Monument National*, érigé en mémoire de la réunion de Genève à la Confédération, en 1814. Plus loin, la jolie promenade dite le *Jardin Anglais*, où est exposé un beau *relief du Mont-Blanc* (50 c.; public le dim.). Puis le quai des Eaux-Vives et, à 6 min. de la ville (tramw. électr.), le beau *parc des Eaux-Vives*, où se donnent des concerts, etc.

En aval du pont du Mont-Blanc, la petite *île de J.-J. Rousseau*, accessible du pont suivant ou *pont des Bergues* et au milieu de laquelle est la *statue de Rousseau*, bronze par Pradier. Plus bas encore, le *pont de la Machine*, avec l'usine centrale d'électricité. Puis une île et, au delà de cette île, le *pont de la Coulouvrenière* et l'*usine des forces motrices*, qui fournit à la ville de l'eau potable et de l'eau à haute pression, pour actionner les machines industrielles.

Sur la hauteur à laquelle s'adosse la vieille ville, s'élève la *cathédrale*, consacrée, dit-on, en 1034, mais transformée dans le style goth. aux XIIe et XIIIe s. et défigurée à l'extérieur au XVIIIe s., par un portique corinthien.

A l'O. de là, Grand'Rue, 11, le *musée Fol*, composé surtout d'antiquités; il est ouvert les dim. et jeudi de 1 h. à 4 h.

Plus haut, à dr. en montant par la rue de la Terrasse, le *musée*

Rath, qui comprend des peintures et des sculptures et des plâtres d'après l'antique. Il est public tous les jours, sauf le lundi, de midi à 4 h. et le dim. de 10 à 4; à d'autres heures, entrée 50 c.

A côté, le *théâtre*, construit de 1872 à 1879, avec une partie du legs du duc de Brunswick. Devant cet édifice, la statue équestre du *général Dufour* (m. 1875). Derrière, rue Général-Dufour, le *Victoria-Hall*, qui a une grande et belle salle de concert.

En face du théâtre, la *promenade des Bastions*, le *jardin botanique* et la *promenade de la Treille*. Sur la première promenade, l'*Université*, construite de 1868 à 1872. A côté de celle de la Treille, l'*hôtel de ville* et l'*arsenal*, avec un musée historique, visible les dim. et jeudi de 1 h. à 4 h.

Au S.-E. du jardin botanique, l'*Athénée*, l'hôtel de la société des Beaux-Arts. Plus loin, le boulevard Helvétique, qui passe près de l'*observatoire* et d'une belle *chapelle russe*, et qui descend vers le lac, au delà de la promenade du Lac.

Le **lac de Genève** (372 m.) ou *Léman* est formé par le Rhône, qui le traverse, et par 41 rivières qui s'y perdent. Sa vaste nappe d'eau, d'un beau bleu foncé, figure assez bien un croissant, dont le plus grand côté, au N., a 80 kil. de longueur et l'autre 69. Sa largeur varie entre 2 et 14 kil. et sa profondeur atteint jusqu'à 334 m. Sa superficie est de 58 236 hectares. Il n'est pas des plus pittoresques, mais il est néanmoins intéressant à parcourir, pour les coups d'œil variés et magnifiques qu'on y a sur les Alpes. La partie N., la principale et où la vue est plus dégagée, appartient à la Suisse; la partie S., de Hermance à St-Gingolph, est à la France depuis l'annexion de la Savoie.

Des bateaux à vapeur desservent les deux rives, de Genève au Bouveret, et l'on peut ainsi faire le tour du lac. Départs du quai du Mont-Blanc et du jardin du Lac. Pour les détails, v. la *Suisse*, par Bædeker.

A 25 min. au N.-E. de la gare de Cornavin (tramw. de Ferney), le **musée Ariana**, public les dim. et jeudi de 10 h. à 4 (6) h. et visible les autres jours, sauf le lundi, moyennant 1 fr. C'est un musée artistique et industriel. On y a une très belle vue.

Lignes de *Mâcon* (Paris) par Ambérieu et par Nantua, v. R. 55. Routes du Jura, vers *Morez* et *St-Laurent* ou vers *St-Claude*, par *Gex* et la *Faucille*, v. p. 265-268 et 267.

Ligne de Genève à *Annemasse* (gare des Eaux-Vives, rive g.) et relations avec la *Savoie* (Evian, Chamonix, Annecy, etc.), v. le *Sud-Est de la France*, par Bædeker.

TABLE ALPHABÉTIQUE

Abainville, 182.
Abbaye (l'), 82.
— (Suisse), 269.
— (lac de l'), 265.
Abbécourt, 18.
Ablon, 290.
Accolay, 309.
Aesch, 188.
Afrique (mont), 211, 222.
Agimont-Village, 56.
Aÿ, 40.
Aignay-le-Duc, 104.
Aillant-s.-Tholon, 207.
Aillevillers, 188, 181.
Ain (l'), 262, 276, 337.
— (combe de l'), 270, 271.
— (dép. de l'), 278.
— (gorge de l'), 277.
— (monts d'), 277.
— (source de l'), 262.
Aire (l'), 80.
— (vallée de l'), 52, 78.
Aisey (Hte-Saône), 149.
— sur-Seine, 104.
Aisne (l'), 8, 28, 42, 52, 79 etc.
— (dép. de l'), 28.
Aisy, 209.
Aix-d'Angillon (les), 285.
— en-Othe-Villem., 84.
Ajol (le val d'), 188, 183, 184.
Albarine (l'), 337.
Alfeld (l'), 168.
Alise-Ste-Reine, 210.
Allarmont, 145.
Alle, 61.
Allemands (tête des), 168.
Allerey, 224, 226.
Allibaudière, 84.
Allier (l'), 304.
— (dép. de l'), 329.
Alligny-en-Morvan, 814.
Alluy, 314.
Alsace (l'), 144.
— (Ballon d'), 171, 168.
Alspach, 156.
Altenberg (l'), 164.
Altkirch, 185.
Alt-Münsterol, v. Montreux-Vieux.

Alzette (l'), 120.
Amagne-Lucquy, 53, 56.
Amance (l'), 178.
Amancey, 281.
Amanvillers, 112, 118.
Ambérieu, 276, 337.
Ambierle, 332.
Ambonnay, 51.
Ambronay, 276.
Amifontaine, 42.
Ammerschwihr, 156.
Amplepuis, 334.
Ancemont, 115.
Ancerville-Gué, 131.
Anchamps, 61.
Ancy-le-Franc, 209.
— sur-Moselle, 111.
Andelot (Hte-Marne), 148.
— en-Montagne, 248.
Andigny (forêt d'), 43.
Andilly, 136, 178.
Andlau, 143.
Andryes, 288.
Ange (l'), 277.
Angenstein (chât. d'), 188.
Angerville (Seine-et-Oise), 292.
— (chât. d'), 280.
Angicourt, 4.
Angillon (l'), 262.
Anglure, 90.
Anizy-Pinon, 28, 15.
Annemasse, 341.
Anor, 56, 21, 59.
Anost, 323.
Anould, 155, 160.
Anse, 255.
Anseremme, 64, 63.
Antre (lac d'), 272.
Any, 57.
Appilly, 18.
Apremont, 52.
— (gorges d'), 198.
Arbent, 267.
Arbois, 257.
Arbresle (l'), 334.
Arc-et-Senans, 241, 257.
Arches, 157.
Archwiller, 142.
— (tunnel d'), 142.

Arcier, 280.
Arcis-sur-Aube, 84.
Arçon, 289.
Arconce (l'), 325.
Arc-sur-Tille, 222.
Arcy-sur-Cure, 309.
Ardenne, 64.
Ardennes (les), 58.
— (canal des), 52, 58.
— (dép. des), 54.
— (forêt des), 66.
Areuse (l'), 244.
Arfeuilles, 332.
Argent, 281, 299.
Argonne (l'), 52, 58, 79.
Arinthod, 278.
Arleuf, 323.
Arlon, 120.
Armainvilliers, 85.
Armançon (l'), 207, 312.
Arnaville, 114.
Arnay-le-Duc, 210, 249.
Arnex-Orbe, 245.
Arrancy, 114.
Arroux (l'), 210, 317, 324.
Ars (Rhône), 276.
— sur-Moselle, 111, 118.
Arsonval-Jaucourt, 96.
Artemare, 388.
Artenay, 292.
Arzembouy, 308.
Arzweiler, v. Archwiller.
Asfeld, 58.
Asnières (bois et grottes d'), 222.
Asnois, 314.
Asquins, 310.
Athez-Corcelles, 828.
Athies-sous-Laon, 57.
Athis, 69.
— Mons, 290.
Athus, 120.
Attichy, 8.
Attignat, 251.
Attigny, 53.
Attila (camp d'), 78.
Aube (l'), 74, 84, 96, 101.
— (dép. de l'), 90.
Aubenton, 56.
Aubervilliers-la-C., 22.
Aubigny-Ville, 281.
Aubonne-Allaman, 246.

TABLE ALPHABÉTIQUE. 343

Aubois (l'), 304.
Aubrais (les), 292,297,298.
Aubreville, 80.
Aubrives, 62.
Audeux, 231.
Audincourt, 229.
Audun-le-Roman, 116.
Augisey, 259.
Augrogne (l'), 182.
Augy, 307.
Aulnay-lès-Bondy, 23.
Aulnois-Bulgnév., 149.
— sous-Laon, 44.
Aulnoye, 19, 58.
Aumontzey, 157.
Aunay, 314.
Auneau, 292.
Auron (l'), 300.
Autet, 138.
Autrecourt-Villers, 115.
Autreville-Harm., 135.
Autrey, 227.
Autun, 319.
Auvernier, 245.
Auvillers, 57.
Auxerre, 305.
Auxerre-St-Amâtre, 284.
Auxois (Mont), 210.
Auxon, 95.
— Dessus, 228.
Auxonne, 228, 139.
Auzon (l'), 101.
Avallon, 309, 209.
Avenay, 40.
Avesnelles, 59.
Avesnes, 58.
Avière (l'), 149.
Avioth, 114.
Avize, 40.
Avon, 199.
Avor, 304.
Avoudrey, 239.
Avrecourt, 136.
Avricourt, 142.
Avron (plateau d'), 33.
Ay, 40.
Azerailles, 145.
Azergues (l'), 325.

Baalons, 58.
Babœuf, 13.
Baccarat, 145, 135.
Bachant, 19.
Badonviller, 145, 142.
Baerschwyl, 188.
Bagé-le-Châtel, 279.
Bagenelles (col des), 154.
Bagneaux, 84.
Bagneux-Allain, 135.
Baigneux-les-Juifs, 104.
Bains-les-Bains, 134, 131, 138.
Bainville-sur-Madon,137.

Balance (la), 181.
Bâle, 188.
Baleicourt, 80.
Balesmes (tunnel de),101.
Ballancourt, 280.
Ballon (lac du), 185.
— d'Alsace, 171, 168.
— de Guebwiller, 185.
— de Servance, 171.
— de Soultz, v. B. de Guebwiller.
Ban (forêt du), 166.
Bannay, 285.
Bannes, 178.
Bannoncourt, 115.
Barberey, 90.
Barbizon, 198, 193, 197.
Barby, 53.
Barenton-Bugny, 55.
— Cohartille, 55.
Barges-Cemboing, 178.
Barisey-la-Côte, 135, 136.
Bar-le-Duc, 75.
Barlin (ferme du), 158.
Baroncourt, 114.
Barr, 143.
Barrière (la), 82.
Bar-sur-Aube, 96.
— sur-Seine, 103.
Barse (la), 101.
Bartenheim, 187.
Bas-Evette, 172, 175.
Basse de l'Ours (la), 158.
— des Rupts (la), 159.
Batilly, 112.
Battigny, 135.
Baulme-la-Roche, 211.
Baume (grottes et roches de), 258.
— les-Dames, 230.
— les-Messieurs, 258.
Bayard, 131.
— (mont), 267.
— (roche à), 63.
Bayel, 96.
Bayon, 135.
Bazancourt, 52.
Bazeilles, 67, 118.
Bazoches, 86, 87.
Bazoilles (Vosges), 137.
— sur-Meuse, 136.
Béard, 318.
Beaubery, 326.
Beauce (la), 292.
Beauchamps, 280.
Beaucourt, 229.
Beaufort, 280.
Beaujeu, 255.
Beaujeux-Prantigny,138.
Beaujolais (le), 255.
— (monts du), 325, 328.
Beaumont (Ardennes), 115.

Beaumont-en-Gât., 280.
Beaune, 247.
— la-Rolande, 280.
Beauraing, 62, 64.
Beauregard (chât. de), (Belg.) 64.
— (chât. de), (Jura) 271.
Beaux-Monts (les), 8, 9.
Beauzée, 78.
Béchine (la), 156.
Beillard, 158.
Bel-Air, 86.
Belchen (le), 171.
Belchensee, v. Ballon (lac du).
Belès, 120.
Belfort, 175.
— (trouée de), 176.
Belignat, 267.
Belin (mont), 248.
Bellegarde (Rhône), 338, 264, 278.
— Quiers, 280, 297.
Belleroche-Belmont, 325.
Belles-Fontaines (pont des), 291.
Belleville (Moselle), 110.
— (Rhône), 255.
Bellevue (Alsace), 143.
— (Vosges), 166.
— (chât. de), 65.
— (faïencerie de), 108.
Belmont, 325.
Belrupt, 150.
Belval, 146.
— Sury, 57.
Belvaux, 120.
— (gouffre de), 65.
Bénestroff, 118, 142.
Bengy, 304.
Bénissons-Dieu (la), 316.
Bennwihr, 186.
Bensdorf, 118.
Berchem, 120.
Berlaimont, 19.
Berry (le), 299.
— (canal du), 299.
Bers (lac de), 167.
Bert, 324.
Berthelming, 119.
Berthez (les), 269.
Bertrichamps, 145.
Bertrix, 64.
Berzé (chât. de), 328.
Berzy, 25.
Besançon, 231.
Besbre (la), 324.
Besny, 42.
Bessay, 332.
Bétheniville, 52.
Bétheny, 48.
Béthisy-St-Martin, 24.
Bettembourg, 120.

Beure, 231.
Beurey (ferme du), 171.
Beuvray (le), 323.
Beuvron (le), 298.
Bevaix, 245.
Beynost, 337.
Bèze, 227, 223.
— (source de la), 227.
Bians, 239.
Biaufond (pont de), 280.
Biazot (le), 159.
Bichets (les), 230.
Bied (le), 239.
Bienne (la), 263, 265, 266.
— (vallée de la), 266, 270.
Biffontaine, 147.
Billard (creux), 243.
Billy, 332.
Binson, 89.
Birse (la), 188.
Bitschweiler ou Bitschwiller, 168.
Blagny, 113.
Blainville-la-Grande, 140, 185.
Blaise (la), 102, 131.
Blaisy-Bas, 211, 222.
Blâmont, 142.
Blanc (lac), 152, 156.
Blanchemer (lac de), 168.
Blanzy, 816.
Bléneau, 284.
Blénod-lès-Toul, 135.
Blesme-Haussign., 75, 130.
Bligny-sur-Ouche, 222, 249.
Blombay-Etalle, 57.
Bogny, 60.
Bohain, 18.
Bohan, 61.
Boigeol (chalet), 171.
Boigneville, 280.
Bois-d'Amont, 269.
— d'Oingt (le), 325, 255.
— du-Roi (pic du), 323.
— le-Roi, 193.
Boisse (la), 337.
Boisseaux, 292.
Boissière (combe de la), 222.
Boissy-St-Léger, 86.
Bollwiller, 185.
Bologne, 132, 148.
Bonaparte (chalet), 171.
Bondy, 82.
— (forêt de), 82.
Bonhomme (le), 156, 154.
— (col du), 156.
Bonlieu, 271, 262.
— (lac de), 271.
Bonnard-Bassou, 305.
Bonneuil, 11.
Bonneval (vallée de), 179.

Bonny, 284.
Bons-Pères (les), 21.
Bordes (les), 281, 298.
Borny, 118.
Bosserville (chartr. de), 139.
Bouchet (le), 280.
Bouchon (casc. du), 268.
Bouchot (le), 160.
— (saut du), 169.
Bouchoux (les), 267.
Boudry, 245.
Bouillon, 68.
Bouilly, 95.
Boujailles, 243.
Boulzicourt, 58.
Bouray, 291.
Bourbon-Lancy, 315.
Bourbonnais (le), 329.
Bourbonne-les-B., 130.
Bourg (en Bresse), 278, 251.
— Bruche, 153.
— Comin, 13.
— de-Thizy, 333.
— Fidèle, 57.
Bourges, 299.
Bourget-Drancy (le), 22.
Bourgogne (la), 212.
— (canal de), 104, 207, 212, 313.
Bourlémont (château de), 132, 134, 148.
Bourmont, 136.
Bourogne, 187.
Bourron, 278, 280.
Boursault (chât. de), 89.
Boursonne-Coyolles, 24.
Bouteille (la), 55.
Boutigny, 280.
Bouvignes, 63.
Bouxwiller, 143.
Bouy, 80.
Bouzainville-Boul., 187.
Bouzey, 149.
Boveresse, 244.
Boynes, 280.
Brainville, 186.
Braisne, 87.
Bramont (col de), 169, 163.
Brancourt, 186.
Brande (forêt de la), 160.
Brassus (le), 269.
Braux-Levrezy, 60.
Braye (Aisne), 28.
— en-Laonnois, 13.
Brazey-en-Morvan, 311.
Breitenbach, 164.
Brême (la), 288.
Bréménil, 142.
Brenet (lac), 269.
Brenets (les), 239, 240.

Brenets (lac des), 240.
Brenne (la), 209, 210.
Bresse (la), (Vosges) 169, 163.
— (anc. pays de Fr.), 278.
Bresseux (les), 280.
Brétigny, 291.
Breuil-Romain, 86.
Breuvannes, 136.
Brevière (la), 9.
Brévonnes, 101.
Brézouard (le), 156, 154.
Briare, 284.
— (canal de), 284, 283.
Bricon, 97, 98.
Bricot-la-Ville, 88.
Brie (la), 85.
Brie-Comte-Robert, 86.
Brienne-le-Château, 101, 74.
Brienon, 207.
Brieulles, 115.
Briey, 112.
Briffault, 315.
Brion-Laizy, 323.
Broque (la), 153.
Brosse (la), 280.
Brotteaux (les), 337.
Brou (égl. de), 275.
Broye, 317.
Bruche (la), 153.
Brûlerie (chât. de la), 282.
Brumath, 143.
Brunehaut (chât.), 292.
Brunoy, 191.
Brüschbückel, 156.
Bruville, 114.
Bruyères, 157, 135.
Bucey-lès-Gy, 139.
Buchsweiler, v. Bouxwiller.
Bucy-lès-Pierrepont, 58.
Buire, 56.
Buironfosse, 19.
Buisson-de-Chailly, 83.
Bulgnéville, 179, 149.
Bulligny-Crézilles, 135.
Buno-Gironville, 280.
Burey-en-Vaux, 133.
Burthécourt, 130.
Busigny, 19, 43.
Bussang, 167.
— (col de), 168.
Bussière (combe de la), 222.
Bussigny, 245.
Bussy-Lettrée-Vatry, 84.
— Rabutin (chât. de), 210.
Buxy, 252.
Buzancy-Bar, 118.
Buzy, 112.
By, 199.
Byans, 257.

TABLE ALPHABÉTIQUE.

Caluire, 337.
Canon (Plain du), 170.
Capelle (la), 19.
Carignan, 113.
Carroz (le), 269.
Cateau (le), 19.
Catelet (le), 18.
Catillon, 19.
Cauroy, 51.
Cavrenne, 64.
Ceintrey, 137.
Celle (la), 82.
Celles, 145.
Celsoy-Plesnoy, 136.
Celtes (trou des), 109.
Censeau, 249.
Centre (canal du), 249, 316, 324.
Cépoy, 279.
Cercottes, 292.
Cercy-la-Tour, 315, 317.
Cerdon, 337.
Cerisiers, 85.
Cernay, 168.
Certilleux-Villars, 149.
Cesson, 191.
Cessy, 264.
Cévennes (les), 324.
Ceyzériat, 277.
Cézy, 206.
Chablis, 207.
Chagny, 249.
Chaillexon (lac de), 240.
Chailly-Boissy, 83.
— en-Bière, 193.
Chailvet-Urcel, 28.
Chalifert (can. de), 33.
Chaligny, 109.
Chalin (lac de), 270.
Chalindrey, 178, 136.
Challerange, 52, 53.
Chalmaison, 89.
Chalon-sur-Saône, 249.
Châlons-sur-Marne, 69.
— (camp de), 80.
Chamarande, 291.
Chambéria, 272.
Chambertin, 246.
Chambesy, 246.
Chambley, 114.
Chambly (lac de), 270.
Chambrelien, 240.
Chambrey, 130.
Chamelet, 325.
Chamont (col de), 156.
Champagne (Ain), 278.
— (Seine-et-Marne), 199, 201.
— (la), 80.
— pouilleuse, 73, 84, 101.
— sur-Vingeanne, 227.
Champagney, 175.
Champagnole, 262, 271.

Champaubert, 38.
Champ-du-Feu (le), 143.
— du-Moulin, 244.
Champigneul, 69.
Champigneulles, 110, 130.
Champigny (Seine), 86.
— (Yonne), 202.
Champlieu, 24.
Champlitte, 228.
Champrosay, 200.
Champs catalauniques, 78.
Champs-St-Bris, 307.
Champvans-lès-Dôle, 224.
— lès-Gray, 227.
Changis, 37.
Chantenay-St-Imbert, 328.
Chantilly, 3.
Chantraines, 148.
Chaon, 268.
Chaourse, 58.
Chapelle (la), (Vosges) 147.
— (Ardennes), 68.
— aux-Bois, 138.
— d'Angillon (la), 281.
— Meulin (la), 326.
— St-Mesmin, 297.
— St-Nicolas, 170.
— sous-Chaux, 172.
— sous-Dun (la), 328.
— sur-Crécy (la), 34.
— Véronge, 83.
Charbonnières (les), 269.
Charbonniers (colline des), 166.
— (col des), 167.
Charbonny, 262.
Charchilla, 272.
Charency-Vezin, 114.
Charenton, 191.
Charité (la), 286.
Charix-Lalleyriat, 278.
— le-Haut, 278.
Charlemont(citad.de), 62.
Charleroi, 21.
Charleville, 54.
Charlieu, 328.
Charmes, 185.
— la-Côte, 185.
Charmine (saut de), 267.
Charmont, 84.
Charmoy, 173.
Charnay-Condemine, 328.
Charny, 115, 282.
Charolais (le), 325.
— (monts du), 325.
Charolles, 325.
Charquemont, 230.
Chartrettes, 201.

Chassey (camp de), 315.
Chastellux, 310.
Château-Chinon, 314, 311.
— des-Prés, 266.
— Gaillard, 292.
— Landon, 279.
Châteauneuf (Saône-et-Loire), 328.
— sur-Loire, 298.
Château-Regnault, 60.
— Renard, 282.
— Salins, 130.
— Thierry, 37.
— — les Chesneaux, 38.
Châteauvillain, 98.
Châtelblanc, 268.
Châtel-Censoir, 308.
— de-Joux, 272.
Châtelet (le), 52.
Châteley, 241.
Châtel-Gérard, 209.
— Nomexy, 186.
— Censoir, 308.
Châtenois (Vosges), 149.
— (Alsace), 155.
Châtillon (Ardennes), 113.
— (Jura), 270.
— d'Azergues, 325.
— de-Michaille, 278, 264.
— en-Bazois, 314.
— sur-Chalaronne, 261, 278.
— sur-Loire, 284.
— sur-Marne, 39.
— sur-Morin, 88.
— sur-Saône, 181.
— sur-Seine, 105, 98, 209.
Chatonnay, 272.
Chatonrupt, 102.
Châtres, 90.
Chaudenay (Hte-Marne), 136.
— (Saône-et-Loire), 226.
Chaudeney-sur-Moselle, 109.
Chaudron, 268.
Chauffailles, 325, 328.
Chauffry, 83.
Chaumes, 85.
— (les Hautes-), 166.
Chaumont (Hte-M.), 97.
— (Jura), 267.
— (viaduc de), 97.
Chaumousey, 150.
Chaumusse-Fort-du-Pl. (la), 269.
Chauny, 18.
Chaussade (forges de la), 308.
Chaussin, 226.
Chauvency, 113.
Chauwes (roche aux), 64.

TABLE ALPHABÉTIQUE.

Chaux (fôret de), 241.
— de-Dombief (la), 271.
— de-Fonds (la), 240, 229, 230.
— des-Crotenay (la), 262.
— Neuve, 268.
Chavornay-Orbe, 245.
Chazay-Marcilly, 334.
Chazeu (chât. de), 328.
Chécy-Mardié, 297.
Cheilly, 316.
Chelles-Gournay, 88.
Chemilly-Appoigny, 305.
Chenalotte (la), 230.
Cheneyrey, 227.
Chenil (grange de), 158.
Cheppe (la), 78.
Cher (le), 299.
— (dép. du), 299.
Chères-Chassel (les), 334.
Chéroy, 206.
Chéry-lès-Pouilly, 44.
— lès-Rozoy, 58.
Chesne (le), 118.
Chessy, 325.
Chevaleret (le), 290.
Chevillon, 181.
Chevilly, 292.
Chèvremont, 185.
Chèvre-Roche (erm. de), 179.
Chevresis-Monceau, 44.
Chevrières, 4.
Chèvry, 339.
Chezery, 264.
Chézy-sur-Marne, 37.
Chiers (la), 113.
Chigy-Sièges, 85.
Chilly-le-Vignoble, 252.
Chimay, 56.
Chivres, 58.
Choisy-au-Bac, 11.
— le-Roi, 290.
Cholay, 135.
Choloy, 135.
Chora (camp rom. de), 309.
Choux-Boismorand (les), 283.
Ciergnon, 64.
Cirey (Meurthe-et-Mos.), 142.
— (Hte-Marne), 181.
Cirfontaine-en-Ornois, 102.
Ciry-le-Noble, 316.
— Sermoise, 37.
Citeaux (abb. de), 246.
Citers-Quers, 178.
Oize (viaduc de), 277.
— Bolozon, 278, 277.
Clacy-Mons, 28.
Clairvaux (Aube), 96.

Clairvaux (Jura), 271.
Clamecy, 308.
Clayette (la), 324.
— Baudemont (la), 328.
Clérey (Aube), 103.
— Omelmont, 137.
Clermain, 326, 327.
Clermont-en-Argonne, 78, 52.
— les-Fermes, 58.
Clerval, 230.
Clichy-sous-Bois, 82.
Climont (le), 153.
Cluny, 326, 252.
Cluse (la, près de Pontarlier), 244.
— (Nantua), 268, 277.
Cogna, 271.
Coiffy-le-Haut, 181.
Coincy, 88.
Coligny, 260.
Collet (le), 161, 163.
Colligny, 40.
Collonges (Rhône), 339.
— Fontaines, 256.
— les-Premières, 228.
Colmar, 186.
Colombey-les-Belles, 135.
— les-Choiseul, 137.
Colombier (Hte-Saône), 174.
— (Suisse), 245.
— Fontaine, 230.
— (mont), 338.
Colomby-de-Gex (le), 264.
Combeauté (val. de la), 166.
Combs-la-Ville, 191.
Commercy, 107.
Compiègne, 4.
— (forêt de), 8, 11.
Concise, 245.
Condé-en-Brie, 38.
Coney (le), 149.
Conflans-Jarny, 112, 114.
— Varigney, 138.
Confort, 264.
Conlière, 270, 271.
Connantre, 83.
Consenvoye, 115.
Cons-la-Granville, 119.
Contrexéville, 179, 187.
Convers (les), 240.
Coolus, 78, 84.
Coppet, 248.
Corbeaux (lac des), 168.
Corbeil, 200.
Corbenay, 138, 172.
Corbigny, 314.
Corbion, 61.
Corcelles, 240.
— les-Monts, 222.
Corcieux-Vanémont, 147.

Cordesse-Igornay, 311.
Corgoloin, 247.
Cormatin, 252.
Cormicy, 51.
Cormontreuil, 51.
Cornillon (chât. de), 337.
Cornimont, 169.
Corny, 111.
Corravillers, 178.
Corre, 149.
Corroy (bois du), 166.
Corvol-d'Embernard, 308.
— l'Orgueilleux, 308.
Cosne, 285.
Cossonay, 245.
Costet (tête du), 159.
Coteau (le), 333, 316.
Côte-d'Or (collines de la), 246, 249.
— (dép. de la), 212.
Coubert-Soignolles, 86.
Coucy-le-Château, 14.
— les-Eppes, 42.
Coudray-Montceaux, 200.
Couilly, 83.
Coulanges-sur-Yonne, 308.
Coullons, 284.
Coulmiers, 293.
Couloisy, 8.
Coulommiers, 82.
Courbe (val), 222.
Courcelles, 185.
Courcy-Brimont, 43.
Courgenay, 187.
Cours, 333.
Courtemaiche, 187.
Courtenay, 282.
Courtenon, 222.
Courtenot-Lenclos, 103.
Cousance, 260.
Cousances-aux-F., 131.
Cousin (le), 310.
Cousolre, 20.
Coussey, 134.
Couvet, 244.
Couzon, 256.
Coye, 3.
Crainvillers, 179.
Crancey, 90.
Cravanche, 177.
Cravant, 308.
Crèches, 255.
Créchy, 332.
Crécy-en-Brie, 34.
Crédo (le), 264.
— (tunnel du), 339.
Creil, 4.
Creney, 84.
Crépy-Couvron, 42.
— en-Valois, 28.
Cressia, 259.
Crêt Chalam, 264.

TABLE ALPHABÉTIQUE.

Crêt de la Neige, 264.
— Mourex, 339.
Creuse-Goutte (vallon de la), 160.
Creusot (le), 316.
— (étang du), 316.
Creux-de-l'Envers, 262.
Crèvecœur (chât. de), 63.
Creveney-Saulx, 174.
Crézancy, 88.
Croisette d'Hérival (la), 166.
Croix-Blanche (la), 328.
— Fonsommes, 18.
Cronat, 315.
Crotenay, 271.
Croutoy, 8.
Crouy, 28.
— sur-Ourcq, 85.
Croy-Romainmôtier, 245.
Crozat (canal), 15, 41.
Crozet (col de), 264.
Cude (la), 222.
Cuire, 337.
Cuisance (la), 257.
Cuiseaux, 260.
Cuisery, 251.
Culée de Vaux (la), 258.
Culles, 316.
Culmont-Chal., 173.
Culoz, 338, 278.
Cumières, 115.
Cunfin, 103.
Cuperly, 78.
Cure (la), 263, 269, 309, 311.
Curel, 131.
Cussy-la-Colonne, 222.
Custines, 110.
Cuves (saut des), 160.
Cuvier, 243.

Dabo, 142.
Dagsbourg, 142.
Daigny, 67.
Dainville, 132.
Dambach, 143.
Damblain, 137.
Damery-Boursault, 89.
Dames de Meuse (les), 61.
Dammarie-lès-Lys, 193.
— sur-Saulx, 131.
Dammartin, 28.
Dammerkirch, v. Dannemarie.
Dampierre-sur-Linotte, 228.
Damprichard, 230.
Dannemarie(Alsace),185.
— (Jura), 227.
Dappes (les), 263.
Darcey, 210.

Daren (lac de), 162.
Darney, 150.
Darnieulles, 149, 150.
Dave, 64.
Decize, 317.
Delémont, 188.
Delle, 187.
Deluz, 230.
Demange-aux-Eaux, 132.
Demangevelle - V., 150.
Demigny, 228.
Denecourt (tour), 197.
Der (forêt du), 102.
Dercy-Mortiers, 42, 55.
Dessoubre (le), 229.
— (vallée du), 229, 239.
Dettwiller, 143.
Deutsch-Avricourt, 142.
Devant-les-Ponts, 117.
Devecey, 228.
Deville, 61.
Deycimont, 157.
Dheune (la), 249, 315.
Dhuis (la), 88.
Diable (roche du), 160.
Diarville, 137.
Diedenhofen, 116.
Diedolshausen, v. Bonhomme (le).
Dienville, 74.
Dieulouard, 110.
Dieuze, 142.
Differdange, 120.
Diges-Pourrain, 284.
Digoin, 324.
Dijon, 211.
Asile des aliénés, 221.
Bibliothèque de la ville, 220.
Caisse d'épargne, 218.
Chartreuse (anc.), 221.
Cuisines (anc.), 214.
Ecole de droit, 220.
— primaire supérieure, 220.
Eglise Notre - Dame, 219.
— St-Bénigne, 218.
— St-Etienne (ancienne), 218.
— St-Jean, 218.
— St-Michel, 218.
— St-Philibert, 218.
Hôtel Bouchu, 218.
— de Vergy, 220.
— de ville, 214.
— du présid. Bouhier, 220.
— Legoux de Gerland, 220.
— Vogué, 219.
Jardin botanique, 221.
Lycée de garçons, 221.

Dijon :
Maison des Cariat., 219.
— Milsand, 214.
— natale de Bossuet, 213.
Monum. du 30 Oct., 221.
— de Carnot, 221.
Musée archéolog., 218.
— botanique, 221.
— des beaux-arts, 214.
Palais de justice, 219.
— des ducs de Bourgogne (anc.), 214.
Parc, 220.
Place Darcy, 213.
— d'Armes, 214.
— St-Pierre, 220.
Porte Guillaume, 213.
Promen. de l'Arquebuse, 221.
— du Chât.-d'Eau, 213.
Puits de Moïse, 221.
Statue de Garibaldi, 221.
— de Rameau, 218.
— de Rude, 218.
— de St-Bernard, 221.
Synagogue, 220.
Théâtre, 218.
Thèses (salle des), 220.
Dinant (Belgique), 63.
Dinozé, 157.
Diou, 324.
Dirol, 314.
Divonne, 339.
Docelles-Cheniménil, 157.
Doische, 56.
Dôle, 224.
— (la), 265, 263.
Dollot-Vallery, 206.
Dombasle-en-Arg., 80.
— sur-Meurthe, 140.
Dombes (la), 260.
Domblans-Voiteur, 258.
Domgermain, 135.
Dommartin-lès-Remiremont, 168.
Dompaire, 149.
Dompcevrin, 115.
Dompierre (Jura), 272.
— (Nord), 58.
— les-Ormes, 327.
— Sept-Fonts, 324.
Domremy, 138.
Donchery, 65.
Donjeux, 131.
Donnery, 297.
Donon (le), 145, 154.
Donzy, 285.
— (forêt de), 285.
Dordives, 279.
Dormans, 88.

Dornach, 168, 185.
— Arlesheim, 188.
Dortan, 267.
Doubs, 299.
— (le), 187, 228, 225, 229, 230, 239, 243, 268.
— (dép. du), 232.
— (saut du), 240.
— (source du), 288.
— (vallée du), 229.
Douchy, 282.
Doucier, 270, 262.
Doulevant-le-Chât., 131.
Dounoux, 137.
Douzy, 118.
Dracy, 283.
— St-Loup, 311, 318.
Draveil-Vigneux, 200.
Drei Aehren, 165.
Drumont (le), 167, 170.
Druyes, 283.
Duchesse(fontaine de la), 168.
Dugny, 115.
Dun-Douleon, 115.
— les-Places, 311.
Duplesseys (chât.), 283.

Echarmeaux (les), 255, 325.
Echets (les), 261.
Eclaron, 131.
Eclépens, 245.
Ecluse (défilé et fort de l'), 339.
Ecouviez, 114.
Ecury, 84.
— (chât. d'), 69.
Egreville, 202, 208.
Eguisheim, 186.
Eichhofen, 143.
Einvaux, 135.
Eix-Abaucourt, 112.
Eloyes, 165.
Emagny, 228.
Emberménil, 142.
Emerainville-Pont., 85.
Emeville, 11.
Engelbourg(chât.d'),168.
Entrains, 285.
Entreportes (cluse d'), 282.
Epernay, 39.
Epfig, 143.
Epinac, 318, 210.
Epinal, 150.
Epinay-sur-Orge, 291.
Epine (l'), 73.
Epiry-Montreuillon, 314.
Eplatures, 240.
Epoisses, 312.
Eprave, 64.

Equevillon, 262.
Ermenonville, 23.
Ernecourt-Loxeville,107.
Erquelines, 21.
Ervy, 95.
Esbly, 33.
Esch-sur-l'Alzette, 120.
Eschamps, 311.
Eschelmer, v.Hachimette
Espau (l'), 285.
Essey, 210.
Essigny-le-Grand, 15.
— le-Petit, 18.
Essommes, 88.
Essonne (l'), 200, 280.
Essonnes, 200.
Esternay, 88, 89, 89.
Estissac, 84.
Etain, 112.
Etalans, 239.
Etampes, 291.
Etang, 317, 328.
Etigny-Véron, 206.
Etival (Jura), 272.
— (Vosges), 146.
Etiveau, 252, 316.
Etrechy, 291.
Etreux, 19.
Eurville, 131.
Euthe (mont de l'), 270.
Evreuil (l'), 158.
Evry-Petit-Bourg, 200.

Fagnies (étang des), 171.
Fains, 75.
Faremoutiers-Pomm.,82.
Farges, 339.
Faucille (col de la), 263.
Faucilles (monts), 137, 150.
Faucogney, 173.
Faucouzy-Monceau, 44.
Faunoux (vall. du), 154.
Faverney, 138.
Favières, 185.
Fay-aux-Loges, 297.
Faymont, 184, 188.
— (casc. de), 184.
Fecht (la), 164.
Fécocourt-Eulmont, 135.
Feignes-sous-Vologne (col des), 169.
Fellering, 169.
— (tête de), 167.
Felza (haut de), 170.
Fentsch, 116.
Ferdrupt, 166.
Fère (la), 41.
Fère-Champenoise,38,40.
— en-Tardenois, 86.
Férée (la), 58.
Ferney-Voltaire, 264.

Féron-Glageon, 59.
Ferrette, 185.
Ferrière-la-Grande, 20.
Ferrières-en-Brie, 85, 83.
— Fontenay, 279.
Ferté-Alais (la), 280.
— Chevresis (la), 44.
— Gaucher (la), 83.
— Hauterive (la), 332.
— Milon (la), 35, 25.
— St-Aubin (la), 298.
— St-Walfroy, 113.
— sous-Jouarre (la), 87.
— sur-Amance (la), 178.
Fesches, 229.
Fiquelmont, 114.
Fischboedle (le), 162.
Fismes, 36, 51.
Fixin, 222.
— (combe de), 222.
Flamboin, 201.
— Gouaix, 89.
Flavignerot, 222.
Flavigny, 210.
— le-Grand, 44.
Fleurier, 244.
Fleurieu, 256.
Fleurines, 4.
Fleurville, 254.
Fléville, 136.
Flez-Cusy-Tanney, 314.
Flogny, 208.
Floing, 67.
Flumen (vallée du), 267.
Foëcy, 299.
Foissy, 85.
Folembray, 14.
Foncine-le-Bas, 263, 268.
— le-Haut, 268.
Fontaine, 222.
Fontainebleau, 198.
— (forêt de), 197.
Fontaine-Française, 222.
— le-Port, 201.
— lès-Luxeuil, 172.
Fontaines, 249.
Fontanet, v. Fontenoy.
Fontenay-sous-Bois, 86.
— Trésigny, 85, 82.
Fontenelles (les), 230.
Fontenoy (Yonne), 283, 284.
— sur-Moselle, 109.
Fontenu, 270.
Fontette, 310.
Fontoy, 116.
Fontvannes, 84.
Forcelles-St-Gorgon, 137.
Forlenweiher, v. Tout-Blanc.
Fouchères-Vaux, 103.
Fouday, 158.
Foug, 108.

TABLE ALPHABÉTIQUE.

Fougerolles, 138.
Foulain, 98.
Fourbanne, 230.
Fourchambault, 287.
Fourdrain, 42.
Fourmies, 59, 21.
Fours, 317.
Fraisans, 227.
Fraisnes-Blémer, 135.
Fraize, 155.
Frambouhans, 230.
Frambourg (le), 245.
Franchard (gorges de), 198.
Franche-Comté (la), 232.
Frankenbourg (chât. de), 155.
Franois, 227, 257.
Frasne, 243.
Frasnée (la), 272.
Frasnois (le), 262.
Frébécourt, 132.
Fréland, 156.
Frenelle-la-Gr., 135, 137.
Frénois, 65.
Frère-Robert (Vivier), 9.
Fresnes-St-Mamès, 138.
— sur-Apance, 131.
Fresnoy-le-Grand, 18.
Fresse, 166.
Frétigney, 139.
Frety (le), 58.
Freyr (château de), 63.
Fromelennes, 62.
Fromentières, 88.
Froncles, 132.
Fronville - St - Urb., 131.
Frouard, 110.
Fuans, 289.
Fumay, 61.
Furieuse (la), 241.

Gagny, 83.
Galtz (le), 165.
Gargan, 82.
Gazon de Faîte (le), 182.
Gâtinais (le), 282.
Géhard (val. du), 166.
Geispolsheim, 186.
Gellin, 268.
Gemaingoutte, 154.
Gémeaux, 104.
Gendron, 64.
Génelard, 316.
Genève, 339, 246.
— (lac de), 245, 341.
Geneveys - sur - Coffrane (les), 240.
Genevreuille, 174.
Génin (lac), 267, 278.
Genlis, 223.
Genouilly, 316.

Genthod-Bellevue, 246.
Gérardmer, 158.
— (lac de), 159.
Gerbépal, 160.
Gerbéviller, 140.
Gergy, 224.
Germaine, 40.
Germigny-des-Prés, 298.
Géruge, 259.
Gespunsart, 60.
Gevingey, 260.
Gevrey-Chamb., 222, 246.
Gex, 264, 339.
Gibles, 328.
Gien, 283.
Gigny, 260.
Gilley, 289.
Gilly-Bursinel, 246.
— sur-Loire, 315, 324.
Girancourt, 150.
Girard (saut), 270, 272.
Giromagny, 171.
Girouncourt-Houéc., 149.
Girsberg (chât. de), 186.
Givet, 62.
Givonne, 67, 68.
— (fond de), 68.
Givry, 252.
Gizy, 57.
Gland, 246.
Godinne, 64.
Goncourt, 136.
Gondrecourt, 102, 132.
— Aix, 114.
Gondrexange (étang de), 142.
Gonesse, 3.
Gorgier-St-Aubin, 245.
Gouloux, 311.
Goumois, 230.
Goussainville, 3.
Gouttridos (les), 160.
Goux, 239.
Grafenstaden, 186.
Grancey-le-Château, 104.
Grand-Avranville, 132.
Grand-Bec (pic du), 262.
Grandchamp, 283.
Grand - Combe - de - Morteau, 239.
— Communal (le), 230.
— Contour, 241.
— Crédo, 264.
— Drumont, 167, 170.
— Fahys (le), 181.
Grandfontaine, 145.
Grand-Hohnack (le), 165.
Grand-Morin (le), 33, 82.
Grandpré, 52.
Grand-Puits, 86.
— Saconnex, 265.
— Saut, 270.
Grandson, 245.

Grandvaux, 265.
Grand-Ventron (le), 170.
— Verly-Vadencourt, 43.
Grandvillars, 187.
Grande-Baume (la), 288.
— Goutte (vallon de la), 166.
— Paroisse (la), 201.
— Sauldre (la), 299.
Granges (Vosges), 157.
— (vallée de), 158.
Grattery, 138, 174.
Grattières, 20.
Gravelotte, 111, 118.
Gravier (le), 269.
Gravoine (la), 316.
Gray, 138, 227.
Grellingen, 188.
Grésigny-Ste-Reine, 210.
Gresson (le), 167.
Gresswiller, 154.
Gretz-Armainvilliers, 85.
Grisy-Suisnes, 86.
Grosne (la), 252, 327.
Grosse-Pierre (col de la), 160.
Grozon, 257.
Gudmont, 132.
Guebwiller, 185.
— (Ballon de), 185.
Guérard, 82.
Guerche (la), 304.
Guérigny, 308.
Guétin (le), 304.
Gueugnon, 317.
Guignicourt (Aisne), 42.
— sur-Vence, 58.
Guillon, 312.
— les-Bains, 230.
Guillons (les), 265.
Guinette (tour), 292.
Guirbaden (chât. de), 154.
Guise, 43.
Günsbach, 164.
Gy, 139.
Gyé-sur-Seine, 108.

Haag (col du), 185.
Habeaurupt, 155.
— (vallée d'), 155.
Habsheim, 187.
Hachette, 19.
Hachimette, 156.
Hacourt-Graffigny, 136.
Hagendingen ou Hagondange, 117.
Haguenau, 148.
Haie-Griselle (la), 158.
Haironville, 75.
Hallate (forêt d'), 4.
Han-sur-Lesse, 65.
— (grotte de), 65.

Hantz (col du), 146.
Haramont, 11.
Hardt (forêt de la), 187.
Haréville, 137.
Harol, 150.
Haroué, 137.
Harréville-les-Ch., 136.
Haslach (le), 154.
Hastière, 56, 62.
Haut-Barr (chât. du), 143.
Haut-de-Charat, 167.
— de Felza, 170.
— de la Charme, 159.
— de la Haie-Griselle, 158.
— de la Vierge, 168.
— des Fées, 163.
— du-Them (le), 175.
Hautefeuille (chât. de), 282.
Haute-Marne (dép. de la), 97.
— (canal de la), 74, 98, 101, 178.
— Saône (dép. de la), 174.
Hautes-Chaumes (les), 162.
Hautes-Rivières (les), 61.
Hauteville, 333, 278.
Hautmont, 20.
Haut-Mont (le), 178.
Hauts-Geneveys (les), 240.
Havenne, 64.
Hayange (Hayingen), 116.
Haybes, 61.
Heer-Agimont, 62.
Heiligenberg, 154.
Heiligenstein, 143.
Helpe (l'), 59.
Héming (Hemingen), 142.
Hennecourt, 149.
Henrichemont, 281.
Herbisse, 84.
Héricourt, 228.
Héricy, 201.
Hérie-la-Viéville (la), 44.
Hérimoncourt, 229.
Hérisson (le), 270.
Hérival (val. d'), 166.
Herlisheim, 186.
Hermé, 89.
Hermonville, 51.
Heuilley-Coton, 136.
Heute (mont de l'), 270.
Heycot (ferme de), 154, 156.
Hierges (chât. des), 62.
Hièvre-Paroisse, 230.
Hirson, 19, 21, 56, 59.
— (forêt d'), 56, 59.
Hochfeld, v. Champ-du-Feu.
Hochfelden, 143.

Hohkœnigsbourg (chât. de), 155.
Hohlandsbourg (chât. de), 165.
Hohnack (les), 165.
Hohneck (le), 162.
Hohwald, 143.
Homécourt, 112.
Honnechy, 19.
Hôpital (l'), 333.
— du-Gros-Bois (l'), 288.
Hôpitaux-Jougne (les), 245.
Hortes, 178.
Hotonnes, 278.
Houdelaincourt, 132.
Houdemont, 136.
Houssaye-Crèv. (la), 82.
Houssière (la), 147.
Houtaud, 239.
Houx, 64.
Houyet, 64.
Huiron, 88.
Humes, 98.
Huningue, 187.
Hutte (la), 167.
Hymont-Matt., 149, 137.

Iges (presqu'île d'), 65.
Igney (Vosges), 136.
Igney-Avricourt, 142.
Iguerande, 316.
Ilay, 262, 270.
— (cluse d'), 271.
— (lac d'), 262.
Ile-Barbe (l'), 256.
— Belon (l'), 40.
Ill (l'), 144, 185.
Illfurth, 185.
Illy, 67.
Im Eck, 164.
Imphy, 313.
Inor, 115.
Insel, 164.
Iseure, 331.
Island, 310.
Isle-Angély, 209.
— sur-le-Doubs (l'), 230.
— sur-Serain, 207, 209.
Isles-Armentières, 85.
Islettes (les), 79.
Is-sur-Tille, 104, 136.
Ivry, 290.

Jacquand (moulin), 270.
Jaligny, 324.
Jalons-les-Vignes, 69.
Jambes, 64.
Jarménil, 157.
Jarville-la-Malgrange, 136, 139.
Jassans, 255, 273, 276.
Jaulzy, 8.

Jaux, 4.
Jeandelize, 112.
Jemelle, 65.
Jessains, 96, 74.
Jeumont, 21.
Jeurre-Vaux, 267.
Jœuf, 112.
Joigny, 206.
— sur-Meuse, 60.
Joinville, 131, 102.
— le-Pont, 86.
Joiselle, 88.
Jonchery (Hte-Marne), 132, 148.
— sur-Vesle, 36.
Joppécourt-Fillières, 116.
Jouan (mont), 134.
Jouarre, 87.
Jougne, 245.
Jouvence (font. de), 222.
Joux (la), 243.
— (forêt de la), 243, 272.
— (fort de), 244.
— (lac de), 269.
Jouy-aux-Arches, 111.
— le-Châtel, 82, 86.
— sur-Morin-le-M., 83.
Juilly (collège de), 23.
Jujurieux, 276.
Juliusturm, 153.
Jully-lès-Buxy, 252.
Jumencourt, 15.
Jumenterie (la), 170.
Juniville, 52.
Jura (le), 230, 243.
— (dép. du), 258.
Juranville, 280.
Jussey, 173.
Juvisy, 200, 290.

Kahlenwasen (le), 164.
Kaysersberg, 156.
Kertoff (glac. du), 158.
Kestenholz, v. Châtenois.
Kichompré, 157.
Kientzheim, 156.
Kintzheim, 155.
Kirneck (la), 143.
Kleinthal (le), 164.
Kœurs (les), 116.
Krappenfels (le), 161.
Krüth, 169.

Labarre, 227.
Labergement-Ste-Marie, 268.
Lac-Noir (chât. du), 162.
— ou-Villers (le), 239.
Ladon, 297.
Lafrancheville, 53.
Lagny, 83.
Laifour, 61.
— (rochers de), 61.

TABLE ALPHABÉTIQUE. 351

Laignes, 209.
Laigue (forêt de), 8.
Laime (la), 262.
Lain-Thury, 288.
Laissey, 280.
Lajoux, 267.
Lamarche, 137.
Lamorteau, 114.
Lamotte-Breuil, 8.
Lamouilly, 113.
Lamure-s.-Azergues, 325.
Landaville, 149.
Landes d'Amont, 269.
Landrecies, 19.
Landricourt, 15.
Landsberg (chât. de), 143.
Laneuveville-devant-Nancy, 139.
Laneuville-au-Pont, 59.
Langouette (la), 268.
Langres, 98.
Lantenay, 211.
Laon, 28, 42.
Lapalisse, 332, 324.
Larchant, 279.
Lardy, 291.
Larivière-sous-Aigr., 181.
Larmont (forts du), 244.
Laroche (Yonne), 207.
Larochepot, 318.
Larrière, 188.
Laucy (col de), 249.
Laufen, 188.
Laumes (les), 210, 314.
Launois, 53.
Lausanne, 245.
Lautenbach, 185.
Laval (Vosges), 157.
— Morency, 57.
Lavaldieu, 61.
Lavannes-Caurel, 52.
Lavans-lès-St-Claude, 267, 272.
— P.-L.-M., 272.
Lavaux (combe de), 222.
Laveline, 147, 157.
Leber, v. Liepvrette.
Leberau, v. Lièpvre.
Lecey, v. Liez.
Leffe, 68.
Leffond, 228.
Légny, 325, 255.
Lélex, 264.
Léman (lac), 241.
Lenharrée, 88.
Lépanges, 157.
Lérouville, 107, 116.
Lerrain, 150.
Lescherolles, 88.
Lesquielles, 18, 43.
Lesse (château de), 64.
— (la), 63, 64, 65.

Lesse (perte de la), 65.
Létanne-Beaumont, 115.
Lette (la), 28.
Leuglay-Voulaines, 104.
Leugny, 284.
Leval, 58.
Levécourt, 136.
Levier, 243.
Levrezy, 60.
Leymont, 337.
Lézat, 270.
Lézinnes, 209.
Liart, 56, 58.
Lièpvre, 154.
Liepvrette (la), 154.
Liernais, 311.
Liesberg, 188.
Liesle, 257.
Liesse, 57.
Liessies, 20.
Lieu (le), 269.
Lieusaint, 191.
Liez (reserv. de la), 101.
Liffol-le-Grand, 148.
Lignéville, 179.
Ligny-en-Barrois, 132.
Limeil, 86.
Linay, 113.
Linthes-Pleures, 88.
Lisaine, 229.
Lisle-en-Barrois, 75.
Lison (source du), 243.
— (vallée du), 272.
Lispach (lac de), 163.
Liverdun, 109.
Livry, 23, 32.
— sur-Seine, 201.
Lizy-sur-Ourcq, 85.
Locle (le), 240.
Lods, 288.
Logelbach, 165.
Loing (le), 199, 278, 281.
— (canal du), 279.
Loire (la), 281, 284, 285, 293, 315, 316, 324, 333.
— (can. latéral à la), 284, 304, 317, 324.
Loiret (le), 297.
— (dép. du), 293.
— (source du), 297.
Loisy, 78.
Loivre, 43.
Lomme (la), 64.
Londaine (la), 262.
Longchaumois, 269, 265.
Longemaison, 239.
Longemer (lac de), 160.
Longeville (Meuse), 107.
— sur-Aine, 102.
Longpendu (étang de), 316.
Longpont (Aisne), 25.
— (Seine-et-Oise), 291.

Longueil-Annel, 11.
— Ste-Marie, 4.
Longueville (Seine-et-Marne), 86.
Longuyon, 114.
Longviry, 267.
Longwy, 119.
Lonny-Renwez, 57.
Lons-le-Saunier, 258, 252.
— le-Saunier-Bains, 271.
Lorcy, 281.
Lormes, 314.
Lorraine (la), 121.
Lorrez-le-Bocage, 202.
Lorris, 281.
Louchpach (le), 155.
Loue (la), 238, 241.
— (source de la), 238.
Louhans, 228, 252.
Loulans-les-Forges, 228.
Loupeigne, 86.
Louvres, 8.
Louvroil, 20.
Lozanne, 334.
Lucy-sur-Cure-Bessy, 309.
Ludes-le-Coquet, 51.
Ludres, 136.
Lugny, 55.
Lumes, 65.
Luméville-Chassey, 102.
Lunéville, 140.
Lure, 174, 178.
Lurey-Conflans, 58.
Lusigny, 96.
Lustin, 64.
Luttenbach, 164.
Lutterbach, 168, 185.
Lutzelbourg, 142.
— (chât. de), 143.
Lutzelhausen ou Lutzelhouse, 154.
Luvigny, 145.
Lux, 237.
Luxembourg, 120.
Luxeuil-les-Bains, 172, 181.
Luyères-Assencières, 84.
Luzy, 98, 317.
Lyon, 334.

Maatz, 228.
Machais (lac), 163.
Machine (la), 317.
Maclu (lacs de), 262.
Mâcon, 253.
Macornay, 259.
Madeleine (mont. de la) 332, 333.
Magetobrie, 157.
Magny (Aisne), 58.
— (Côte-d'Or), 223.
Maîche, 230, 229.

Mailly (Marne), 51.
— (Aube), 84.
— la-Ville, 308.
Mainbottel, 116.
Mairy-St-Germain, 73.
Maison-Dieu, 311, 312.
— Rouge, 86.
Maisons-Alfort, 191.
— Blanches-V., 103.
— du-Bois, 289.
Maisse, 280.
Maix (lac de la), 145.
Maizières (Aube), 102.
— (Doubs), 238.
— (Lorraine), 117.
— la-Gr.-Paroisse, 90.
Malain, 211.
Malay-le-Roi, 85.
— le-Grand, 85.
Malbuisson, 268.
Malesherbes, 280.
Malgré-Tout (mont), 61.
Malicorne, 282.
Malsaussy (étang de), 175.
Malvaux (le), 171.
Mamirolle, 238.
Mandeure, 229.
Mandres, 86.
Manlay, 311.
Manois, 148.
Mantoche, 189.
Marainviller, 142.
Marais (les), 51.
Maranville, 97.
Marbache, 110.
Marchaux, 231.
Marche (la), 139.
Marchet (lac), 163.
Marcigny, 316.
Marest-Quierzy, 13.
Mareuil-sur-Ourcq, 28, 85.
Marey-sur-Tille, 104.
Margival, 28.
Margut, 113.
Mariembourg, 56.
Marigny-le-Cahouët, 313.
Markirch, 154.
Marle, 55.
Marles, 82, 85.
Marlieux-Châtillon, 261.
Marlotte, 196, 197.
Marmagne (Cher), 299.
— (Saône-et-Loire), 317.
Marmoutier (Als.), 148.
Marnay (Hte-Saône), 227, 139, 231.
— sur-Seine, 90.
Marne (la), 101, 33, 70, 98, 102, 148, 178, 191, etc.
Marne (dép. de la), 70.
— au Rhin (canal de la), 75, 102, 189.

Marnézia, 272.
Maroilles, 19.
Marolles, 291.
Maron, 109.
Marpent, 21.
Marre, 115.
Mars, 328.
Mars-la-Tour, 114, 112.
Martignat, 267.
Martigny-les-Bains, 178, 137.
Martinpré (col de), 160.
Masmünster, ou Massevaux, 168.
Massilly, 252.
Mathaux, 101.
Mathay, 229.
Matougues, 69.
Mattaincourt, 149.
Maubert-Fontaine, 57.
Maubeuge, 20.
Maursmünster, v. Marmoutier.
Mauvages, 102.
Maxey-sur-Vaise, 133.
Maxonchamp, 166.
Meaux, 84.
Méhun-sur-Yèvre, 299.
Meilleray, 83.
Meix-St-Epoing (le), 83.
Melun, 191, 200.
Melz, 89.
Menaucourt, 132.
Menetou-Salon, 281.
Ménil-Flin, 145.
Mennecy, 280.
Mennelstein (le), 148.
Mennessis, 15.
Mennevret, 43.
Mercy-le-Bas, 116.
Mérelle (la), 159.
Merey-Vieilley, 228.
Merfy-St-Thierry, 51.
Méroux, 187.
Merrey, 136, 137, 178.
Mersuay, 188.
Mervans, 223.
Merxheim, 186.
Mesbrecourt, 44.
Mesgrigny-Méry, 90.
Mesnay-Arbois, 243.
Messein, 136.
Messempré, 113.
Messigny, 222.
Messon, 84.
Mesves-Bulcy, 286.
Mesvres, 317.
Metz, 117.
Metzeral, 164.
Meursault, 249.
Meurthe (la), 121, 139, 145.
— (source de la), 161.
— et-Mos. (dép. de), 121.

Meuse (la), 21, 53, 56, 57, 64, 65, 80, 102, 107, 115, 136.
— (côtes de), 112.
— (dép. de la), 75.
— (vallée de la), 60.
— Montigny-le-Roi, 136.
Meussia, 272.
Meux (le), 4, 24.
Meximieux, 337.
Mézériat, 278.
Mézières, 54.
— Charleville, 54, 53.
— sour-Oise, 18.
Mézy, 38.
Mièges, 243.
Mignères-Gondreville, 281.
Mijoux, 264.
— (combe de), 263.
Milandre (grottes de), 187.
Millay, 317.
Milly, 328.
Mionnay, 261.
Miraumont (cascade de), 166.
Mirebeau, 222.
— sur-Bèze, 227.
Mirebel, 270.
Mirecourt, 149, 135, 137.
Miribel, 337.
Miserey, 228.
Mitry-Claye, 23.
Moenchenstein, 188.
Mohon, 53, 65.
Moirans, 272.
Molard-de-Don (le), 338.
Molinges, 267.
Molphey, 311.
Molsheim, 143, 154.
Momignies, 56.
Mommenheim, 143.
Monceau (Aisne), 44.
— St-Waast, 58.
Moncel, 130.
— (abbaye de), 4.
Moncelle (la), 67.
Moncey, 228.
Monéteau, 305.
Monnérville, 292.
Monsols, 255.
Mont-Afrique (le), 211, 222.
Montagney, 227.
Montaigle (chât. de), 64.
Montain-Lavigny, 258.
Montalieu, 337.
Montargis, 281.
Montataire, 4.
Mont-Auxois (le), 210.
Montbard, 209.
Montbarrey, 241.
Montbéliard, 229.

TABLE ALPHABÉTIQUE. 353

Montbenoît, 289.
Montbeugny, 324.
Montbozon, 228.
Montceau-les-Mines, 316.
Montceaux-Vindecy, 316.
Montchanin, 316.
Montciel (le), 259.
Montcornet, 58.
Mont-d'Or (le), 245, 269.
Montéclair (le), 148.
Mont-Ecuvet (le), 266.
Montereau, 201, 199, 89.
Montescourt, 15.
Montessuy, 387.
Montfaucon (signal de), 280.
— (fort de), 238.
Montfermeil, 83.
Montferrand, 257.
Montfort (chât. de), 210.
Montgeron, 191.
Montgesoye, 288.
Monthairons (les), 115.
Monthelon, 323.
Monthermé, 60.
Monthureux-sur-S., 150.
Montiéramey, 96.
Montier-en-Der, 102, 131.
Montigny-Marlotte, 278, 199.
Montjeu (chât. de), 322.
— (signal de), 323.
Mont-Joli (le), 40.
Montlandon, 136.
Mont-le-Vernois, 138.
Montlhéry, 291.
Montluel, 337.
Montmédy, 118.
Montmélard, 328.
Montmirail (Marne), 88.
Montmorot, 259.
Mont-Notre-Dame, 86.
Mont-Olympe (le), 54.
Mont-Orgier (le), 272.
Montréal (Ain), 268.
— (Yonne), 312.
Montrenard (chât. de), 316.
Montreux-Vieux, 185.
Montrevel, 251.
Mont-Roland (le), 224.
Montrond (le), 264.
Montry, 88.
Mont-St-Martin, 119.
Montsauche, 311, 314.
Mont-sous-Vaudrey, 227.
— sur-Meurthe, 140.
Montsuzain, 84.
Mont-Tendre (le), 269.
— Terrible (le), 187.
Montureux-lès-Baulay, 178.
Moosch, 168.

Morbier, 268.
Morcourt, 18.
Moret, 199.
Morez, 268, 265.
Morges, 246.
Morienval, 11.
Mormal (forêt de), 19, 58.
Mormant, 85.
Mornay, 223, 228.
Moron, 240.
Mortcerf, 82, 83.
Morteau, 239, 229.
Mortefontaine, 8.
Morvan (le), 304.
Morvillars, 187, 229.
Moselle (la), 108, 109, 110, 112, 116, 137, 157, etc.
— (source de la), 167.
Moselotte (la), 168.
Mothe (la), 137.
Môtiers, 244.
Motte (lac de la), 262.
— Beuvron (la), 298.
Mouchard, 241, 257.
Mouche (réserv. de la), 101.
Moulin-à-vent, 255.
— des-Ponts, 260.
— Galant, 280.
— Rouge, 227.
Moulins (Allier), 329.
— (les) (Jura), 267.
— Engilbert, 314.
— lès-Metz, 112.
— sur-Yèvre, 304.
Mourmelon, 80.
Mouron (chât. de), 286.
Mouroux, 82.
Mousson, 111.
Mouthe, 268.
Mouthier, 288.
Mouzon, 115.
Moyenmoûtier, 146.
Moyeuvre, 112.
Mühlbach, 164.
Muizon, 86.
Mülhausen, v. Mulhouse.
Mulhouse, 185.
Munster (Alsace), 164.
Munster (vallée de), 161, 164.
Mussey, 75.
Mussy (Aube), 103.
— sous-Dun, 325.
Mutzig, 154.
Myennes, 285.

Naix-aux-Forges, 132.
— Menaucourt, 131.
Namur, 21.
Nançois-Tronville, 107, 132.

Nancy, 120.
Nangis, 86.
Nans-sous-Ste-Anne, 243.
Nanteuil-le-Haudoin, 28.
— Saacy, 37.
Nantilly, 227.
Nantouillet, 28.
Nantua, 277.
— (lac de), 277.
Napoléon (fontaine), 264.
Narlay (lac de), 262.
Navilly, 228.
Nemours, 279.
Nérondes, 304.
Neuchâtel (Suisse), 245.
Neufchâteau, 148, 133, 134, 136.
Neufmanil, 60.
Neufs-Bois (les), 166, 167.
Neuilly-lès-Dijon, 228.
— l'Evêque, 178.
— Plaisance, 83, 85.
— St-Front, 86.
Neuntenstein, 143.
Neuvelles-lès-Ch., 228.
Neuves-Maisons, 187.
Neuveville-lès-Raon (la), 145.
Neuville-Laffaux, 28.
— St-Joire (la), 132.
— sous-Laon (la), 28.
— sur-Saône, 256, 337.
Neuvillers, 153.
Neuvon (combe de), 222.
Neuvy (Marne), 88.
— Sautour, 95.
— sur-Loire, 284.
Neuwiller, 143.
Nevers, 287.
Neyron, 337.
Niagara Jurassien (le), 270.
Niaiset (le), 264.
Nichet (trou de), 62.
Nideck (le), 154.
Niederhaslach, 154.
Nièvre (dép. de la), 287.
Nivernais (le), 287.
— (canal du), 307, 314.
Noël-Cerneux, 280.
Nœrtzange, 120.
Nogent-l'Artaud, 87.
— sur-Marne, 85, 86.
— sur-Seine, 90.
— sur-Vernisson, 283.
Nogna, 271.
Nohain (le), 285.
Noidans-le-Ferroux, 138.
Noir (lac), 162.
Noiraigue, 244.
Noirgoutte, 155.
Noisiel, 83.
Noisseville, 118.

Bædeker. N.-E. de la France. 7e édit. 23

TABLE ALPHABÉTIQUE.

Noisy-le-Sec, 82.
Nolay, 818.
Nomeny, 110.
Nompatelize, 148.
Noncourt, 186.
Nonette (la), 8.
Notre-Dame-de-Consolation, 289.
— des-Aides, 169.
— des-Anges, 33.
— d'Etang, 222.
— du-Pré, 285.
Nouan-le-Fuzelier, 298.
Nouvion-sur-Meuse, 65.
— en-Thiérache (le), 19.
Nouzon, 60.
Novéant, 111.
Novillars, 280.
Novion-Porcien, 56.
Noyon, 12.
Nozeroy, 248, 262.
Nuisement, 84.
Nuits-St-Georges, 246.
— sous-Ravières, 209.
Nurieux, 277.
Nyon, 246, 265.

Oberehnheim, 143.
Oberhaslach, 154.
Obernai, 148.
Occey, 186.
Oderen, 169.
— (col d'), 167, 170.
Ognon (l'), 227, 228.
Oignin (l'), 277.
Oiry-Mareuil, 40, 69.
Oise (l'), 8, 41, 48, 56, 59.
— (canal de l'), 41.
— à l'Aisne (canal de l'), 13.
Oissily-Renève, 227.
Olivet, 297.
Onnens-Bonvillars, 245.
Onville, 114.
Oppenelle (l'), 317.
Or (mont d'), 269, 245.
Orbe (l'), 245, 269.
— (vall. supér. de l'), 269.
Orbey, 156.
Orchamps (Jura), 227.
— Vennes, 289.
Orge (l'), 291.
Orgelet, 272.
Origny-en-Thiérache, 56.
— Ste-Benoîte, 18.
Orléanais (l'), 288.
Orléans, 292.
 Cathédrale, 294.
 Eglise Notre-Dame-de Recouvrance, 297.
 — St-Aignan, 297.
 — St-Euverte, 297.
 — St-Paterne, 298.

Orléans :
 Eglise Ste-Croix, 294.
 Grand-Séminaire, 294.
 Hôtel Cabut ou de Farville, 296.
 — de ville, 294.
 — — (ancien), 295.
 Lycée, 294.
 Mairie, 294.
 Maison d'Agn. Sorel, 296.
 — de Jeanne d'Arc,296.
 Musées d'hist. natur., de peint. et de sculpt., 295.
 — historique, 296.
 — Jeanne d'Arc, 296.
 Place Gambetta, 298.
 — du Martroi, 298.
 Pont de la Loire, 297.
 St-Marceau (faubourg), 297.
 Statues de Jeanne d'Arc, 293, 294, 297.
 — de la Républ., 294.
 — de Rob. Pothier,294.
 Thèses (salle des), 295.
Orléans (can. d'), 280, 297.
— (forêt d'), 281, 297.
Ormont (mont. d'), 147.
Ormoy-Villers, 23.
Ornain (l'), 58, 75, 102.
Ornans, 288.
Ornex, 264.
Orrouy, 24.
Orry-Coye, 8.
Ors, 19.
Ortenberg (chât. d'), 155.
Osselle, 257.
Ostheim, 186.
Othe (forêt d'), 95.
Ottrott, 148.
Ouanne (l'), 282.
Ouche (l'), 104, 212, 222.
Ouchy, 248.
Ougney, 227.
Oulchy-Breny, 86, 88.
— le-Château, 86.
Ource (l'), 103.
Ourcq (l'), 85.
— (canal de l'), 28, 82.
Ouroux, 814.
Ourscamp, 12.
Ouzouer-Dampierre, 298.
— sur-Trézée, 284.
— le-Marché, 298.
Oye-et-Pallet, 268.
Oyonnax, 267.
Oyrières, 228.
Oze (l'), 210.
Ozouer-la-Ferrière, 85.
— le-Voulgis, 85.

Pacaudière (la), 882.
Pagnotte (mont), 4.
Pagny-la-Blanche-Côte, 138.
— sur-Meuse, 108, 102.
— sur-Moselle, 111, 114.
— sur-Saône, 223, 224.
Pailly (le), 178.
Palesne, 11.
Palinges, 816.
Paliseul, 64, 69.
Palme (île de la), 254.
Pantin, 82.
Paraclet (le), 90.
Paray-le-Monial, 324, 818.
Parc (le), 14.
— de-St-Maur, 86.
Pargny, 75.
— la-Dhuis, 88.
Pari-Gagné, 827.
Paris-l'Hôpital, 318.
— Reuilly, 86.
Paron(montagne de), 208.
Partisans (chêne des), 179.
Passavant (Marne), 58.
— (Haute-Saône), 150.
Passenans, 258.
Pavillon-lès-Granc., 104.
Payns, 90.
Pelouse (la), 88.
Perche (lac de), 167.
— (pointe de), 167.
Pereire (chât.), 85.
Péron, 839.
Perray-Vaucluse, 291.
Perrière (la), 267.
Pesmes, 226.
Pétange, 120.
Petit-Ballon (le), 164.
— Croix, 185.
— Donon, 145.
— Drumont (le), 167.
— Haut (étang du), 171.
— Hohnack (le), 165.
— Morin (le), 37, 88.
— Saconnex, 265.
— Verly, 48.
Petitmont, 142.
Petite-Chaux, 268.
— Grosne (la), 255.
— Raon (la), 146.
Pétrusse (la), 120.
Pfeffingen, 188.
Pflixbourg (tour de), 165.
Phalsbourg, 142.
Phény (le), 159.
Pierre, 226.
Pierrefitte-Stains, 8.
— Ville-sur-Illon, 150.
Pierrefonds, 9.
Pierre-la-Treiche, 109.
Pierre-Perthuis, 310.

TABLE ALPHABÉTIQUE.

Pierrepont, 116.
Pierreville, 137.
Pile (pont de la), 271.
Pin (chât. du), 258.
Piney, 101.
Pinon, 28.
Pisse-Vache (casc. de), 278.
Pithiviers, 280.
Plaine (la), (rivière) 145.
— (la), (Suisse) 339.
— St-Denis (la), 22.
Plaines, 103.
Plainfaing, 155.
Plancher-Bas, 175.
— les-Mines, 175.
Planches-en-Montagne (les), 263.
Plan de Suzan (le), 211.
Plessis-Belleville (le), 23.
— Vindé (le), 83.
Plombières (Vosges), 181.
— (lès-Dijon), 211, 222.
Poids-de-Fiole, 272.
Poilly, 284.
Poilvache, 64.
Poinson-Beneuvre, 101, 104.
Poirier-au-Chien (le), 323.
Poiseux, 308.
Poissons, 102.
Poivre, 83.
Poix-Terron, 53.
Poligny, 257.
Polisot, 103.
Polliat, 278.
Pommard, 249.
Pommoy (le), 323.
Pompey, 110.
Pont (le), 269.
Pontailler, 139.
Pont-à-Mousson, 110.
Pontanevaux, 255.
Pontarlier, 243, 289.
Pontaubert, 310.
Pontcharra (Rhône), 255.
— St-Forgeux, 334.
Pont-Charrot, 323.
— d'Ain, 276.
— de-Poitte, 271.
— de-Rethondes, 8.
— de-Roide, 229.
— de-Sains, 59.
— de-Vaux-Fleurville, 253, 278.
— de-Veyle, 278.
— de-Vologne, 160.
— d'Héry, 243.
— d'Ouche, 222, 318.
— du-Navoy, 271.
— de-Roide, 229.
Pontfaverger, 52.

Pontigny, 207.
Pont-l'Evêque, 12.
— Maugis, 113, 115.
— St-Vincent, 137, 109.
— Ste-Marie-Lavau, 84.
— Ste-Maxence, 4.
— sur-Seine, 90.
— sur-Vanne, 85.
— sur-Yonne, 202.
Ponthierry-Pringy, 200.
Porrentruy, 137.
Port-à-Binson, 89.
— d'Atelier, 173, 138.
— Lesney, 241.
— sur-Saône, 174, 138.
Porte (col de la), 265.
Posanges, 210.
Pothières, 103.
Pougny-Chancy, 339.
Pougues-les-Eaux, 286.
Pouillenay, 210, 318.
Pouillon, 51.
Pouilly (Meuse), 115.
— en-Auxois, 210.
— sous-Charlieu, 316, 328.
— sur-Loire, 286.
— sur-Serre, 44.
Poupehan, 61.
Poupet (mont), 243.
Pouru-Brévilly, 113.
Poussay, 135, 137.
Poutroye (la), 156.
Pouxeux, 165.
Pratz, 272.
Prauthoy, 136.
Praye-sur-Vaudémont, 137.
Précy-sous-Thil, 313.
Prégilbert, 308.
Prémery, 308.
Prémontré, 28, 15.
Preny (chât. de), 111.
Presle (vallée de la), 166.
Pressins, 338.
Prez-sous-Lafauche, 148.
Prissé, 328.
Provenchères, 153.
Provins, 87.
Prunay, 80.
Prusly-Villotte, 104.
Publy-Vévy, 270.
Puginet (lac de), 338.
Puiseaux, 280.
Puisieulx, 51.
Puisieux, 44.
Puix (le), 171.
Puley (le), 316.
Puligny, 249.
Pulligny-Autrey, 137.
Pulney-Grimonv., 135.
Punérot, 136.
Pyrimont, 338.

Quarré-les-Tombes, 310.
Quatre-Fils-Aymon (rochers des), 60.
Quesnoy (le), 58.
Quessy, 15.
Queue-de-Cheval (la), 267.

Racécourt, 149.
Rain-Brice (le), 159.
Raincy-Pavillons, 82.
— Villem. (le), 82.
Ramberchamp (vallée de), 159.
Rambervillers, 135, 145.
Ramonchamp, 166.
Ramstein (chât. de), 155.
Ranchot, 227.
Rans, 227.
Raon-l'Etape, 145.
Raon-sur-Plaine, 145.
Rappoltstein, 186.
Rappoltsweiler, 186.
Ratey (lac de), 271.
Rathsamhausen (chât. de), 143.
Raucourt, 113.
Rauenthal (le), 154.
Raves, 154.
Ray (chât. de), 138.
Raze, 138.
Rebais, 83.
Recey-sur-Ource, 104.
Réchicourt-le-Chât., 142.
Recologne, 231.
Recquignies, 21.
Reculet (le), 264, 339.
Réding, 142.
Régneville, 115.
Régny, 333.
Rehon, 119.
Reichersberg, 117.
Reims, 44.
— (montagne de), 40.
Reisberg (le), 162.
Rembercourt-aux-Pots, 75, 78.
Rême (mont de), 318.
Remilly (Ardennes), 115.
— (Lorraine), 118.
— (Nièvre), 317.
Remiremont, 165.
Remomeix, 153.
Remoncourt, 137.
Remoray (lac de), 268.
Renens, 245, 246.
Renève, 227.
Repos (plain du), 167.
Résigny, 58.
Rethel, 52.
Rethondes, 8.
Retournemer (lac de), 160.

23*

TABLE ALPHABÉTIQUE.

Reuilly, 86.
Reuse (la), 240, 244, 245.
Revigny, 271.
— (creux de), 270, 271.
— sur-l'Ornain, 75.
— St-Maur, 271.
Revin, 61.
Reyssouze (la), 260, 278.
Rezonville, 118.
Rheinkopf (le), 168.
Rhône (le), 335, 338, 340.
— (perte du), 388.
— au Rhin (canal du), 185, 187, 223, 225, 220.
Ribeauvillé, 186.
Ribécourt, 11.
Ribemont, 18.
Riceys (les), 103.
Richecourt-Ormoy, 149.
Richemont, 117.
Rieding, v. Réding.
Rieux-Angicourt, 4.
Rigney, 228.
Rigny-le-Ferron, 84.
Rillieux-la-Pape, 337.
Rilly-la-Montagne, 40.
Rimaucourt, 148, 182.
Rimogne, 57.
Ringbühlkopf (le), 162.
Ris-Orangis, 200.
Risoux (le), 269.
— (fort du), 269.
Rivière (la), 248.
Rixheim, 187.
Rixouse (la), 266, 270.
Roanne, 333.
Roanne à Digoin (canal de), 316.
Roche (Doubs), 280.
— en-Brénil (la), 311.
Rochefort (Belg.), 64.
— (grotte de), 64.
— (chât. de), 209.
— (Jura), 227.
Rocheray (le), 269.
Roche-sous-Montigny, 119.
Roches (col des), 239.
— (vallée des), 184.
Rochesson, 160.
Rocourt, 16.
Rocq, 21.
Rocroi, 57.
Rodange, 120.
Rognon (le), 148.
Roitelets (gorge des), 158.
Rolampont, 98.
Rolle, 246.
Romanèche, 255.
Romansweiler, ou Romanswiller, 143.
Rome-Château (mont de), 318.

Romenay, 251.
Romerée, 56.
Romilly-sur-Seine, 90,38.
Romorantin, 299.
Ronchamp, 175.
Rond-d'Orléans, 18.
Rosheim, 148.
Rosières-aux-Salines, 140.
Rosny-sous-Bois, 85, 33.
Rossillon, 338.
Rothau, 153.
Rothenbacher Kopf (le), 168.
Rouffach, 186.
Rouge-Gazon (le), 167.
Rougemont (Doubs), 175.
— (territ. Belfort), 177.
Rouilly-Géraudot, 101.
— St-Loup, 96.
Rousses (les), 268, 269.
— (lac des), 269.
Rouville (chât. de), 280.
Rouvres-Baudric., 149.
Rouvroy-sur-Serre, 58.
Roville, 135.
Rozerotte, 137.
Rozières-en-Blois, 102.
— sur-Mouzon, 137.
Rozoy-en-Brie, 82.
— sur-Serre, 58.
Rudlin (le), 155.
— (cascade du), 155.
Rufach, v. Rouffach.
Ruffey, 104.
Ruffieu, 338.
Rully, 249.
Rumigny, 56.
Rumilly-lès-Vaudes, 103.
Ruppes, 136.
Rupt-sur-Moselle, 166.
Russey (le), 280.
Russ-Hersbach, 154.
Russiers (côte des), 168.

Saales, 153.
Saarburg, v. Sarrebourg.
Sabbat (roche du), 167.
Sachy, 118.
Saconnex (Grand et Petit), 265.
Sägmatten, 185.
Saignelégier, 230.
Sail-les-Bains, 332.
Saincaize, 328, 304.
Saine (la), 268.
Sains du Nord, 59.
— Richaumont, 44.
St-Agnan, 324.
St-Alban, 333.
St-Amarin, 168.
St-Amé, 169.
St-Amond (forêt de), 185.

St-Amour, 260, 223.
St-André-de-Corcy, 261.
— en-Terre-Plaine, 311.
— (mont), 248.
St-Antoine (bois de), 158.
St-Apollinaire, 222.
St-Aubin-sur-Loire, 315.
St-Baslemont, 179.
St-Benoît-St-Aignan, 298.
— sur-Loire, 298.
— sur-Vanne, 84.
St-Berain, 316.
St-Blaise, 146.
— Poutay, 153.
St-Blin, 148.
St-Bonnet-Beaubery, 326, 316.
— de-Joux, 326.
— en-Bresse, 223, 226.
St-Brice-Courcelles, 36, 51.
St-Bris, 307.
St-Cergues, 265.
— (col de), 265.
St-Christophe, 8.
St-Clair, 337.
St-Claude, 266, 272.
St-Clément (Meurthe), 145.
St-Corneille, 8.
St-Cyr-en-Val, 298.
— sur-Morin, 87.
St-Denis (Seine), 8.
— de-Cabanne, 328.
— Jargeau, 267.
— sur-Ouanne, 283.
St-Désert, 252.
St-Didier, 317.
— Côte-d'Or, 311.
St-Dié, 146.
St-Dizier, 130.
St-Erme, 42.
St-Etienne (Vosges), 166.
— du-Bois, 260.
— Nozay, 84.
St-Eulien, 130.
St-Fargeau (Yonne), 284.
— Seine-Port, 200.
St-Firmin-Houssev, 137.
St-Florentin, 208, 96.
— Vergigny, 207, 96.
St-Gengoux-le-National, 252.
St-Georges-de-Reneins, 255.
St-Gérard-le-Puy, 332.
St-Germain (Meuse), 133.
— au-Mont-d'Or, 256, 334.
— de-Joux, 267, 278.
— des-Fossés, 332.
— du-Plain, 251.
— du-Puy, 304.
— la-Feuille, 210.
— l'Espinasse, 332.

TABLE ALPHABÉTIQUE. 357

St-Gilles, 164, 165.
St-Gobain, 13.
— (forêt de), 14.
St-Gobert-Rougeries, 55.
St-Gorgon, 289.
St-Hilaire, 58.
— au-Temple, 78, 80.
— Fontaine, 315.
St-Hippolyte (Als.), 186.
— (Doubs), 229.
St-Honoré-les-Bains, 314.
St-Jean-aux-Bois, 9, 11.
— de-Braye, 297.
— de-Gonville, 889.
— de-Losne, 223, 224.
— le-Vieux, 337, 278.
St-Julien (Aube), 108.
— Clénay, 104.
— du-Sault, 206.
— Ecuisses, 316.
— sur-Suran, 260.
St-Laurent-du-Jura, 263.
— la-Roche, 259.
St-Léger-Vauban, 311.
— sous-Beuvray, 323.
— Sully, 318.
— sur-Dheune, 316.
St-Léonard (Vosges), 147.
St-Lothain, 258.
St-Louis (Alsace), 187.
St-Loup (Hte-Saône), 138.
— (chât. de), 297.
— de-la-Salle, 226.
— de-Naud (égl. de), 86.
St-Lupicin, 267, 272.
St-Lyé, 90.
St-Mammès, 199.
St-Mandé, 86.
St-Marc (mont), 8.
St-Marcel, 251, 223.
St-Martin (côte), 147.
— des-Champs, 83.
— d'Estréaux, 332.
— en-Bresse, 251, 223.
— Sorcy, 102.
— sur-Ouanne, 282.
St-Maur-Crétail, 86.
St-Maurice (Doubs), 230.
— Châteauneuf, 328.
— de-Beynost, 337.
— sur-Moselle, 166.
St-Médard (Soissons), 27.
St-Mesmin, 90.
St-Michel-Sougland, 57.
— sur-Meurthe, 146.
— sur-Orge, 291.
St-Mihiel, 115.
St-Mont (le), 166.
St-Moré (grottes de), 309.
St-Nabor, 143.
St-Nabord, 165.
St-Nicolas-du-Port, 139.

St-Parres-lès-Vaudes, 108.
St-Paul-de-Varax, 261.
St-Père-sous-Vézelay, 310.
St-Pierre (étangs de), 9.
— en-Chastre, 8.
— le-Moutier, 328.
St-Pilt, v. St-Hippolyte.
St-Point, 326.
— (lac de), 268.
St-Ponce, 53.
St-Prex, 246.
St-Privat, 112.
St-Quentin, 15.
St-Rambert, 256.
— en-Bugey, 337.
St-Remi-Mal-Bâti, 19.
St-Remy, 83.
St-Romain-de-Popey, 334.
St-Romaric (chap.), 166.
St-Satur, 285, 286.
St-Sauveur-en-Puisaye, 284.
St-Savinien, 85.
St-Seine-l'Abbaye, 222.
St-Siméon, 83.
St-Sorlin-Milly, 328.
St-Souplet (Nord), 43.
— (Marne), 52.
St-Thibault (Aube), 108.
— (Côte-d'Or), 210.
— (Cher), 286.
St-Trivier-de-Courtes, 251, 278.
St-Ulrich (chât. de), 186.
St-Ursanne, 187, 229.
St-Valbert (ermit. de), 173.
St-Valérien, 206.
St-Victor-Thizy, 333.
St-Vit, 227.
St-Yan, 316.
Ste-Agnès, 260.
Ste-Cécile-la Valouse, 326.
Ste-Colombe, 103.
Ste-Croix-aux-Mines, 154.
Ste-Marguerite, 153, 154.
Ste-Marie-aux-M., 154.
— de-la-Pierre-qui-Vire, 311.
Ste-Menehould, 79, 53.
— Guise, 53.
Ste-Odile, 143.
— (fontaine), 143.
Ste-Périne, 9.
Ste-Philomène, 57.
Ste-Reine (grottes de), 109.
Saints, 284.
Saisse (saut de la), 271.
Salbert (mont. du), 175.
Salbris, 299.
Salins, 241, 281.

Salmaise, 210.
Sambre (la), 19, 21, 58.
— à l'Oise (canal de la), 43.
Samognat, 267.
Samois-sur-Seine, 201.
Samoreau, 201.
Samoussy, 57.
Sampigny, 116.
Sancerre, 285.
Sancey-le-Long, 230.
Sanct Gilgen, v. St-Gilles.
Sanct Pilt, v. St-Hippolyte.
Santenay, 315.
Santeny-Servon, 86.
Saône, 288.
— (la), 188, 149, 173, 223, 226, 249, 335.
— et-Loire (dép. de), 253.
Sapin-Sec (le), 147.
Sapins (chemin des), 156.
Sapois, 169.
Sardy-lès-Epiry, 314.
Sarrasine (grotte), 243.
Sarraz (la), 245.
Sarre (la), 142.
Sarrebourg, 119, 142.
Sarreguemines, 130.
Sars-Poteries, 20.
Sassegnies, 19.
Sassey, 115.
Sathonay, 261, 337.
Satigny, 339.
Saulces-Monclin, 53.
Saulcy, 147.
Sauldre (canal de la), 281, 298.
Saulieu, 311, 249, 314.
Saulmory-Montigny, 115.
Saulx (la), 75.
Saulxures, 153.
— sur-Moselotte, 169.
Saut-Broc (le), 157.
— de Charmine, 267.
— de la Bourrique, 159.
— de la Saisse, 271.
— de la Truite, 171.
— des Cuves, 160.
— du Bouchot, 169.
— du Doubs, 240.
— Girard, 270, 272.
Sauvigny, 139.
Sauvoy, 102.
Saverne, 142.
Savières, 90.
Savigny-en-Septaine, 304.
— sur-Orge, 291.
Savine (la), 263.
Savonnerie (fort de la), 157.
Savonnières-en-P., 131.
Savoureuse (la), 176, 171.

TABLE ALPHABÉTIQUE.

Scarpone, 110.
Scherwiller, 143.
Schifflange, 120.
Schirmeck, 158, 146.
Schlag (la), 158.
Schlestadt, 186.
Schlosswald (le), 164.
Schlucht (la), 161.
Schmargult, 168.
Schneeberg (le), 143.
Schnierlach, 156.
Séchenat (fond et pont du), 167.
Séchey, 269.
Sedan, 66.
Seekanzel, v. Lac-Noir (chât. du).
Ségny, 264.
Seille (la), 223, 258.
Seine (la), 83, 84, 90, 101, 191, 200, etc.
— (sources de la), 210.
— et-Marne (dép. de), 191.
— Port, 200.
Selle (la), 19.
— en-Morvan (la), 328.
Selongey, 186.
Semence (la), 325, 326.
Semine (la), 267, 278.
Semoy (la), 68.
— (val. d. l.), 61.
Semur-en-Auxois, 312.
Sénart (forêt de), 200.
Sène (mont de), 315.
Sénissiat, 277.
Senlis, 3.
Sennecey-le-Grand, 252.
Sennheim v. Cernay.
Senones, 146.
Sénozan, 253.
Sens, 202, 85.
Sentier (le), 269.
Sept-Fonds (abbaye de), 324.
Septfontaines (abbaye de), 148.
Septmoncel, 267.
Sept-Saulx, 80.
Serain (le), 207, 312.
Sergy, 339.
Sermaize (Marne), 75.
Sermizelles, 309, 310.
Serre (la), 44, 55.
Serrigny, 247.
Servance, 171.
— (Ballon de), 171.
Servas-Lent, 261.
Settons (les), 311, 314.
— (réserv. des), 311.
Seurre, 223, 224.
Sevèux, 188.
Sevran-Livry, 28, 32.

Sewen, 168.
— (lac de), 168.
Seyssel, 338.
Sézanne, 88, 90.
Sierentz, 187.
Signal de Montjeu (le), 323.
— des Monts-d'Ain (le), 277.
Signy-l'Abbaye, 56.
— le-Petit, 57.
Sigolsheim, 156.
Silan (lac de), 278.
Sillery, 80.
Simandre-sur-Suran, 277.
Sinceny, 18.
Sincey-lès-Rouvray, 311.
Sion, 137.
Sionne-Midreyaux, 132.
Sivry-sur-Meuse, 115.
Soissons, 25.
Solesmes, 43.
Solliat-Golisse, 269.
Sologne (la), 298, 281.
Solre-le-Château, 20.
Solterres, 283.
Solutré (roche de), 328.
Sombacour, 239.
Sommancourt-Maizières, 102.
Somma (la), 16.
Somme-Bionne, 78.
Somme-Fy, 52.
Sommesous, 83, 84.
Somme-Tourbe, 78.
Sompuis, 88.
Sorcy, 102, 107.
Sorne (la), 188.
Soucia, 272.
Sougy, 317.
Soulaincourt, 102.
Soulosse, 136.
Soultz (ballon de), 185.
Soultzbach, 164.
Soultzeren, 164.
— (lac de), 162.
Soultzerer Eck (le), 162.
Soultz-les-Bains, 143.
Souppes, 279, 202.
Source (roche de la), 161.
Sous-Balme (défilé), 264.
— le-Bois, 20.
— Villard, 339.
Souvigny, 332.
Soyhières, 188.
Spesbourg (chât. de), 143.
Spincourt, 114.
Stalon (col du), 171.
Steinbourg, 143.
Stenay, 115.
Sternsee (lac de), 167.
Stosswihr, 164.

Strasbourg, 148.
Sucy-Bonneuil, 86.
Suippe (la), 48.
Suippes, 78.
Suize (la), 97.
Sully (Saône-et-Loire), 318.
— (chât. de), 318.
— sur-Loire, 281, 298.
Sulzbad, v. Soultz-l.-B.
Suran (le), 277.
Surgy, 283, 308.
Sur-les-Grès (mont.), 267.
Surmelin (le), 88.
Surville (chât. de), 201.
Survilliers, 8.
Suzan (plan de), 211.
Suzon (le), 104, 212.
— (val), 222.
Syam, 262.
Sylans (lac de), 278.
Syndicat-St-Amé, 168, 169.

Tacon (le), 266.
— (vallée du), 267.
Tagnon, 52.
Taifer, 64.
Taissy, 51.
Talant, 222.
Talmay, 189.
Tamines, 21.
Tamnay-Châtillon, 314.
Tanet (roche du), 162.
Tanlay, 209.
Tannay, 314.
Tantonville, 134.
Tarare, 334, 255.
Tasselot (mont), 211.
Tavaux, 226.
Tenay, 337.
Tendon (casc. du), 157.
Tendre (mont), 269.
Tergnier, 15.
Terreaux-Verosvres (les), 326.
Terrible (mont), 187.
Tête du Costet, 159.
Thann, 168.
Thaon-les-Vosges, 136.
Theil-Cerisiers, 85.
Theillay, 299.
Thenissey, 210.
Thennelières, 101.
Thiaucourt, 114.
Thiaville, 145.
Thiéfosse, 169.
Thiel, 324.
Thiérache (la), 56.
Thilay, 61.
Thillot (le), 166.
Thionville, 116.
Thizy, 333.

TABLE ALPHABÉTIQUE.

Thizy-Montréal, 209.
Thoirette, 273.
Thoiry, 339.
Thoissey, 273.
Tholy (le), 159.
Thomery, 199.
Thonnance-les-Moulins, 102.
Thorins, 255.
Thourotte, 11.
Thuin, 21.
Thur (val. de la), 168.
Til-Châtel, 227.
Tille (la), 136, 223.
Tilly, 115.
Tonnerre, 208.
Torcelle (la), 222.
Torcieu, 337.
Torcy (Seine-et-Marne), 83.
— (viaduc de), 67.
— Pouligny, 312.
Torpes, 257.
Torvilliers-Montgueux, 84.
Totainville-Dombasle, 149.
Toucy-Moulins, 283, 284.
— Ville, 283, 207.
Toul, 108.
Toulis-Froidmont, 55.
Toulon-sur-Arroux, 317, 315.
Tour-du-Meix (la), 271.
Tournan, 82.
Tournes, 57, 58.
Tournus, 252.
Toury, 292.
Tout-Blanc (lac), 162.
Tracy-le-Mont, 12.
— le-Val, 12.
— Sancerre, 286.
Trambly-Matour, 327.
Travaux, 139.
Travers, 244.
— (val de), 244.
Trélex, 265.
Trélon, 20.
— (forêt de), 20.
Tremble (mont du), 8.
Tremblois (le), 57.
Tressus (combe de), 267.
Tréveray, 132.
Trévoux, 255, 273, 337.
Triaucourt, 75.
Triguères, 282.
Trilport, 85.
Trivy-Dompierre, 326.
Trois-Croix (mont des), 315.
Trois-Epis (les), 165.
Troissy, 89.
Trosly-Breuil, 8.

Trou-aux-Ducs (rochers du), 222.
— du Rond-Tienne, 64.
Troyes, 90.
Troyes-Preize, 84.
Truche (la), 155.
Truite (saut de la), 171.
Truttenhausen, 148.
Tupigny, 43.
Turckheim, 164.
Tusey, 133.

Uchizy-Chardonnay, 253.
Uckange, ou
Ueckingen, 117.
Ugna-Savigna, 272.
Urbach, v. Fouday et Fréland.
Urbeis (Orbey), 156.
Urbès, 168.
Urcel, 28.
Urmatt, 154.
Urzy, 308.

Vacheresse (la), 179.
Vagney, 169, 160.
Vaires-Torcy, 83.
Vaivre, 138, 174.
Val (lac du), 270.
Valay, 227.
Valbonne (la), 337.
Valdahon (le), 239.
Val-d'Ajol (le), 188.
— de-Villé, 155.
— d'Osne (le), 131.
Valentigney, 229.
Valentigny, 74, 102.
Valfin-lès-St-Claude, 266.
Vallant-St-Georges, 90.
Vallerest, 102.
Vallerois-le-Bois, 228.
Vallery, 202.
Vallière (la), 258.
Vallorbe, 245.
Valmy, 79.
Valromey (le), 278.
Valserine (la), 264, 267, 278, 338.
— (viaduc de la), 339, 338.
Valtin (le), 155, 160.
— (vallée du), 155.
Vancelle (la), 154.
Vandeléville, 135.
Vandenesse (Nièvre), 314.
— sur-Semence, 326.
Vandières, 111.
Vanifosse, 153.
Vanne (la), 84.
Vanvey, 104.
Varangéville-St-Nicolas, 189.

Varenne-Chennevières (la), 86.
Varennes-en-Argonne, 52.
— Jaulgonne, 88.
— le-Grand, 252.
— sur-Allier, 332.
Varois, 222.
Varzy, 308.
Vasserode (la), 263.
Vassy (Hte-Marne), v. Wassy.
— (Yonne), 309.
Vauchamp, 88.
Vaucluse, 291.
Vaucouleurs, 133.
Vaudémont, 137.
Vaudioux (le), 262.
Vaufrey, 229.
Vaulion (Dent de), 269.
Vault-de-Lugny, 309.
Vaumarcus, 245.
Vaumas, 324.
Vaumoise, 24.
Vauxaillon, 15, 28.
Vaux-le-Penil (chât. de), 192, 198, 200.
— lès-St-Claude, 267.
— le-Vicomte, ou
— Praslin (chât. de), 193.
— sous-Aubigny, 136.
Vavrette-Tossiat (la), 276.
Vécoux, 166.
Velaines, 132.
Velars, 211, 222.
Vellexon, 133.
Velosnes-Torgny, 114.
Vence (la), 53.
Vendenheim, 143.
Vendenesse-s.-Semence, 326.
Vendeuil, 18.
Vendeuvre, 96.
Vendresse, 113, 53.
Vénizel, 36.
Venoge (la), 245.
Ventron, 170.
— (col de), 170.
Verberie, 24.
Verdun, 80, 115.
— sur-le-Doubs, 226.
Vereux, 138.
Verges, 270.
Verjux, 224.
Vermenton, 309.
Vernay, 337.
Verneuil (Nièvre), 317.
— l'Etang, 85, 86, 193.
— sous-Coucy, 14.
— sur-Serre, 55.
Vernier-Meyrin, 339.
Vernois (le), 257.

TABLE ALPHABÉTIQUE.

Vernou, 201.
Verrerie-de-Port. (la), 185.
Verrey, 210.
Verrières (les), 244.
Vers-en-Montagne, 262.
Versigny, 42.
Versoix, 246.
Vert (lac), 162.
Vertus, 40.
Vervins, 55.
Verzenay, 51.
Verzy, 51.
Vesaignes, 98.
Vesle (la), 37, 45.
Vesoul, 174, 188.
Veuve (la), 78.
Vexaincourt, 145.
Vez, 11.
Vézelay, 310.
Vézelise, 187.
Vézeronce (la), 338.
Vic-sur-Aisne, 8.
— sur-Seille, 180.
Vienne-la-Ville, 53.
Vierge de la Creuse, 160.
Vierzon, 299.
— (forêt de), 299.
Vierzy, 25.
Vieux-Laon, 28.
Vieux-Moulin, 8, 9.
Vignée, 64.
Vignehies, 59.
Vignory, 182.
Villabé, 200
Villard-d'Héria, 273.
Villars-Chalamont, 281.
— St-Marcellin, 181.
— Santenoge, 104.
Villé, 155.
Villecresne, 86.
Villeferry-Arnay, 210.
Villefranche, 255.
Villegusien, 186.
Villehardouin, 101.
Villemaur, 84.
Villenauxe, 38.
Villeneuve-au-Chêne (la), 96.
— l'Archevêque, 85.
— la-Guyard, 202.
— la-Lionne, 83.
— le-Comte, 86.
— St-Georges, 191.
— sur-Allier, 328.
— sur-Yonne, 206.
Villeparisis, 23.
Villepatour, 85.
Villereversure, 277.
Villers-Benoîte-V., 115.
— Cotterets, 24, 11.

Villers-Cotterets (forêt de), 24, 25.
— Daucourt, 53.
— Franqueux, 51.
— le-Sec, 228.
— les-Pots, 139, 228.
— St-Paul, 4.
— sur-Lesse, 64.
Villersexel, 175, 228.
Villerupt-Micheville, 119.
Villey-Crecey, 104.
— le-Sec, 109.
Villiers-le-Bel-Gon., 3.
— le-Sec, 97.
— St-Benoît, 283.
— St-Georges, 89.
— sur-Marne, 85.
— sur-Morin, 88.
Vilosnes, 115.
Vincelles, 307.
Vincennes, 86.
Vincey, 186.
Violot, 228.
Vireux-Molhain, 61.
Virieu-le-Grand, 338.
Virton, 114.
Viry-Noureuil, 15.
Vitrey, 178.
Vitry (Ile-de-Fr.), 290.
— la-Ville, 78.
— le-François, 78.
— sur-Loire, 315.
Vitteaux, 210.
Vittel, 179, 187.
Viviers-le-Gras (vallon de), 179.
— sur-Chiers, 119.
Void, 102.
Voillecomte-les-Bab., 102.
Voisey, 180.
Volnay, 249.
Vologne (la), 157; (autre), 168.
Vonnas, 278.
Vosges (les), 145, 175, etc.
— (dép. des), 150.
Vosves, 200.
Voué, 84.
Vougeot, 246.
Vougy, 316.
Voujeaucourt, 230.
Voulx, 202.
Voulzie (la), 86, 87.
Voutenay, 309.
Vouziers, 53.
Vouzon, 298.
Vovès, 292.
Voyemont (le), 155.
Voyenne, 55.
Vraincourt-Viéville, 182.

Vresse, 61.
Vrighe-aux-Bois, 65.
— Meuse, 65.
Vuache (mont), 339.
Vuarne (chalet de), 265.
Vuillafans, 238.
Vulaines-Rigny-le-Ferron, 84.
— sur-Seine, 201.

Walbach, 164.
Walzin (chât. de), 64.
Wangenbourg, 143.
Wanlin, 64.
Wanzell, v. Vancelle.
Wasigny, 58.
Wasselnheim, ou Wasselonne, 143.
Wassigny, 19, 43.
Wassy, 102, 181.
Waulsort, 63.
Weier, v. Wihr.
Weiler, v. Willer.
Weilerthal, v. Val-de-Villé.
Weiss (la), 156.
Welscher Belchen, v. Ballon d'Alsace.
Wesserling, 158.
Wez-Thuisy, 80.
Wihr-au-Val, 164.
Wildenstein, 169, 164.
Willer, 168.
Wintzenheim, 165.
Wisches ou Wisch, 154.
Wisembach, 154.
Witry-lès-Reims, 52.
Wittelsheim, 185.
Woëvre (la), 112.
Woimbey, 115.

Xertigny, 188.
Xeuilley, 187.

Yèbles-Guignes, 88.
Yères (l'), 85, 86, 191.
Yèvre (l'), 299, 300.
Yonne (l'), 85, 201, 206, 284, 305.
— (dép. de l'), 305.
Yverdon, 245.
Yvoigne (l'), 64.
Yvoir, 64.
Yzeure, 331.

Zabern, 143.
Zainvillers, 169.
Zillisheim, 185.
Zorn (la), 142.
Zwingen, 188.

Imprimerie de F. A. Brockhaus à Leipzig.

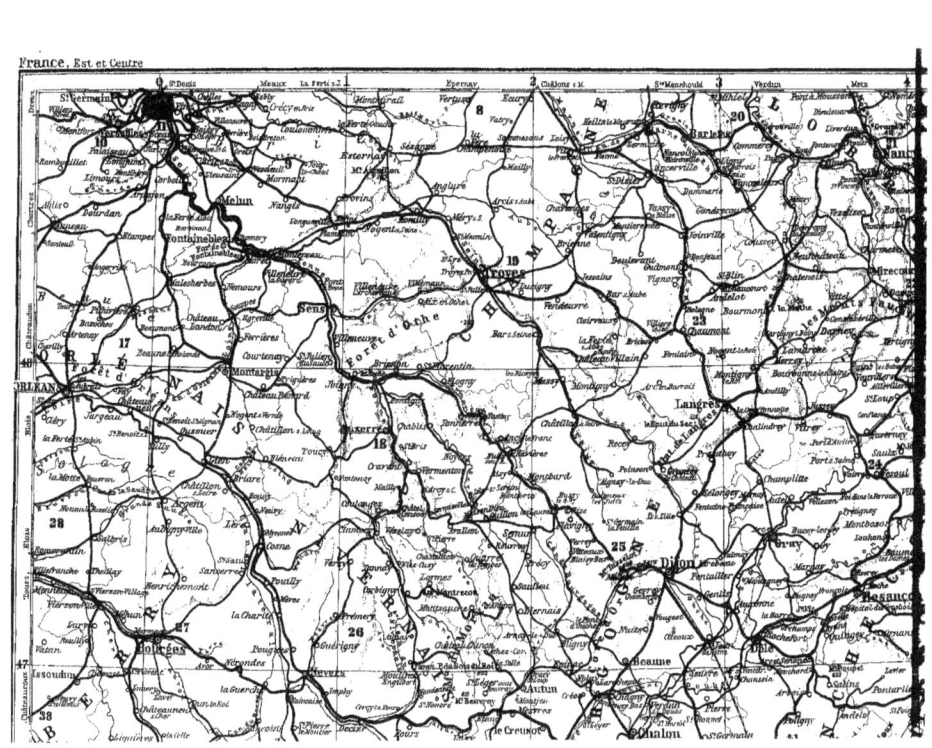

France, Est et Centre

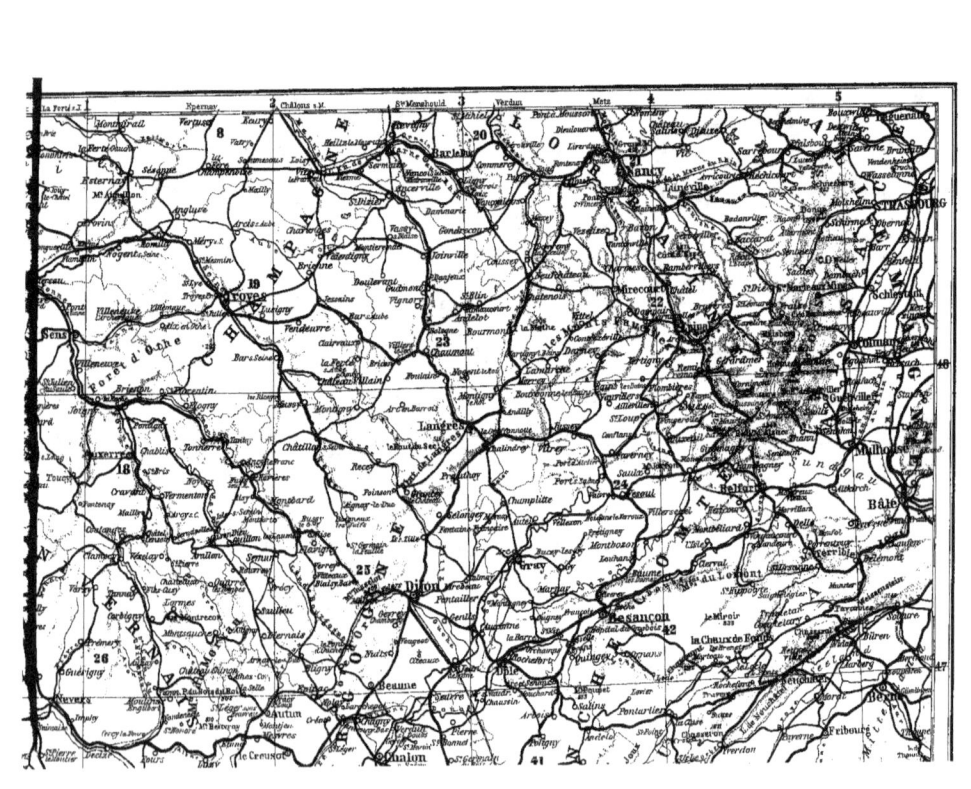

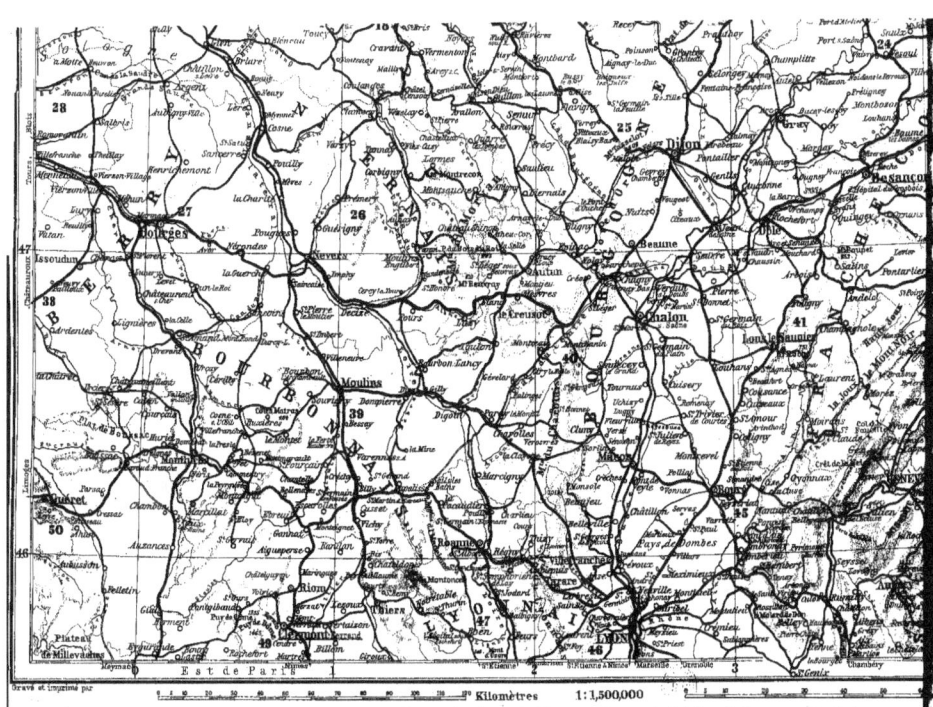

Les numéros (8,9,etc.) désignent les départements. Les noms des chefs-lieux de département sont soulignés.
8,Marne; 9,Seine-et-Marne; 10,Seine-et-Oise; 11,Seine; 12,Eure; 13,Calvados; 15,Orne; 17,Loiret; 18,Yonne; 19,Aube; 20,Meuse; 21,Meurthe-et-M
22,Vosges; 23,Haute-Marne; 24,Haute-Saône; 25,Côte-d'Or; 26,Nièvre; 27,Cher; 28,Loir-et-Cher; 38,Indre; 39,Allier; 40,Saône-et-
41,Jura; 42,Doubs; 43,Haute-Savoie; 45,Ain; 46,Rhône; 47,Loire; 49,Puy-de-Dôme; 50,Creuse.

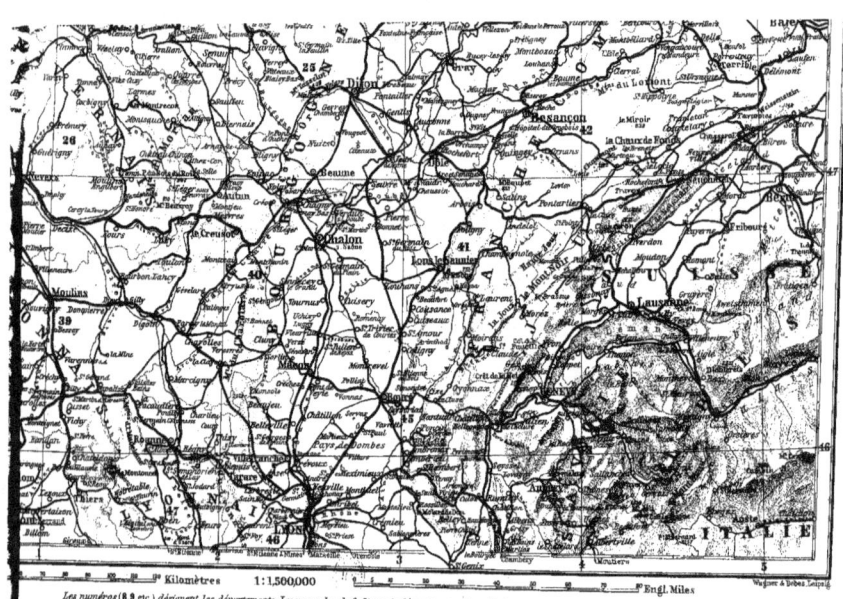

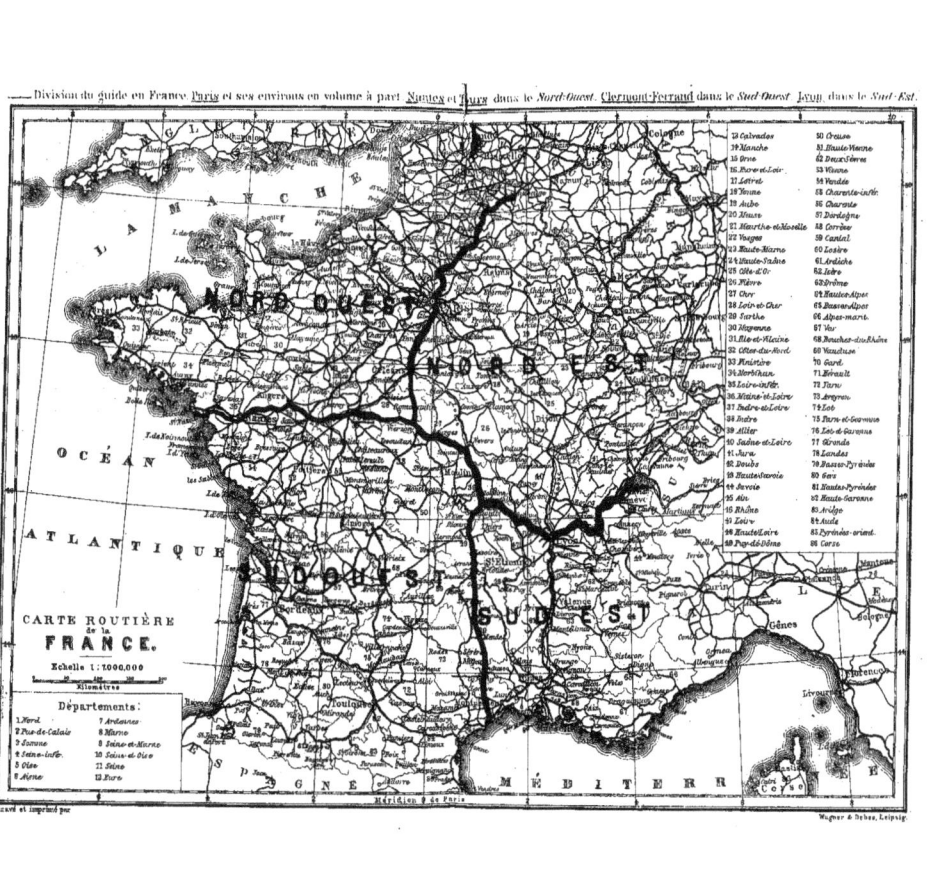

www.ingramcontent.com/pod-product-compliance
Lightning Source LLC
Chambersburg PA
CBHW072216240426
43670CB00038B/1533

GUIDES BÆDEKER.

ALLEMAGNE. — ALLEMAGNE DU NORD. Avec 18 cartes et 87 plans de villes. 11e édition. 1900. 6 marcs.
—— ALLEMAGNE DU SUD ET AUTRICHE. Avec 45 cartes et 86 plans de villes. 12e édition. 1902. 8 marcs.
—— LES BORDS DU RHIN. Avec 43 cartes et 19 plans de villes. 16e édition. 1900. 6 marcs.
BELGIQUE ET HOLLANDE. Avec 14 cartes et 21 plans de villes. 17e édition. 1901. 6 marcs.
EGYPTE. Avec 36 cartes et plans de villes, 58 plans de temples, etc., et 58 vues et dessins. 2e édition. 1898. 15 marcs.
ESPAGNE ET PORTUGAL. Avec 7 cartes et 47 plans. 1900. 16 marcs.
ETATS-UNIS, AVEC UNE EXCURSION AU MEXIQUE. Avec 17 cartes et 22 plans de villes. 1894. 12 marcs.
CANADA, en langue anglaise. Avec 10 cartes et 7 plans de villes. 2e édition. 1900. 5 marcs.
FRANCE. — PARIS ET SES ENVIRONS. Avec 12 cartes et 80 plans. 14e édition. 1900. 6 marcs.
—— LE NORD-EST DE LA FRANCE. Avec 12 cartes et 21 plans de villes. 7e édition. 1903. 5 marcs.
—— LE NORD-OUEST DE LA FRANCE. Avec 8 cartes et 24 plans de villes. 7e édition. 1902. 5 marcs.
—— LE SUD-EST DE LA FRANCE, DU JURA À LA MÉDITERRANÉE ET Y COMPRIS LA CORSE. Avec 19 cartes, 18 plans de villes et un panorama. 7e édition. 1901. 6 marcs.
—— LE SUD-OUEST DE LA FRANCE, DE LA LOIRE À LA FRONTIÈRE D'ESPAGNE. Avec 12 cartes et 20 plans de villes. 7e édition. 1901. 6 marcs.
GRÈCE: 3e éd. allemande, avec 8 cartes, 15 plans etc. 1893. 8 marcs; 2e éd. anglaise, avec 8 cartes, 15 plans etc. 1894. 8 marcs.
ITALIE. — ITALIE SEPTENTRIONALE JUSQU'A FLORENCE. Avec 25 cartes et 85 plans. 15e éd. 1899. 8 marcs.
—— ITALIE CENTRALE ET ROME. Avec 11 cartes, 45 plans, 1 panorama et des vues. 12e édition. 1900. 7 marcs 50 pf.
—— ITALIE MÉRIDIONALE ET LA SICILE, AVEC EXCURSIONS À MALTE, EN SARDAIGNE, À TUNIS ET À CORFOU. Avec 27 cartes et 21 plans. 13e édition. 1903. 6 marcs.
—— L'ITALIE DES ALPES À NAPLES. Avec 15 grandes et 49 petites cartes et plans. 1901. 8 marcs.
LONDRES ET SES ENVIRONS. Avec 4 cartes et 24 plans. 10e édition. 1899. 6 marcs.
En langue anglaise: GREAT BRITAIN. Avec 18 cartes et 89 plans. 1901. 10 marcs.
PALESTINE ET SYRIE. Avec 18 cartes, 44 plans et un panorama de Jérusalem. 2e édition. 1893. 12 marcs.
RUSSIE. Avec 19 cartes et 32 plans. 3e édition. 1902. 15 marcs.
Manuel de langue Russe. 8e édition. 1903. 1 marc.
SUÈDE ET NORVÈGE ET LES PRINCIPALES ROUTES A TRAVERS LE DANEMARK. Avec 81 cartes, 21 plans. 8e éd. 1898. 10 marcs.
SUISSE. Avec 65 cartes, 14 plans et 11 panoramas. 23e éd. 1903. 8 marcs.
MANUEL DE CONVERSATION POUR LE TOURISTE, EN QUATRE LANGUES (*français, allemand, anglais, italien*). 3 marcs.

L. 26/75